1848 – ERBE UND AUFTRAG

Herausgeber:

Otto Scrinzi, Jürgen Schwab

Otto Scrinzi, Jürgen Schwab (Hrsg.)

1848
ERBE UND AUFTRAG

Aula-Verlag

ISBN 3-900968-03-9

Aula-Verlag, Graz 1998
Umschlaggestaltung: Odin Wiesinger
Herstellung: AgathDruck, Graz

Inhaltsverzeichnis

Seite

Vorwort

In der Reihe der vielen Bücher und Beiträge, die aus Anlaß der 150.Wiederkehr der Revolution von 1848 erschienen sind, will sich die freiheitliche Akademikerschaft mit dem vorliegenden Buch zu Wort melden. Es konnte dank der Mitarbeit einer Reihe von Autoren zustande kommen,welche sich jenseits aller parteipolitischen Einengung den grundlegenden Ideen dieser Revolution verpflichtet fühlen: der Rechtsstaatlichkeit, der Freiheit von Meinung, Presse, Forschung und Lehre, einem vaterländischen und doch europäischen Denken, der sittlichen Verantwortung jedes einzelnen.

Wir haben daher in erster Linie allen Autoren zu danken, die originale Beiträge geliefert oder frühere zum Abdruck überlassen haben. Sie verantworten nur jeweils ihre eigenen Beiträge; die Gesamtverantwortung liegt bei den Herausgebern.Soweit dem Buche eine Tendenz angelastet werden sollte, können hiefür die einzelnen Mitarbeiter nicht in Anspruch genommen werden.

Die geistige Toleranz, ganz im Sinne der Tradition von 1848, drückt sich einmal in der Spannweite der Mitarbeiter aus. Sie schlägt sich auch in den greifbar werdenden, oft widersprüchlichen Wertungen der Ereignisse und ihrer handelnden Personen nieder. Sie reichen von wertkonservativen, monarchisch-konfessionell ausgerichteten Aristokraten und Bürgern bis zu linksrepublikanisch-jakobinischen Studenten und Literaten.

Das Buch will weder eine einseitige Glorifizierung, aber noch viel weniger eine pauschale Abwertung dieser historischen Vorgänge. Ihre selektive Inanspruchnahme aus ideologischer Absicht wird ebenso abgelehnt wie eine einseitige Ausbeutung der „48-er“-Tradition für parteipolitische Zwecke.

Wir legen wert auf die Feststellung, daß die Mehrheit der Autoren der Nachkriegsgeneration angehört und sich historisch lastenfrei auf Grund persönlicher Wertung zu Wort melden konnte.

Es ging uns nicht um eine in sich geschlossene und möglichst umfassende Darstellung. Vielmehr sollte der Vielschichtigkeit des Geschehens und den weit auseianderliegenden politischen Standorten der handelnden Personen auch dadurch Rechnung getragen werden, daß Historiker, Soziologen, Politiker, Pädagogen und Publizisten unterschiedlichster Fachrichtungen zu Wort kamen. Die bei solchem Ansatz zu erwartenden Widersprüche waren erwünscht, weil sie dem Nachdenken dienlich sind; Wiederholungen und Überschneidungen sind daher manchmal unvermeidlich, was wir bedauern.

Um dem Leser ein ausgewähltes Lesen nach Schwerpunkten und seinen besonderen Interessen zu erleichtern, ist das Buch in vier, voneinander weitgehend unabhängige Abschnitte gegliedert: Allgemeine Geschichte, Ideengeschichtliches, Regionaler Ablauf, Persönlichkeiten. Da es kein historisches Fachbuch sein will, wurde der Zitat- und Quellennachweis den einzelnen Autoren anheimgestellt.

Abschließend ist allen Spendern, die die Herausgabe zu für den Leser erträglichen Bedingungen möglich machten, und allen Mitarbeitern des Aula-Verlages und der Druckerei, ohne deren gewissenhafte Arbeit das Buch nicht hätte zustande kommen können, zu danken. Für die vorzügliche Bildausstattung und die sorgfältige Korrekturarbeit hat sich Dipl.-Vw. Herwig Nachtmann verdient gemacht.

Unser besonderes Anliegen war es, vor allem der studentischen Jugend eine gut lesbare Darstellung dieser 150 Jahre zurückliegenden Ereignisse an die Hand zu geben, den besonderen Anteil der damaligen studentischen Landsmannschaften, Corps und der jungen deutschen Burschenschaften zu würdigen und die heutige Akademikergeneration anzuspornen, im Kampf um innere und äußere Freiheit nicht nachzulassen.

Graz/Klagenfurt, im Oktober 1998

Jürgen Schwab — Otto Scrinzi

Herausgeber

Einleitung

Das vorliegende Buch verfolgt nicht die Absicht, eine geschlossene oder streng geschichtswissenschaftliche Darstellung jenes vielschichtigen Geschehens zu geben, das als die „Bürgerliche Revolution" von 1848 in die europäische, vor allem aber die gesamtdeutsche Geschichte eingegangen ist. Es versteht sich, auch dort, wo es nur chronikal berichtet, als ein politisches Buch, das nicht bloß ein ausgewähltes Mosaik der Ereignisse von vor 150 Jahren wiedergeben will, sondern schon mit der getroffenen Auswahl gewichtet.

Die Spätwirkungen dieser Revolution sind vielleicht bedeutender als ihre unmittelbaren Folgen, ganz besonders im gesamtdeutschen Raum. Man hat uns Deutschen ja vorgeworfen, die Aufklärung verschlafen zu haben. In mancher Hinsicht könnte man die Ereignisse von 1848/49 als ein verspätetes Erwachen aus einer biedermeierlich verschleierten Wirklichkeit deuten. Die begeisterten revolutionären Gehversuche in einer Reihe von deutschen Ländern rund vierzig Jahre vorher wurden nur allzu rasch vom napoleonischen Imperialismus abgewürgt und sind einer tiefen Enttäuschung gewichen. Nicht nur die überlebenden Freiheitskämpfer aus 1813/14, auch die führenden Geister dieser Epoche, von denen die Mehrheit die französische Revolution begrüßt hatte, erwachten aus ihren Freiheitsträumen. Sie mußten erkennen, daß die verlorene nationale Freiheit ohne die feudalen und reaktionären Kräfte nicht wieder zu gewinnen war.

Beethoven wird mit der Streichung der Widmung seiner „Revolutionssymphonie", der Eroica, an Napoleon dies symbolisch dokumentieren. Wenngleich in Frankreich nach dem Zwischenspiel von 1791–1814 von den politischen Errungenschaften, die man heute sehr differenziert bewerten muß, mehr als in anderen Ländern in das folgende Halbjahrhundert gerettet wurden: die bleibende republikanische Verfassung wird nach der Niederlage bei Sedan am 1.9.1870 dem französischen Volk aus den Händen Bismarcks und Wilhelms von Preußen gebracht. Die Republik selber wird 1918 zurückschlagen und sowohl die Hohenzollern wie die Habsburger die Throne kosten.

Aber auch diesen neuen zwischen Moskau und Lissabon nun entstandenen demokratisch-republikanischen Staaten ist, mit historischem Zeitmaßstab gemessen, ein kurzes Leben beschieden. Sie müssen allzubald autoritären oder diktatorischen Regimen Platz machen. In dieser tragischen und blutigen Epoche fallen die bürgerlichen Freiheitsrechte weit hinter 1848 zurück. Mit dem Ausgang des Zweiten Weltkrieges und dem Jahr 1989 ist die Sorge und das Bemühen um eben diese Freiheitsrechte keineswegs ausgestanden oder abgeschlossen.

Dies nicht nur aus realpolitischer Bewertung heraus; in vielen freiheitlich verfaßten Ländern ist ein wachsendes Defizit an bürgerlichen – hier nicht als Klasse verstanden – Rechten festzustellen.Die fortschreitende Entmündigung des Bürgers trägt vorrangig zwar nicht die rigorosen oder gar gewalttätigen Züge revolutionärer Übermächtigung. Sie ist deshalb doppelt gefährlich, weil man sie demokratisch zu legitimieren versucht.

Bei einer gesetzlich gar nicht bestehenden Zensur kann die Zensur des

Totschweigens und Ausgrenzens viel wirksamer sein als jede Bücherverbrennung. Solche haben im übrigen alle Revolutionen begleitet.

Es ist kein Zufall, daß sich neben vielen anderen auch ein akademischer Verlag zu Wort meldet. Auf gesamtdeutschem Boden, doch nicht dort allein, haben akademische Lehrer und Studenten eine führende Rolle gespielt, welchem Umstand auch durch die Auswahl der Einzelbeiträge Rechnung getragen werden soll. Die Burschenschaftsbewegung ist von der „48-er"-Revolution schlechthin nicht zu trennen. Das ist auch an ihrem Anteil an den Blut- und Freiheitsopfern abzulesen.

Man wird zu Recht bemängeln, daß die soziale Wurzel dieser Revolution im Buche zu kurz gekommen ist. Dabei ist es natürlich gar keine Frage, daß in der Tiefenströmung Armut und Elend eines städtischen Proletariates, der fronenden Bauern und der in die Industriezentren weichenden Bauernkinder wichtige Schubkräfte waren. Doch war die Arbeiterschaft, die sogenannten Werktätigen, noch in ihren organisatorischen Kinderschuhen. Karl Marxens und Friedrich Engels' Kommunistisches Manifest erscheint 1848. Marx hat die „Revolution des Volkes", in Wien etwa, buchstäblich versäumt. Er ist auf ihrem blutigen Schauplatz als Berichterstatter – nicht als Kämpfer – erst erschienen, als Windischgrätz die bürgerliche Nationalgarde und den „Pöbel" durch kroatische Soldaten niederderkartätschen ließ. Im wesentlichen war Marxens Rolle darauf beschränkt, das Scheitern der Revolution zu kommentieren.

Was aber aus der Sicht der Herausgeber in diesem Buche Vorrang haben sollte, weil gerade dadurch ein Denkanstoß geliefert wird, war das Herausarbeiten von Umständen, die zum Scheitern der Revolution beigetragen haben dürften. Diese Revolution basierte nicht auf dem Hunger ihrer führenden Personen – soziologisch weisen sie manch Vergleichbares mit den Handelnden der „Studenten-Revolution", wenn sie diesen Namen verdient, der Jahre 1968 und folgend auf.

Freiheit oder Unfreiheit können nicht am Pro-Kopf-Einkommen eines Volkes gemessen werden, wenngleich Armut in der Regel der Zwilling der Unfreiheit ist. Unfreiheit gedeiht nicht zuletzt im allgemeinen Wohlstand, indem das Freiheitsbedürfnis vom Sicherheits-, Versorgungs- und Genußstreben aufgesogen wird.

Es ist 1848/49 nicht gelungen, die zwei Hauptanliegen der Revolution zur Deckung zu bringen: die Forderung nach Beendigung eines Zustandes der Nation, der im wesentlichen das Ergebnis des Westfälischen Friedens von 1648 und des Wiener Kongresses von 1815 bzw. der ihm folgenden Heiligen Allianz war. Hier haben die Geister sich sehr bald geschieden. Die einen wollten eine Verfassung im Rahmen bestehender „Legitimität", die anderen drängten auf eine „linke" Republik, weil sie allein darin die Möglichkeit einer Durchsetzung auch ihrer sozialen Ziele sahen. Die einen wollten den von allen nicht-deutschen Völkern und Stämmen „gereinigten" großdeutschen Nationalstaat; die anderen suchten kleindeutsche Lösungen unter jeweils preußischer oder österreichischer Hegemonie.

Dieser Konflikt hat in der Person des ersten gewählten Reichsverwesers, des Erzherzogs Johann, Gestalt angenommen. Die überwiegend republikanisch und großdeutsch gesinnten Studenten wurden bald seine erbittertsten Feinde, während ihn das Haus Habsburg nach dem „Sieg der Reaktion“ zur Unperson machte. So war es den Kräften der Restauration ein Leichtes, die Lager aufzuspalten und den wachsenden Zwiespalt für die Verteidigung des Status quo zu nutzen.

Die Entartung des in der Paulskirche sich rasch herausbildenden Partei(un-)wesens wird das Ihrige dazu ergänzen. So mußten die „Konstitutionellen“ bis 1867, die Republikaner bis 1918 warten. Eine der aus der 1848-Revolution hervorgegangenen politischen Gruppierungen, heute als nationalfreiheitlich zu umschreiben, hat am längsten und schließlich allein am Gedanken des geschlossenen deutschen Nationalstaates festgehalten. Er ist heute aus mehreren Gründen keine vertretbare politische Option.

Einmal haben die Anschlußverbote des Diktatfriedens von St. Germain von 1918 und des Staatsvertrages von 1955 völkerrechtlich – Selbstbestimmungsrecht hin oder her – ihn obsolet gemacht. Zum anderen ist, was 100 Jahre – vor allem in Österreich bis in die dreißiger Jahre – Programm aller demokratischen Parteien (die Kommunisten kann man wohl schlecht darunter mitverstehen) war, nach 1945 zum strafrechtlichen Tatbestand geworden. Dies nicht etwa bei einschlägigem Handeln sondern bereits als programmatische Aussage.

Damit knüpfen wir bei einer tragenden Idee des Jahres 1848 an. Die staatliche Eigenständigkeit der Zweiten Republik wird von uns nicht im geringsten in Zweifel gezogen. Wir halten es für nützlich und erforderlich, der Nationalstaatsidee als solcher historische Gerechtigkeit widerfahren zu lassen. Das Dritte schließlich, weil nationalstaatliches Argumentieren von den politisch entscheidenden und mit demokratischer Handlungsvollmacht ausgestatteten politischen Kräften nicht nur abgelehnt, sondern mit allen, auch sehr undemokratischen Mitteln, bekämpft wird.

Es schien daher notwendig, zur Steuerung der geschichtlichen Wahrheit diese Seite der 48-er Revolution deutlich zu machen und einer Interpretation entgegenzutreten, welche die eine und damals wichtigere Hälfte der Revolution verleugnen oder wenigstens verdrängen möchte: die des „deutschen Vaterlandes“.

Man hört den Einwand, die nationalstaatliche Ordnung habe sich als unfähig erwiesen, eine eurpäische Ordnung herzustellen oder aufrechtzuerhalten. Sie sei im Gegenteil für die beiden säkularen Katastrophen des zu Ende gehenden Jahrhunderts verantwortlich. Hält dieser Einwand einer vorurteilsfreien historischen Prüfung im Rückblick auf 1848 stand?

Der häufigste heute vertretene Einwand geht dahin, daß die nationalstaatliche Ordnung einer europäischen weichen müsse, denn allein auf einer solchen könne eine dauerhafte Friedensordnung gegründet werden. In diesem Zusammenhang muß betont werden, daß die sich vorrangig als nationale verstehende „48er“- Bewegung ausgesprochen europäisch gesinnt war und so auch nachweisbar gehandelt hatte. Im Gegensatz zu 1789, wo zwar die Menschenrechte verkündet, sie jedoch inner- und außerhalb der französischen Grenzen mit Füßen getreten wurden, war 1848 ein trans- und supranationales Ereignis. Vom Hambacherfest bis zur Paulskirche wurde übernationale Solidarität gepredigt und geübt.

Das Buch will demnach in der Auseinandersetzung mit zeitgeistigen Strömungen und der im Gang befindlichen Auflösung der Nationalstaaten, gleich ob diese durch identitätszerstörende Einwanderung oder den Ausverkauf nationaler Souveränität betrieben wird, an die Ideale des Jahres 1848 erinnern. Es soll zugleich vor einer Entwicklung warnen, die die Freiheit verstaatlicht, oder richtiger und schlimmer, die bürgerliche Freiheit im Wohlfahrtsüberstaat abzuwürgen droht.

Wer sich heute auf 1848 beruft, darf keine geistige Kernspaltung versuchen, indem er die Freiheits- von der Volksidee trennt! Das hat schon Ignaz Kuranda, Herausgeber des in Leipzig erscheinenden ‚Grenzboten' und späterer Abgeordnete der Paulskirche, bündig ausgedrückt (zit.n.L.Höbelt): „Die Freiheit und die Nationalität! Für uns sind diese beiden Worte synomym!"

Otto Scrinzi

I

GEORG FRANZ-WILLING

1848 in Deutschland

Eine Revolution im Überblick

Benjamin Disraeli (1804–1881), seit 1876 Earl of Beaconsfield, veröffentlichte vier Jahre vor Ausbruch der 48-er Revolution den Roman „Coningsby“; dort schrieb er: *„Die mächtige Revolution, die sich zur Stunde in Deutschland vorbereitet und die tatsächlich eine zweite und größere Reformation sein wird, von der bis jetzt noch so wenig in England bekannt ist, entwickelt sich gänzlich unter der Lenkung von Juden, die nahezu ein Monopol auf die Lehrstühle in Deutschland haben... Du siehst also, mein lieber Coningsby, daß die Welt von recht verschiedenen Personen regiert wird, als diejenigen glauben, die nicht hinter die Kulissen sehen.“*

Der Umsturzversuch im Deutschen Bunde, dem völkerrechtlichen Nachfolger des unter dem Sturm der Französischen Revolution im Jahre 1806 untergegangenen Heiligen Römischen Reiches Deutscher Nation, ging wie jener von 1830, wieder auf französische Anregung zurück. Und worum ging es? Das deutsche Bürgertum strebte nach Anteil an der politischen Macht, die gemäßigte Richtung nach einer konstitutionellen Monarchie, die radikale nach der Republik, um die Neugestaltung des politischen, wirtschaftlichen, gesellschaftlichen Lebens, um die Abschaffung der feudal-absolutistischen Herrschaft, gestützt auf Thron und Altar, auf Adel und Geistlichkeit, um den Aufstieg vom Untertanen zum Bürger.

Die herrschende geistige Strömung seit der großen Französischen Revolution (1789–1815) war in Europa der Liberalismus = das Streben nach Freiheit, gestützt auf Grundrechte und Gewaltenteilung.

In Westeuropa hatte das Bürgertum, der Dritte Stand, bereits die Macht ergriffen: in Frankreich hatte sich im Zuge der Revolution gleich zu Beginn der Dritte Stand zur Nation proklamiert, und nach dem Zwischenspiel der Restauration hatte die Bourgeoisie 1830 endgültig die Macht ergriffen. In England, dem Ausgangspunkt der Industriellen Revolution, hatte die Wahlreform von 1832 der oberen Schicht des kapitalistischen Bürgertums zur Anteilnahme an der politischen Macht verholfen.

Die liberale Bewegung im deutschen Volke nahm entsprechend der allgemeinen europäischen Entwicklung seit den dreißiger Jahren an Umfang und Stärke zu; die Umwälzung ging von der demokratischen Südwestecke Deutschlands aus, besonders von Baden. Im alemannischen Raum hatte die alte deutsche Freiheit von jeher ihre stärksten Stützen. Es war kein Zufall, daß das Musterland der Volksherrschaft um die Wende vom Mittelalter zur Neuzeit, die Schweiz, entstanden war; am Ende des dreißigjährigen Krieges wurde sie unabhängig. Neben den Anregungen aus der nachbarlichen Schweiz wirkten auf den südwestdeutschen Raum auch die französischen Revolutionseinflüsse stark ein, in den Rheinbundstaaten hatten sich entsprechende Ansätze zu einem neuzeitlichen Verfassungsleben entwickelt. In Baden wurden die Errungenschaften der Revolution durch eine freisinnige Regierung schon in den Jahren 1846/47 vorweggenommen; noch vor Ausbruch der französischen Revolution am 23. Februar 1848 stellte der Abgeordnete Bassermann im badischen Landtag am 12. Februar 1848 den Antrag auf Berufung einer verfassunggebenden deutschen Nationalversammlung. Die liberale Bewegung spaltete sich in Baden bereits 1846/47 in einen gemäßigten und einen radikalen Flügel; das war somit ein Ansatzpunkt für die kommende Bildung von Parteien. Die Radikalen forderten auf der Versammlung in Offenburg im September 1847 unter der Führung von Friedrich Hecker und Gustav von Struve Pressefreiheit sowie Gewissens-, Lehr- und Meinungsfreiheit, Vereidigung des Militärs auf die Verfassung, Geschworenengerichte, Abschaffung aller Standesvorrechte und zielten auf die Errichtung einer Republik hin. Die Gemäßigten versammelten sich im Oktober 1847 in Heppenheim; nicht nur führende Vertreter des badischen Liberalismus (Bassermann, Mathy), sondern auch aus Württemberg (Römer), Rheinhessen (Heinrich von Gagern), Nassau und Preußen kamen bekannte Vertreter des Liberalismus. Die Heppenheimer Versammlung strebte die Berufung einer verfassunggebenden Nationalversammlung an.

Alemannischer Freiheitsdrang

Am 5. März 1848 trafen sich 51 freisinnige deutsche Männer in Heidelberg, darunter allein zwanzig Badener (Bassermann, Mathy, Welcker usw.), sieben Rheinhessen unter Führung Heinrich von Gagerns, neun Württemberger, einige Vertreter aus Bayern, Nassau, Frankfurt, ferner vier aus Preußen (Hansemann usw.) und ein Österreicher. Diese Männer hatten sich aus rein persönlichem Interesse am deutschen Schicksal zusammengefunden, kein amtlicher Auftrag einer Regierung oder eines Fürsten hatte sie dazu veranlaßt. Diese Versammlung beschloß, die Einberufung eines gesamtdeutschen Parlamentes bei den Regierungen anzuregen und zu diesem Zwecke ein Vorparlament zur Beratung einzuberufen. Es wurde ein Siebener-Ausschuß eingesetzt, der die Zusammenkunft des Vorparlamentes für den 30. März in Frankfurt/Main ansetzte. Eingeladen wurden „alle früheren und oder gegenwärtigen Ständemitglieder und Teilnehmer gesetzgebender Versammlungen in allen deutschen Landen".

Das Vorparlament versammelte sich am 31. März 1848 im Römer in Frankfurt und zog dann in die Paulskirche; dort tagte es bis zum 5. April: Es beschloß die Wahl einer verfassunggebenden deutschen Nationalversammlung auf Grund des allgemeinen, gleichen und unmittelbaren Wahlrechts.

Das erste deutsche Parlament versammelte sich dann zu Frankfurt am 18. Mai 1848 in der Paulskirche. Insgesamt trafen sich vierhundert Vertreter des ganzen deutschen Volkes, um die nationale Einheit in verfassungsmäßiger Freiheit zu verwirklichen. Am 29. Mai wurde der volkstümliche Erzherzog Johann zum Reichsverweser gewählt und eine provisorische Reichsregierung eingesetzt.

Die Umsturzbewegung war im März 1848 wie ein Frühlingssturm durch ganz Deutschland gebraust und hatte sich im ersten Ansturm in allen Hauptstädten der einzelnen deutschen Staaten mehr oder weniger erfolgreich durchgesetzt. Für die gesamte Entwicklung der liberalen Bewegung, für diesen ersten Versuch des deutschen Volkes, sein Schicksal selbst zu gestalten, wurde der Gang der Ereignisse in den Hauptstädten der beiden deutschen Großmächte bestimmend, Wien und Berlin, vor allem in Wien, der Hauptstadt der Präsidialmacht des Deutschen Bundes, dem Regierungssitz des habsburgischen Kaiserhauses. Dort hatte die Märzbewegung ihre drei Hauptforderungen: Rücktritt Metternichs, Pressefreiheit, Bürgergarde ohne Schwierigkeiten durchgesetzt, ebenso die Einberufung einer verfassunggebenden Versammlung für das österreichische Kaiserreich.

Die überlieferten fürstlich-absolutistischen Regierungsgewalten der Einzelstaaten wichen vor der elementaren Volksbewegung anfangs überall zurück und bewilligten die Forderungen der gemäßigt Liberalen, die im allgemeinen die Gewährung einer Verfassung mit Gewaltenteilung und Grundrechten verlangten. Das Überhandnehmen radikaler Strömungen mit anarchistischen Ausschreitungen und republikanischen Bestrebungen förderte jedoch die Reaktion der alten Gewalten. Der Appell der Radikalen an die Ge-

Die verfassunggebende Versammlung in ihrer Sitzung am 12. Juli 1848 in der Frankfurter Paulskirche

walt des bewaffneten Volksaufstandes löste auf der Gegenseite den Einsatz der militärischen Streitkräfte aus. Das Militär war die einzig verläßliche Stütze der fürstlichen Autorität geblieben; der Ausgang der Revolution wurde letzten Endes durch militärische Macht entschieden. In Berlin wurde das Ansehen des Königtums durch die schwächliche Haltung des Königs schwer geschädigt; Preußen war unter König Friedrich Wilhelm IV (1840-1858) der Führungsaufgabe in der deutschen Frage nicht gewachsen. So blieb das Gesetz des Handelns bei Österreich.

Das österreichische Kaiserreich und die europäischen Großmächte, vor allem Rußland als Vormacht der Heiligen Allianz und Reaktion, entschieden über das deutsche Schicksal.

Eine der ersten Aufgaben, deren sich das deutsche Parlament in Frankfurt bereits im Juni 1848 annahm, war die Schaffung einer deutschen Flotte. Der Rechtsbruch der Dänen, die Schleswig dem dänischen Königreich einverleiben wollten, führte zum Kriege 1848 bis 1850, Preußen nahm die Interessen Schleswig Holsteins und des Deutschen Bundes wahr, preußische Truppen marschierten nach Jütland. Die allgemeine nationale Begeisterung hatte schon vor dem Zusammentritt des deutschen Parlamentes den 50-er Aussschuß in Frankfurt zur Bildung einer Kommission veranlaßt, die sich mit der Schaffung einer deutschen Kriegsflotte befaßte. Vor allem die Küstenstädte, die durch die dänische Blockade der deutschen Küsten und den Kaperkrieg gegen die deutsche Handelsschiffahrt schwer geschädigt wurden, betrieben mit Eifer den Bau einer Kriegsmarine; auch in diesem Falle kam die Anregung unmittelbar aus dem Volke wie bei der Berufung der Nationalversammlung, und von privater Seite wurden auch erhebliche Spenden aufgebraucht. In der Paulskirche wurde daher beinahe einstimmig der Beschluß gefaßt, die Summe von sechs Millionen Talern für den Bau einer Kriegsmarine aufzubringen.

Preußen war um dieselbe Zeit mit der Errichtung einer preußischen Kriegsmarine beschäftigt (seit 1835). Prinz Adalbert von Preußen trat in seiner vom preußischen Kriegsministerium geforderten Stellungnahme für eine deutsche Flotte ein, unter Aufgabe der Pläne zum Aufbau einer preußischen Kriegsmarine. Der König von Preußen genehmigte darauf am 24. Oktober 1848 den Grundsatz einer rein deutschen Flotte.

Die Nationalversammlung in der Paulskirche beriet nach der Wahl des Reichsverwesers sofort die Schaffung einer Reichsverfassung. Vorbild war ihr vornehmlich die Verfassung der Vereinigten Staaten von Amerika, denn das Ziel war die Schaffung eines Bundesstaates. Die Einigung über die Grundrechte war rasch erzielt. Dagegen standen die Väter der Verfassung vor schier unüberwindlichen Schwierigkeiten hinsichtlich der Gestaltung der Reichsgewalt. In dieser Frage stießen sie auf den Widerstand der tatsächlichen Inhaber der staatlichen Macht, vor allem Österreichs und Preußens. Die deutsche Volksvertretung verfügte über keinerlei Machtmittel, um ihren Willen durchzusetzen; es fehlte ihr Geld, Polizei, Militär, die Macht lag in den Händen der alten staatlichen Gewalten, sie lag bei den europäischen Großmächten. Sie aber verurteilen – wie schon 1815 auf dem Wiener Kongreß – die Bemühungen des deutschen Volkes um Einheit und Freiheit zum Scheitern. Der Führer der

Konservativen Partei Englands, Disraeli, erklärte, „von dem Unsinn einer deutschen Nationalität“ wolle er nichts wissen.

Trotz aller Schwierigkeiten wurde das Verfassungswerk in erstaunlich kurzer Zeit abgeschlossen und von der Nationalversammlung in der Paulskirche am 27. März 1849 angenommen, gleichzeitig mit dem Antrag, dem König von Preußen die erbliche Kaiserwürde anzubieten. Inzwischen aber waren die Würfel über das Schicksal der deutschen Volksvertretung und den Versuch des deutschen Volkes, aus eigener Kraft seine Zukunft zu gestalten, schon gefallen.

Aufstieg des vierten Standes

Innenpolitisch hatte das Überhandnehmen radikaler republikanischer Bestrebungen in Wien und Berlin zu wachsenden Ausschreitungen des Pöbels und teilweise zu anarchistischen Zuständen geführt, so daß die Aufstände der republikanischen Linken in Frankfurt, Wien und Berlin mit militärischer Gewalt niedergeschlagen werden mußten. Der vierte Stand, das industrielle Proletariat begann sich zu erheben. Karl Marx und Friedrich Engels hatten um die Jahreswende 1847/48 das Kommunistische Manifest verfaßt als Programmschrift für die Machtergreifung und Diktatur des Proletariats. Der vierte Stand, die Fabrikarbeiter, machte sich unter Führung radikaler Intellektueller als aufsteigende gesellschaftliche Macht bemerkbar.

Die erfolgreiche Niederwerfung der Aufstände durch militärische Gewalt stärkte die ins Wanken geratene fürstliche Autorität wieder. So wurden die Volksvertretungen in Wien und Berlin Ende des Jahres 1848 aus den Hauptstädten verbannt und schließlich aufgelöst, in Preußen am 5. Dezember 1848, in Österreich am 7. März 1849. Preußen erhielt am gleichen Tage eine oktroyierte Verfassung, in Österreich war am 4. März 1849 eine zentralistische Gesamtstaatsverfassung von der Regierung Schwarzenberg eingeführt worden.

Die Entscheidung in Österreich übte auf den Gang der Ereignisse im Deutschen Bund entscheidenden Einfluß aus. Das Verlangen nach nationaler Freiheit drohte das habsburgische Vielvölkerreich zu zerstören. Zwar war es dem Feldmarschall Fürst Windischgrätz im Juni 1848 gelungen, den Aufstand der Tschechen in Prag niederzuschlagen, und Feldmarschall Radetzky hatte einen glänzenden Sieg über die aufständischen, von Piemont unterstützten Italiener bei Custozza im Juli 1848 errungen. Windischgrätz hatte auch die Wiener Oktoberrevolution bezwungen. Sein Schwager, Fürst Felix Schwarzenberg, ein entschlossener Gegner aller liberalen Bestrebungen, übernahm die Regierung in Wien. Der schwachsinnige Kaiser Ferdinand wurde abgesetzt, der achtzehnjährige Franz Josef im Dezember 1848 auf den Thron erhoben. Fürst Schwarzenberg führte dann die erwähnte Verfassung ein und löste gewaltsam den Wien-Kremsierer Reichstag auf – der „miserablen Kammer“, wie er verächtlich das Parlament nannte, den Garaus zu machen, war von Anfang an seine Absicht gewesen. Schließlich brachte er auch das Frankfurter Parlament zum Scheitern durch seine Forderung nach Aufnahme des gesamten Kaiserstaates in das neu zu gestaltende Deutschland. Da aber die Frankfurter Verfassung nur für die Länder des deutschen Bundes galt - Ungarn, Galizien, Lombardo-Venetien hatten weder zum Deutschen Bund noch zum alten Deutschen Reich gehört – löste er mit dieser Forderung die entscheidende Krise in der Paulskirche aus: die Mehrheit stimmte daher für die erbkaiserliche Würde des Königs von Preußen und damit für die kleindeutsche Lösung. Der König von Preußen lehnte die Kaiserkrone ab.

Die Vertreter des deutschen Volkes in der Paulskirche standen nun vor der Entscheidung, ihr Verfassungswerk durch einen Aufruf an das deutsche Volk gewaltsam durchzusetzen oder sich mit dem Scheitern ihres Werkes abzufinden und still nach Hause zu gehen. Für die letztere Lösung entschied sich die Mehrheit der Abgeordneten, die Radikalen aber beschlossen, beisammen zu bleiben und verlegten den Sitz ihrer Tätigkeit nach Stuttgart. Sie strebten nun die republikanische Lösung, die Vertreibung der Fürsten an als unerläßliche Voraussetzung der nationalen Einheit in verfassungsmäßiger Freiheit. Die Aufstände in Baden und Sachsen wurden vornehmlich von preußischen Truppen niedergeschlagen, das Rumpfparlament wurde am 18. Juni 1849 zwangsweise aufgelöst. Ein großer Teil der republikanischen Demokraten und Führer der Aufstände flüchtete nach Amerika, darunter auch Karl Schurz.

Allegorie auf die Bezwingung der Revolutionshydra durch das Bündnis zwischen Franz Joseph I. und Zar Nikolaus I. Die Lanze des österreichischen Kürassiers trägt die Inschrift „Einiges, freies, mächtiges Österreich", die des Kosaken die Worte „Nieder mit euch, ihr Roten". Die Köpfe der hingerichteten Revolutionäre Blum, Messenhauser, Becher und Jellinek sind bereits abgehauen; als nächste Opfer der gegenrevolutionären Justiz sind Görgey, Manin, Bem, Goldmark, Kossuth, Füster, Dembinski, Fenneberg und Perczel bezeichnet.

Die kaiserliche Regierung hatte die Aufstände in Prag, in Oberitalien, in Wien mit zuverlässigen Truppen niederwerfen und aufgrund dieser Erfolge auch den Parlamenten in Wien-Kremsier und Frankfurt den Todesstoß versetzen können. Aber mit dem ungarischen Aufstand wurde sie aus eigener Kraft nicht fertig. Im Rahmen der Heiligen Allianz rief sie die Hilfe Rußlands an. Der Zar schickte ein Heer von 150.000 Mann, das zusammen mit den österreichischen Truppen das ungarische Heer besiegte. „Ganz Ungarn liegt Euer Majestät zu Füßen!" meldete der russische Befehlshaber stolz dem Zaren. In Ungarn wurde eine harte Militär-Diktatur errichtet. Ein Teil der Führer des ungarischen Aufstandes war in die Türkei geflüchtet, nicht wenige auch nach Amerika, darunter Kossuth.

Die russische Intervention hatte verhängnisvolle Folgen für die weitere politische Entwicklung im deutschen Mitteleuropa. Zar Nikolaus I. war nun der tatsächliche Herr über Mitteleuropa.

Ähnlich schmachvoll hatte auch der Krieg gegen Dänemark geendet infolge der jämmerlichen Haltung des preußischen Königs, der die preußischen Truppen aus Jütland zurückgezogen hatte. Die Dänen erhielten einen vorteilhaften Waffenstillstand; die Schleswig-Holsteiner konnten sich allein gegen die dänische Übermacht trotz tapferer Gegenwehr nicht behaupten. Die Großmächte Rußland, England, Frankreich erkannten die dänischen Ansprüche mit dem Londoner Protokoll vom 8. Mai 1852 an, das auch die beiden deutschen „Groß"mächte unterzeichnen mußten.

Sieg der Reaktion

Schlußbetrachtung: Wie im Jahre 1815 auf dem Wiener Kongreß, so war auch in den Jahren 1848/49 die Hoffnung des deutschen Volkes auf nationale Einheit in verfassungsmäßiger Freiheit von den Großmächten zunichte gemacht worden. Die Revolution als Versuch des deutschen Bürgertums, Anteilnahme an der politischen Macht zu gewinnen, war mißglückt. Der Deutsche Bund unter Vorsitz Österreichs wurde wieder hergestellt, nachdem Preußens Bemühungen um eine Union am Widerstand Österreichs und Rußlands gescheitert waren und die Westmächte auch den Mitteleuropaplan abgelehnt hatten. Lediglich die Vereinigten Staaten von Amerika hatten eine verständnisvolle Haltung der deutschen Volksvertretung in der Paulskirche gegenüber eingenommen: sie hatten ihren Berliner Gesandten auch für Frankfurt beglaubigt und den preußischen Gesandten in Washington als Reichsgesandten und Vertreter der Frankfurter Nationalversammlung anerkannt.

Der berühmte Wiener Satiriker Johann Nestroy (1801-1862) kommentierte die Revolution und ihr Ergebnis wie folgt:

„Das Volk ist ein Ries' in der Wieg'n, der erwacht, aufsteht, herumtorkelt, alles z'samtritt und am End' wo hinfällt, wo er schlechter liegt als in der Wieg'n."

Zum Nachspiel der gescheiterten Revolution bemerkte er mit bissigem Humor:

„Nach Revolutionen kann's kein richtiges Strafmaß geben. Dem Gesetz zufolge verdienen so viele Hunderttausende den Tod – natürlich – das geht nicht; aber's wird halt einer auf lebenslänglich erschossen, der andere auf fünfzehn Jahr eing'sperrt, der auf sechs Wochen, noch ein anderer kriegt eine Medaille – und im Grunde haben's alle das Nämliche getan."

Benjamin Disraeli, Führer der konservativen Partei Englands seit 1848, brachte vier Jahre nach der Revolution seine Biographie Lord Bentinck's 1852 heraus. Dort nahm er wie folgt zu den Ereignissen in Europa Stellung: „*Eine Empörung findet statt gegen Tradition und Aristokratie, gegen Religion und Besitz. Vernichtung des semitischen Prinzips, Ausrottung der jüdischen Religion, sei es in der mosaischen oder christlichen Form, die natürliche Gleichheit der Menschen und die Abschaffung des Besitzes werden von den geheimen Gesellschaften proklamiert, welche provisorische Regierungen bilden, und Männer vom jüdischen Stamme finden sich an der Spitze jeder derselben. Das Volk Gottes handelt in Gemeinschaft mit Atheisten, die erfolgreichsten Sammler von Besitzthum verbinden sich mit Kommunisten; das eigenthümliche und auserwählte Geschlecht wechselt den Händedruck mit dem Abschaum und den niedrigen Kasten Europa's. Und dies alles, weil sie jenes undankbare Christentum zu vernichten wünschten, welches ihnen selbst seinen Namen verdankt und dessen Tyrannei sie nicht länger ertragen können. Als die geheimen Gesellschaften im Februar 1848 Europa überraschten, wurden sie selber von der unerwarteten Gelegenheit überrascht, und so wenig fähig waren sie, die Gelegenheit zu ergreifen, daß, wären nicht die Juden gewesen, die sich in den letzten Jahren unglücklicherweise diesen unheiligen Gesellschaften angeschlossen hatten, so schwach auch die Regierungen waren, der unaufgeforderte Ausbruch Europa nicht würde verwüstet haben. Aber die feurige Energie und die reichen Hilfsquellen der Kinder Israel's unterhielten eine lange Zeit den unnöthigen und nutzlosen Kampf. Wenn der Leser seinen Blick auf die in dieser Periode gebildeten provisorischen Regierungen Deutschland's und Italien's und selbst Frankreich's wirft, wird er überall das jüdische Element erkennen.*"

LOTHAR HÖBELT

Die Revolution 1848

Um Einheit, Freiheit und Verfassung

Auf 1848 berufen sich alle und doch niemand so ganz. Das hat seinen Grund nicht bloß in mangelndem Traditionsbewußtsein oder dem modisch-geschmäcklerischen Umgang mit der Vergangenheit und ihrem Erbe, sondern auch darin, daß es 1848 mehrere Revolutionen gegeben hat. Den ursprünglichen Idealen von 1848 waren nicht alle von ihnen zuträglich.

Diese Ideale, die sogenannten Märzforderungen, die zu Märzerrungenschaften wurden, waren Pressefreiheit und Geschworenengerichte, der Ruf nach einer Verfassung, wo es – wie z. B. in Österreich – noch keine gab; außerdem Volksbewaffnung als Sicherung gegen anarchische Zustände wie gegen konterrevolutionäre Putschabsichten. (Teil dieser Volksbewaffnung war auch die Akademische Legion, die nicht bloß Studenten, sondern auch Absolventen der Universität umfaßte.) Durchgesetzt wurden diese Forderungen in der Regel ohne größere Kämpfe (nur in Berlin gab es im März hunderte Tote). In den Kleinstaaten war der Druck der Volksversammlungen unwiderstehlich; in Österreich verhinderte der finanzielle Kollaps ein Aufbäumen des alten Regimes. Auf den Punkt gebracht: Man konnte die Leute, die als Bürgen für neue Anleihen dienen sollten, nicht einfach zur Verhaftung ausschreiben. Das war die bürgerliche Revolution, das pantomimische Gefecht. Nicht weil die „Bourgeoisie" in Massen auf die Straße ging; sondern weil das Publikum dem alten Regime das Vertrauen entzogen hatte: Der Verfall der Kurse war da ein äußerst beredtes Mißtrauensvotum auch für ein Regime, das kein Mißtrauensvotum kannte.

Das Resultat waren liberale Verfassungen im Inneren und ein Integrationsschub für Deutschland: Ein Näherrücken der deutschen Staaten, das auch den Zweck verfolgte, innenpolitische Abweichungen – sei es in absolutistischer oder republikanischer Richtung – hintanzuhalten. Im Westen Deutschlands witterte man dabei die Gefahr von links, im Osten von rechts. Ein Mittel und ein Resultat dieser Stabilisierungsphase war die Wahl der ersten und einzigen aus freien Wahlen hervorgegangenen gesamtdeutschen Nationalversammlung, die den Burschenschafter und Reichsfreiherrn Heinrich v. Gagern zu ihrem ersten Präsidenten wählte und an die „Spitze" der provisorischen Zentralgewalt Deutschlands im Juni Erzherzog Johann stellte. In dem Reichsministerium, das Johann ernannte, fiel dem Österreicher Anton v. Schmerling bis zum Dezember 1848 die führende Rolle zu.

Inzwischen war eine zweite Revolution zu verzeichnen, die auf Wien beschränkt blieb oder zumindest nur dort Erfolg zeitigte: Am 15. Mai 1848 kam es zur sogenannten „Sturmpetition", dann zu den „Barrikadentagen" am 26. Mai. Ausgangspunkt dafür war, daß in Österreich eine Verfassung zwar in Aussicht gestellt worden war, über ihre konkreten Bestimmungen aber noch keine Einigkeit herrschte; daß in der österreichischen Regierung immer noch eine Reihe von Männern des alten Regimes saßen; daß über den Willen der Regierung zur deutschen Integration berechtigte Zweifel herrschten.

Das Mißtrauen gegen die Regierung war also nicht ganz unverständlich. In diesem Machtvakuum der Übergangszeit war andererseits die Verlockung groß, mit der Hilfe der Straße, der sogenannten „Katzenmusiken" weitere Zugeständnisse zu erpressen, unliebsame Minister zum Rücktritt zu bewegen etc., was alles mit verfassungsmäßigem Gebahren ebenfalls schwer in Einklang zu bringen war. Als die Regierung im Gegenzug Ruhe und Ordnung wiederherstellen und dabei die Akademische Legion auflösen wollte, kam es zur „Mairevolution": Der Hof floh nach Innsbruck, die Regierung kapitulierte und übergab die Macht in Wien einem Sicherheitsausschuß, in dem Vertreter der Akademischen Legion ein gewichtiges Wort mitsprachen.

Ministerpräsident Pillersdorff und sein Kabinett „wichen der Gewalt", weil sie auf eine politische Entsatzarmee hofften, die das Gleichgewicht wieder herstellen würde, den Reichstag; andere hofften auf Frankfurt und auf Erzherzog Johann.

Wien war damit die Hauptstadt Deutschlands, wo die Äußerste Linke die Macht übernommen hatte. Wien geriet damit freilich auch in Isolation. Überall sonst waren die Versuche gescheitert (z. B. in Baden, später auch in Prag), der Revolution nach dem März eine radikalere Richtung zu geben, nur in Wien nicht. Der Prager Statthalter Graf Thun, der Landeskommandant Fürst Windisch-Graetz; die ständischen Landtage in den Provinzen gehorchten einer Regierung nicht mehr, die sie bloß für eine Geisel der revolutionären Bewegung in Wien ansahen. Das hieß aber auch: In den Monaten, wo es für Österreich noch ein leichtes gewesen wäre, seine Führungsrolle in Deutschland zu untermauern, gab es wochenlang keine handlungsfähige österreichische Regierung.

Wien – Hauptstadt der Revolution

Es dauerte bis in den August, bis die Regierung in Wien wieder Fuß faßte: Inzwischen hatte Radetzky seine Siege gegen die italienische Einigungsbewegung errungen, in Wien wurde der Sicherheitsausschuß aufgelöst. Als Organ der öffentlichen Kontrolle der Regierung diente jetzt ja der Reichstag, der in der Hofreitschule tagte.

In dieser Phase der Achtundvierziger Bewegung entwickelten die nationalen Gegensätze innerhalb der Habsburgermonarchie ihre Dynamik: Für die Regierenden ergaben sich da phänomenale Gelegenheiten zu einer Strategie des „Teile und herrsche!"

Bisher war man davon ausgegangen, daß Ungarn zwar die Habsburger als Könige anerkennen, aber eine eigene Regierung und Verwaltung behalten würde, während der westliche Teil der Monarchie in ein engeres Verhältnis zu Deutschland treten würde. Diese Unabhängigkeit der Ungarn von der Wiener Regierung wurde jetzt zunehmend in Frage gestellt: Man peilte eine „Gesamt-Monarchie" an, die zentralistisch von Wien regiert werden sollte. Das bedeutete Kämpfe mit Ungarn; das bedeutete auch, daß diese Gesamt-Monarchie entweder nur als ganzes oder gar nicht an der deutschen Einigung teilnehmen konnte.

Wenn man sich die Schwierigkeiten vergegenwärtigt, die da heraufdämmerten, war es verständlich, warum „die Wiener“ die Zeichen an der Wand erkannten und sich gegen den Aufmarsch der Truppen gegen Ungarn zur Wehr setzten. Die Oktober-Revolution war keine soziale Revolution der Arbeiterschaft, wie manchmal zu lesen ist. Sie war eine präventive Revolution gegen die Machenschaften der Regierung, die sich in einem rechtsfreien Raum abspielten. Die Ermordung des Kriegsministers Latour soll damit keineswegs gerechtfertigt werden, nur: den Charakter einer jakobinischen Bewegung mit starken Tönen gegen den Adel hatte die Bewegung viel eher im Mai gehabt; im Oktober ging es darum, ob man der Regierung frühzeitig in den Arm fallen wollte, wenn sie den Märzerrungenschaften schrittweise ein Ende machte und damit in Ungarn begann.

Die verfassungsrechtlichen Schwierigkeiten und Paradoxien zu schildern, die aus der Oktober-Revolution erwuchsen, würde zu weit führen. Militärisch stand Wien auf verlorenem Posten: Windisch-Graetz und die Kroaten unter Jellacic, die ihre eigenen Gründe hatten, gegen die Ungarn loszuschlagen, belagerten Wien und nahmen es Ende Oktober ein. Damit war Wien von einem Extrem ins andere gefallen: Die Hauptstadt, wo sich „die Revolution“

Wien war die Hauptstadt der 1848er-Revolution. Ein Großteil des Habsburgerreiches lag außerhalb des Deutschen Bundes

so durchgesetzt hatte wie nirgendwo anders, wurde zur Hauptstadt wo die „Reaktion“ als erste triumphierte. Für die deutsche Einigung hieß das: Österreich würde daran vorläufig nicht teilnehmen, sondern sich als Gesamt-Monarchie konstituieren. Gut die Hälfte der österreichischen Abgeordneten in Frankfurt wollten zwar lieber auf die Gesamt-Monarchie verzichten als auf die Teilnahme an der deutschen Einigung, ein Teil klammerte sich vergeblich an die Hoffnung, beides unter einen Hut zu bringen. Eine kontroverse Frage war auch, ob Österreich, wenn es selbst nicht daran teilnehmen konnte, alles tun sollte, eine „kleindeutsche“ Einigung zu verhindern oder nicht? Unter seinem neuen Ministerpräsidenten Fürst Schwarzenberg setzte Österreich stark auf diese Rolle als Spielverderber. Es ging 1849 nicht mehr um eine habsburgische Kaiserkrone, nur mehr darum, daß sie auch kein anderer bekommen sollte.

Preußen und Österreich brachten bei aller sonstigen Rivalität aber dennoch ein gehöriges Maß an monarchischer Solidarität auf: Als die Nationalversammlung in der Paulskirche dem preußischen König Ende März 1849 die deutsche Kaiserkrone anbot, lehnte er ebenfalls ab: Eine Krone könne er nur von den deutschen Fürsten entgegennehmen, nicht von den Abgeordneten. Das leitete eine vierte Phase der Revolution ein, die Reichsverfassungskampagne: Die Nationalversammlung war keineswegs ein revolutionärer Konvent, ihre Mehrheit bestand aus konstitutionellen Liberalen vom Schlage Gagerns. Wenn sich die Monarchen weigerten, mit der von ihnen ausgearbeiteten Verfassung zu regieren (besser gesagt: 29 von 39 deutschen Ländern akzeptierten sehr wohl, aber das waren die kleineren), dann rief sie dazu auf, die Verfassung auch ohne die Zustimmung der Fürsten „zur Geltung zu bringen“.

Ohne oder gegen die Fürsten? In Sachsen (wo Richard Wagner daran teilnahm), in der Pfalz (wo sich Friedrich Engels als Schlachtenbummler betätigte) und in Baden entsprang daraus noch ein letzter, letztlich völlig chancenloser revolutionärer Anlauf, der sich aber auf die Fiktion der Legalität berufen konnte. In Österreich kam es nur an zwei Stellen zu einem kurzen Aufflackern des Widerstandes. In Prag, wo das sächsische Vorbild wesentlich war, wurde eine Studentenverbindung, die „Markomannia“, ausgehoben. In Bregenz, wo das „Schwäbische Meer“ die Verbindung zu den Zentren der „Reichsverfassungskampagne“ herstellte, leistete die Nationalgarde ihren Eid auf die Frankfurter Reichsverfassung.

Die Revolution war vorbei. Vordergründig war sie gescheitert. Und doch wieder nicht: Ein Reformschub folgte selbst in Österreich, das für ein Dutzend Jahre zum Absolutismus zurückkehrte. Der nächste finanzielle Kollaps der Monarchie führte dann sehr wohl auch zur Einführung einer dauerhaften Verfassung. Gescheitert war das Konzept der deutschen Einigung in ihrer großdeutschen Variante. An ihrer Stelle kristallisierte sich das System eines engeren und eines weiteren Bundes heraus: Das war ein Ausschluß Österreichs, wie er 1866 exekutiert wurde; aber auch ein Bündnis, wie es sich bis 1918 bewährte.

Gescheiterte Revolution?

Der Charme der Achtundvierziger Revolution liegt in dem Frühlingserwachen, in dem vielfach unverbrauchten Idealismus, der damals zutage trat. Diese Ideale – und als Ideale sind sie allerdings hochzuhalten, von Meinungsfreiheit über Gewaltenteilung bis zu nationaler Einheit – erscheinen deshalb so rein, weil ihre Verfechter gar nicht (oder doch nur ganz selten) die Gelegenheit erhielten, sie zu kompromittieren. Das Bedauern darüber, daß Deutschland nie eine „wirkliche" sprich: eine wirklich erfolgreiche Revolution durchlebt habe, wie es hie und da mitschwingt, ist fehl am Platz. Wirklich erfolgreiche Revolutionen tun ihren Idealen selten etwas Gutes damit: Gerade die radikalen Ausschläge des Pendels, der Terreur der einen oder anderen Richtung sind der Verankerung von Bürgerrechten und Gewaltenteilung alles andere als zuträglich: Wien war im deutschen Vergleich dafür 1848/49 beinahe schon ein abschreckendes Beispiel gewesen.

1848 war kein „großer Sprung vorwärts". Aber wenn man die Kosten in Rechnung stellt, die derlei Unternehmungen anderswo verursach(t)en, wird man geneigt sein, auch einer „Politik der kleinen Schritte" etwas abzugewinnen: Für die Beteiligten freilich, das sollte nicht unter den Teppich gekehrt werden, brach in den Jahren nach 1848 eine Phase der selektiven Verfolgung herein, wie sie Nestroy allgemeingültig beschrieben hat: *„Nach Revolutionen kann's kein richtiges Strafausmaß geben. Dem Gesetz zufolge verdienen so viele Hunderttausende den Tod – natürlich geht das nicht; also wird halt einer auf lebenslänglich erschossen, der andere fünfzehn Jahr eing'sperrt, der auf sechs Wochen, noch ein anderer kriegt a Medaille und im Grund haben's alle das nämliche getan."*

Das zumindest wird auch späteren Generationen bekannt vorkommen.

Gescheiterte Revolution? Der Sieg der Reaktion in Europa 1849, Zeichnung von F. Schroeder in den „Düsseldorfer Monatsheften"

FERDINAND BRUNNBAUER

Kampf um die deutsche Einheit

Erzherzog Johann: ein Reichsverweser ohne Reich

Wenn auf die Frage nach seiner Nationalität sich ohne zu zögern einer als Deutscher bekennt, so optiert er damit nicht für einen Staat, sondern für die Zugehörigkeit zu einem Volk, das die längste Zeit seiner Geschichte keine staatliche Identität besaß und besitzt. Freilich sind die Auffassungen darüber dies- und jenseits des Inns andere geworden. Der Reisepaß der Rheinbundrepublik bestätigt jedem Inhaber eines Passes unabhängig von Volkszugehörigkeit und selbst Hautfarbe, daß er „Deutscher" ist. Unser österreichischer Paß bestätigt lediglich die Staatsangehörigkeit und läßt damit die Frage der Nationalität offen.

Auch das gegenwärtige Oberhaupt der katholischen Kirche huldigt der Auffassung, daß Nationalität und Staatsbürgerschaft zwei verschiedene Dinge sind. Als der Papst 1983 in Wien vor seinen polnischen Landsleuten sprach, definierte er den Nationalbegriff, wie ihn die Mitteleuropäer immer auffaßten. Das war ja völlig verständlich, denn sonst hätte es ja zwischen 1795 und 1916 bzw. 1918 keine Polen gegeben, denn sie wären nach heutiger Auffassung entweder Preußen, Österreicher oder Russen gewesen.

Dabei ist es ja gerade das deutsche Volk, das von Anbeginn sprachlich bestimmt ist und sich daher von keinem Stamm oder Stammvater ableitet, Deutsch ist einfach die seit dem 8. Jahrhundert aufgekommene Gesamtbezeichnung für die germanischen Hauptstämme Mitteleuropas. Mit dem als Gegensatz zu „Walhisk", zu den Welschen gehörenden, bezeichneten sich die Westfranken als „Theudisk", die Volkssprache sprechenden. Seit 786 bedeutet lt. Großem Brockhaus das lateinisierte „Theodiscus", die vom Bischof von Cambrai gebrauchte Formulierung, die germanische Volkssprache, im Gegensatz zu Latein.

Der Name und Begriff des Deutschen geht als einziger in Europa nicht auf einen älteren Landes- oder Stammesnamen zurück, sondern wurde in geschichtlicher Zeit auf dem Wege „Deutsche Sprache", „Deutsche" Leute aus der Muttersprache genommen und hat bis heute sein Schwergewicht im Sprachlich-Kulturellen.

In seinem Werk „Die dreizehn Bücher der deutschen Seele" schreibt Wilhelm Schäfer: *„In der Sprache lebt das Volkstum so sehr, daß alle anderen Bindungen an der ihren gemessen, nur zweitrangig sind. Dieselbe Muttersprache haben, heißt das innigste und tiefste Fühlen und Denken!"*

Als Adenauer 1957 bei seinem Wien-Besuch mit Kanzler Raab zusammen war, sprach man auch über das österreichisch-deutsche Verhältnis zueinander und „Christ und Welt" berichtete darüber und zitierte einen leider nicht mit Namen genannten Sektionschef, der da sagte: *„Wissen Sie, Herr Bundeskanzler, der Fehler fängt damit an, daß man die Frage der Nationalität politisiert. Man sollte sich da ebenso wenig dreinmischen, wie in Familienange-*

legenheiten", und fuhr dann fort: „*Bei uns gibt es zweierlei Narren. Die einen meinen, sie dürfen keine Deutschen sein, weil sie Österreicher sind, und die anderen glauben, sie dürfen keine Österreicher sein, weil sie Deutsche sind!*"

Untergang des Reiches

Dieses Volk der Deutschen hat eines der höchsten irdischen Güter, die anderen Völkern oft nahezu mühelos in den Schoß fielen, nur vorübergehend verwirklichen können. Außer in den ersten Jahrhunderten des Alten Reiches, als die Weltliche Christenheit in den römisch-deutschen Kaisern ihr Oberhaupt hatte, wölbte sich niemals mehr ein gemeinsames Dach über alle Deutschen, das Jahrhunderte überdauerte. Am 6. 8. 1806 verkündete ein Herold in Wien die Abdankung Franz II., des 55. römisch-deutschen Kaisers, der die Krone Karls des Großen niederlegte und das Reich für erloschen erklärte. Der rheinische Jakobiner Joseph Görres hatte schon 1797 das Ende des Reiches proklamiert, als er schrieb:

„*Am 20. Dez. 1797, nachm. 3 Uhr starb zu Regensburg im blühenden Alter von 955 Jahren, 5 Monaten, 28 Tagen sanft und selig an einer gänzlichen Entkräftigung und hinzugekommenen Schlagfuße bei völligem Bewußtsein und mit allen heiligen Sakramenten versehen, das Heilige Römische Reich schwerfälligen Angedenkens*".

Görres hatte den Beginn des Reiches mit dem Vertrag zu Verden 843 datiert. Im Grunde genommen traf Napoleons Fangstoß ein waidwundes Staatswesen. Im Zeitalter der Aufklärung wurde immer mehr an seinen Fundamenten gerüttelt, seine religiöse Begründung, seine historische Gestalt und seine föderativ-ständische Gliederung wurden verworfen. Hegel schrieb schon 1802, das deutsche Reich sei in Wahrheit kein Staat, sondern nur die Summe der Rechte, welche die einzelnen Teile dem Ganzen entzogen haben. Das alte Reich ist vor allem durch die permanente Revolution der Deutschen Fürsten gefallen. Die Libertät war stets größer als die Solidarität. Mit Kaiser und Reich blieben auf Gedeih und Verderb nur die geistlichen Fürstentümer und Reichsstädte, die kleinen Fürsten, Grafen und Herren verbunden, bis auch 1803 dieses Band zerbrach und der Reichsdeputationshauptausschuß entstand. Nur einige geistliche Territorien und Reichsstädte erhielten noch eine kurze Gnadenfrist, alle anderen fielen sofort der Säkularisation und Mediatisierung, der großen Flurbereinigung der mittelalterlichen Reichslandschaft, anheim.

Die Liquitationsmasse kam hauptsächlich Preußen, Bayern, Württemberg, Baden, Hannover, Hessen und Nassau zugute. Zu guter Letzt verstieß der Kaiser selbst 1804 gegen die Reichsverfassung und Napoleon versprach den deutschen Fürsten Gebietserweiterungen, Machterhöhung und volle Souveränität. Die Staatsräson trieb sie weg vom sterbenden Reich. Am 12. Juli 1806 schlossen sich 16 süd- und westdeutsche Fürsten, die durch Napoleons Gnade emporgestiegen waren, unter französischem Protektorat zum „Rheinbund" zusammen und weitere 23 mittel- und norddeutsche Fürsten folgten.

Diese Gründungsmitglieder traten am 1. 8. 1806 aus dem Reich aus und so legte wenige Tage später Kaiser Franz II., einem Ultimatum Napoleons folgend, die römisch-deutsche Kaiserwürde nieder, zwei Jahre vorher hatte er in Wien seine Erblande unter dem Namen Franz I. zum Kaiserstaat Österreich proklamiert. Das war natürlich ein Verstoß gegen die Reichsverfassung, ein Bruch des Eides, den Franz als römisch-deutscher Kaiser geleistet hatte. Die österreichische Erblande waren ja Reichslehen und sie konnten nicht einfach in den souveränen Besitz des Hauses Österreich genommen werden, wenn auch die Person des Lehensherren mit dem Lehensträger ident war. Aber auch die anderen Reichsfürsten waren ja nicht besser und verrieten oder verschacherten deutsche Gebiete, wenn es um ihre Vorteile ging.

Die Rheinbundfürsten huldigen Napoleon

Selbst ein Goethe, der „Fritzisch" gesinnt war, notierte am 7. 8. 1806 auf der Rückfahrt von Karlsbad, daß ihn der Zwiespalt des Kutschers und Bedienten mehr in Leidenschaft versetzte, als das Ende des Reiches. Seine Mutter dachte allerdings anders und schrieb am 18. 8.: *„Mir ist übrigens zumute, als wenn ein alter Freund sehr krank ist. Die Ärzte geben ihn auf und man ist versichert, daß er sterben wird und man ist nach all der Gewißheit doch erschüttert, wenn die Post kommt, er ist tot. So geht es mir und der ganzen Stadt. Gestern wurde zum ersten Male ‚Kaiser und Reich' aus dem Kirchengebet weggelassen."* Als Napoleon die französische Hegemonie auf den Trümmern des Reiches errichtete, protestierten nur zwei Randmächte, die zugleich deutsche Fürsten waren: Der König von England als König von Hannover und der König von Schweden als Herzog von Schwedisch-Vorpommern.

Erst Napoleons Fremdherrschaft vergällte nach Jahren den Deutschen die von Frankreich gekommene „Freiheit“ und es entstand eine Nationalbewegung, die von nun auftauchenden Männern und Frauen zur deutschen Romantik führte. Goethe, der das Klassische als das Gesunde und die Romantik als das Kranke bezeichnete, erhält vom Burschenschafter Wolfgang Menzel eine Erwiderung: *„Nicht in der griechisch-römischen Antike, sondern im germanisch-christlichen Mittelalter habe die menschliche Kultur ihren Höchststand erreicht“*. Schon 1801 hatte Schiller geschrieben: *„Stürzte auch in Kriegesflammen deutsches Kaiserreich zusammen, deutsche Größe bleibt besteh'n!“* Und E. M. Arndt verkündet: *„Ein Volk zu sein, ist die Religion unserer Zeit!“* F. L. Jahn wird noch deutlicher: *„Nichts ist ein Staat ohne Volk und nichts ist ein Volk ohne Staat. Staat und Volk in eins geben erst ein Reich und dessen Erhaltungsgewicht ist ein Volkstum!“*

Franz Herre sieht drei Nornen an der Wiege der deutschen Nationalbewegung und meint:
1. die Literatur und nicht die Politik habe ihr ans Tageslicht geholfen.
2. sei der deutsche Nationalismus nicht aus der Vernunft, aus der Aufklärung, sondern aus den Gefühlen der Romantik geboren worden und
3. führte der Traum vom Reich zur Vernachlässigung der Gegenwart. Auch die Geschichtswissenschaft wurde zur nationalen Waffe und die Vergangenheit zum Arsenal für die Gestaltung der Gegenwart. Die Kaiserwürde sollte bei Österreich bleiben und Franz II., der alte Kaiser der Deutschen wieder die Krone tragen. Theodor Körner weilte ja in Wien und schuf dort sein nationales Drama „Zauny“ und schließt eines seiner Lieder mit: *„Hoch lebe das Haus Österreich!“* In romantischer Schau ist der Gegensatz Preußen – Österreich aufgehoben. Görres bringt den Vergleich mit einer Ellipse, deren Brennpunkte Wien und Berlin sind und der schwäbische Dichter Justinus Kerner reimt:

„Kein Körper kann bestehn aus Kopf allein.
Es leget Gott in ihm auch ein Herz hinein.
Dem deutschen Körper gab zum Kopfe Gott Berlin
Als Herz jedoch legte er Wien, das herrliche in ihm!“

Nach dem Zusammenbruch der napoleonischen Herrschaft soll der Wiener Kongreß Europa neu ordnen. Dieser Kongreß betrachtete den Freiheitskampf gegen Napoleon nicht als deutschen Freiheitskampf, sondern als europäischen Krieg. Die Nebenwirkungen dieses Kongresses geiselte Beethoven und schrieb: *„Alles Lump, von oben bis unten!“* und der Volksmund sagte:

„Der Zar von Rußland liebt für alle,
Friedrich Wilhelm von Preußen denkt für alle
Friedrich von Dänemark spricht für alle,
Maximilian von Bayern sauft für alle,
Friedrich von Württemberg frißt für alle und
Kaiser Franz zahlt für alle.“

Die Zerissenheit des Deutschen Bundes

Nicht die Kräfte des Volkes setzten sich durch, sondern die der Fürsten, die um die Wiederherstellung der Legitimität bestrebt waren und die Völker um die Errungenschaften der Freiheitskämpfe brachten. Zopf und Korporalstock fanden wieder Eingang im Heerwesen und drei Völkern verweigerte man den ersehnten Einheitsstaat: den Polen, Italienern und den Deutschen!

Ein loser Bund, der Deutsche Bund, bestehend aus einem Kaiserreich, fünf Königreichen, sieben Großherzogtümern, über ein Dutzend Fürstentümern und vier freien Städten bildeten diesen Bund. Auch drei ausländische Souveräne gehörten als deutsche Bundesfürsten dazu: Der König von England als König von Hannover, der König von Dänemark als Herzog von Schleswig und Holstein und der König der Niederlande als Großherzog von Luxemburg. Österreich und Preußen gehörten nur mit jenen Gebieten zum Bund, die bis 1806 Teile des Reiches waren, also ohne Ost- und Westpreußen, Polen, Ungarn, Siebenbürgen, Galizien, Slowenien, Dalmatien, Lombardei, Venetien und Istrien.

Der Bund wurde als unauflöslich deklariert. Die Bundesversammlung trat in Frankfurt zusammen, bei der der Kaiser von Österreich den Vorsitz führte. Die letzte Sitzung der Bundesversammlung war am 14. 6. 1866. 1821 schuf man eine Bundeskriegsverfassung, die zehn Armeekorps vorsah (drei österreichische, drei preußische, eine von Bayern und die restlichen vom „dritten Deutschland"). Die kleinste Einheit stellte Lichtenstein mit 35 Mann. Einen gemeinsamen Oberbefehlshaber gab es nur im Notfall. Dieser Fall trat 1864 ein, im Krieg gegen Dänemark. Zunächst waren es nur zwei Organisationen, die sich gegen die sich seit 1815 anbahnende Entwicklung auflehnten und den nationalen Gedanken hochhielten: die von Jahn gegründete Turnerbewegung und die Deutsche Burschenschaft mit ihrem Motto: Ehre, Freiheit, Vaterland. Am 18. 10. 1817, dem Jahrestag der Völkerschlacht bei Leipzig und dem Gedenkjahr der Reformation, feierte die Burschenschaft das Wartburgfest. Goethe selbst hatte als Minister des Großherzogs Karl August von Sachsen-Weimar die Wartburg den Studenten zur Verfügung gestellt. Gegen Schluß der Kundgebung verbrannte man einen Zopf, einen Korporalstock und einige Bücher. Der preußische Polizeidirektor deutete auch die gehaltenen Reden als verbrecherisch. Goethe aber stand dem Fest durchaus wohlwollend gegenüber und er hätte „den lieben Jungen" um den Hals fallen wollen.

Goethe erfand damals als Lebensphänomen den Begriff „Volkheit" und in seinen „Gesprächen mit Goethe" schreibt Eckermann: *„Wir sprachen sodann über die Einheit Deutschlands und in welchem Sinne sie möglich und wünschenswert sei"*. Und Goethe sagte: *„Mir ist nicht bange, daß Deutschland nicht eins werde. Unsere guten Chausseen und künftigen Eisenbahnen werden schon das übrige tun. Vor allem aber sei es eins in der Liebe untereinander, und immer sei es eins, daß der deutsche Taler und Groschen im ganzen Reiche gleichen Wert habe, eins, daß mein Reisekoffer durch alle 36 Staaten ungeöffnet passieren könne. Es sei eins, daß der städtische Bürgerpaß eines weimarischen Bürgers von den Grenzbeamten eines großen Nachbarstaates nicht für unzulänglicher gehalten werde, als der Paß eines Ausländers. Es sei* *von Inland und Ausland unter deutschen Staaten überall keine Rede mehr. Deutschland sei ferner eins im Handel und Wandel und 100 ähnlichen Dingen, die ich nicht alle nennen kann und mag!"*

Auch das deutsche Bürgertum erwacht. Zum Volkstribun Philipp Jakob Siebenpfeiffer, der im Sterbejahr Goethes 1832 im linksrheinischen Bayern zum „Hambacher Fest" aufruft und es durchführt, sagt ein biederer Schwabe: *„Wenn Sie wolle, machen wir Sie zum deutschen Kaiser!"*

Das Hambacher Fest im Jahre 1832 – einer der Meilensteine im deutschen Einheitsstreben

Leider aber, das hat die bisherige Geschichte bewiesen, bekommt eine Nation nicht Macht, wenn sie recht hat, sondern erhält ihre Rechte nur dann, wenn sie Macht hat. Das Jahr 1837 bringt noch einmal einen Rückfall ins Mittelalter, die evangelischen Zillertaler müssen um ihres lutherischen Glaubens willen Tirol verlassen, da in diesem Land trotz Toleranzpatent eines Josef II. nur ein einziger Glaube geduldet würde. Als der Theologiestudent Carl Ludwig Sand den deutschen Dichter und russischen Agenten Kotzebue erdolcht, kommt es 1819 zu den „Karlsbader Beschlüssen", in denen Burschenschaft und Turnerbund aufgelöst werden. Die Zensur wird immer mächtiger. Die Presse bringt nur mehr völlig harmlose Dinge, so daß ein Heinrich Hoffmann von Fallersleben sein Spottgedicht darüber schreibt:

> *„Wie ist doch unsere Zeitung interessant für unser liebes Vaterland! Was ist nicht alles berichtet worden! Ein Fähnrich ist Leutnant geworden, ein Oberhofprediger erhielt einen Orden, die Lakaien silberne Borten.*

Die höchsten Herrschaften gehen nach Norden und zeitig ist es Frühling geworden.
Wie interessant, wie interessant! Gott segne das liebe Vaterland!"

Ludwig Eichrodt bringt in den „Fliegenden Blättern" Gedichte und Parodien des schwäbischen Schullehrers Gottlieb Biedermaier, die solchen Anklang finden, daß man für diese Zeit den Namen „Biedermaier" prägte, jene Zeit, die dann im März 1848 ihr Ende fand und daher auch Vormärz genannt wird.

Im Jänner 1848 tritt eine neue Bewegung auf den Plan, es erscheint das „Kommunistische Manifest" von Karl Marx und Friedrich Engels. Mit dem „Dreifachen Fluch", dem Fluch auf Gott, König und Vaterland, betritt diese Bewegung die politische Arena:

„Im düstern Auge keine Träne, wir sitzen am Webstuhl und fletschen die Zähne
Deutschland, wir weben dein Leichentuch, wir weben hinein den dreifachen Fluch –
Wir weben, wir weben!
Ein Fluch dem Gotte, zu dem wir gebeten in Winterkälte und Hungersnöten.
Wir haben vergebens gehofft und geharrt, er hat uns gefoppt, geäfft und genarrt –
Wir weben, wir weben!
Ein Fluch dem König, dem König der Reichen, den unser Elend nicht konnte erweichen,
Der den letzten Groschen von uns erpreßt und uns wie Hunde erschießen läßt.
Wir weben, wir weben.
Ein Fluch dem falschen Vaterlande, wo nur gedeihen Schmach und Schande –
wo jede Blume früh geknickt, wo Fäulnis und Moder den Wurm erquickt –
Wir weben, wir weben.
Das Schiffchen fliegt, der Webstuhl kracht, wir weben emsig, Tag und Nacht –
Altdeutschland wir weben dein Leichentuch, wir weben hinein den dreifachen Fluch
Wir weben, wir weben."

Die Begriffe Sozialismus und Kommunismus hatten noch wenig voneinander verschiedene Bedeutung; höchstens Unterschiede im Grade der Härte. Die Kreise, von denen Marx das Wort „Kommunismus" übernahm, hatten ihre Stützpunkte in Brüssel und London. In ihrem Auftrag hatte er das „Kommunistische Manifest" verfaßt. Überall herrschte Krisenstimmung. „Radikale Demokraten" und der „Bund der Kommunisten" gaben Flugblätter heraus. Unterzeichnet waren die meisten Blätter mit: „Gedruckt bei Schlagdrauf und Hilfdirselbst", oder einfach „Im Namen des Volkes"

Die bald folgende Revolution von 1848 bildet den Höhepunkt der politischen und sozialen Auseinandersetzung in der 1. Hälfte des 19. Jahrhunderts:

Friedrich Engels bezeichnete diese Revolution als den 1. Akt des revolutionären Dramas auf dem europäischen Kontinent, den 1. Akt im Kampf der Völker gegen soziale und nationale Unterdrückung.

In Frankreich wird 1848 zum zweitenmal die Revolution ausgerufen. Im Gebiet des Deutschen Bundes gehen die Wellen hoch. Man fordert Pressefreiheit, Volksbewaffnung und die Errichtung eines gemeinsamen Parlaments, einer Nationalversammlung. Überall werden die deutschen Nationalfarben Schwarz-Rot-Gold gehißt. Der Volksaufstand im März zwingt Metternich zur Abdankung und Flucht, auch in Berlin gärt es. In München wird die Geliebte Ludwig I., die Tänzerin Lola Montez vertrieben und der König muß abdanken.

Metternich als „Märzgefallener“

Nestroy erhebt seine Stimme und dichtet:

„Unumschränkt hams regiert, kein Mensch hat sich grührt,
Denn häts einer gwagt und a freies Wort gsagt,
Den hät d'Festung belohnt, das war ma schon gwohnt!
Ausspioniert hams alls glei, für das war d'Polizei.
Da Gscheite is vastummt, kurz, s'war alls vadummt.
Diese Zeit war sehr bequem für das Zopfensystem.
Auf einmal gehts los in Paris, ganz kurios.
Dort sans fuchtig worn und ham in ihrn Zorn
weils d'Knechtschaft net liabn, den Luis Philipp vatriebn!
Das Beispiel war bös, so was macht a Getös und willig üba Nacht
is ganz Deutschland erwacht!
Dös war sehr unangenehm für das Zopfensystem!“

Am 30. März tritt bereits ein Vorparlament in Frankfurt zusammen.

Im April kommt es zur Gründung einer „Bodensee-Republik" durch den sogenannten „Hecker-Putsch", eines Putsches des Radikalen Friedrich Hekker, dessen Lied damals viel gesungen wurde:

„33 Jahre währt die Knechtschaft schon, nieder mit den Hunden von der Reaktion.
Fürstenblut muß fließen Knüppelhageldick, es lebe hoch die freie, deutsche Republik.
Gebet eure roten Räubermäntel her, das gibt rote Hosen für ein freies Heer,
für der Freiheit Rechte, für der Freiheit Reich, wir sind keine Knechte, wir sind alle frei!
Reißt die Konkubine aus des Fürsten Bett, Schmiert die Guillotine mit der Tyrannen Fett,
Wir brauchen keinen Adel und keine Fürsten mehr,
Alles sei verschmolzen zu einem freien Heer!
Wenn die Leute fragen: Lebt der Hecker noch? Sollt Ihr ihnen sagen: Jawohl, er lebet noch. Er hängt an keinem Baume, er hängt an keinem Strick, sondern an dem Traume der deutschen Republik."

Der Aufstand wurde aber bald von deutschen Bundestruppen niedergeschlagen.

Im April 1848 fand in Ried im Innkreis die Wahl eines Abgeordneten ins Frankfurter Parlament statt. Welch ein Unterschied zwischen dieser Wahl und einer von heute! Damals war dies ein überaus feierlicher Akt. Freilich war es eine indirekte Wahl, sodaß in Ried am 29. April nur die Wahlmänner zusammenkamen, um einen Mann ihres Vertrauens zu erküren.

Die Liedertafel von Ried, erfüllt von Freud und Lust für die deutsche Sache, empfing den Zug der Wähler mit dem Lied: „Was ist des Deutschen Vaterland?"

Nach beendeter Wahl begibt sich der Zug in der Ordnung, wie er gekommen ist, unter Vorantritt der Liedertafel vor das Rathaus, allwo die Gewählten dem Volk proklamiert werden und ein Hoch für das deutsche Vaterland ausgebracht wird. Gewählt wurden der Marktsyndikus Georg Achleitner als Abgeordneter, der Badeinhaber Hackenbuchner von St. Thomas als 1. und der Brauer Franz Enziger in Pramet als 2. Ersatzmann.

Doch zurück auf die mitteleuropäische Bühne.

Als König Christian von Dänemark stirbt, löst sein Nachfolger Friedrich VII. einen deutsch-dänischen Krieg aus. Theodor Storm muß als deutschbewußter Mann seine Heimatstadt vorübergehend verlassen und die Rieder Chronik besagt, daß „deutsche Frauen in Ried für die Errichtung einer deutschen Flotte Geld sammelten".

Am 15. Mai kommt es zur 2. Revolutionswelle in Wien, Kaiser Ferdinand flieht nach Innsbruck. Am 18. Mai tritt die Nationalversammlung in der Paulskirche in Frankfurt zusammen. Unter den 586 gewählten Abgeordneten gab es 140 richterliche Beamte, 124 Verwaltungsbeamte, 95 Advokaten, 90 Professoren, 34 Gutsbesitzer, 33 Geistliche, 32 Gelehrte, 15 Kaufleute, 13 Industrielle, 10 Militärs.

Die durch Bildung und Beredsamkeit ausgezeichnete Versammlung, sowie die würdevolle Gestalt und Haltung des 1. Präsidenten Heinrich von Gagern ließ Deutschlands Kultur und Gesinnung in bestem Licht erscheinen.

Bildungsbürger und Staatsdiener beherrschten also dieses Parlament und es war vielleicht zu klug, um die sich auftürmenden Probleme lösen zu können und um 1848 zu einer Sternstunde unserer Geschichte gemacht zu haben. Wenn man von Fraktionen sprechen kann, so gab es die Konservativen, Liberalen, und die Demokratischen Linken unter Robert Blum, die auf eine republikanische Staatsordnung ausgingen.

Außerhalb des Parlaments formierten sich die Sozialisten, die schon am 17. April in Berlin das „Zentralkomitee der Arbeiter" bildeten und den Begriff „Sozialdemokraten" prägten. Auch die Katholiken schufen außerhalb des Parlaments eine Organisation und hielten vom 3.–16. Oktober den 1. Deutschen Katholikentag in Mainz ab.

Die Probleme, die sich in Frankfurt auftürmten, waren schwer zu bewältigen. Schon über die Staatsform, Wahl- oder Erbkaisertum gingen die Meinungen auseinander. Noch problematischer waren Umfang und Inhalt des zu bildenden Reiches. Sollte das neue Reich nur Deutsche umfassen? Was würde dann mit den kleineren Völkern des österreichischen Kaiserstaates geschehen? Würden sie eine Beute Rußlands werden, wo doch eben der Panslawismus sein Haupt erhob und in Prag am 2. Juni der 1. Slawenkongreß eröffnet wurde. Den Vorsitz führte Frantiseck Palacky, der am 11. April den berühmten Absagebrief auf die Einladung zur Teilnahme in Frankfurt geschrieben hatte, worin er ausführlich begründete, warum er mit den Tschechen nicht teilnehmen könne:

Er wolle sich nicht beteiligen, weil er kein Deutscher sei, er ist ein Böhme slawischen Stammes und er habe sich dem Dienste seines Volkes gewidmet. Der 2. Grund, der ihm verbiete teilzunehmen ist, daß man ausgeht, Österreich als selbständigen Kaiserstaat zu schwächen, einen Staat, dessen Erhaltung eine hohe und wichtige Angelegenheit nicht seines Volkes allein, sondern ganz Europas, der Humanität, Zivilisation selbst sein muß. Wörtlich heißt es dann weiter:

„Sie wissen, daß der Südosten von Europa, die Grenzen des russischen Reiches entlang, von mehreren in Abstammung und Sprache, Geschichte und Gesittung merklich verschiedenen Völkern bewohnt wird – Slawen, Walachen, Madjaren und Deutschen, um der Griechen, Türken und Skipetaren nicht zu gedenken –, von welchen keines für sich allein mächtig genug ist, dem übermächtigen Nachbar im Osten in alle Zukunft erfolgreichen Widerstand zu leisten. Das können sie nur dann, wenn ein einiges und festes Band sie alle miteinander vereinigt. Die wahre Lebensader dieses notwendigen Völkervereins ist die Donau; seine Zentralgewalt darf sich daher von diesem Strome nicht weit entfernen, wenn sie überhaupt wirksam sein und bleiben will. Wahrlich, existierte der österreichische Kaiserstaat nicht schon längst,

man müßte im Interesse Europas, im Interesse der Humanität selbst sich beeilen, ihn zu schaffen!"

Mit dieser berühmt gewordenen Formel, die wie der Historiker Diwald nachgewiesen hat, wörtlich vom Renaissancepapst Julius II. entlehnt wurde, der ein Bündnis mit Venedig durch dieselben Worte begründet hatte – mit dieser Formel hat Palacky den politischen Standpunkt der tschechischen Böhmen präzisiert.

Es wird von den Bewunderern dieses Mannes bei uns leider verschwiegen, daß dieser Palacky 1872 sein „Politisches Vermächtnis" schrieb, in dem es hieß, er widerrufe ausdrücklich seine Erklärung aus dem Revolutionsjahr 1848, daß Österreich geschaffen werden müßte, wenn es nicht schon bestünde. Nie habe er einen größeren Irrtum begangen. Er sehe für die österreichische Monarchie keine Hoffnung mehr, seit die Deutschen und die Ungarn aus ihr eine Rassendespotie gemacht haben.

Beim Slawenkongreß waren ferner anwesend: Der Führer der Slowaken Pavel Joseph Safarik, der Russe Michail Alexandrowitsch Bukuin. Verhandlungssprache war Deutsch und erstmals wurde die Grenze zwischen den Slawen und Deutschen durch die Linie Stettin-Triest festgelegt.

Der dann am 12. Juni erfolgte Pfingstaufstand der Tschechen in Prag, wobei die Gemahlin des Oberbefehlshabers der kaiserlichen Truppen, des FM Alfred Fürst zu Windischgrätz, durch eine verirrte Kugel getötet wurde, wird blutig niedergeschlagen und der Slawenkongreß am 17. 6. aufgelöst. Inzwischen sprach in Frankfurt Gagern sein gewichtiges Wort unter donnerndem Beifall: *„Ich tue einen kühnen Griff und sage Ihnen, wir müssen die Zentralgewalt selbst schaffen".* Nach langen umfangreichen Debatten einigte man sich zuletzt auf den Beschluß: *„Die provisorische Zentralgewalt wird einem nichtregierenden Mitglied eines deutschen Regentenhauses als Reichsverweser übertragen. Die Nationalversammlung wählt denselben im Vertrauen auf die Zustimmung der Regierungen."*

Daß der volkstümliche, sich seit eh und je als Deutscher bekennende und bürgerlich gesinnte Erzherzog Johann von Österreich der Erwählte war, war längst außer Zweifel. Mit 436 gegen 112 Stimmen wurde er am 29. 6. erwählt als erstes von einem Parlament gewähltes Staatsoberhaupt Deutschlands. Am 11. Juli hielt er seinen feierlichen Einzug in Frankfurt.

Der Aufruf des Reichsverwesers (15. Juli 1848):

Erzherzog Johann: An das deutsche Volk!

„Deutsche! Eure in Frankfurt versammelten Vertreter haben mich zum deutschen Reichsverweser gewählt. Unter dem Zurufe des Vertrauens, unter den Grüßen voll Herzlichkeit, die mich überall empfingen, und die mich rührten, übernahm ich die Führung der Zentralgewalt für unser Vaterland! Deutsche! Nach Jahren des Druckes wird Euch die Freiheit voll und unverkürzt. Ihr verdient sie, denn ihr habt sie mutig und beharrlich erstrebt. Sie wird euch nimmer entzogen. Denn ihr werdet wissen, sie zu wahren. Eure Vertreter werden das Verfassungswerk für Deutschland vollenden. Erwartet es mit Ver-

An das deutsche Volk.

Deutsche! Eure in Frankfurt versammelten Vertreter haben mich zum deutschen Reichsverweser erwählt.

Unter dem Zurufe des Vertrauens, unter den Grüßen voll Herzlichkeit, die mich überall empfingen, und die mich rührten, übernahm ich die Leitung der provisorischen Centralgewalt für unser Vaterland.

Deutsche! nach Jahren des Druckes wird Euch die Freiheit voll und unverkürzt. Ihr verdient sie, denn Ihr habt sie muthig und beharrlich erstrebt. Sie wird Euch nimmer entzogen, denn Ihr werdet wissen sie zu wahren.

Eure Vertreter werden das Verfassungswerk für Deutschland vollenden. Erwartet es mit Vertrauen. Der Bau will mit Ernst, mit Besonnenheit, mit ächter Vaterlandsliebe geführt werden. Dann aber wird er dauern, fest wie Eure Berge.

Deutsche! Unser Vaterland hat ernste Prüfungen zu bestehen. Sie werden überwunden werden. Eure Straßen, Eure Ströme werden sich wieder beleben, Euer Fleiß wird Arbeit finden, Euer Wohlstand wird sich heben, wenn Ihr vertraut Euren Vertretern, wenn Ihr mir vertraut, den Ihr gewählt, um mit Euch Deutschland einig, frei und mächtig zu machen.

Aber vergeßt nicht, daß die Freiheit nur unter dem Schirme der Ordnung und Gesetzlichkeit wurzelt. Wirkt mit mir dahin, daß diese zurückkehren, wo sie gestört wurden. Dem verbrecherischen Treiben und der Zügellosigkeit werde ich mit dem vollen Gewichte der Gesetze entgegentreten. Der deutsche Bürger muß geschützt seyn gegen jede strafbare That.

Deutsche! Laßt mich hoffen, daß sich Deutschland eines ungestörten Friedens erfreuen werde. Ihn zu erhalten ist meine heiligste Pflicht.

Sollte aber die deutsche Ehre, das deutsche Recht gefährdet werden, dann wird das tapfere deutsche Heer für das Vaterland zu kämpfen und zu siegen wissen.

Frankfurt am Main, den 15. Juli 1848.

Der Reichsverweser
Erzherzog Johann.
Die Reichsminister
Schmerling. Peucker. Heckscher.

Einzug von Erzherzog Johann von Österreich in Frankfurt a. M. – Nach einer gleichzeitigen Zeichnung von L. v. Elliot. Proklamation des Reichsverwesers nach der Übernahme der provisorischen Zentralgewalt

trauen. Der Bau will mit Ernst und Besonnenheit, mit echter Vaterlandsliebe geführt werden. Dann aber wird er dauern, fest wie Eure Berge!

Deutsche! Unser Vaterland hat ernste Prüfungen zu bestehen. Sie werden überwunden werden. Eure Straßen, Eure Ströme werden sich wieder beleben, – Euer Fleiß wird Arbeit finden. Euer Wohlstand wird sich heben, wenn Ihr vertraut Euren Vertretern, wenn Ihr mir vertraut, den Ihr gewählt, um Deutschland einig, frei und mächtig zu machen.

Aber vergeßt nicht, daß die Freiheit nur unter dem Schirme der Ordnung und Gesetzlichkeit wurzelt. Wirkt mit mir dahin, daß sie zurückkehren, wo sie gestört wurden. Dem verbrecherischen Treiben und der Zügellosigkeit werde ich mit dem vollen Gewichte der Gesetze entgegentreten. Der deutsche Bürger muß geschützt sein gegen jede strafbare Tat. Deutsche! Laßt mich hoffen, daß sich Deutschland eines ungestörten Friedens erfreuen werde. Ihn zu erhalten, ist meine heiligste Pflicht!

Sollte aber die deutsche Ehre, das deutsche Recht gefährdet werden, dann wird das tapfere deutsche Heer für das Vaterland kämpfen und zu siegen wissen!

Frankfurt a. M., den 15. Juli 1848

Der Reichsverweser
Erzherzog Johann
Die Reichsminister
Schmerling, Peucker, Hecksch.“

Wie sehr sich damals die Wiener als Deutsche fühlten, konnte man bei der „Erzherzog-Johann-Ausstellung" 1979 in Bad Aussee erkennen. Eine Fahne der Wiener Nationalgarde mit folgender Inschrift wurde gezeigt:

„Dem Rechte treu, verderblich jedem Wahne, für Licht und Freiheit stets bereit, so flattre hoch die freie Bürgerfahne, von Deutschlands erster Bürgerin geweiht!"

Auch die Widmungsinschrift war zu lesen: *„Der 1. Deutschen Frau, Gemahlin des deutschen Reichsverwesers, der Erhabenen Fahnenmutter des Btl. 8. Bezirk der Wiener Nationalgarde".*

Inzwischen war in Österreich am 19. 6. die Wahl der Abgeordneten für den österreichischen Reichsrat unter geringer Wahlbeteiligung erfolgt. Der am 22. 7. mit 383 Mitgliedern eröffnete Reichsrat hat als wohl einzig bleibende Tat auf Antrag des Abg. Hans Kudlich die Aufhebung des Untertänigkeitsverhältnisses der Bauern erreicht und so ging Kudlich als „Bauernbefreier" in die Geschichte ein. Mit dem Sieg der Reaktion ging er in die USA, wo er 1917 starb. In Linz wurde am 24. Juli ein Provinziallandtag eröffnet.

Als die großen Taten ausbleiben, beginnt die Begeisterung über Frankfurt nachzulassen.

„Georg Herwegh, Das Reden nimmt kein End!
Zu Frankfurt an dem Main – sucht man der Weisen Stein,
Sie sind gar sehr von Nöten, Moses und die Propheten,
Präsident und Sekretäre, wie er zu finden wäre –
Im Parla-Parla-Parlament – das Reden nimmt kein End'

Zu Frankfurt an dem Main – da wird man uns befrei'n
Man wird die Republiken im Mutterleib ersticken,
Und Bassermann und Welcker beglücken dann die Völker im Parla.......

Zu Frankfurt an dem Main – bald zieht der Kaiser ein
Schon träuft der Gnade Manna, ihr Knechte Hossianna
Mathy, der Schuft, Minister-Triumph, ihr Herrn Philister. Im Parla.......

Zu Frankfurt an dem Main, die Wäsche wird nicht rein
Sie bürsten und sie bürsten, die Fürsten bleiben Fürsten
Die Mohren bleiben Mohren trotz aller Professoren im Parla.......

Zu Frankfurt an dem Main ist alles Trug und Schein
Altdeutschland bleibt zersplittert, das Kapitol erzittert
Umringt von Feindeslagern, die Gänse giga-gagern im Parla.......

Zu Frankfurt an dem Main – so schlag der Teufel drein!
Es steht die Welt in Flammen, sie schwatzen noch zusammen
Wie lange soll das dauern? Dem König Schach, Ihr Bauern! Dein Parla-Parla-Parlament, O Volk, mach ihm ein End!"

Auch Erzherzog Johann erkannte bald die Schwächen dieses Parlaments und schrieb: *„75 Bürokraten/schöne Worte, keine Taten/75 Aristokraten/Vaterland, du bist verraten/75 Professoren/Vaterland du bist verloren!"*

Als er resignierend Frankfurt verläßt, schreibt er:

„Wer hat Deutschland verraten? Meine Kollegen, die Potentaten! Wer hat Deutschland verloren? Meine Feinde, die Revolutionsprofessoren!

Ich Onkel Reichsvermoderer schützte die fürstlichen Schlotterer mit Recht und Pulverqualm. Unbedankt ging ich und krank fort, aus dem gottverlassenen Frankfort, heim auf meine Alm!"

Als 1848 der deutsche Barde und Freiheitskämpfer Ernst Moritz Arndt in der Deutschen Nationalversammlung, im Frankfurter Parlament der Paulskirche saß, war der damalige Kreishauptmann in Ried und J. N. Fritsch von der Stadt Wels ebenfalls als Abgeordneter in Frankfurt tätig und befand sich oft mit seiner Gattin im geselligen Kreise Arndts. Dabei berichtete das Ehepaar, mit welcher Begeisterung die Liedertafel in Ried die Lieder Arndts singe und mit ihm sympathisiere.

Auf Veranlassung Frau Fritschs übermittelte Arndt sein Bildnis mit Unterschrift und einem Begleitschreiben. Bild und Schreiben wurden durch Herrn Kreishauptmann Fritsch persönlich mit einer begeisternden Ansprache der Liedertafel überreicht.

„Geliebte Freunde und Brüder!

In einem Augenblick ungeheuerster Wechsel und Übergänge der Zeiten, wo es auch dem Treuesten und Besten begegnen muß, von Einigen verflucht, von Anderen gepriesen zu werden, erhalte ich Ihr liebreiches und ehrenvolles Schreiben.

Gewiß ist es eine große Freude, aus dem liebreichen und liederreichen Österreich einen solchen Zuruf zu erhalten, einem Manne, der gleich den Deutschen in Österreich seinem Ursprung nach ein Verwandter der alten Rugier, Heruler und Gothen ist. Das sage ich angesichts dieser dreifachen Freude, der fröhlichen Liedertafel zu Ried, in dem ich auf den Augenblick blicke, wie er eben sich zeigt, thränenreich, blutig.

Nichts anderes, noch Besseres weiß ich, als den treuesten Wunsch auszusprechen, daß das Deutsche Vaterland und die Verhältnisse und Geschicke des herrlichen und glorreichen Österreich in ihm und zu ihm sich so entwikkeln und gestalten mögen, daß volles deutsches Männergefühl und freier, fröhlicher Gesang bei Ihnen, liebste Brüder, nimmer verlösche noch verstumme!

Frankfurt, den 26. des Weinmonats 1848

In deutscher Treue Ihr E. M. Arndt aus Rügen."

Für uns Oberösterreicher ist es auch interessant, daß der erste in einem Parlament gestellte Antrag nach Schaffung deutscher Kolonien von einem Benediktiner aus Kremsmünster kam, der diesen Antrag in Frankfurt stellte.

Am 21. 8. kommt es in Wien zum 4. Aufstand, der bis zum 24. 8. andauert. Ursache waren die Herabsetzung der Löhne. Es gab 22 Tote und über 300 Verletzte. Diesmal stellte die Wiener Stadtgarde die Ordnung wieder her ohne militärische Hilfe. Ende August sprach Karl Marx in kleinen Zirkeln in Wien zu Arbeitern. Am 8. 9. müssen österreichische und preußische Truppen die Paulskirche vor Anhängern der Linken schützen. Der aufgebrachte Pöbel hatte den Abgeordneten Felix von Lichnowsky und den preußischen General Hans von Auerwald erschlagen.

Das Ende in Wien: Die Beschießung der inneren Stadt vom Burgtorglacis. Anschließend erfolgte der Sturm durch das Burgtor

Auch in Ungarn gärte es schon lange und es wurde auf der Kettenbrücke in Pest FMLt. Franz Philipp Graf Lamberg am 28. 9. ermordet.

Der am 2. Juli in Budapest eröffnete ungarische Landtag wird vom Kaiser am 3. Oktober aufgelöst. Als Truppen aus Wien nach Ungarn abgehen sollen, kommt es in Wien zur Oktoberrevolution und der Kaiser flieht nach Olmütz. Der Aufstand begann mit dem Mord an Kriegsminister Graf Latour. Windischgrätz marschiert von Prag gegen Wien und der Banus von Kroatien Jellacic rückt mit 50.000 Mann gegen Wien, das eine bedingungslose Kapitulation ablehnt. So wird eine Woche lang erbittert gekämpft. Die Verteidigung Wiens leitet der ehemalige kaiserliche Leutnant und nunmehrige Chef der Bürgergarde Wenzel Messenhauser und der polnische General Joseph Bem. Unter den Kämpfenden befinden sich auch der Frankfurter Abgeordnete Robert Blum und Julius Fröbel.

Der Sieg der Reaktion

Die kaiserlichen Truppen dringen bis in die Innenstadt vor, selbst um und im Stephansdom wird gekämpft. Es gab über 2000 Gefallene. Die Reaktion hat gesiegt und Messenhauser, der sich freiwillig gestellt hatte, die Journalisten Alfred Julius Becker und Hermann Jellineck, sowie der Frankfurter Abgeordnete Robert Blum werden standrechtlich erschossen.

In Frankfurt war es erst am 18. 10. in der 100. Sitzung zur Beratung über eine Verfassungsvorlage gekommen. Das größte Hindernis für einen großdeutschen Zusammenschluß waren die Entschlossenheit Österreichs und Preußens, ihre Eigenstaatlichkeit nicht aufzugeben. Daß das Ausland den Ansprüchen der Nationalversammlung ebenfalls negativ gegenüberstand, muß ebenfalls bedacht werden.

Schwarzenberg und Bruck standen voll hinter dem Plan, den Gesamtstaat Österreich in das Reich einzubringen und wollten ein „Siebzigmillionenreich" mit einem Erbkaiser in der Hauptstadt Wien schaffen.

Beide waren der Meinung, daß dieses Projekt nicht am Veto Frankreichs oder Englands, sondern an der Beschränktheit und Kurzsichtigkeit so mancher deutscher Fürsten scheitern werde.

Der Historiker H. Drimmel meint allerdings, das Wort „mancher" sei eine unzutreffende Einschränkung, denn keiner der deutschen Fürsten, denen nach dem Zerfall des Reiches 1806 die volle Souveränität zugefallen war, hätte diese jetzt 1848 ganz oder zum Teil hergegeben, am wenigsten Preußen, dem der Deutsche Bund lieber war als jeder Gedanke einer Wiedervereinigung eines Reiches unter dem Hause Österreich!

Am 2.12. dankte Ferdinand ab, der Bruder des Kaisers, Erzherzog Karl verzichtet und Schwarzenberg setzt dessen Sohn Franz Joseph als Kaiser durch; Ferdinand zieht sich als Privatmann auf den Hradschin zurück, wo er erst am 29. 6. 1875 stirbt.

So manche Anekdote scheint zu beweisen, daß die Bezeichnung „Ferdinand der Gütige" nicht unbedingt eine liebreiche Umschreibung für Dummheit war.

Am 9. 3. 1849 trägt Schwarzenberg nochmals seinen Plan zur Neuordnung Europas und Schaffung eines Großreiches in Mitteleuropa vor.

Die Reaktion in Österreich aber bewirkt, daß in Frankfurt die Kleindeutschen bei einer neuerlichen Abstimmung siegen und mit 290:248 Stimmen dem König von Preußen den Erbkaisertitel anbieten. Die USA, die Niederlande, Belgien und dic Schweiz erkennen diesen Staat an, ebenso Sardinien, Neapel und Griechenland. England und Frankreich stehen aber abseits.

Der König von Preußen, aus Gottes Gnaden, lehnt diesen Kaisertitel ab und die Preußen ziehen ihre Abgeordneten ab. Am 18. 6. wird das Rumpfparlament in Stuttgart von württembergischer Kavallerie auseinandergejagt. Die Reaktion triumphiert.

Selbst um und im Stephansdom wir gekämpft, der im April 1848 mit einer schwarz-rot-goldenen Fahne geschmückt war

„Hinweg! die besten Streiter matt, die stärksten Arme todeswund", schreibt E. M. Arndt:

„Wir sind geschlagen, nicht besiegt, in solcher Schlacht erliegt man nicht."

Es ist eine feststehende Tatsache, daß die Erinnerung an die große nationale Freiheitsbewegung von 1848 weder von den Nationalen, noch Konservativen gepflegt wurde. Sie war offenbar zu sehr mit dem Ludergeruch der Revolution verbunden. Es waren bis 1933 nur die Sozialdemokraten, die diese Taten hochhielten, sich aber z. B. auf akademischem Boden vergeblich bemühten, die Geschehnisse des Jahres 1848 feiern zu können. Und es ist merkwürdig, daß in christlichsozialen Kreisen und im CV man die Gründung des protestantisch-preußischen Reiches von 1871 noch 1931 feierte.

In seinem ersten Werk „Die Häuser meines Lebens" schildert Heinrich Drimmel diese Feier auf Seite 176:

„Als Professor Theodor Innitzer an einem 18. Jänner im Großen Festsaal der Wiener Universität die offizielle Gedenkrede zum Jahrestag der Reichsgründung von 1871 in Versailles hielt, stand ich als Wichschargierter nur wenige Schritte von ihm. Dieses Reich haben in meiner Jugend nicht nur die Großdeutschen und wir bejaht, das Ja zum Reich konnte Karl Renner noch viel wortgewaltiger formulieren und auch Theodor Körner fand, sparsamer im Wort, keine Ausrede in diesem Punkt. Um es als Warnung auszusprechen, niemand ahnte an diesem Prüfungstag 1931, daß drei Jahre nachher in Österreich die Gewehre losgehen würden und jene aufeinanderfeuern würden, die einmal das Bekenntnis zum Reich geeint hatte!"

Nach all den gescheiterten Hoffnungen nach 1848 lebte der Deutsche Bund weiter. Karl Glasbrenner schrieb 1851 resignierend ein Sprüchlein, das sich an den Zahlen 1-10 ausrichtete:

„An Deutschlands baldiger 1-heit
da 2-fle ich noch sehr.
Ich gebe keinen 3-er
4-diese Hoffnung her.
5-Nationalitäten sind,
wo 6- Deutsche stehn.
Sie alle abzu 7-,
gebt 8-det wird nicht gehn
Zu viele sind dem 9- noch abhold
vom Scheitel bis zu den 10-!"

Die Sehnsucht nach Einheit und Freiheit der Deutschen lebte aber nach wie vor in den Besten weiter.

Richard Wagner schreibt seinem Freund und Gönner Ludwig II. von Bayern:

„Seien Sie ein Monarch, führen Sie ein vereintes Deutschland an, werden Sie Lohengrin. Majestät, mein Freund, mein erlauchter Fürst muß das Volk führen. Auch wir, das gemeine Volk, haben Vorfahren, ihre tapferen Taten, ihre Demütigungen, ihre Leiden haben sich unserem Gedächtnis in blutigen Lettern eingegraben, ihr Blut färbt unser Blutbanner.

Wissen Sie, es ist schon etwas Merkwürdiges, Deutscher zu sein. Wir können ein Gedicht, wie ‚Durch die Wälder, durch die Auen' auf eine solche Weise in Musik setzen, daß es uns zu Tränen rührt.

Dagegen, wenn wir uns anschauen und sehen, statt eines vereinten Vaterlandes ein Mischmasch aus Königreichen und Fürstentümern, dann rührt uns das gar nicht? Warum? Sind wir Diener, devot und abhängig von unserer Obrigkeit? Wie schon Christus sagte: Wenn deine Hand dich ärgert, dann haue sie ab!

Unser Vaterland trägt den Namen Deutschland, liebt es über alles und zeigt dies mehr mit Taten, als durch Worte. Auch Deutschland muß einen Platz an der Sonne haben!"

Lassen Sie mich nach all diesen gescheiterten Hoffnungen der Einheit des Jahres 1848 mit einem fröhlichen poetischen Erguß schließen. Der bereits zitierte Glasbrenner schrieb damals am Silvesterabend vor 1848:

„Horch, der ewige Fortschritt, die Zeit, klopft bald mit 12 dumpfen Schlägen an die Pforte der Ewigkeit und die Riegel der Zukunft springen zurück und ein neues Jahr tritt geheimnisvoll verschleiert vor unsere Augen.

Wir wissen nicht, ob wir dich fürchten oder lieben sollen, ob du uns Tränen bringen wirst oder Freude. Wir aber bitten Dich, sei uns gnädig, denn auch du bist Wahrheit und von Gottes Gnaden und so laßt uns den Herrgott bitten: Setze dem Überfluß Grenzen und lasse die Grenzen überflüssig werden!"

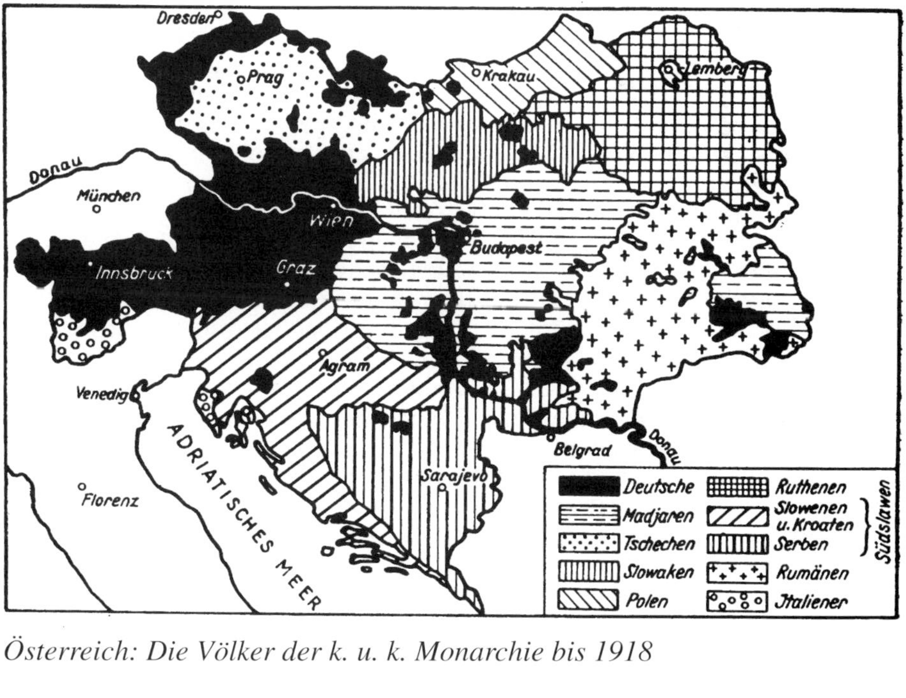

Österreich: Die Völker der k. u. k. Monarchie bis 1918

LOTHAR HÖBELT

Die Österreicher in der Paulskirche

Am 18. Mai 1848 trat in der Frankfurter Paulskirche die konstituierende deutsche Nationalversammlung zusammen. Österreich sollte in ihr ursprünglich mit 190 (von insgesamt 655) Abgeordneten vertreten sein. Wegen des Wahlboykotts der Tschechen (im geringeren Maße auch der Slowenen) waren aber letztlich nur 134 österreichische Wahlkreise vertreten. Davon waren sechs Italiener aus Welschtirol.[1]

Die Paulskirche zerfiel in zwei große Gruppen: Eine demokratisch-republikanische Linke, die einen deutschen Einheitsstaat wollte („eine Auktion von dreißig Fürstenhüten", wie Freiligrath es ausdrückte) und eine liberalkonservative Mitte-Rechts Mehrheit, welche die Integration Deutschlands vorantreiben und eine gesamtdeutsche Verfassung ausarbeiten, die föderalistische Struktur und auch die bestehenden Dynastien aber beibehalten wollte, wie es schließlich auch nach 1870 noch der Fall war.

Durchschnittliche Österreicher

Das Stimmverhalten der Österreicher in der Nationalversammlung entsprach in den meisten Fragen übrigens fast genau dem gesamtdeutschen Schnitt: Die Österreicher waren konservativer als die Südwestdeutschen, aber nicht ganz so ausgeprägt wie die Bayern oder die Preußen. Ausgehen muß man dabei allerdings von ihrem tatsächlichen Stimmverhalten, nicht bloß von ihrer „Fraktionszugehörigkeit", denn nur knapp mehr als die Hälfte der Österreicher gehörte überhaupt einem der Frankfurter Klubs an, die meist unter dem Namen ihres Versammlungslokal bekannt geworden sind und selbstverständlich ohnedies nur recht lockere Vereinigungen waren. Wenig verwunderlich auch, daß die entschiedene Linke einen viel höheren Organisationsgrad aufwies, während von der breiten Mitte-Rechts-Strömung insbesondere der Alpenländer nur eine Minderheit in den Fraktionslisten aufscheint.[1a]

Die Linke versammelte sich im Deutschen Hof: Robert Blum, später Carl Vogt waren ihre Führer. Als Äußerste Linke spaltete sich der Donnersberg ab. Die Österreicher waren im Donnersberg nicht schlecht vertreten, vor allem aber prominent: Hierher gehörte auch der Schriftsteller Adolph Wiesner, der als erster, schon im März 1848 beim Vorparlament dabei gewesen war und als radikalster zum Schluß, im Mai 1849, den Aufruf zum bewaffneten Kampf unterzeichnete. Wiesner war schon vor 1848 im Exil, in Stuttgart, und entsprach auch danach dem klassischen Bild des „Forty-Eighters", der in die USA ging, einen Turnverein in Baltimore gründete und 1860 beim Parteitag der Republikaner in Chicago auftrat. Er starb auf der Reise zurück nach Österreich 1867, als der Kampf um die Verfassung entschieden war.

Ein unwahrscheinlicher „Klubkollege" Wiesners war dagegen Max Gritzner, ein schon älterer, „elegant und fein gekleideter Herr",[2] der in den Wiener Wählerversammlungen alle anderen Kandidaten an Radikalismus übertraf und im Oktober 1848 dann an der Spitze einer Arbeiterkolonne zwei

Kanonen eroberte. Gritzner, vor 1848 höherer Beamter (Bergrichter in Kärnten und Krain), floh schon vor dem Ende der Paulskirche nach Amerika, weil er sich auch als Frankfurter Abgeordneter vor den Nachstellungen der kaiserlichen Regierung nicht mehr sicher fühlte.

Zum Donnersberg zählten auch noch: Der Nordmährer Johann Nepomuk Berger, der es später noch zum kaiserlichen Minister brachte, seine Zelte in Frankfurt 1849 rechtzeitig abbrach und sich daheim eine Advokatenstelle sicherte – und zwar, wie man munkelte, indem er dem Innenminister Bach mit Enthüllungen aus der Zeit drohte, wo beide noch im Untergrund waren oder doch zumindest der Opposition angehört hatten.[3] War Berger ein scharfzüngiger Dialektiker und als großer Spötter bekannt, so war sein Fraktionskollege Titus Mareck der „reine Tor" der Paulskirche – eine Ausnahme auf der Linken auch, weil der junge Untersteirer die übernationale Habsburgermonarchie gerne erhalten wissen wollte, das aber für unmöglich hielt. Es sollte sich nach den Siegen Radetzkys und Windischgraetz sehr wohl als möglich erweisen, aber ohne Mareck, der nach Texas ins Exil ging. Zu seiner Zeit vermutlich bekannter als irgendein anderes Mitglied der Äußersten Linken war Moritz Hartmann, der Vater des sozialdemokratischen Politikers und ersten deutschösterreichischen Gesandten in Weimar 1918/19. Der deutschböhmische Dichter wäre nach dem Oktober 1848 in Wien beinahe verhaftet worden, begleitete das Geschehen in der Nationalversammlung mit seinen satirischen Versen, der „Reimchronik des Pfaffen Maurizius" und blieb zeit seines Lebens ein großdeutscher Republikaner.[4]

Bei der Hauptgruppe der Linken, dem Deutschen Hof, zählte ein weiteres Dutzend Österreicher zu den engeren Gefolgsleuten Blums: Hier waren die fünf Italiener zu finden, Welschtiroler Notabeln, die es auf die Linke verschlagen hatte, weil sie die Erfüllung ihrer Hoffnungen auf nationale Selbstbestimmung von einem deutschen Freistaat eher erwarteten als vom österreichischen Kaiserstaat: Der Priester Giovanni a Prato war der bekannteste von ihnen. Er ließ sich auch in den österreichischen Reichsrat wählen und wurde 1849 zusammen mit Hans Kudlich zur Verhaftung ausgeschrieben. Zu seinen Fraktionskollegen in Frankfurt zählte auch Kudlichs Bruder Hermann. Überhaupt waren die Schlesier hier prominent vertreten. Der junge Konzipient Johann v. Demel z.B. hatte noch ein Vierteljahrhundert als Bürgermeister seiner Heimatstadt Teschen vor sich.

Auf der Rechten, der offenen und deklarierten Rechten, welche die Rechte der Einzelstaaten unbedingt gewahrt wissen wollte, waren rund ein halbes Dutzend Österreicher anzutreffen. Hier stachen Karl Ludwig v. Bruck und Eugen v. Mühlfeld hervor. Sie saßen auf der äußersten Rechten, nicht weil ihre gesellschaftspolitischen Überzeugungen so konservativ waren, sondern weil sie die Integrität der Habsburgermonarchie über alle anderen Gesichtspunkte stellten. Wenn es um die Modernisierung der Monarchie ging, waren sie dabei; in gewisser Weise standen Leute wie Mühlfeld und Bruck, auch wenn sie beide keine Beamten im eigentlichen Sinn des Wortes waren, für jene Schicht von Reformbürokraten in der josephinischen Tradition, die froh waren, die Fesseln des umständlichen und mühsamen vormärzlichen Regimes abgeschüttelt zu haben, dem Staat und seinen Organen aber weiterhin eine dominierende Rolle sichern wollten und mit tatsächlicher Selbstbestimmung der Bürger und der Völker daher so ihre Schwierigkeiten hatten.

Der Wiener Anwalt Mühlfeld, von dem man sich erzählte, daß er ein illegitimer Sohn Napoleons I. sei, später auch, daß seine eigenen Liebschaften ihn an den Rand des Bankrotts gebracht hätten, gehörte in den sechziger Jahren dann zur Prominenz der liberalen Ära und war einer der leidenschaftlichen Streiter im Kulturkampf gegen Kirche und Konkordat. Der zweite Punkt, wo diese „Großösterreicher" den Erhalt der Monarchie über alle andere Erwägungen stellten, war Triest, die Wahlheimat des Reeders Bruck, eines gebürtigen Elberfelders, der im Neo-Absolutismus als Aushängeschild und Paradeliberaler Karriere machen, als Minister aber schließlich an der österreichischen Finanzmisere scheitern sollte: Er beging 1860 Selbstmord.[5]

Fast die Hälfte der Österreicher in Frankfurt, mehr als sechzig Abgeordnete, zählte zu den konservativ gestimmten Liberalen Österreichs, die unter dem vormärzlichen Regime gelitten hatten, die Revolution aber in friedliche Bahnen lenken wollten. Sie folgten den zwei Österreichern, die in Frankfurt jene Kombination von Freiheit und Ordnung zu repräsentieren schienen: Dem Ende Juni zum Reichsverweser gewählten Erzherzog Johann, und Anton v. Schmerling, seinem Reichsministerpräsidenten. Schmerling war Mitglied der niederösterreichischen Stände, der vom Absolutismus entmachteten, überwiegend adeligen Landtage. Diese Stände waren vor 1848 zunehmend zu einem Kristallisationspunkt der Opposition geworden.[6] Hier sammelten sich die Verfechter eines konservativen Liberalismus, die 1848 zwar das Treiben der Linken und die Katzenmusiken der Studenten degoutant fanden, aber auch nicht zum Absolutismus zurückwollten, österreichische Patrioten auch, ohne die Perspektive der deutschen Einigung deshalb aufgeben zu wollen.

Schmerling selbst war der führende Österreicher im Casino, der dominierenden Mitte-Rechts-Fraktion in Frankfurt, der auch der Präsident der Nationalversammlung, Heinrich v. Gagern, angehörte. Fraktionslos wie viele Österreicher, aber dem Milieu und den Anschauungen Schmerlings und Johanns nahestehend, waren zwei weitere prominente Vertreter der ständischen Bewegung des Vormärz: Viktor von Andrian-Werburg am rechten Flügel, Graf Anton Auersperg am linken Flügel. Andrian war der politische Kopf von Seiner Majestät allergetreuesten Opposition in der Ära Metternich gewesen und sah sich 1847 schon als einen „unterirdischen Gegenkönig".[7] Die Dynamik der Revolution, die über Gewaltenteilung und Mitbestimmung bald hinausging und Volkssouveränität und anti-aristokratisches Ressentiment auf ihre Fahnen schrieb, drängte Andrian bald nach rechts; der Rummel mißfiel ihm.

Reichsministerpräsident Anton von Schmerling

Graf Anton Auersperg war besser bekannt unter seinem literarischen Pseudonym Anastasius Grün („Spaziergänge eines Wiener Poeten“). Von Auersperg stammte das berühmte Wort vom Volk, das so frei ist, frei sein zu wollen und 1848 dann das Lied der „Lerche von Österreich“, die ihre Brüder vom Rhein begrüßt. Die Auerspergs stammten aus der Krain, wo Graf Anton in Hart am Thurn ein Gut besaß und für Laibach in die Nationalversammlung gewählt worden war. Das machte ihn sensibel für die Auflösungserscheinungen der Habsburgermonarchie. Genauso wie Mareck und andere rechnete Auersperg im Frühsommer mit ihrem Zerfall, und schrieb: *„Österreichs Rettung suche ich in und mit Deutschland, Rettung jener Teile, die noch für Österreich zu retten sind, und als einziges Rettungsmittel deren kompakten Anschluß an das große, verbrüderte Deutschland.“[8]*

Etwas abseits stand eine kleine Gruppe katholischer Tiroler in der Nationalversammlung, darunter die späteren Bischöfe Feßler und Gasser. Der bekannteste von ihnen war der Marienberger Benediktinerpater Beda Weber; der „Abraham a Sancta Clara der Paulskirche“. Diese Katholiken waren „Schwarz-Gelbe“, das heißt die Treue zur Dynastie hatte für sie einen hohen Wert. Den Katholiken war aber auch bewußt, daß ein Ausscheiden Österreichs aus dem neuen Deutschland eine Halbierung des deutschen Katholizismus bedeuten würde. Weber, der insbesondere mit den protestantisch-preußischen Professoren in der Nationalversammlung im Clinch lag, rief dort einmal in den Saal: *„Und wenn die Welt voller Professoren wäre, muß das ganze Deutschland uns doch werden.“[9]* Sein Kollege Alois Flir, Abgeordneter für das Oberinntal, in den fünfziger Jahren dann Direktor der Anima in Rom, ging soweit, daß er schrieb, vor die Wahl gestellt, entweder das österreichische Kaisertum oder das deutsche Reich zu verstümmeln, würde er schweren Herzens das erste wählen: Denn *„der Kaiserstaat ist ein zufälliges Konglomerat, Deutschland einheitlich.“* Beda Weber lehnte die Kompetenz der Nationalversammlung zur „ersten Teilung Deutschlands“ rundweg ab; aber er hoffte: *„Österreich wird alles tun, um eine Vereinigung mit Deutschland auf dem Wege der Vereinbarung herzustellen, und ich muß aufrichtig gestehen, sollte Österreich die Vereinbarung zurückweisen, ich könnte für Österreich nur sehr besorgt sein.“[10]* Weber selbst übersiedelte 1849 übrigens auf Dauer nach Frankfurt und übernahm dort die katholische Stadtpfarre.

Zwischen Schmerlings Casino auf der Rechten und dem Deutschen Hof Robert Blums und Kudlichs auf der Linken gab es eine linke Mitte, die immer noch gut hundertfünfzig Mitglieder der Nationalversammlung umfaßte, davon rund drei Dutzend Österreicher. Ihr Versammlungsort in Frankfurt war ursprünglich der „Württemberger Hof“. Sie gehört zu den interessantesten Phänomenen der Paulskirche, denn hier kreuzten sich diverse Linien. Diese linke Mitte, einen Teil von ihnen (die „Westendhall“, die sich im Sommer formierte) nannte man treffend „die Linke im Frack“, waren keine Umstürzler, welche die bestehende Ordnung radikal umgestalten wollten, aber sie waren von einem – wie sich herausstellte, nicht ganz unberechtigten – Mißtrauen erfüllt gegen die alten Apparate, die den März 1848 überlebt hatten, auch wenn die Figuren an der Spitze ausgetauscht worden waren. Sie waren Bürgerlich-Liberale, die sich mehr vor der Gegenrevolution fürchteten als vor der Revolution, Bürgerlich-Liberale auch, ohne die spezielle Bindung an die Bürokratie und den Staat, wie sie viele ihrer Kollegen auf der Rechten auszeichnete.

Die linke Mitte, bei all ihrer Wankelmütigkeit, erkannte schärfer als andere ein Dilemma: Wenn Österreich wirklich parlamentarisch regiert würde, wären die österreichischen Deutschen in einem solchen Parlament doch zwangsläufig in der Minderheit. Dieses Dilemma war den Sudetendeutschen natürlich besonders bewußt. Zur linken Mitte zählte daher die Mehrheit der Deutschböhmen und Nordmährer. Der Prager Jude Ignaz Kuranda, der im Vormärz in Leipzig die Zeitung „Grenzboten" geleitet hatte, das Blatt der österreichischen Oppositionellen, und der 1848 in Wien eine neue Tageszeitung gründete, die „Ostdeutsche Post", brachte ihre Schlußfolgerung auf den Punkt: *„Die Freiheit und die Nationalität! Für uns sind diese beiden Worte synonym ! Wenn die Erhaltung dieses großen Östreichs auch nur mit der kleinsten Gefahr für unsere Nationalität verbunden sein sollte, oder wenn gar der Schwerpunkt der Monarchie nach slavischer Seite fallen und die Autonomie des deutschen Willens von der slavischen Majorität bedroht würde – dann mag immerhin die Monarchie in Trümmer fallen."[11]*

„Großdeutschland" oder „Großösterreich"?

Die Autonomie der Deutschen mochte von der slawischen Mehrheit bedroht sein; die Freiheit war auch von der Gegenrevolution bedroht. Die Abgeordneten der linken Mitte versuchten deshalb auch, die Frankfurter zu einem energischen Eingreifen aufzufordern, als im Oktober 1848 in Wien der Bürgerkrieg ausbrach. Eine liberale Gestaltung der österreichischen Verhältnisse erwartete man sich nur von Frankfurt: *„Ja, man muß die Ordnung wiederherstellen!"*, argumentierte der Deutschböhme Reitter im Herbst, *„aber die Ordnung, nicht wie sie früher vorherrschend war, sondern wie sie überhaupt sein soll."[12]* Die Kroaten des Banus Jellacic verkörperten diese Ordnung für ihn nicht.

Der kroatische „Banus" Jellacic verkörperte die alte habsburgische Ordnung, der am 11. September 1848 mit seinen Truppen die Drau überquerte

Aus all diesen Gründen stimmte die linke Mitte Ende Oktober 1848 dafür, daß Österreich sich von Ungarn, Galizien und Venezien trennen und in das Deutsche Reich eintreten sollte. Einen wirklichen Staat, zusammengehalten von einer festen institutionellen Klammer, hatten bisher nur die sogenannten „deutschen Erblande" gebildet, inklusive Böhmen und Mähren selbstverständlich. Jetzt war die Frage, ob sie sich nach Osten oder nach Westen öffnen sollten, ob es um die „Integration" Großdeutschlands oder Großösterreichs ging. Wenn Österreich sich für die deutsche Karte entschied, konnte es mit Ungarn und Galizien ja immer noch in „Personalunion", durch die Person des Herrschers, verbunden bleiben. Carl v. Stremayr vom „Württemberger Hof", ein junger Steirer, verlobt mit einer Baronin Gudenus, auch er in den siebziger Jahren dann Minister, argumentierte in Frankfurt für diese Lösung.[13]

Schmerling hingegen und Beda Weber wollten Österreich als Ganzes in das neue Deutschland überführen, bis hin nach Siebenbürgen und ins Banat. Dazwischen standen Männer wie der Grazer Professor Gustav Schreiner und Ignaz Kaiser, die der Frage ausweichen wollten und darauf vertrauten, wenn man bloß keine voreiligen Beschlüsse fasse, werde sich schon noch eine Formel finden. Schreiner und Kaiser, die ursprünglich auch eher links von der Mitte angesiedelt waren, verkörperten einen Trend, der sich nach der Niederwerfung Wiens immer stärker ausprägte: Die Abgeordneten des Württemberger Hofes und der Westendhall wollten sich nicht dauerhaft in einen Gegensatz zu ihrer heimischen Regierung begeben. Sobald die neue Regierung Schwarzenberg im November und Dezember die Zügel schärfer anzog, fühlten sie sich in ihrer Haut immer ungemütlicher. Zumindest galt das für die Alpenländer, für Oberösterreich und Steiermark; in Böhmen hingegen ließ der nationale Konflikt die deutschen Liberalen so schnell nicht aufgeben.

Den großdeutschen Österreichern, die in ihrem Zwiespalt gefangen waren zwischen den Voraussetzungen, unter denen sie im Frühjahr nach Frankfurt entsandt worden waren, und der Lage, wie sie sich inzwischen in Österreich ergeben hatte, kamen paradoxerweise die Kleindeutschen zu Hilfe. Denn in dem Moment, als man in Frankfurt die Geduld verlor und auf eine kleindeutsche Lösung einschwenkte, die Österreich überhaupt ausschloß, waren die Differenzen unter den Österreichern plötzlich gegenstandslos geworden. Nur Bruck und Mühlfeld hielten das für eine logische Schlußfolgerung: Kleindeutschland und Großösterreich als verbündete Mächte würden dann jenen großen mitteleuropäischen Block bilden, der in Europa seinesgleichen suchte. Alle anderen, die großdeutsche Linke genauso wie Schmerling und Johann, kämpften dagegen, wollten beide den Ausschluß Österreichs aus Deutschland nicht zur Kenntnis nehmen. Als Verbindungsmann zwischen den konservativen Liberalen und den Radikalen aber war Karl Giskra jetzt der Mann der Stunde. Der Nordmährer Giskra war einer der Helden der Wiener Aula, er hatte mitgeholfen, die schwarz-rot-goldenen Farben in der Hofburg zu hissen, und im Mai die „Sturmpetition" angeführt, die zur Abreise des Kaisers aus Wien geführt hatte. Jetzt zog er alle Register seiner Rhetorik, um eine Mehrheit für die „kleindeutsche" Lösung in der Paulskirche zu verhindern und den Habsburgern ihre deutsche Zukunft offen zu halten.[14]

Schwarzenberg wiederum bediente sich der Österreicher in Frankfurt, selbst wenn er ihre Motive nicht teilte, aus rein machtpolitischen Erwägungen, weil er Preußen die Vorrangstellung in Deutschland nicht gönnte. (Letztendlich sollte der preußische König die Krone ohnehin zurückweisen, aber so sicher konnte man sich dessen nicht sein.) Zusammen mit einer bunt zusammengewüfelten Schar von bayerischen und hannöverschen „Partikularisten" und rheinischen Republikanern bekämpften in den ersten Monaten des Jahres 1849 so ziemlich alle Österreicher die erbkaiserliche Lösung, den Plan, nach dem Ausscheiden Österreichs die Krone des künftigen Deutschland durch eine einmalige Wahl den preußischen Hohenzollern zu übertragen. So unterschiedlich ihre Motive im einzelnen auch sein mochten, in diesem einen Punkt stimmten sie überein.

Doch auch das galt nicht für alle: Gerade aus der politischen Mitte der Versammlung, regten sich in diesen letzten Monaten des Paulkirchenparlaments Stimmen, die Österreicher dürften der kleindeutschen Einigung nichts in den Weg legen. Als erster rang sich der Prager Privatdozent Emil Rößler zu dieser Auffassung durch: Rößler war weder Reaktionär noch Revolutionär, er war Realpolitiker genug, um einzusehen, daß mit der Regierung Schwarzenberg eine großdeutsche Lösung unmöglich geworden war. Die österreichische Regierung werde sich künftig auf die Slawen stützen, ja auf die Slawen stützen müssen; das konnte vor allem für die Deutschböhmen nichts Gutes bedeuten. Aber, so folgerte er: *„Eine höhere freiheitliche Gestaltung in dem Kleindeutschland, wie man es in Wien zu nennen beliebt, wird immer auf unserem deutschen Gebiete Österreichs einen mächtigen Rückschlag üben. Man wird in Wien und Österreich wieder deutsch werden, wenn der Druck von außen zu groß wird."* Er zog daraus den Schluß: *„Uns Deutschen in Österreich ist damit gedient, daß das übrige Deutschland groß und einig sei."[15]* Mit dieser Konsequenz stand Rößler lange Zeit allein; erst als offenbar wurde, daß Schwarzenbergs Mitteleuropapläne tatsächlich keine plausiblen konstitutionellen Perspektiven enthielten (z.B. kein direkt gewähltes Parlament), sondern bloß ein Verhinderungsprojekt darstellten, schlossen sich mehrere Österreicher der Argumentation Rößlers an, alle von ihnen Sudetendeutsche.

Andere gingen nicht ganz so weit. Ihre dynastische Loyalität ließ sie die großösterreichische Politik Schwarzenbergs nicht verurteilen, aus der Wiener und niederösterreichischen Perspektive nahm sich auch die befürchtete slawische Vorherrschaft weniger bedrohlich aus. Aber sie lehnten sich dagegen auf, daß Österreichs Einheit mit Deutschlands Zersplitterung einhergehen müsse, wie Schwarzenberg das wollte. Ihr Wortführer, Alfred v. Arneth, trat wenige Wochen später sogar in den Dienst des Außenministeriums, sein Freund Joseph v. Würth war ein enger Mitarbeiter Schmerlings. Das hinderte sie nicht an der Überzeugung, die Arneth in einem Brief an seinen Vater so ausdrückte: *„Es bleiben nur zwei Fragen zu lösen: Hat Oestereich, wenn es selbst dem zu bildenden engeren Bunde nicht beitritt, das Recht, die Bildung dieses Bundes überhaupt zu hindern? Und zweitens: Liegt es im Interesse Oesterreichs, diese Consolidierung Deutschlands zu vereiteln, wenn es an derselben nicht teilnehmen kann? Beide Fragen muß ich entschieden vernei-*

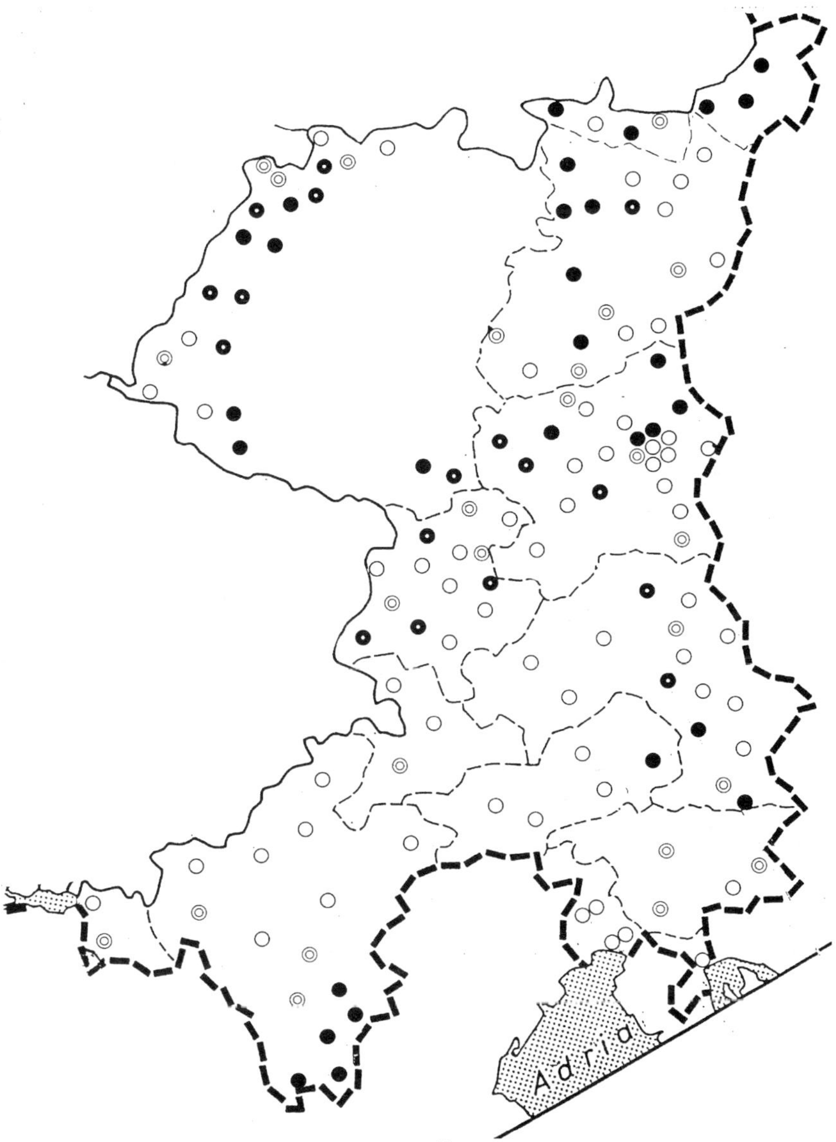

Das politische Spektrum der Deutsch-Österreicher im Jahre 1848:
Leere Kreise: Wahlkreise, in denen eine Mitte-Rechts-Mehrheit bestand
Doppel-Kreise: Wahlkreise von Angehörigen der linken Mitte, die ab Herbst nach rechts drifteten.
Schwarze Kreise mit weißem Punkt: Wahlkreise von Angehörigen der linken Mitte, die ab Herbst Anschluß nach links suchten
Volle schwarze Kreise: Wahlkreise der entschiedenen Linken

nen."[16] Ursprünglich wollten Arneth und Würth die Österreicher deshalb überhaupt zum Rückzug aus der Nationalversammlung überreden. Es gab deshalb hitzige Auseinandersetzungen, die angeblich sogar in Duellforderungen mündeten, die allerdings nicht ausgetragen wurden. Schließlich legten nur die beiden Wiener Arneth und Würth ihre Mandate nieder; ein dritter, August Prinzinger aus St. Pölten, folgte ihnen.

Vier Österreicher um Rößler verhalfen der kleindeutschen Lösung im März 1849 zu einer hauchdünnen Mehrheit in der Nationalversammlung. Doch auch ihr Einsatz lohnte sich nicht. Der preußische König schlug die Krone aus, die ihm da von „Meister Bäcker und Handschuhmacher" angeboten wurde. Der Versuch aber, die Verfassung, wie sie die Paulskirche ausgearbeitet hatte, gegen den Willen von Österreich, Preußen und Bayern durchzusetzen, mußte scheitern. Diese sogenannte „Reichsverfassungskampagne" im Mai 1849 war noch einmal von Aufständen begleitet, in Sachsen, Baden und der Pfalz, die blutig niedergeworfen wurden. In Österreich kam es zu keinen Kämpfen mehr. Nur in Bregenz wagte die Nationalgarde noch eine Manifestation; in Prag lösten die Behörden vorsorglich eine Burschenschaft auf, die „Markomannia".[17] Die fünfzehn österreichischen Abgeordneten, die sich zum sogenannten Rumpfparlament in Stuttgart zusammengefunden hatten, wurden zu Hochverrätern erklärt, gingen ins Exil oder hatten nach ihrer Heimkehr unter strafrechtlicher Verfolgung und Berufsverbot zu kämpfen: Giskra z.B., soeben noch ein Star der Nationalversammlung, konnte gerade noch als Konzipient bei Mühlfeld unterschlüpfen.

Fast zwanzig Jahre später feierte er ein Comeback als Präsident des Abgeordnetenhauses und Innenminister im „Bürgerministerium" 1868/69, dem Höhepunkt der deutschliberalen Ära in Österreich. Mit der Niederlage von Königgrätz 1866 war der Ausschluß Österreichs aus Deutschland, wie er 1849 in Frankfurt diskutiert wurde, militärisch ratifiziert worden. Dafür kam der „weitere Bund", der Kleindeutschland und Großösterreich zusammenschmieden sollte, 1879 im Zweibund doch noch zustande. Im Inneren aber ermöglichte die Dezemberverfassung des Jahres 1867, die Giskra verabschieden half, für ein weiteres halbes Jahrhundert eine Kombination 1848 unvereinbar erscheinender Elemente: Parlamentarismus und deutsche Vorherrschaft in Österreich, wenn auch beides in alles anderer als reiner und unverwässerter Form.

1848 war das Selbstbestimmungsrecht von den „historischen Nationen" eingefordert worden, den Deutschen, Italienern, Ungarn und Polen; doch die imperialen Strukturen erwiesen sich als stärker. Als diese imperialen Strukturen im 1. Weltkrieg jedoch unterlagen, zahlten die Deutschen der Monarchie, von Eger bis Marburg, von Tramin bis Teschen, erst recht die Zeche. Das Selbstbestimmungsrecht blieb auch im zwanzigsten Jahrhundert ein unerfüllter Traum.

Anmerkungen:

[1] Als bestes Kompendium vgl. Heinrich Best und Wilhelm Weese, Biographisches Handbuch der Mitglieder der deutschen Nationalversammlung 1848/49 (Düsseldorf 1996); zum Hintergrund Heinrich v. Srbik, Deutsche Einheit. Idee und Wirklichkeit vom Heiligen Reich bis Königgrätz, Bd. 1 (München 1935); meine Ansichten ausführlicher in: Lothar Höbelt, 1848. Österreich und die deutsche Revolution (Wien 1998).

[1a] Nach der Fraktionszugehörigkeit gehörten von den Österreichern an, von links nach rechts: dem Donnersberg 10, dem Deutschen Hof 12 (davon 3 Italiener); der Westendhall 9, dem Württemberger Hof anfangs 14, von denen vier sich im September mit sechs weiteren dem neu gegründeten, nach rechts Anschluß suchenden Augsburger Hof anschlossen; dem Casino 15, dem Cafe Milani auf der Rechten 5, drei weitere wechselten zwischen den beiden Fraktionen. Von den „Wilden“ stand das Gros jedoch dem Casino nahe, so daß der Schwerpunkt der Österreicher beträchtlich weiter rechts angesiedelt war, als diese Ziffern andeuten.

[2] Alfred v. Arneth, Aus meinem Leben. Die ersten dreißig Jahre (1819-1849) (Wien 1891) 299.

[3] So behauptete zumindest Schmerling in seinen ungedruckten ‚Denkwürdigkeiten‘ (HHStA Wien).

[4] Die ‚Reimchronik‘ in: Moritz Hartmann, Gesammelte Werke, Bd. 2 (Stuttgart 1874) 1-156.

[5] Zu Bruck als auch zur in ihrer politischen Bedeutung oft zu wenig erkannten Finanzmisere im allgemeinen vgl. Harm-Hinrich Brandt, Der österreichische Neoabsolutismus: Staatsfinanzen und Politik 1848-1860, 2 Bde. (Göttingen 1978).

[6] Viktor Bibl, Die niederösterreichischen Stände im Vormärz (Wien 1911).

[7] Friederike Glanner, Viktor Franz von Andrian-Werburg (phil. Diss. Wien 1961) 70.

[8] Anton Auerspergs (Anastasius Grüns) Politische Reden und Schriften, hrsg. v. Stefan Hock (Wien 1906) 13 f.

[9] Oswald v. Gschließer, Die nationale Einheitsbewegung in Deutschtirol im Jahre 1848 (Innsbruck 1938)

[10] Alois Flir, Briefe aus Innsbruck, Frankfurt und Wien. Geschrieben in den Jahren 1825 bis 1853 (Innsbruck 1865) 180; Stenographischer Bericht über die Verhandlungen der deutschen constituirenden Nationalversammlung zu Frankfurt am Main, hrsg. v. Franz Wigard, Bd. 5 (Frankfurt/M. 1849) 3683 (29.11.1848).

[11] Ostdeutsche Post 14.10.1848.

[12] Stenographische Berichte IV 2817 (23.10.1848).

[13] Carl v. Stremayr, Erinnerungen aus dem Leben (Wien 1899).

[14] Über Giskra bisher leider nur Dieter Haintz, Carl Giskra – ein Lebensbild (phil. Diss. Wien 1962).

[15] Briefe Rößlers in: Großdeutsche Stimmen 1848/49, hrsg. v. Karl Demeter (Frankfurt/M. 1939) 77-86; hier: 81 (7.1.1849).

[16] Arneth, Aus meinem Leben 412.

[17] Jana Englova, Die Burschenschaft Markomannia in Prag und der Maiaufstand 1849. In: Studentische Burschenschaften und bürgerliche Umwälzung, hrsg. v. Helmut Asmus (Berlin 1992)

WERNER PFEIFENBERGER

1848 – jenseits der deutschen Grenzen

Frankreich

Die politischen Erschütterungen vor, während und nach dem geschichtsträchtigen Jahr „1848" waren ein verspätetes europäisches Nachbeben der Französischen Revolution von 1789. Im „Epizentrum" hatte das revolutionäre Jahr 1848 deshalb schon vor dem März begonnen und dort war es auch schon das dritte Beben innerhalb von sechzig Jahren. Die inneren Flügelkämpfe der Revolutionäre waren in Frankreich am weitesten gediehen. Ihr Schlachtruf von 1789 „Freiheit, Gleichheit, Brüderlichkeit" hatte sich 1848 längst als unerreichbare Chimäre erwiesen, während die Erkenntnis ihrer ideologischen Unvereinbarkeit den Revolutionären des übrigen Europa erst noch bevorstand. Da sich der rechte Flügel mit dem linken Flügel über den Stellenwert der Freiheit und der Gleichheit nicht einigen konnte, war es bald einmal auch um die Brüderlichkeit zwischen den Revolutionären geschehen.

Als es in Deutschland mit der revolutionären Begeisterung erst so richtig losging, waren die diesbezüglichen Leidenschaften des französischen „Citoyen" schon deutlich gedämpft. Ihm war an der Zurückdrängung des Machtanspruches des Ancien Régimes gelegen gewesen. Die viel weitergehenden Bestrebungen sozialistisch-kommunistischer und freimaurerischer Heißsporne samt ihren entsetzlich unmenschlichen Scheußlichkeiten, die sie in der 89er Revolution im Namen der Menschenrechte ausgelebt hatten, ließen ihn vor seiner eigenen Courage bald angst und bange werden. Kennzeichnend war beispielsweise die Warnung Alexis de Tocquevilles am 27. Januar 1848:

„Zum erstenmal seit 15 Jahren erkläre ich..., daß mich eine gewisse Furcht für die Zukunft überkommt. Das Gefühl, der Instinkt der Unstetigkeit, dieser Vorbote der Revolution herrscht im höchsten Grad im Land... Beachten Sie, was im Schoße der Arbeiterklassen vor sich geht, die sich heute, man muß es anerkennen, noch ruhig verhalten. Sehen Sie nicht, daß deren politische Leidenschaften sich in soziale verwandelt haben? Man verhandelt über die Gerechtigkeit der Verteidigung des Eigentums: Ich bin aber vollständig davon überzeugt, daß wir auf einem Vulkan schlafen." [1]

Dieser sollte tatsächlich innerhalb eines Monats wieder einmal ausbrechen, entfesselt zwar von der liberalen Bürgerschaft, der es um eine Demokratisierung des Zensuswahlrechts gegangen war, schnell jedoch abermals von freimaurerischen Sozialrevolutionären und Vertretern des „Vierten Standes" instrumentalisiert, die mit ihren säkularisiert-messianischen Heilsvorstellungen nicht nur die konstitutionelle Monarchie liberalisieren wollten, sondern auf die Zerstörung des Staatswesens zugunsten einer imaginären „République universelle" hinarbeiteten.

Unter dieser von vielen Franzosen als Existenzbedrohung empfundenen Entwicklung schlug das politische Pendel deshalb bald in die Gegenrichtung aus. Zu lebhaft waren die unermeßlichen jakobinischen Greueltaten den Bürgern noch in Erinnerung, zu sehr steckte ihnen die Angst vor möglichen Wiederholungen solcher Abscheulichkeiten in den Knochen, als daß sie sich noch einmal auf dieses revolutionäre Abenteuer einlassen wollten. Der aufmüpfige „Citoyen“ mutierte unter dieser Angst schnell zum besorgten „Bourgeois“. Nicht das Proletariat, das sich die Freiheit v o m Staat auf die (damals schon) einfärbig rote Fahne geschrieben hatte, beherrschte von da an die Nation, sondern das mehr oder weniger selbstzufriedene französische Bürgertum, das mit seiner „Tricolore“ nach möglichst großer Freiheit i m Staat strebte.

Wie sehr diese Angst des Bürgertums vor gewalttätigen Umstürzen der Sozialisten wirkte, offenbar aber auch gerechtfertigt war, sollte sich bald zeigen: Das in der Februarrevolution erstrittene allgemeine und gleiche Wahlrecht brachte anläßlich der ersten nachrevolutionären Wahl im April 1848 nicht, wie von den Sozialisten erwartet, eine linksradikale, sondern eine gemäßigt republikanische Mehrheit an die Macht. Freilich, so demokratisch diese Regierungsmehrheit auch zustandegekommen sein mochte, den unterlegenen Sozialisten bedeutete sie die Vereitelung ihrer politischen Ziele, und so probten sie wie einst gegen die Monarchie nun eben den Aufstand gegen die Republik (Louis Philippe, der „Bürgerkönig mit dem Regenschirm“ hatte schon im Februar 1848 abgedankt). Nicht die demokratische Staatsform war es, was sie interessierte, sondern die eigene Macht, und wenn diese demokratisch nicht zu haben war, dann eben blutig. So dachten sie. Das war im Mai. Im Juni bereitete die bürgerliche Nationalgarde dem sozialistischen „Gedacht-Getan“ jedoch ein blutiges Ende.

Frankreich kehrte unter dem Eindruck dieser Ereignisse zwar nicht gerade wieder zum Ancien Régime zurück, wurde aber doch gewissermaßen zur „bourgeoisie séparée du peuple“ (Edgar Quinet) mit deutlicher „Furcht vor freiheitlichen Institutionen“ (Alexis de Tocqueville). Die Maiwahlen 1849 brachten nun sogar eine ausgeprägt konservative Mehrheit in die Nationalversammlung und, kaum hatte man sich versehen, drei Jahre später war Frankreich mithilfe eines vom Volke offenbar geduldeten Staatsstreiches Louis Napoléons sogar wieder zur Monarchie geworden. Was blieb, war die nüchterne Erkenntnis eines der namhaftesten liberalen Denker des Zweiten Kaiserreichs, Dupont White:

„Freiheit, Gleichheit, Brüderlichkeit: große Worte, wenn irgendwelche Worte groß sind; aber ich kenne nichts, was weniger fähig wäre, sich ohne Hilfe zu verwirklichen. Revolutionen äußern diese Worte zu ihrem ewigen Ruhm; es ist aber Aufgabe der Regierungen, auszuführen, was Revolutionen versprechen.“[2]

In Frankreich hatte die Revolution anscheinend zu viel versprochen.

Der Pariser Pöbel im Thronsaal der Tuilerien am 24. Februar 1848 – Nach einer gleichzeitigen Zeichnung von Janet Lange

Polen

Frankreich war nicht nur selbst ein jahrzehntelang brodelnder Revolutionsherd. Seit 1830 war es auch die Zufluchtsstätte polnischer Revolutionäre. Paris wurde gleichsam zur heimlichen Hauptstadt der nicht existierenden polnischen Exilregierung des nicht existierenden polnischen Staates; das Organisations- und Koordinationszentrum der polnischen Aufständischen.

Die polnische Revolution hatte jedoch andere Zielsetzungen als die französische: einerseits wegen der Aufteilung Polens in drei Staaten seit 1795, anderseits weil sich zahlreiche Polen sozusagen als Revolutionssöldner den Revolutionären in anderen Teilen Europas anboten. Nachdem „Kongreßpolen" schon im Zuge des Aufstandes 1830 von russischen Truppen „befriedet" worden war, blieben den Polen als revolutionäre Exerzierfelder das österreichische Galizien, das preußische Posen und mehrere Gegenden außerhalb des polnischen Siedlungsraumes (Paris, Baden, Dresden, Italien, Ungarn).

Es ging den polnischen Revolutionären auch weniger um liberale verfassungspolitische Errungenschaften als ganz einfach um ihre nationale Unabhängigkeit und um ihr polnisches Sendungsbewußtsein, den „polnischen Messianismus", womit sie letztlich ganz Europa zu beglücken gedachten. Sogar einen eigenen Theoretiker in Sachen polnischer Heilssendung leisteten sie sich, der in diesem Sinne bis 1844 im Pariser „Collège de France" wirkte (Adam Bernhard Mickiewicz).

Dieser in romantischen Chauvinismus entartende Nationalismus war den polnischen Revolutionsbestrebungen nicht nur von Nutzen. Die den Polen zunächst günstig gestimmten deutschen „Achtundvierziger" begannen in der Paulskirche ihre Sympathie während der „Polendebatte" zu überdenken, und die von den Polen ihrerseits unterdrückten Rotrussen[3] sahen sich durch den polnischen Chauvinismus so sehr in ihrer Existenz bedroht, daß sie Zuflucht bei den Habsburgern suchten und m i t ihnen die polnischen Aufständischen in Galizien bekämpften.

Auch in gesellschaftlicher Hinsicht unterschied sich die polnische Revolution deutlich von der französischen: Es war nicht wie in Frankreich das (kaum existente) liberale Bürgertum Polens, das sich zur Revolution hingezogen fühlte, zugleich aber wegen der ganz anders gearteten Interessen der (ebenfalls nicht existierenden) proletarischen Massen Polens und ihrer intellektuellen Einpeitscher doch mit den Konservativen zusammenging. Vielmehr ließen sich in Polen der Landadel und seine Intellektuellen von revolutionären Visionen begeistern – und erschrecken zugleich. Ihr nichtproletarischer Ersatzmob, den s i e fürchteten, waren nicht die städtischen Arbeiter, sondern die von ihnen unterdrückten leibeigenen Bauern. Diese erhofften sich in der Tat von der Züchtigung ihrer unbotmäßigen adeligen Herren durch die österreichische beziehungsweise preußische Zentralregierung eher eine Erleichterung ihres Loses und kämpften deshalb nur zu gerne m i t den preußischen und österreichischen Truppen, um sich an ihren Peinigern zu rächen.

Da Wien und Berlin dies auch wußten, spielten sie erfolgreich auf der sozialen Klaviatur; und so waren die polnischen Revolutionäre indirekt und ungewollt doch auch für eine Befreiung gut: zwar nicht die nationale Befreiung, aber die Bauernbefreiung, die von der österreichischen und preußischen Regierung bald einmal gegen die Interessen des polnischen Landadels in die Wege geleitet wurde.

Wien und Berlin waren aber auch aufgeklärt und intelligent genug, mittels konstitutioneller Liberalisierungen (namentlich im Bereiche des Parlamentarismus) der polnischen Bevölkerung insgesamt politische Freiräume und Mitbestimmungsmöglichkeiten zu schaffen und solcherart den Revolutionären den Wind aus den Segeln zu nehmen.

Rußland

Im russischen Polen sollte es bis zum Aufstand von 1863 dauern, bis die Bauernbefreiung – ähnlich erfolgreich – gegen die Belange des polnischen Feudaladels beschlossen wurde. Auch hier gelang es, den Aufstand auf diese Art nicht nur militärisch, sondern auch politisch in den Griff zu bekommen.

Was die Symbolhaftigkeit des Jahres 1848 betrifft, so blieb Rußland als solches jedoch ein weißer Fleck. Zwar beseelten liberale Ideen auch russische Denker der ersten Hälfte des 19. Jahrhunderts, aber ohne daß sie in die praktische Politik des Landes hineingewirkt hätten. Zar Nikolaj I. regierte guten Gewissens ohne jedwede liberale konstitutionelle Reform, nicht zuletzt weil er die Loyalität der Bevölkerung auch so hinter sich wußte. Auch die Bildung liberaler politischer Parteien erfolgte in Rußland erst gegen Ende des neunzehnten Jahrhunderts. So fiel es ihm denn auch nicht schwer, die als „Dekabristen"-Aufstand 1825 bekannt gewordene Verschwörung adeliger Jugendlicher (hauptsächlich junger Gardeoffiziere) im Keime zu ersticken, noch bevor sie irgendwo im Lande revolutionäre Erfolge erzielen konte.

Die westeuropäischen 48er Ereignisse beunruhigten zwar das zaristische Rußland: „Wir sehen am Horizont nur Blut", stellte Konstantin, einer der Söhne des Zaren anläßlich der französischen Juli-Revolution entsetzt fest, aber nicht einmal die sonst so widerspenstigen Polen brachten Rußland in jener Zeit größeres Ungemach. Die orthodoxe Kirche, das autokratische Kaiserhaus und das im russischen Volk tiefverwurzelte Volksbewußtsein („Narodnost") blieben als unverbrüchliches Band die besten Garantien gegen jedwede Umsturzidee irgendwelcher Freigeister. Diese gab es zwar (der Dichter Fedor Dostojevskij war einer der berühmteren), aber sie hatten zu wenig Rückhalt im Volk und sie waren ihrerseits tief gespalten in jene, die auf westliche Ideen eingeschworen waren (die „Sapadniki") und jene, die einen eigenen russischen Reformprozeß bevorzugten. Darum landeten allzu hitzköpfige Geister mit Zustimmung des Volks schnell auch in der sibirischen Bedeutungslosigkeit oder in der westlichen Emigration. Um etwas in ihrem Sinne bewegen zu können, sei es liberal oder sozial, waren sie ein paar Jahrzehnte zu früh auf die russische Welt gekommen – nicht zuletzt aufgrund eigener Fehler, wie es Alexander Herzen einzugestehen wußte: „Wir sind seelenlose Rhetoren. Hitzig ist nur unsere Tinte."

Ungarn

So konnte der Zar es sich sogar leisten, seinen „Brüdern" (wie er die westlichen Herrscher – mit Ausnahme des ihm zu ordinären französischen Emporkömmlings Louis Napoléon – zu bezeichnen pflegte) brüderliche Hilfe anzubieten, wenn sie sich ihrerseits von den Gewalttätigkeiten des liberalen, nationalen und sozialen Zeitgeistes bedroht fühlten. Der Grundsatz der Vertragstreue verpflichtete ihn gewissermaßen sogar dazu, denn die Heilige Allianz sah auch wechselseitigen Restaurationsbeistand vor, den der Zar 1849 in Ungarn jedenfalls mit mehr völkerrechtlicher Berechtigung leistete, als es 1956 durch Nikita Chruschtschow geschah.

Die ungarische Freiheitsbewegung vereinte deutsche und polnische Aspirationen. Deutsch war das Streben nach mehr Liberalität und Rechtsstaatlichkeit, polnisch der nationale Unabhängigkeitskampf gegen die Habsburger. Mit den Polen gemeinsam hatten die ungarischen Freiheitskämpfer freilich auch die Verachtung für das Freiheitsstreben anderer Völker, die von i h n e n unterdrückt wurden: Rumänen, Siebenbürger Deutsche, Kroaten, Slowaken, Serben. Der große Siebenbürger Pädagoge, Dichter und Pfarrer, Stephan Ludwig Roth, der als Schüler Pestalozzis offen für einen Ausgleich aller dieser Völker nach Schweizer Vorbild eintrat, war wegen „Feindbegünstigung" mitten im Frieden von einem ungarischen „Kriegs"gericht sogar verurteilt und erschossen worden – zur selben Zeit, als die ungarischen Intellektuellen für sich selbst gerade eben diese Schweizer Freiheit von Habsburg einforderten.

Diese Unvereinbarkeit zwischen ihrer Liebe zur eigenen Freiheit und ihrer Verachtung für den Freiheitswunsch anderer sollte ihnen schließlich ebenso zum Verhängnis werden wie den Polen. Sie hätten ihren Unabhängigkeitskampf nur m i t den Völkern des ungarischen Staatsverbandes gewinnen können, nicht gegen sie – und waren doch verblendet genug, diese Binsenweis-

Der ungarische Finanzminister Lajos Kossuth – Nach einem Gemälde von Kurowski.

Joseph Freiherr von Jellacic, Banus von Kroatien – Nach einer gleichzeitigen Lithographie

heit so lange nicht zu sehen, bis es zu spät war. Namentlich die Kroaten waren nicht nur ebenso freiheitsliebend wie die Ungarn, sondern auch bereit, für ihre Freiheit zu kämpfen. Sie waren es auch, die unter der Führung des „Ban" Joseph Freiherr von Jellacic militärisch maßgeblich dazu beitrugen, daß der ungarische Freiheitskampf gegen die Österreicher und die Russen scheiterte.

Gleichwohl schlug 1848 auch in Ungarn die Stunde der Freiheit: Von den 13 Millionen Bürgern Ungarns waren nur fünf Millionen ethnische Ungarn, davon viereinhalb Millionen Leibeigene. Diesen brachte 1848 den durchschlagenden Erfolg, sogar ohne blutige Kämpfe, nämlich die Bauernbefreiung – eine nicht zu unterschätzende staatspolitische Leistung des revolutionären Finanzministers Lajos Kossuth, dessen Hitzköpfigkeit seinem Volk sonst eher schadete als nutzte. Kossuth erlebte den nationalen Ausgleich mit Habsburg von 1867 zwar noch im piemontesischen Exil, konnte selbst aber nichts mehr dazu beitragen.

Damit, daß er am 14. April 1849 das Haus Habsburg-Lothringen im Königreich Ungarn entthronte und sich zum Präsidenten einer ungarischen Republik erklärte, überspannte er nicht nur seine eigenen Kräfte, sondern zog sich auch den Widerwillen der anderen europäischen Monarchien zu, sogar Britanniens, das nun ebenfalls für die rasche Niederschlagung der ungarischen Aufständischen eintrat.

Britannien

Wie die Regierung im „Mutterland des Liberalismus" den radikalliberalen Bewegungen auf dem Festland gesonnen war, ist nicht zuletzt aus der Tatsache ersichtlich, daß London dem wohl berühmtesten Flüchtling der Heiligen Allianz Zuflucht gewährte: Fürst Metternich. Das will zwar nicht heißen, daß Leute wie Metternich, Louis Philippe und der „Kartätschenprinz" (Kronprinz Wilhelm von Preußen) bei ihren britischen Gastgebern besonders beliebt waren. Diese hatten nur wie Buddha einen großen Bauch, mit dem sie alle möglichen politischen Extremismen des Festlandes verdauten und auf ihrer eigenen Insel zu neutralisieren verstanden. Genauso wie sie die Vertreter der Reaktion und Restauration beherbergten, duldeten sie auch Vertreter der Revolution, liberale und sozialistische gleichermaßen. Ferdinand Freiligrath, Giuseppe Garibaldi und Karl Marx sind nur drei Beispiele für viele.

Nun war Britannien zwar tatsächlich schon in der zweiten Hälfte des 18. Jahrhunderts die Wiege des theoretischen Liberalismus gewesen. Das Unrecht und das Elend, das eben dieser Liberalismus in der Praxis auf britischem Boden erzeugte und nährte, war freilich nicht weniger schreiend als jenes, das die festländischen Liberalen in ihren Ländern bekämpften. Der mächtig gewordene englische (und schottische) Liberalismus hatte bis Mitte des Jahrhunderts längst seine eigenen Kinder gefressen, um ihnen den Vater zu erhalten. Die englischen Herrschenden hatten es aber weit besser als so mancher kontinentaleuropäische Machthaber verstanden, das entrechtete und verelendende Volk bei der Stange und von umstürzlerischen Gedanken fern zu halten. Ihr Rezept war einfach: Man spielte die Interessen der politischen und sozialen Habenichtse erfolgreich gegeneinander aus und entzweite sie solcherart dermaßen, daß sie sich eher gegeneinander aufrieben, als den Mächtigen gefährlich wurden.

Gleichwohl erlebte auch Britannien seinen Vormärz. Mehr aber auch nicht. Die wallisischen Bergarbeiter lehnten sich 1839 gegen ihre brutale Ausbeutung auf – und wurden zusammengeschossen, bevor der revolutionäre Funke auf andere Arbeiter überschlagen konnte. Als sich 1840 die Anhänger des Freihandels mit den hungernden Massen zusammenschlossen, um die protektionistischen Getreideeinfuhrverbote des mächtigen Landadels zu bekämpfen, und solcherart das System so sehr in Frage stellten, daß Friedrich Engels die Revolution schon um die Ecke kommen sah, hob die Regierung 1846 die Einfuhrverbote auf und löste damit auch die bedrohliche Allianz zwischen „drittem“ und „viertem Stand“ erfolgreich auf.

Ähnlich erfolgreich spielt das britische Establishment in den vierziger Jahren die gesellschaftlich etwas weniger aussätzigen Facharbeiter gegen die unter die unsozialen Räder des liberalen Systems gekommenen Hilfsarbeiter aus. Der eben noch elende Aufsteiger (und sei sein Aufstieg noch so klein) kennt in aller Regel keine Solidarität mit dem noch Elenderen. Er strebt nach Höherem, statt mitleidsvoll zurückzublicken – im übrigen eine Charaktereigenschaft des Proletariats, die die Marxisten nie verstanden: Der Proletarier will kein noch so geadelter Prolet mit Klassenbewußtsein bleiben, sondern diese seine unterste Gesellschaftsschicht, wenn nur irgend möglich und so schnell wie möglich, verlassen.

Die Elenden allein aber waren auch in Britannien zu schwach, um sich zu wehren. Wer am Hungertuch nagt, taugt auch für keinen Klassenkampf mehr. So erging es den irischen Unterdrückten und Verhungernden. Zwar versuchten sie sich in der zweiten Hälfte der vierziger Jahre gelegentlich in Aufständen, wurden aber jeweils rasch von der englisch-schottischen Soldateska zusammengeschlagen. Das liberale Dogma, wonach jedermann seines Glückes Schmied und der Unglückliche eben ein schlechter Schmied sei, um den nicht schade ist, verstand es in Britannien, das Recht des Stärkeren geradezu zur Perfektion zu treiben – und überlebte trotzdem die gesamte „März“-Periode unbeschadet.

Italien

Zu den Dauerdiskriminierten des britischen Liberalismus hatten (nicht nur die irischen) Katholiken gehört. Sie waren die am meisten Unterdrückten, Ausgebeuteten und sowohl gesellschaftlich als auch politisch Aussätzigen des Empire. Der Zustand Nordirlands gibt heute noch ein beredtes Zeugnis von dieser einstigen Quälerei einer religiösen Minderheit.

Auf der italienischen Halbinsel waren die Katholiken hingegen die dominierende Glaubensgemeinschaft. Sogar ihr weltweites Organisationszentrum befand sich auf italienischem Boden. Und doch waren die Katholische Kirche, ihre Gläubigen und Kleriker während der gesamten Periode des Vormärz, März und Nachmärz auch hier Anfeindungen ausgesetzt. Der Grund hierfür lag teilweise in den Zielsetzungen und der ideologischen Herkunft der intellektuellen 48er-Generation Italiens, teils aber auch in der bloßen Existenz des Kirchenstaats auf italienischem Boden, der sich vom Tyrrhenischen Meer bis zur Adria erstreckte und solcherart der Vereinigung zwischen Süd und Nord im Wege stand.

Die italienischen „Achtundvierziger" verfolgten drei ganz unterschiedliche Ziele, bisweilen getrennt voneinander, häufig jedoch gemeinsam:

1. Die staatliche Unabhängigkeit (diese strebten sie wie die Ungarn und Polen an), 2. die nationale Einigung (diese ersehnten sie als historische Nachzügler ähnlich der gleichfalls verspäteten deutschen 48er Generation) und 3. die Zerstörung der tradierten, von der Katholischen Kirche geprägten Ordnung sowie die Einrichtung liberaler Verfassungsinstitutionen (was sie vor allem mit ihren geistigen Mentoren aus der französischen Freimaurerei verband).

Mit den ersten beiden Bestrebungen fanden sie so manche Sympathie auch bei den etablierten Herrschern Italiens. Nicht nur der piemontesische König Carlo Alberto und der Bourbone Ferdinand II. im Königreich beider Sizilien waren bereit, den jungen Hitzköpfen bei der gewaltsamen Verwirklichung ihres Unabhängigkeitszieles zu helfen, sogar Papst Pius IX. unterstützte sie – obwohl es ihm angesichts seines guten Verhältnisses zu Habsburg-Lothringen schwer gefallen sein mochte. Alle drei Herrscher mag der Gedanke verlockt haben, im Falle eines Sieges des „Risorgimento" einem neugegründeten gesamtitalienischen Reiche als gütiger Monarch vorzustehen. Alle drei schickten sie Truppen gegen die Österreicher, der Papst ließ sie dann allerdings an der nördlichen Grenze des Kirchenstaats stehen und vermied jedwede „Feindberührung", zumal er sich rechtzeitig doch noch des universellen Sendungsauftrages seines kirchlichen Amtes entsann.

Alle zusammen waren sie freilich an der Kriegskunst des österreichischen Feldmarschalls Radetzky gescheitert. Der Schlachtruf „L'Italia fará da se" erwies sich schnell als leere Sprechblase von Leuten, die mit soldatischer Tapferkeit und militärischem Genie seit eh und je mehr auf Kriegsfuß standen als mit großsprecherischer Selbstüberschätzung. Ohne zumindest die Hilfe der Franzosen sollte auch in Zukunft aus der Unabhängigkeit der Italiener nichts werden. Die „48er" jedenfalls mußten ihre nationalistischen Ziele noch ein paar Jahrzehnte vertagen, besaßen aber immerhin soviel Selbstironie, dilettantische politische Aktionen von nun an als „un quarantotto" zu belächeln.

Vielleicht waren auch die liberalideologischen Ziele der jungen „48er" nur so eine Idee gewesen, auf deren S e l b s t verwirklichung sie genau so hofften, wie auf das „fará da se" ihrer Unabhängigkeit. Mit diesen Zielen wurden sie allerdings nicht nur von den „deutschen" („Morte ai tedeschi!") Fremdherrschern in Wien, sondern auch von den eigenen Monarchen in Rom, Turin und Neapel bitter ernst genommen, und da sie sich diesbezüglich mehr engagierten (Meuchelmorde an Politikern waren leichter zu bewerkstelligen als militärische Siege auf dem Schlachtfeld), machten sie sich bald einmal Gott(es Stellvertreter) und die Welt zum Feind. So wie die drei Monarchen aus den Unabhängigkeitsbestrebungen der 48er Hoffnungen auf ihren eigenen Machtzuwachs schöpften, stiegen ihnen bei Betrachtung der liberalen Ziele der „Carbonari" die Grausbirnen auf. Als diese römischen „Radikaldemokraten" sogar den ihnen nicht böse gesonnenen, aber zu wenig radikalen Minister des Heiligen Stuhls, Pellegrino Rossi, erdolchten und die „Römische Republik" ausriefen, war es jedenfalls dem grundsätzlich ebenfalls wohlgesonnenen Papst zu viel geworden. Er flüchtete, bat die französische Regierung um militärische Intervention im Kirchenstaat, und als diese erfolgreich verlief und er wieder in Rom saß, war es um seine Sympathien geschehen. Den Rest seiner Amtszeit übte er sich in heftiger Gegnerschaft gegen die liberalen Zerstörer seiner Ordnung.

Ähnlich erging es den italienischen „Achtundvierzigern" mit ihren einstigen Verbündeten Ferdinand II. und Carlo Alberto. Dieser schloß nach der ersten Niederlage in der Schlacht bei Custozza (25. Juli 1848) rasch einen Waffenstillstand mit den Österreichern, *„nicht weil dieser ‚zaudernde König', wie man ihn nannte, kriegsmüde geworden wäre, sondern aus Mißtrauen gegen die liberal-patriotische Bewegung. Sie bedrohte ja immer mehr alle dynastischen Interessen".[4]* Die Hand zu beißen, von der man gefüttert wurde, konnte auf Dauer nicht gut gehen. Die stark freimaurerisch, also monarchiefeindlich beeinflußten Liberalen hätten damit wenigstens so lange warten müssen, bis ihr Unabhängigkeits- und Einigungsziel verwirklicht war.

Ferdinand II. zeigte sich noch etwas mehr beleidigt als der piemontesische Monarch. Er rief nicht nur seine Truppen aus dem Norden zurück, sondern entschloß sich vorsorglich, auch in seinem südlichen Herrschaftsbereich gleich einmal reinen Tisch zu machen, und ließ die militanten Verfechter einer parlamentarischen Demokratie kurzerhand auf offener Straße zusammenschießen.

Spanien

Auch das spanische Herrscherhaus sandte unter Berufung auf seine monarchische Beistandspflicht im Rahmen der Heiligen Allianz Interventionstruppen nach Italien. Es konnte sich diesen militärischen Ausflug leisten, denn zu Hause war es um 1848 im wesentlichen ruhig geblieben. Weder der Liberalismus noch der Sozialismus beeindruckten genügend viele Spanier, um die alte autoritäre, ebenfalls stark vom Katholizismus beeinflußte Ordnung zu gefährden. Ein Konkordat zwischen Madrid und dem Heiligen Stuhl bekräftigte 1851 vielmehr die katholische Religion als ausschließliche Staatsreligion, Grundlage jeglicher Erziehung und des gesellschaftlichen Lebens. Im Gegensatz zu zahlreichen anderen Ländern Europas war hier wie in Rußland die Welt vergleichsweise heil geblieben.

Der Sozialismus war mangels ausreichenden städtischen Proletariats zu jener Zeit eine noch ganz unbedeutende Bewegung, die in spanischen Städten höchstens für etwas Unruhe sorgte. Die „Liberalen" (der Begriff „liberal" wurde nicht etwa in England oder in Frankreich, sondern hier erstmals bereits 1812 geprägt) aber hatten ihre im wahrsten Sinne des Wortes todesmutige Kampfzeit 1848 bereits längst hinter sich. Sie waren schon in den zwanziger Jahren auf die Barrikaden gestiegen und damals (1823) dank französischer Interventionstruppen im Namen der „Heiligen" Allianz hingerichtet worden. Auch die Befreiungskriege in Lateinamerika (1810 bis 1826) waren 1848 längst vorbei. Zwar war Spanien damit fast aller Kolonien verlustig gegangen, aber auch einen ständigen Unruheherd losgeworden.

Das liberale Gedankengut, von der französischen Freimaurerei schon vor der napoleonischen Invasion nach Spanien gebracht, war von Anfang an ein Fremdkörper in der spanischen Geisteswelt und blieb es, nicht zuletzt weil die Aufklärung als geistige Grundlage dieser Ideologie hier nicht stattgefunden hatte. Die scholastische Philosophie der Gegenreformation hatte sich das ganze 18. Jahrhundert hindurch an den Universitäten gehalten. Die Liberalen Spaniens mußten deshalb den Wahrheitsgehalt ihrer Lehre auf Scholastiker wie Suárez, de Soto, Molina und Vitoria gründen, um glaubwürdig zu erscheinen. Sie dürften sich dabei selbst nicht besonders glücklich in ihrer Haut gefühlt haben, wenn man den Gedanken eines der führenden spanischen Liberalen im Jahre 1848 folgt:

„Die liberale Schule, ein Feind der Finsternis und des Lichtes, hat sich für ein ungewisses Dämmerlicht zwischen dem Reich der Finsternis und dem des Lichtes, zwischen den ewigen Schatten und dem göttlichen Morgenrot entschieden. In diesem namenlosen Bereich hat sie es unternommen, ohne Volk und ohne Gott zu regieren, ein ausgefallenes und unmögliches Unterfangen: ihre Tage sind gezählt, denn auf der einen Seite des Horizonts erscheint Gott und auf der anderen erscheint das Volk.“[5]

[1] Zitiert in: Guido de Ruggiero, „Geschichte des Liberalismus in Europa“, Aalen, 1964, p. 183.

[2] Dupont White, „L'individu et l'État“, Zweite Auflage, Paris, 1858, p. 39.

[3] Die Rotrussen werden neben den Großrussen, den Kleinrussen (Ukrainern), den Schwarzrussen (aus der Gegend zwischen Bia_ystok <Belostok>, Pinsk und Bobrujsk in der heutigen Republik Belarus) und den Weißrussen als fünfter russischer Stamm gezählt und auch „Ruthenen“ genannt. Sie haben zwar ein ausgeprägtes eigenes Volksbewußtsein, bemühten sich aber wie schon im 19. Jahrhundert auch am Ende des Ersten Weltkriegs und in der Zwischenkriegszeit (Unabhängigkeitserklärung vom 14. März 1939) vergeblich um die Erlangung ihrer politischen Unabhängigkeit.

[4] Hansjakob Stehle in: Benedikt Erenz, Herausgeber, „Zeitpunkte – Freiheit schöner Götterfunken“, Hamburg, 1998, pp. 75, 76.

[5] Juan Donoso Cortés, „Ensayo sobr el catolicismo, el liberalismo y el socialismo“; siehe diesbezüglich auch: Werner Pfeifenberger, „Der politische Liberalismus des 19. Jahrhunderts“, in: Thomas Michels, Herausgeber, „Heuresis – Festschrift für Andreas Rohracher“, Verlag Otto Müller, Salzburg, 1969, pp. 221 – 224.

WOLFGANG STRAUSS

Rußland 1848 – ein Vorspiel für 1917

1848 explodierte Europa – am Orthodoxen Vorhang der Romanows endete die Explosionswelle. In Frankreich wurde Louis Philippe vom Thron verjagt. In Wien stürzte Metternich, die kaiserliche Familie mußte fliehen. Während die Wiener Studenten gegen das Ancien Regime und für das größere Deutschland kämpften, probten Ungarn, Tschechen, Polen, Italiener die Nationalrevolution. In Berlin wurde Friedrich Wilhelm IV. gezwungen, eine Verfassung zu gewähren; in Dresden verkündeten Richard Wagner und der russische Anarchist Michail Bakunin die Geburt einer neuen Ära. Indes, im Vaterland Bakunins wurden keine Barrikaden errichtet, weder in Moskau noch in St. Petersburg. Im eurasischen Teil der Heiligen Allianz, auf Anregung Alexanders I. 1815 in Paris geschlossen, träumten nur Dichter von einer neuen Ära, das Volk blieb stumm.

Doch gerade am Beispiel Bakunin zeigt sich, daß alles historische Licht Zwielicht ist. 1848 ist auch das Jahr des Slawenkongresses in Prag. Hier verkündet Bakunin, daß die Deutschen „die natürlichen Feinde der Slawen" seien. Aus der sibirischen Verbannung zehn Jahre nach dem Slawenkongreß schreibt der Anarchist Bakunin an den Autokraten Nikolaus I.:

„Zar, hättest du das Banner des Slawentums erhoben, alle slawischsprechenden Völker der österreichischen und preußischen Besitzungen hätten sich dir unterworfen, blind und bedingungslos. Mit Freude und Begeisterung wären sie unter die weiten Flügel des russischen Adlers gekommen und wären voller Wut marschiert, nicht nur gegen die Deutschen, sondern gegen ganz Westeuropa."

1862 bietet Bakunin von London aus den Polen, Ukrainern, Böhmen „Bundesgenossenschaft an, besonders gegen die Deutschen".

Anarchist Bakunin: Panslawismus

Hier erkennt man das Zwielicht eines welthistorischen Umbruchs, seine Doppeldeutigkeit: Rußlands erster Anarchist spricht mit panslawistischer, und das heißt imperialistischer Zunge. Der Bewunderer der westeuropäischen „48er" droht der „neuen Ära" mit der Knute des Zaren, mit Eroberungskrieg.

Nur ein paar Wochen vor der Pariser Revolution publiziert der dreißigjährige Karl Marx sein Kommunistisches Manifest, das mit dem Satz beginnt: „Ein Gespenst geht um in Europa – das Gespenst des Kommunismus." Nur wenig später schleudert Bakunin in Prag sein Manifest heraus: Ein Gespenst geht um in Europa – das Gespenst des Panslawismus. Slawen aller Länder, vereinigt euch!

Doch zunächst gehört Nikolaus das Gesetz des Handelns. Er festigt seinen Ruf als „Gendarm Europas". Die Habsburgermonarchie war unter dem jungen Kaiser Franz Joseph wiederhergestellt, doch die Madjaren leisteten noch immer Widerstand. Österreichische Generäle brachten es nicht zuwege (aus welchen Gründen auch immer), die Ungarn niederzuwerfen, so wie sie zuvor die Tschechen, die Italiener und die revolutionären Wiener niedergeworfen hatten. Nach langem Zögern trat Franz Joseph mit der Bitte um Hilfe an Nikolaus heran. Der Zar selbst war zunächst unentschlossen, obwohl sich ihm hier ein verlockender Vorwand bot, seiner Herrschaftsdoktrin „Legitimität“ zu Hilfe zu eilen und sich gleichzeitig Österreich zutiefst zu verpflichten. Was ihm schließlich die Entscheidung erleichterte, war der Umstand, daß sich unter den Führern der ungarischen Rebellen zwei prominente polnische Generäle befanden, die seiner Rache im Jahre 1831 entgangen waren. Mit einer großen Geste entsandte Nikolaus 200.000 Mann unter dem berüchtigten General Paskjewitsch, Fürst von Warschau und Henker des Kaukasus, ein blutiges Pendant zum Studentenexekutor Windischgraetz. Paskjewitsch kam, sah und siegte. Kossuth flüchtete in die Türkei, nachdem er das Oberkommando dem Rebellengeneral Görgey übertragen hatte, dem es gelang, die Habsburger zu verärgern, indem er sich den Russen ergab, so daß Paskjewitsch wieder eine seiner berühmten Siegesdepeschen an den Zaren senden konnte: *„Ungarn liegt Eurer Majestät zu Füßen!“*

Anarchist und Panslawist Michail Bakunin – Lithographie von 1849

Aber auch dieser Sieg des „Gendarmen von Europa“ stand im Zwielicht der Geschichte. Der Zar thronte auf einem Vulkan, er wußte es nur nicht. Ein Vulkan mit geistiger Urgewalt, weltanschaulichem Prometheusfeuer. Unter der Eisdecke extremer Zensurdiktatur entstanden leidenschaftliche Spannungen, die sich Generationen später entladen sollten. Das Jahr 1917 wäre ohne „1848“ nicht zu verstehen. Schon unter Nikolaus I. brodelte die russische Lava, in der siebzig Jahre später der zweite, vorläufig letzte Nikolaus verglühen sollte, in der Nacht zum 17. Juli 1918 zu Jekaterinburg, benannt nach der Großen Katherina.

1848 stirbt erst achtunddreißigjährig Wissarion Belinskij, der Stammvater, der Moses der revolutionären Intelligenzia, aus der später alle genialen Weltveränderer – im Guten wie im Bösen – kamen, von Lenin bis Solschenizyn.

1848 verlangte Michail Katkow, Philosophieprofessor an der Universität Moskau, die Verlegung des Regierungssitzes von Petersburg nach Moskau, um so sinnbildlich zum Ausdruck zu bringen, daß „die europäische Episode der russischen Geschichte vorbei ist“.

1848 vollendete der siebenundzwanzigjährige Schriftsteller Fjodor Dostojewskij seine „Weißen Nächte“, das erste tiefenpsychologische Werk der europäischen Literatur, lange vor Proust, Strindberg, Freud.

Mit Belinskij, Katkow und Dostojewskij sind drei gewaltige ideengeschichtliche Strömungen gekennzeichnet. Sie bestimmen unter wechselnden Bannern das geistige Schicksal Rußlands bis auf unsere Tage. Aus Belinskijs Gedankengebäude ging die intellektuelle Opposition gegen den Absolutismus hervor. Auf Belinskij beriefen sich russische Anarchisten, Liberale, Sozialisten, aber auch die frühen Marxisten um Plechanow und Lenin.

Belinskij, der eigentliche Gründer der revolutionären Bewegung in Rußland, impfte der russischen Literatur jenes soziale Gewissen ein, das seither, ob zum Guten oder Schlechten, für sie charakteristisch ist.

Er konnte den Anblick der Armut nicht ertragen: Männer, die durch das Elend, zu dem sie verdammt waren, zu Trinkern wurden; das verderbte Lächeln eines Mädchens, dem nichts übrigblieb, als sich zu verkaufen. Belinskij war verzehrt von Sorge um das leidende Volk der Bettler, Soldaten, Leibeigenen. Eine Moral der Kunst kannte er nicht. *„Was schert mich die Existenz des Alls, wenn der einzelne Mensch leidet? Was schert es mich, daß das Genie auf Erden im Himmel lebt, wenn das Volk im Dreck versinkt?"* Weg mit Shakespeare, weg mit Goethe, weg mit Puschkin, solange ein einziges lebendes Individuum barfuß bettelnd und in Fetzen gehen muß.

Belinskij war unermüdlich, ungestüm, anmaßend, ein Zerstörer und Selbstzerstörer; er hetzte sich bis an die Grenze des Erträglichen und darüber hinaus, zwang sich, viel zu viel zu schreiben, als daß er Leib und Seele hätte zusammenhalten können. Dabei vergaß er meist noch das Essen, sein geschwächter Körper wurde von Asthma gequält, schließlich spuckte er Blut. Die Stellung dieses autodidaktischen Sozialromantikers war einmalig. Kein Literaturkritiker in der europäischen Geschichte hat einen vergleichbaren Einfluß nicht nur auf seine eigene Zeit, sondern auch auf künftige Generationen ausgeübt. Noch Jahrzehnte nach seinem Tod sollten die, die sein Genie erkannt hatten, wie Turgenjew und Dostojewskij, ihr eigenes Verhalten an der Erinnerung an ihm messen. Lenin schrieb einmal, bevor er ein Schüler Marxens geworden sei, sei er bei Belinskij in die Schule Marxens gegangen. Zu Belinskijs Verehrern in der Gegenwart zählt Solschenizyn.

Eine andere Strömung russischer Wesensfindung symbolisierte zur gleichen Zeit Michail Katkow, Philosoph, Publizist und Journalist. Auch er hungerte – aber nach der Größe Rußlands. Er schuf das ideologische Fundament des „weißen" Panslawismus, das „Allrussentum". Katkow ersetzte die „Internationale der europäischen Königshäuser" durch die exklusive Idee eines „Russischen Weltreiches", das außer Slawen nun auch „russophile Randvölker" wie etwa die Tschechen, Bulgaren, Serben, umfassen sollte und auf der Zerschlagung der Habsburger Monarchie sowie auf einem antideutschen Staatsbündnis mit Frankreich beruhte. Katkows Sprachrohr wurde die von ihm 1856 gegründete Zeitschrift Russkij Westnik (Russischer Bote), zu deren Mitarbeitern zeitweilig neben Dostojewski auch Turgenjew und Leo Tolstoj zählten.

Dostojewskij – Vordenker des Slawophilentums

Vom Saulus zum Paulus wandelte sich Dostojewskij. Aus dem utopischen Sozialisten des Petraschewskij-Bundes wurde der Vordenker des neuen Slawophilentums. Den existenziellen Wendepunkt bildete das Erlebnis einer in letzter Minute nicht vollzogenen Hinrichtung. Die legendären Narodniki (Volkstümler), die Bauernverherrlicher, aber auch die jungen Zarenmörder, die „jungfräulichen und asketischen Menschen, die Heiligen mit blutigem Schwert und düsterem Ikonenschein" (Berdjajew), sie alle waren Dostojewskijs Kinder, auch wenn der zum Gottesglauben und Kaisertum Bekehrte gegen die Terroristen der Narodnitschestwo seine Brandfackel erheben sollte, in seinem in Deutschland vollendeten Epochenroman „Die Besessenen" (deutsch: Die Dämonen), 1872. Die dichte Vision des Alptraums einer Nihilisten-Revolution verdanken wir Dostojewskij. Aus den Romanfiguren seiner „Dämonen" krochen die Schreckensfiguren des Bolschewismus.

Fjodor Dostojewskij – Vordenker des Slawophilentums

Die Dämonen in Dostojewskijs „Dämonen" haben wirklich gelebt. Das Werk war ein Roman nach Tatsachen, und einem Nihilisten gab der Dichter die psychologischen Züge Bakunins, dessen Revolutionslosung lautete: „Die Lust der Zerstörung ist eine schöpferische Lust." Lange vor dem Erscheinen eines Wladimir Iljitsch Uljanow verkörperte Michail Bakunin den Typus des besessenen Vernichters, leidenschaftlichen Hassers, gnadenlosen Richters. Bevor er noch ein Wort von Marx gelesen hatte, lernte Lenin aus den dämonischen Visionen von Bakunin. Wie dieser verteidigte auch Lenin offen Betrug, Verleumdung und Mord, um damit das Ziel zu erreichen. Für Bakunin wie Lenin war das russische Volk lediglich das Mittel zu einer apokalyptischen Sendung. Beide erhofften die Diktatur einer revolutionären Minderheit, die mit uneingeschränkter Macht und mit Terror regieren würde. Aus der Zerstörungsphilosophie Bakunins kroch der satanische Gedanke des Gulag.

Bakunin hielt die Verwerfung der Religion, die Ausrottung der Kirche und die Leugnung des Metaphysischen für die Vorbedingungen zum universellen Fortschritt. Er predigte die Abschaffung des erblichen Besitzes, der Ehe und der Familie, des Staates. Bakunins bedeutendster Jünger wurde zum Vorbild des jungen Lenin: Sergej Netschajew, Sohn eines Popen. Um Anhänger für seine Geheimgesellschaft zu werben, schreckte Netschajew vor nichts zurück und griff zu Lüge, Terror und Mord. 1869 floh er in die Schweiz, wo er von Bakunin betreut wurde, der von seinem nihilistischen Fanatismus beeindruckt war. Gemeinsam gaben sie eine Zeitschrift, Die „Volksjustiz", heraus, in der Mordanschläge nicht nur gegen die Vertreter des Zaren, sondern auch gegen alle Liberalen und nationalen Schriftsteller befürwortet wurden. In ihrem „Katechismus des Revolutionärs" schrieben Bakunin und Netschajew:

Der Revolutionär ist ein Verdammter. Er darf keine Privatinteressen, keine Liebe, keine Gefühle, keine Bindung... kennen. Sein ganzes Sein muß von einem Ziel, einem Gedanken, einer Leidenschaft beherrscht sein: Die Revolution... Mit Leib und Seele, mit Wort und Tat muß er jede Beziehung zu der bestehenden Ordnung, ja zu der ganzen zivilisierten Welt abbrechen. Er ist ihr erbarmungsloser Feind und lebt in ihr nur zu dem einzigen Zweck: sie zu zerstören... Alles, was die Revolution fördert, ist sittlich, alles, was sie hindert, ist unsittlich.

Vor Netschajews Rückkehr nach Rußland bestätigte Bakunin in einem Dokument, daß Netschajew das Haupt der russischen Brigade der „Revolutionären Weltvereinigung“ und der „Gesellschaft für Volksjustiz“ sei. Seine Genossen überredete der Zurückgekehrte, einen Studenten namens Iwanow zu erschießen unter dem Vorwand, dieser sei ein Spion. Der wahre Grund für den Mord war, daß der junge Iwanow (in Dostojewskijs Roman heißt er „Schatow“) den Wahnsinn durchschaute und somit „der Sache“ gefährlich werden konnte. „Alles für die Revolution, der Zweck heiligt die Mittel“, so begründete Netschajew seinen Mordbefehl.

„Netschajew ist wohl einer der energischsten Männer, die mir je begegnet sind“, schrieb Bakunin an seinen Freund Taladier, und er fährt in seiner Bewunderung fort:

„Wann immer es notwendig ist, der Sache einen Dienst zu erweisen, kennt er kein Zögern, macht vor nichts halt, schreckt vor nichts zurück... Seiner Überzeugung nach kann man eine starke und leistungsfähige Organisation nur auf dem Grundsatz der Philosophie Machiavellis aufbauen, wobei diese Organisation sich den Wahlspruch der Jesuiten zu eigen machen muß: Dem Leib Gewalt, der Seele Lügen. Alle Mitglieder sollen blinde Werkzeuge in der Hand einer kleinen, auserwählten Führergruppe sein. Man darf die Mitglieder betrügen, sie in jeder Weise kompromittieren, sie berauben und, wenn zweckmäßig, sogar ermorden.“

Die Ermordung Iwanows führte zur Entdeckung der Terrororganisation und zur Verhaftung von ca. dreihundert Personen. Wieder floh Netschajew in die Schweiz, wurde an Rußland ausgeliefert und zu zwanzig Jahren Zwangsarbeit verurteilt. Er starb 1883 in der Peter-und-Paul-Festung, sieben Jahre nach dem Tode Bakunins.

Dämonen des Frühbolschewismus

Die Lehren eines Bakunin und Netschajew scheinen für immer begraben zu sein. Niemand sah voraus, daß sie bestimmt waren, nur wenige Jahrzehnte später wieder aufzuleben und eine verhängnisvolle Rolle in der Geschichte Rußlands und der Welt zu spielen. Niemand, außer Dostojewskij, der in seiner prophetischen Tiefenschau der „Dämonen“ das wahrhafte Ausmaß des Nihilismus und die verschlungenen ideologischen Wurzeln des Frühbolschewismus beschrieben hat. 1917 trugen seine Romangestalten wie Stawrogin, Werchowenskij, Kirillow andere Namen – Lenin, Trotzkij, Swerdlow, Dserschinskij, Sinowjew, Kamenjew, Bucharin... Der Bürgerkrieg nach 1917 und die Bolschewisierung unter Stalin waren die grausamste Heimsuchung Rußlands seit dem Mongoleneinfall im 13. Jahrhundert. Es zerbrachen alle moralischen Maßstäbe; die Genozid-Visionen Bakunins und Netschajews erfüllten sich. Am Ende eines geschichtlich singulären Schreckens siegte aber ein Wort des Propheten Dostojewskij: „Es ist die Seele, die uralt-heilige russische Seele, die uns bewahren wird.“

Von ihm, dem Slawophilenvater Dostojewskij, ging der Ruf aus, Germanien und Rußland zu vereinigen, da beide Völker „Missionsträger“ seien, in einem Welt-Krieg gegen die völkernivellierenden Ideen eines materialistischen Sozialismus und römisch-katholischen Universalismus. Nach Bismarcks Reichsgründung schreibt Dostojewskij in seiner Zeitschrift „Tagebuch eines Schriftstellers“ die prophetischen Sätze:

„Auf der anderen Seite erhebt sich der uralte Protestantismus, der bereits seit neunzehn Jahrhunderten gegen Rom protestiert, gegen Rom und seine Idee, die alte heidnische und die erneuerte katholische Idee, gegen sein weltumspannendes Ziel der Herrschaft über den Menschen auf der ganzen Erde, der sittlichen und materiellen Herrschaft, gegen seine Zivilisation – der bereits seit den Zeiten des Arminius und des Teutoburger Waldes dagegen protestiert. Das ist der Germane, mit seinem Glauben daran, daß nur in ihm die Menschheit sich erneuern wird, nicht aber in der katholischen Zivilisation. Von dieser Einigung hat er in seiner Geschichte geträumt und danach gedürstet – um seine stolze Idee auszurufen, die in der Häresie Luthers kräftig und entschieden formuliert wurde...“

Die Slawophilen des Jahres 1848 waren – wie Dostojewskij auch – Schüler des deutschen Idealismus und der deutschen Romantik. Beschwörung des Geistes des Slawentums, dem die Zwangsreformen Peters des Großen nichts hatten anhaben können – der Glaube, daß Rußland durch Wiederbelebung der uralten russischen Institutionen und durch Wiederentdeckung der alten slawischen Volkstugenden nicht nur sich selbst retten und die Fehler des Westens vermeiden, sondern dem Westen auch den Weg zu seiner eigenen Erlösung zeigen könne. Der Slawophile Alexej Chomjakow, ein großartiger Dichter und Prosa-Schriftsteller, war der Überzeugung, daß der Fluch der Entwurzelung und Entheimatung aus dem Westen kam.

Im Grunde waren die Slawophilen Rußlands erste Dissidenten, doch im Unterschied zu den republikanischen Dekabristen lehnten sie die Gewalt als Mittel der Systemveränderung ab, den „terreur“ ebenso wie den weltlichen Absolutismus. Ihre Ablehnung des Bestehenden hatte, analog der deutschen Romantik, religiöse und philosophische Wurzeln, ethnische und ästhetische. Die Slawophilen waren aristokratisch, völkisch, christlich – und sendungsbewußt im Sinne wie es Dostojewskij postulierte:

„Jedes Volk glaubt und muß glauben, wenn es lange leben will, daß in ihm allein das Heil der Welt beschlossen ist, daß es dafür lebt, um sich an die Spitze der Völker zu stellen, sie alle sich zu verbinden und sie als einige Schar dem endgültigen, allen vorbestimmten Ziele zuzuführen. Ich behaupte, daß alle großen Nationen der Welt, die ältesten wie die modernsten, es geglaubt haben; nur dieser Glaube trug sie so hoch empor, daß jede zu ihrer Zeit jenen ungeheuren Einfluß auf die Schicksale der Menschheit ausüben konnte.“

Das hätte von Schiller stammen können, von Novalis, Schelling, Fichte. Das Sendungsbewußtsein der Slawophilen faszinierte ihre Gegner aus dem anderen „ideologischen“ Lager, die Westler. Nach dem Fehlschlag der „48er“ Revolution wurden die Westler desillusioniert und in die Arme des Slawophilentums getrieben – wie Alexander Herzen, der sich in eine fast mystische Verehrung des russischen Bauerntums flüchtete und den westlichen Liberalismus als „Irrweg“ anprangerte.

Solschenizyns Philosophie der russischen Wiedergeburt („Wosroschdenije") geht auf die Slawophilen zurück. Folgerichtig verurteilt der Neo-Slawophile Solschenizyn den Kommunismus als einen „Teufelsweg", der vom westlichen Materialismus – sprich Marxismus – dem Russentum aufgezwungen worden sei.

Spengler hat gesagt, das 21. Jahrhundert werde Dostojewskij gehören. Woraus folgt, daß die „russischen Ideen" des Jahres 1848 aktuell geblieben sind. Die Schreckensfiguren des Marxismus-Leninismus, an Goyas „Capriccios" erinnernd, gehören der Vergangenheit an; die Zeit der Prüfungen ist indes noch nicht vorbei. Heute gebiert ein grenzenloser Manchesterkapitalismus Ungeheuer und Ungeheuerliches. Es bleibt der Schauer eines Gulagismus unter liberalistischen Vorzeichen. Die perfekte Wolfsgesellschaft.

Von all dem konnten die Herrschenden des Jahres 1848 nichts ahnen. Sie sonnten sich in ihrem Gottesgnadentum. Sie glaubten an eine Idylle, die keine war. Der norddeutsche Diplomat Karl von Schlözer schilderte das Hoffest am Neujahrstage 1848, ein Souper in der Eremitage:

„Nun öffneten sich die Türen, wo die Kaiserin zum Handkusse empfing. Ich sah die Damen in großer Toilette hineingehen, auch der Kaiser erschien mit dem Thronfolger und Offizieren des Chevalier-Garde-Regiments, dessen Chef die Kaiserin ist, in weißer Uniform und hohen Stiefeln. Das sah prachtvoll aus!... Bei der heutigen Audienz bewunderte ich das prachtvolle Fermoir von Diamanten und erbsendicken Perlen mit einem großen Smaragd... Abends acht Uhr bereitete ich mich zur Maskerade. Die Vorschrift ist: Uniform, Domino, ohne Degen und Hut auf dem Kopfe. Das ausländische Mißtrauen meinte, der Degen bleibe weg zur Sicherheit des Kaisers. Die Idee ist absurd – wer den Kaiser ermorden will, kann das mit einem Dolch oder Pistol tun – kein Mensch wird visitiert; der Degen bleibt weg, weil damit im Gedränge gar nicht durchzukommen wäre."

Siebzig Jahre später, 17. Juli 1918, sind es nicht Degen, sondern zwanzig Karabiner und Revolver, die das Leben der Romanow-Familie in einem Gemetzel ohnegleichen auslöschen. Wer Dostojewskijs „Dämonen" gelesen hatte, wird von diesem Schlußakt nicht überrascht gewesen sein.

Benutzte Literatur:
Galina Berkenkopf: Welterlösung, ein geschichtlicher Traum Rußlands. München 1962
Dieter Friede: Das russische Perpetuum mobile. Würzburg 1959
Max Hirschberg: Die Weisheit Rußlands. Meisterwerke der russischen Literatur. Die Bedeutung des russischen Geistes in der Kulturkrise der Gegenwart. Stockholm – Zürich – New York – London 1947
Anatoli Iwanow: Logik des Alptraums. Berlin 1996
James Joll: Die Anarchisten. Berlin 1966
Wolfgang Kasack: Lexikon der russischen Literatur des 20. Jahrhunderts. München 1992
Darius Plecha: Das Werden einer Weltmacht. München 1968
Eva-Marianne Saemann: Der Leidenschaftliche. Dostojewskijs Lebensroman. Hamburg 1960
Karl sen. – Kurd – Karl jun. von Schlözer: Petersburger Briefe. An drei Zarenhöfen. München 1997
Peter Scholl-Latour: Unter Kreuz und Knute. Russische Schicksalsstunden. München 1992
Leo Sievers: Deutsche und Russen. Tausend Jahre gemeinsame Geschichte. Hamburg 1980
Alexander Solschenizyn: Die russische Frage am Ende des 20. Jahrhunderts. München 1994
Günther Stökl: Russische Geschichte. Stuttgart 1962
Wolfgang Strauss: Rußland wird leben. Vom roten Stern zur Zarenfahne. München 1992
Robert Wilton: The Last Days of the Romanovs. Newport Beach 1993

II

OTTO SCRINZI

Zur Anthrophologie der Freiheitsidee

Die Frage nach dem Wesen der Freiheit bewegte das abendländische Denken soweit wir es nachvollziehen können. Obgleich sich seine hervorragendsten Köpfe mit dieser Frage beschäftigt haben, ist sie letztlich unbeantwortet geblieben. Trotzdem scheint sie für jeden, der sich aus der „selbst-verschuldeten Unmündigkeit" befreit und in die klare Sphäre der Vernunft gerettet hat, eine erlebbare Gewißheit.

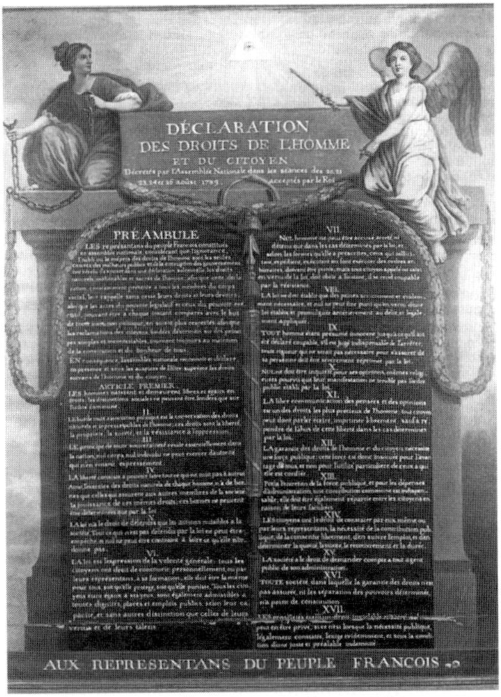

Die französischen Menschenrechte von 1789 – Freiheit von, aber Freiheit wozu?

1848, das von der romantischen Volksidee gezündete Nachbeben der Französischen Revolution von 1789, verlief im Zeichen zweier Leitideen, der der Freiheit und jener der deutschen Einheit. Dabei stand Freiheit nicht als philosophisches sondern als politisches Problem auf den Barrikaden der „bürgerlichen Revolution". In der Forderung nach Presse-, Lehr- und Forschungs- sowie der Versammlungsfreiheit, nicht zuletzt in jener nach der Forderung nach Waffenrecht des Bürgers, hatte sie greifbare Gestalt angenommen. Hans Kudlich wird schließlich die Stimme nach der Bauernbefreiung erheben.

Die Bürger, Arbeiter, Bauern und Studenten waren in den historischen Märztagen nicht von Gedanken nach Ursprung und philosophischer Deutung der Freiheitsidee angekränkelt. Jenseits der Barrikaden standen die Mächte des Ordnungsprinzipes, im Fürsten Clemens Metternich personifiziert. Ihre „Ordnung" legitimierte sich aus einem „Gottesgnadentum", das im Religiösen, ja Mythischen ihres Staatsverständnisses wurzelte. Diesseits standen Bürger, die nicht länger als Untertanen behandelt sein wollten.

Ihr Staat sollte verfaßt und diese Verfassung Ergebnis freier Entschlüsse einer zu wählenden Volksvertretung sein.

Über die künftige Staatsform, republikanisch oder konstitutionell-monarchisch, gingen die Meinungen auseinander. Diese Unentschiedenheit hat ihr gut Teil zum Scheitern der Revolution beigetragen, zumal die Siegelbewahrer der Legitimität die bestehenden Gegensätze klug zu schüren wußten.

Diese Fragen sind an anderer Stelle abgehandelt worden. Wir wollen die Idee der Freiheit auf ihre stammesgeschichtliche Herkunft untersuchen und ihr einen Platz im Menschenbild zuweisen, welches aus natur- und kulturgeschichtlichen Wurzeln sich herleitet.

Der autonome Mensch

Am Beginne des von der Aufklärung entdeckten autonomen Menschen, der aus der Geborgenheit einer göttlichen Vorsehung und Ordnung in seine Selbstverantwortung entlassen war, stand eine einseitige Vergöttlichung der Vernunft. Lebt unsere Freiheit aus dieser Vernunft, fragen wir uns zweihundert Jahre nachdem in ihrem Namen mehr als 40.000 Köpfe abgeschlagen wurden und unzählbare für die Freiheit ihr Leben geopfert haben oder hingeben mußten? Einer Vernunft, von der schon Faust sinnierte, wir bräuchten sie „allein, um tierischer als jedes Tier zu sein".

Schopenhauer, der letzte gründliche Nachdenker zur Freiheit, hat in seiner – nicht preisgekrönten – Schrift über die Willensfreiheit gemeint: wir könnten zwar, was wir wollen, aber was wir wollen, liege in unserem intellegiblen Charakter. Ein im Grunde blinder Wille triebe uns an: Freiheit liege in der uns zugemessenen Charakterstruktur. Unser Schuldigwerden sei Charakterschuld.

In den modernen Verhaltenswissenschaften ist vom „Egoismus-Gen" die Rede. Eibl-Eibesfeldt spricht vom „vorprogrammierten Menschen" und der englische Soziobiologe Matt Ridley schrieb ein Buch, „Die Biologie der Tugend". Bei Arnold Gehlen finden wir in seiner „Moral und Hypermoral" ein Kapitel, das sich „Physiologie der Tugend" nennt.

Hier ist die Kernfrage angeschnitten. Politische Freiheit meint, daß wir unser Wollen nach selbstbestimmten Wertungen in Handlung umsetzen können, also Freiheit unseres Tuns. Philosophische Freiheit wäre, wollen zu können, was wir wollen.

Nach dem französischen Molekularbiologen und Nobelpreisträger Jaques Monod treiben wir als Zigeuner am Rande des Universums zwischen Freiheit und Notwendigkeit. Freiheit also die Gegenkraft aller auf kosmischer Gesetzlichkeit ruhenden Notwendigkeiten? Gegen die katholische Lehre von der Prädestination, also der durch Gott verfügten Vorbestimmtheit unseres Daseins, stellte Luther die Freiheit eines Christenmenschen, über welche er aber nur als Lehen seines Landesfürsten verfügen konnte, eine bloß religiöse Freiheit aus zweiter Hand.

Ist die Freiheit bloß ein „Sammelbegriff", von dem Rivarol meint, er sei „die Wurzel fast aller seiner Irrtümer gewesen?" Trifft zu, was ein anderer französischer Moralist des 18. Jahrhunderts, Chamfort, geschrieben hat: Das größte Bedürfnis eines Volkes ist, beherrscht zu werden, sein größtes Glück, gut beherrscht zu werden. Mit anderen Worten: Friede und Wohlstand wären die Gradmesser für die Freiheit. Ist der Mensch im Grunde gar nicht freiheitswillig oder freiheitsfähig? Waren Freiheitskriege nur das Anliegen einer Herrschaftsideologie machtgieriger einzelner oder Minderheiten? Hätte also die Revolution von 1848 bloß das Glück der meisten auf einem anderen Wege gesucht und zu finden gehofft? Unsere Frage aber lautet: kann die Idee der Selbstbestimmung von Völkern und die zum Hauptschlager des Liberalismus aufgeblähte Selbstverwirklichung sich auf ein mit uns geborenes Naturrecht berufen? Anders gefragt: ist menschliche Freiheit als Endergebnis einer langen stammesgeschichtlichen Entwicklung jenes Wesentliche, das uns von allen anderen Lebewesen abhebt und den oft erhobenen Ausdruck, Krönung der Schöpfung zu sein, begründet?

Die Idee der Freiheit

Die Idee des Rechts sei Freiheit und die Idee der Freiheit Sittlichkeit, meinte Hegel. Hier finden wir Kants Idee von einer vor und jenseits aller Vernunft gegebenen Sittlichkeit fortentwickelt. Ihr zufolge beruht unsere Freiheit darin, daß wir uns vom Zwange unserer Triebe und elementaren Neigungen unabhängig machen und uns einem „kategorischen Imperativ" unterwerfen. Damit jedoch geraten wir aus dem Regen der Freiheitsidee in die stürmische Traufe der Wertfrage. Gibt es allgemeinverbindliche Werte und welche sind es?

Wortgeschichtlich hat die germanische Wurzel des Wortes „frei" mit Freund, Friede, Freien zu tun. Im Gegensatz zum lateinischen „liber", welches Befreitsein von etwas meint, zielt der im Mittelpunkt des deutschen Idealismus stehende Freiheitsbegriff auf ein Frei wozu. An diesem unterschiedlichen Urverständnis von Freiheit scheiden sich auch Nationalismus und Liberalismus als politische Ideologien.

Wer freilich aus der scheinbaren Geborgenheit des historischen Materialismus und den unwandelbaren Gesetzen der Ökonomie der geschlossenen Gesellschaft sich ins offene Feld einer verantwortlich handelnden, also sich selbst bestimmenden Gemeinschaft begibt, wer Freiheit nur als Teilhabe in Gemeinschaft möglich sieht, steht im Widerspruch zum individualistischen und hedonistischen Zeitgeist unseres egalitären Demokratismus.

Wir wollen zu zeigen versuchen, daß unabhängig vom wechselnden Bilde, unter welchem sich rechte oder linke Politik heute darstellen, Freiheit eine jedem politischen Handeln vorausgehende Kategorie ist, daß rechts und links nicht bloß historisch entstandene, beliebige Unterscheidungen sind, gar nur vom Zufall der Sitzordnung in der verfassunggebenden Versammlung des französischen Konvents abhängig. Im grundlegenden Verständnis von Freiheit scheiden sich die Geister!

Was das politische Freiheitsverständnis anlangt, so sind Rechts- und Linkszuordnungen nur mehr wenig brauchbare Orientierungshilfen, da die traditionellen Parteien, wenngleich in unterschiedlichem Ausmaß, vom Geiste der „48-er" Revolution gespeist wurden.

In der scheinbaren Widersprüchlichkeit von Wortpaaren wie Freiheit und Notwendigkeit, Freiheit und Gleichheit, Freiheit und Ordnung, Freiheit und Naturgesetz, Anlage und Umwelt, Willkür und Maß, Individualität und Sozialität, Eigennutz und Gemeinnutz wird uns deutlich, daß Freiheit kein Entweder : Oder sondern ein mit uns geborenes Sowohl als Auch ist. Eine ständige Herausforderung, eine Verheißung, die nicht ist, sondern täglich gelebt werden müßte.

Der Historiker Peter Berglar nennt die Entdeckung der persönlichen Freiheit eine „bitterschwere(n) und bittersüße(n) Last, welche Opfer, ja Tod bringen kann."

Politische Freiheit

Im Politischen wird Freiheit weitgehend gleichgesetzt mit Demokratie. Aber wie schon Tocqueville (Alexis de, 1805 – 1859) zur Zeit des Frankfurter Parlamentes behauptete, kann die Tyrannei einer Mehrheit ebenso schlimm wie die eines einzelnen sein. Der große österreichische Rechtsgelehrte und Mitschöpfer der ersten republikanischen Verfassung, Hans Kelsen, hat vor zwei Lebensaltern vor dem inflationären Gebrauch des Demokratiebegriffes gewarnt. Die Freiheitsunterdrückung kann sich ebensosehr legitimistisch wie diktatorisch oder demokratisch rechtfertigen, unter Berufung auf das Gesetz ausgeübt werden. Wo Demokratie aus einem Mittel zum Zwecke verabsolutiert wird und Demokratismus die Rechtfertigung zur „Demokratenverfolgung" abgibt, kann sie alle Züge der Tyrannis, etwa des Überwachungs- und Polizeistaates annehmen. Wie besonders die Zeitgeschichte lehrt, ist Zensur nicht auf Diktaturen beschränkt. Freiheit ist nicht mehrheitsfähig, weil 51 Prozent den Freiheitsverlust für 49 Prozent legal erzwingen können. Vor der trügerischen Hoffnung sei gewarnt, die Zukunft liege in der Dialogisierung und Demokratisierung aller Lebensbereiche.

Freiheit, Gleichheit, Brüderlichkeit – oder der Tod. Letzteres („ou la mort") wird fast nie zitiert. Republikanisches Plakat aus der Zeit der Französischen Revolution

Am Ende der fundamentalen Demokratisierung, welche die geistigen Tabu-Brecher aus der Frankfurter Schule gefordert und die 68-er Generation gewaltsam in die Tat umsetzen wollte, stünde in Anbetracht unserer menschlichen Natur das Chaos, eine Gesellschaft, welche bloß nach den Regeln eines Sozial-Darwinismus lebte.

Zwischenbemerkung: daß die Überziehung der sogenannten direkten oder partizipatorischen Demokratie Sachlösungen unendlich verzögern oder gar unmöglich und ein Land unregierbar machen kann, führt uns vor allem der „grüne Aktionismus" oft genug vor Augen. Wenn der eben verstorbene Ernst Jünger, mit Carl Schmitt, Moeller van den Bruck und Ernst Niekisch einer der bedeutendsten national-revolutionären deutschen Denker der Zwischenkriegszeit im vorletzten Kriegsjahr alle Ideologien wie Tünche abfallen sah, hat er einen heute fast eingetretenen Zustand richtig vorausgesehen. Doch war die totale Demokratisierung für ihn kein Ersatz der abtretenden Nationalstaaten. Er haßte die Demokratie „wie die Pest". Zwar sah und begrüßte er die Heraufkunft des „Weltstaates", doch glaubte der Verfasser des „Kampf(es) als inneres Erlebnis" nicht an eine pazifistische Welt-Demokratie, wie etwa Fukujama.

Freiheit der Geschichte und Natur

Der Mensch ist und bleibt Kraft seiner Freiheit zur Geschichte verurteilt. Alexander Demandt, der Berliner Altgeschichtler spottet: Eine dauerhafte Geschichtslosigkeit erreichen wir nur, wenn wir den post-glazialen (Nacheiszeit-) Menschen, dem die Geschichtlichkeit zur Natur geworden ist, ersetzen durch den posthistorischen.

Dem wäre hinzuzufügen, daß dies auch das Ende unserer Freiheit bedeuten würde, da wir durch Geschichtsbewußtsein, d. h. Wissen um Herkunft und Zukunft Kulturwesen geworden sind. Nicht zufällig beginnt unsere Kulturgeschichte mit Totenkult und Ahnenverehrung. Bis zu diesem Zeitpunkt gab es nur eine Natur-Geschichte des Menschen, nur freie Menschen haben Geschichte, Sklaven sind geschichtslos. Dazu noch einmal Demandt: Wer die Vergangenheit verneine, sage nur eine „Drittelwahrheit, weil die Zukunft zu zwei Dritteln von den Vorräten zehrt, die sie der Vergangenheit entnimmt."

Damit ist die kulturgeschichtliche Wurzel unserer Freiheit bloßgelegt: Geschichtlichkeit ist unverzichtbarer Teil unserer Freiheit! Hellmut Diwald hat dazu 1983 geschrieben: Ein Volk, das sich seiner Vergangenheit berauben, seine Erinnerung verzerren und seinen Selbstwert verstümmeln läßt, entwurzelt seine Existenz.

Dazu wäre zu ergänzen: wollte man Identität als die Freiheit zu sich selbst beschreiben, dann beginnt der Freiheitsverlust mit dem der Muttersprache und der vom Sieger geschriebenen Gegengeschichte.

Wenn wir unter Geschichte ein Geschehen verstünden, welches außerhalb des für den ganzen Kosmos gültigen Gesetzes von Ursache und Wirkung, als Ergebnis freier oder willkürlicher Entscheidungen der Menschen abliefe, könnte es jenseits der Freiheit keine Geschichte geben und wäre die Anthropologie, die Lehre vom Menschen, eine bloße Unterabteilung der Zoologie.

Die Tatsache, daß die Himmelskunde (Astronomie) und die Weltentstehungslehren (Kosmologie) die ältesten Mythen und der eigentliche Anfang einer denkenden, ordnenden Welterfassung zu sein scheinen, macht es wahrscheinlich, daß die frühesten Menschen sich nicht frei sondern gesetz- und ordnungsunterworfen, der Macht von Naturkräften und Göttern ausgeliefert, erlebt haben.

Der Anfang der Freiheit beginnt mit der Entdeckung einer die Welt, ja den Himmelsraum durchwaltenden Ordnung. So widersprüchlich dies fürs erste klingt: nur im Gegenüber von Gesetz und Ordnung können wir uns als freiheitsfähig erkennen; in der Gesetzlosigkeit hebt Freiheit sich selber auf.

Mit der Entwicklung des Groß- oder Neuhirns, dem damit möglichen abstrakten Denken und der dann folgenden Sprache entsteht unsere „Zweite Welt", die der Kultur, und nur dort kann Freiheit im „motivierten" Handeln in Erscheinung treten. Wir beginnen zu entdecken, was die Welt im Innersten zusammenhält und daß wir selber ein Teil von ihr sind. Fortschreitend haben wir die Zwänge unserer Triebe bändigen und bloß instinkthafte Abläufe steuern gelernt. Als instinktreduzierte Geschöpfe wird wachsender Spielraum für vernunftgeleitetes Handeln und Sichentscheidenkönnen gewonnen. Darin allein besteht unsere Freiheit. Hier tritt uns der Mensch als geselliges, später vergesellschaftetes Wesen erstmals als „zoon politikon" entgegen. Für Aristoteles liegt das Wesen der Politik im Handeln zur Herbeiführung eines geordneten Zusammenlebens der Bürger der Polis.

Die Sozialbiologen, gerne als Sozialdarwinisten und Biologisten abgetan, beschreiben diesen entscheidenden Übergang aus dem „reinen Naturzustand" der Menschen, als die Fortsetzung der Biologie mit anderen Mitteln. Wer sich diesem gemeinsinnigen Handlungsauftrag entzogen hat, war zu Platons Zeiten ein „idiotes". (Dessen heutige Nachfahren nennen sich Aussteiger, Verweigerer, Nullgruppler. Sie sind Zuschauerdemokraten und stellen als Nichtwähler die stärksten Parteien dar.)

Freiheit und Ideologie

Welche Möglichkeiten gibt es, um die durch den Instinktverlust gewonnenen Freiräume auszufüllen, die Anpassung an unsere Um- und Mitwelt durch zweckgerichtetes und verantwortetes (politisches) Handeln sicherzustellen und die Selbstzerstörung durch einen schrankenlosen Egoismus zu verhindern? Es sind Sinngebung und Wertsetzung. Aus ihnen leiten sich Ideologien als politische Handlungsanweisungen ab. Unter anderem wird so die Idee des Staates geboren. Das heutige Ideologieverdikt, weil Ideologie mit totalem und ausschließendem Wahrheitsanspruch auftrete, übersieht, daß ein ideologisches Wertefundament einen Teil unserer Freiheit darstellt.

Hauptaufgabe der Politik war, ist und bleibt es, ein ausgewogenes Verhältnis zwischen Freiheit und Ordnung herzustellen, ein Ziel, das nur annähernd, nie vollkommen erreichbar sein wird. Es geht darum, ein Volk in „Verfassung" zu bringen. Nach westlichen Regeln ist die parlamentarische Demokratie, getragen von programmorientierten Parteien, die idealtypische.

Auf dem Wege dorthin lauern mannigfache Gefahren. Unter anderem, daß wir uns selber verfehlen, wenn unser Menschenbild in einen unauflösbaren Widerspruch zu unserer kreatürlichen Wesenheit gerät. Dann etwa, wenn der Liberale die Macht der Vernunft über- und die steinzeitliche Altlast, die jeder als stammesgeschichtliches Erbe mitschleppt, unterschätzt. Vor der Gleichsetzung von Vernunft und Tugend, wie Sokrates sie lehrte, Rousseau sie später aufgegriffen hat, hat Schiller gewarnt: Bis daß den Lauf der Welt Philosophie zusammenhält, erhält sie ihr Getriebe durch Hunger und durch Liebe.

Am Ende könnte ein auf bloß materiellen Genuß ausgerichteter Individualismus stehen. Dieser Geist „legt vorerst nur den Quell der öffentlichen Tugend trocken; mit der Zeit greift er alle anderen an, zerstört sie und geht schließlich im Egoismus auf", so Tocqueville.

Der verhängnisvolle Kreislauf des bloßen Produzierens und Konsumierens setzt ein, das ökonomische Denken verdrängt das politische. Die Dreifaltigkeit von Erzeugen–Verbrauchen–Genießen (Berglar) tritt ihre Herrschaft an, die bürgerliche Freiheit bleibt auf der Strecke. (Vom Genießen konnte freilich bei der Masse der Arbeiter und Bauern im Vormärz kaum die Rede sein.)

Im späteren Versorgungs- oder Wohlfahrtsstaat wird man Freiheit gegen Sicherheit nur allzu willig eintauschen. Das „frevelhafte Menschenbild", wie Konrad Lorenz schrieb, eines sich über die Mächtigkeit von Erbe und Anlage erhaben dünkenden Menschen kommt zu Fall.

Falsche Menschenbilder

Gründlich verfehlt hat der Marxismus die Idee des freigeborenen Menschen. Mit Marx hat die Selbstverfremdung des Menschen ihren Tiefpunkt erreicht. Sein um die biologisch-genetische ebenso wie die transzendente Dimension verkürztes Menschenbild hat statt ins versprochene irdische Paradies in die Hölle blutiger, menschenverachtender Diktaturen geführt.

Nach Marx ist der Mensch ein Ensemble der gesellschaftlichen Verhältnisse. Das jeweilige gesellschaftliche Sein einer Epoche prägte das Bewußtsein ihrer Menschen. Diesen spricht er jede schöpferische Freiheit ab. Marxens Augenmerk richtete sich nicht auf den einzelnen, etwa den Arbeiter, über den er sich gelegentlich verächtlich und überheblich vernehmen ließ, sondern auf die Arbeiterklasse. Er ruft zur Rebellion „gegen die Herrschaft des Gedankens" auf, gleich ob sich diese um Religion, Philosophie oder Ideologie drehen. Da die treibende Idee der Freiheit für ihn systemfeindlich, weil bürgerlich war, tat er das Jahr 1848 geringschätzig ab.

Seine radikale Absage an die Idee der Freiheit wird in der sogenannten Feuerbach-Schrift von 1845/46 am Vorabend der 1848-er Revolution entwikkelt. Nicht der Schritt von der Natur zur Kultur und damit zu schöpferischer Freiheit mache das Wesen des Menschen aus, sondern der Zwang zur materiellen Warenerzeugung durch Arbeit. Das Eigentum an Boden und Produktionsmitteln und der Geldbesitz hätten zur Entfremdung, Ausbeutung und Klassenherrschaft geführt. Diese Ideen fanden nur am radikal-linken Rand der Revolution Eingang und haben dem eigentlichen sozialen Anliegen des „48er" Jahres eher geschadet und den reaktionären Kräften des Legitimismus Auftrieb gegeben.

Das Ziel der marxistischen Weltveränderung – die Welterklärung war ihr Anliegen nicht – war daher nicht die Befreiung zur Freiheit sondern zur Gleichheit. Diese aber schließt Freiheit, deren Wesentliches nicht zuletzt im Recht auf Ungleichheit besteht, aus. Diese wieder ist, um es mit einem Rechtsbegriff zu sagen, ein jus sanguinis, d.h. der unterschiedlichen Anlagen.

Unbeeindruckt blieb Marx von den Erkenntnissen und Entdeckungen der großen Naturwissenschafter seiner Zeit, wie Gobineau, Darwin, Mendel oder Haeckel, welche die Ausbildung von Rassen, Rängen und Ordunngen als ein Bauprinzip der Natur und des Menschen entdeckt und mit Mendel auch ihre Baugesetze faßbar gemacht hatten.

Marx übernimmt Proudhons (1809–1865) Gesellschaftsphilosophie. Eigentum ist Diebstahl und erst mit seinem Auftreten seien Ungleichheit und Unfreiheit in die Welt gekommen. „Besitz öffnet die Tore für alle Mängel und Mißbräuche". Ähnlich dachte schon J. J. Rousseau (1712–1778), für den der Fortschritt der Kultur den Urzustand der Menschheit in Glück, Unschuld und Freiheit beseitigt hatte.

Nach der „Lernpsychologie" unseres Jahrhunderts sind Bewußtsein und menschliches Verhalten zur Gänze das Ergebnis der jeweils individuellen Erfahrung; die Stunde der Geburt sei die Stunde Null; unsere „Chancengleichheit" also vorgegeben, weil jeder mit leeren Händen anfange. Für schöpferische Freiheit ist hier kein Platz. Unterschiede von Intelligenz, Leistungs- und Bildungsfähigkeit seien bloß die Folge unterschiedlicher Lernbedingungen, der Mensch nur ein Bündel von bedingten Reflexen. In diesem System kommen das stammes- und familiengeschichtlich Angelegte, also das Ererbte nicht vor. Jeder einzelne erfinde sich gewissermaßen immer neu. Die Grenzen dieses Selbstschöpfungsvorganges seien durch die vorgegebene Umwelt abgesteckt. Daraus wird man später die unbegrenzte Machbarkeit des Menschen durch Lernen mit jener vom Segen des grenzenlosen und unaufhaltbaren Fortschrittes in ein fragwürdiges Bündel schnüren.

Obwohl die modernen Verhaltenswissenschaften, die vergleichende Kulturmorphologie und -psychologie, vor allem aber die Humangenetik, die Unhaltbarkeit aller Gleichheitsideologien, in welcher Freiheit systemwidrig und kontraproduktiv wären, längst bewiesen haben, bleiben diese Humanwissenschaften, mindestens im deutschen Sprachraum, kaum gesellschaftsfähig sondern verdächtig. In Abwandlung eines Wortes von Robespierres, die Revolution brauche keine Chemiker, scheint für uns zu gelten: Die Demokratie benötigt keine Biologen.

Nationale Freiheit.

Ein allgemeiner Humanitarismus, der alle Zwischenglieder zwischen dem einzelnen und einer abstrakten Menschheit – Familie, Heimat, Volk, Vaterland – austilgen möchte, weil sie angeblich den oder die jeweils Anderen diskriminieren, ist von einem nicht weniger abstrakten Demokratismus in Dienst genommen. Beide stehen unter publizistischem und strafrechtlichem Denkmalschutz.

Daß die folgenschwerste Niederlage des deutschen Volkes und die seit Jahrzehnten aufrechte Verweigerung eines Friedensvertrages als „Befreiung" noch immer gültige Staatsraison der Bundesrepublik und mit geringen Abweichungen auch Österreichs darstellen, beweist wie anpasserisch eingeschränkt Freiheit mißverstanden oder mißbraucht werden kann.

Insbesondere wird nationale Freiheit, d.h. Souveränität im Zeitalter der

Globalisierung, auf einem sehr beschränkten Pegel festgeschrieben.

Die Unverjährbarkeit der Schuld, als Deutscher geboren zu sein, ist noch immer in den Feindstaatenklauseln der UNO-Satzungen verankert und wirft vor allem die Bundesdeutschen weit hinter die Errungenschaften des Jahres 1848 zurück. Unverjährbarkeit steht im Widerspruch zum traditionellen freiheitlichen Rechtsdenken.

Hermannsdenkmal im Teutoburgerwald – das Symbol der deutschen Freiheit

Daß das nationale Österreich inzwischen in das Lager eines Österreichpatriotismus abschwenkt, den die Rote Armee 1945 in die vielhundertjährige Reichshauptstadt Wien schleuste, bedeutet den Abfall von der zweiten, großen Leitidee, nämlich der auf der ethnisch-kulturellen Identität ruhenden Einheit des deutschen Volkes, und ist zugleich eine parteipolitische Anmaßung, die Freiheit der eigenen Identität einem Mehrheitsbeschluß zu unterwerfen. Daß man der größten europäischen Nation, der deutschen, das Selbstbestimmungsrecht verweigert, ist ein Maßstab des eingetretenen Freiheitsverlustes.

(Diese Feststellung bedeutet nicht, daß wir 150 Jahre nach den Einigkeitsschwüren der Paulskirche großdeutschen Träumen nachhängen würden oder die staatliche Unabhängigkeit Österreichs in Frage stellen wollen.)

Staat und Kirche

Noch einmal zurück zu allgemeinen Überlegungen. Nach der Auseinandersetzung mit dem liberalen und marxistischen Freiheitsverständnis, wäre auch noch das Verhältnis der Kirchen und Religionen zu den Freiheitsideen von 1848 zu streifen. War doch eine Forderung der Märzrevolutionäre die strenge Trennung von Kirche und Staat. Mit dieser Forderung wurde natürlich auch dort das Gottesgnadentum in Frage gestellt, wo durchaus noch die Bereitschaft bestanden hat – die später auch verwirklicht wurde – eine „gemischte Verfassung" im Sinne Burkes bestehen zu lassen. Letztendlich hat der (linke) Republikanismus, für welchen monarchische Verfassung und Freiheit sich gegenseitig auszuschließen schienen, sich nicht durchzusetzen vermocht.

Für die endzeitlich ausgerichteten Kirchen sind alle Menschen, weil gleich vor Gott, gleich. Der Mensch ist nicht die Frucht einer unendlich langen, stammesgeschichtlichen Entwicklung, deren Laster er bloß rational sich nicht zu entledigen vermöge, sondern Gottes ebenbildliches Geschöpf, dank der ihm eingehauchten Seele außer und über die Natur gestellt, die er sich untertan machen soll. Seine Freiheit ist durch das ihm offenbarte göttliche Gesetz bestimmt. Das Dogma von der Erbsünde ist mit der Vorstellung vom freien, autonomen Menschen schwer vereinbar.

Eine anthropologische Auslegung dieser Offenbarungsgewißheit könnte dahin gehen, daß sie die Begrenzung unserer Freiheit durch eine „genetische Erblast" in einem Bilde ausdrücke. Der 1848 erfolgten Absage an das Bestehen von absoluten Wahrheiten, deren Treuhänderschaft dem Bündnis von Thron und Altar übertragen war, folgte die Versuchung des Glaubens an die absolute Macht der bloßen Vernünftigkeit, dem Wahrheitszweifel die trügerische Erkenntnisgewißheit des philosophischen Positivismus.

Beides scheint dem Menschen, diesem auf halbem Weg zwischen Humanoidem und echtem Humanum angelangten Wesen, nicht zuträglich. Wer in der unbezweifelten Wahrheit zu stehen vermeint, ist durch geistige Trägheit und Intoleranz gefährdet; wer sich selber als absolut setzt, wird das Chaos eines Wertpluralismus heraufbeschwören, der jede verbindliche Ordnung und mit ihr jegliche Freiheit aufheben würde. Freiheit kann so zum Danaergeschenk werden. Man denke an das, was sich heute unter dem Anspruch auf Freiheit der Kunst und der sexuellen Befreiung in unserer Gesellschaft abspielt.

Bei vielen weichenstellenden politischen Entscheidungen, wie der Aufgabe des Rechtsschutzes des Ungeborenen, des gemeinschädlichen, zum sozial Abweichenden verniedlichten Verhalten, der Bewertung im Wortsinne widernatürlichen Sexualität und daraus abgeleiteter rechtlicher Schlußfolgerungen, der Einwanderungs- und Integrationspolitik vieler europäischer Länder, beruft man sich auf die „Freiheit als höchstes Gut."

Freiheit und Macht

Die Anthropologie hat dem Menschen die unterschiedlichsten Beiwörter gegeben: homo ludens (der spielende), homo faber (der werkende), die 1848 angestrebte Teilumsetzung der Aufklärung machte ihn zum homo liber (den sich frei entscheidenden). Seiner Natur nach ist er aber ein homo dubitans, einer der alles und sich selber hinterfrägt: dubito, ergo sum (weil ich zweifle, erkenne ich mich.)

1848 hat ihm dieses menschliche Grundrecht auf den Zweifel an aller damaligen „political correctness" schließlich erkämpft. Die laizistische Verfassung hat dies nach zwei Jahrzehnten festgeschrieben.

Der Mensch ist, wie Eibl-Eibesfeldt sagt, ein „riskantes Wesen". Sein Risiko beginnt sprunghaft dort anzusteigen, wo sein stammesgeschichtlich entwickeltes Programm endet. Dessen Grenzen sind strittig, nicht aber die Tatsache als solche. Die angemaßte Freiheit wird scheitern müssen, wo sie mit diesem Programm in fundamentalen Widerspruch gerät und glaubt, die Natur mit der Mistgabel von Ideologien oder absoluten Wahrheiten austreiben zu können.

Zu den vor allem von sogenannten Liberalen gerne geleugneten Tatsachen menschlicher Wirklichkeit gehört auch jene, daß eine Voraussetzung, überleben zu können, die Fähigkeit zur Aggressivität ist. Nicht zuletzt ist es ein konstruktives Element jeder Staatlichkeit, diese aggressiven Potentiale nach innen in die Fesseln von Sitte und Gesetz zu legen, sie nach außen zur solidarischen Verteidigung zu bündeln. Das Machtmonopol des Staates soll Freiheit nach innen und außen gewährleisten.

Die dem Kaiser am 14. März 1848 von der Akademischen Legion abgerungene, freilich erst viel später in die Tat umgesetzte, Bewaffnung des Bürgers war, unabhängig von ihrer möglichen Anwendung, ein symbolischer Freiheitsakt erster Ordnung.

Welche Anforderungen sind aus anthropologischer Sicht an die Freiheitsidee zu stellen? Als absoluter Wert gesetzt, müßte sie zur Selbstzerstörung führen. Sie kann, wie Kardinal Ratzinger in seinem Beitrag schreibt, nur „im geordneten Miteinander der Freiheiten bestehen".

Freiheit hat vorrangig eine soziale Genese und eine soziale Funktion. Diese Funktion erfüllt sie als selbstbestimmende Kraft im Gemeinwesen nach Spielregeln, d.h. Wertordnungen, auf welche man sich geeinigt hat. Diese werden sich aus naturrechtlichen u n d positivistischen Wurzeln speisen. Es hieße die menschliche Natur mit ihren Möglichkeiten zum Guten u n d Bösen gründlich verkennen, zu glauben, daß auf die bis in vormenschliche Lebenswelten nachweisbaren Mittel von Lohn und Strafe verzichtet werden könnte. Ohne sie wäre auch nur eine Annäherung an einen ausgewogenen Zustand in Freiheit des einzelnen und Ordnung im Ganzen unerreichbar. Die richter- und gefängnislose Zeit taucht an den Horizonten vieler Revolutionen auf: sie gehört ins Reich Utopia.

Schlecht bestellt wäre es aber mit einem Volk oder einer Gesellschaft, wo neben Polizei und Staatsanwaltschaft nicht eine selbsttragende Sitte träte, die als T u g e n d (virtus) neben oder eher vor den Ordnungsmitteln des Staates stünde. Sie, die Tugenden sind der eigentliche Ausdruck der Freiheit.

Dieses Grundproblem aller Politik wurzelt zutiefst in unserer Natur oder, mit Teilhard de Chardin zu reden, in unserer „condition humaine". Selbige scheint nicht menschenrechtlich sondern familien- und volksbezogen ausgerichtet. Es sind daher wohl überwiegend anthropologische Gründe, daß kosmopolitische Ideen auf revolutionärem Boden nicht gediehen sind und die einschlägigen Bewegungen der März-Aufstände Freiheit und Nation in eins gesetzt haben. Weltbürgerschaftliche Ideen bleiben eher ein Anliegen der Gelehrten und der schreibenden Zunft. Das dünkt erstaunlich, als nachweisbar freimaurerische Ideen und Persönlichkeiten nicht nur 1789 und 1830 sondern auch 1848 eine bedeutende Rolle gespielt haben.

Von gleichfalls fast naturgesetzlicher Regel ist der Umstand, daß allzu rasche Veränderungen, etwa eben der Übergang von einem Zustand relativer Unterdrückung in einen relativer Freiheit, zu jenen Ausartungen führen, an deren Ende eine noch größere Unterdrückung als die überwundene stehen kann. Es ist bemerkenswert, daß Metternich, der fanatische Verteidiger der alten Ordnung, diese Gefahr erkannt hat, freilich erst viele Jahre nach seiner Abdankung und Flucht, und dies auch warnend zu Papier gebracht hat.

Gegenwärtig ist an die Stelle des Mutes zur Freiheit, die Angst vor ihr getreten. Dies scheint auch der letzte Grund, warum wir uns, wie ein österreichischer Vizekanzler formulierte, ohne wenn und aber der Europäischen Union verschrieben haben, um es in der Händlersprache zu sagen: mit D-Mark und Schilling. Hinter vielen erhabenen Europa-Schwüren verbirgt sich die Flucht aus der Verantwortung vor den Folgen einer Politik, die auf der „freiwilligen" Rückkehr in die politische Unmündigkeit ruht: dem Eintausch von Selbsthilfe und Selbstverantwortung gegen Versorgung und Sicherheit. Die Folgen dieser „Domestikation" hat Konrad Lorenz als „Verhausschweinerung" beschrieben.

In besorgniserregendem Umfang haben wir uns an ein Leben aus zweiter Hand gewöhnt. Unser politischer, kultureller und wirtschaftlicher Denk- und Handlungsbedarf wird fast unreflektiert aus fremden Programmen übernommen. Dieser passive Freiheitsverlust endet, wie Oswald Spengler es für spätere Kulturen beschrieben hat, im geistigen Fellachentum. Neben anderen hat der um die letzte Jahrhundertwende einflußreichste mitteleuropäische Kulturkritiker Max Nordau (recte Suedfeld) dies als als Degeneration oder Entartung bewertet, womit eben ein biologischer Prozeß beschrieben wäre.

Wiederholen wir nocheinmal: Aufgabe der Politik ist es, ein ausgewogenes Verhältnis zwischen Freiheitsbedürfnis und Ordnungserfordernis herzustellen und aufrechtzuerhalten. Dies wird nur gelingen, wenn wir den Menschen in seiner Doppelnatur wahrhaben. Seine im Wollen und Handeln erlebte Freiheit ist begrenzt. Ihre Absolutsetzung wie ihre Mißachtung führen ins Verderben. Wille zur Freiheit kann auch als psychische Energie verstanden werden. Soll sie nicht verkümmern, will sie geübt und gepflegt sein. 1848 war eine von mehreren Epochen in der Menschheitsgeschichte, wo Freiheit sich erneut auf den Weg gemacht hat. Seither sind fünf Generationen vergangen. In dieser Zeit wurde mit der Freiheit wechselnd und nicht immer gut umgegangen. In den seit der Cromagnon-Aurignac-Epoche des homo sapiens durchlebten 30.000 Jahren haben sich unsere psycho-physischen Strukturen kaum verändert. Wir sind frei, hängen aber an den Ketten Adams. Das metaphysische Freiheitsproblem wird wohl ungelöst bleiben; das politische scheint aber lösbar. 1848 war ein Lösungsversuch, dem wir Anerkennung und Dankbarkeit schulden. Das enthebt uns nicht, seine Ideen, Handlungen und Personen, dies- und jenseits der Barrikaden, historisch und nicht moralisch, auch nicht blind glorifizierend zu bewerten. Auch dies ist ein Akt geistiger Freiheit!

JOSEPH KARDINAL RATZINGER, ROM

Freiheit und Wahrheit

Im Bewußtsein der Menschheit von heute erscheint die Freiheit weithin als das höchste Gut überhaupt, dem alle anderen Güter nachgeordnet sind. In der Rechtsprechung hat durchweg die Freiheit der Kunst, die Freiheit der Meinungsäußerung den Vorrang vor jedem anderen sittlichen Wert. Werte, die mit der Freiheit konkurrieren, zu ihrer Einschränkung nötigen könnten, erscheinen als Fesseln, als „Tabus“, das heißt als Relikte archaischer Verbote und Ängste. Politisches Handeln muß sich dadurch ausweisen, daß es freiheitsfördernd ist. Auch Religion kann sich nur dadurch behaupten, daß sie sich als befreiende Kraft für den Menschen und die Menschheit darstellt. In der Skala der Werte, auf die es für den Menschen und sein menschenwürdiges Leben ankommt, erscheint die Freiheit als der eigentliche Grundwert und als das grundlegende Menschenrecht überhaupt. Dem Begriff Wahrheit begegnen wir demgegenüber eher mit Verdacht. Man erinnert sich daran, für wieviele Meinungen und Systeme schon der Begriff Wahrheit in Anspruch genommen wurde; wie oft so die Behauptung von Wahrheit ein Mittel gewesen ist, um Freiheit niederzuhalten. Dazu kommt die von der Naturwissenschaft genährte Skepsis gegenüber allem, was nicht exakt erklärbar oder belegbar ist: All das erscheint letztlich nur subjektive Wertung zu sein, die keine gemeinsame Verbindlichkeit in Anspruch nehmen kann. Die moderne Hal-

Welcher Freiheitsbegriff? Pflanzen eines „Freiheitsbaumes“ während der Französischen Revolution

tung der Wahrheit gegenüber zeigt sich am bündigsten in dem Pilatuswort: Was ist Wahrheit? Wer behauptet, mit seinem Leben und mit seinem Reden und Tun im Dienst der Wahrheit zu stehen, muß sich gefaßt machen, als Schwärmer oder als Fanatiker eingestuft zu werden. Denn „nach drüben ist der Ausblick uns versperrt"; dieses Goethewort aus dem Faust charakterisiert unser aller Empfinden.

Zweifellos, es gibt Gründe genug, gegenüber allzu sicher auftretendem Wahrheitspathos vorsichtig zu fragen: Was ist Wahrheit? Aber es gibt ebensoviel Grund, die Frage zu stellen: Was ist Freiheit? Was meinen wir eigentlich, wenn wir Freiheit rühmen und sie auf die oberste Stufe unserer Wertskala stellen? Ich glaube, daß der im allgemeinen mit dem Freiheitsverlangen verbundene Inhalt recht treffend ausgelegt ist in den Worten, mit denen Karl Marx seinen Traum von Freiheit ausgedrückt hat. Der Zustand der künftigen kommunistischen Gesellschaft werde es möglich machen, *„heute dies, morgen jenes zu tun, morgens zu jagen, nachmittags zu fischen, abends Viehzucht zu treiben, nach dem Essen zu kritisieren, wie ich gerade Lust habe ....“[1]* Genau in diesem Sinn versteht das unreflektierte Durchschnittsempfinden unter Freiheit das Recht und die Möglichkeit, alles zu tun, was wir uns gerade wünschen und nichts tun zu müssen, was wir nicht möchten. Anders gesagt: Freiheit würde bedeuten, daß das eigene Wollen die einzige Norm unseres Tuns sei und daß der Wille alles wollen könne und alles Gewollte auch auszuführen die Möglichkeit habe. An dieser Stelle steigen freilich Fragen auf: Wie frei ist der Wille eigentlich? Und wie vernünftig ist er? Und: Ist ein vernünftiger Wille ein wirklich freier Wille? Ist eine unvernünftige Freiheit wirklich Freiheit? Ist sie ein Gut? Muß also die Definition der Freiheit vom Wollenkönnen und Tunkönnen des Gewollten her nicht durch den Zusammenhang mit der Vernunft, mit der Ganzheit des Menschen ergänzt werden, damit es nicht zur Tyrannei der Unvernunft komme? Und wird es nicht zum Zusammenspiel zwischen Vernunft und Wille gehören, dann auch die gemeinsame Vernunft aller Menschen und so die gegenseitige Verträglichkeit der Freiheit zu suchen? Es ist offenkundig, daß in der Frage nach der Vernünftigkeit des Willens und seiner Vernunftbindung die Wahrheitsfrage verborgen mitgegeben ist.

Zu solchen Fragen zwingen uns nicht nur abstrakte philosophische Überlegungen, sondern unsere ganz konkrete gesellschaftliche Situation, in der zwar das Freiheitsverlangen ungebrochen ist, aber doch Zweifel an allen bisherigen Formen von Befreiungsbewegungen und Freiheitssystemen immer dramatischer erscheinen. Vergessen wir nicht, daß der Marxismus als die eine große politische Kraft unseres Jahrhunderts unter dem Anspruch angetreten ist, die neue Welt der Freiheit und des befreiten Menschen heraufzuführen. Gerade dieses sein Versprechen, den wissenschaftlich gesicherten Weg zur Freiheit zu kennen und die neue Welt zu erschaffen, hat ihm viele der kühnsten Geister unserer Epoche zugeführt; schließlich erschien er gar als die Kraft, durch die die christliche Erlösungslehre endlich in eine realistische Befreiungspraxis umgewandelt werden könnte – als die Kraft, das Reich Gottes als das wahre Menschenreich heraufzuführen. Der Zusammenbruch des realen

Sozialismus in den osteuropäischen Staaten hat solche Hoffnungen nicht ganz beseitigt, die da und dort im stillen weiterbestehen und nach neuer Gestalt suchen. Dem politischen und ökonomischen Zusammenbruch entsprach keine wirkliche geistige Überwindung, und insofern ist die vom Marxismus gestellte Frage noch keineswegs aufgelöst. Immerhin, daß sein System nicht so funktionierte, wie es versprochen war, ist offenkundig. Daß diese vermeintliche Befreiungsbewegung neben dem Nationalsozialismus das größte Sklavensystem der neuzeitlichen Geschichte war, kann im Ernst niemand mehr leugnen: Das Ausmaß zynischer Zerstörung des Menschen und der Welt wird zwar häufig eher schamvoll verschwiegen, aber bestreiten kann es niemand mehr.

Die moralische Überlegenheit des liberalen Systems in Politik und Wirtschaft, die so zum Vorschein gekommen ist, läßt dennoch keinen Enthusiasmus aufkommen. Zu groß ist die Zahl derer, die an den Früchten dieser Freiheit nicht teilhaben, ja überhaupt jede Freiheit verlieren: Arbeitslosigkeit wird erneut zum Massenphänomen; das Gefühl des Nicht-gebraucht-Werdens, der Überflüssigkeit foltert die Menschen nicht weniger als die materielle Armut. Skrupellose Ausbeutung macht sich breit; das organisierte Verbrechen nutzt Chancen der freiheitlichen Welt, und in alledem geht das Gespenst der Sinnlosigkeit um. Der polnische Philosoph Andrzej Szczypiorski hat auf den Salzburger Hochschulwochen 1995 das Dilemma der Freiheit schonungslos beschrieben, das sich nach dem Fall der Mauer ergeben hat; es lohnt sich, ihm etwas ausführlicher zuzuhören: „*Es unterliegt keinem Zweifel, daß der Kapitalismus einen großen Fortschritt vollzog. Und es unterliegt auch keinem Zweifel, daß er die Erwartungen nicht erfüllte. In dem Kapitalismus ist immer wieder der Schrei der riesigen Massen zu hören, deren Begehren nicht erfüllt wurde ... Der Untergang der sowjetischen Konzeption der Welt und des Menschen in der politischen und sozialen Praxis war eine Befreiung von Millionen Menschenleben aus der Knechtschaft. Aber, im europäischen Gedankengut, im Lichte der Tradition der letzten zweihundert Jahre, bedeutet die antikommunistische Revolution auch das Ende der aufklärerischen Illusionen, also die Zerstörung der intellektuellen Konzeption, die der Entwicklung des frühen Europa zugrunde lag .... Es ist eine merkwürdige, niemandem bisher bekannte Epoche der Uniformierung der Entwicklung eingetreten. Und plötzlich erwies sich – obwohl zum ersten Mal in der Geschichte –, daß es nur ein einziges Rezept, einen einzigen Weg, ein einziges Modell und eine einzige Weise der Gestaltung der Zukunft gäbe. Und die Menschen verloren den Glauben an den Sinn der sich vollziehenden Umwandlungen. Sie verloren auch die Hoffnung darauf, daß die Welt überhaupt veränderbar ist und daß es sich lohnt, die Welt überhaupt zu verändern ... Der heutige Mangel an Alternative läßt die Menschen völlig neue Fragen stellen. Die erste Frage: vielleicht hatte der Westen doch nicht recht? Die zweite Frage: wenn der Westen nicht recht hatte, wer hatte dann recht? Weil für niemanden in Europa wohl ein Zweifel besteht, daß der Kommunismus nicht recht hatte, entsteht die dritte Frage: Vielleicht gibt es kein Recht? Aber wenn es so ist, hielt die ausgediente Dampfmaschine der Aufklärung nach zweihundert Jah-*

ren nützlicher, störungsloser Arbeit vor unseren Augen und mit unserer Beteiligung an. Und der Dampf geht nur in die Luft. Wenn es so in der Tat ist, dann sind die Perspektiven finster.“

Soviel man hier auch Gegenfragen stellen könnte, der Realismus und die Logik der Grundfragen von Szczypiorski sind nicht beiseite zu schieben; aber zugleich ist die Diagnose so bedrückend, daß man bei ihr nicht stehen bleiben kann. Hatte niemand recht? Vielleicht gibt es kein Recht? Sind die Grundlagen der europäischen Aufklärung, auf denen unser Freiheitsweg beruht, falsch oder mindestens mangelhaft? Die Frage „Was ist Freiheit?“ ist im letzten nicht weniger kompliziert als die Frage „Was ist Wahrheit?“ Das Dilemma der Aufklärung, in das wir unleugbar hineingeraten sind, zwingt uns beide Fragen neu zu stellen und auch neu nach beider Zusammenhang zu suchen. Um voranzukommen, müssen wir also den Ausgangspunkt des neuzeitlichen Freiheitsweges neu bedenken; die Kurskorrektur, die wir ganz offensichtlich brauchen, damit in der Verfinsterung der Perspektiven wieder Wege sichtbar werden, muß auf die Ausgangspunkte selbst zurückgreifen und dort einsetzen. Natürlich kann ich im begrenzten Rahmen eines Beitrages nur versuchen, ein paar Schlaglichter zu setzen, die Größe und Gefährdungen des neuzeitlichen Weges andeuten, um so zu neuer Besinnung zu helfen.

Das Problem der neuzeitlichen Freiheitsgeschichte und ihres Freiheitsbegriffes

Es ist kein Zweifel: Die Epoche, die wir Neuzeit nennen, ist von Anfang an durch das Thema Freiheit bestimmt; der Aufbruch nach neuen Freiheiten ist überhaupt der einzige Grund, der zu einer solchen Periodisierung berechtigt. Luthers Kampfschrift „Von der Freiheit eines Christenmenschen“ schlägt sofort das Thema in kräftigen Tönen an.[2] Es war der Ruf der Freiheit, der die Menschen aufhorchen ließ, der eine wahre Lawine in Gang setzte und aus den Schriften eines Mönches eine Massenbewegung entstehen ließ, die das Gesicht der mittelalterlichen Welt von Grund auf umgestaltete. Es ging um die Freiheit des Gewissens gegenüber der kirchlichen Autorität, also um die innerste Freiheit des Menschen überhaupt. Nicht die gemeingesellschaftlichen Ordnungen retten den Menschen, sondern sein ganz persönlicher Glaube an Christus. Daß plötzlich das ganze Ordnungssystem der mittelalterlichen Kirche letztlich nicht mehr zählte, wurde als ungeheurer Befreiungsschub empfunden. Die Ordnungen, die eigentlich tragen und retten sollten, erschienen als Last; sie binden nicht mehr, das heißt sie haben keine Erlösungsbedeutung mehr. Die Erlösung ist Befreiung, Befreiung vom Joch der überindividuellen Ordnungen. Auch wenn man nicht vom Individualismus der Reformation sprechen sollte, so ist doch die neue Bedeutung des einzelnen und die Verschiebung des Verhältnisses zwischen dem Einzelgewissen und der Autorität ein tragischer Zug. Diese Befreiungsbewegung blieb freilich auf den eigentlich religiösen Bereich beschränkt. Wo sie, wie in den Bauernkriegen und in der Täuferbewegung, auch zum politischen Programm wurde, hat sich ihr Luther kräftig entgegengestellt. Im politischen Bereich wurde mit Schaffung der Staats- und Landeskirchen ganz im Gegenteil die

Macht der weltlichen Autorität gesteigert und verhärtet. Im angelsächsischen Raum brechen dann die Freikirchen aus dieser neuen Verschmelzung von religiöser und politischer Herrschaft aus und werden so zu Vorläufern einer neuen Konstruktion der Geschichte, die dann in der zweiten Phase der Neuzeit, der Aufklärung, Gestalt annimmt.

Der ganzen Aufklärung gemeinsam ist der Wille zur Emanzipation, zunächst im Sinn von Kants sapere aude – wage, deine Vernunft selbst zu gebrauchen. Es geht um den Ausbruch der Einzelvernunft aus den Bindungen der Autorität, die alle kritisch überprüft werden müssen. Nur das vernünftig Einsichtige soll gelten. Dieses philosophische Programm ist seinem Wesen nach auch ein politisches Programm: Nur die Vernunft soll herrschen, es soll letztlich keine andere Autorität geben als die der Vernunft. Nur das Einsichtige gilt; was nicht vernünftig, das heißt einsichtig ist, kann auch nicht verpflichten. Diese Grundrichtung der Aufklärung stellt sich aber doch in unterschiedlichen, ja gegensätzlichen Sozialphilosophien und politischen Programmen dar. Mir scheint, man könne zwei große Strömungen unterscheiden: die mehr naturrechtlich orientierte angelsächsische Richtung, die zur konstitutionellen Demokratie als dem einzig realistischen System von Freiheit tendiert; dagegen steht der radikale Ansatz von Rousseau, der letztlich auf die völlige Herrschaftslosigkeit abzielt. Das naturrechtliche Denken kritisiert das positive Recht, die konkreten Herrschaftsformen am Maßstab der inneren Rechte des Menschseins, die allen gesetzlichen Ordnungen vorausgehen, ihr Maß und ihr Grund sind. *„Der Mensch ist frei geschaffen, ist frei, und wär' er in Ketten geboren"* hat in diesem Sinn Friedrich von Schiller gesagt. Das ist nicht ein Satz, der Sklaven mit metaphysischen Gedanken tröstet, sondern ein kämpferischer Satz, eine Handlungsmaxime. Rechtsordnungen, die Sklaverei schaffen, sind Unrechtsordungen. Von der Schöpfung her hat der Mensch Rechte, die geltend gemacht werden müssen, damit Gerechtigkeit sei. Freiheit wird dem Menschen nicht von außen her verliehen. Er hat Recht deshalb, weil er frei geschaffen

Neuzeitlicher Freiheitsbegriff: Bei den Jakobinern beinhaltete dieser das Fallbeil

ist. Aus solchem Denken ist die Idee der Menschenrechte als Magna carta der modernen Freiheitsbewegung entfaltet worden. Wenn hier von Natur die Rede ist, dann ist nicht einfach ein System von biologischen Abläufen gemeint. Vielmehr wird gesagt, daß vor allen Ordnungsgebilden im Menschen selbst, von seiner Natur her Rechte da sind. Die Menschenrechtsidee ist in diesem Sinn zunächst eine revolutionäre Idee: Sie steht gegen den Staatsabsolutismus, gegen die Willkür positiver Gesetzgebung. Aber sie ist auch eine metaphysische Idee: Im Sein selbst steckt ein ethischer und rechtlicher Anspruch. Es ist nicht blinde Materialität, die man dann nach purer Zweckmäßigkeit formen kann. Natur trägt Geist in sich, trägt Ethos und Würde in sich und ist so der Rechtsanspruch auf unsere Befreiung und ihr Maß zugleich. Dies ist im Prinzip durchaus der von der Stoa inspirierte und schöpfungstheologisch verwandelte Naturbegriff von Röm. 2, was uns hier begegnet: Die Heiden kennen „von Natur" das Gesetz und sind sich so selbst Gesetz (Röm. 2,14).

Das spezifisch Aufklärerisch-Neuzeitliche dieser Denklinie wird man wohl darin sehen dürfen, daß der Rechtsanspruch der Natur gegenüber den bestehenden Herrschaftsgestalten vor allem Einforderung der Rechte des Individuums gegenüber dem Staat, gegenüber den Institutionen ist. Als Natur des Menschen wird es vor allem angesehen, daß er Rechte gegen die Gemeinschaft hat, Rechte, die vor der Gemeinschaft zu schützen sind: Die Institution erscheint als der Gegenpol zur Freiheit; als Träger von Freiheit erscheint das Individuum und als ihr Ziel die volle Emanzipation des Individuums.

Darin berührt sich diese Strömung mit der zweiten, vom Ansatz her weit radikaleren Richtung: Für Rousseau steht alles, was durch Vernunft und Wille geschaffen wurde, gegen die Natur, ist ihr Verderb und Widerspruch. Der Begriff Natur ist selbst wieder vom Gedanken des Rechtes geprägt, das als Naturgesetz schon allen unseren Institutionen vorausläge. Rousseaus Naturbegriff ist antimetaphysisch, dem Traum der völligen, durch nichts reglementierten Freiheit zugeordnet.[3] Ähnliches taucht bei Nietzsche wieder auf, der das Rauschhaft-Dionysische dem geordneten Apollinischen gegenüberstellt und so Urgegensätze der Religionsgeschichte beschwört: Die Ordnung der Vernunft, für die Apoll steht, verderben den freien unbeschränkten Rausch der Natur.[4] Klages hat dasselbe Motiv aufgenommen mit der Idee vom Geist als Widersacher der Seele: Der Geist ist nicht die große, neue Gabe, in der es überhaupt erst Freiheit gibt, sondern der Zersetzer des Ursprünglichen mit seiner Leidenschaft und Freiheit.[5] In gewisser Weise ist die Kampfansage an den Geist antiaufklärerisch, und insofern konnte sich der Nationalsozialismus mit seiner Feindseligkeit gegenüber der Aufklärung und seiner Anbetung von „Blut und Boden" auf solche Richtungen berufen. Aber das Grundmotiv der Aufklärung, der Schrei nach Freiheit, ist auch hier nicht bloß wirksam, sondern zu seiner radikalsten Form gesteigert. In den politischen Radikalismen des vergangenen wie des gegenwärtigen Jahrhunderts sind gegenüber der demokratisch domestizierten Form von Freiheit immer wieder solche Tendenzen in vielfältigen Gestalten durchgebrochen. Die Französische Revolution, die mit einer konstitutionellen demokratischen Idee begonnen hatte, hat schnell die Fesseln von sich geworfen und sich auf die Bahnen

Rousseaus und des anarchischen Freiheitsgedankens begeben; gerade damit ist sie – unausweichlich – zur blutigen Diktatur geworden.

Auch der Marxismus setzt diese radikale Linie fort: Er hat die demokratische Freiheit immer als Scheinfreiheit kritisiert und eine bessere, radikalere Freiheit verheißen. Seine Faszination kam ja gerade davon, daß er eine größere und kühnere Freiheit verhieß, als sie in Demokratien verwirklicht ist. Zwei Aspekte des marxistischen Systems scheinen mir für die Freiheitsproblematik der Neuzeit und die Frage nach Freiheit und Wahrheit besonders wichtig zu sein:

a.) der Marxismus geht davon aus, daß Freiheit unteilbar ist, also nur besteht, wenn sie Freiheit aller ist. Freiheit ist an Gleichheit gebunden: Damit Freiheit sei, muß zuallererst Gleichheit hergestellt werden. Das bedeutet, daß zum Ziel der Freiheit Freiheitsverzichte notwendig werden. Die Solidarität derer, die für die gemeinsame Freiheit aller kämpfen, geht der Durchsetzung der individuellen Freiheit voran. Das Marx-Zitat, von dem wir ausgegangen sind, zeigt, daß am Ende doch wieder die Idee der schrankenlosen Freiheit des Individuums steht, aber für die Gegenwart gilt die Überordnung des gemeinschaftlichen Aspekts, die Überordnung der Gleichheit über die Freiheit und also das Recht der Gemeinschaft gegenüber dem Individuum.

b.) Damit verbunden ist die Voraussetzung, daß die Freiheit des einzelnen von der Struktur des Ganzen abhängt und der Kampf um die Freiheit zunächst nicht als Kampf um die Rechte des Individuums, sondern als Kampf um eine veränderte Weltstruktur geführt werden muß. Bei der Frage, wie diese Struktur auszusehen habe und welches daher die Mittel zu ihrer Herstellung seien, ist freilich dem Marxismus der Atem ausgegangen. Denn daß keine der konstruierten Strukturen die Freiheit wirklich ermöglicht, derentwegen die Freiheitsverzichte verlangt werden, konnte eigentlich ein Blinder sehen. Aber Intellektuelle sind blind, wo es um ihre Denkgebilde geht. Deswegen konnten sie jedem Realismus entsagen und weiter für ein System kämpfen, dessen Verheißungen nicht einlösbar waren. Man half sich mit einer Ausflucht ins Mythologische: Die neue Struktur werde einen neuen Menschen hervorbringen – denn in der Tat, nur mit neuen Menschen, mit ganz andern Menschen könnten die Verheißungen funktionieren. Wenn in der Forderung der Solidarität und in der Idee der Unteilbarkeit der Freiheit der moralische Charakter des Marxismus liegt, so wird in seiner Ankündigung des neuen Menschen eine Lüge deutlich, die auch den moralischen Ansatz paralysiert. Teilwahrheiten sind einer Lüge zugeordnet, und daran scheitert das Ganze: Die Freiheitslüge hebt auch die wahren Elemente auf. Freiheit ohne Wahrheit ist keine Freiheit.

Demokratie-Kritik

An dieser Stelle stehen wir. Wir sind genau wieder an den Problemen angelangt, die Szczypiorski in Salzburg so drastisch formuliert hat. Was Lüge ist, wissen wir nun – wenigstens in bezug auf die bisherigen Erscheinungsformen des Marxismus. Aber was Wahrheit ist, wissen wir damit noch lange nicht. Ja, die Furcht wird stärker: Vielleicht gibt es überhaupt keine Wahrheit? Vielleicht gibt es das Recht und das Richtige überhaupt nicht – vielleicht müssen wir uns mit minimalen Notordnungen begnügen? Aber vielleicht gelingen gerade auch die nicht, wie die jüngsten Entwicklungen auf dem Balkan und in vielen anderen Teilen der Welt zeigen? Die Skepsis wächst, und ihre Gründe werden stärker, aber auch der Wille zum Unbedingten ist nicht aufzuheben.

Das Gefühl, daß die Demokratie noch nicht die rechte Form der Freiheit sei, ist ziemlich allgemein und breitet sich immer mehr aus. Die marxistische Demokratiekritik kann man nicht einfach beiseite schieben: Wie frei sind Wahlen? Wie weit ist der Wille durch Werbung, also durch Kapital, durch einige Herrscher über die öffentliche Meinung manipuliert? Gibt es nicht die Oligarchie derer, die bestimmen, was modern und fortschrittlich ist, was ein aufgeklärter Mensch zu denken hat. Die Grausamkeit dieser Oligarchie, ihre Möglichkeit öffentlicher Hinrichtungen, ist hinlänglich bekannt. Wer sich ihr in den Weg stellen möchte, ist Feind der Freiheit, weil er ja die freie Meinungsäußerung behindert. Und wie ist es mit der Willensbildung in den Gremien demokratischer Repräsentation? Wer möchte noch glauben, daß das Wohl der Allgemeinheit dabei das eigentlich bestimmende Moment ist? Wer könnte an der Macht von Interessen zweifeln, deren schmutzige Hände immer häufiger sichtbar werden? Und überhaupt: Ist das System von Mehrheit und Minderheit wirklich ein System der Freiheit? Und werden nicht Interessensverbände jeder Art zusehends stärker als die eigentliche politische Vertretung, das Parlament? In diesem Gewirr von Mächten steigt das Problem der Unregierbarkeit immer drohender auf: Der gegenseitige Durchsetzungswille blockiert die Freiheit des Ganzen.

Es gibt zweifellos den Flirt mit autoritären Lösungen, die Flucht vor der unbewältigten Freiheit. Aber bestimmend für den Geist des Jahrhunderts ist diese Haltung noch nicht. Der radikale Strom der Aufklärung hat seine Wirkung nicht verloren, er wird sogar stärker. Gerade angesichts der Grenzen der Demokratie wird der Ruf nach einer totalen Freiheit lauter. Nach wie vor, ja, zusehends gelten „Gesetz und Ordnung" als Gegensatz der Freiheit. Nach wie vor erscheinen Institution, Überlieferung, Autorität an sich als Gegenpole der Freiheit. Der anarchische Zug des Freiheitsverlangens verstärkt sich, weil die geordneten Formen gemeinschaftlicher Freiheit nicht befriedigen. Die großen Verheißungen der aufbrechenden Neuzeit wurden nicht eingelöst, aber ihre Faszination ist ungebrochen. Die demokratisch geordnete Form von Freiheit kann man heute nicht mehr bloß durch diese oder jene Gesetzesform verteidigen, die Frage geht an die Grundlagen selbst. Es geht darum, was der Mensch ist und wie er als einzelner und im ganzen richtig leben kann.

Man sieht: Das politische, das philosophische und das religiöse Problem der Freiheit ist ein unlösbares Ganzes geworden; wer Wege in die Zukunft sucht, muß das Ganze im Blick haben und kann sich nicht mit vordergründigen Pragmatismen begnügen. Bevor ich in einem letzten Teil versuche, Wegrichtungen anzudeuten, die sich mir zu öffnen scheinen, möchte ich noch einen Blick auf die vielleicht radikalste Freiheitsphilosophie unseres Jahrhunderts werfen, diejenige von J. P. Satre, in der die Frage in ihrem ganzen

Ernst und ihrer Größe deutlich wird. Satre sieht die Freiheit des Menschen als seine Verdammnis an. Im Gegensatz zum Tier hat der Mensch keine „Natur". Das Tier lebt seine Existenz nach der ihm eingestifteten Gesetzmäßigkeit; es braucht nicht zu überlegen, was es mit seinem Leben anfangen will. Aber das Wesen Mensch ist undeterminiert. Es ist eine offene Frage. Ich muß selbst entscheiden, was ich unter Menschsein verstehen, was ich anfangen, wie ich es gestalten will. Der Mensch hat keine Natur, sondern ist nur Freiheit. Er muß das Leben irgendwo hin leben, aber es geht ins Leere. Diese sinnlose Freiheit ist die Hölle. Das Aufregende an diesem Denkansatz besteht darin, daß hier die Trennung von Freiheit und Wahrheit radikal durchgeführt ist: Es gibt keine Wahrheit. Die Freiheit hat keine Richtung und kein Maß[6]. Aber diese völlige Abwesenheit von Wahrheit, die völlige Abwesenheit jeder auch sittlichen und metaphysischen Bindung, die absolut anarchische Freiheit als Wesensbestimmung des Menschen, enthüllt sich für den, der sie zu leben versucht, nicht als höchste Steigerung der Existenz, sondern als Nichtigkeit des Lebens, als absolute Leere, als Definition von Verdammnis. In der Extrapolation eines radikalen Freiheitsbegriffes, der für Satre selbst Lebenserfahrung war, wird sichtbar, daß Befreiung von Wahrheit nicht die reine Freiheit erzeugt, sondern sie aufhebt. Die anarchische Freiheit, radikal genommen, erlöst nicht, sondern macht den Menschen zum mißratenen Geschöpf, zum Sein ohne Sinn.

Freiheit und Wahrheit

1. Vom Wesen menschlicher Freiheit

Nach diesem Versuch, die Herkunft unserer Probleme zu verstehen und so deren inneren Ansatz vor den Blick zu bekommen, wird es Zeit, nach Antworten zu suchen. Es ist klar geworden, daß die Krise der Freiheitsgeschichte, in der wir heute stehen, auf einem ungeklärten und vereinseitigten Begriff von Freiheit beruht. Zum einen hat man den Begriff der Freiheit isoliert und dadurch verfälscht: Freiheit ist ein Gut, aber sie ist es nur im Verbund mit anderen Gütern, mit denen zusammen sie eine unauflösliche Ganzheit bildet. Zum anderen hat man den Freiheitsbegriff selbst verengt auf die individuellen Freiheitsrechte hin und damit seiner menschlichen Wahrheit beraubt. Ich möchte das Problem dieses Freiheitsverständnisses an einem konkreten Beispiel verdeutlichen, das uns zugleich den Weg zu einer angemessenen Auffassung von Freiheit öffnen kann. Ich meine die Frage der Abtreibung. In der Radikalisierung der individualistischen Tendenz der Aufklärung erscheint Abtreibung als ein Freiheitsrecht: Die Frau muß über sich selbst verfügen können. Sie muß die Freiheit haben, ob sie ein Kind zur Welt bringen oder sich davon befreien will. Sie muß über sich selbst entscheiden dürfen, und niemand anders kann ihr – so wird uns gesagt – da von außen her eine letztlich bindende Norm auferlegen. Es geht um das Recht der Selbstbestimmung. Aber entscheidet die Frau bei der Abtreibung eigentlich über sich selbst? Entscheidet sie nicht gerade über jemand anderen – darüber, daß einem keine Freiheit zugestanden werden soll, daß ihm der Raum der Freiheit – das Leben – genommen werden muß, weil das mit meiner Freiheit konkurriert? Und, ist zu fragen: Was ist das eigentlich für eine Freiheit, zu deren Rechten es zählt, die Freiheit eines anderen gleich vom Ansatz her aufzuheben?

Nun sage man nicht, das Problem Abtreibung berühre einen spezifischen Sonderfall und tauge nicht, das Gesamtproblem von Freiheit zu klären. Nein, gerade an diesem Beispiel wird die Grundfigur menschlicher Freiheit, ihr typisch menschliches Wesen deutlich. Denn worum geht es da? Das Sein eines anderen Menschen ist so eng mit dem Sein dieses Menschen, der Mutter, verwoben, daß es einstweilen überhaupt nur im körperlichen Mitsein mit der Mutter bestehen kann, in einer physischen Einheit mit ihr, die doch seine Andersheit nicht aufhebt und sein Selbstsein nicht zu bestreiten gestattet. Freilich – dieses Selbstsein ist auf radikale Weise ein Sein vom anderen, durch den anderen; umgekehrt wird das Sein des anderen – der Mutter – durch dieses Mitsein ins Für-Sein gedrängt, das seinem eigenen Selbstseinwollen widerspricht und so in Gegensatz zur eigenen Freiheit erfahren wird. Nun müssen wir hinzufügen, daß das Kind, auch wenn es geboren wird und die äußere Gestalt des Von-her-Seins und des Mit-Seins sich ändert, dennoch genauso abhängig, genauso angewiesen auf ein Für-Sein bleibt.

Gewiß, nun kann man es in ein Heim abschieben und einem anderen Für zuordnen, aber die anthropologische Figur ist dieselbe, es bleibt das Vorher, das ein Für verlangt, eine Annahme der Grenzen meiner Freiheit, oder vielmehr ein Leben meiner Freiheit nicht aus Konkurrenz, sondern aus dem gegenseitigen Sichtragen. Wenn wir die Augen auftun, sehen wir, daß dies wiederum nicht nur vom Kind gilt, daß vielmehr im Kind im Mutterleib nur das Wesen menschlicher Existenz im ganzen sich sehr anschaulich zu erkennen gibt: Auch für den Erwachsenen gilt, daß er nur mit dem anderen und von ihm her sein kann und immerfort auf jenes Für-Sein angewiesen ist, das er gerade ausschließen möchte. Sagen wir es noch genauer: Der Mensch setzt zwar ganz von selbst das Für-Sein der anderen voraus, wie es sich heute im Netz der Dienstleistungssysteme gestaltet hat, aber er möchte seinerseits nicht in den Zwang eines solchen Von und Für hineingenommen sein, sondern ganz unabhängig werden, tun und lassen können, was er nun eben will. Das radikale Freiheitsverlangen, das sich im Weg der Aufklärung, besonders in der von Rousseau eröffneten Linie, immer deutlicher ergeben hat und heute weithin das allgemeine Bewußtsein bestimmt, möchte weder vonher noch woraufhin, weder von noch für sein, sondern eben ganz frei. Das heißt: Es sieht die reale Grundfigur menschlicher Existenz selbst als das jedem einzelnen Leben und Handeln vorausliegende Attentat auf die Freiheit an; es möchte gerade von seinem eigenen menschlichen Wesen zum „neuen Menschen“ hin befreit werden: In der neuen Gesellschaft dürften diese das Ich beschränkenden Angewiesenheiten und dieses Sich-selbst-geben-Müssen nicht mehr existieren.

Im Grund steht hinter dem radikalen Freiheitsverlangen der Neuzeit ganz klar die Verheißung: Ihr werdet sein wie Gott. Auch Ernst Topitsch glaubte feststellen zu können, kein vernünftiger Mensch wolle heute mehr gottähnlich oder gottgleich sein, so muß man bei näherem Zusehen das genaue Gegenteil behaupten: Das implizite Ziel aller modernen Freiheitsbewegungen ist es, endlich wie Gott zu sein, von nichts und niemand abhängig, durch keine fremde Freiheit in der eigenen beschränkt. Wenn man erst einmal diesen versteckten theologischen Kern des radikalen Freiheitswillens sichtet, dann wird auch der fundamentale Irrtum sichtbar, der sich selbst da noch auswirkt, wo solche Radikalismen direkt nicht gewollt, ja abgelehnt werden. Ganz frei sein, ohne die Konkurrenz anderer Freiheit, ohne ein Vor und ein Für – dahinter steht nicht ein Gottes-, sondern ein Götzenbild.

Der Urirrtum solch radikalisierten Freiheitswillens liegt in der Idee einer Göttlichkeit, die rein egoistisch konzipiert ist. Der so gedachte Gott ist nicht ein Gott, sondern ein Götze, ja, das Bild dessen, was die christliche Überlieferung den Teufel – den Gegengott – nennen würde, weil darin eben der radikale Gegensatz zum wirklichen Gott liegt: Der wirkliche Gott ist seinem Wesen nach ganz Sein-Für (Vater), Sein-Von (Sohn) und Sein-Mit (Heiliger Geist). Der Mensch aber ist Gottes Ebenbild eben dadurch, daß das Von, Mit und Für die anthropologische Grundfigur bildet. Wo man sich von ihr zu trennen versucht, bewegt man sich nicht auf Göttlichkeit zu, sondern auf Entmenschlichung, auf Zerstörung des Seins selbst durch Zerstörung der Wahrheit. Die jakobinische Variante der Befreiungsidee (nennen wir den neuzeitlichen Radikalismus einmal so) ist Rebellion gegen das Menschsein selbst, Rebellion gegen die Wahrheit, und darum führt sie den Menschen – wie Satre scharfsinnig gesehen hat – in eine Existenz des Selbstwiderspruchs, die wir Hölle nennen.

Damit ist wohl deutlich geworden daß Freiheit an ein Maß der Wirklichkeit – an die Wahrheit – gebunden ist. Freiheit zur Selbstzerstörung oder zur Zerstörung des anderen ist keine Freiheit, sondern ihre teuflische Parodie. Freiheit des Menschen ist geteilte Freiheit, Freiheit im Miteinandersein von Freiheiten, die sich gegenseitig begrenzen und sich so gegenseitig tragen: Freiheit muß sich an dem messen, was ich bin, was wir sind – andernfalls hebt sie sich selber auf. Damit kommen wir aber nun zu einer wesentlichen Korrektur des weithin herrschenden oberflächlichen Freiheitsbildes der Gegenwart: Wenn Freiheit des Menschen nur im geordneten Miteinandersein von Freiheiten bestehen kann, dann heißt dies, daß Ordnung – Recht – nicht Gegenbegriff zur Freiheit ist, sondern ihre Bedingung, ja ein konstitutives Element von Freiheit selbst. Recht ist nicht das Hindernis der Freiheit, sondern es konstituiert sie. Die Abwesenheit von Recht ist Abwesenheit von Freiheit.

2. Freiheit und Verantwortung

Freilich ergibt sich mit dieser Erkenntnis sogleich auch eine neue Frage: Was ist freiheitsmäßiges Recht? Wie muß Recht beschaffen sein, damit es Freiheitsrecht bilde, denn es gibt zweifellos Scheinrecht, das ein Sklavenrecht und darum kein Recht, sondern eine regulierte Form von Unrecht bildet. Unsere Kritik darf sich nicht gegen das Recht selbst richten, das zum Wesen der Freiheit gehört; sie muß Scheinrecht als solches überführen und dem Hervortreten des wirklichen Rechtes dienen – jenes Rechtes, das der Wahrheit und darum der Freiheit gemäß ist.

Aber wie findet man es – das ist die große Frage, die endlich richtig gestellte Frage wirklicher Befreiungsgeschichte. Gehen wir auch hier wie schon bisher nicht mit abstrakten philosophischen Erwägungen zu Werke, sondern versuchen wir, uns von den gegebenen Realitäten der Geschichte her an eine Antwort heranzutasten. Fangen wir bei einer überschaubaren kleinen Gemeinschaft an, so läßt sich wohl von ihren Möglichkeiten und Grenzen her einigermaßen ausloten, welche Ordnung am besten dem Zusammenhalt aller dient, so daß aus ihrem Miteinander eine gemeinsame Gestalt von Freiheit entsteht. Aber keine kleine Gemeinschaft steht in sich selbst; sie ist eingeboren und in ihrem eigenen Wesen mitbestimmt von den größeren Ordnungen, denen sie zugehört. Im Zeitalter der Nationalstaaten ging man davon aus, daß die eigene Nation die maßgebende Einheit sei – daß ihr gemeinsames Gut auch den rechtlichen Maßstab der gemeinsamen Freiheit bilde. Die Entwicklung in unserem Jahrhundert hat klar gemacht, daß dieser Gesichtspunkt nicht ausreicht. Augustinus hatte dazu gesagt, daß ein Staat, der sich nur an den gemeinsamen Interessen des Staates messe, strukturell nicht von einer gut geordneten Räuberbande verschieden sei. Denn für sie ist ja charakteristisch, daß sie das Gut der Bande unabhängig vom Gut der anderen als ihr Maß nimmt. Im Rückblick auf das Kolonialzeitalter und die Schäden, die es in der Welt hinterlassen hat, sehen wir heute, daß noch so geordnete und zivilisierte Staaten sich irgendwie dem Wesen der Räuberbande annähern, weil sie nur vom eigenen Gut und nicht vom Guten selbst her dachten. Es ist nicht die wahre, wahrhaft menschliche Freiheit. Bei der Suche nach dem rechten Maß muß die ganze Menschheit vor Augen stehen und – wie wir immer deutlicher sehen – wiederum nicht nur die Menschheit von heute, sondern auch die von morgen.

Der Maßstab für das wirkliche Recht, das sich als wahres Recht und damit als Freiheitsrecht bezeichnen darf, kann daher nur das Gut des Ganzen, das Gute selber sein. Von dieser Einsicht her hat Hans Jonas den Begriff Verantwortung zum ethischen Zentralbegriff erklärt.[7] Das bedeutet, daß Freiheit, um recht verstanden zu werden, immer mit Verantwortung zusammen gedacht werden muß. Befreiungsgeschichte kann demgemäß immer nur als Geschichte wachsender Verantwortung stattfinden. Wachstum von Freiheit kann nicht mehr einfach in der immer weiteren Einschränkung der individuellen Rechte bestehen – was zur Absurdität und zur Zerstörung gerade auch der individuellen Freiheit führt. Freiheitswachstum muß Wachstum von Verantwortung sein. Dazu gehört das Annehmen der je größeren Bindung, die vom Anspruch des Miteinander der Menschheit, von der Angemessenheit für das Wesentliche des Menschen gefordert werden. Wenn Verantwortung Antworten auf die Wahrheit des Menschseins ist, dann können wir also sagen: Zu wahrer Befreiungsgeschichte gehört die immerwährende Reinigung auf Wahrheit hin. In der Reinigung der einzelnen und der Institutionen durch diese Wahrheit besteht diese wahre Freiheitsgeschichte.

Das Prinzip Verantwortung setzt einen Rahmen, der inhaltlicher Füllung bedarf. In diesem Zusammenhang ist der Vorschlag der Ausbildung eines Weltethos zu sehen, für das sich Hans Küng leidenschaftlich engagiert. Zweifellos ist es sinnvoll, ja, in unserer gegenwärtigen Lage nötig, nach den gemeinsamen Grundelementen der ethischen Traditionen in den verschiedenen Religionen und Kulturen zu suchen; in diesem Sinn ist eine solche Bemühung durchaus wichtig und angebracht. Andererseits sind die Grenzen eines solchen Versuches offenkundig, auf die zum Beispiele Joachim Fest in einer durchaus wohlmeinenden, aber auch pessimistischen Analyse hingewiesen hat, die sich in ihrer Richtung mit dem Skeptizismus von Szczypiorski berührt.[8] Denn in einem solchen aus den Weltreligionen destillierten ethischen Minimum fehlt zunächst die Verbindlichkeit, die innere Autorität, die das Ethos braucht. Es fehlt ihm trotz allem Bemühen um Einsicht auch die rationale Evidenz, die nach der Meinung der Autoren wohl Autorität ersetzen könnte und sollte; es fehlt auch die Konkretheit, die das Ethos erst wirksam macht.

Ein Gedanke scheint mir richtig, der in diesem Versuch wohl mitgedacht ist: Die Vernunft muß auf die großen religiösen Überlieferungen hören, wenn sie nicht gerade für das Wesentliche menschlicher Existent taub und stumm und blind werden will. Es gibt keine große Philosophie, die nicht vom Zuhören und Annehmen religiöser Tradition lebt. Wo immer dieser Bezug abgeschnitten wird, verdorrt das philosophische Denken und wird zu einem bloßen Spiel von Begriffen.[9] Gerade am Thema Verantwortung, das heißt an der Frage nach der Verankerung der Freiheit in der Wahrheit des Guten, in der Wahrheit des Menschen und der Welt, zeigt sich die Notwendigkeit solchen Zuhörens sehr deutlich.

Denn so treffend das Prinzip Verantwortung von seinem Ansatz her ist, es bleibt doch die Frage: Wie sollen wir überschauen, was gut für alle ist und was gut ist nicht nur für heute, sondern auch für morgen? Eine doppelte Gefahr lauert hier: Zum einen droht das Abgleiten in den Konsequenzialismus, den der Papst mit Recht in seinen Moralenzykliken kritisiert.[10] Der Mensch übernimmt sich einfach, wenn er glaubt, die Konsequenzen seines Handelns rundum abschätzen und sie zur Norm seiner Freiheit nehmen zu können.

Dann wird alsbald die Gegenwart der Zukunft geopfert, aber auch die Zukunft nicht aufgebaut. Zum andern ist da die Frage: Wer entscheidet denn, was unsere Verantwortung gebietet? Wo man Wahrheit nicht mehr im verstehenden Aneignen der großen Überlieferungen des Glaubens sieht, wird sie ersetzt durch den Konsens. Aber wiederum ist zu fragen: wessen Konsens? Dann wird gesagt: Der Konsens derer, die argumentationsfähig sind. Weil man dann die elitäre Anmaßung einer solchen intellektuellen Diktatur nicht übersehen kann, wird gesagt, die Argumentationsfähigen müßten „advokatisch" auch für die anderen einstehen, die zum rationalen Diskurs nicht fähig seien. All das kann wenig Vertrauen erwecken.

Wie brüchig Konsense sind und wie schnell sich parteiliche Gruppen in einem bestimmten intellektuellen Klima als die einzig berechtigten Vertreter des Fortschritts und der Verantwortung durchsetzen können, steht vor unser aller Augen. Hier kann nur allzuleicht der Teufel mit Beelzebub ausgetrieben werden; allzuleicht könnten anstatt des Dämons vergangener geistiger Konstellationen sieben neue und schlimmere Dämonen unser Haus besetzen.

3. Die Wahrheit unseres Menschseins

Die Frage danach, wie Verantwortung ins richtige Verhältnis zu setzen ist, kann nicht einfach durch ein Kalkül der Wirkungen entschieden werden. Wir müssen auf den vorigen Gedanken zurückkommen, daß menschliche Freiheit eine Freiheit im Miteinandersein der Freiheiten ist; nur so ist sie wahr, nämlich der realen Wirklichkeit des Menschen gemäß. Das bedeutet: Ich brauche gar nicht von außen her korrigierende Elemente zur Freiheit des einzelnen zu suchen; so würden Freiheit und Verantwortung, Freiheit und Wahrheit immer Gegensätze bleiben, die sie nicht sind. Die recht erkannte Wirklichkeit des einzelnen trägt selbst die Verwiesenheit auf das Ganze, auf den anderen in sich. Demgemäß werden wir sagen: Es gibt die in jedem Menschen liegende gemeinsame Wahrheit des einen Menschseins, die von der Überlieferung als Natur des Menschen bezeichnet wurde. Vom Schöpfungsglauben her können wir es noch deutlicher formulieren: Es gibt den einen Gottesgedanken Mensch, dem zu antworten unser Auftrag ist. In ihm sind Freiheit und Gemeinschaftlichkeit, Ordnung und Verwiesenheit auf die Zukunft ein einziges.

Verantwortung würde dann bedeuten: Das Sein als Antwort leben – als Antwort auf das, was wir in Wahrheit sind. Diese eine Wahrheit des Menschen, in der das Gut aller und die Freiheit unlösbar zugeordnet sind, ist in der biblischen Überlieferung zentral ausgedrückt im Dekalog, der sich im übrigen in vieler Hinsicht mit den großen Überlieferungen anderer Religionen deckt. Der Dekalog ist zugleich Selbstvorstellung, Selbstdarstellung Gottes und Auslegung des Menschseins, Aufscheinen seiner Wahrheit, die im Spiegel des Gotteswesens sichtbar wird, weil nur von Gott her der Mensch recht zu verstehen ist. Den Dekalog leben heißt: Die eigene Gottähnlichkeit leben, der Wahrheit unseres Wesens antworten und so das Gute tun. Nochmal anders gesagt: Den Dekalog leben bedeutet, die Göttlichkeit des Menschen zu leben, und das eben ist Freiheit: Verschmelzung unseres Seins mit dem göttlichen Sein und der daraus folgende Einklang aller mit ihm.[11]

Damit diese Aussage richtig verstanden wird, muß noch eine Anmerkung hinzugefügt werden. Jedes große Menschenwort reicht über das unmittelbar bewußt Gesagte in größere Tiefen hinein; im Gesagten steckt immer ein Überschuß des Ungesagten, der die Worte mit dem Vorangehen der Zeit wachsen läßt. Wenn dies schon von menschlicher Rede gilt, so erst recht von dem Wort, das aus göttlicher Tiefe kommt. Der Dekalog ist nie einfach fertig verstanden. In den einander folgenden und sich verändernden Situationen geschichtlicher Verantwortung erscheint er in immer neuen Perspektiven, öffnen sich immer neue Dimensionen seiner Bedeutung. Es geschieht das Hineingeführtwerden ins Ganze der Wahrheit, in Wahrheit, die gar nicht in einem geschichtlichen Augenblick alleingetragen werden könnte (vgl. Joh 16, 12f.). Für den Christen bedeutet die Auslegung, die sich in Wort, Leben, Leiden und Auferstehung Christi vollzogen hat, die entscheidende Auslegungsinstanz, in der eine vorher nicht abzusehende Tiefe aufbricht. Wie es so ist, darum ist menschliches Zuhören auf die Botschaft des Glaubens kein passives Aufnehmen sonst unbekannter Information, sondern das Aufwecken unseres verschütteten Gedächtnisses und das Auftun der Kräfte der Verstehens, die in uns auf das Licht der Wahrheit warten.

So ist solches Verstehen ein höchst aktiver Vorgang, in dem die ganze rationale Suche nach den Maßen unserer Verantwortung erst wirklich zu Kräften kommt. Die rationale Suche wird nicht erstickt, sondern aus dem hilflosen Kreisen im Unerforschlichen befreit und auf den Weg gebracht. Wenn der im rationalen Verstehen ausgefaltete Dekalog die Antwort auf den inneren Anspruch unseres Wesens ist, dann ist er nicht Gegenpol zu unserer Freiheit, sondern ihre reale Form. Dann ist er die Grundlage für jenes Recht der Freiheit und die eigentlich befreiende Kraft der menschlichen Geschichte.

Zusammenfassung

„Vielleicht hielt die ausgediente Dampfmaschine der Aufklärung nach zwei Jahrhunderten nützlicher, störungsfreier Arbeit vor unseren Augen und mit unserer Beteiligung an. Und der Dampf geht nur in die Luft.“ Das ist die pessimistische Diagnose von Szczypiorski, die uns am Anfang als Aufforderung zum Nachdenken auf den Weg getreten war. Nun, ich würde sagen: Störungslos war die Arbeit dieser Maschine nie – denken wir nur an die zwei Weltkriege unseres Jahrhunderts und die Diktaturen, die wir erlebt haben. Aber ich würde hinzufügen: Wir brauchen keineswegs das Erbe der Aufklärung als solches und im ganzen zu verabschieden, zur ausgedienten Dampfmaschine zu erklären. Was wir freilich brauchen, ist eine Kurskorrektur in drei wesentlichen Punkten, in denen ich den Ertrag meiner Überlegungen zusammenfassen möchte.

1. Ein Verständnis von Freiheit, das als Befreiung nur immer weitere Auflösung von Normen und die ständige Ausweitung individueller Freiheit bis hin zur völligen Befreiung von aller Ordnung ansehen mag, ist falsch. Freiheit muß sich, wenn sie nicht zur Lüge und zur Selbstzerstörung führen soll, an der Wahrheit orientieren, das heißt daran, was wir eigentlich sind, und diesem unserem Sein entsprechen. Da der Mensch ein Wesen im Sein-von, Sein-mit und Sein-für ist, kann menschliche Freiheit nur im geordneten Miteinander der Freiheiten bestehen. Recht ist daher nicht ein Gegensatz zu Freiheit, sondern ihre Bedingung, ja kostitutiv für sie selbst. Befreiung besteht nicht in der allmählichen Abschaffung von Recht und Normen, sondern in der Reinigung unserer selbst und in der Reinigung der Normen, so daß sie das menschengemäße Miteinander der Freiheiten ermöglichen.

2. Aus der Wahrheit unseres Wesens folgt ein weiteres: Es wird innerhalb dieser unserer Meschengeschichte nie den absolut idealen Zustand geben, und es wird nie eine endgültige Freiheitsordnung errichtet werden. Der Mensch ist immer unterwegs und immer endlich. Szczypiorski hatte angesichts des offenkundigen Unrechts der sozialistischen Gesellschaftsordnung und angesichts aller Probleme der liberalen Ordnung die zweifelnde Frage gestellt: Vielleicht gibt es überhaupt kein Recht? Darauf müssen wir antworten: In der Tat, die schlechthin ideale Ordnung der Dinge, die rundum Recht ist, wird es nie geben.[12] Wo solcher Anspruch erhoben wird, wird nicht die Wahrheit gesagt. Der Fortschrittsglaube ist nicht in jeder Hinsicht falsch. Falsch aber ist der Mythos von der künftigen befreiten Welt, in der alles anders und gut sein wird. Wir können immer nur relative Ordnungen errichten, sie können

immer nur relativ recht haben und Recht sein. Aber gerade um diese allerhöchstmögliche Annäherung an das wahrhaft Rechte müssen wir uns mühen. Alles andere, jede innergeschichtliche Eschatologie, befreit nicht, sondern täuscht und knechtet daher. Deswegen muß auch der mythische Glanz entmythisiert werden, den man Begriffen wie Veränderung und Revolution beigelegt hat. Veränderung ist kein Gut an sich selbst. Ob sie gut oder schlecht ist, hängt von ihren konkreten Inhalten und Bezugspunkten ab. Die Meinung, die wesentliche Aufgabe im Ringen um Freiheit sei die Veränderung der Welt, ist – ich wiederhole es – ein Mythos. In der Geschichte wird es immer ein Auf und Ab geben. In bezug auf das eigentlich sittliche Wesen des Menschen verläuft sie nicht linear, sondern in Wiederholungen. Unsere Aufgabe ist es, jeweils in der Gegenwart um die relativ beste Verfassung des menschlichen Miteinander zu ringen und dabei errungenes Gutes zu bewahren, bestehendes Schlechtes zu überwinden und dem Einbruch der Mächte der Zerstörung zu wehren.

3. Wir müssen auch den Traum der absoluten Autonomie der Vernunft und ihrer Selbstgenügsamkeit verabschieden. Die menschliche Vernunft braucht den Anhalt an den großen religiösen Traditionen der Menschheit. Sie wird die einzelnen religiösen Traditionen durchaus kritisch betrachten. Die Pathologie der Religion ist die gefährlichste Erkrankung des menschlichen Geistes. Sie existiert in den Religionen, sie existiert aber gerade auch dort, wo Religion als solche abgewiesen und relativen Gütern absoluter Rang zugewiesen wird: Die atheistischen Systeme der Neuzeit sind die erschreckenden Beispiele einer ihrem Wesen entfremdeten religiösen Leidenschaft, das heißt aber einer lebensgefährlichen Erkrankung des menschlichen Geistes. Wo Gott geleugnet wird, wird Freiheit nicht aufgebaut, sondern ihres Grundes beraubt und daher verzerrt.[13] Wo die reinsten und tiefsten religiösen Überlieferung ganz abgelegt werden, trennt sich der Mensch von seiner Wahrheit, er lebt gegen sie und wird unfrei. Auch die philosophische Ethik kann nicht schlechthin autonom sein. Sie kann nicht auf den Gottesgedanken verzichten und nicht verzichten auf den Gedanken einer Wahrheit des Seins, die ethischen Charakter hat.[14] Wenn es keine Wahrheit vom Menschen gibt, hat er auch keine Freiheit. Nur die Wahrheit macht frei.

Auf Ersuchen der AULA war Kardinal Ratzinger so freundlich, uns einen Beitrag zum Thema Freiheit zur Verfügung zu stellen, wofür wir Seiner Emminenz sehr zu Dank verpflichtet sind.

Anmerkungen:

[1] K. Marx/ F. Engels, Werke. 39 Bde. Berlin 1961–71, Bd. 3, S. 33. zit. n. K. Löw, Warum fasziniert der Kommunismus? Köln 1980, S. 65.

[2] Vgl. zum Ganzen z. B. E. Lohse, Martin Luther. München 1981, S. 60f.; 86ff.

[3] Vgl. D. Wyss, Zur Psychologie und Psychopathologie der Verblendung: J. J. Rousseau und M. Robespierre, die Begründer des Sozialismus, in: Jahres- und Tagungsbericht der Görresgesellschaft 1992, S. 33 – 45; Spaemann, Rousseau – Bürger ohne Vaterland. Von der Polis zur Natur. München 1980.

[4] Vgl. P. Köster, Der sterbende Gott. Nietzsches Entwurf übermenschlicher Größe. Meisenheim 1972; R. Löw, Nietzsche Sophist und Erzieher. Weinheim 1984.

[5] Vgl. Th. Steinbüchel, Die philosophische Grundlegung der christlichen Sittenlehre I,I. Düsseldorf 1947, S. 118 – 132.

[6] Vgl. J. Pieper, Kreatürlichkeit und menschliche Natur. Anmerkungen zum philosophischen Ansatz von J. P. Satre. In. Ders., Über die Schwierigkeit, heute zu glauben. München 1974, S. 304 – 321.

[7] Hans Jonas. Das Prinzip Verantwortung. Frankfurt a. Main 1979.

[8] J. Fest, Die schwierige Freiheit. Berlin 1993, bes. S. 47 – 81; S. 80 kommentiert zusammenfassend Küngs Weltethos so: „Je weiter die nicht ohne Zugeständnisse erreichbaren Übereinstimmungen getrieben werden, desto dehnbarer und ohnmächtiger müssen zwangsläufig auch die ethischen Normen werden, bis das Produkt schließlich auf bloße Bekräftigung jener unverbindlichen Sittlichkeit zuläuft, die gerade nicht das Ziel sondern das Problem ist."

[9] Eindringlich dazu J. Pieper, Schriften zum Philosphiebegriff, Bd. 3. hsgb. v. B. Wald. Hamburg 1995, S. 300 – 323, sowie S. 15 – 70, bes. 59ff.

[10] Veritas splendor, Nr. 71 – 83.
(1) Siehe R. Galar: Uniforme Strategien, einheitliche Praktiken, etc. bestimmen heute die „Management-Kultur"; das Ergebnis dieses Konsensdenkens, dieser Konfliktvermeidungs-Strategie, dieser „Ausgewogenheit von Gruppen", der permanenten „Information" (die keine ist!) und des vermeintlichen Informiertseins führt zu uniformen Kopien, Duplikaten immer ein und derselben Musters. Dies ist auch der tiefere Grund, daß die vermeintlichen Lösungen der heutigen Probleme nur die Extrapolation der Antworten von gestern auf damalige Herausforderungen sind, also in die Irre führen müssen!

[11] Vgl. Katechismus der katholischen Kirche; Nr. 2052 – 2082.

[12] Vgl. die Konzilskonstitution Gaudium et spes, Nr. 78: .... numquam pax pro semper acquisita est ...

[13] Vg- J. Fest a. a. O., S. 79: „Keiner der Appelle, die ihm gelten, weiß zu sagen, wie er ohne Jenseits leben kann und ohne Furcht vor dem jüngsten Tag, und doch Mal um Mal wider die eigenen Interessen und Begierden zu handeln vermag".; vgl. auch L. Kolakowski, Falls es keine Gott gibt. München 1982.

[14] vgl. J. Pieper, a. a. O.

WOLFGANG CASPART

Der Begriff der Freiheit – 150 Jahre nach 1848

Wer 1848 sagt, denkt an die Deutsche Einheitsbewegung wie an die staatsbürgerlichen Freiheiten. Doch woher kommt die Freiheit eigentlich? Nimmt man Demokratie, Menschenrechte, die Freiheitsrechte, den Grundwertekatalog, die Rechte und überhaupt die „Freiheit" ernst, dann ist es unverzichtbar, die Wurzeln der Freiheit systematisch herauszuarbeiten.

Bekanntlich sehen viele Menschen nämlich nicht in ihr, sondern in der Gleichberechtigung, im Frieden, in einer gesunden Umwelt, in sicherem Wohlstand, in der Lustmaximierung oder wer weiß in was den höchsten Wert. Ein Materialist kann über die „kleinbürgerliche Moral" von Menschenrechten nur lächeln und setzt sie höchstens zur „Zersetzung" seiner politischen Gegner ein. Ist die Freiheit also etwas Beliebiges oder eine marginale Größe? Wo beginnt und wo endet sie?

Die New Yorker Freiheitsstatue – Freiheitssymbol der „westlichen Wertegemeinschaft"

Materialismus versus Idealismus

Ist Freiheit vielleicht gar nur eine Illusion? Immerhin wird unser Denken noch vielfach von der mechanistischen und deterministischen Physik Newtons (Ed Dellian 1988) beherrscht, in der ein freier Wille eigentlich keinen Platz hat. Getreu dieser Anschauung entstand die Vorstellung des Menschen als Maschine (Mettrie 1989) und des Gesellschaftslebens als sozialer Physik (Comte 1923). In weiterer Folge wurde in den materialistischen Ideologien wahlweise die Rasse und die Ökonomie zum Motor der Geschichte und der Mensch zum Produkt seiner Erbanlagen, der Umwelt oder der Produktionsverhältnisse (Wolfgang Caspart 1987).

Dem läßt sich entgegen halten, daß letztlich immer die Metaphysik bestimmt, was Physik ist (Immanuel Kant). Während für die alte, Newton'sche Physik die Teile mechanistisch das Ganze bestimmten, ist es seit Heisenberg umgekehrt: Nun bestimmt das Ganze die Funktion seiner

Teile. Für das „Ganze“ ist es aber charakteristisch, daß es gestaltpsychologisch mehr ist als die Summe seiner Teile (Wolfgang Koehler 1971). Das Ganze besitzt demnach eine völlig andere, indeterministische und höhere Qualität, was sich quantenphysikalisch in der „Unschärferelation“ und im Welle/Teilchen-Problem manifestiert (Niels Bohr 1935).

Sogar im physikalischen Experiment ließ sich nachweisen, daß es keine vom Willen des Beobachters freie Beobachtung gibt (Alain Aspect u. a. 1982), und daß die Trennung der Wirklichkeit in Objekt und Subjekt eine artifizielle Abstraktion ist. Damit beruht der die Freiheit erst ermöglichende Idealismus auf keiner „reaktionären“ Philosophie, sondern wird seit Jahrzehnten von allen modernen wissenschaftlichen Strömungen sogar a posteriori bestätigt.

Die modernen Naturwissenschaften

Physik und Metaphysik sind längst keine Gegner mehr (Hans-Peter Dürr u. a.). Raum und Zeit sind zu relativen Begriffen geworden (Einstein 1969). Ordnung schlägt in Unordnung um, und aus Unordnung entsteht wieder Ordnung (Predrag Cvitanovic 1984). Komplexe Systeme verhalten sich in Wirklichkeit systemisch (Ludwig von Bertalanffy 1972), selbstorganisierend (Andreas Dress u. a. 1986), synergetisch (Hermann Haken 1982), nichtlinear, selbstähnlich und fraktal, aber keineswegs mechanistisch, linear und atomistisch wie nach der newtonschen Physik (James Gleick 1988). Nicht nur in der Atpomphysik, sondern auch in der Astrophysik gelten quantenmechanische (Harald Fritzsch 1983) und selbstorganisiernde Verhältnisse (Erich Jantsch 1979). Es gehört bereits zum Standard modernerer Naturwissenschaften, daß die Welt wie ein großer Gedanke, aber nicht mehr wie eine überdimensionale Maschine aussieht (Fritjof Capra 1986). Idealismus ist alles andere als „altmodisch“, eine aktuellere Begründung für Freiheit läßt sich nicht finden.

Die Evolution ist selbst evolutionsfähig (Erwin Schrödinger 1951). Von den Myriaden von Möglichkeiten hätte die Evolution auch einen völlig anderen Weg einschlagen können, sie besaß immer eine Unzahl von Alternativen, und die weitere Entwicklung steht auch heute keinesfalls fest (Manfred Eigen 1977). Mathematisch ermöglicht sogar der „Zufall“ erst das Errechnen von Regelmäßigkeiten, Beständigkeiten und Gesetzmäßigkeiten (Manfred Eigen & Ruthild Winkler 1985). Determiniert uns also die Natur nie durchgängig, sondern läßt uns Freiheit und Alternativen, so bleiben obendrein alle naturwissenschaftlichen Erkenntnisse immer konstruktivistisch und interpretationsabhängig (Donald Davidson 1986).

Unser Zugang zur empirischen Wirklichkeit unterliegt einem ständigen historischen, kulturellen, soziologischen und kommunikativen Wandel (Peter L. Berger und Thomas Luckmann 1970). Zudem demonstriete Kurt Gödel (1986) in seinem „Unvollständigkeitstheorem“ mit den Mitteln einer konsequent angewandten Mathematik, daß jedes logische System mindestens eine Prämisse haben muß, die systemimmanent nicht verifizierbar ist und „entelechetisch“ vorausgesetzt werden muß, wenn kein logischer Widerspruch in diesem System entstehen soll. Entgegen aller sozialmechanistischen Ideologien gibt es keine endgültigen naturwissenschaftlichen Erkentnisse, vielmehr gelten diese grundsätzlich immer nur provisorisch (Popper 1984). Die heutige Naturwissenschaft ist selbst idealistisch.

Ethik und Sozialphilosophie

Keine empirische Erkenntnis zwingt uns a posteriori mit „naturwissenschaftlicher Notwendigkeit“ zu irgendetwas (Karl Raimund Popper 1984), vielmehr haben wir uns schon a priori die axiomatischen Voraussetzungen unserer empirischen Erkenntnis frei gewählt (Immanuel Kant). Indem jede Erkenntnis aus dem Handeln entspringt (Hartmut von Hentig 1982), und mit Johann Gottlieb Fichte „das eigentliche Gesetz der Vernunft an sich, nur das praktische Gesetz“ ist, prägt die Handlungsethik den Erkenntnisinhalt. Die Dominanz der Ethik wird umso deutlicher, je mehr sich Willen und Handeln auf das Soziale richten. Jeder weiß sich von den Wechselwirkungen mit anderen Willen betroffen, und vor allem aus ethischer Verantwortung für seine Mitwelt wendet sich der Idealist auch der Politik zu. Ohne sich von ihr das Paradies auf Erden zu erwarten und ohne irgendeine empirische Theorie oder ein einziges Modell überzubewerten, wird sich der pflichtbewußte Idealist flexibel der naturwissenschaftlichen Theorien und Modelle bedienen, um in seinen politischen Handlungen dem ethischen Anliegen realistisch und rational zum Durchbruch zu verhelfen. (Kurt Weinke 1977).

Freiheit läßt sich nicht aus apodiktischen Postulaten formulieren. Sie unterliegt nicht nur den Rahmenbedingungen der allgemein menschlichen Konstitution, sondern bewegt sich im Rahmen von Traditionen und bedarf zu ihrer praktischen Umsetzung eines konkreten Sachverstandes im jeweiligen Handlungsumfeld (Karl Steinbuch 1992).

Eingebunden in familiäre, berufliche, soziale, kulturelle, politische und ethische Rahmenbedingungen verwirklicht sich Freiheit nicht absolut oder solipsistisch (solus ipse = ich selbst ganz allein), sondern relativ in konzentrischen Freiheitskreisen und Revieren der Autonomie (Gerulf Stix 1991).

Faktisch reicht unsere Freiheit immer so weit, wie wir bereit sind, Verantwortung zu tragen. Freiheit ist mehr als nur die Abwesenheit von Zwang und kein Pausenfüller in einem Vakuum, sie ist vor allem der Wille zur Selbstverantwortung. Dies meint Aristoteles, als er sagte, dem Wollenden geschieht kein Zwang. Das Recht wächst aus der Pflicht und die Freiheit aus der Verantwortung – das geistige System dazu heißt Idealismus. Das Ja zum Leben vollzieht sich im Alltagsleben des einzelnen normalerweise in der Familie, im Beruf und im Freundeskreis, in der Politik liegt der Ort der Handlung aber im Staat und im Volk (Carlton Hayes 1931). Im Bewußtsein dieses Zusammenhanges gedachten schon die 1848er – vom Dichter und Denker E. M. Arndt angefangen –, ihren idealistischen Aufgaben in einer freien Konstitution und seiner Rechtsordnung eine möglichst weite und offene Bahn zu öffnen.

Ideologiekritik

Die Flucht in die Ideologie, Utopie oder konfessionelle Dogmatik hat nur nötig, wer zur Transzendierung unfähig ist (Jonas Cohn 1986). Ideologien sind unvollständige Ideenlehren, Utopien reduzierte Moralen und Klerikalismen verengte Religion. Die Zusammenfassung und Einordnung der empirischen Theorien, Partialwerte und einzelreligiösen Dogmen erfolgt in einer willkürlichen Generalisierung persönlicher „fixer Ideen", sondern durch ihre Transzendierung in den höchsten Ideen. Das Unverständnis hinsichtlich der konstitutiven Rolle der Verantwortung für die Freiheit und das menschliche Handeln zwingt zu Ersatzordnungen durch beliebig verabsolutierte empirische Theorien, Partialwerte und konfessionelle Dogmen.

Speziell aus freiheitlicher Sicht tun idealistische Ganzheitlichkeit und ideelle Konsequenz not (Wolfgang Caspart 1991). Selbstverständlich kommen Ideologiebildung, Utopismus und Dogmatisierung weder naturwissenschaftlich noch ethisch oder numinos notwendig zustande. Sie brechen nicht mittels höherer Gewalt über uns herein (Hermann Zeltner 1966), sondern beruhen auf inkonsequenten Gedankenkonstrukten (Ernst Topitsch und Kurt Salamun 1972).

Der geistige „Überbau"

Dank seiner Transzendierungsfähigkeit spielt heute ein moderner Idealismus souverän auf der Klaviatur empiristischer Modelle. Der Realismus in der Lebensbewältigung und damit letztlich auch in Politik wie Wirtschaft liegt nicht in der Absolutsetzung wirtschaftlicher und sozialer Faktoren oder sozioökonomischer „Mechanismen", sondern in der gekonnten transzendentalen und ethischen Handhabung beschränkter Modelle (Paul Watzlawick u. a. 1981). In dieser eklektizistischen Haltung drückt sich die Überlegenheit des geistigen Überbaues vor dem materiellen Unterbau aus und widerspricht dem materialistischen Reduktionismus, der gegen die Dominanz der Metaphysik das Psychische absolut setzt (Wolfgang Caspart 1991). Weder im Begreifen noch in der Tat determiniert uns die Immanenz wirklich durchgängig (Heinz R. Pagels 1983), geschweige denn ein sozioökonomischer Materialismus.

Gerade in der klaren Einsicht vom metaphysischen Charakter unserer Erkenntnisse, unseres Willens und unserer Welt liegt der wahre Realismus (Werner Heisenberg). Realistisch ist nicht ein materialistischer Mechanismus, Positivismus oder Atomismus, sondern die Universalität eines entelechetischen Idealismus (David Bohm 1985). Das hat selbst der Neo-Marxismus erkannt. Als er dank Antonio Gramsci die Dominanz des Kulturellen wiederentdeckte und quasi „althegelianisch" wurde. Kein aus und in der Freiheit Lebender wird im „junghegelianischen" Irrtum des Historischen und Dialektischen Materialismus verharren (Robert Tucker 1963), um daraus ausgerechnet Menschenwürde zu konstituieren.

Modernes Management

Das Gebäude der ideellen Grundkonstruktion bestimmt, was in weiterer Folge aus allen Handlungen wird. In komplexen lebendigen Systemen ist es unvorstellbar, wirklich alle Einflußgrößen (Parameter) zu kennen, die das Systemverhalten bewirken, geschweige denn, sie alle samt ihren Vernetzungen exakt messen oder realistisch kontrollieren zu können. In komplexen Situationen ist es kontraproduktiv, ein erwünschtes Verhalten direkt und „rabiat" durch Einzelmaßnahmen anzusteuern: Die Wechselwirkungen und Rückkoppelungen der Systembestandteile würden zu einem saltatorischen, völlig unkontrollierbaren und „chaotischen" Verhalten führen. Es empfiehlt sich daher, über die allgemeinen Anregungsbedingungen (die äußeren „Kontrollparameter") indirekt zu führen, und das Einzelverhalten den systemeigenen „Ordnungsparametern" selbstorganisierend (autopoietisch) zu überlassen (Hermann Haken 1991).

Multipolares, nachhaltiges und zugleich „sanftes Handeln" aufgrund übergreifender Vorstellungen ist gefragt, um Problemlösungsprozesse evolutionär sich entwickeln zu lassen (Fredmund Malik 1992). An keinem anderen Ort unterscheidet sich ein freiheitliches Wirtschaftsverständnis deutlicher vom „Histomat" und „Diamat" einerseits und zugleich von einem rabiaten „Neoliberalismus" und globalen „Share holder"- Kapitalismus andererseits, als im Vertrauen auf eine nur über die Rahmenbedingungen optimierte Evolution.

Linguistik

Jede Wissenschaft arbeitet mit Begriffen, Vorstellungen und Worten. Sofern diese nicht überhaupt wieder auf andere Worte, Vorstellungen und Begriffe verweisen, sind sie schon von Haus aus nicht die Dinge selbst, die sie repräsentieren, sondern deren Symbole (Willard von Orman Quine 1986). Unsere Aussagen über die Welt stellen bloß „Landkarten" dar, jedoch niemals ihre „Territorien" selbst. Je detailgetreuer, „wissenschaftlicher" und „echter" solche symbolische Abbildungen auch werden mögen, bleiben sie doch Karten von Karten von Karten.

„Die Wirklichkeit liegt sozusagen ‚jenseits' oder ‚hinter' den schattenhaften Symbolen, die bestenfalls ein Faksimile darstellen. Wo das vergessen wird, verlieren wir uns in eine Welt dürrer Abstraktionen und denken nur noch an Symbole von Symbolen von Symbolen von nichts …"(Ken Wilber 1987). Wer die Herkunft seiner konstituierenden Grundgedanken im Unklaren läßt, wird sie bald selbst nicht mehr kennen, verliert sich im Nirgendwo, dient keinem übergeordneten Zweck, agiert willkürlich, ist zu einer systematischen Erneuerung unfähig, und stilisiert sich schließlich zum alleinigen Selbstzweck.

Politik

Unsere mehrdimensionale Wirklichkeit bringt mehrdimensionale Aufgaben und Probleme mit sich und verlangt multidimensionale Antworten (John Brockman 1987). Daher braucht eine flexible und transzendierungsfähige Politik auf moderner idealistischer Grundlage nicht mantisch auf eine einzige empirische Sozialtheorie zu starren, um sich von dieser monokausal die Lösung aller Probleme zu erwarten. Sie kann vielmehr auf der Klaviatur von fünf bewährten und in ihrem spezifischen Bereich anerkennenswerten Elementen politischen Denkens spielen: liberale Wirtschaft, soziale Subsidiarität, ökologische Ganzheitlichkeit, kultureller Konservatismus und nationale Sicherheit (Wolfgang Caspart 1991). Würde man jede einzelne dieser Komponenten für sich absolut setzen, landete man jeweils in der Ideologiebildung.

Einem sittlichen Willen unterstellt sowie durch einen solchen überhöht und versöhnt sind Liberalismus, Sozialismus, Ökologie, Konservatismus und Nationalität nicht nur gemeinsam zu vertreten, sondern wirken sogar konstruktiv zusammen (Frederic Vester 1980). Technologischer Sachverstand und sittliches Engagement wirken im Idealismus ganzheitlich zusammen (Karl Steinbuch 1992). Eine realistische Politik wird kaum ernsthaft auf eines dieser Instrumente in seinem legitimen Bereich verzichten können.

Nicht zuletzt wollte jene Partei Österreichs, die den Begriff Freiheit sogar in ihrem Namen führt, nicht zu einer Allerweltspartei mutieren. Schon im (vorletzten) Ischler Programm der Freiheitlichen Partei Österreichs lautet der letzte Satz der Präambel: „Wir glauben, daß Freiheit und Menschenwürde nur in einer idealistischen Weltanschauung wurzeln kann“ (Ernst Strasser 1972,). Im letzten (Salzburger) Programm der FPÖ war der notwendige Hinweis auf Idealismus ebenfalls enthalten. So schloß der erste Absatz über die Freiheit: „Unser Freiheitsdenken wurzelt in einer idealistischen Weltanschauung“.

Auch im jetzt gültigen (Linzer) Programm wird unter Kapitel I Artikel 1 die „Freiheit als höchstes Gut“ begriffen und folgendermaßen begründet: „Der Freiheitsbegriff wurzelt in einer idealistischen Weltanschauung, die das Dasein des Menschen nicht auf seine materiellen Gegebenheiten beschränkt sieht“ (Freiheitliche Partei Österreichs, Wien 1997). Jedes Freiheitsdenken beruht weiterhin auf dem Idealismus.

Vom Autor zu diesem Themenkreis bisher erschienen:
Handbuch des praktischen Idealismus, Universitas Verlag, München 1987.
Idealistische Sozialphilosophie. Ihre Ansätze, Kritiken und Folgerungen. Universitas Verlag, München 1991.

HELMUT GOLOWITSCH

Von der Aufklärung zum Wartburgfest

Zur Vorgeschichte von 1848

Von der Aufklärung des 17. Jahrhunderts bis hin zur französischen Revolution hatte sich ein ungeheurer geistiger Aufbruch vollzogen, der die Menschheit und ihr weiteres Geschick entscheidend veränderte. Die ständische Ordnung des Staates zerfiel ebenso wie die festgefügte dogmatische Geisteswelt des Mittelalters. Was an Kräften und Ideen auf den Plan trat, war auf die weltliche Erlösung des Menschengeschlechtes bedacht. Die Männer, welche die neue Ideenwelt der Gleichheit, der Menschenrechte und der Volkssouveränität vertraten, waren kühne Freigeister. Sie öffneten damit aber auch gleichzeitig eine Büchse der Pandora, aus welcher alle radikalen „Ismen" der jüngsten Vergangenheit und der Gegenwart – zum Teil kontradiktorisch – entsprangen.

Dynastische Konflikte und Glaubenskriege sollten ein für alle Mal der Vergangenheit angehören. An deren Stelle sollten die allgemeine Menschenliebe und die Weltverbrüderung treten. So wollte es der Bund der Freimaurer, dessen „Brüder" die geistigen Grundlagen zur Entstehung der Vereinigten Staaten von Nordamerika ebenso legten wie für den Ausbruch der französi-

Die Vorgeschichte der deutschen Revolution: die Hinrichtung des französischen Königs Ludwig XVI. am 21. Jänner 1793

schen Revolution. In der Folge entstanden unter tätiger Hilfe von Freimaurern die Nationalstaaten, die ihre Freiheitsideen zunächst in der eigenen Nation verwirklichen, aber nicht auf diese beschränken wollten.

Es schlug aber auch die Stunde der Ideologen. In diese ideengeschichtliche Entwicklung waren auch die deutschen Studenten und ihre Verbindungen eingebunden. Sie waren von ihr geprägt und zum Teil auch ihre Protagonisten. Die Urburschenschaft schließlich erteilte sowohl der jakobinischen wie der rein kosmopolitischen Richtung der Freimaurerei eine geistige Absage. Vielleicht war dies auch mit ein Grund, warum die Revolution von 1848 nicht zum Glaubenskrieg und zur Schreckensherrschaft der Guillotine entartete.

Die Trennlinien waren aber nicht einfach zu ziehen: Sowohl in den Befreiungskriegen als auch bei der ideengeschichtlichen Geburt der Urburschenschaft standen Freimaurer mit Pate.

Dieser innere ideengeschichtliche Teil der deutschen Studentengeschichte harrt noch weitgehend der Erforschung, während die „äußeren Abläufe", die historischen Daten und die handelnden Personen, weitgehend und erschöpfend dargelegt sind. Es ist aber interessant, die gemeinsamen Wurzeln ebenso wie das Trennende zu untersuchen.

Diese Untersuchung ist eine interessante Reise: Sie führt uns vom Absolutismus über die Aufklärung bis hin zur französischen Revolution von 1789 und über die deutsche Romantik und den deutschen Idealismus bis hin zur Revolution von 1848. Damit aber stehen wir auch an der Wiege des Liberalismus, des Kommunismus und des Nationalismus – denn ab nun wird man den Geist in „Ismen" einteilen.

Die Gründung des Freimaurerbundes

Die Bezeichnung „Freimaurer" stammt aus dem englischen Begriff „Freemason" und bedeutet „freier Steinmetz".

Die Mitglieder der mittelalterlichen Dombauhütten (englisch „lodge", verdeutscht „Loge") waren als religiös geprägte Bruderschaften organisiert, welche die Berufsgeheimnisse streng wahrten und darüber zur Verschwiegenheit verpflichtet waren. Sie erkannten einander an Zeichen und Losungswort und waren einander zur gegenseitigen Hilfe verpflichtet. Die Baukunst mit den Geheimnissen der Geometrie und Statik wurde als gehcime „Arkandisziplin" geübt. Ihre Geheimnisse wurden vor den „Profanen" gehütet und an die Eingeweihten nicht in einem Zuge, sondern stufenweise mit ihrem Fortschreiten vom Lehrling über den Gesellen zum Meister weiter vermittelt. Das gesellschaftliche und religiöse Leben in den Dombauhütten war durch Rituale geprägt, die auch an mystische Vorbilder anknüpften.

Im 17. Jahrhundert verloren die Dombauhütten an Bedeutung und damit auch die berufsständische Organisation ihrer Mitglieder. In England wandelten sich die „lodges" der „Werkmaurer" zu Geselligkeitsclubs, in welche zunehmend Bürger und Adelige eintraten. Die alten Rituale wurden weiter gepflegt. Unter dem Einfluß der Aufklärung wandelten sich diese Gesellschaften zu philosophisch-wissenschaftlichen Geheimbünden, in denen, von der Öffentlichkeit und damit der politischen und religiösen Obrigkeit abgeschottet, die neue, faszinierende Welt der von Vorurteilen und mittelalterlichen Zwängen befreiten Menschheit geistig entworfen wurde.

Die Aufklärung, nach Kant „der Ausgang des Menschen aus seiner selbstverschuldeten Unmündigkeit", prägte die Freimaurerbewegung und wurde selbst durch sie geprägt. 1717 schlossen sich in London vier Logen zur ersten Großloge zusammen. 1723 präsentiert der Freimaurerbruder und schottische Presbyter Dr. James Anderson das sogenannte „Konstitutionenbuch" mit den „Alten Pflichten" des Maurers. Was dort noch vorsichtig umschrieben ist, wurde anhand der praktischen Tätigkeit der Logen bald klar.

Es ging und geht darum, unter Überwindung der „Vorurteile" von Religion, Parteizugehörigkeit, Rasse und Nationalität die Weltbrüderschaft aller Menschen herbeizuführen. Der Weg dorthin geht zunächst über das Erkennen des nach freimaurerischer Überzeugung lediglich relativen Wahrheitsgehaltes jeglicher Überzeugung, die geistige Vervollkommnung des einzelnen, dann über das Wirken in der weltumspannenden Brüderkette. Die Freimaurerei schrieb zunächst die Glaubens-, Gewissens- und Geistesfreiheit auf ihre Fahnen – Werte, die später von den radikalen Anhängern egalitärer politischer Bewegungen und den Vorkämpfern einer Weltrepublik relativiert und abgeschafft werden sollten.

Zunächst waren in den englischen Kolonien die Sklaven noch von der allgemeinen Brüderlichkeit ausgenommen. Die ältesten Freimaurerkonstitutionen sagen, daß nur „frei Geborene" aufgenommen werden könnten, später wurden auch Freigelassene in die Logen zugelassen und letztendlich waren es im amerikanischen Bürgerkrieg vor allem auch Freimaurer, die ihre Stimme gegen die Sklaverei erhoben.

Freimaurer als Staatsgründer – die Verkündung der Menschenrechte

Rasch breitete sich die Freimaurerei in ganz Europa und weltweit in den englischen Kolonien aus. Bei der Gründung der Vereinigten Staaten von Nordamerika und in Frankreich wurde die politische Dimension der Maurerei sichtbar. Die Väter der amerikanischen Unabhängigkeit von 1776, wie Benjamin Franklin, James Otis, George Washington, James Monroe, Baron Steuben, General Lee, General Lafayette, Samuel Adams und Alexander Hamilton, waren Freimaurer. Im Zug der Abspaltung vom englischen Mutterland sahen sie die Chance, ihre Ideen von der „Neuen Welt", die nicht zufällig so genannt wurde, zu verwirklichen. Sie griffen zurück auf die Ideen Jean-Jacques Rousseaus, der im Jahre 1754 in seiner „Abhandlung über den Ursprung und die Gründe der Ungleichheit unter den Menschen" die revolutionäre Forderung der Wiederherstellung der ursprünglichen, naturhaften Rechtsgleichheit aller Menschen erhoben und in seiner Lehre vom „Gesellschaftsvertrag" 1762 die Staatstheorie entwickelt hatte, wonach das politische Gemeinwesen auf dem Gesamtwillen der Menschen beruhe. Damit war der Gedanke der Volkssouveränität in die Welt gesetzt. James Otis, Freimaurer in der Loge St. John in Boston und Abgeordneter im Parlament von Massachusetts, einer der hervorragendsten Führer der Unabhängigkeitsbewegung, hielt die erste öffentliche Rede über die Menschenrechte, die Aufsehen erregte und Berühmtheit erlangte.

In der „stark von Freimaurern beeinflußten und aus freimaurerischer Ideologie erflossenen Unabhängigkeitserklärung der Vereinigten Staaten von Nordamerika“ (Lennhoff-Posner: „Internationales Freimaurerlexikon“, 1932, S. 1024f) hieß es dann: *„Wir erachten es als selbstoffenbare Wahrheit, daß alle Menschen gleich geschaffen sind, daß sie von ihrem Schöpfer mit gewissen, unveräußerlichen Rechten begabt sind; daß zu diesen Leben, Freiheit und das Streben nach Glück gehöre...“* Die Regierungen, welche *„ihre gerechten Befugnisse von der Einwilligung der Regierten ableiten“,* hätten die Pflicht, diesen Zielen zu folgen, andernfalls die Regierten das Recht hätten, die Regierung zu ändern oder abzuschaffen und eine neue einzusetzen.

Frankreich: Weltrepublik und Weltnation – die „Grande Nation“

Die Freimaurerei faßte – aus England kommend – in Frankreich etwa ab 1729 Fuß und breitete sich rasch aus, bestand doch bis in Adelskreise hinein eine erhebliche geistige Opposition gegen den Absolutismus, die Sittenlosigkeit des Hofes und die geistige Knebelung durch den nach der Aufhebung des Ediktes von Nantes (hatte 1598 bedingte Religionsfreiheit gewährt, war 1685 aufgehoben worden) übermächtig gewordenen Klerus.

1737 hielt der aus Schottland geflohene Edelmann, Parteigänger der Stuarts und Freimaurer Andreas Michael Ramsay vor der versammelten französischen Großloge („Grande Loge Anglaise de France“, heute: „Grand Orient de France“) eine berühmte Rede, in der er verkündete: *„Die Welt ist eine große Republik, in der jede Nation eine Familie und jeder Einwohner eines ihrer Kinder ist...“* Zweck der Freimaurerei sei es, *„ein neues Volk zu schaffen, ... welches aus verschiedenen Nationen zusammen gesetzt... durch das Band der Tugend und der Wissenschaft“* verknüpft sein werde. (Noch der junge Napoleon Bonaparte – auch er Freimaurer – sollte im Jahre 1797 zum französischen Direktorium, der damaligen republikanischen Staatsführung, anläßlich der Überreichung des Friedens von Campo Formio sagen, daß Frankreich die „Grande Nation“ organisiert habe, *„deren Ausdehnung nur darum räumlich beschränkt ist, weil ihr die Natur selber Grenzen gezogen hat“.* Aus: Valery-Radot: „Dictature de la Maconnerie“, 1935)

Freiheit, Gleichheit, Brüderlichkeit

Erstmals aber hatte Ramsay in seiner Rede die Devise „Freiheit – Gleichheit – Brüderlichkeit“ ausgesprochen, die alsbald die Devise der gesamten französischen Freimaurerei und in der Folge der Französischen Revolution werden sollte.

Diese Devise, so sagt selbst das von Freimaurern verfaßte „Internationale Freimaurerlexikon“, *„wurde zuerst in französischen Freimaurerlogen des 18. Jahrhunderts ausgesprochen und hat heute im Ritual und Dokumenten der französischen Freimaurerei ihren Platz“.* (Lennhoff-Posner: a.a.O., S. 526)

Die Enzyklopädie – das freimaurerische Licht leuchtet

In seiner fulminanten Rede vor dem „Grand Orient“ warb Ramsay dafür, auch die Freimaurerbrüder anderer Länder dazu zu gewinnen, *„die Weisheit* *aller Nationen in einem einzigen Werk"* zu vereinigen, in *„einer Universalbibliothek"*, in welcher alles zusammengetragen sei, was *„an Gutem, Großem, Leuchtendem und Nützlichem in Kunst und Wissenschaft existiert ..."*

Damit hatte Ramsay den entscheidenden Anstoß zur Schaffung des großen Werkes der Enzyklopädie Diderots und d'Alemberts gegeben, in welcher das Licht der Aufklärung, das „hell leuchtende Licht" der Freimaurerei, gebündelt war. Die Mehrzahl der „Enzyklopädisten" waren Freimaurer, darunter so berühmte Namen wie Diderot, d'Alembert, Montesquieu, Danton, Mirabeau, Franklin, Helvetius, Voltaire, Lalande und Concordet. Die Enzyklopädie sollte eine scharfe Waffe gegen die Intoleranz der Kirche und gegen den Despotismus der Bourbonen darstellen.

Das Licht der Freimaurer leuchtete so stark, daß der Staat das Werk verbot, welches aber trotzdem von 1751 bis 1772 in 28 Bänden erschien. Erstmals kam hier auch der materialistische Atheismus der utopischen Sozialisten zu Wort (Holbach, Helvetius, de Lamettrie), der die geistige Grundlage für eine unbedingte und damit unheilvolle Entwicklung in der Französischen Revolution legen sollte.

Die Erklärung der Menschenrechte – Die Rolle der Maurer

Leugnen nutzt nichts: die Freimaurerei hat einen maßgeblichen Anteil an der Französischen Revolution, wie dieses Gemälde aus dem Grand Orient de France unterstreicht: Freimaurerischer Sieg über Thron und Altar

Der französische General und Freimaurer Marie Joseph de Lafayette war 1777 in den Dienst der nordamerikanischen Freiheitsbewegung getreten und hatte 1781 sogar den Oberbefehl in Virginia innegehabt. Nach Frankreich zurückgekehrt, veranlaßte der liberal denkende Konstitutionelle in der Loge in Aix die Ausarbeitung der „Erklärung der Menschenrechte", die dann am 13. September 1791 von der Nationalversammlung verkündet wurde und in der es heißt: *„Alle Menschen sind von Natur frei und unabhängig. Jede Regierungsgewalt gehört allein dem Volke, die Behörden sind weiter nichts als die Bevollmächtigten und Diener desselben und ihm zu jeder Zeit verantwortlich."*

Bis auf den heutigen Tag leugnet die Freimaurerei, daß sie die Französische Revolution vorbereitet und durchgeführt habe: *„Die Freimaurerei hat nichts unternommen, die Revolution zu organisieren. Sie gab Frankreich die These von der Einheit des Menschengeschlechtes, formulierte, von Franklin und Lafayette unterwiesen, die Menschen- und Bürger-*

rechte. In ihrem Schoße wuchsen die Ideen von 1789... Aber was 1791 folgte, stand im denkbar schärfsten Gegensatz zu allen freimaurerischen Idealen..." (Lennhoff-Posner: a.a.O., S. 504)

Das ist nur zum Teil richtig. Aufgrund ihrer Weltanschauung war die Freimaurerei tendenziell auf Umsturz gerichtet, auf die Niederwerfung von Thron und Altar – jene Länder ausgenommen, in denen selbst regierende Fürsten in den Geheimbund eintraten oder als dessen Protektoren auftraten (England, Dänemark, Schweden, Preußen, Sachsen-Weimar, Württemberg, Braunschweig, Hessen, u.a.) Dort verlief die Entwicklung evolutionär, wenn man von den Ereignissen von 1848 absieht, die aber nur zum Teil von den Brüdern beeinflußt werden konnten. In den Logen selbst waren Konspirationen nicht erwünscht und gestattet, denn offiziell war die Erörterung konkreter Politik ebenso wie religiöser Streit aufgrund des freimaurerischen Toleranzprinzipes in den Logen nicht erlaubt. In den Logen wurde nur das grundlegende Gedankengebäude errichtet, kein direkter Einfluß genommen.

Konkrete Politik trieben jedoch die einzelnen Mitglieder im Vorfeld der Logen, in den revolutionären Clubs der gemäßigteren konstitutionell-monarchistischen „Feuillanten" (Führer die Brüder Lafayette und Bailly), radikaleren „Cordeliers" (Führer die Brüder Danton, Desmoulins und Herbert) und der ultraradikalen „Jakobiner" (Führer die Brüder Robespierre, Fouchet, Marat). (Siehe auch: Helmut Reinalter: „Zur Aufgabenstellung der gegenwärtigen Freimaurerforschung", in: Helmut Reinalter: „Freimaurer und Geheimbünde im 18. Jhdt. In Mitteleuropa", Suhrkamp Taschenbuch Wissenschaft 403, S. 14).

Darüber hinaus waren die Logen *„am Vorabend der Revolution Propagandazellen der Menschenrechte"*. Die Freimaurer benützten auch *„ihre Verbindungen zu Klub-, Komitee- und Redaktionsstuben, um praktische Mittel zur Verwirklichung ihrer Ideen zu erörtern."* (Univ.Doz.DDr. Michael Fischer: „Die Rolle der Geheimbünde in Wissenschaft und Politik. Die Freimaurer.", ORF-Nachlese 10/1981, S. 14)

„Wir sind die Lehrer der Völker"

Im Jahre 1925 hat ein französischer Freimaurer die Sache auf den Punkt gebracht, als er auf dem Convent des Großorients von Frankreich (einer konkurrierenden und von der Großloge von England ab 1878 nicht anerkannten Freimaurerorganisation) erklärte:

„Meine Brüder Maurer, wer anders sollte denn wohl diese Republik errichtet haben, wenn nicht die Freimaurer des 18. Jahrhunderts ...? Und hat die Republik sich nicht selbst zu ihrem maurerischen Ursprunge bekannt, indem sie ganz folgerichtig ihren unsterblichen Wahlspruch von der Maurerei übernahm und an ihren Giebel die Worte schrieb, die über den Säulen unserer Logentempel strahlen: Freiheit, Gleichheit, Brüderlichkeit.

Diese majestätische Revolution, die vor 133 Jahren begann, ist noch nicht zu Ende, meine Brüder... Frankreich und die Menschheit haben unsere Arbeit nötig. Wir sind die Lehrer der Völker..." (Rechenschaftsbericht: Comte Rendu du Convent du Grand Orient de France, 1925, S.24)

Blutbad und Imperialismus

Die französische Nationalversammlung bestand zu einem erheblichen Teil aus Freimaurern. Frankreich zählte damals mehr als 629 Logen, davon allein 65 in Paris, und alle predigten die Gedanken der Revolution, alle beschickten die politischen Clubs mit ihren Mitgliedern, welche dort die Führung innehatten.

Keineswegs waren die freimaurerischen Führer untereinander eins. In dem Streben nach der Verwirklichung ihrer Utopie wollten nicht alle den gleichen Weg gehen. Der Richtungsstreit brach in voller Gnadenlosigkeit aus, wobei die Jakobiner eine wahre Bluthertschaft errichteten. „Ordo ab chao" heißt eine freimaurerische Devise: Die neue Ordnung der Weltrepublik mußte aus der Vernichtung des Bestehenden erwachsen. Frankreich ertrank in Blut. Die Jakobiner schickten ihre Gegner – in vielen Fällen Freimaurer wie sie selbst – auf das Schaffott (z.B: Danton, Desmoulins, Herbert, Brissot und Tausende andere), bis auch ihre Herrschaft gebrochen und Robespierre zusammen mit 92 Genossen ebenfalls geköpft wurde.

Mit Napoleon Bonaparte trat ein Mann die politische Erbschaft an, dessen Zugehörigkeit zu einer Loge bis heute umstritten ist, der sich jedoch der Freimaurerei zur Durchsetzung seiner Ziele bediente und seine Brüder und Marschälle in die Leitung des Grand Orient de France eintreten ließ. Er selbst gedachte, das freimaurerische Licht in die Welt hinauszutragen mit Hilfe seiner Nation, der französischen, die nun zur „Grande Nation" neuen Verständnisses werden sollte. Damit war aber aus der egalitären französischen Revolution ein Imperialismus entsprungen, der bald übersteigert nationalistische Züge tragen und im Namen des Fortschrittes der Menschheit andere Nationen unterdrücken sollte.

Weltverbrüderung und Vaterlandsliebe – Die Freimaurerei in Deutschland

Die englische Freimaurerei erreichte Deutschland über die Gründung einer Loge in Hamburg, welche 1738 unter anderen den Kronprinzen von Preußen, den späteren König Friedrich den Großen, durch eine Deputation in Braunschweig in den Brüderorden aufnahm. Nun begann die Logenarbeit in Berlin, eine Zeit lang führte der Prinz selbst den Hammer des Meisters und führte auch nach seiner Thronbesteigung selbst Logenrituale („Logenarbeiten") im Schloß Charlottenburg durch.

Nun folgten Logengründungen in Dresden, Leipzig, Frankfurt, Hannover, Wien und in zahlreichen weiteren bedeutenden Städten und Residenzorten. Viele Angehörige regierender deutscher Fürstenhäuser traten in die Logen ein und nahmen an der aufklärerischen „Logenarbeit" teil. Gleichzeitig neigten die deutschen Logen in ihrer überwiegenden Zahl damit – anders als in Frankreich – nicht zum radikalen Jakobinismus und Republikanismus. Bedeutende Mitglieder waren trotz kosmopolitischen Gedankengutes – die Befreiungskriege gegen Napoleon werden es beweisen – durchaus zur tätigen Vaterlandsliebe fähig.

Nichtsdestoweniger strebte auch die deutsche Freimaurerei eine grundlegende Umgestaltung der Gesellschaft und der gesamten Menschheit an. Der Dichter und Maurer Gotthold Ephraim Lessing hat diese Ansichten bündig in der Schrift „Ernst und Falk. Gespräche für Freymaurer" niedergelegt, die zwischen 1778 und 1780 erschienen ist. Darin erklärt der „Erleuchtete" Falk dem Adepten Ernst, daß es die Aufsplitterung der Welt durch Staaten, Stände und Religionen zu beseitigen gelte. Damit sind aber auch die damaligen Angriffsziele der Maurerei aufgezeigt: Die absolutistisch regierten Staaten, die Stände, die Kirchen.

Natürlich waren auch die deutschen Logen Träger der Gedanken der Aufklärung. 1731 wurde der Gemahl Maria Theresias, Franz Stephan von Lothringen, der spätere Kaiser Franz I. in Haag in den Freimaurerbund aufgenommen, woraufhin sich die Freimaurerei, von den österreichischen Niederlanden ausgehend, im ganzen Habsburgerreich ausbreitete.

Unter den Mitgliedern der 1742 gegründeten Wiener Loge „Aux Trois Canons" finden sich bereits berühmte adelige Namen: Reichsgraf von Hoditz, Prinz von Hessen-Rheinfels, die Grafen Wallenstein, Hoyos, Starhemberg, Trauttmansdorff, Salm. (Der Name dieser frühen Loge bezieht sich wahrscheinlich „auf die drei „Canones", das Lehrsystem der drei symbolischen Grade – Lehrling, Geselle und Meister". (Stephan Tull: „Die politischen Zielvorstellungen der Wiener Freimaurer und Wiener Jakobiner im 18. Jahrhundert". Frankfurt/Main-Berlin-New York-Paris-Wien 1993, S.20)

„Bruderkette" in der Freimaurerloge. Symbolik, Zeremoniell und unabdingbarer Zusammenhalt prägen die Logen

Zahlreiche weitere Logen enstanden in Österreich. In der Josephinischen Epoche finden wir unter den Logenbrüdern die klangvollen Namen der österreichischen Aufklärung: Den Mediziner und Bekämpfer des Aberglaubens Gerhard van Swieten, den Freiherrn Josef von Sonnenfels, dem die Abschaffung der Folter im Kriminalverfahren zu verdanken ist, den Kirchenrechtsprofessor Riedler, der das Verbot der Hexenprozesse herbeiführte, den Dichter Blumauer, den Historiker Watteroth und den Freiherrn von Born, der als Meister vom Stuhl der Wiener Loge „Zur wahren Eintracht" seinem

Freimaurerbruder Schikaneder als Vorbild für den Sarastro in Bruder Mozarts Freimaureroper „Zauberflöte" diente, in welcher der Weg des „Suchenden" zum (freimaurerischen) Licht geschildert wird.

In Preußen stand die Freimaurerei unter dem Schutz der Hohenzollern. 1796 bestätigte Friedrich Wilhelm II der „National-Mutterloge" in einem „Konfirmationspatent" ausdrücklich ihre auf Friedrich den Großen zurückgehenden Rechte. Am 20. Oktober 1798 wurden unter dem Eindruck der französischen Ereignisse alle „geheimen Verbindungen" verboten, davon wurden aber ausdrücklich die drei preußischen Großlogen ausgenommen, die dadurch eine privilegierte Stellung erhielten, dadurch aber auch wenig zu revolutionärem Henken und Handeln neigten. Das würde im Vorfeld der Logen in radikalen und umstürzlerischen Geheimbünden besorgt, oft gegen den Widerstand und Willen einzelner regulärer Logen.

Der Geheimbund der Illuminaten

Der 1776 von dem Philosophie- und Rechtsprofessor und ehemaligen Jesuitenzögling Adam Weishaupt an der bayerischen Landesuniversität Ingolstadt gegründete Geheimbund der Illuminaten, der „Erleuchteten", war zwar ein Motor der Aufklärung, hüllte sich aber aus politischen Gründen selbst in das tiefste Geheimnis.

Zunächst war er nur ein lokaler Studentenorden, erlangte aber durch den Eintritt und die Mithilfe des Freimaurers Freiherr von Knigge bald überregionale Bedeutung. Bald spannte sich ein Netz geheimer Korrespondenzen über ganz Bayern und Österreich bis hin in den norddeutschen Raum. Der Orden, dem namhafte Freimaurer wie Sonnenfels, Montgelas, Jacobi, Goethe, Herder, Herzog Ferdinand von Braunschweig, Herzog Ernst von Gotha und Freiherr von Born (der „Sarastro" in Bruder Mozarts „Zauberflöte") angehörten, umfaßte zur Zeit seiner Blüte etwa 700 Mitglieder, die in einer hierarchischen Ordnung mit 9 Stufen (Lehrling, Geselle, Meister, Illuminatus major oder Schottischer Novize, Illuminatus dirigens oder Schottischer Ritter, Priestergrad, Regentengrad, Magnus, Rex) organisiert waren und zum großen Teil dem gehobenen Staatsbeamtentum und akademischen Berufen angehörten. Es waren also einflußreiche Männer, eine „Elite der Tugendhaften", vorwiegend bereits Freimaurer, die sich hier in einem „inneren Kreis" – gleichsam in einer Hochschule der Freimaurerei – sammelten, um einerseits an der eigenen charakterlichen Vervollkommnung zu arbeiten und um gezielt Einfluß auf die Regierungen und Staaten zu erlangen.

Der politische Geheimbund kopierte ganz bewußt die Verfahrensweisen der Jesuiten, einschließlich des Gehorsamsprinzips auch gegenüber „unbekannten Oberen", und unterwanderte gezielt die anderen Logen, Lesegesellschaften und sonstigen Vereinigungen mit dem Ziel der gesellschaftlichen Veränderung.

Das Streben nach einer neuen politischen Ordnung – der Orden sollte nach den Vorstellungen des Freiherrn von Knigge einst die Welt regieren – sollte aber nicht allein durch einen Marsch durch die Institutionen erreicht werden, die Illuminaten waren auch zur revolutionären Tat bereit. Ihre Decknamen hatten die Bezeichnung „nomes de guerre".

Weishaupt, der sich den Namen „Spartacus der Neuzeit" zugelegt hatte, formulierte: „Der Endzweck des Ordens ist ..., daß es wieder Licht werde, und wir sind Streiter gegen Finsternis, dieses ist der Feuerdienst".

Freimaurerconvent und Ordensverbot

1782 tagte unter der maßgeblichen Mitwirkung der Illuminaten Bode, Ditfurth und Knigge ein großer Freimaurerconvent in Wilhelmsbad bei Hanau, auf welchem in der Abschlußerklärung (Wilhelmsbader Abschied vom 1.9.1782) die „Wohltätigkeit, Bruderliebe, Freiheit und völlige Gleichheit" zu Grundsätzen der zu verbessernden Freimaurerei erklärt wurden. Hier kündigte sich das Gedankengut der Französischen Revolution auf deutschem Boden bereits an.

1784 wurde daher der Illuminatenorden verboten, die obrigkeitliche Verfolgung ihrer Mitglieder setzte der Tätigkeit des Ordens ein Ende. Weishaupt rettete sich zu seinem Illuminatenbruder Herzog Ernst von Gotha, der ihm die Treue hielt und Asyl bot.

Die revolutionäre „Deutsche Union" – Zusammenwirken mit Studenten

Dieser Geheimbund, der die Namen seiner Mitglieder als Geheimnis hütete, versuchte ab 1787 die Tätigkeit der unterdrückten Illuminaten fortzusetzen. Führer des radikal-republikanischen Bundes war der Freimaurer, Illuminat und radikale Aufklärer Karl Friedrich Bahrdt, der sich die Vorbereitung der nordamerikanischen Revolution durch Geheimbünde und Korrespondenzgesellschaften zum Vorbild genommen hatte. Auf dem gleichen Wege sollte die „freie Republik" herbeigeführt werden, die freilich weit über den deutschen Raum hinausgehen und „ganz Europa" umfassen sollte.

Bahrdt stützte sich stark auf die studentischen Orden, vor allem in Marburg und Halle, und wurde von den Studenten auch vergöttert. Er stand mit den revolutionären freimaurerischen Strömungen in Frankreich in Verbindung und vertraute darauf, *„daß durch eine geheime Gesellschaft eine ... große Revolution bewirkt"* werden könne. (Zitiert nach: Günter Mühlpfordt: „Europarepublik im Duodezformat", in: Helmut Reinalter: „Freimaurer und Geheimbünde im 18. Jhdt. In Mitteleuropa", Suhrkamp Taschenbuch Wissenschaft 403, S. 324).

Als 1788 – ein Jahr vor Ausbruch der Französischen Revolution – durch einen öffentlich gewordenen „Geheimsten Operationsplan" die Absicht der „Union", die „Entthronung" der Fürsten herbeizuführen und die Republik durch „große bevorstehende Revolutionen" herbeizuführen, bekannt wurde, verlor Bahrdt auch die Unterstützung der Freimaurerlogen, die zum Teil mit den Fürstenhäusern verbunden waren, in jedem Falle aber um ihren Bestand fürchteten.

Josef II. leitete in Österreich durch die Unterdrückung des Zweigverbandes in Österreich den Untergang der „Union" ein, denn Preußen und Sachsen folgten dem Beispiel. Bahrdt wurde verhaftet und eingekerkert, die namhaften Vertreter der deutschen Aufklärung distanzierten sich.

Im Untergrund und in Nachfolgeorganisationen lebte das Gedankengut der „Union" jedoch fort und beeinflußte weiter die studentische Jugend.

Die Studentenverbindungen – die Landsmannschaften und Orden

Im 18. Jahrhundert wurden in Jena, Leipzig und Halle viele Studenten in die dort bestehenden Freimaurerlogen aufgenommen. Es liegt in der Natur der Jugend, daß sie begierig war, das Neue, das Revolutionäre, den Geist der Aufklärung in Gesellschaft freigeistiger Männer kennenzulernen.

1747 kam es in Göttingen zur Gründung einer eigenen „Studentenloge" durch Burschen, die bereits Freimaurer waren. In der 1765 in Göttingen neu gegründeten Loge „Augusta zu den drei Flammen" waren von 285 Mitgliedern mehr als 200 Studenten, darunter der spätere Dichter Gottfried August Bürger und der spätere preußische General der Freiheitskriege Gerhard Scharnhorst. Die 1762 in Erlangen gegründete akademische Loge legte sich den Namen „Concordien-Orden" zu. Ähnliche Bruderschaften bestanden in Jena, Marburg, Gießen, Göttingen, Berlin, Erfurt, Halle, Helmstedt und Kiel.

Aus den akademisch-freimaurerischen Bruderbünden und Studentenlogen gingen die studentischen Orden hervor, die wiederum – wie russische Puppen – in die Landsmannschaften eingebettet waren. Die Landsmannschaft war jeweils der allgemeine Bund, der die Studenten nach ihrer landsmannschaftlichen Herkunft erfaßte. Auch die Landsmannschaften müssen bereits Querverbindungen zu den Freimaurerlogen gehabt haben, denn die Ansbacher Landsmannschaft benutzte als „Kommershaus" das Haus der Loge und es waren auch in der Landsmannschaft die freimaurerischen Geheimzeichen und die Anrede „Bruder" üblich. Wer weitergehende geistige und gesellschaftliche Interessen hatte, als er sie in der Landsmannschaft befriedigen konnte, pflegte diese im engeren Bunde des Ordens.

1770 wurde in Jena der erste Studentenorden namens „Amicitia" gestiftet, der in die Mosellaner Landsmannschaft eingebettet war. Seine Mitglieder blieben Landsmannschafter. Der Bund war nach dem Vorbild der Freimaurerloge geformt, der Aufstieg in die Logenämter erfolgte stufenweise nach jeweiliger Bewährungszeit. Das Wappen des Bundes zeigt die freimaurerischen Zirkel. 1793 wandelte sich innerhalb des Amicisten-Ordens die „gelehrte Loge" in eine Freimaurerloge „zu den Zwei Schwertern" um. Schwerter spielen eine große symbolische Rolle in den Ritualen der Freimaurer.

In Jena genossen die Studenten das Wohlwollen des Freimaurers und Landesherrn Karl August und seines Staatsministers, des Freimaurers Goethe.

Bald folgte 1771 der Orden „Unitas" in Halle mit Zweiglogen an zahlreichen anderen Universitäten. Auch sein Wappen zeigt die freimaurerischen Schwerter und die Rose des verflossenen maurerischen Bundes der Rosenkreuzer.

1777 gründete sich in Halle der Orden „Constantia" mit den Freimaurersymbolen Dreieck, Auge und „flammender Stern" im Wappen. Die Constantinisten gebrauchten freimaurerische Geheimzeichen (Klopfen, Daumendruck bei dem Händedruck und andere Zeichen) und führten den studentischen „Zirkel" ein, der seinen Namen vom Freimaurersymbol hat. Ein erhalten gebliebener Geheimbericht des preußischen Innenministers aus dem Jahre 1798 bezeichnet die Constantisten als „ächte Jacobiner".

Der 1777 in Halle gegründete Orden „Harmonia" pflegte unverhüllt freimaurerisches Brauchtum, in seinem Ritual spielte der „Bruder Redner" wie in den Freimaurerlogen eine wichtige Rolle und die Brüder gliederten sich in drei Grade wie in der Johannis-Maurerei. Die Zweig-Orden in anderen Universitätsstädten hießen „Logen". Das Brauchtum in den Logensitzungen, die von dem „Meister" geleitet wurden, entsprach dem der nichtakademischen Freimaurerlogen.

(Eine erschöpfende Abhandlung zu diesem Thema hat der Freimaurer Karl Hoede in seinem Werk„Burschen heraus. Zur Erinnerung an den Ursprung der alten Burschenherrlichkeit" gegeben, welches undatiert, aber nach dem 2. Weltkrieg im freimaurerischen Bauhütten-Verlag in Frankfurt/Main erschienen ist.)

Der Beginn des Corpsstudententums – die Vor-Geschichte der Burschenschaft

Bald, ab 1781, wurden die Orden verboten, wenngleich das Verbot an den meisten Universitäten nicht sehr energisch durchgeführt wurde, so daß sie trotz Verbot zum Teil noch offen auftraten. Die solcherart Zuwiderhandelnden wurden jedoch zunehmend relegiert, so daß im letzten Dezennium des 18. Jahrhunderts eine neue Form der Gemeinschaft gefunden werden mußte.

Als der Harmonisten-Orden in Erlangen (mit dem Logennamen „Joseph zum silbernen Mond") aufgelöst wurde, ging aus ihm zunächst eine „Ansbachsche Gesellschaft" und aus dieser wiederum das Corps Onoldia hervor. 1798 trugen die Burschen der Onoldia erstmals Corporationsbänder um die Brust geschlungen. Bisher war das Tragen des Freimaurerabzeichens, des „Bijou" an einem Band vor der Brust Sitte gewesen.

Damit beginnt die Geschichte der deutschen Corps, an deren Wiege die Brüder der Orden standen. Die Corps übernahmen von den Orden den Grundsatz der Respektierung unterschiedlicher politischer und religiöser Standpunkte im Bund (Toleranzprinzip) sowie das Prinzip der Brüderlichkeit ohne Ansehung der Nationalität.

Mit der Auflösung der Orden beginnt aber auch die (Vor-)Geschichte der Burschenschaft, denn unter jenen, die dem Ruf des Vaterlandes zu den Fahnen in die Freischar Lützows folgten und später die Urburschenschaft gründeten, waren zahlreiche ehemalige Landsmannschafter, Ordensbrüder und Freimaurer gewesen, die nun in den Befreiungskriegen zu einem neuen Vaterlandsverständnis fanden, welches sie zusammen mit ihren alten Menschheitsidealen zu dem Gedankengebäude der Burschenschaft zusammenfügten.

Ihre militärischen und geistigen Führer in dem großen Freiheitskampf, wie der Philosoph Fichte, die Generäle Blücher, Scharnhorst, Gneisenau und der Staatsmann Freiherr vom und zum Stein, gehörten ebenfalls Freimaurerlogen an, waren Menschenfreunde und doch die glühendsten Vertreter vaterländischer Gesinnung.

Die Burschenschaft sollte aber bald einen Trennstrich zu jener auch heute noch weit verbreiteten Auffassung der Freimaureridee ziehen, die das Vaterland und die eigene Nation nicht gelten läßt, sondern ausschließlich das allgemeine Glück der Menschheit im Auge hat. Dieser Trennstrich wurde auf dem Wartburgfest gezogen. Dies war auch der Trennstrich zum radikalen Jakobinertum und wahrscheinlich mit eine entscheidende Ursache, daß die zunächst siegreiche Revolution von 1848 nicht durch Ströme vergossenen Blutes der Besiegten besudelt wurde. Diese Zurückhaltung legte sich die Reaktion bei der Niederschlagung der Freiheitsbewegung dann nicht auf.

Erinnerung an die gemeinsamen Ursprünge

Im waffenstudentischen Ritual lebt heute noch die Erinnerung an die gemeinsamen Ursprünge mit der Freimaurerei weiter, wenngleich dies vielen nicht bewußt ist. In vielen „Bünden" stehen die „Bundesbrüder" bei dem Singen des „Bundesliedes" in der freimaurerischen „Brüderkette". Das symbolische Zeichen der Verbindung wird „Zirkel" genannt. Der Sprecher gebietet auf der Kneipe mit einem dreimaligen Schlag des Schlägers „Silentium", so wie dies der Meister in der Loge mit dem Hammer tut.

Die studentischen Trinksitten stammen aus der Freimaurerei. Die studentische Kneipe leitet sich aus der freimaurerischen „Tafelloge" her, die in voller maurerischer Bekleidung abgehalten, rituell eröffnet und geschlossen wird. Das rituelle Zutrinken hat hier wie dort den Sinn, Heil und Gesundheit zu wünschen. Man trinkt aber auch auf die Toten sowie auf jene, die man damit ehren will. Das studentische Trinkritual des „Salamander" hat seinen Ursprung mutmaßlich im freimaurerischen Ritual. Natürlich fügt sich dieses Brauchtum – volkskundlich betrachtet – in einen größeren Rahmen ein und seine Wurzeln reichen in einen sehr alten kultisch-religiösen Bereich zurück. Seine aktuelle Ausformung leitet sich jedoch von den Gebräuchen der Logen ab.

Burschenschaft, ihre Ordnungsvorstellungen und der Freiheitskampf

Der erste Anstoß zur Gründung einer allgemeinen deutschen Burschenschaft kam im Jahre 1811 von dem Gründer der deutschen Turnbewegung, Friedrich Ludwig Jahn und seinem Mitstreiter Karl Friedrich Friesen, der am 15. März 1814 als Kriegsfreiwilliger und Offizier des Lützowschen Freikorps bei La Lobbe in den Ardennen an der Spitze seiner Männer im Freiheitskampfe fallen sollte. Jahn und Friesen legten der in Landsmannschaften aufgesplitterten akademischen Jugend eine Denkschrift mit dem Titel „Ordnung und Einrichtung von Burschenschaften" vor, in welcher es hieß:

„Es ist die heiligste Pflicht des deutschen Jünglings, ein deutscher Mann zu werden und dereinst im bürgerlichen Leben für Volk und Vaterland kräftig zu wirken ... Die Landsmannschaften und die aus ihnen herausgesonderten Kränzchen widersprechen dem Begriffe von einem einigen deutschen Volke und sind der deutschen Volksthümlichkeit offenbar feindlich und verderblich, weil sie gerade das verewigen und gesetzlich verordnen, was alle Völker auszutilgen bemüht sein müssen, nämlich die Zersplitterung nach Landsmannschaften ... Ein Mitglied irgend einer Burschenschaft ist überall wieder Mitglied anderer Burschenschaften."

Die Denkschrift enthielt hochpolitischen Sprengstoff, stellten doch Jahn und Friesen der landsmannschaftlichen Zerrissenheit auf akademischem Boden den Gedanken eines gemeinsamen deutschen Volkes entgegen, dem zu dienen die Aufgabe der Jugend sein sollte. Den regierenden Fürsten der deutschen Kleinstaaterei mußte dies als Kampfansage erscheinen, war es doch unübersehbar, daß der Einigung der akademischen Jugend unter dem Banner des Vaterlandes ein engerer Zusammenschluß des Vaterlandes selbst und damit eine Schmälerung landesfürstlicher Befugnisse folgen sollten.

Ablehnung der Orden

Bereits in dieser ersten burschenschaftlichen Urkunde wurde das Gedankengut der sogenannten studentischen „Orden" abgelehnt, die nach freimaurerischem Vorbild einem weltbürgerlichen Humanitätsgedanken huldigten. Wohl bedingt durch ihre starke Abhängigkeit vom Freimaurertum, als dessen studentische Ableger sie angesehen wurden, gefielen sie sich in geheimnisvollen Ritualbräuchen und streng abgestuften Graden. Auf sie geht allerdings auch das für das heutige Korporationsleben so bedeutsame Lebensbundprinzip zurück.

Jahn und Friesen hatten in ihrer Burschenschaftsordnung einen Trennstrich zwischen burschenschaftlichem Streben nach Freiheit und Verfassung und kosmopolitisch-freimaurerischem Gedankengut gezogen: *„Die sogenannten Orden sind unvolksthümlich, da sie es mit der allgemeinen Menschenliebe zu tun haben und eine Weltbürgerlichkeit bezwecken, eine Burschen-Freimaurerei bilden, wider den wahren Burschensinn sind ..."*

Die Saat reift – der Freiheitskampf

Von Berlin aus gelangte die Denkschrift Jahns und Friesens in Abschriften an die anderen deutschen Universitäten, die zu jener Zeit sich bereits zu Brennpunkten der nationalen Freiheitsbewegung entwickelten. Besonders in Halle und Jena fanden die vaterländischen Zielsetzungen lebhaften Widerhall. Noch drohten jedoch Zensur und Postüberwachung der französischen Fremdherrschaft und der mit dieser verbündeten Fürsten.

An den Universitäten gaben indes die akademischen Lehrer ein leuchtendes Beispiel der Freiheitsliebe: Fichtes Reden an die deutsche Nation, Schleiermachers Predigten und Adam Müllers Vorlesungen über die deutsche Wissenschaft seien beispielhaft genannt.

(Es gehört übrigens zu den Besonderheiten freimaurerischer Entwicklung in Deutschland, daß zahlreiche Freimaurer – Fichte gehörte dazu – ungeachtet ihrer weltbürgerlichen Einstellung auch glühende deutsche Patrioten waren.)

In Jena sprach der Historiker Heinrich Luden über das Studium der vaterländischen Geschichte und stellte die Entfaltung der angeborenen Wesensart in Staats- und Rechtsleben, in Sittlichkeit und Religion, in Wissenschaft und Kunst als Glück im Dasein eines jeglichen Volkes dar. Diese Vorstellungen gipfelten nicht in einem engstirnigen, nur auf das eigene Volk bezogenen Nationalismus, sondern zielten auf ein universales Ordnungssystem:

„Darum muß es das erste Streben jeden Volkes sein: seine Selbständigkeit zu erhalten, unabhängig zu bleiben von der Herrschaft jedes andern Volks, um sich die freie Entwicklung in seinem eigenthümlichen Charakter möglichst zu erhalten, um zu verhüten, daß nicht ein fremdes Volk ihm eines fremden Lebens Sinn aufzwinge."

So wurde der Freiheitskampf gegen Napoleon geistig vorbereitet. Alsbald fand sich die studentische Jugend in den Freiwilligenverbänden wieder, vor allem in dem Lützow'schen Freikorps. Es kamen die Turner und Studenten. Der Dichter Theodor Körner, der alsbald sein Leben dem Vaterland opfern sollte, trat in die Schar der Freiwilligen ein und sogar eine Tiroler Scharfschützenkompanie mit 268 Mann, die schon 1809 unter Andreas Hofer in Tirol gefochten hatten, schloß sich dieser deutschen Waffenbrüderschaft an und stellte sich ebenfalls unter das Kommando des Majors von Lützow.

Der Geist, der im Felde und in den Gesprächen am Lagerfeuer wuchs, tritt uns in dem Lied von Gustav Salchow „Heraus, heraus die Klingen..." entgegen:

„Für Vaterland und Ehre
erheben wir die Wehre,
für Hermanns Erb und Gut
verspritzen wir das Blut.
Und keine Klinge rastet,
bevor das Land entlastet
vom Staub der Knechterei,
und Ehr und Erb ist frei.
Die Feigheit soll versinken!
Die Mannlichkeit soll blinken!
Das Deutsche Reich bestehn,
bis Erd und All vergehn!"

Der sittlich-nationale Erneuerungsgeist kehrte mit den jungen Kriegsteilnehmern nach gewonnenem Kampf wieder in die Hörsäle zurück. Das Wort „Burschenschaft" wurde laut und damit der Ruf nach einer reformatorischen Bewegung, welche – ausgehend von den Universitäten – zur Erneuerung des gesamten Vaterlandes beitragen sollte. Es entstanden Vorläuferverbindungen wie 1814 die „Teutonia" zu Halle.

Die Verfassung und Gründung der Urburschenschaft

In Jena formulierte ein Ausschuß von Studenten unter der Mithilfe von Professoren die „Verfassungs-Urkunde der Jenaischen Burschenschaft", in welcher „Freiheit und Ehre" als Antriebe des Burschenlebens genannt wurden. „Vaterländische Bildung überhaupt" und „höhere wissenschaftliche Ausbildung insbesondere" seien das Ziel der deutschen Universität als „gemeinsame Anstalt deutschen Volkes". Was aber die „Burschenschaft" sei, dazu führte die Urkunde aus:

„Nur solche Verbindungen, die auf den Geist gegründet sind, auf welchem überhaupt nur Verbindungen gegründet seyn sollten, auf den Geist, der uns das sichern kann, was uns nächst Gott das Heiligste seyn soll, nämlich Freiheit und Selbständigkeit des Vaterlandes, nur solche Verbindungen benennen wir mit dem Namen einer Burschenschaft."

Am 12. Juni 1815 versammelten sich morgens um 9 Uhr die bisherigen Landsmannschaften mit ihren Fahnen auf dem Markte von Jena. Dann ging es mit der Stadtmusik an der Spitze über die Saalebrücke hinaus zu dem Ausflugswirtshaus „Zur Tanne". Hier unter freiem Himmel schloß man einen großen Kreis. Das Bundeslied des Freiheitsdichters Arndt „Sind wir vereint zur guten Stunde" erklang. Dann hielt der Senior der Landsmannschaft „Vandalia", Karl Horn, eine Rede. Die Fahnen der Landsmannschaften senkten sich zum Zeichen ihrer Auflösung. Man verlas und genehmigte die Verfassungsurkunde. Dann erklang Ernst Moritz Arndts Lied „Was ist des Deutschen Vaterland ?", welches dieser in Erwiderung des Freimaurerliedes „Was ist des Maurers Vaterland" gedichtet hatte. Während das Freimaurerlied die ganze Welt als Vaterland der Maurer nennt, kommt Arndt zu einem anderen Schluß:

„Was ist des Deutschen Vaterland? Ist's Preußenland? Ist's Schwabenland?

Ist's wo am Rhein die Rebe blüht? Ist's wo am Belt die Möve zieht? O nein, nein, nein, sein Vaterland muß größer sein!

Was ist des Deutschen Vaterland? So nenne mir das große Land! Gewiß, es ist das Österreich, an Ehren und an Siegen reich! O nein, nein, nein, sein Vaterland muß größer sein!

Was ist des deutschen Vaterland? So nenne endlich mir das Land! So weit die deutsche Zunge klingt und Gott im Himmel Lieder singt: Das soll es sein. Das, wackrer Deutscher nenne dein!"

Argwohn der Fürsten

Damit war die deutsche Burschenschaft tatenfroh und jugendfrisch in das Leben getreten. Nun schossen an zahlreichen Universitäten burschenschaftliche Bewegungen aus dem Boden. Die regierenden Fürsten sahen dies mit Argwohn. Der französische Jakobinergeist lebte im Untergrund und hatte auch Teile der Studentenschaft beeindruckt. Die absolutistischen Fürsten hielten das Bestreben der Burschenschaft für „jakobinisch".

In Wahrheit stand einer „jakobinischen" Ausrichtung aber das vaterländische Denken der Burschenschaft entgegen, das in dem Wahlspruch „Freiheit, Ehre, Vaterland" zum Ausdruck kam, wenngleich natürlich auch radikal-republikanische Strömungen entstanden. Unter dem Einfluß der Studenten in Gießen wurde der erweiterte Wahlspruch „Gott, Ehre, Freiheit, Vaterland" vielerorts gebräuchlich, weil Volkstum und Vaterland als Teile der göttlichen Schöpfung gesehen wurden.

Wenngleich Jahn und Friesen die „Burschen-Freimaurerei" der studentischen Orden abgelehnt hatten, standen die burschenschaftlichen Zielsetzungen zunächst nicht in offenem Widerspruch zu der Gesinnung, die in den sogenannten „altpreußischen Großlogen" gepflegt wurde. Diese Gesinnung ließ durchaus vaterländisches Denken gelten und war vielfach protestantisch-religiös geprägt. Bedeutende Männer der Befreiungskriege wie die Generäle Gneisenau, Scharnhorst und Blücher und Reformer wie der Freiherr vom Stein waren Freimaurer gewesen. Die burschenschaftliche Richtung zog aber einen klaren Trennstrich zu jener freimaurerischen Auffassung, welche ausschließlich kosmopolitisch orientiert war und heute noch ist.

Das Wartburgfest

In Jenas Burschenschaft kam 1817 der Gedanke auf, den dreihundertjährigen Gedenktag der Reformation Martin Luthers mit der alljährlichen Siegesfeier über Napoleon vom 18. Oktober zu verbinden. Also lud die Jenaer Burschenschaft alle protestantischen deutschen Universitäten auf die Wartburg – die Lutherburg – bei Eisenach zu einem „Bruderfeste" ein. Man wollte damit der burschenschaftlichen Bewegung innere Verbundenheit und eine gemeinsame Richtung geben. Das Leitmotto der Einladung lautete: „Geistesfreiheit und Vaterlandsfreiheit".

Der mit den Burschenschaftern sympathisierende Großherzog von Sachsen-Weimar und Eisenach, der seinem Land eine Verfassung gegeben hatte, unterstützte das Fest in ideeller – und finanzieller – Hinsicht.

Da der Freiheitsgedanke im Vordergrund stand, kamen auch viele katholische Studenten. Insgesamt versammelten sich in Eisenach an die 500 Burschen.

Auf der Wartburg zeigten die Burschenschafter ihre Fahne in den Farben, die sie als Lützower am Waffenrock getragen hatten: Schwarz und Rot mit goldenem Vorstoß und goldgesticktem Eichenreis.

Auf diesem Burschentag wurden zündende Reden gehalten und programmatische Beschlüsse gefaßt. Die Grundforderungen der Burschenschaft in den berühmten „Grundsätzen und Beschlüssen des 18. Oktober 1817" waren:

Verfassung und die Forderung nach innerer und äußerer Freiheit des gemeinsamen Vaterlandes und seiner Bürger.

Die durch verschiedene Staaten getrennten Deutschen seien doch durch ein gemeinsames deutsches Vaterland umfaßt und daher sollten alle Deutschen Brüder und Freunde sein und sich nimmermehr zu einem Bruderkrieg zwischen deutschen Staaten hergeben. Ein solcher Krieg wäre der größte Frevel, der gedacht werden könne und würde zum Brudermorde führen. Ein Sieg in einem solchen Kampfe wäre ehrlos.

Hingegen sollten alle deutschen Staaten zusammenstehen, wenn ein deutscher Staat angegriffen würde, denn jeder Staat sei ein Teil des über die einzelnen Staaten hinaus reichenden gemeinsamen Vaterlandes.

Im Inneren müßten Freiheit und Gleichheit aufgrund der Gesetze herrschen. Die Gesetze seien durch frei gewählte Vertreter des Volkes aufgrund von Verfassungen zu beschließen.

Die Freiheit der Person, die Sicherheit des Eigentums seien zu gewährleisten. Die Leibeigenschaft sei abzuschaffen. Für soziale Gerechtigkeit sei zu sorgen, die unteren Klassen seien zu heben. Vorrechte seien abzuschaffen, die Gleichheit aller Bürger sei zu gewährleisten.

Die geheime Polizei sei nur im Kriege zu dulden, in Friedenszeiten beweise ihre Existenz nur, daß Tyrannei herrsche.

Die Freiheit der Rede und der Schrift sowie Versammlungsfreiheit seien zu gewährleisten. Ein allgemeines deutsches Gesetzbuch sei zu schaffen und öffentlich tagende Geschworenengerichte seien anstelle der geheimen Kabinettsjustiz einzurichten.

Das waren revolutionäre Forderungen, die von den absolut regierenden Fürsten – mit Ausnahme des konstitutionell regierenden Weimarer Großherzoges – als politische Kampfansage aufgefaßt wurden.

Auf der Wartburg hatten die deutschen Burschen aber auch einen klaren Trennstrich zwischen ihrem Gedankengut und dem der französischen Revolution gezogen. Nationalgesinnung und Religion galten ihnen nicht wie jenen als zu überwindende „Vorurteile". Altar und Thron verkörperten ihnen nicht die „Kräfte der Finsternis", die Kirche erschien ihnen nicht als die düstere „Königin der Nacht". Das Glück der Menschheit schien ihnen nicht durch radikale, alle Widerstände ausrottende, Utopien erreichbar, sondern durch Erkenntnis und Respektierung der göttlichen Schöpfung, in welche sie die Menschen und die aus ihnen gebildeten Nationen eingebettet sahen. Des Menschen Bestimmung war es, sich in seinem Volk für die Menschheit zu verwirklichen. Das Verhältnis zwischen den Menschen und den Völkern aber sollte durch Gerechtigkeit bestimmt sein. Niemand sollte irgend jemandes Bedrücker sein.

Auf dem Wartburgfest erklang erstmals das Lied des später politisch verfolgten und im Jahre 1868 in Linz verstorbenen Burschenschafters und Dichters August Daniel von Binzer, welches den Geist des Wartburgfestes wiedergibt:

„Stoßt an! Eisenach lebe! Hurra hoch!
Die Philister sind uns gewogen meist,
sie ahnen im Burschen, was Freiheit heißt.
Frei ist der Bursch!
Stoßt an! Burschenschaft lebe! Hurra hoch!
Der die Sterne lenket am Himmelszelt,
der ist's, der unsre Fahne hält.
Frei ist der Bursch!
Stoßt an! Vaterland lebe! Hurra hoch!
Seid der Väter heiligem Brauche treu,
doch denkt der Nachwelt auch dabei!
Frei ist der Bursch!
Stoßt an! Freies Wort lebe! Hurra hoch!
Wer die Wahrheit kennt und saget sie nicht,

Burschenfahrt auf die Wartburg am 18. Oktober 1817

der bleibt fürwahr ein knechtischer Wicht.
Frei ist der Bursch!
Stoßt an! Kühne Tat lebe! Hurra hoch!
Wer die Folgen ängstlich zuvor erwägt,
der beugt sich, wo Gewalt sich regt.
Frei ist der Bursch.
Stoßt an! Burschenwohl lebe! Hurra hoch!
Bis die Welt vergehet am jüngsten Tag,
seid treu, ihr Burschen, und singt uns nach:
Frei ist der Bursch!"

Verbrennung von Symbolen – Reaktion der Fürsten

Nach den offiziellen Veranstaltungen trafen sich eine Reihe von Studenten bei einem Lagerfeuer und verbrannten Symbole obrigkeitlicher Unterdrückung, darunter einen Gardeschnürleib und einen Korporalstock sowie – in Nachahmung der Verbrennung der päpstlichen Bannbulle durch Luther – auch Bücher reaktionärer und burschenschafts- und freiheitsfeindlicher Schriftsteller. Diese unbedachte Tat rüttelte die Fürsten auf. Insbesondere Metternich vermeinte, die Flammenschrift einer kommenden Revolution an der Wand zu sehen.

Noch hatten die Fürsten aber keinen Vorwand zum Eingreifen. Den Anlaß lieferte der junge Hitzkopf Karl Ludwig Sand im Jahre 1819, als er den ebenso reaktionären wie mittelmäßigen Dichter Kotzebue ermordete, der als Spion, Spitzel und Berichterstatter an den Zarenhof in Petersburg galt und der durch seine Spitzelberichte Verfolgungen deutscher Patrioten ausgelöst haben soll.

Sand hatte in idealistischen Verblendung geglaubt, mit seiner Tat einen gewaltigen Aufstand deutscher Patrioten auszulösen. Was er auslöste, waren die Karlsbader Beschlüsse des August und September 1819, mit welchen die Universitäten unter strikte Überwachung gestellt wurden, die Burschenschaft aufgelöst und ein Spitzel- und Unterdrückungssystem, einschließlich der Vorzensur der Presse, über ganz Deutschland aufgerichtet wurde.

Sand wurde enthauptet, die Burschenschafter in Scharen verhaftet und als „Demagogen" eingekerkert. Ab nun gediehen die Dinge im Untergrund weiter, um in die Revolution von 1848 zu münden.

Sie kamen wieder, mit Schwertern in der Hand ...

Ein Revolutionslied – „Die freie Republik" – sagt mit kurzen Worten, worum es im Vormärz und dann im Revolutionsjahr 1848 ging:

„Doch sie kamen wieder mit Schwertern in der Hand.
Auf, ihr deutschen Brüder, jetzt geht's fürs Vaterland!
Jetzt geht's für Menschenrechte und für das Bürgerglück!
Wir sind doch keine Knechte der freien Republik!"

Von Berlin bis Wien sollten die burschenschaftlichen Farben Schwarz-Rot-Gold auf den Barrikaden aufgepflanzt werden. Bei der – vorübergehend siegreichen – Revolution sollte es jedoch nicht wie bei der französischen

Revolution von 1789 zur Verfolgung des Christentums, zu Massenterror gegen Andersdenkende und zu Massenhinrichtungen kommen. 1848 sollte der tolerante Geist der Burschenschaft und nicht die fanatische Utopie der Jakobiner siegen, welche – so wie später die Kommunisten – die Vernichtung der politischen Gegner als notwendig und geboten ansahen, um so rascher das umfassende Glück der Menschheit herbeiführen zu können.

Wenngleich die Revolution von 1848 von den Fürsten niedergeschlagen werden sollte, so sollte dieselbe doch den Weg in den modernen Verfassungsstaat mit garantierten Bürgerrechten eröffnen und die Rückkehr zu dem alten Absolutismus unmöglich machen.

Das Vermächtnis an uns

Das bleibende Vermächtnis der Burschenschaft mahnt, reformfreudig und mutig gegen Parteienallmacht und jegliche Geistesknebelung mit den Waffen des Geistes anzukämpfen. Der Geist der Unterdrückung tritt auch in der modernen Gesellschaft – etwa unter der Maske der „politischen Korrektheit" – auf. Das politische Vermächtnis der Urburschenschaft ist die Aufforderung, für Freiheit und Bürgerrechte einzutreten:

„Wer die Wahrheit kennt und saget sie nicht,
der bleibt fürwahr ein knechtischer Wicht!
Frei ist der Bursch!"

Burschenschaftliche Zeugnisse:

„Gerade in dem Mannigfachen und Eigenthümlichen der Nationen liegt das Warme, Lebendige und Schöne der Menschengeschichte. Wer wollte das leugnen? Das hat sich alles von selbst gegeben und gibt sich stets von neuem, wie die Blumen auf dem Felde wachsen und die Flüsse rauschen durch die Täler. Zwar Gottes Reich soll alle Menschen auf der Erde umfassen, und sie sollen alle ein Tempel werden des wahrhaft geistigen Lebens und seiner Ehre und Gerechtigkeit. Aber davon stehen wir noch fern! Denn der Erde gehören die Meisten an, gewalttätig drückt das Schwert die Waage der Gerechtigkeit darnieder und die Zeit hat den Tag des ewigen Friedens noch nicht gereift ... Nach der jetzigen Bildung und Lage hat ein Volk nur dafür zu sorgen, daß es einig sei, damit die anderen Völker und ihre Zwingherren es nicht knechten.

Wir Deutsche haben's endlich eingesehen durch blutige und schändliche Lehren und Züchtigungen, daß auch wir ein Volk sind und Brüder sein und bleiben wollen, wenn wir nicht ein Spiel werden wollen fremder Gewalten und Hinterlist, wenn nicht jeder kommende Tag uns wiederum Knechtschaft und Schmach bringen soll." (Ludwig Rödiger: Ansprache auf der Wartburgversammlung 1817)

„In einer stolzen Gleichheit lebt der Bursche, und nur der natürliche Unterschied des Erfahrenen zum Unerfahrenen bleibt. Er duldet keine Unbill, leidet keine ungerechte Anmaßung und wird keine schmähliche Zumutung ungeahndet ertragen. Wie er sich selbst nicht verknechten läßt und selbst Ehre, und ebendeshalb auch Volksehre und Volksgefühl hat, also will er auch selbst keinen anderen drücken und verknechten, weil er wohl weiß, wie da-

durch dem Menschen das Beste und Schönste geraubt wird." (Erlanger Burschenbrauch 1817)

„*Daß eine allgemeine Burschenschaft, die keine vaterländischen, volksthümlichen Zwecke hat, ein Unding sei, der Meinung bin ich vollkommen. All die Kosmopoliten sind Narren, die über ihren Ideen und Abstraktionen entweder die Wirklichkeit ganz übersehen haben oder sie gar nicht kennen. Gott will unleugbar mehrere Völker nebeneinander auf der gemeinsamen Erde. Die unendliche Fülle des Geistes, die sich im Leben entfalten soll, kann sich nur entfalten in vielen und verschiedenen Weisen und Eigenthümlichkeiten ... Der einzelne Mensch nun gehört notwendig zu irgend einem Volke und geht aus dem Volke hervor. Er hat für die Menschheit die Bestimmung, alles, was Geist und Kraft in ihm ist, frei und vollkommen auszuleben. Was aber von Geist und Kraft, von Kultur und Menschlichkeit ist oder sein wird, das offenbart sich in ihm und gelangt zu ihm in der Eigenthümlichkeit seines Volkes und kann sich darum nur entwickeln in dieser Eigenthümlichkeit.*" (Der Burschenschafter Loholm 1818 in einem Brief an seinen Freund Asverus)

„*Es ist Gottes Wille und Freude, daß jedes Volk ihn preise nach seiner Art, und die Unendlichkeit des Lebens soll nicht in eine Form gedrängt werden, sondern sich frisch und frei entfalten; und es war daher ein gottlos Streben, wenn ein Volk die väterliche Sitte von sich werfen wollte, um die reine Menschheit in sich zu verwirklichen, die ja ein bloßer Begriff ist und nichts Wirkliches; vielmehr nur dadurch, daß es die Idee der Menschheit immer reiner aufnimmt in seine Volksthümlichkeit und ein freies, mutiges Volk wird, fördert es die Zwecke der Menschheit.*

Jeder Einzelne wird unter seinem Volke geboren und erzogen und empfängt alle Eigenthümlichkeiten desselben und wird so gerade auf den Weg und den Standpunkt versetzt, auf dem seine Nation steht und von dem aus es gilt, vorwärts zu wandeln. Nur Ähnliches mag auf Ähnliches, Gleiches auf Gleiches wirken; darum ist des Menschen Menschheit sein Volk, sein Vaterland die Welt, darin er schaffen und gestalten soll. Dadurch allein, daß er für dessen Dasein und Fortdauer sich hingibt, lebt er im Dienste der Menschheit, und die Gewähr seines ewigen Fortleben und Wirkens findet er nur im Wirken für sein Vaterland." (Karl Hase: „Reden an die Jünglinge der freien Hochschulen Deutschlands", 1820.)

„*So begründet denn auch die Volksthümlichkeit das Verhältnis des Menschen zur Menschheit. Der Mensch muß vaterländisch begrenzt erscheinen, um einen desto weiteren Horizont für das geistige Leben zu gewinnen ... Das allgemein Menschliche offenbart sich nur zeitlich im Völkerleben und gewinnt nur im Völkerleben Charakter. Hier soll sich jeder als bedeutungsvolles Glied an die Kette der Menschheit anschließen.*" (Ferdinand Herbst: „Ideale und Irrtümer des akademischen Lebens", 1823.)

„*Das Glück und die Größe eines Volkes besteht allein in der höchstmöglichen Freiheit aller Bürger und der Gleichheit aller vor dem selbst oder durch Vertreter gegebenen Gesetz.*" (Karl Hase: Gedenkrede auf dem Schlachtfeld von Leipzig am 18. Oktober 1820)

MARTIN PABST

Die Linke und die nationale Frage 1848

Anders als viele heutigen Politiker sahen die „Achtundvierziger“ keinen Gegensatz zwischen demokratischen und nationalen Forderungen. Der Ruf nach Volksbewaffnung, „Preßfreiheit“ (Pressefreiheit), Schwurgerichten und Parlamenten ging einher mit der Forderung nach Vereinigung aller Deutschen in einem demokratisch legitimierten Nationalstaat, der als unverzichtbare Voraussetzung für die Umsetzung der freiheitlichen Forderungen erachtet wurde. Die parlamentarische Linke strebte nach einem souveränen und starken „Volksstaat“ (Republik), der der innen- und außenpolitischen Bedrohung durch partikulare und reaktionäre Kräfte die Stirn bieten konnte. „Freiheit und Einheit“ gehörte für die Männer der Paulskirche untrennbar zusammen – lediglich über die Priorität ihrer Verwirklichung kam es fallweise zu Meinungsverschiedenheiten. Am Beispiel der Abgeordneten Robert Blum und Jakob Venedey soll im folgenden die Haltung der Linken zur nationalen Frage herausgearbeitet werden. Beide waren katholisch und in Köln geboren. Infolge der territorialen Veränderungen im Gefolge der napoleonischen Kriege hatten sie die preußische Staatsangehörigkeit erhalten, hielten jedoch, wie viele Rheinländer, Distanz zum Preußentum.

„Achtung vor den Arbeitern Wiens!“ Arbeiter und Studenten bildeten das Rekrutierungspotential der Linken

Robert Blum (1807-48)

Robert Blum wurde am 10. November 1807 als Sohn einer Handwerkerfamilie geboren.[1] Seine Jugend war von Entbehrungen und sozialem wie wirtschaftlichem Elend gekennzeichnet. Bis zur Quinta konnte der junge Blum ein Jesuiten-Gymnasium besuchen, mußte es aber wegen Geldmangels der Eltern wieder verlassen. Nach verschiedenen handwerklichen Tätigkeiten wurde er 1830 in Köln Theaterdiener – eine Beschäftigung mit vielseitigen Funktionen. In diese Zeit fallen erste literarische Versuche.

Ab 1832 übte Blum seinen Beruf in Leipzig, dem politisch-ökonomischen Zentrum des Königreiches Sachsen, aus und verfaßte mit zwei weiteren Autoren eine erste deutsche Theater-Enzyklopädie. In Leipzig schloß er sich bald „progressiven" Bewegungen auf kultur-, religions- und allgemeinpolitischem Gebiet an. In Gedichten und Dramen, später auch in öffentlichen Reden verkündete er liberale und demokratische Ideen. Blum wurde Ehrenmitglied einer Burschenschaft; 1836 trat er einer Freimaurerloge bei; später kritisierte er allerdings das Maurertum als halbherzige und elitäre Reformbewegung. In den „Sächsischen Vaterlandsblättern" befaßte er sich kritisch mit der politischen Situation in Sachsen; auch war er Mitherausgeber des jährlich erscheinenden Taschenbuches „Vorwärts". Die 1839 in Hattersheim begründete Versammlung der „51 Männer des öffentlichen Vertrauens", eine Art Vorläufer des Vorparlamentes, hielt in Leipzig unter Vorsitz Robert Blums eine Jahresversammlung ab. 1842 gründete er den „Schiller-Verein", 1845 die Leipziger deutsch-katholische Gemeinde. Der Deutschkatholizismus war eine katholische Reformbewegung mit liberaler, antiklerikaler und antidogmatischer Zielsetzung.

Bei den Leipziger Augustereignissen von 1845, die zu Unruhen in der Bevölkerung gegen den als ultramontan angesehenen Prinzen Johann führten, begründete Robert Blum seinen Ruf als glänzender Redner und Volkstribun. Er stellte sich an die Spitze der Unzufriedenen und vertrat ihre Forderungen, schürte die Unruhe jedoch nicht weiter, sondern beruhigte und vermittelte – eine Haltung, die er auch drei Jahre später bei den Märzunruhen einnahm. 1846 wurde er Leipziger Stadtverordneter, ein Jahr später gründete er die Verlagsbuchhandlung Blum & Co.. Kurz vor dem Ausbruch der Revolution erschien der erste Band seines Werkes „Das volksthümliche Handbuch der Staatswissenschaften und Politik".

Bei den Märzunruhen in Leipzig trat Blum an die Spitze der Bürger. Einerseits trug er zur Durchsetzung liberaler Reformen bei, andererseits pochte er auf die Einhaltung von Ruhe und Ordnung. Von der Stadt Zwickau wurde er ins Vorparlament nach Frankfurt am Main berufen. Dort wurde er vom Alterspräsidenten Karl Josef Anton Mittermaier neben Friedrich Christoph Dahlmann, Wilhelm Jordan und Johann Adam von Itzstein als einer der vier Vizepräsidenten berufen. Blum galt als ein Führer des republikanisch-demokratischen Flügels, der dem monarchisch-liberalen Flügel gegenüberstand. Vom Radikalismus und Aktivismus Heckers und Struves distanzierte er sich scharf, so von deren Aufstand in Baden im April 1848.

In die deutsche Nationalversammlung wurde Blum nahezu einstimmig vom

Wahlkreis Leipzig gewählt. Im „Deutschen Hof" sammelte er die stärkste linke Fraktion um sich, die knapp vor der radikalen Fraktion „Donnersberg" rangierte. Den dritten Rang nahm die – erst im Juli 1848 begründete – ebenfalls gemäßigt linke Fraktion „Westendhall" ein, die auch den Übernamen „Linke im Frack" trug.

Gleich zu Beginn der Verhandlungen in der Paulskirche wurde Blum sowohl in den Verfassungsausschuß wie in den „Ausschuß für die Centralgewalt" gewählt. Mit seiner vermittelnden, realpolitischen Haltung geriet er zunehmend unter Beschuß sowohl von radikaler wie gemäßigter Seite. Erfüllt von einem Gefühl der Resignation nach dem preußischen Waffenstillstand im Krieg um Schleswig-Holstein stellte er sich im Oktober 1848 an die Spitze einer Delegation, die eine Solidaritätsadresse der linken Fraktionen an die Wiener Bürger überbrachte, als dort die „zweite Revolution" ausgebrochen war. Blum nahm am Widerstand gegen die kaiserlichen Truppen unter Feldmarschall Fürst zu Windisch-Grätz teil und wurde bei der Niederschlagung der Wiener Revolution am 4. November 1848 verhaftet. Trotz des Immunitätsgesetzes, das die deutsche Zentralgewalt erlassen hatte, wurde Robert Blum auf Betreiben von Fürst Schwarzenberg am Morgen des 9. November in der Brigittenau standrechtlich erschossen. Ein verzweifelter Versuch seiner Freunde, seine Wächter mit von der Familie Rothschild zur Verfügung gestellten 3000 Gulden zu bestechen, erfolgte zu spät und scheiterte. Nur fünf Monate lang hatte Robert Blum an den Beratungen der Paulskirche teilnehmen können, und nach seinem Tod offenbarte sich zunehmend die Vergeblichkeit ihres Wirkens.

Befürworter wie Gegner der Revolution sahen in seiner Hinrichtung den symbolischen Wendepunkt der Revolution. Am Tage seiner Erschießung wurde in Berlin von der preußischen Regierung die Verlegung und Vertagung der preußischen Nationalversammlung beschlossen und am folgenden Tag mit Hilfe der zurückgekehrten Armee erzwungen.

Tod eines Revolutionärs: Am 9. November 1848 wird in Wien der Paulskirchen-Abgeordnete Robert Blum erschossen

Jakob Venedey (1805-71)

Blums Gesinnungsfreund und Landsmann Jakob Venedey wurde am 24. Mai 1805 in Köln geboren.[2] Auch er entstammte einer katholischen, im Unterschied zu Robert Blum freilich bürgerlichen Familie. Die französische Revolution beeinflußte seinen Vater Michel Venedey (1770-1846), einen Rechtsanwalt, und ließ ihn am Sturm auf die Frankfurter Hauptwache teilnehmen. Während der Besatzungszeit stellte er sich dem napoleonischen Frankreich als Polizeikommissar zur Verfügung, distanzierte sich jedoch später von Napoleon und zog sich verbittert aus der Politik zurück. Sein Sohn Jakob studierte ebenfalls Jura und schloß sich früh der Turnbewegung an. Während seines Studiums in Bonn begann er sich für politische Ideen zu interessieren, und gehörte dort wie in Heidelberg Burschenschaften an. 1830 verfaßte er ein Buch zugunsten des Fortbestehen der Geschworenengerichte im Rheinland. Venedey nahm 1832 am Hambacher Fest teil, das einen weit revolutionäreren Charakter als das Wartburgfest von 1817 trug und die Forderung nach einer demokratischen Republik aufstellte. Daraufhin wurde er in Mannheim verhaftet, konnte aber nach Frankreich fliehen.

Im Pariser Exil setzte sich Venedey in Flugschriften für ein demokratisches Deutschland, die Abschaffung des Adels und die Erklärung der Menschenrechte ein. Wie Robert Blum trat er einer Freimaurerloge bei. Venedey engagierte sich in Paris zunächst im „Deutschen Volksverein", dann in dem militanten, geheimen „Bund der Geächteten" (B.d.G.), später im „Bund der Gerechten", nachdem ersterer unter den Einfluß der kommunistischen Bewegung geraten war. Venedey war Herausgeber der einflußreichen Emigrantenzeitschrift „Der Geächtete". Seine anfänglich wesentlich radikalere Einstellung wandelte sich im Verlauf der vierziger Jahre zur Vorstellung einer „gesetzesgemäßen Revolution". Unter den deutschen Emigranten galt er als überzeugter Demokrat und Republikaner, wenngleich als vergleichsweise gemäßigt.

Von den Märzereignissen völlig überrascht, kehrte er nach Deutschland zurück und wurde ins Vorparlament berufen, wo er sich auf die Seite Blums stellte. Während des Aprilaufstandes wurde er vom Fünfzigerausschuß zusammen mit Spatz als Kommissar nach Baden entsandt, um Hecker und Struve zum Nachgeben zu überreden. Ihre Mission blieb jedoch erfolglos.

Der hessische Wahlkreis Homburg wählte Venedey in die Nationalversammlung. Ab August 1848 gehörte er der neugebildeten Fraktion „Westendhall" an, die die kompomißbereite Linke repräsentierte. Die Grenzen zwischen den nach ihren Tagungslokalen benannten Fraktionen waren allerdings fließender als heutzutage. Wie Blum trat Venedey für die Volkssouveränität ein, zeigte sich jedoch, wie bei der Wahl des adligen Reichsverwesers Erzherzog Johann, zu Kompromissen mit der Mehrheit bereit. Venedey engagierte sich in besonderem Maß in außen- und grenzpolitischen sowie militärischen Fragen. Zum Jahresanfang 1849 lehnte er die kleindeutsch-erbkaiserliche Lösung ab und stimmte gegen die Ernennung Friedrich Wilhelms IV. zum deutschen Kaiser. Venedey sprach sich nachdrücklich gegen die Verlegung der Nationalversammlung nach Stuttgart aus, folgte ihr dann aber im

Mai 1849 dorthin, wo er dem Rumpfparlament bis zu dessen endgültiger Auflösung im Juni angehörte. 1851 bot er seine Dienste erfolglos der wieder etablierten dänischen Regierung Schleswig-Holsteins an. Bis zu seinem Tod im Jahr 1871 stritt Venedey für eine großdeutsche Republik auf der Grundlage der Volkssouveränität und wandte sich gegen eine Reichsgründung von oben unter Führung der preußischen Hohenzollern.

Blum wie Venedey erachteten den revolutionären Druck der Straße für wichtig, forderten jedoch diszipliniertes Verhalten und die strikte Achtung des Mehrheitsprinzips. Beide engagierten sich für soziale Reformen und eine Aussöhnung von Kapital und Arbeiterschaft. Sie widersetzten sich Forderungen von liberaler Seite, die politische Partizipation auf das Bildungs- und Besitzbürgertum zu reduzieren. Andererseits sprachen sie sich auch gegen die Bildung von Klassenparteien aus.

Bemerkenswerterweise traten die Söhne beider Politiker in die Fußstapfen ihrer Väter: Martin Venedey (1860-1934) war Abgeordneter der linksliberalen Freisinnigen Partei im Badischen Landtag, in der Weimarer Republik Mitglied der Deutschen Demokratischen Partei (DDP), der Deutschen Friedensgesellschaft und des Reichsbanners. Hans Blum (1841-1910) orientierte sich als Mitglied der Nationalliberalen Partei und Abgeordneter im Reichstag des Norddeutschen Bundes von 1867-71 rechts von der Position seines Vaters. Seine Versuche, den Vater zu einem Ahnherrn der Nationalliberalen und der kleindeutschen Reichsgründung zu stilisieren, führten zu einer heftigen Kontroverse mit dem Sozialisten und Blum-Biographen Wilhelm Liebknecht.[3]

Streiter für eine großdeutsche Republik

Beide Politiker stritten, mit den Worten Blums, für *„ein einiges, freies Deutschland auf der breitesten Grundlage der Volksfreiheit und des Volksglückes“[4].* Sie dachten in erster Linie deutsch, in zweiter Linie partikular. So appellierte Blum am 19. Mai 1848 an die Abgeordneten der Nationalversammlung: *„(...) ich vertraue denen, die das Schicksal Preußens in Händen halten, daß sie Deutsche sind, daß sie Deutschland wollen, Deutschland über Preußen!“[5]* Er forderte die Bildung einer von der Nationalversammlung berufenen und ihr verantwortlichen, „provisorischen Centralgewalt“ und lehnte die Berufung eines adligen Reichsverwesers bzw. eines Direktoriums unter Beteiligung der Fürsten ab: Die Interessen eines 40-Millionen-Volkes könnten nicht von *„34 Menschen, die ihr Sonder-Interesse fördern wollen“[6],* bestimmt werden.

Venedey sprach der gleichzeitig mit der deutschen Nationalversammlung einberufenen preußischen Nationalversammlung diese Bezeichnung ab: *„Es kommt in dieser Frage darauf an, ob wir der Reichstag sind, oder die Versammlung in Berlin; es handelt sich darum, ob Preußen deutsch, oder ob Deutschland preußisch werden soll.“[7]*

Die Idee der Volkssouveränität führte beide Politiker zur republikanischen Gesinnung. Die deutsche Reichsverfassung sollte vom Volk beschlossen, nicht mit den Fürsten ausgehandelt werden. Blum lehnte eine „constitutionelle

Monarchie“ als halbherzig und undurchführbar ab: „*Wenn Sie ein Kloster, ein Jesuitenkloster haben, und die alten Mönche hinausschicken, und neue, junge, Andersdenkende hineinsetzen, haben Sie dann etwas anderes, als ein Jesuitenkloster?“[8]*

Aus taktischen Gründen forderte die Linke bereits im Vorparlament eine möglichst baldige Festlegung der Staatsform, um gegenrevolutionären Tendenzen den Boden zu entziehen. Blum und Venedey unterstützten diese Haltung, zeigten sich schließlich aber kompromißbereit: Die endgültige Festlegung der Staatsform wurde der gewählten Nationalversammlung überlassen. Die deutsche Republik sollte nicht erzwungen, sondern durch einen Mehrheitsbeschluß zustande kommen. Blum und Venedey drängten jedoch auf die schnelle Berufung einer Nationalversammlung, um keine kostbare Zeit zu verlieren. Beide Politiker wollten auf die geschichtlich gewachsenen Unterschiede innerhalb Deutschlands Rücksicht nehmen und befürworteten eine föderalistische Republik.

Bezeichnend für die Kompromißbereitschaft Blums war sein Zugeständnis, daß auf der Ebene des Gliedstaates die monarchische Staatsform weiterbestehen könne, wenn die betreffende Bevölkerung dies wünsche. Obwohl er überzeugter Republikaner war, war er der Ansicht, daß die endgültige Durchsetzung dieser Staatsform noch einige Zeit dauern werde. So führte er am 20. Juni 1848 aus: „*Wir bauen den Gesamtstaat aus den einzelnen Theilen, die vorhanden sind, wir erkennen die Thatsache dieses Vorhandenseins ebenso wie die Formen an, und unser Bestreben ist dahin gerichtet, in der großen Gesamtheit einer jeden Einzelheit ihre Freiheit, den Spielraum zu ihrer eigenthümlichen Entwicklung, zu gönnen und zu belassen.“[9]* Bei vielen Linken stieß diese Konzession auf heftigen Widerspruch.

Wie die meisten Linken und Teile der Rechten waren Blum und Venedey großdeutsch gesinnt. Aufgrund ihrer republikanischen Einstellung hatten der habsburgisch-hohenzollerische Dualismus und die dynastischen Sonderinteressen des Hauses Habsburg keinen Einfluß auf ihr Staatsverständnis. Nichtdeutsche habsburgische Gebiete wie Ungarn sollten vom Deutschen Reich abgetrennt werden und eigenständige Nationalstaaten bilden.

Im Vorparlament spielte die Streitfrage „großdeutsch oder kleindeutsch“ noch kaum eine Rolle, da nur zwei Abgeordnete aus Österreich erschienen waren und die Vertretung Preußens stark dezimiert war, da dort gleichzeitig ein Vereinigter Landtag abgehalten wurde. In der Deutschen Nationalversammlung saßen jedoch in allen Fraktionen zahlreiche gewählte Abgeordnete aus Österreich. Die Mehrheit der Parlamentarier wollte die deutschen Gebiete Österreichs in das künftige Deutsche Reich einschließen. Erst der Oktoberaufstand in Wien und das Vorrücken der kaiserlichen Truppen, die sich vorwiegend aus Kroaten und Tschechen rekrutierten, rückte die damit verbundene Problematik in das allgemeine Bewußtsein. Sehr klar erkannte Venedey, daß die Zukunft Deutsch-Österreichs sowohl vom Nationalitätenstreit wie vom Vorgehen der Reaktion akut bedroht war. Am 17. Oktober warnte er: „*Siegen die S l a v e n , so ist Österreich für Deutschland verloren, siegen die Deutschen o h n e u n s , so fällt Österreich in die Hände d e r Partei, die diesem Hause offen feindlich gegenübersteht."[10]* Ziel der Reaktion sei es, *„einen Theil der Nation gegen den andern"* zum Schaden Deutschlands zu hetzten. Er sprach sich für ein Bündnis mit den aufständischen Ungarn aus, obwohl sie Tyrannen und Aristokraten seien.

Venedey lehnte eine kleindeutsche Lösung nicht nur aufgrund seiner großdeutschen Überzeugung, sondern auch aus machtpolitischen Erwägungen ab:

> *„(...) es entscheidet sich die Frage Oesterreichs, die Frage, ob Oesterreich deutsch sein will oder nicht, in diesem Augenblicke in Wien, und ebenso auch die Frage, ob Deutschland deutsch sein wird; denn wahrlich, wenn Sie nicht im Stande wären, Österreich bei Deutschland zu behalten, so würden Sie nie und nimmer im Stande sein, Deutschland zu schützen gegen Feinde, die von allen Seiten aufstehen werden, sobald es kräftig, mächtig und gewaltig sich in der That zu erheben versuchen wird."[11]*

Vergeblich hatte Venedey alle österreichischen Truppen der Wiener Nationalversammlung und der provisorischen deutschen Regierung zu unterstellen versucht, falls die kaiserliche Regierung versuchen sollte, sich mit slawischen Truppen Wiens zu bemächtigen. In einem solchen Akt sah er *„das Ende der großdeutschen Bewegung".[12]* Doch nicht einmal zu einer Solidaritätserklärung konnte sich die Mehrheit der Nationalversammlung durchringen. Es wurden lediglich Kommissare nach Wien entsandt, die die Lage beobachten und darüber berichten sollten. Die linken Fraktionen überbrachten daraufhin in eigener Verantwortung eine Solidaritätsadresse an die Wiener Revolutionäre, und Robert Blum stellte sich auf eigenen Wunsch an die Spitze jener Delegation. Er harrte bis zur Niederschlagung des Aufstandes in Wien aus und bezahlte seinen Einsatz mit seinem Leben.

Blum und Venedey behielten recht: Die mit Niederschlagung der Aufstände in Italien und Wien einsetzende Gegenrevolution markierte den Wendepunkt im Verlauf der deutschen Revolution. Das wiedererstarkte Habsburg unter Führung von Ministerpräsident Fürst Schwarzenberg verhinderte nicht nur ein großdeutsches Reich, sondern auch ein kleindeutsches Reich unter preußischer Führung. Den Schlußpunkt setzte 1850 der Olmützer Vertrag, der den Unionsplan des Fürsten Radowitz zwischen einem kleindeutschen Reich und Österreich verwarf und den Deutschen Bund restaurierte. Venedey hatte auch die Unionslösung abgelehnt und im Januar 1849 in prophetischer Voraussicht vor der zunehmenden Entfremdung eines eigenständigen Österreich gewarnt, das den Weg Belgiens, Hollands oder der Schweiz nehmen könne.[13]

Grenzfrage und nationale Minderheiten

Ein wesentlicher Teil der Beratungen in der Frankfurter Paulskirche betraf Grenz- und Minderheitenprobleme. Welches Territorium sollte das Deutsche Reich umfassen? Welche außerhalb der Grenzen des Deutschen Bundes gelegenen, deutsch besiedelten Gebiete sollten angeschlossen werden? Welche Haltung sollte das Deutsche Reich gegenüber Nichtdeutschen innerhalb seiner Grenzen einnehmen? Grundsätzlich orientierten sich die meisten Abgeordneten der Nationalversammlung an der bekannten Maxime von Ernst Moritz Arndt: *„Was ist des Deutschen Vaterland? (...) So weit die deutsche Zunge klingt und Gott im Himmel Lieder singt: Das soll es sein! Das soll es sein! Das, wackrer Deutscher, nenne dein!"[14]* Für die meisten Abgeordneten stand jedoch von vornherein fest, daß aufgrund innen- wie außenpolitischer Rücksichten nur eine Kompromiß-, keine Maximallösung denkbar war.

Innerhalb der vorrevolutionären Grenzen des Deutschen Bundes lebten Sorben in Preußen und im Königreich Sachsen, Tschechen in Böhmen, Slowenen in Kärnten, Steiermark und Krain sowie Italiener und Romanen im Trentino („Welschtirol"). Zur Debatte stand die Angliederung verschiedener gemischtbesiedelter Gebiete an das künftige Deutsche Reich: Posens mit Deutschen und Polen, Schleswigs mit Deutschen und Dänen sowie der russischen Ostseeprovinzen mit Deutschen, Russen, Esten und Letten.

Die übergroße Mehrheit der Abgeordneten aller Fraktionen betrachtete die innerhalb der Bundesgrenzen gelegenen Gebiete als unteilbar. Der Antrag der italienischen Abgeordneten auf Abspaltung des Trentino wurde abgewiesen. Allerdings sollten die Italiener wie die Sorben, deren Emanzipationsbestrebungen Robert Blum tatkräftig unterstützte, und andere nichtdeutsche Minderheiten ihre Sprache und Kultur ungehindert ausüben können. Die Nationalversammlung verabschiedete am 31. Mai 1848 eine Nationalitätenschutzerklärung, und in der Reichsverfassung vom 28. März 1849 wurden die autonomen Rechte der fremdsprachigen Nationalitäten innerhalb der Reichsgrenzen in Art. XIII, § 188, verankert: *„Den nicht deutsch redenden Volksstämmen Deutschlands ist ihre volkstümliche Entwicklung gewährleistet, namentlich die Gleichberechtigung ihrer Sprachen, soweit deren Gebiete reichen, in dem Kirchenwesen, dem Unterrichte, der inneren Verwaltung und der Rechtspflege."[15]*

Ebenso betrachtete eine große Mehrheit der Abgeordneten Böhmen als jahrhundertealtes deutsches Land, dessen Aufteilung als weder wünschenswert noch möglich angesehen wurde. Der Boykott der Nationalversammlung durch die tschechischen Vertreter stieß auf Unverständnis. Venedey warnte zwar am 20. Juni 1848 vor einem Bürgerkrieg in Böhmen und meinte, daß man die Tschechen mit einem Aufruf gewinnen müsse, doch unterstützte er die Bereitstellung von Bundestruppen zur Niederschlagung des tschechischen Aufstandes. Am 7. Juni meinte er: *„Wir müssen den Slawen mit Ernst entgegentreten, und erklären, daß, wenn sie uns den Handschuh hinwerfen, wir ihn aufnehmen werden."[16]*

Als einer von wenigen bewertete Blum die böhmische Frage anders. Er beurteilte die Aufnahme einer großen Zahl von Nichtdeutschen in einen deutschen Nationalstaat kritisch und ließ Sympathien für eine Kompromißlösung gemäß dem Nationalitätsprinzip erkennen. Die meisten der gegen den tschechischen Nationalismus vorgebrachten Argumente hielt er für unsinnig. Zudem sah er in den kleinen slawischen Völkern Verbündete gegen die reaktionären Mächte, insbesondere gegen das zaristische Rußland.[17]

Die Linke in der Paulskirche forderte einen deutschen Nationalstaat, aber auch die nationale Selbstbestimmung anderer mitteleuropäischer Völker

Blum wie Venedey befürworteten einen Anschluß mehrheitlich deutsch besiedelter Gebiete jenseits der Bundesgrenzen. Hierunter fielen insbesondere das zu Dänemark gehörende Herzogtum Schleswig und die preußischen Provinzen West- und Ostpreußen, die alle bereits durch Beschlüsse des Vorparlamentes dem Deutschen Bund zugeschlagen wurden. Im Fall Posens und der russischen Ostseeprovinzen rieten sie aber zu einem behutsamen Vorgehen, da die Deutschen in diesen Gebieten deutlich in der Minderzahl waren und das Baltikum zudem unter der Herrschaft eines nichtdeutschen Souveräns stand.[18] Als im Vorparlament Aufrufe an die dort lebenden Deutschen erwogen wurden, mahnte Blum zur Vorsicht:

> *„Wollen Sie eine solche Aufforderung an die russischen Provinzen richten, so müssen sie konsequenterweise dieselbe Aufforderung an das Elsaß und konsequenterweise auch an die sehr zahlreichen Deutschen in Italien und die selbe Aufforderung an die sehr zahlreichen Deutschen in Belgien richten und mit anderen Worten der ganzen Welt den Krieg erklären. Posen gehört jetzt einem deutschen Staat an, und die Zukunft wird entscheiden, ob es bei ihm bleibt. Uns aber mit anderen Nationen in Krieg oder Zwiespalt zu verwickeln, sind wir nicht da, namentlich nicht in dem Augenblick, wo wir unser eigenes Fundament machen wollen."[19]*

Blum plädierte also – wie Jahrzehnte später Reichskanzler Bismarck – für außenpolitische Zurückhaltung bei der Gründung des Deutschen Reiches. In der Tat betrachteten die von den revolutionären Ereignissen nicht betroffenen Flügelmächte England und Rußland die Vorgänge im Zentrum Europas mit großem Mißtrauen, da sie eine Veränderung der Kräfteverhältnisse zugunsten Deutschlands befürchteten. An ihre Seite trat bald das wiedererstarkte, revolutionäre Frankreich. Von Anfang an schwebte die außenpolitische Bedrohung gleich einem Damoklesschwert über der deutschen Revolution. Englischer und russischer Druck führte im August 1848 zum preußisch-dänischen Waffenstillstand im Schleswig-Konflikt, und Rußland griff 1849 zur Wiederherstellung der habsburgischen Position in Ungarn gar mit 140.000 Soldaten aktiv in das Kriegsgeschehen ein.

In seiner Haltung zur Posener Frage brachte Blum die traditionelle Sympathie der deutschen Linken für die Polen zum Ausdruck, denen er – wie Venedey – einen privilegierten Status zubilligen wollte. Jahrzehntelang hatte die deutsche Linke die Unterdrückung der Polen durch das autokratische Rußland kritisiert und die Wiederherstellung eines polnischen Staates gefordert. Die polnischen Teilungen waren für die deutsche Linke ein Symbol reaktionärer dynastischer Politik, der polnische Freiheitskampf ein Vorbild für den eigenen Freiheitskampf. Zudem erachtete sie die Wiederherstellung eines polnischen Staates als Hebel zur Sprengung des restaurativen europäischen Systems, wirkte sich die polnische Frage doch als Sprengsatz gegen alle drei Mitglieder der „Heiligen Allianz" aus: Rußland, Österreich und Preußen.

Blum hatte in seiner Jugend Polengedichte verfaßt; er hatte sich in Leipzig in der „Polnischen Demokratischen Gesellschaft" engagiert und – im Unterschied zu manchen bloßen Polenschwärmern – am Schmuggel von Propagandaschriften, wahrscheinlich auch von Waffen, aktiv beteiligt.[20] Im Vorparlament wie im Fünfzigerausschuß bekundete er seine Sympathien für die Sache der Polen und unterstützte eine Resolution des Vorparlamentes, die die „heilige Pflicht" des deutschen Volkes zur Mitwirkung an der Wiederherstellung eines polnischen Staates hervorhob. Auf wessen Kosten die Staatsgründung erfolgen sollte, wurde aber nicht konkretisiert. Viele Abgeordnete gingen stillschweigend davon aus, daß ein polnischer Staat auf vormals russischem, nicht auf preußischem oder österreichischem Territorium entstehen solle.

Der konservative Preuße Otto von Bismarck geißelte am 20. April 1848 in der Magdeburger Zeitung die Polenbegeisterung der deutschen Revolutionäre: *„Ich hätte es erklärlich gefunden, wenn der erste Aufschwung deutscher Kraft und Einheit sich damit Luft gemacht hätte, Frankreich das Elsaß abzufordern und die deutsche Fahne auf den Turm zu Straßburg zu pflanzen. Aber es ist mehr als deutsche Gutmütigkeit, wenn wir uns mit der Ritterlichkeit von Romanhelden vor allem dafür begeistern wollen, daß deutschen Staaten das beste von dem entzogen werde, was deutsche Waffen im Laufe der Jahrhunderte in Polen gewonnen haben."[21]*

Die im Vorparlament dezidiert polenfreundliche Grundhaltung einer Mehrheit wandelte sich in der Nationalversammlung. Bezeichnenderweise fand sich nun für eine Bekräftigung der Polen-Resolution des Vorparlamentes keine Mehrheit mehr. Die Befreiung inhaftierter polnischer Führer und die Erlaubnis zur nationalen Reorganisation und Bildung bewaffneter polnischer Formationen in Preußen hatten zu Ausschreitungen polnischer Kreis- und Ortskomitees gegen Deutsche geführt. In der Paulskirche beschworen die sieben deutschen Abgeordneten aus Posen die drohende Vernichtung und Versklavung des Deutschtums unter polnischer Flagge. Die meisten konservativen und liberalen Abgeordneten räumten nun deutschen Interessen Priorität ein und plädierten für einen möglichst weitgehenden Anschluß Posens an das künftige Deutsche Reich. Die einstige Polenbegeisterung war spürbar abgeebbt.

Wie die Vertreter der radikalen Linken hielt Blum an seiner polenfreundlichen Einstellung fest und gab eine Ehrenerklärung zugunsten des Nachbarvolkes ab:

> *„Denen aber, die so sehr bereit sind, heute das polnische Volk in den möglichst tiefen Schatten zu stellen, ihm alle Tugend abzusprechen, und alle Laster ihm anzuhängen, sie sollen nicht vergessen, daß wir einen großen Theil der Schuld davon tragen. Das Volk ist seit achtzig Jahren zerrissen, geknebelt und unterdrückt, und wir haben es beraubt seiner inneren Kraft und seines Landes und seiner Selbständigkeit und seiner Freiheit.“[22]*

Allerdings räumte Blum einen Zwiespalt zwischen deutschem Nationalgefühl und brüderlicher Völkerfreundschaft ein. Er vertrat eine realpolitische Haltung und wollte die Provinz nicht vorschnell in ihrer Gesamtheit polnischen Interessen überlassen. Die Streitfrage sollte vertagt und mit Hilfe einer Untersuchungskommission für beide Seiten möglichst gerecht entschieden werden.

Einen ähnlichen Zwiespalt fühlte Blum später in Wien. Einerseits schrieb er am 17. Oktober an seine Parteifreunde in Frankfurt am Main: *„Keine Sache ist so innig, so deutsch, als der letzte Aufstand Wiens. Wird derselbe überwunden, dann ist die deutsche Sache in Österreich besiegt, und ein mit Rußland verbündetes Slawenreich steht uns feindlich gegenüber.“[23]* Andererseits kritisierte er, daß viele Wiener Revolutionäre lediglich auf Ungarn verzichten und ansonsten an den Herrschaftsverhältnissen des Habsburgerreiches festhalten wollten.[24]

Am Beispiel Posens prangerte Blum die entsprechend dem eigenen Vorteil erfolgende Instrumentalisierung unterschiedlichster Prinzipien an:

> *„(...) ist es die territoriale Auffassung der Dinge, die Sie bestimmt, wie das z.B. hinsichtlich Schleswig-Holsteins, der Slawen und Triest der Fall gewesen zu sein scheint? Warum sind Sie dann nicht von demselben Prinzipe ausgegangen, wenn es sich darum handelt, ein andres Volk zu beurtheilen, dem eine Anzahl Deutscher einverleibt ist, wie uns eine Anzahl Dänen und Slaven und Italiener, und wie sie heißen mögen? Oder ist es der Nationalgesichtspunkt, der Sie leitet? – Nun, dann*

seien Sie auf der anderen Seite so gerecht, und wenn Sie Polen durchschneiden, um die Deutschen zu reclamieren, so schneiden Sie auch Schleswig durch, geben Sie die Slaven los, die zu Österreich gehören, und trennen Sie auch Südtyrol von Deutschland. – Ja, ich sage mehr: Wenn Sie ein so lebhaftes Nationalgefühl haben, und durch dasselbe allein sich leiten lassen wollen, so befreien Sie die deutschen Ostseeprovinzen von der Herrschaft Rußlands, und befreien Sie die 600.000 unglückseligen Deutschen im Elsaß, die sogar unter der Herrschaft einer Republik schmachten." [25]

Blum trat für ein konsequentes und ehrliches Vorgehen in der Lösung von Grenz- und Minderheitenproblemen ein: *„Entweder das Eine, oder das Andere ist richtig, denn sich die Politik zurechtmachen in der Art und Weise, wie sie Einem eben für den Augenblick paßt, das ist nach meiner Ansicht gar keine Politik." [26]* Zweifellos neigte er dem Nationalitätsprinzip zu, d.h. einer durch Erhebungen oder Plebiszite legitimierten Übereinstimmung von Staats- und Volkszugehörigkeit. Folgerichtig empfahl er in der Posener Frage weder einen Anschluß der Provinz an Deutschland noch an Polen, sondern eine möglichst gerechte Teilungslösung. Das Nationalitätsprinzip entsprach denn auch am ehesten seiner demokratischen Einstellung, beinhaltet die Volkssouveränität doch nicht nur die freie Volkswahl einer Regierung, sondern auch das freie Bekenntnis eines Volkes zu einer Nation.

Bemerkenswerterweise tadelte Blum die Politik des republikanischen Frankreich. In der Tat enttäuschte die französische Regierung die Hoffnungen vieler deutscher „Achtundvierziger". Französische Großmachtpolitik, nicht die Hilfe für die demokratischen Revolutionen in den Nachbarländern, stand auf der Agenda der Pariser Regierung.

Immer wieder klingt in den Reden Blums die Feindschaft der deutschen Linken gegenüber dem reaktionären Rußland an. Nicht wenige Linke sahen gar in einem europäischen Befreiungskrieg gegen das Zarenreich den Katalysator für den Sieg der Revolution. Dabei würden die revolutionären Waffenbrüder, so Deutsche und Polen, ihre gegenseitigen Differenzen überwinden. Auch Blum hatte im Mai 1848 geäußert: *„Ein Krieg mit Rußland ist Lebensbedingung, die Luft für den Atem unserer Freiheit" [27],* doch wandte er sich von diesem Gedanken später wieder ab. Allerdings meinte er, daß mit zunehmender Verwirklichung des demokratischen Prinzips in Europa eine deutsch-polnische Verständigung einfacher würde. Blum gab zu bedenken, daß ein unabhängiger polnischer Staat eine europäische Mission erfülle und die deutsche Ostgrenze gegenüber Rußland schützen werde.

Venedey galt als ebenso großer Freund der Polen, wenngleich er mitunter deren Hitzköpfigkeit tadelte. In seinem Pariser Exil hatte er enge Verbindungen zur polnischen Emigration gehalten. Vergeblich setzte sich Venedey am 22. Mai 1848 dafür ein, daß Abgeordnete aus Posen nicht zur Nationalversammlung zugelassen würden. Am 3. Juni forderte er eine schnelle und gerechte Entscheidung der Posener Frage. Unabhängig vom jeweiligen Ausgang rechnete er nun in Posen mit einer kriegerischen Zuspitzung: *„Den Krieg* *werden wir haben, aber sorgen wir dafür, daß wir einen gerechten Krieg haben..."[28]* In der großen Polendebatte (24.-28. Juli) ging er weiter als Blum und sprach sich gegen eine Aufteilung Posens aus: An dieser Frage zeige sich, *„ob wir ein eroberndes Volk sein wollen oder nicht".[29]*

Ein Teil der linken Angeordneten stimmte in der Posener Frage unter dem Eindruck der Entwicklungen vor Ort allerdings mit der liberalen und konservativen Mehrheit und fiel ihren Fraktionskollegen in den Rücken. Großes Aufsehen erregten die Ausführungen des ostpreußischen Abgeordneten Wilhelm Jordan, die sich an die Rede Blums anschlossen. Jordan erteilte *„jener träumerischen Selbstvergessenheit, in der wir schwärmten für alle möglichen Nationalitäten"* eine Absage. Er schrieb den Polen die Schuld an ihrer mißglückten Geschichte zu und reklamierte für die Deutschen *„das Recht des Stärkeren, das Recht der Eroberung".[30]* Tief enttäuscht betrieb Blum daraufhin erfolglos den Ausschluß Jordans aus der Fraktion „Deutscher Hof"; später trat dieser aus freien Stücken aus und schloß sich der Zentrumsfraktion „Landsberg" an. Die Ausführungen Jordans waren symptomatisch für den Stimmungsumschwung in der deutschen Öffentlichkeit zur Polenfrage.

Gegen die Stimmen der meisten linken Abgeordneten wurde Ende Juli 1848 die Eingliederung von drei Viertel der Provinz Posen in den Deutschen Bund beschlossen. Die Blumsche Idee einer Untersuchungskommission hatte keine Mehrheit gefunden. Die im März 1849 beschlossene deutsche Verfassung änderte die Demarkationslinie noch einmal zuungunsten der Polen ab. Posen, West- und Ostpreußen gehörten bis 1851 zum Deutschen Bund; danach galten wieder die vorrevolutionären Grenzen.

Der Konflikt um Schleswig entzündete sich am Versuch des dänischen Königs, auch in Schleswig die weibliche Erbfolge einzuführen und das Herzogtum in den dänischen Staatsverband einzugliedern. Daraufhin riefen die deutschen Schleswiger am 24. März 1848 eine revolutionäre Regierung aus und erkannten die Herrschaft des dänischen Königs nicht mehr an. Schleswiger Abgeordnete wurden zum Vorparlament zugelassen, und am 4. April beschloß es die unverzügliche Aufnahme des Herzogtums in den Deutschen Bund. Die in Nordschleswig ansässige dänische Minderheit forderte hingegen den Anschluß des gesamten Herzogtums an Dänemark. Zum Schutz Schleswigs erklärte der Deutsche Bund Dänemark den Krieg. Der preußische König Friedrich Wilhelm IV. ließ sich zum militärischen Vorgehen gegen den dänischen König bewegen, führte den „revolutionären" Krieg allerdings von Anfang an mit einem gewissen Widerwillen. Auf Druck von England und Rußland unterzeichnete Preußen, das das Gros der Truppen stellte, am 26. August 1848 im Namen des Deutschen Bundes und ohne Rücksprache mit der Provisorischen Zentralgewalt und der Nationalversammlung den Waffenstillstand von Malmö.

Insbesondere die Linke geißelte diese Tat in der Nationalversammlung als Verrat an den deutschen Brüdern in Schleswig. Bei nur neun Gegenstimmen stimmten die Fraktionen der Linken am 5. November gegen die Annahme des Waffenstillstandes. Doch setzte sich schließlich in der Hauptabstimmung vom 16. November eine Mehrheit von 258 zu 237 Stimmen durch und sanktionierte nachträglich den Waffenstillstand. Sie war vor allem solchen Parlamentariern zu verdanken, die sich in der ersten Abstimmung der Stimme enthalten hatten oder nicht anwesend gewesen waren.

In der Hauptdebatte zum Waffenstillstand von Malmö geißelte Venedey die Nachgiebigkeit gegenüber dem Ausland und trat für eine selbstbewußte nationale Haltung ein:

> *„Man glaubt im Auslande nicht mehr an dieselbe Kraft, die wir noch vor kurzem bekundeten, und wenn von dieser Tribüne aus einmal von ‚wohlfeilem Muthe' gesprochen worden ist, so hat doch nur der wohlfeilen Muth, der jemanden provocirt, von dem er weiß, daß er sich nicht schlagen lassen will. Diesen wohlfeilen Muth hat das Ausland; dieß ist der Grund, warum Frankreich hinzugetreten ist, warum England anders denkt; man glaubt mit Ihnen wohlfeiles Spiel zu haben. Meine Herren! Wer geachtet sein will, den muß man fürchten, für den Fall, daß man ihn verletzt oder beleidigt, und von dem Augenblick an, daß man glaubt, daß man ihm ungestraft auf die Füße treten dürfe, hat er die nöthige Achtung nicht, und er hat es verdient."[31]*

Blum beschwor Deutschlands Ehre, die nicht darin bestehen könne, gegen die Revolution in Schleswig und für einen unrechtmäßig abgeschlossenen Vertrag zu kämpfen. Notfalls müsse der Volkskrieg ausgerufen werden:

> *„Sie* (die gewählte Versammlung Schleswig-Holsteins, M.P.) *wird das Land aufrufen, das Volk aufrufen. Jeden, der Waffen tragen kann, bewaffnen zur Verteidigung des Vaterlandes; wer ein Herz hat für Deutschland, wird diesem Rufe folgen, es werden sich neue Freischaren bilden und nach Schleswig-Holstein ziehen; sie werden, wenn sie das Land nicht retten können, mindestens einen ehrenvollen Tod dort finden."[32]*

Im Falle nationaler Selbstvergessenheit warnte er den preußischen König vor einem Ausbrechen der zweiten Revolution:

> *„Erlauben Sie mir zum Schluß eine historische Thatsache: Solange Ludwig XVI. im Innern reagierte gegen die Freiheit und das neue Leben seines Volkes, hatte er nur einen parlamentarischen Kampf, den er durch einen ehrlichen Vertrag hätte enden können; als er die Nationalität und die Ehre seines Volkes auf das Spiel setzte für seine dynastischen Interessen, als er mit dem Auslande liebäugelte, und sich sogar mit ihm verschwor, da war er verloren."[33]*

Blums und Venedeys Aufrufe blieben vergebens. Wie bereits bei früheren Gelegenheiten respektierte Blum den Willen der Mehrheit: Er sprach sich gegen das gewaltsame Vorgehen der 15.000 – 20.000 protestierenden Demonstranten aus, die die Abgeordneten bedrohten.

Resümee

Die linken Angeordneten Blum und Venedey setzten sich für eine föderative deutsche Republik ein, in der keinem Gliedstaat ein überproportionales Gewicht zukommen sollte. Beide waren stolze Deutsche: Das Deutsche Reich sollte seine Interessen gegenüber anderen Staaten selbstbewußt vertreten; als freiheitlicher und demokratischer Volksstaat würde es im Gegensatz zu seinen reaktionären Vorläufern aber keine Bedrohung für seine Nachbarstaaten darstellen. Eine Expansionspolitik, wie sie beispielsweise das Königreich Preußen in der Vergangenheit betrieben hatte, lehnten beide Politiker ab. Wenngleich sie zu Zurückhaltung mahnten, galt ihnen der Krieg in bestimmten Situationen als ein Mittel der Politik, insbesondere bei der Vollendung revolutionärer Ziele gegen die Kräfte der Reaktion.

Die nationale Frage brachte die gemäßigt-linken Politiker Blum und Venedey in eine Zwangslage. Einerseits bekannten sie sich zu den Idealen des demokratischen Nationalstaates und der Völkerverbrüderung, die zudem eine Speerspitze gegen die reaktionären Mächte Rußland, Österreich und Preußen darstellten. Andererseits mußten sie bald erkennen, daß revolutionäre Völker nicht vor Chauvinismus und Imperialismus gefeit waren: Die revolutionären Ungarn stritten für ihre Freiheit und verweigerten diese den Kroaten, Rumänen und Slowaken. Polen und Tschechen hatten mit ihren deutschen Nachbarn gegen die reaktionären Mächte gestritten, doch bald nach dem Ausbruch der Revolution traten die nationalen Egoismen übermächtig hervor. Schließlich knüpfte das revolutionäre Frankreich nahtlos an die bourbonische und napoleonische Großmachtpolitik vergangener Tage an.

Sollte die Linke einen revolutionären Völkerbefreiungskrieg unterstützen? Er hätte möglicherweise den reaktionären Mächten den Todesstoß versetzt, in gleicher Weise aber die verletzliche deutsche Nation bedroht. Sollte sie mit Hilfe der reaktionären Mächte deutsche Interessen gegenüber den Nachbarvölkern verteidigen? Damit würde sie ungewollt der Gegenrevolution in die Hände arbeiten. In der Tat setzte das Wiedererstarken Preußens und Österreichs mit der von der deutschen Nationalversammlung gebilligten Niederwerfung der polnischen bzw. tschechischen und italienischen Aufstände zwischen Mai und August 1848 ein.

Anders als die radikale Linke (wie z.B. Arnold Ruge) riefen Blum und Venedey nicht zu einem europäischen Völkerbefreiungskrieg auf. Sie setzten sich zunächst für die Einigung Deutschlands ein, ohne den anderen Völkern die Erfüllung ihrer berechtigten nationalen Forderungen abzusprechen. Die Gründung von Nationalstaaten sollte organisch und behutsam erfolgen. Beide Politiker sprachen sich für gerechte und konsequente Lösungen in Grenz- und Minderheitenfragen ein, die sich am Nationalitätsprinzip orientierten. Notfalls wollten sie zum Mittel der Vertagung greifen, um verwickelte Streitfälle einvernehmlich zu lösen und internationale Krisen zu entschärfen.

Trotz aller Sympathie gegenüber den kleinen slawischen Völkern, insbesondere den Polen, orientierten sie sich an deutschen Interessen und waren bereit, diese notfalls mit Waffengewalt zu schützen. Einheit und Freiheit waren für sie gleichwertige Prinzipien – im Unterschied zur Rechten, die die

Freiheit, und zur radikalen Linken, die die Einheit nachzuordnen bereit war. Blum und Venedey kämpften für die Freiheit der deutschen Nation, und ohne eine Nation konnten sie sich keine Freiheit vorstellen.

Anmerkungen:

[1] Einzelheiten bei Schmidt 1971, Newman 1974 und Hirsch 1977.
[2] Einzelheiten bei Venedey 1930 sowie den Aufsätzen von Bublies-Godau (1995 bzw. 1998).
[3] Schraepler, Ernst: Robert Blum. Leben, Werk, Rezeption. In: Hirsch 1987, S. 95f. Zur Auseinandersetzung zwischen Blum und Liebknecht siehe die zeitgenössischen Veröffentlichungen Blum 1878, Liebknecht [3]1896
[4] Zit. nach Valentin 1930, S. 492
[5] Wigard 1 (1848) 3, S. 29
[6] ebd. 1 (1848) 20, S. 403
[7] ebd. 1 (1848) 4, S. 37
[8] ebd. 1 (1848) 24, S. 504
[9] ebd. 1 (1848) 20, S. 403
[10] Wigard 1 (1848) 102, S. 2827f. (Hervorhebungen im Original)
[11] ebd.
[12] zit. nach Venedey 1930, S. 200
[13] Wigard 2 (1849) 150, S. 4561
[14] Ernst Moritz Arndt: Des Deutschen Vaterland (1813). Zit. nach Allgemeines Deutsches Kommersbuch, Lahr in Baden [144-150]1929, S. 112f.
[15] Verfassung des Deutschen Reiches vom 28. März 1849, zit. nach Hohlfeld, Bd. I, 1951, S. 47ff.
[16] Wigard 1 (1848) 14, S. 238
[17] Newman 1974, S. 129
[18] hierzu Gailus, Manfred: Robert Blum und die deutsch-polnischen Beziehungen. In: Hirsch 1987, S. 41-75
[19] zit. nach Valentin 1930, S. 479
[20] Schmidt 1971, S. 109f.
[21] zit. nach Klein 1914, S. 202
[22] Wigard 1 (1848) 47, S. 1141
[23] zit. nach Schmidt 1981, S. 101ff.
[24] Newman 1974, S. 149
[25] Wigard 1 (1848) 47, S. 1142 – unter Südtirol verstand man damals „Welschtirol"
[26] ebd., S. 1142
[27] zit. nach Maentel 1998, S. 142
[28] Wigard 1 (1848) 12, S. 197
[29] zit. nach Bublies-Godau 1998, S. 243
[30] Wigard 1 (1848) 47, S. 1146
[31] ebd. 1 (1848) 78, S. 2047
[32] ebd. 1 (1848) 73, S. 1899ff.
[33] ebd. 1 (1848) 80, S. 2119 (Hervorhebungen im Original)

BERNHARD REINHOLD PILZ

Die Fraktionsbildung im Frankfurter Parlament

Die parlamentarischen „Fraktionen“ in der Frankfurter Paulskirche 1848/49 gelten als Erstgeburt symbolpolitischer Gruppen-Identitäten deutscher Parlamentsabgeordneter in der ersten gesamtdeutschen Nationalversammlung. Mit dem revolutionären Ruf nach Einheit und Freiheit konstituierten sich die frei gewählten Volksvertreter als souveränes Gesamtparlament der deutschen Nation, um sich sogleich im praktischen und ideologischen Parlamentsalltag, in parteipolitisch agitativen Parlaments-Klubs realpolitischen und ideologiepolitischen Machtanspruch anzumaßen. Die nationalpolitische Einheit und Freiheit – ausgedrückt in der radikalen schwarz-rot-goldenen Symbolik[1] der deutschen Revolution – stand dabei von Anfang an über dem parteipolitischen Widerstreit, von radikal demokratischer Neuordnung von links, von gemäßigter liberaler Veränderung der Mitte und von restaurativer Evolutionspolitik der Veränderung von rechts. Die Einheit in der Vielfalt der Meinungen wurde somit durch politische Gruppenidentitäten vorerst „klubmäßig“ konzentriert, konnte aber damit in der jungen parlamentarischen Praxis dem gesamtnationalen Ethos der deutschen Revolution weder demokratisch, noch liberal, noch restaurativ gerecht werden und war somit schon vom Innerparteiischen der Paulskirche heraus zum Scheitern verurteilt. Die parlamentarische Einheit blieb in der souveränen Freiheit der revolutionären Zersplitterung letztlich „parteilich“ unvollendet und im „fraktionsmäßigen“ Ansatz verhangen.

Einzug des Vorparlaments in die Paulskirche am 30. März 1848

„Partei! Partei! Wer sollte sie nicht nehmen,
Die noch die Mutter aller Siege war!
Wie mag ein Dichter solch ein Wort verfemen,
Ein Wort, das alles Herrliche gebar?
Nur offen wie ein Mann: Für oder wider?
Und die Parole: Skave oder frei?
Selbst Götter stiegen vom Olymp hernieder
Und kämpften auf den Zinnen der Partei!
...
Laßt, Dichter, laßt auch ihr denKranken sterben,
Für eures Volkes Zukunft nehmt Partei!
...
O wählt ein Banner, und ich bin zufrieden,
Ob´s auch ein andres denn das meine sei;
Ich hab gewählt, ich habe mich entschieden,
Und meinen Lorbeer flechte die Partei!"[2]

So revolutionär erklingt schon im Vormärz 1842 das höhere „Parteiverständnis" der „eisernen Lerche", des Dichters und Rebellen Georg HERWEGH als Antwort an den „Trompeter der Revolution", Ferdinand FREILIGRATH, der 1841 noch meint: *„Der Dichter steht auf einer höhern Warte, als auf den Zinnen der Partei".*

Geht man von der Krise des heute überbewerteten Pareienstaates aus, was die historische Forschung seriöser Weise rückschließend aber nicht darf, was aber der geneigte Leser in seinen Assoziationen der massenmedialen täglichen „parteiischen" Einwirkung assoziativ sicherlich tut, so waren die „parteipolitischen" Voraussetzungen der Parteiungen des Frankfurter Parlamentes vor 150 Jahren grundsätzlich genuine, grundsätzlich verantwortungs- und funktionsbewußte, grundsätzlich „demokratisch" und/oder „liberal" motivierte Prämissen der national-revolutionären Emanzipation, aus dem vormärzlichen Unterdrückungssystem der Assoziationsverbote entspringend.

Die aus dem, in den deutschen Staaten differenzierten und oft eingeschränkten Wahlrecht, sowie direkten, aber auch indirekten (z. B. Salzburg) Wahlmodus gewählten Abgeordneten, waren „vornehmlich lokal oder überregional bekannte Honoratioren". Sich zwar zu weltanschaulich-politischen Richtungen bekennend, „ohne aber dadurch ihren Handlungsspielraum im Parlament aufzugeben", so „mußte und konnte sich" jeder Paulskirchenabgeordnete „seinen politischen Standort" in der Nationalversammlung „selbst suchen".[3]

Die Abgeordneten waren erstmals vom zu repräsentierenden Volke gewählt, und zwar erstmals für einen ganz bestimmten ideellen Zweck, nämlich einer einheitlichen, deutschen Nationalversammlung, als freie und gesamtnationale Volksvertretung über den Partikulargewalten der Staaten des deutschen Bundes stehend.

„ ... er erhebt das Panner einer Partei"

Letztlich, aber bedeutender Weise, waren sie als Repräsentanten vom Volke aus der Revolution von unten hervorgegangen; wenngleich schon jetzt gesagt werden muß, daß später das deutsche, das gesamtnationale Parlament der Frankfurter Paulskirche sicherlich nicht den Charakter eines revolutionären Parlamentes im Sinne von Putsch und Umsturz und völliger Negierung des herkömmlichen Staaten-Systems des Deutschen Bundes in sich hatte und auch nicht in sich haben wollte. So war es bereits im Vorparlament „faktisch zur Bildung von drei Fraktionen gekommen": der liberalen Mehrheit, sowie der bei der Debatte über die „Epuration" des Bundesstaates unterlegenen gemäßigten und radikalen Linken.

Terminologisch klärend bekennt schon die im Jahre 1835 erschienene „Allgemeine deutsche Real-Encyklopädie für die gebildeten Stände" (Brockhaus, Leipzig) Band 6, Seite 631f: *„Der echte Liberalismus ist nichts als Liebe der Wahrheit und der Gerechtigkeit, welche in sich selbst ihre Stärke findet und von äußeren Umständen unabhängig ist; der falsche hingegen sucht eine äußere Macht; er erhebt das Panner einer Partei, und daher gibt es bei ihm so viele Abtrünnige, welche nur ihrem Charakter getreu bleiben, wenn sie abfallen, sobald sie sich selbst in dem Besitz der Macht finden, welche früher von ihnen bekämpft wurde. Misverstandener Liberalismus ist es aber auch, wenn er sich in der Hinsicht blos an das Äußere hält, daß er das Umstürzen des Bestehenden verlangt, um dem Bessern Raum zu schaffen. Dieses Bessere muß immer, wenn es gedeihen und dauern soll, aus der allgemeinen moralischen Bildung des Volkes selbst kommen, nicht ihm gewaltsam von außen herein aufgedrungen werden. Die moralische Kraft des Volkes muß geweckt und geübt werden, dann bilden sich die Einrichtungen von selbst, welche dem sittlichen Zustande des Geschlechts gemäß sind; ... Das eine ist der Kampf um die materiellen Interessen, um Besitz und Freiheit von der einen, um Abhängigkeit und Dienstpflicht von der anderen Seite, dann um Fähigkeit um Ämtern und Würden und um ausschließliche Vorrechte. Das andere ist der Streit zwischen der Wissenschaft und ihren Auserwählten und der bloßen äußerlichen Autorität. ... Auch in diesem Kampfe kleiden sich die Parteien in die Farben des Servilismus und Liberalismus, den Reformern und Antireformern, Whigs und Tories, Conservative und Progressive, sind nur Namen für eine alte Sache. ... Den echten Liberalismus kann nur Unkunde oder böser Wille mit dem Dämon der Revolution verwechseln; derjenige Liberalismus hingegen, welcher auf gewaltsame Umwälzungen sinnt, maßt sich eines Namens an, welchen er nicht verdient."*

Letzeres versuchte eben die radikale republikanische Linke um Friedrich HECKER – der schon 1832 sein Corps Palatia in „burschenschaftlichem Sinne" unter schwarz-rot-goldenem Band umzugestalten gewillt war[4] – durch den Auszug aus der Versammlung des Vorparlamentes zu klären, wobei sich eine revolutionäre außerparlamentarische Agitations-Partei der Rebellion abzuzeichnen begann. Die Nichtanerkennung durch Ungültigkeitsabstimmung des vom Volke als Abgeordneter zur Nationalversammlung gewählten Hekker und somit die anmaßende Ablehnung durch die Parlamentsmehrheit verstärkte natürlich die Paulskirchen-skeptische Radikalopposition um die badischen Rebellen und Burschenschafter Gustav STRUVE, Karl BLIND, aber auch der „singenden Lerche" Georg HERWEG.

„Zu Frankfurt an dem Main -
Da wird man uns befrei'n:
Man wird die Republiken
Im Mutterleib ersticken,
Und Bassermann[5] und Welcker[6]
Beglücken dann die Völker
Im Parla – Parla – Parlament
Das Reden nimmt kein End'!"[7]

Die Republik als offene Forderung kam in den programmatischen Äußerungen der sich bildenden Fraktionen in der Nationalversammlung noch nicht explizit vor[8] , oder wurde noch klammheimlich verschwiegen. Es entwikkelte sich allerdings schon in den linken Programmen die der Regelung der Einzelstaaten frei zu überlassende Bildung der Staatsform. Das heißt in zeitgenössischer Umgangssprache: konstitutionelle Monarchie auf demokratischer Grundlage – Letzendlich sollte gerade dadurch die revolutionäre Volksbewegung die Macht der Dynastien nicht brechen und dadurch „das stärkste Hemmnis für die Reichsgründung", den preußisch-österreichischen Gegensatz nicht überwinden können.[9]

Waren die genuinen „Club-" und „Parteizersplitterungen" in der ersten deutschen Nationalversammlung wohl die ersten Ansätze einer medialen Partei-Politik, die heute im Endeffekt zur Herrschaft der Grundsatzlosen geführt hat? Äußerlichkeit, Propaganda ist demnach heute so abgestimmt, daß sie für die nächste Wiederwahl des Abgeordneten einer Partei „realpolitisch" nützlich erscheint. Nicht nach grundsätzlichen Erwägungen für die Gemeinschaft, für das souveräne Volk, aus dem man gewählt worden ist, dessen Vertreter man ist, dem man zur Rechenschaft verpflichtet ist, nein die „Partei" als Prämisse, durch die man ist, was man ist, und predigt, wes Brot man ißt? Als höheres Ziel lediglich, dem zeitlosen Dämon der „political correctness" fröhnend! – Nein 1848 war zwar der Beginn der „demokratischen" Fraktionen-Parteienbildung, doch die Äpfel fielen später weit vom Stamm!

Wir *sind* Wir, im Wirtshaus und im Parlament!

Es mag ja auf die heute oft verpönte Stammtischpolitik ein historisch traditionelles Bild werfen, wenn man weiß, daß Wirtshausschilder auch als Parteisymbolik dienen können. So geschah es im Frankfurt am Main des Vorsommers 1848. Es waren allerdings ehrenhafte Herren, die sich hier trafen, in den verschiedenen Wirtshäusern, die oft so gar nichts mit den vormärzlichen Hinterhofstuben der politischen und geheimen Agitation zu tun hatten. Eifrige politische Stammtischgesellschaften mit parlamentarischen Fraktionscharakter sollten sich daraus entwickeln. Die geschäftigen Wirtshausbesucher waren großteils als sogenannte „Honoratioren" ins Parlament gewählt worden. Die später oft fälschlich als Honoratiorenparlament, Gelehrtenparlament, Juristenversammlung oder Professorenparlament abwertend oder auch aufwertend bezeichnete Frankfurter Nationalversammlung hatte ihre Fraktionssitzungen typischerweise in gesellige Gaststuben von Wirtshäusern und in Salons von Cafes verlegt, nicht zuletzt aus Platzgründen, weil eben ein Kirchenschiff keine geeigneten Beratungsräume bieten kann.

Dort waren sie auch entstanden, die Vorläufer der so wesentlich den parlamentarischen Meinungsbildungsprozeß demokratisch beeinflußen wollenden Fraktionen und Clubs oder auch Parteien, wie immer sie sogleich inoffiziell genannt werden sollten.

Noch der Abgeordnete Friedrich Ludwig JAHN hatte den „national-demokratischen Zweck" der Paulskirchenversammlung als gesamten Volksvertretungskörper bekundet:

„Wir stehen hier als die Vertreter des deutschen Volkes, weil das ganze deutsche Volk nicht in einer einzigen Landesgemeinde zusammenstehen kann."[10]

Es war ja auch eine riesige Menge von über 400 Versammlungsmitgliedern, die, gewählt und hergeeilt aus allen Territorien des Deutschen Bundes, am 17. Mai 1848, dem Tage der feierlichen Eröffnung der ersten deutschen Nationalversammlung in Frankfurt am Main im schwarz-rot-goldenen Ethos zusammengekommen waren. Also ländermäßig aufgesplittert, mit wohl auch landsmannschaftlichen Identitäten. Andererseits natürlich in losen, vormärzlich und durch die Märzrevolution geprägten Weltanschauungsgemeinschaften geistig verbunden, aber nicht organisiert.

„Zu Frankfurt an dem Main -
Sucht man der Weisen Stein;
Sie sind in großen Nöten,
Moses und die Propheten,
Präsident und Sekretäre,
Wie er zu finden wäre -
Im Parla – Parla – Parlament
Das Reden nimmt kein End'!"

Schon in dieser ersten Sitzung appellierte der aus der Rheinprovinz (Düsseldorf) gewählte Abgeordnete Hugo Maximilian WESENDONCK, einst Mitstifter der Saxonia (Corps) aus den „Rulländern"[11], an die Integrität aller Parteien, welche er damit zumindest geistig vom ersten Verhandlungstag im Parlament voraussetzt: *„Wir müssen möglichst den Mann zu finden suchen, welcher allen Parteien entspricht"*.[12] Der Mitbegründer des „Verein für demokratische Monarchie in Düsseldorf" (seit April 1848) und der erste, als Mitbegründer der DONNERSBERG-Fraktion Ende Mai 1848, auf die äußerste Linke aus dem gemäßigteren DEUTSCHEN HOF abtriftende „Schreier"[13] , zeigt damit, daß zumindest vorerst sogar von diesem Spektrum der Ausdruck „Partei" noch „im alten weltanschaulichen Sinn verstanden werden muß".[14]

Bis 21. Mai 1848 lassen sich in der Paulskirche „nur zwei Parteien unterscheiden" berichtet der Abgeordnete Friedrich Theodor VISCHER an die Karlsruher Zeitung: *„eine große, mehr oder weniger konservative Majorität und eine radikalere Partei; den ehrgeizigen und klugen wühlenden Robert Blum (Leipzig) und den Schreier Wesendonck an der Spitze"*. Schon liegt die notwendige Gründung des „Linken Centrums" in der Luft, wenn der, seit

1826 der Burschenschaft Germania in Tübingen verbundene, als Professor für Ästhetik und deutsche Literatur mit Vorlesungsverbot unterdrückte Abgeordnete weiters seine Absicht ankündigt, *„eine vernünftige, energische Partei zu gründen, welche aus diesen Radikalen die besseren Elemente an sich zieht“*. Denn *„gegen ihre Kniffe, sowie andererseits gegen die Redewut der Norddeutschen, ist diese Einladung gerichtet“*. Obwohl er unter der „Linken“ auch *„brave, lautere Männer“* erblickt, nennt er die *„Hauptorgane ... unheimlich unreine Elemente“* und brandmarkt deren Redekultur: *„Sie überrumpeln, fangen ab, verschleppen die Debatte durch allzu frühes Hineinwerfen von Prinzipienfragen“*. Das noch zu suchende *„Lokal, wo wir uns beraten, frei besprechen und die rechten Redner aussuchen“*, sollte sich wenig später als der WÜRTTEMBERGER HOF herausstellen und gleichzeitig als Wirtshaus-Sinnbild die politische Fraktionssymbolik der linken Mitte prägen.[15]

Aber auch der Klub-Gründer VISCHER triftete Anfang August 1848 zur „Linken im Frack“, halblinks ab, um, bei Beibehaltung des Programmes des Württemberger Hofes, sich der, lediglich als „Statuten-Fraktion“ unterscheidenden WESTENDHALL unterzuordnen.

Der seit Februar 1848 vom Amt suspendierte und wegen „Abweichung von der christlichen-dogmatischen Lehre in Vorträgen und Schriften vom Breslauer Fürstbischof mit einem Disziplinarverfahren belegte“ Oberlehrer Theodor PAUR aus Schlesien bleibt genuin der WESTENDHALL-Fraktion verbunden, nicht ohne skeptisch *„Politische Parteiungen“* kritisch zu beleuchten. Diese seien *„ebenso nothwendig in ihrem Ursprung, als vielfach schädlich in ihrem weiteren Verfolg“*. In ihrem Ursprung notwendig: *„denn wo ein gemeinsames großes Ziel erstrebt wird, scheiden sich die waltenden Grundgedanken und gewinnen in hervorragenden Personen ihre Träger, um welche sich alle diejenigen schaaren, die mit ihnen von denselben Grundgedanken beseelt sind“*. Dies nennt er *„natürlich und heilsam“*.

Dennoch: *„Aber sobald sich die Parteien ihres Daseins bewußt geworden, bleibt es meist nicht bei jenem gesunden Widerstreit der Ideen, aus welchen die Sache, um die es sich handelt, immer klarer hervortritt, sondern es fährt in sie der böse Geist der Selbstsucht, der die Sache verdrängt und die Partei in den Vordergrund stellt. Da gilt es den Gegener zu verdächtigen, verspotten und verachten, und um der Partei zu genügen, sich in Widerspruch mit der eigenen Natur setzen! Beide Teile glauben nun den ganzen Werth eines Mannes erschöpft zu haben, indem sie ihn als ein Mitglied der Rechten oder der Linken bezeichnen, und folgerichtig sinkt oder steigt er sofort im Preis, jenachdem er Mine macht, sich mehr da- oder dorthin zu neigen. So gehen bedächtige Vorsicht und rasche Entschiedenheit gesonderte Wege, statt daß sie gegenseitig ergänzen und gemeinsam an dem Werk schaffen sollten, welches für die Dauer nur von beiden geschaffen werden kann“*.[16] Da diese Eintragung ins Parlaments-Album erst am 19. April 1849 gemacht worden war, beruht die Parteienschelte bereits auf elfmonatiger Parlamentarischer Erfahrung in der Paulskirche.

Es ergab sich also schon von den ersten Verhandlungen an die demokratische Notwendigkeit, nicht nur aus Gründen rein organisatorisch-praktischer

Parlamentsarbeit, gewisse politische Gruppierungen zu bilden. Man versuchte, rein von der parlamentarischen Arbeit her künstliche 15 Abteilungen, rein technischer Natur, bunt durch Los zusammengewürfelte 26-köpfige Parlamentariergruppen einzurichten. Um der Vielzahl von eingegangenen Anträgen und Zusatzanträgen gewachsen zu sein, errichtete die Nationalversammlung neben diesen Arbeitsausschüssen zur Beratung von Sachthemen im engeren Rahmen, außerdem Fachausschüsse für besonders wichtige Grundthemen. Diese einzelnen Ausschüsse schwollen im Laufe der Parlamentarbeit auf 24 an: Von jenem „für die Ansprache an das deutsche Volk", über den „für Verhältniß der Centralgewalt zu den Einzellstaaten", den Marineausschuß, jenen für „die österreichisch-slavische Frage", oder „für die Vorbereitung des Empfanges des Reichsverwesers, bis zu dem „für völkerrechtliche und internationale Angelegenheiten". Die Berichterstattung erfolgte dann, nach vorbereitender Beratschlagung, zur Debatte und Beschlußfassung im Plenum.

„Zu Frankfurt an dem Main –
Bald zieht der Kaiser ein;
Schon träuft der Gnaden Manna –
Ihr Knechte Hosiannah!
Mathy[17] der Schuft Minister –
Wie dreschen die Philister
Im Parla – Parla – Parlament
Das Reden nimmt kein End'!"

Stürmische Debatte in der Frankfurter Nationalversammlung am 5. September 1848. Der Parteienstreit des modernen Parlamentarismus zeichnete sich schon damals ab

Die wesentlichen Fraktionen, die partei-politischen Fraktionen, die „Klubbs", wurden aber bezeichnender Weise nicht im und vom offiziellen Parlament eingesetzt, sondern in der geselligen Athmosphäre von Wirtshäusern geboren. Dort traf man sich vorerst wohl aus geselliger Sympathie, um auch dem leiblichen Wohl zu fröhnen und gleichzeitig ungezwungen politisieren zu können.

Aber es gab auch schon zu Beginn politische Agitatoren, wie Robert BLUM, die bewußt ihre Leute im Wirthaus zu sammeln versuchten, um gleichgesinnte Verbündete für die Parlamentsarbeit zu finden.

Einen Riesenvorteil aber hatten alle diese im Entstehen begriffenen Parteiungen, sie rekrutierten sich aus bereits gewählten Vertretern des deutschen Volkes, welche schon unter einem Identitätssymbol der Freiheit und Einheit durch die deutsche Nationalversammlung verbunden, der Einheit imperativ, aber auch als erstmals frei gewählte Abgeordnete, dem höheren Wohle der ganzen deutschen Nation „vor"-verpflichtet waren.

Der Abgeordnete Robert WALTER aus Schlesien, dem „rechten Centrum" vorerst in der Fraktion „CASINO" angehörend, im September dann nach dessen linken Flügel driftend im „LANDSBERG" landend, läßt im März 1849 konsequent den *„Ruf nach Einigkeit über den Pareienstandpunkte hinweg ertönen"[18]:*

„Es naht der Augenblick der Entscheidung über die Einheit Deutschlands. Möge jeder, welcher für des Vaterlandes Wohl zu sorgen berufen ist, bedenken, daß er ungenutzt vorübergegangen, vielleicht nie mehr wiederkehrt. Möge deshalb jede Parteileidenschaft, wie vielfach sie auch von allen Seiten aufgeregt geworden ist, schweigen, jede Selbstsucht bei Seite gestellt werden. Möchten die Volksvertreter mindestens in dem Bewußtsein einig sein, daß sie alle, wenn auch verschiedener Ansichten, nur das Beste erstreben wollen. Dann wird die allwaltende Vorsicht, welche allein die Geschicke der Völker lenkt, denjenigen Beschluß finden lassen, welcher zum Segen des Vaterlandes führt, welcher es dauernd frei und einig im Innern und stark und mächtig gegen das Ausland macht".[19]

Von dieser gemeinsamen Identität – symbolisiert im deutschen Dreifarb – ausgehend, also aus diesem nationalen Imperativ der Paulskirche heraus sollte sich eine analytische Entwicklung der Meinungen ausbilden. Also von der Synthese des höheren Zieles des National-Parlamentes, zur Analyse der einzelnen politischen Anschauungsweisen, aber auch in der praktischen und taktischen realpolitischen Durchführungsweise barg sich schon die Zersplitterung.

Denn allgemeinpolitisch gab es allerdings schon vorgezeichnete und mit historischen Kontinuitäten besetzte Weltanschauungslinien, die, grundsätzlich durchaus unter einem nationalpolitischen Wollen zusammenfaßbar, als Einheit und Freiheit der deutschen Nation schlechthin symbolisiert werden können.

Politische Parlamentsfraktionen, als welche man sich zu verstehen begann, brauchen aber auch eine eigenständige Sub-Identität des spezifischen ideenpolitischen Wollens. Diese gab man sich in ideologisierter Weise durch Programme. Man unterscheidet zwischen Frühprogrammen, die in die Entwicklungsphase des Entstehens dieser Clubs führen, und zwischen Spätprogrammen, die an eine gewisse Ausreifung des parlamentarischen Systems an sich, auch der praktischen und taktischen Durchführung der politischen Ansinnen sich re-ideologisierend oder entideologisierend anpassen oder unterscheiden.

Diese Programme spiegeln tatsächliches Auftreten, Zufälle der praktischen Parlamentsarbeit oder taktische Erwägungen. Doch nicht zuletzt ganz grundsätzliche Sachfagen spielten natürlich über die weltanschaulichen Programme hinweg eine sehr große Rolle. Daher kam es auch schon bald nach Konstituierung der ersten Grundparteiungen des Links-Mitte-Rechts-Schemas, den drei großen weltanschaulichen Gruppenidentitäten: „demokratische Linke" – „liberale Mitte" – „konservative Rechte", zu Absplitterungen und Abtriftungen in weitere fraktionelle Untergruppen des Links-Rechts-Spektrums. Es gab aber auch Annäherungen untereinander und es begann sich das Phänomen zu etablieren, daß praktische Parlamentsarbeit durch Vorbesprechungen in inoffiziösen Wirtshausfraktionen durchführbarer wurde. Meinungen wurden dadurch vorgefiltert, Anschauungen und Abstimmungsverhalten wurde synthetisiert, aber auch gruppenspezifisch obligatorisch festgesetztes Votums-Verhalten wurde als Fraktionszwang aus parlamentarischer Praxis geboren.

Neben der Arbeit in den offiziellen technischen Ausschüssen waren eben diese Wirtshausberatungen für eine praktizierbare Parlamentsarbeit überhaupt sehr wesentlich. Die Menge der einzelnen Anträge, Zusatzantragsfluten und Amendements etc. war nämlich enorm. Sie konnte nur dadurch bewältigt werden, indem man das Plenum entlastete.

Somit ergab sich die groteske Situation, daß alle diese Wirtshausfraktionen zwar keinen offiziellen Charakter im Plenum hatten, sehr wohl aber erst die praktische und faktische Plenumsarbeit der Paulskirche ermöglichten. *„In der Regel bildete nicht die Debatte die Parteien, sondern die Parteien veranstalteten die Debatte"[20],* erzählt der Hallenser Burschenschafter, Rudolf HAYM, Mitglied der Casino-Partei in der liberalen Mitte, dem rechten Zentrum.

„Das Ideal einer Körperschaft, die in freier Diskussion den allgemeinen Willen ermittelt", urteilt der Historiker Langewiesche[21], *„war in der Praxis längst aufgegeben worden zugunsten eines Parlaments, das sich in Fraktionen organisiert hatte, dort die wichtigsten Entscheidungen fällte und seine Plenardebatten bereits stärker zur Beeinflussung der nationalen Öffentlichkeit einsetzte als zur Überzeugung politisch Andersdenkender innerhalb des Parlaments"*. Auch sei unter den Abgeordneten die Klage weit verbreitet gewesen, daß *„zur Galerie hin geredet werde und sich kaum jemand mehr in seinem Abstimmungsverhalten durch die parlamentarischen Debatten beeinflußen lasse"*.

„Zu Frankfurt an dem Main –
Die Wäsche wird nicht rein;
Sie bürsten und sie bürsten,
Die Fürsten bleiben Fürsten,
Die Mohren bleiben Mohren[22]
Trotz aller Professoren
Im Parla- Parla- Parlament
Das Reden nimmt kein End'!"

Aber auch ideologisch scheute man sich meist unter den Abgeordneten, von Parteien zu sprechen. Und es gab natürlich aus der gesamtnationalen politischen Identität heraus von Anfang an immer wieder Stimmen, die die Gemeinsamkeit der Aufgabe, den gemeinsamen Auftrag der Nationalversammlung für das ganze deutsche Volk zu betonen wußten.

„Nicht eher wird das Vaterland gerettet werden", mahnt August Carl Eduard DRECHSLER, seit 1841 Mitglied des Corps Guestphalia zu Heidelberg, in der Fraktion WÜTTEMBERGER HOF beheimatet, *„als bis die Vertreter des Volkes gelernt haben, in allen ihren Schritten nur das Interesse des Ganzen im Auge zu haben und das Stammes- und Parteiinteresse unterzuordnen. Mit Betrübnis hat der Vaterlandsfreund gesehen, daß die Männer des ersten deutschen Parlaments in der Paulskirche, bei allem guten Willen, den Viele zeigten, doch nicht immer von dem Gedanken der Einheit und Größe des Vaterlandes durchdrungen waren. Möge sich bald die angebrochene Zwietracht in Einigkeit verwandeln. Ist dies erst im Parlament geschehen, dann steht auch zu hoffen, daß die Einigkeit und damit die Einheit für Deutschland zurückkeht".[23]*

Aber man scheute sich auch, als „Unbedingter" abostrophiert zu werden. Mit „radicalen Partheien" in Zusammenhang gebracht zu werden, konnte keine der Fraktionen gerne sehen, denn es war – ganz wie heute – ein beliebtes untergriffiges „Mittel der Demagogie" des parteipolitischen Gegners, solche Zusammenhänge zu konstruieren.[24]

Die freie Sitz-Anordnung vom Parlamentspräsidenten aus gesehen

Das obrigkeitliche Bundes-System des deutschen Vormärz hatte durch Verbot sämtlicher politischer Vereine gerade die Begründung von politischen Parteien physisch zu unterdrücken versucht.

Dies zeigt sich auch in der Symbolik der meistens gebundenen Sitzordnungen für die Ständekammern. Damit sollte die lokale Sitzplatzzugehörigkeit in den Abgeordnetenkammern der politischen Gruppendynamik etwaiger Fraktionsbildungen die physische Grundlage entziehen.

Mit der Konstituierung der ersten deutschen Repräsentativverfassungen hatte sich allerdings auch eine eigenständige, französischer oder englischer Tradition entgegengesetzte Parlamentsarchitektur entwickelt. Der Typus des von Säulen getragenen „Halbmond-" oder „Kreissaales" begünstigte außerdem bis 1848 die ständische Ungleichheit der Wertung der vorgegebenen Sitzordnung nach Art der Rangfolge von rechts nach links vom Blickwinkel des Präsidierenden aus gesehen.[25]

Andererseits standen aber auch die staatsphilosophischen Grundlagen der Zeit (Rousseau, Rotteck oder Hegel) mit der Betonung des Gemeinwohles der Gesamtheit des Volkes, dieser, als partikularistische Parteien- und Fraktionsetablierung angesehenen politischen Gruppenbildungen entgegen. Einer „Fraktion" wird „als entscheidendes Kriterium für die pejorative Bezeichnung" ihre „fehlende Orientierung am Gemeinwohl" vorgeworfen[26]

Beides konnte aber auf die Dauer die politische Gruppendynamik von Fraktionsbildungen im parlamentarischen Spektrum nicht verhindern, sondern forderte dies strategisch-realpolitisch und national-philosophiepolitisch sogar heraus.

Somit war die Forderung nach freier Sitzordnung durch Abgehen nach dem Rang der Mitglieder oder mit Los zu entscheiden, eine wesentliche vorrevolutionäre politische Symbolpolitik gewesen.

Schon zu Beginn der Geschäftsordnungsdebatte in der Frankfurter Nationalversammlung war die freie Sitzordnung „offensichtlich als selbstverständlich vorausgesetzt“[27] worden, denn darüber war kein Wort, aber auch kein Statut verloren worden.

Am 18. Mai 1848, beim feierlichen Einzug der Abgeordneten mit entbößtem Haupte, nahmen die Honoratioren auf den wohl durchnummerierten, aber geschäftsordnungsmäßig nicht vorgegebenen Kirchenbanksitzen Platz. Wohl nach persönlicher Bekanntschaft, gepaart mit politischer Sympathie und Praxis im Vorparlament oder den Länderparlamenten, ist in freier Selbstbestimmung die später terminologie-politisch so unterscheidbare Sektoren-Platzsymbolisierung zustandegekommen. Schon Mitte Juni 1848 wurde allerdings diese freie Platzentscheidung in einem Plan der Sitzplatz-Ordnung veröffentlicht, wobei oftmalig die kraße Disparität vieler Abgeordnetenplätze mit der späteren fraktionellen Blockeinstufung in der Links-Mitte-Rechts-Polarisierung zutage tritt.

Die direkte Wahl – lediglich mancherorts indirekt durch Wahlmänner, wie etwa in Salzburg – der Abgeordneten durch das Volk symbolisierte ja ein Persönlichkeitswahlrecht ohne politische Gruppenidentität, da sich ja aus besagten Gründen Parteiorganisationen als Wahlrepräsentanten noch nicht stellen konnten.

Eben aber die freie Platzwahl der Abgeordneten versinnbildlicht erstmals auch die geistige Gruppenbildung, nicht nur in der politischen Terminologie des traditionellen, aber doch autochthon sich auszubilden beginnenden Links-Rechts-Schemas weltanschaulicher Ideologiezuordnung. Es artikuliert sich als Ausdruck von linker revolutionärer Veränderung und rechter traditioneller Restauration; in den extrempolitischen Positionen, durch linksradikale Umsturz-Ideologie und rechtsextreme Reaktion-Politik.

Wenn es bereits im Vorparlament „faktisch zur Bildung von drei Fraktionen gekommen“ war,[28] „so kann man wohl die freie Wahl der Paulskirchenplätze als vom Beginn an gruppendynamisch durch geistige-fraktionelle Identität beeinflußt bezeichnen. Nur so ist es erklärbar, daß sich die erst ab Ende Mai physisch zu etablieren beginnenden Fraktionsgruppen im später als relativ homogen publizierten Sitz-Ordnungsplan bereits als symbolisierendes Links-Mitte-Rechts-Spektrum schon von Anbeginn ideologisierend und identitätsstiftend erkennen läßt.

Die Formierung von Gruppenidentitäten nach fraktionspolitischer Realpolitik und ideologischen Programmen

Die chronologische Entstehung der Fraktionen und ihre Frühprogramme ging eindeutig von der politisch fortschrittlich agierenden Linken aus.

Ende Mai 1848 formiert sich zuerst die sogenannte „Linke“

In den Wirtshäusern, zuerst im „Holländischen“, dann im „Deutschen Hof“ sammelt der „überaus geschäftige“ Robert BLUM, Ehrenbursch (1839) der Burschenschaft Germania Leipzig, politisch gleichgesinnte Paulskirchenabgeordnete um sich.

Die „Erklärung der Linken in der deutschen Nationalversammlung“ vom 4. Juni 1848[29] will „die Konstituierung der Verfassung Deutschlands einzig und allein der National-Versammlung überlassen“, und damit die „Souveränität des deutschen Volkes“ durch „freie Wahlen“ für „immer gesichert“ sehen. Man fordert eine von der Nationalversammlung „auf Zeit gewählte und ihr verantwortliche“ vollziehende „Central-Gewalt“, sowie „sofort festgestellte“ und verkündigte Grundrechte des deutschen Volkes um „gegen jeden möglichen Eingriff der Einzelregierungen sichergestellt“ zu werden. Der Zusammentritt der einzelnen deutschen Staaten zu „einem Bundesstaat“ durch so viel Aufgabe ihrer Selbständigkeit, „als die National-Versammlung zur Errichtung des gesamt-Staates für notwendig erklärt“. „Im übrigen“ sollte die Verfassungsform, ob konstitutionelle Monarchie oder Republik, „unbeschadet jedoch der von der National-Versammlung zu sichernden Volksrechte“ den Einzelstaaten überlassen bleiben.

Schon driftete die „äußerste Linke“ ab

Im „Donnersberg“ wird schon am 31. Mai 1848 das „Motivierte Manifest der radikal-demokratischen Partei in der constituellen Nationalversammlung zu Frankfurt a. M.“ verkündet.[30]

Das Sechspunktepogramm wollte die „National-Souveränität“ des „deutschen Volkes“ durch die „konstituierende National-Versammlung“ „für immer“ verfassungsmäßig gesichert wissen:

1. „Direkte Wahlen“ für den „Gesammtstaat Deutschland“. – 2. Einen „Vollziehungsausschuß“ mit Präsidenten- und Ministerverantwortlichkeit. – 3. primäre „Feststellung und Verkündigung“ der „Volksrechte oder der deutschen magna Charta“. – 4. Wurde die „Gestaltung Deutschlands“ seit dem März 1848 „als Tatsache“ angenommen und zwar als „Föderativstaat“ durch die „Vereinigung aller deutschen Abgeordneten in der Nationalversammlung“ und damit Beschneidung der Souveränität der einzelnen deutschen Staaten zugunsten des „souveränen Gesamtstaates“. – 5. Durch die von der Nationalversammlung „proclamierten Volksrechten“ sollte ein hoher Grad an „Volksfreiheiten“ dem „Volke gewährt“ werden, „ungehindert“ dessen die „Republiken“ oder „constituellen Monarchien“ als einzelne Staaten weiterbestehen. – 6. Die „souveräne constituierende Versammlung“ vereinige „alle Staatsgewalt des Gesamtstaates“, sei berufen, diese auch zu verwirklichen, sowie Innen- und Außenpolitik durchzuführen.

Im Juni folgt dann das sogenannte „Linke Centrum“ nach

Zuerst in der „Mainlust“, dann im „Württemberger Hof“ entwarf man unter Franz RAVEAUX am 6. Juni 1848 ein Grundsatzprogramm[31]: Die „formellen Grundsätze“ stellen „geziemende Würde und Besonnenheit“ den anderen „Parteien“ gegenüber und wollen zur Bewältigung der obersten Aufgabe, „eine deutsche Reichsverfassung“ entwerfen, „besonders den Minorenten jede Concession“ machen. In den „materiellen Grundsätzen“ will man „einen Bundesstaat mit constitutionell-monarchischer Verfassung“, mit „Volksrechten und Institutionen“ festlegen.

Das Verfassungsideal war also die parlamentarische Monarchie; man erstrebte, das Reichsministerium vom Vertrauen einer starken Volksvertretung abhängig zu machen. Mehrheitlich bekannte man sich zum großdeutschen Prinzip, wobei die west- und süddeutsche Präsenz diese Fraktion besonders auszeichnet.

„Linke im Frack“ triften anfang August nach links ab

Unter Beibehaltung des Programms des „Württemberger Hofes“ verkündet man am 12. August 1848 die Statuten der „Westendhall“.[32] Um eine Vermittlerrolle zwischen der Linken und der Mitte herzustellen, kam diese, „grundsätzlich der Republik zugeneigte“ Fraktion zustande. Diese gemäßigte Linke, also diejenige „im Frack“, stand für Volkssouveränität, für allgemeines, gleiches und direktes Wahlrecht und wollte nichts von einer Vereinbarung der Verfassung mit den deutschen Einzelstaaten wissen. In der Schlußphase der Verfassungsarbeit fand sie sich allerdings bereit, unter bestimmten Bedingungen auf das kleindeutsche, preußische Erbkaisertum einzugehen.

Vom rechten Zentrum zur Rechten: die liberale Mitte

Auch Anfang Juni formierte sich das sogenannte „Rechte Centrum“

Zuerst im „Großen Hirschgraben“, dann im „Casino“ erstellen die Abgeordneten unter Heinrich von GAGERN ein systematisches Programm klas-

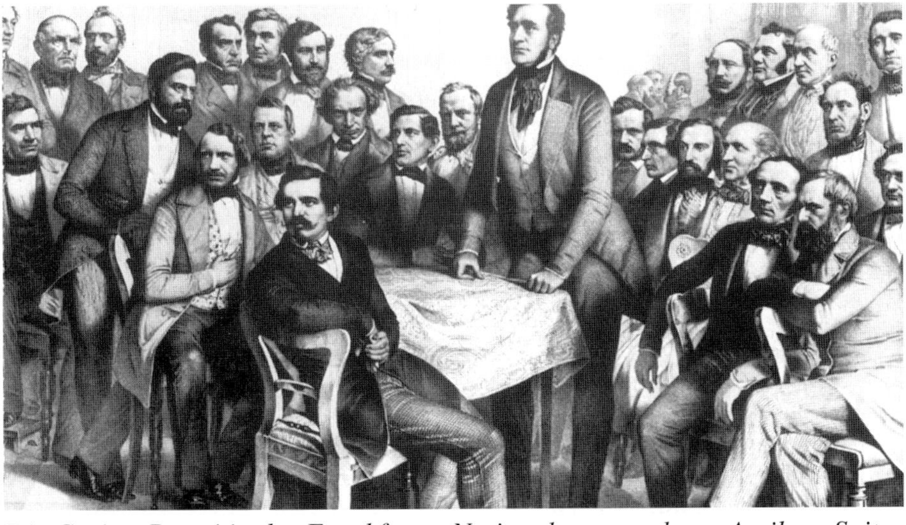

Die Casino-Partei in der Frankfurter Nationalversammlung. An ihrer Spitze Parlamentspräsident Heinrich von Gagern (stehend Bildmitte)

sisch liberalen Denkens:[33] Zu „Person und Eigentum", „Gemeinden", „Staaten" und „Reich". Verfassungspolitische Grundelemente sind ein Zweikammernsystem mit Oberhaupt und nur strafrechtlich verantwortlichen Ministern. „neu ist das Bekenntnis zu Revolution" urteilt der Historiker Werner Boldt[34]. *„Dies ist keine bloße Deklamation, die von einem Gesinnungswandel zeugt, nachdem die Konstituellen bisher sich für den legalen Weg der Reform eingesetzt hatten, es ist vielmehr die notwendig gewordene Anerkennung der von den Demokraten durchgesetzten Tatsachen, daß die Nationalversammlung als Produkt der Revolution entstanden war und nicht von den Regierungen oder vom Deutschen Bund eingesetzt worden waren, wie es die Konstitutionellen erstebt hatten".* Zusammenfassend kann für das gemäßigt liberale Rechte Zentrum die Errichtung einer starken Zentralgewalt, die Beschränkung der Volksvertretung auf Legislative, die Verabschiedung der Reichsverfassung nur durch die Nationalversammlung und die Verwirklichung der nationalen Einheit Deutschlands durch einen bundesstaatlichen Rahmen bei weitgehender Berücksichtigung landsmannschaftlicher und einzelstaatlicher Eigenartigkeiten charakterisiert werden. Das Bekenntnis zur erbkaiserlichen, konstituellen Monarchie, mit dem Vorrang der Reichsverfassung vor einzelstaatlichen Verfassungsbestimmung sollte letztlich der preußisch-kleindeutschen Lösungsvariante den realpolitischen Vorzug vor der großdeutschen Kompromißlösung eines engeren und weiteren Bundes geben.

Anfang September Austritt in die „Mitte" als Regierungspartei

Die Fraktion „Landsberg" hatte eine Mittelstellung zwischen linkem und rechtem Zentrum, nach der Abspaltungen vom Württemberger Hof und vom Casino seit September 1848, eingenommen. Der Schriftsteller und Königsberger Landsmannschafter Wilhelm JORDAN hatte wegen seiner entschiedenen Stellungnahme für die Erhaltung der preußischen Machtpositionen in Posen mit der Linken ein Zerwürfnis provoziert und wechselte so vom Deutschen Hof ins gemäßigt liberale Lager über. Diese Fraktion trat für eine Beschränkung der einzelstaatlichen Selbständigkeit ein und betonte die „demokratische Monarchie", d. h. Rechtsstaatlichkeit durch konstituelle Monarchie mit starkem Parlament, im Rahmen eines Bundesstaates mit starker Reichszentralgewalt und die Verabschiedung der Reichsverfassung nur durch die Nationalversammlung. „Weniger ideologisch gesinnt als die übrigen liberalen Gruppen" wurde realistische deutsche Machtpolitik angestrebt. So wurde die Wiederherstellung des polnischen Staates bekämpft, weil dies die Preisgabe des preußischen Ostens bedeutet hätte.

Scheidung nach der „Mitte" zur Regierung im Herbst 1848

Eine neue Abspaltung aus dem rechten Flügel, dem Württemberger Hof unterstützte, obwohl überwiegend aus Nicht-Preußen bestehend, das unter der Führung von GAGERNs gebildete neue Reichsministerium, das jetzt nach der Lösung des Verfassungsproblemes im erbkaiserlich-kleindeutschen Sinn strebte. Die Errichtung einer parlamentarischen Monarchie mit starker Zentralgewalt wurde gefordert.

Damit hatte sich bis zum Herbst 1848, gerade mal aus den redensschwangeren Volksvertretern der Paulskirche im „Augsburger Hof" die achte Partei als Club und Fraktion in polit-geselliger Gruppendymanik und Wirthausatmosphäre zusammengerauft.

„In der ersten Minute bietet die Versammlung das gewöhnliche Bild einer süddeutschen Wirtshausgesellschaft dar", erinnert sich Robert von MOHL, seit 1817 schwarz-rot-goldener Bandträger der Burschenschaft ARMINIA in Tübingen. *„Man setzt sich, wählt aus der bescheidenen Speisekarte ein Nachtessen, läßt sich von den bayrischen Freunden ein Gutachten über das heutige Bier stellen, erzählt die neuesten boshaften Einfälle Detmolds, oder hält auch wohl, der Verhandlung vorgreifend eine heftige Winkelbesprechung. Da ertönt die Glocke des Vorsitzenden; es wird ruhig: die Zigarren kommen in Brand, den Kellnern werden noch schleunigst verspätete Befehle zugeherrscht..."[35]*

Auch der vom Gerücht der „boshaften Einfälle" betroffene Kontrahent, Johann Hermann DETMOLD, war seit 1826 der Burschenschaft in Göttingen und Heidelberg verpflichtet gewesen. Jetzt saß er allerdings im Oppositions-Club, dem „Casino", dem rechten Zentrum, und triftete dann in das „Cafe Milani", zur äußersten Rechten, ab. DETMOLD gelang es auch „die beste Satire der Zeit, eine unbarmherzige Vernichtung des geschäftigen Gelegenheitspolitikers, der unter allen Umständen oben auf der Zeitwelle schwimmen mußte"[36] noch 1848/49 zu veröffentlichen: „Die Thaten und Meinungen des Herrn Piepmeyer, Abgeordneten zur constituierenden National-Versammlung" persifliert als charakteristisches Einzelpsychogramm die Partei-Fluktuation mancher Abgeordneten. Seine Eintragung ins Parlamentsalbum: *„Je unnatürlicher der Rausch, desto natürlicher der Katzenjammer"[37]*, scheint weiters Grund genug, um ihn der Boshaftigkeit bezichtigen zu können, wenn es auch die reale Fraktionenpolitik stigmatisiert.

Aber auch MOHL war ursprünglich im „Württemberger Hof" beheimatet, blieb aber nach der Abspaltung als Sprecher des „Augsburger Hofes" weiterhin im linken Zentrum, der liberalen Mitte verpflichtet. In Verfassungsfragen und den Fraktions-Statuten wollte man weiterhin dem Mutter-Club verbunden sein; trotzdem hatte die Anschauung über die „Notwendigkeit" der „Wiederherstellung" und „Aufrechterhaltung" der "Centralgewalt" diese kleine Spalt-Fraktion vom 6. Oktober 1848 „zum gemeinsamen Handeln als Partei" inspiriert: Man forderte vom „Reichsministerium", daß *„dasselbe nicht bloß eine abwehrende, sondern auch eine positiv schaffende, vorwärts schreitende Politik entfalte und kräftig auf die einheitliche Gestaltung der gemeinsamen deutschen Angelegenheiten, auf die Förderung der Wohlfahrt im Innern, auf die Sicherheit und Macht Deutschlands nach außen hinwirke, dadurch die Quellen gerechter Unzufriedenheit im Volke verstopfe und der Centralgewalt das ihr gebührende Ansehen und Vertrauen, der Nationalversammlung die zur Vollendung des Verfassungswerkes notwendige Ruhe verschafft".[38]*

MOHLs Erinnerungen bezeugen die fraktionelle Meinungsfindung in lokerer, aber keineswegs undisziplinierter Wirtshausatmosphäre, als hohen funkionellen und demokratischen Wert der politischen Gruppenidentität für die spätere Debatte im Plenum der Nationalversammlung: Die Beratung erfolgte in *„regelmäßiger Abwechslung der ‚Für' und ‚Gegen'-Sprechenden"* und es gab keine Zwischenreden. Die Reden waren *„natürlich einfacher und schmuckloser als in der Paulskirche"*, denn es *„waren ja keine Zuhörer, Zuhörerinnen und Zeitungsberichterstatter"* anwesend; auch waren sie *„kürzer, da die sämtlichen Mitglieder der Versammlung auf denselben politischen Standpunkte"* standen, *„somit es weder eines Beweises der Vordersätze, noch einer Bekämpfung ganz fremdartiger Gedanken und feindlicher Pläne"* bedurfte; sie waren *„desshalb aber nicht weniger Warm oder durchdacht"*, charakterisiert der Abgeordnete MOHL. Dann erfolgte die Abstimmung und *„vor allem wird durch Handwehr entschieden, daß es Parteifrage sei, also der Klub wie ein Mann stimmen werde"![39]*

Man war aber auch bestrebt, mit den im selben Block des Anschauungsspektrums, nämlich der liberalen Mitte, und hier dem linken Zentrum, das sind „Landsberg" und „Württemberger Hof", gerade aber auch dem „Casino" des rechten Zentrums vorplenaren Meinungsaustauch und somit Debattenvorwegnahme durchzuführen. Damit war diese Praxis der Gruppenmeinungsfindung ein imponierender Meinungsfilter einerseits, aber auch politisch für die Debatte im Plenum der Nationalversammlung ein wesentlicher Machtfaktor des gemeinsamen Vorgehens der liberalen Mitte.

Carl Theodor WELKER, 1807 in die Landsmannschaft Frankonia Gießen eingesprungen und bis 1810 deren Senior, aber auch später wegen „Begünstigung der burschenschaftlichen Bewegung"[40] in ein Untersuchungsverfahren verwickelt, hielt es, als dem rechten Zentrum zugeordneter Paulskirchenabgeordneter (vorerst „Casino", dann „Pariser Hof"), *„für seine Pflicht, in parlamentarischen Dingen, wo nicht die Ehre es verbietet"*, sich *„anzuschließen der Überzeugung der Mehrheit der Partei"* seiner *„Freunde"*. Das heißt *„derjenigen, die im allgemeinen die Grundsätze"* teilten, die er *„für die richtigen halte"*. Wörtlich zitiert das Protokoll: *„Denn ich halte es für einen Egoismus, den schon Kant bezeichnet hat als Egoismus des Verstandes und der Theorie, und den wir im allgemeinen Leben Rechthaberei nennen, seine Ansicht durchführen zu wollen, ohne sich unterzuordnen der vernünftigen Majorität seiner Genossen. (Gelächter auf der Linken.) Die einzelnen sind nur Glieder eines großen Ganzen, sie müssen sich als Glieder diesem Ganzen unterordnen".[41]*

Soweit das Meinungsspektrum der liberalen Mitte.

Heinrich LAUBE, Burschenschafter in Halle und Breslau und deswegen mit Strafverfahren belegt, beurteilt diese „drei Klubbs – Casino, Landsberg, Augsburger Hof" als „die vereinigte Partei des Centrums", denn *„sie fesselten die Majorität an sich, theils durch ihre Anzahl – über zweihundert – theils durch Heranziehung der Rechten im Cafe Milani, theils durch Festhaltung einer Anzahl von Stimmen im Württemberger Hofe"[42]*. Zwischenfraktionelle Meinungsbildung die liberalen Mitte wird dabei charakteristisch beschrieben: *„Um so geschlossen wie möglich einherzugehen, organisierten diese drei Klubbs des Centrums einen stehenden Ausschuß unter sich, einen Ausschuß der Centren, welcher alle wichtigen Fragen zuerst unter sich erör-*

terte. Von ihm aus brachten dann die Ausschußmitglieder je einzeln die Fragen in ihren besonderen Klubb, indem sie von den Deputierten der anderen beiden Klubbs aufgefaßt worden wäre, und in diesem Zusammenhang eröffnete sich in jedem besonderen Klubb die Debatte. Vor der Abstimmung innerhalb der einzelnen Versammlung pflegte man sich dann durch Abgesandte zu beschicken, welche Stimmung und Motive ihres Klubbs vor dem versammelten anderen Klubb entwickelten und eine Vereinigung vorzubereiten suchten, wenn sich diese nicht selbst ergab". Somit wird das demokratisch zustandegekommene vorparlamentarische Meinungsbild dokumentiert: *„Gewöhnlich einigte man sich in der Hauptsache und stellte dann das Resultat fest durch Abstimmung in den einzelnen Fraktionen"*. Aber auch deren machtpolitische Durchsetzung schien garantiert, denn: *„Solcherweise erschien man denn von nun an als eine feste geschlossene Phalanx in der Paulskirche"*.

LAUBE, der zeitgenössische Chronist des „ersten deutschen Parlaments", betont die große Wichtigkeit dieses Fraktionsbündnisses gerade vor dem Eintritt in „die so schwierige" Verfassungsdebatte: *„Wer dem Labyrinthe von Motiven genau nachforschen wollte, welche der ersten Reichsverfassung zum Grunde liegen, der mußte Abend in der zehnten Stunde am Liebfrauenberge in Frankfurt sich anstellen. Dort kreuzten sich bei nassem Herbst- und Winterwetter oft jeden Abend die Abgesandten der drei Klubbs. Wenn er ihnen nachging, so erfuhr er im voraus die wichtigsten Beschlüsse der Paulskirche. Besonders den Abgesandten vom Augsburger Hof mußte er nachgehen in's Casino. Der Augsburger Hof, zumeist rasch entschlossen und bündig, hatte fast immer zuerst seine Meinung festgestellt, und schickte zuerst zwei seiner Mitglieder in's Casino, um diese Meinung zu empfehlen, zu vertreten, zu verfechten. Der Casinoklubb, an sich ein kleines Parlament, denn seine Zahl schwankte zwischen hundert und anderthalb hundert Mitgliedern, gab natürlich schon wegen seiner numerischen Stärke das schwerste Gewicht ab"*. Die Zusammensetzung dieser Fraktion wird durch *„ eine Anzahl kenntnisreicher, durchgebildeter, beredter Männer ... vorzugsweise .. die Professorenpartei"* genannt: *„und wenn die Augsburger dort am Roßmarkte in einem Saale des Casino's ihre zuerst gefaßte Meinung vortrugen, so entspann sich oft sogleich die interessanteste Diskussion"*.

Die „Meinung" des Augsburger Hofes wird als „durchschnittliche für die energische", jene „Haltung" des Casinos als *„sich durch Maaß und Umsicht"* auszeichnende geschildert, während der Landsberger Hof *„sich vielfältig Eigensinn nachsagen lassen"* mußte, was Laube auf dessen Zusammensetzung aus größtenteils „Norddeutschen", Hannoveranern, Braunschweigern und Oldenburgern landsmannschaftlich charakterisiert: *„In Freiheitsprinzipien hatten diese niederdeutschen, meist Ackerbau und Seehandel treibenden Provinzen wenig oder gar keine Rücksicht zu nehmen auf ein zahlreiches Proletariat. Ihre Vertreter waren also z. B. beim Wahlgesetze keiner einschränkenden Vorsicht bedürftig, sie kamen zu Stande mit dem allgemeinen Wahlrecht und hielten sich nicht für berufen, auf das übrige Deutschland Rücksicht zu nehmen, welche ihnen selbst nicht behagte und bei ihnen daheim nicht erwartet wurde"*. Er macht auch die Ostfriesen und Hannoveraner für das Scheitern der *„Beschränkung des allgemeinen Wahlrechtes"(!)* verantwortlich: Weil sie dem dringenden Zureden des Casino's und Augsburger Hofes nicht nachgaben, sei das Centrum zersplittert *„und ein so wichtiges Grundgesetz den Linken überliefert"* worden.

Dem Landsberger Hof wird Stillosigkeit, Selbstdünkel und Eigensucht vorgeworfen, was Laube bezeichnender Weise auf eine negative Auswirkung von Gruppendynamik zurückführt, denn es *„bestätigte sich hier die merkwürdige Erfahrung, daß der Charakter eines Vereines etwas ganz anderes sein könne als der Charakter der einzelnen Personen, welche den Verein bilden"*.

Das Casino war *„in seiner Centrum-Macht durch alle Abfälle nicht zu erschüttern. Es hatte in seinen Fähigkeiten und ausgebildeten Charakteren eine nachhaltige Kraft des Zusammenhalts"*. Es war die Fraktion der Minister, wie Robert MOHL, WIDEMANN und FALLATI, aber jene der Präsidenten. Vor allem Heinrich von GAGERN, der urburschenschaftliche Repräsentant, *„gehörte nur seiner Stellung wegen nie unmittelbar zu einem Klubb, hatte aber auch fast all seine persönlichen Anknüpfungen in Casino, und erst in zweiter Linie im Augsburger Hofe"*. Trotzdem wird die Fraktion, zergliedert in viele Richtungen und Persönlichkeitsdisparitäten, hauptsächlich durch das gemeinsame Feindbild *„gegenüber einer revolutionären Linken"* zusammengehalten: *„Da gab es katholische Männer, welche den Ultramontanen nahe stehen sollten, da gab es Oesterreicher, welche bei der Verfassungsfrage am letzten Ende schwerlich mit den an Zahl überwiegenden Preußen gehen mochten. Gar streng also konnte dieser Klubb nicht immer und überall seine Parteiforderungen anspannen, und je näher die Hauptentwicklung kam, desto mehr mußte er durch Abtrennungen geschwächt werden. Die Gruppen in seinem Kreise waren gar zu mannigfaltig"*, urteilt der Abgeordnete LAUBE.

„Zu Frankfurt an dem Main –
Ist alles Trug und Schein.
Alt-Deutschland bleibt versplittert,
Das Kapitol erzittert
Umringt von Feindeslagern,
Vierhundert Gänse giga – gagern[43]
Im Parla- Parla- Parlament
Das reden nimmt kein End'!"

Der Augsburger Hof wird als politisch wirksamster Mittelpunkt im Centrum geschildert, ein *„Sammelpunkt derer, welche mehr Maas als links und mehr Entschlossenheit als rechts durchsetzen wollten"*. Auch waren *„alle Stämme des deutschen Vaterlandes so gleichmäßig in sich vertreten ... ein vereinigtes Deutschland im Auszuge."* Erst als die Oberhauptsfrage in der Nationalversammlung die Abspaltung der Großdeutschen heraufbeschwor, kam es auch hier zum Austritt vor allem der Österreicher. Laube schildert die Baiern und den bärtigen Würzburger und Bubenreuther Burschenschafter Adolf von ZERZOG, *„ein rechtes Urbild des süddeutschen Bergbewohners, in dessen steyerischen Rocke er einherging"*, als die eigentlichen Wirte im Ausgburger Hofe: *„Sie hatten dieses kleine Gasthaus ausgesucht mitten in* *den verstecktesten Gassenwinkeln des innersten Frankfurt. Gute Beköstigung geht ihnen über den gestochenen Speisezettel; der Inhalt der Schüssel und des Glases ist ihnen wichtiger als die Form der Schüssel und des Spiegels. Der gerade Gegensatz zu den Sachsen"*, charakterisiert Laube.

Bis zum Herbst 1848 etabliert sich auch die „eigentliche Rechte" als „Klubb"

Als „Verein für gleichgesinnte Mitglieder der deutschen National-Versammlung" im „Steinernen Haus" und später im Cafe „Milani" mit dem Programmen vom 4. Juni 1848 und 30. September 1848[44]. Die Frankfurter Rechte war konservativ und großdeutsch-föderativ, bei Wahrung monarchischer Verfassungselemente und überlieferter Einrichtungen partikularer Staatlichkeit, in Ablehnung einer eigenständigen nationalpolitischen Machtstellung der Nationalversammlung eingestellt. Die Kompetenzen der Nationalversammlung wollte diese konservative Fraktion auf Verfassungsberatungen beschränken, sowie deren Kontrolle der Reichsregierung einschränken. In Wahrung von Traditionen, Eigenart, vor allem aber Wahrung der Integrität des Königtums und der einzelstaatlichen Heere, stand man in Kampfstellung gegen „allgemeine Volksbewaffnung"[45]. Trotzdem war die Frankfurter kon-

Systematische Übersicht der politischen Fraktions-Charakteristika vom linken zum rechten Spektrum:

Der politische Spielraum gestaltete sich von den radikalen Linken, mit der Forderung nach einer durch revolutionäre Aktionen zu verwirklichenden großdeutsch nationalen Demokratie zu den Gemäßigten Linken, ein kleindeutsches Erbkaisertum und die parlamentarisch-demokratische Republik fordernd, als Block aufgeteilt in folgende vier Programm-Fraktionen,

die demokratische Linke genannt:

1. Donnersberg (**51** Abgeordnete = **9%**)
2. Deutscher Hof (**45** A. = **8%**) + **3. Nürnberger Hof** (**11** A. = **2%**)
4. Westendhall (**47** A. = **8%**)

über die liberale Mitte:

5. Württemberger Hof (**39** A. = **7%**)
6. Augsburger Hof (**44** A. = **8%**)
7. Landsberg (**40** A. = **7%**)
8. Casino (**134** A. = **24%**)
9. Pariser Hof (erst ab 21. Dezember 1848 ca. **32** A.),
die konservative Rechte:
10. Café Milani (**40** A. = **7%**):

und als

11. als **„fraktionslos"** typisierten **111** Abgeordneten (= **20%**)

Die Abgeordnetenstärke in der Frankfurter Nationalversammlung betrug demnach mit Stand Oktober 1848: 563 Personen (= 100%)

servative Rechte dem Ziele der deutschen Einheit näher zugewandt, als der altpreußische Konservativismus.

Die „eigentliche Rechte" (Laube)[46] stand unter der Führung des Corpsphilisters (Guestphalia Göttingen 1828 und Vandalia Rostock 1832) Freiherrn Ernst Friedrich Georg von VINCKE, *„ein Repräsentant eines weitsichtigen Adels für die Einheit Deutschlands unter Preußischer Führung"[47]* Durch seinen Protest gegen die Volkssouveränität, seine propreußische Politik, das Eintreten für das Erbkaisertum und für den Waffenstillstand von Malmö, hatte dieser – zugleich auch scharfe Kritiker der Politik Friedrich Wilhelms IV. und später Bismarcks – in der Nationalversammlung nicht nur die Linke provoziert. Vorerst im Steinernen Haus, später in einem Kaffeehaus am Roßmarkt, dann im englischen Hof, konstituierte sich die konservative Rechte mit der Parteisymbolik des Cafe Milani als Aushängeschild. *„Die Existenz dort war trotz der aristokratischen Insassen und alten Schneesieber, welche hier berathschlagten, nicht eben komfortabel"*, schildert Laube: *„Die alten Räthe und Edelleute, die mageren österreichischen Herren von höheren Aemtern, die Großkaufleute aus Hamburg, die kantigen Baiern saßen hier eng geschichtet bei einander".*

Im Paulskirchenparlament hatten sich zur Jahreswende 1848/1849 aus den drei Grundrichtungen neun Fraktionen sehr unterschiedlicher Stärke, manche mit kaum unterscheidbarer Programmatik etabliert: Von Links bis Rechts, daneben gab es aber auch fast ein Drittel von „weißen" bzw. „wilden" Parlamentsabgeordneten. Diese „nur" virtuelle Gruppe, welche sich in freier Selbstbestimmung oder aus Gleichgültigkeit – dies wohl am wenigsten – , oder aus Unentschlossenheit keiner der Fraktionen anschließen wollten – oder konnten, wird im Oktober 1848 mit über 30% aller Abgeordneten quantifiziert[48]. Der Paulskirchenabgeordnete Heinrich Laube nennt sie auch abwertend *„Strandläufer": „Frei geblieben, wie sie selbst poetisch zu sagen pflegten, damit die Farbenfächer der Freiheit auch das Weiß, die Nichtfarbe, vorhanden sei. Diese Eklektiker stimmten durchwegs mit dem Zentrum".[49]*

„Sokratesloge" der Österreicher

Es gab aber daneben auch Fraktionen nach landsmannschaftlicher Gliederung. So z. B. die „Sokratesloge" der Österreicher. Radikale politische Vertreter, wie der Burschenschafter Franz SCHUSELKA, splitterten sich davon allerdings auch schon bald ab, weil das landsmannschaftliche Prinzip dem nationalen Ethos, politisch zumindest, nicht gerade förderlich war. Anton Ritter von SCHMERLING hatte für die österreichischen Deputierten den Saal der Sokrates-Loge „als Privatversammlungslokal zu Verfügung" gestellt und Schuselka kritisiert: *„Man wollte die Österreicher in einem Landsmannschafts-Club beisammen halten, aber der Plan mißlang, indem wier politisch reif genung waren, nach unserer Überzeugung in die Partei-Clubbs einzutreten".[50]*

In der fortschreitenden Auseinandersetzung der Verhandlungen gab es aber dann gerade die charakteristischen fraktionsübergreifenden Parteiungen, die oft als „Gruppierungen nach Einheits- und Machtfragen" apostrophiert werden.

Hier waren vor allen zwei Fragen von wesentlicher Bedeutung: Erstens die Beziehung zur Frage großdeutsch oder kleindeutsch und die Stellung zum Erbkaisertum als preußische Variante.

Burschenschaftliche Identität als ethisch-politisches Gruppenmerkmal der Abgeordneten

Letzlich identifizierten sich aber ein Großteil der Paulskirchenabgeordneten auch noch nach geistig-ethischen Prinzipien, nämlich nach dem der Zugehörigkeit zur politischen Burschenschaft, oder den territorialen Landsmannschaften oder den studentischen Corps.

Davon abhebend sei auch die Bedeutung der Religionsgemeinschaften für die politisch-fraktionelle Positionsidentität und Gruppenbildung erwähnt. Diese geistig-sittliche Dimension einer kulturpolitischen Gruppenidentität hatte ja die eigentlich radikale d. h. Ursprungs- und Erneuerungsmotivation für die deutschen Nation aus der deutschen Einheits- und Freiheitsbewegung der Burschenschaft gewonnen.

Es hatte sich allerdings die Taktik der politischen Agitation modifiziert. Somit saßen in allen Parteiungen, von links bis rechts, Burschenschafter. Sie muß man differenzieren, sowohl nach Alter, und der damit verbundenen Radikalität der Durchsetzung der politischen Ideen, aber überhaupt auch mit der verinnerlichten Intensität des Wir-Bewußtseins als der burschenschaftlichen Bewegung angehörender (ehemals angehörender) politisierter Deutscher.

Somit kann man zwar numerisch den Prozentanteil ausrechnen, und findet eine Mehrzahl auf der Linken und großdeutsch motivierten Fraktionenebene. Andererseits sagt die Quantität von Fraktionsmitgliedern natürlich nichts über die politische Qualität bzw. die Agitationskraft oder den Agitationswillen als parlierender Burschenschafter aus.

Grundsätzlich ist aber natürlich selbst nur die zeitweilige Zugehörigkeit zu einer Burschenschaft, oder der Wechsel dazu, mit einem radikalen politischen Bekenntnis verbunden. Dieses stand und steht über den politischen Parteiungen von ideologisierten Fraktionen, denn das Ethos begründet sich eben auf die nationale Identität als Deutscher und das höhere Streben nach Freiheit und Einheit des ganzen Volkes, im demokratischen Interesse der National-Idee des Vaterlandes stehend.

So kann man auch qualitativ und quantitativ nachweisen, daß sich gerade im Bekenntnis zum Gesamtdeutschtum, also zur großdeutschen Lösung die Burschenschafter der Paulskirche in vorderster Linie befanden. In der Verfassungsfrage allerdings waren die Meinungen geteilt. Das republikanische oder das monarchische Prinzip spielte für den höheren Wert der Einigung von Volk und Nation eine untergeordnete Rolle; nicht aber für die Verwirklichung der Freiheit; nicht aber für die von der Wurzel her gesehene, also radikale, Erneuerungsbewegung auf demokratischer, liberaler und traditionell wertkonservativer Basis. Wertetradition und Fortschritt spiegelten sich schon in beiden imaginären Gruppen burschenschaftlicher Einstellung zwischen germanistischer und arministischer Richtung des Vormärz.

Gerade durch die Persönlichkeit von bedeutenden Burschenschaftern als Parlamentsabgeordnete wurden einzelne Fraktionen besonders geprägt.

Man muß allerdings auch unterscheiden zwischen burschenschaftlichem Gedanken, Bekenntnis zur Burschenschaft einerseits, und andererseits zwischen der praktischen Anteilnahme in der Studentenzeit in einer Burschenschaft.

Nicht alle als Burschenschafter berühmten Abgeordneten, wie Robert BLUM oder auch Franz SCHUSELKA, waren auch aktiv in der Jugend in einer Burschenschaft tätig gewesen. Trotzdem sagt die spätere Ehrenmitglieschaft in einem Traditionsbund sehr viel über die anerkennende Würdigung und Tiefe des burschenschaftlich-politischen Gedankens aus.

Von GAGERN galt als – und war – der Urburschenschafter und liberale „Macher" der Paulskirche schlechthin. Es gab aber natürlich viele radikale Burschenschafter, oft sogar bewußt außerhalb des parlamentarischen Liberalismus stehende Radikaldemokraten, wie etwa der sozialrevolutionäre Karl BLIND, ein Rebell des Geistes und der Tat in den badischen Revolutionszügen.

Auch Friedrich HECKER ist ein typisches Beispiel für jene Politiker, die sich von der landsmannschaftlichen Idee zur Politisierung in und durch die Burschenschaft emanzipiert hatten und dann, aus dem verweigerten und fehlgeschlagenen Parlamentarismus heraus, zu nationalrevolutionären Männern der Tat geworden waren.

Grundsätzlich dürfen Weltanschauungsgemeinschaften als Parteiungen ohne direkte parlamentarische Herkunftstruktur, gerade aus der Märzrevolution 1848, nicht unterschätzt werden. Bis jetzt sind diese in der Historiographie des 20. Jh. zu Unrecht wenig berücksichtigt worden.

„Die Bedeutung der burschenschaftlichen Organisationen als Frühform liberal-demokratischer Parteienbildung", betont der Historiker Landewiesche,[51] „wird in der mehr verbandsgeschichtlich orientierten Burschenschaftsforschung zu wenig berücksichtigt"! – Und in der offiziösen Partei-Geschichtsschreibung mit Hinblick auf die bis heute national-demokratisch-historische Kontinuität bewahrenden Traditionsträger bewußt verschwiegen.

Denn die „Burschenschaften waren zum Ventil für den politischen Gestaltungswillen des Bürgertums geworden", aber auch zu den radikalen Trägern der Revolution. Die akademische Legion der Wiener Aula, die zweite Wartburgversammlung und die burschenschaftlichen Revolutionäre in den Universitätsstädten, sowohl außerhalb als auch innerhalb der Nationalversammlung und der Partikular-Parlamente, verband die Ideenkraft der höheren politischen Parteien-Symbolik der schwarz-rot-goldenen Freiheits- und Einheitsbewegung als Nationalethos.

Unter dem schwarz-rot-goldenen Einheitsbanner hatten sich vorerst 139 (das sind 25% der 562 mit Stand Oktober 1848 gezählten Abgeordneten[52]) Burschenschafter in die Frankfurter Nationalversammlung wählen lassen und sie hatten sich bezeichnenderweise auf sämtliche der sich bildenden politischen Fraktionen verteilt. Mit Ab- und Zugang waren insgesamt 154 Paulskirchenabgeordnete dem Nationalparlament als Burschenschafter verpflichtet gewesen[53]. Im höheren urburschenschaftlichen Mythos waren sie zwar in der „Allgemeinheit" zum Wohle des „Ganzen" aufgegangen, nicht aber in einer burschenschaftlichen Partei, als „Club" oder „Fraktion" an sich. Nicht zum Selbstzweck, sondern die reale und funktionelle Agitationsorganisation als differenzierten Weg zum nationalen Ziel sehend, verteilten sich auf sämtliche Parlamentsfraktionen Burschenschafter, je nach politischem Naturell, Agitations-Charakter, wohl auch Lebensalter und „philisterhafter Reife".

Die Burschenschafter hatten natürlicherweise im damals als „links" bezeichneten Spektrum des Skala einen höheren Anteil, aber logischer Weise auch in der für die unbedingte, „großdeutsche Lösung" votierenden überfraktionellen Parteiung.

Wir *waren* Wir, im Parlament und im Wirtshaus!

Der Armine und Jenaer Urburschenschafter, Gottlieb Christian SCHÜLER, Mitglied des linken DEUTSCHEN HOFES, welcher stets für die Gründung eines Deutschen Reiches auf großdeutscher Grundlage mit einem gewählten Präsidenten an der Spitze redete, dokumentiert im Parlaments-Album die traditionellen politischen Pole:

„Die beyden Seiten der Paulskirche haben das erreicht, worauf sie nach ihren Grundsätzen den meisten Werth legen mußten: die Linke hat die breiteste demokratische Grundlage durchgesetzt, die Rechte die stärkste monarchische Spitze. Es wird sich zeigen, welcher dieser beyden Pole die meiste Lebenskraft und die beste Verdauung hat."[54]

Friedrich Wilhelm IV. empfängt die „Kaiserdeputation" der Nationalversammlung am 3. April 1849. Die Ablehnung der Kaiserkrone symbolisierte die Erfolglosigkeit der Paulskirchenabgeordneten

Der rebellische Dichter des „eisernen" Wortes, aber auch der revolutionären, allerdings unvollendeten Taten in der Badischen Revolution, Georg HERWEGH, will nicht resignieren:

„Zu Frankfurt an dem Main –
So schlag' der Teufel drein!
Es steht die Welt im Flammen –
Sie schwatzen noch zusammen!
Wie lange soll das dauern?
Dem König Schach, ihr Bauern!
Dein Parla – Parla – Parlament[55]
O Volk mach' du ein End'!"

Friedrich Jacob SCHÜTZ, seit 1832 der Burschenschaft Germania-Gießen verbunden und als DONNERSBERER eine großdeutsche Gesinnung tragend, reagiert letzlich mit linksradikaler Hoffnung auf die revolutionäre Tatgesinnung durch das deutsche Volk.

„ ‚Einen Dom wollen wir bauen mit hoch emporragender Spitze, von der herab die Krone ihre mächtigen Strahlen sende!' So riefen fast ein Jahr lang die Staatskünstler der Paulskirche. Und sie gruben aus dem Schacht der Vergangenheit das alte Kaisermaterial, fuhren es herbei, hämmerten und kitteten, meiselten und saegten des Glanzes Krone. Nach ihr hinauf, nach ihr allein richteten sie ihre Blicke während des Baues. Wollte man sie herunterrufen von der schwindelnden Höhe und ihnen sagen: ‚Gedenket vor Allem der Grundlage', so riefen sie: ‚Verrath am Vaterland'! Und sie endeten ihr Werk. – Eine neue Domruine in Deutschland! – zu dem Fürstenschutte häuften sie den Kaiserschutt. Armes unglückliches Vaterland! Hättest Du nicht ein kräftiges Volk, das wohl bald mit Hacke und Schaufel herbeieilen wird, um nebst den Trümmern der alten Fürstenmacht auch den Wust der Gelehrtenschöpfung wegzuräumen."[56]

Hatte der revolutionäre Dichter Georg HERWEGH vor allem die Paulskirchenabgeordneten der Umständlichkeit, der Tatenlosigkeit und Debattierfreudigkeit wegen versifizierte, so waren die anonymen republikanischen Spottverse noch vulgärer:

„Hunderfünfzig Professoren, holodrio, juchhe,
Vaterland, du bist verloren, 's wird dir windelweh!
Hundertfüngzig Advokaten, schnibeliwi, schnabab,
Vaterland, du bist verrathen, alles geht bergab.
Hunderttfünfzig Tintenwischer, sudelisu, o weh,
Vaterland, jetzt hast die Krischer, kannst bald nimmer steh'n.
Hundertfünfzig Weißbrotfresser, holdrio, lahi,
Vaterland, jetzt geht's ans Messer, bald ist Alles hin.
Hundertfünfzig Pfeffersäck', heidelidum, dulje,
Vaterland, jetzt liegst im Dreck, mußt bald betteln geh'n!"[57]

Mit Adolf GLASSBRENNERs Vers aus seinem Spottlied auf den „Reichsverweser" wird die reaktionäre Parteien-Beschimpfung und politische Gruppen-Verachtung auf den Punkt gebracht. Damit kehren wir endlich auf das eigentliche politgesellige Wirtshausbewußtsein des revolutionierten Volksbürgers der Jahre 1848/1849 zurück:

„Aber ach, Republikaner, Anarchisten, Liberal'n,
Freche Wühler aller Arten machen uns sehr viele Qual'n!
Durch das ganze ein'ge Deutschland spucket die Demokratie!
Schon beschimpft man laut und offen, unsere Reichsdiplomatie!"[58]

[1] Siehe Bernhard Reinhold Pilz, Die politische Symbolik der deutschen Revolution 1848/49. Schwarz-rot-goldene Anthrologie von Ausdruck, Sprache, Geschehen und Mythos. (=Eckarschriften Heft 144. Wien 1998)

[2] Hermann Tardel (Hrsg.), Herwegs Werke in drei Teile. Zweiter Teil (Berlin), S. 121f

[3] Dieter Langewiesche, Die Anfänge der deutschen Parteien. Parteien, Fraktion und Vereine in der Revolution von 1848/49. In: Geschichte und Gesellschaft. 4. Jg. (Göttingen 1978) S. 324-361/332

[4] Vgl. Georg Heer, Geschichte der Deutschen Burschenschaft. 2. Band: Die Demagogenzeit (=Quellen u. Darstellungen z. Gesch. d. Burschenschaft u. d. deutschen Einheitsbewegung. Band 10, Heidelberg 1927) S. 253

[5] Friedrich Daniel BASSERMANN, Casino Partei, entsch. Verfechter des preußischen Erbkaisertums.

[6] KARL Theodor WELCKER, Casino Partei, dann Pariser Hof, Corps Frankonia-Gießen, Führer der Großdeutschen, Regierungsalternativvorschlag: regelm. Wechsel der Zentralgewalt zwischen Preußen und Österreich.

[7] Hermann Tardel (Hrsg.), Herwegs Werke in drei Teile. Dritter Teil (Berlin), S. 33f

[8] Vgl. Werner Boldt, Die Anfänge des deutschen Parteiwesens. Fraktionen, politische Vereine und Parteien in der Revolution 1848 (Paderborn 1971) S. 57

[9] Werner Boldt, Anfänge (1971) S. 56f

[10] Sonnabend, 17. Februar 1849, Stenogr. Bericht ü. d. Verh. d. dt. const. Nationalversammlung z. Frankfurt a. M., Band 7 (1848/49) S. 5280

[11] Egbert Weiß, Corpsstudenten in der Paulskirche (=Einst und Jetzt. Sonderheft 1990) 1991, S. 45, Nr. 97

[12] Stenogr. Bericht ü. d. Verh. d. dt. const. Nationalversammlung z. Frankfurt a. M., Band 1 (1848/49) S. 5 Werner Boldt, Die Anfänge des deutschen Parteiwesens (1971) S.178

[13] Sein Abgeordnetenkollege Friedrich Theodor VISCHER in der Karlsruher Zeitung vom 28. 5. 1848; zit. in: Werner Boldt, Die Anfänge des deutschen Parteiwesens 1971 S. 178

[14] Klaus von Beyme, Partei, in: Geschichtliche Grundbegriffe (Hrsg. O. Brunner etc., Band 4, 1993) S. 718

[15] Zit. nach: Werner Boldt, Anfänge (1971) S. 178

[16] Faks. in: Winfried Fiedler (Hrsg.), Die erste deutsche Nationalversammlung 1848/49. Handschriftliche Selbstzeugnisse ihrer Mitglieder (Königstein 1980) Blatt 141

[17] Karl MATHY, Casino Partei, seit 1824 Burschenschaft in Heidelberg, besorgte selbst die Verhaftung des radikalen Revolutionärs FICKLER und trug so zum Scheitern der badischen Revolution bei: wollte den Deutschen Bund erhalten und lediglich reformieren.

[18] Winfried Fiedler (Hrsg.), Die erste deutsche Nationalversammlung (1980) Blatt 64

[19] Faks. in: Winfried Fiedler (Hrsg.), Die erste deutsche Nationalversammlung (1980) S. 25

[20] Zit. nach Jutta Witte. Die Geburt der Fraktionen im Wirtshaus (Hamburger Abendblatt 18. 5. 1998)

[21] Dieter Langewiesche, Anfänge (1987) S. 334f

[22] Neben der Mauren-Metapher, könnte sich dies auch auf den radikalen Johann Martin MOHR beziehen; der Donnersberg-Fraktion als Mitbegründer und dem Corps Hassia-Heidelberg angehörig, wollte der äußerste Linke kein „Erbliches" zum Oberhaupt wählen, vergebens!

[23] Faks. in: Winfried Fiedler (Hrsg.), Die erste deutsche Nationalversammlung (1980) Blatt 94.

[24] Klaus von Beyme, Partei (= Geschichtliche Grundbegriffe. Band 4, 1993) S. 719

[25] vgl. Lothar Gall (Hrsg.) 1848 Aufbruch zur Freiheit (Frankfurt/aM 1989) S. 70 zur Katalognummer 63.

[26] [27] [28] Manfred Botzenhart, Deutscher Parlamentarismus 1848-1850 (Düsseldorf 1977) S. 316, S. 487, S. 415

[29]–[35] Zit. in: Werner Boldt, Anfänge (1971) S. 184, S. 188-191, S. 175-177, S. 182-184, S. 166-168, S. 558f., S 179f.

[36] Veit Valentin, Geschichte der deutschen Revolution. Zweiter Band, Reprint. (Weinheim 1998) S. 587

[37] Faks. in: Winfried Fiedler (Hrsg.), Die erste deutsche Nationalversammlung (1980) Blatt 131.

[38] [39] Zit. nach: Werner Boldt, Anfänge (1971) S. 178f, S. 180

[40] Heinrich Best / Wilhelm Weege, Biographisches Handbuch der Abgeordneten der Frankfurter Nationalversammlung (1998) S. 353
[41] Stenogr. Bericht ü. d. Verh. d. dt. const. Nationalversammlung z. Frankfurt a. M., Band 5 (1848/49) S. 3277
[42] Heinrich Laube, Das erste deutsche Parlament. Band 3. Neudr. d. Ausg. 1849 (1978) S. 9-24
[43] Mit Bezug auf den Präsidenten der Nationalversammlung, Reichsministerpräsidenten, Reichsinnen- und Reichsaußenminister, Heinrich Wilhelm August Freiherr von GAGERN, dem Urburschenschafter und geschickten Parlamentarier, der nicht zuletzt durch den „kühnen Griff" und durch seine Paktpolitik die Fraktionspolitik als Parlamentspolitik etablierte, allerdings auf Kosten der großdeutschen Einheit.
[44] Zit. in: Werner Boldt, Anfänge (1971) S. 163-164
[45] Vgl. Ernst Rudolf Huber, Deutsche Verfassungsgeschichte seit 1789. Band II (Stuttgart 1969) S. 614ff
[46] Heinrich Laube, Das erste deutsche Parlament. Band 3 (1848) S. 42ff
[47] Rainer Koch (Hrsg.) Frankfurter Nationalversammlung 1848/49. Ein Handlexikon d. Abgeordneten d. deutschen verfassungsgebenden Reichs-Versammlung (Kelkheim 1989) S. 411
[48] Heinrich Best, Die Männer von Bildung und Besitz. Struktur u. Handeln parlamentarischer Führungsgruppen in Deutschland u. Frankreich 1848/49 (Düsseldorf 1990) S. 236
[49] Heinrich Laube, das erste deutsche Parlament. Band 3 (1848) S. 41
[50] Franz Schuselka, Deutsche Fahrten II. Band. Während der Revolution (Wien 1849) S. 143
[51] Dieter Langewiesche, Die Anfänge der deutschen Parteien (1978) S. 328, Anm. 22
[52] Vgl. Heinrich Best, Die Männer von Bildung (1990) S. 326
[53] Vgl. Burschenschafterliste vom EB u. Archivar der B! OLYMPIA Wien, Dipl. Volkswirt Helge Dvorak – Angaben vom Verfasser in einer Datenbank ergänzt nach: Heinrich Best / Wilhelm Weege, Biographisches Handbuch der Abgeordneten der Frankfurter Nationalversammlung 1848/49 (Düsseldorf 1998); Rainer Koch (Hrsg.), Die Frankfurter Nationalversammlung 1848/49. Ein Handlexikon d. Abgeordneten d. deutschen verfassungsgebenden Reichsversammlung. (Kelkheim 1989); Wolfgang Klötzer, Abgeordnete und Beobachter. Kurzbiographien und Literaturnachweise. In: Darstellungen und Quellen z. Gesch. d. dt. Einheitsbewegung im 19. u. 20. Jh. Band 3 (Heidelberg 1959) S. 275-307.
[54] Frankfurt d 30. März 1849. G. C. Schüler, Abgeordneter von Jena; Faks. in: Winfried Fiedler (Hrsg.), Die erste deutsche Nationalversammlung (1980) Blatt 93
[55] Die von Werner Boldt, Anfänge (1971) S. 200 zitierte Abänderung: „Den Fürsten und dem Parlament / O Volk, mach' du ein End!". Diese kann durch Hermann Tardel (Hrsg.) Herwegs Werke in drei Teile. Dritter Teil (Berlin) S. 33f nicht bestätigt werden!
[56] Frankfurt den 22. April 1849 F. Schütz aus Mainz; Faks. in: Winfried Fiedler (Hrsg.), Die erste deutsche Nationalversammlung (1980) Blatt 134
[57] Zit. nach: Ulrich Otto, Die historisch politischen Lieder und Karikaturen des Vormärz und der Revolution von 1848/1849. Köln 1982) S. 355
[58] Zit nach: Ulrich Otto, Die historisch politischen Lieder (1982) S. 364

JÜRGEN SCHWAB

Die Meinungsfreiheit im Vormärz und heute

Die 1848er Revolution gilt gemeinhin als „gescheiterte Revolution". Und dennoch hat sie Errungenschaften gerade im Bereich der bürgerlichen Freiheiten hinterlassen, die bis in unsere heutige Zeit hineinwirken. Die im österreichischen Staatsgrundgesetz (Artikel 13 und 17) sowie im bundesdeutschen Grundgesetzes (Artikel 5) verankerte Meinungs-, Presse-, Informations- und Wissenschaftsfreiheit geht im wesentlichen auf eben diese Märzrevolution zurück. In der nun folgenden Abhandlung soll es darum gehen, die Mechanismen und Antriebsmomente der Zensur in der ersten Hälfte des vorigen Jahrhunderts dem Leser vor Augen zu führen, die Institutionalisierung der „Preßfreiheit" durch die Paulskirchenversammlung aufzuzeigen, aber gleichzeitig auch die Frage aufzuwerfen, was nun gegenwärtig – 150 Jahre später – von den „48er"-Errungenschaften in Sachen „Meinungsfreiheit" übriggeblieben ist, und wo möglicherweise Anspruch und Wirklichkeit bei den heute auf „deutschem Boden" Herrschenden auseinanderstreben? Hat der moderne Mensch aus dem zensorischen Treiben des Vormärz' seine demokratischen Lehren gezogen? Und stehen die heutigen Verfechter des liberal- parlamentarischen Systems nun unzweifelhaft in der Tradition der „48er"-Bürgerrechtler oder vielmehr in der des „Reaktionärs" Metternich?

Doch zunächst einmal zur historischen Ausgangsbasis der Untersuchung: Bei den revolutionären Unruhen im Februar/März 1848 stand die Forderung nach Pressefreiheit obenan. In den Ländern Württemberg und Baden, wo man sich zuvor nur unter Druck den Karlsbader Beschlüssen gebeugt hatte, wurde die Zensur zuerst aufgehoben. Hessen-Darmstadt, Frankfurt, Nassau, Gotha, Weimar und Kurhessen folgten. Nach dem Wiener Volksaufstand und dem Sturz Metternichs zog Österreich nach, dann wurde noch die (Vor-) Zensur in Hannover, Preußen und Sachsen abgeschafft. Es galten nun lediglich die allgemeinen Strafgesetze. Die unmittelbare Folge war eine Flut von revolutionären Flugblättern und Zeitungen.[1]

Fürst Metternich – Nach einem Gemälde von Sir Thomas Lawrence

1848: Forderung nach „Preßfreiheit“

Eben diese Flugblätter und Zeitschriften waren bis zur 1848er Revolution der klassischen Vorzensur, d.h. der behördlichen Vorlagepflicht, unterworfen, die infolge der Karlsbader Beschlüsse im Jahre 1819 auf Betreiben Fürst Metternichs eingeführt wurde. Die Vorzensur bezog sich auf sämtliche Zeitungen, Zeitschriften und Bücher mit einem Umfang von höchstens 20 Bogen, also 320 Oktavseiten. Umfangreichere Publikationen seien, so vermuteten die Herrschenden nicht ohne Grund, wegen ihres Preises und geistigen Anspruchs von geringerer staatsgefährdender Brisanz. Für Schriften von mehr als 20 Bogen Umfang galt selbstverständlich die Nachzensur nach erfolgtem Druck.[2]

Diese bundeseinheitliche Regelung der Zensur wurde allerdings in den einzelnen Ländern unterschiedlich streng angewandt. In Teilen Deutschlands, wie etwa in Württemberg, wurde die Vorzensur der Karlsbader Beschlüsse zeitweise nur lax gehandhabt. In den dreißiger Jahren war dann von solcher Liberalität aber nur mehr wenig zu spüren. Die Pariser Julirevolution von 1830 und vor allem das Hambacher Fest von 1832 ließen die Regenten um den Bestand ihrer Throne bangen. Die geistige Bevormundung gipfelte in den Jahren 1835/36 im bundesweiten Verbot der Schriften des „Jungen Deutschland“.[3]

Zustandegekommen waren die sogenannten Karlsbader Beschlüsse – wie oben bereits angesprochen – auf Betreiben von Fürst Metternich. Ziel der österreichischen Politik war die Beseitigung der beiden – für die Herrschenden – bedenklichen Paragraphen 13 und 18 der Bundesakte durch eine für alle Bundesstaaten verbindliche Interpretation, die jeder willkürlichen Auffassung durch liberale Fürsten, Staatsmänner und Publizisten gründlich den Garaus machen sollte. So sollte vor allem der Paragraph 13 so ausgelegt werden, daß repräsentative Verfassungen verhindert werden. Nun war es aber keineswegs gewiß, ob der Bundestag in seiner Gesamtheit diesem Attentat auf die sonst so hochgehaltene Souveränität der Einzelstaaten zustimmen würde. Im Gegenteil – abgesehen von der Eifersucht der Staaten untereinander, hatten die verschiedenen Verfassungen Verpflichtungen auferlegt, die sich schlechterdings nicht durch einen Federstrich wieder beseitigen ließen.[4]

Daß der Großherzog von Weimar die „Felonie gegen den Bund“, der man ihn geradezu beschuldigte, so weit treiben würde, um den Plänen Österreichs zu widersprechen, war so gut wie gewiß. Ebensowenig Gutes versprach man sich von den „Freien Städten“ und von einer ganzen Anzahl der kleineren Bundesfürsten. Das diplomatische Schachspiel stellte also die reizvolle Aufgabe, den zu befürchtenden Widerspruch gar nicht aufkommen zu lassen, und es ist bekannt, wie meisterhaft Metternich diese Aufgabe zu lösen verstand. Man zog nur neun Bundeststaaten zu Rate, und nachdem man schon im Juli 1819 das volle Einverständnis des durch die Zeitläufte eingeschüchterten Preußenkönigs gewonnen hatte, einigte man sich auf einer Konferenz in Karlsbad, die den ganzen August über dauerte, zu einer Reihe von Maßregeln, auf deren Durchführung alle Bundesstaaten unnachsichtig verpflichtet werden sollten.

Vorreiterrolle Österreichs

Die endgültige Erläuterung des Paragraphen 13 stellte man allerdings noch vorsichtig zurück, nachdem auch Preußen die Zusicherung gegeben hatte, daß es an eine Volksvertretung im modernen Sinne nicht mehr denke, sondern nur an eine Belebung der alten Provinzialstände mit einer noch unklaren Zentralvertretung, die sich allerdings der preußische Staatskanzler Hardenberg noch wesentlich umfassender und wirksamer vorstellte als Metternich. Man einigte sich aber dahin, daß kein Bundesstaat sich weigern dürfte, Beschlüsse der Bundesversammlung zu vollziehen, *„in so fern sie die innere und äußere Sicherheit der Gesammtheit, die Unabhängigkeit und Unverletzbarkeit einzelner Mitglieder des Bundes, und die von beiden unzertrennliche Aufrechterhaltung der rechtlich bestehenden Ordnung zum Gegenstande haben“*. Damit war dem Bundestag eine Gewalt verliehen, der das sonst so lokkere Gefüge des 1815 gegründeten Staatenbundes in keiner Weise gerecht wurde und der sich Österreich am wenigsten unterworfen haben würde, sobald ein Bundesbeschluß mit seiner Politik in Widerspruch geraten wäre. Die endgültige Erläuterung des Paragraphen 13 im Sinne des bewährten „monarchischen Prinzips“ erfolgte erst auf späteren Konferenzen in Wien.[5]

Polizei vernichtet Zeitungsblätter – Karikatur auf die Zensur des 19. Jahrhunderts

Die eigentlichen Maßregeln aber, die man in Karlsbad ausbrütete, waren: die verschärfte Aufsicht über Schulen und Universitäten, die unter eine Art Kuratel gestellt wurden, gemeinsame Einschränkung der überhandnehmenden Preßfreiheit und die Gründung einer Bundeskommission zur Verfolgung demagogischer Umtriebe, der bald berüchtigt gewordenen Mainzer Zentraluntersuchungs-Kommission. Die Karlsbader Beschlüsse wurden im September, wenige Tage bevor der Bundestag in Ferien ging, in Frankfurt vorgelegt, zur größten Überraschung der Mehrzahl, ihre Annahme als selbstverständliche Pflicht hingestellt, einer kurzen Beratung unterworfen, die nur ein Scheingefecht war, denn die meisten Vertreter der Bundestaaten waren ohne alle Instruktionen, und in einer nachweislich gefälschten Abstimmung einhellig zum Gesetz erhoben. Man hütete sich wohl, das wahrheitsgetreue Protokoll über diesen skandalösen Vorgang auch nur den beteiligten Regierungen selbst zu unterbreiten, sondern begnügte sich damit, die beschlossenen Maßregeln kurzweg als Ergebnis der Bundessitzung vom 20. September bekanntzumachen. Der Beschluß, der am tiefsten in das öffentliche Leben eingriff, war der über die neue Beschränkung der Preßfreiheit.[6]

Und wie es zu allen Zeiten üblich ist, wurde gleich in den Karlsbader Beschlüssen in einem allgemeinen Grundsatz die Knebelung der Meinungsfreiheit gutmenschlich begründet: *„Nur im Zustande der vollkommensten Ruhe könnte Deutschland, bei seiner dermaligen Förderativ-Verfassung, uneingeschränkte Preßfreiheit, insofern sie sich mit dieser Verfassung überhaupt vereinigen läßt, ertragen. Der gegenwärtige Zeitpunkt ist weniger als jeder andere dazu geeignet: denn das so vielen Regierungen obliegende Geschäft, die jetzige und künftige Wohlfahrt ihrer Völker durch gute Verfassungen zu gründen, kann unter einem wilden Zwiespalt der Meinungen, kann unter einem täglich erneuerten, alle Grundsätze erschütternden, alle Wahrheit in Zweifel und Wahn auflösenden Kampfe unmöglich gedeihen".[7]*

Karlsbader Beschlüsse: Einführung der Vorzensur

Die Karlsbader Beschlüsse und somit auch die Einführung der Vorzensur wurden von der Frankfurter Bundesversammlung am 20.9.1819 offiziell verabschiedet. Das Protokoll dieser Sitzung läßt an der Intention der Gesetze keinen Zweifel:

„Der Mißbrauch der Presse, und insbesondere der mit den Zeitungen, Zeit- und Flugschriften bisher getriebene Unfug."[8]

Auch damalige Zeitzeugen kommentierten die Gründe bzw. die Vorwände für repressive Maßnahmen:

Geheime Beschlüsse

der

Ministerial-Konferenzen

zu

Karlsbad.

Vom 20. September 1819.

Leipzig,
Theodor Thomas.
1848.

„Betrübende Ereignisse, denen man für Deutschland zu viel Werth beigelegt haben möchte, manche Unvorsichtigkeit, Aufreizung und Uebertreibung, Streitigkeiten über Turnerbund und Turnen, die Wartburgfeier, Kotzebue's Ermordung (März 1819) gaben der Ansicht immer mehr Eingang, daß ein Geheimbund bestehe, der es sich zur Aufgabe gestellt habe, eine gewaltsame Umwälzung in Deutschland herbeizuführen; und viele deutsche Regierungen hegten die ernstlichen Besorgnisse über die Richtung der öffentlichen Stimmung in Deutschland."[9]

Angriffsziel: „Junges Deutschland"

In dem Beschluß der Bundesversammlung vom 10.12.1835 wird schließlich die Rechtfertigung über die Kriterien des Zensureingriffs geliefert: Den betreffenden Autoren des „Junges Deutschland" wird in der Präambel der Bestimmungen vorgeworfen, die christliche Religion (als Staatsreligion) verächtlich zu machen, die Sittlichkeit zu zerstören sowie die bestehenden sozialen Verhältnisse zu kritisieren. Mit den „sozialen Verhältnissen“ tritt ein bisher ungewohntes Kriterium auf den Plan, was in Zusammenhang steht zunächst mit den wachsenden Spannungen zwischen Adel und Bürgern, aber auch zwischen Bürgern und abhängigen Arbeitern. Den Autoren wird noch vorgeworfen, die belletristische Form der Literatur erfolgreich als Mittel für ihre „demoralisierenden“ Zwecke zu verwenden sowie für ihre „zerstörerische Tendenz“.[10] Die zentrale Bestimmung in dem Beschluß der Bundesversammlung lautet:

„Sämtliche deutsche Regierungen übernehmen die Verpflichtung, gegen Verfasser, Verleger und Verbreiter der Schriften aus der unter der Bezeichnung ‚das junge Deutschland‘ oder ‚die junge Literatur‘ bekannten literarischen Schule, zu welcher namentlich Heinrich Heine, Carl Gutzkow, Heinrich Laube, Ludolph Wienbarg und Theodor Mundt gehören, die Straf- und Polizeigesetze ihres Landes, so wie die gegen den Mißbrauch der Presse bestehenden Vorschriften, nach ihrer vollen Strenge in Anwendung zu bringen, auch die Verbreitung dieser Schriften, sey es durch den Buchhandel, durch Leihbibliotheken oder auf sonstige Weise, mit allen ihnen gesetzlich zu Gebote stehenden Mitteln zu verhindern.“[11]

Die vor allem präventiven (aber auch repressiven) Zensurmaßnahmen sollten allgemein verhindern, daß sich die bürgerliche Öffentlichkeit formiert.

„Wie lange möchte uns das Denken wohl noch erlaubt bleiben?“ fragen sich diese geknebelten Herren auf einer Lithographie um 1825. Das anonyme Spottblatt richtete sich gegen die Zensur und das Spitzelwesen der damaligen Zeit.

Konkret richteten sie sich gegen jenes Konzept politisch selbstbewußter Publizisten, das erklärtermaßen darin bestand, durch eine von der Presse initiierte kollektive Selbstaufklärung den Weg aus jener Unmündigkeit zu finden, von der Kant befunden hatte, daß sie „selbstverschuldet" sei. Hiergegen mußten sich die Machthaber wehren, wollten sie nicht ihre absolutistische Position freiwillig räumen. Denn letztere gründete sich auf der Folgebereitschaft eines politisch ohnmächtig gehaltenen Volkes.[12]

Nach 1843 schien nicht nur der Höhepunkt der Buchproduktion, sondern auch der der vormärzlichen Literaturverfolgung überschritten; an die Stelle der Unterdrückung einzelner Autoren und Verleger trat nun die Lenkung der Rezeption. Konfessionelle und staatliche Volksbildungsbestrebungen, Volksbüchereien und Vereine bemühten sich, der Politisierung des belletristischen Lesegeschmacks entgegenzuwirken.[13] Dies war schon deshalb notwendig, um zu unterbinden, daß nonkonforme Zeitgenossen mittels Leseclubs und Leihbibliotheken versuchten, die Zensur zu unterlaufen. Daher lag der Versuch nahe, das Angebot öffentlich zugänglicher Literatur zu lenken.

Lenkung der Rezeption

Wenn hier von „lenken" die Rede ist, so muß an dieser Stelle doch vor einem Irrtum gewarnt werden, der aus solchen allzu einfachen Begriffen leicht enspringen könnte: Es wäre völlig verfehlt, sich die vormärzliche Zensur in Form eines perfekten staatlichen „Lenkungs"-Apparates vorzustellen. Denn wie der Wiener Historiker Professor Lothar Höbelt schreibt, war diese Zensur des Vormärzes ohnehin „aufgeklärten Ursprungs"[14] Sie war flächendeckend überhaupt erst notwendig in einer Gesellschaft, die einigermaßen alphabetisiert war. Aufgrund dieses Entwicklungsprozesses und der daraus mangelnden Erfahrung für die potentiellen Zensoren war die Kommunikationskontrolle bürokratisch und schwerfällig, willkürlich und widersprüchlich. Die Eseleien der Zensur waren ein beliebtes Thema des Tratsches und der Schriften, die in Selbstverlagen erschienen. Der *„Mangel eines Ironiezeichens in der Orthographie"* führte zum Beispiel dazu, daß die österreichischen Zensoren die antireligiösen Traktate Bruno Bauers als Erbauungsbüchlein mißverstanden und zum Verkauf freigaben.[15]

Es muß auch – im Gegensatz etwa zu vielen zensorischen Zeitgenossen der Gegenwart – dem damaligen Oberzensor Metternich zugute gehalten werden, daß er sein zensorisches Handwerk immerhin ehrlich und voller Rechthaberei betrieb, so daß er die – aus seiner Sicht – Notwendigkeit der Zensur mit dem Hinweis auf gute Sitte und Anstand verteidigte, ohne sich vor dem intellektuellen Publikum, das ohnehin seine Mittel und Wege hatte, an die verbotenen Bücher zu gelangen, achselzuckend und augenzwinkernd auf die Borniertheit untergeordneter Instanzen herauszureden, wie es bis hinauf zum Kaiser selbst gang und gäbe war.

Nur jedes vierte Buch fand Gnade in den Augen der Zensoren, was – wie kaum verwunderlich – nicht hinderte, daß verbotene Publikationen in der gehobenen Gesellschaft erst recht zum Tagesgespräch wurden. Die Zensur behinderte die Gesetzestreuen und verschaffte dem Schmuggel Nervenkitzel und Gewinnspannen. Als sie am Tag nach Metternichs Sturz plötzlich aufgehoben wurde, boten die Wiener Buchhandlungen ohne lange Bestellfristen die Werke zum Verkauf an.[16] Bis es aber so weit war, daß die (Vor-)Zensur aufgehoben wurde, erlitt Österreich durch seine erzwungene Absenz auf dem deutschen Buchmarkt einen kommerziellen Schaden, den findige Kritiker auf eine Million Gulden im Jahr bezifferten. Die Straußschen Walzer mochten tonangebend sein, aber auf literarischem Gebiet dominierten Leipzig, das damalige Eldorado junger Österreicher, und vielleich auch Stuttgart, die Heimat des schwäbischen Dicherkreises. In Leipzig gab der gebürtige Prager Ignaz Kuranda die „Grenzboten" heraus, grüne Hefte, in denen sich Oppositionelle aller Schattierungen ein Stelldichein gaben; in Stuttgart veröffentlichte Adolf Wiesner 1847 seine „Denkwürdigkeiten der österreichischen Zensur", ein historischer Leitfaden mit bemerkenswert unpolemischer Tendenz.[17]

Die revolutionären Unruhen fanden dann wenige Monate später in den deutschen Ländern im Februar/März 1848 statt. Aber schon nach wenigen Monaten erlahmte die Revolutionsbewegung, die sich in der Frankfurter Paulskirche parlamentarisch zusammengefunden hatte.Verantwortlich dafür waren Spaltungstendenzen zwischen radikalen Demokraten einerseits und den konservativen und liberalen Parteien andererseits, wodurch die Reaktion wieder gestärkt wurde. Nach insgesamt einem Jahr war alles vorbei: Durch das Militär wurde die Paulskirchenversammlung aufgelöst und die alten Machtverhältnisse wiederhergestellt.

Aber immerhin hatten die Abgeordneten in der Paulskirche die „Grundrechte des deutschen Volkes" verkündet und zum Reichsgesetz erhoben, die dann auch einen Bestandteil der Frankfurter „Verfassung des Deutschen Reiches" vom 28.3.1849 bildeten. Darin war unter anderem die Meinungs- und Pressefreiheit als Grundrecht enthalten sowie die bisher gültige Vorzensur verboten. Die Vorzensur war faktisch bereits am 2.4.1848 aufgehoben worden. Das heißt, das „Polizei-System" (präventive Zensur) wurde durch das

Die Grundrechte des Deutschen Volkes, Lithographie von Adolf Schroedter, Mainz 1848

„Justiz-System“ (repressive Kontrolle) ersetzt. In den „Grundrechten des deutschen Volkes“ stand dann geschrieben:[18]

„Jeder Deutsche hat das Recht, durch Wort, Schrift, Druck und bildliche Darstellung seine Meinung frei zu äußern. Die Preßfreiheit darf unter keinen Umständen und in keiner Weise durch vorbeugende Maßregeln, namentlich Censur, Conzessionen, Sicherheitsbestellungen (=Kautionen), Staatsauflagen, Beschränkungen der Druckereien oder des Buchhandels, Postverbote oder andere Hemmungen des freien Verkehrs beschränkt, suspendiert oder aufgehoben werden.“[19]

Dieses Grundrecht konnte in den folgenden Jahren nicht aufrechterhalten werden. Es wurde mehr und mehr im Zuge der einsetzenden Reaktion eingeschränkt. Dennoch hatten die Verleger und Buchhändler ihr Ziel, die Abschaffung der bundeseinheitlichen Vorzensur, zunächst erreicht. Die Karlsbader Beschlüsse wurden nicht mehr erneuert. Dennoch hielt das siegreiche alte Regime der Fürsten und ihrer Bürokratien grundsätzlich an Zensurmaßnahmen fest.[20] Karl Marx, der von 1842 bis 1844 Chefredakteur der liberalen „Rheinischen Zeitung“ in Köln war und selbst Erfahrungen mit der Zensur machte, kommentierte die preußische Zensur mit folgenden Worten:

„Auch der Zensor ist Ankläger, Verteidiger und Richter in einer Person; dem Zensor ist die Verwaltung des Geistes anvertraut; der Zensor ist unverantwortlich. (...) Die eigentliche Radikalkur der Zensur wäre ihre Abschaffung.“[21]

Die Lehren – Abschaffung der Zensur?

Dieser zutreffende Kommentar von Karl Marx wird sicherlich ein frommer Wunsch bleiben. Denn Gesellschaften und Staaten sind – jedenfalls für den Verfasser dieser Zeilen – ohne Zensur undenkbar. Man kann das häßliche Wort der „Zensur“ nun euphemistisch umschreiben wie man will, Zensur wird immer ausgeübt werden. Nur deren Intensität und deren ideologische Vorzeichen können variieren. Ob sich die kommunistische Zensur (à la DDR) gegen den „Klassenfeind“ richtet, die nationalsozialistische gegen den „Volksschädling“, oder ob der demokratische Gutmensch „keine Freiheit für die Feinde der Freiheit“ fordert. Das zensorische Prinzip bleibt immer das gleiche.

In der Regel ist es aber so, daß die Propagandisten offensichtlich totalitärer Systeme immerhin noch so ehrlich sind, sich zu ihrem zensorischen (Un-) Wesen zu bekennen. Denn während man in parlamentarischen Demokratien oftmals in allen Spalten und auf sämtlichen Kanälen Sprechblasen von „Meinungspluralismus“ absondert und der Anschein erweckt wird, die Medien seien dazu da, ein möglichst breites Meinungsspektrum zu repräsentieren, gab Propagandaminister Dr. Joseph Goebbels in einer Ansprache am 18. März 1933 unumwunden zu:

„Wie ich schon betont habe, soll die Presse nicht nur informieren, sondern muß auch instruieren. Ich wende mich dabei vor allem an die ausgesprochen nationale Presse. Meine Herren! Sie werden auch einen Idealzustand darin sehen, daß die Presse so fein organisiert ist, daß sie in der Hand der Regierung sozusagen ein Klavier ist, auf dem die Regierung spielen kann,

daß sie ein ungeheuer wichtiges und bedeutsames Massenbeeinflussungsinstrument ist, dessen sich die Regierung in ihrer verantwortlichen Arbeit bedienen kann."[22]

Demokratischer Meinungspluralismus?

Während Goebbels also in den Medien lediglich Instrumente nationalsozialistischer Propaganda sah, wird im „freiheitlichsten Rechtsstaat, der jemals auf deutschem Boden bestanden hat", der BRD nämlich, der Meinungspluralismus großgeschrieben. Nicht einmal Zensur ist zwischen Rhein und Oder (bei oberflächlicher Betrachtung!) vorgesehen. Denn in Artikel 5, Absatz 1, Satz 3 des Grundgesetzes (GG) heißt es: „Eine Zensur findet nicht statt."[23] Wer sich freilich mit dem Zensurthema näher befaßt, der wird feststellen, daß auch hierbei zwischen Verfassungsanspruch und Verfassungswirklichkeit erhebliche Lücken auseinanderklaffen. Denn entscheidend ist nicht alleine das gedruckte Wort, das so manches Menschenrecht postuliert, sondern vielmehr dessen Interpretation durch die maßgeblichen Verfassungsrechtler.

Der amtierende Bundespräsident der BRD, Dr. Roman Herzog, hat den Artikel 5 GG im Standardkommentar von Maunz-Dürig so kommentiert, daß mit dem genannten Zensurverbot nur die Vorzensur, vornehmlich die behördliche Vorlagepflicht von zu druckenden und zu sendenden Texten, gemeint sei:

„Verfassungsrechtlich zulässig ist dagegen die rechtliche Beurteilung und Ahndung von Äußerungen aller Art, wenn sie nachträglich und – selbstverständlich – innerhalb des von Art. 5 Abs. 2 gezogenen Rahmens erfolgt."[24]

Vorzensur verboten – Nachzensur zulässig?

Die Nachzensur durch Staatsanwalt und Richter soll also laut Herzog mit dem Grundgesetz in Übereinstimmung stehen, diese Variante der Zensur wird auch tagtäglich in der BRD praktiziert – nicht zuletzt gegen Verlage, Publizisten und Politiker der nationalen Opposition. Als wesentliches Instrument der strafrechtlichen Nachzensur hat sich dabei die seit 1994 vom Bundestag zu einem Sondergesetz umformulierte Volksverhetzung (§ 130 StGB) erwiesen. Die Vorzensur hingegen, vor allem die behördliche Vorlagepflicht, soll stattdessen verboten sein. Ist sie denn in der BRD wirklich nicht existent? Wir erinnern uns: Die Paulskirchenversammlung hatte sie 1848 für abgeschafft erklärt.

Eine durchgehende behördliche Vorlagepflicht gibt es zwar in der BRD und in Österreich nicht – die übrigen Varianten der Kommunikationskontrolle erfüllen ihren zensorischen Zweck, wie die Nachzensur, aber auch die Sozialzensur durch gesellschaftliche Ausgrenzung, so daß die Vorzensur nicht nötig erscheint. Dort jedoch, wo Nonkonformisten sich einen direkten Weg an die Öffentlichkeit suchen, wie zum Beispiel bei Demonstrationen, gilt auch in der BRD die behördliche Vorprüfung. So müssen bei der Anmeldung von Demonstrationen nationaler Parteien gegenüber dem Ordnungsamt der Stadt XY die Redner benannt werden, über welche Themen diese reden, über wel-

Am 28. 10. 1994 verschärfte der deutsche Bundestag den § 130 Strafgesetzbuch („Volksverhetzung"). Die neue Regelung kommt faktisch einem staatlich verordneten Denkverbot sehr nahe, sie stellt einen Anschlag auf die geistige Freiheit Andersdenkender dar.

che nicht, Flugblätter werden auf „rechtsextremistische" Inhalte überprüft. Schließlich will der Vorprüfer schon im Vorfeld einer nationalen Demonstration alle Möglichkeiten ausschöpfen, die Veranstaltung zu verbieten. Als vor wenigen Jahren die NPD in Karlstadt (bei Würzburg) gegen den Bau einer Moschee demonstrieren wollte, wurde ihr Anmelder zunächst einmal zu einem Vorgespräch geladen. Der Landrat des Main-Spessart-Kreises, Armin Grein, gab dann gegenüber der Presse unumwunden zu: „Möglicherweise ergeben sich aus dem Gespräch Gründe, die Veranstaltung zu verbieten".[25]

In Berlin haben unlängst nationaldenkende junge Leute die Gelegenheit ergriffen, über die sogenannten „offenen Kanäle" ein eigenes Hörfunkprogramm namens „Radio Germania" auszustrahlen. Für die Kosten müssen sie natürlich selbst aufkommen. Weil in der Sendung unter anderem auch der nationale Liedermacher Frank Rennicke gespielt wurde, mußten in der Folge sämtliche textliche und musikalische Sendebeiträge einem Aufsichtsratsgremium zur Vorkontrolle vorgelegt werden. Seitdem wurde die Fortsetzung von „Radio Germania" verhindert. Meinungspluralismus?

Zensur im Internet

Auf jeden Fall ist auch dies ein Beispiel dafür, daß es zwar in der BRD keine generelle behördliche Vorlagepflicht gibt (klassische Form der Vorzensur), doch die Vorzensur durchaus dort zum Tragen kommt, wo sie ihren Kontrollbedarf für die Herrschenden erfüllt. Nämlich genau dann, wenn – zum

Beispiel – nationale Oppositionelle bemüht sind, eine direkte Öffentlichkeit zum Publikum herzustellen, unter Umgehung der etablierten und lizenzierten Medien.

Aber selbst, wenn das BRD-System ohne jegliche Form von Vorzensur auskommen würde, müßten sich seine Apologeten vorhalten lassen, daß durchaus ihre irreführende Argumentation („es gibt keine Vorzensur, deshalb gibt es insgesamt keine Zensur") deutliche Parallelen zum DDR-Argumentationsmuster aufweist. Denn auch im längst verblichenen „Arbeiter- und Bauernstaat" wurde versucht, den Zensurvorwurf dadurch zu entkräften, indem man darauf hinwies, daß es keine Vorzensur in der DDR gebe. Und eine generelle behördliche Vorlagepflicht hat es – geringfügige Ausnahmen bestätigen auch hier die Regel – tatsächlich nicht gegeben. Noch 1990, nach seinem Sturz, beteuerte Erich Honecker:

„Aber die Presse lief ohne Zensur, Rundfunk und Fernsehen liefen ohne Zensur. nur kraft des Verantwortungsbewußtseins des Einzelnen wurde die Sache gestaltet. Der Adamek war verantwortlich für sein Fernsehen, der andere für den Rundfunk. Der Joachim Herrmann mußte die Anleitung geben und kontrollieren. Er war verantwortlich für das „Neue Deutschland". Und wenn er Mist gebaut hatte, dann wurde er kritisiert. Das war die Situation."[26]

Auch Honecker wollte – so kann man seine Aussage jedenfalls interpretieren – den Zensurbegriff auf die Vorzensur beschränken. Und – zumindest in diesem Punkt – geht der derzeitige Bundespräsident der Bundesrepublik Deutschland, Dr. Roman Herzog, mit dem mittlerweile verstorbenen SED-Generalsekretär konform. Beide verkürzen – aus opportunistischem Herrschaftsinteresse – den Zensurbegriff auf den eingeschränkten Vorzensurbegriff. Da fällt dem Verfasser ganz unwillkürlich der Spruch ein, den der frühere bayerische Ministerpräsident, Franz Josef Strauß, sinngemäß geäußert haben soll: Man brauche seine Vorsätze nur hoch genug hängen, damit man bequem darunter hindurchgehen kann.

Den Herrschenden ist jede (national-) oppositionelle Äußerung, mit der ihre Legitimation in Frage gestellt wird, ein Dorn im Auge, weshalb sie auch bestrebt sind, die Zensurmaschen immer enger und fester zu knüpfen. Nun ergeben sich gerade durch das Internet beachtliche Möglichkeiten, das Predigermonopol der selbsternannten Demokraten zu brechen. Es ist in diesem Zusammenhang schon paradox, wenn ausgerechnet unsere herrschenden Internationalisten versuchen, den verbliebenen nationalen Repressionsapparat (Strafgesetze etc.) zur Verfolgung von Nationalisten zu mißbrauchen, wenn sich diese internationaler Medien – vor allem des Internets – bedienen. So will man in Bonn am Rhein doch tatsächlich mittels neuer Zensurgesetze die sogenannten „Provider"-Firmen dazu nötigen, die Verschlüsselungen von „rechtsextremistischen" Internetbenutzern preiszugeben, um diese der Verfolgung des zumeist politisch motivierten Staatsanwalts auszuliefern.

Wer allerdings so naiv ist zu glauben, die Repressionswelle betreffe nur klischeehafte „Neonazis" und „Hard-Core"-Revisionisten, der irrt, denn der hierzulande anzutreffende Totalitarismus ist bereits zum Selbstläufer avan-

Weltweiter Kommunikationsfluß im Internet: Ein Alptraum deutscher Meinungskontrolleure, die befürchten, ihr Predigermonopol zu verlieren

ciert. In diesem Sinne warnt auch der Berliner Verleger Andreas Röhler:

„Wer meint, es gehe hier nur um eine winzige Minderheit, deren Schicksal die Öffentlichkeit nicht weiter interessieren müsse, der irrt. Denn eine Polizei und eine Justiz, die an den Rechtsbruch erst einmal gewöhnt, weil politisch legitimiert, ist, wird nirgends mehr haltmachen und vor nichts zurückschrekken."[27]

Und deshalb werden sich nationale Verleger, Publizisten und Politiker auch weiterhin „warm anziehen" müssen.

Nun könnten die allgegenwärtigen Gutmenschen die Auffassung vertreten, daß es lediglich dem taktischen Kalkül des Verfassers dieser Zeilen entspringe, durch den Zensurvorwurf an die herrschende Klasse nationale Politiker, Verleger und Publizisten sozusagen in eine Märtyrerrolle manövrieren zu wollen; aus einer solchen „David-Position" ließe sich dann ungeniert gegen das „System" (in der Goliath-Rolle) agieren. Dieser zunächst naheliegenden These müßte allerdings entgegengehalten werden, daß selbst relativ unbefangenen Zeitgenossen im In- und Ausland nicht entgangen ist, daß in Sachen Meinungsfreiheit in der BRD, dem angeblich „freiheitlichsten" aller Rechtstaaten, einiges im Argen liegt. So meint Daniel Beisel in einem Kommentar der renommierten „Neuen Juristischen Wochenschrift", daß die Neufassung des Volksverhetzungsparagraphen, die Bundestag und Bundesrat 1994 vornahmen, „faktisch einem staatlich verordneten ‚Denkverbot' sehr nahe" komme, „sie stellt insofern einen Anschlag auf die geistige Freiheit Andersdenkender dar".[28]

Und auch internationalen Experten ist aufgefallen, daß sich diesbezüglich in der BRD zwischen Anspruch und Wirklichkeit mittlerweile eine große Lücke auftut. So ist einer Reuter-Meldung zu entnehmen:

„Die gegenwärtige Repressionswelle gegen nationalgesinnte Deutsche in der Bundesrepublik bedeutet eine ‚Gefährdung der bürgerlichen Freiheiten'. Zu diesem Schluß kam die zweitgrößte Menschenrechtsgruppe, die ‚Human Rights Watch', die unlängst in Helsinki zusammenkam. Die Menschenrechtler werteten die deutschen Gesetze gegen rechtsextremistische Propaganda und das Leugnen des Holocausts als gefährliche Einschränkung der Meinungsfreiheit."[29]

Maulkorb für deutsche Historiker und Publizisten? Bundesdeutsche und österreichische Zensurgesetze machen es möglich

Und wie reagieren die Betroffenen, also die BRD-Zensoren, auf solche peinlichen Vorwürfe aus dem Ausland? Sie zeigen – wen wundert's? – wenig Einsicht. Vielmehr erwecken sie geradezu den an Lächerlichkeit grenzenden Eindruck, als ob sie sich selbst in der Opferrolle befänden. So jammerte Bundesjustizminister Schmidt-Jorzig in einem 3-SAT-Interview:

„Wir werden – und das finde ich einigermaßen bedrückend – binnen kurzem von den USA wegen unserer Bestrafung der Auschwitzlüge eine förmliche Rüge über die Vereinten Nationen bekommen, weil wir auf diese Art und Weise Meinungsfreiheit einschränken."[30]

Zensursonderfall Österreich

Zu dem Themenkomplex gegenwärtiger demokratischer Meinungsdiktatur könnte man an dieser Stelle noch endlos Beispiele auflisten.[31] Ein solches Vorhaben würde bedeuten, ein mehrbändiges und ständig fortlaufendes Buchprojekt herausgeben zu wollen (am besten in Lose-Blatt-Form). Nahezu tagtäglich werden in der BRD und in Österreich nationale Politiker, Publizisten und Verleger mit dem Staatsanwalt konfrontiert – nur weil sie die „falschen" politischen Standpunkte vertreten, oder die Legitimation der Herrschenden bedrohende historische Darstellungen veröffentlichen. Aber nicht nur Staatsanwälte und Richter schlüpfen in die Rolle des Zensors.

Kommunikationskontrolle findet in modernen Demokratien vielfältig („pluralistisch") statt: vom Vermieter und dem Arbeitgeber angefangen, die aufgrund von Mediendenunziationen „Rechtsextremisten" PC-gemäß den Miet- bzw. Arbeitsvertrag kündigen, über die allgegenwärtigen Gutmenschen, die über das politisch-korrekte Sprachvokabular wachen[32], bis hin zum BRD-„Verfassungsschutz" sowie dem sich im Anschein einer Halbstaatlichkeit sonnenden „Dokumentationsarchiv des österreichischen Widerstandes" (DÖW), die in ihren denunziatorischen „Berichten" politisch Andersdenkende – vornehmlich nationaler Denkweise – an den Pranger gutmenschlicher Öffentlichkeit stellen.[33]

An dieser Stelle muß noch in aller Kürze auf die besondere Rolle der österreichischen politischen Zensur hingewiesen werden. Diese geht nämlich über die einschlägig bundesdeutsche noch einen Schritt hinaus, indem sie alles unter Strafe stellt, was großdeutsche Propaganda ist oder etwa nach staatlichem „Anschluß" an die nördlichen deutschen Schwestern und Brüder riecht (sogenantes „NS-Verbotsgesetz": §§ 3 g und 3 h österreischisches Strafgesetzbuch).

Meinungsdiktatur in der Demokratie?

Nach dem vorausgegangenen Vergleich zwischen historischer und gegenwärtiger Zensur stellt sich jedoch die grundsätzliche Frage, wie es denn mit den Grundsätzen einer modernen Demokratie vereinbar ist, wenn diese Demokratie in eine Meinungsdikatur abgleitet? Dies ist nämlich Faktum. Jedoch für viele Zeitgenossen, darunter auch Intellektuelle – selbst die dem konservativen und nationalen politischen Spektrum angehören – wollen das nicht wahrhaben. Die Tatsache, daß in Demokratien Zensur und andere Formen von politischer Repression gegen Nonkonformisten ausgeübt werden, erscheint vielmehr als ein Widerspruch zwischen (politischer) Propaganda der Herrschenden und (gesellschaftlicher) Wirklichkeit. Dieser Umstand wird besonders durch den Begriff „sogenannte Demokraten" veranschaulicht, der immer wieder in nationalen Publikationen aufscheint. Damit soll wohl zum Ausdruck gebracht werden, daß sich „sogenannte Demokraten" nur zum An-

„Die zahme Presse" – Karikatur auf die Pressezensur vor 1848. Heute ist in Österreich auch die staatliche Subvention ein Mittel, die Presse gefügig und zahm zu machen

schein den „demokratischen Mantel" umhängen, in Wirklichkeit jedoch totalitäre Ziele verfolgen.

Und dieser Gedankengang wiederum führt dann unweigerlich zu Verschwörungstheorien. Denn irgend jemand muß ja dahinter stecken: Juden, Freimaurer, Bolschewisten? Das ist natürlich nicht immer grundsätzlich auszuschließen, daß Angehörige der genannten Gruppen sich als „Demokraten" bemänteln und gleichzeitig totalitäre Ziele verfolgen, doch dieser Gedankenansatz führt leider am Thema vorbei. Denn es sind die heute herrschenden Liberal-Demokraten selbst, denen totalitäre Zielsetzungen nicht fremd sind – unabhängig ihrer sonstigen organisatorischen, religiösen oder ethnischen Bindungen.

Die „Diktatur der Demokraten"

Die „Demokratie" des westlichen Zuschnitts hingegen scheint nach offizieller Lehre mit „Diktatur" nichts gemein zu haben, ihr vielmehr diametral gegenüberzustehen. Kann man sich demzufolge einen konsequenteren Gegner totalitärer Systeme und Diktaturen vorstellen, als einen gutmenschlicher Demokraten? Womöglich, wenn man dem dargelegten allzu einfachen und irreführenden Gedankenstrickmuster artig folgt. Die Möglichkeit einer „Dikatur der Demokraten" bzw. einer „Meinungsdikatur in der Demokratie" wird somit erfolgreich ausgeblendet. Denn es kann nicht sein, was nicht sein darf!

Wer dieser an bundesdeutschen und österreichischen Universitäten gehegten Lehrmeinung folgt, diese nicht kritisch hinterfragt, der muß sich – sofern er einer nationalen Weltanschauung anhängt – dann allerdings verwundert zeigen, wenn es in den gegenwärtigen Demokratien auf deutschem Boden nicht so recht klappen mag mit Bürgerrechten wie Meinungs-, Presse- und Informationsfreiheit, Wissenschaftsfreiheit und Versammlungsfreiheit, wenn zwischen dem Anspruch einer liberalen Gesellschaftsordnung und der Intoleranz in eben dieser selbst erhebliche Lücken auseinanderklaffen, also demokratische Theorie und gesellschaftliche Praxis nicht so recht zueinanderpassen wollen.

Denn leben wir nicht schließlich in einer Demokratie, in der eben diese Grundrechte für alle Menschen, also auch für nationale und konservative Politiker, Verleger, Publizisten, Gültigkeit besitzen? Wie kann es dann aber sein, daß gerade in den letzten Jahren zunehmend in der BRD und in Österreich nationalen Bürgern eben diese Bürgerrechte massiv streitig gemacht werden, daß die politische Korrektheit tobt, daß bestimmte Aspekte der Zeitgeschichtsschreibung unter einer totalen Strafrechtszensur stehen, während andere nahezu einer jeglichen Kritik entzogen sind?

Nur Naive und solche Zeitgenossen, die oben skizzierter Demokratietheorie kritiklos folgen, zeigen sich folgerichtig entrüstet, wenn die Demokratie an Rhein und Spree, an Donau und Mur in die Meinungsdiktatur entgleitet – trotz aller Phrasen von „Meinungspluralismus" –, wenn der gesellschaftliche Totalitarismus hierzulande immer mehr umsichgreift. Verwunderung und Enttäuschung hätte man sich jedoch sparen können, wenn man nur rechtzeitig Carl Schmitt gelesen hätte. Schließlich hat dieser große deutsche Staatsrechtler bereits in der Zwischenkriegszeit unter dem Titel „Die geistesgeschichtliche Lage des heutigen Parlamentarismus"[34] die Grundübel der liberalen Demokratie frühzeitig und gründlich analysiert. Einer der Kernpunkte seiner Analyse besteht darin, daß die Begriffe „Demokratie“ und „Diktatur“ sich eben nicht gegenseitig ausschließen, was jedoch gerade in gegenwärtigen politologischen Seminaren immer wieder behauptet wird. Zu seiner Zeit bezog sich Schmitt noch auf die verfassungsrechtliche und gesellschaftliche Wirklichkeit der Weimarer Republik, doch seine grundsätzlichen Thesen lassen sich nahezu nahtlos auf die Berliner und Wiener Republiken unserer Tage übertragen, deren Herrschende drauf und dran sind, die von ihnen regierten demokratischen Systeme in offene Meinungsdiktaturen abgleiten zu lassen.

[1] Breuer, Dieter: Geschichte der literarischen Zensur in Deutschland. Heidelberg 1982. S. 180-181.
[2] Wittmann, Reinhard: Geschichte des deutschen Buchhandels. München 1991. S. 209.
[3] Ebda, S. 210.
[4] [5] [6] Houben, Heinrich Hubert: Hier Zensur – wer dort? Der gefesselte Biedermeier. Reclam. Leipzig 1990. S. 285-286, S. 286-287, S. 287.
[7] Zitiert nach ebda, S. 287-288.
[8] Labuhn, Wolfgang: Literatur und Öffentlichkeit im Vormärz. Das Beispiel Ludwig Börne. Königstein/Taunus 1980. S. 64. Labuhn zitiert aus: Protokolle der deutschen Bundesversammlung (82) Bd. 7. S. 267.
[9] Rotteck, Carl von und Carl Welcker (Hg.): Staatslexikon. Enzyklopädie der sämtlichen Staatswissenschaften für alle Stände. Bd. 11. Altona 1848. S. 23 (Preßfreiheit).
[10] Breuer, Dieter: Geschichte der literarischen Zensur in Deutschland. Heidelberg 1982. S. 156-157.
[11] Ebda, S. 156. Breuer zitiert Heinrich Hubert Houben: Jungdeutscher Sturm und Drang. S. 63.
[12] Müller-Doohm, Stefan: Medienindustrie und Demokratie. Verfassungspolitische Interpretation – Sozioökonomische Analyse. Frankfurt/Main 1972. S. 134.
[13] Wittmann, Reinhard: Geschichte des deutschen Buchhandels. München 1991. S. 210.
[14] [15] [16] [17] Höbelt, Lothar: 1848. Österreich und die deutsche Revolution. Amalthea. Wien/München 1998. S. 21. S. 22, S. 22, S. 23
[18] [19] [20] Breuer, Dieter: Geschichte der literarischen Zensur in Deutschland. Heidelberg 1982. S. 180-181. Vgl. auch Schneider, Franz: Presse, Pressefreiheit, Zensur. In: Geschichtliche Grundbegriffe. Historisches Lexikon zur politisch-sozialen Sprache in Deutschland. Bd. 4. Otto Brunner, Werner Conze und Reinhard Koselleck (Hg.). Stuttgart 1978. S. 926, S. 181.
[21] Marx, Karl: Bemerkungen über die neueste preußische Zensurinstruktion. Von einem Rheinländer. In: Wilke, Jürgen (Hg.): Pressefreiheit. Reihe: Wege der Forschung. Bd. 625. Darmstadt 1984. S. 220-221.
[22] Wulf, Joseph: Presse und Funk im Dritten Reich. Eine Dokumentation Frankfurt/Main/Berlin/Wien 1983. S. 64-65.
[23] Taubenberger, Hermann: Grundgesetz für die Bundesrepublik Deutschland. In: Bayerische Verfassung. Grundgesetz für die Bundesrepublik Deutschland. München 1982. S. 69.
[24] Herzog in Maunz-Dürig, Grundgesetz-Kommentar, Rdz. 299 zu Art. 5 GG.
[25] Main-Post, Würzburg, 25.8.1995.
[26] Pannen, Stefan: Die Weiterleiter. Köln 1992. S. 25. Pannen zitiert: Reinhold Andert und Wolfgang Herzberg: Der Sturz. Berlin/Weimar 1990. S. 325.
[27] Sleipnir – Zeitschrift für Kultur, Geschichte und Politik, Nr. 5/1996, S. 48.
[28] Neue Juristische Wochenschrift 15/1995.
[29] Quelle: Reuter 051801 apr 95.
[30] Bundesjustizminister Dr. Schmidt-Jorzig in 3-SAT am 10.3.1996.
[31] Hierzu bisher erschienen: Schwab, Jürgen: Die Meinungsdiktatur. Wie ‚demokratische‘ Zensoren die Freiheit beschneiden. Nation Europa Verlag. Coburg 1997. – Nordbruch, Claus: Sind Gedanken noch frei? Zensur in Deutschland. Universitas Verlag. München 1998.
[32] Vgl. hierzu Scrinzi, Otto: Die Wort-Zensur. Erschienen in „Fakten“ 7-8/98. S. 14-15.
[33] Zur Rolle des „DÖW“ vgl. AULA 7-8/98, S. 8-10 und 9/98, S. 6-10.
[34] Schmitt, Carl: Die Geistesgeschichtliche Lage des heutigen Parlamentarismus. Duncker & Humblott Verlag. 1. Auflage Berlin 1923.

III

REINHOLD REIMANN

Die Grazer Studenten 1848

März 1848

Nachdem bereits am Vorabend Nachrichten aus Wien über die dortigen Vorkommnisse nach Graz gelangt sind, kommt es am 14. März 1848 in der Aula der Grazer Universität zu einer Studentenversammlung, an der auch mehrere Professoren und der Landesgouverneur, Matthias Konstantin Graf Wickenburg, teilnehmen. Die Studenten lassen sich weder von Wickenburg noch von den auf Zurückhaltung bedachten Professoren abhalten, eine Petition mit mehr als 600 Unterschriften zu unterzeichnen, in welcher Lehr- und Lernfreiheit, Pressefreiheit, Öffentlichkeit der Gerichtsverfahren, Nationalbewaffnung, die Errichtung eines Studentenfreicorps und eine Vertretung der österreichischen Bevölkerung beim Deutschen Bundestag in Frankfurt am Main gefordert werden. Wickenburg willigt schließlich ein, diese Bittschrift Kaiser Ferdinand zur Kenntnis zu bringen. Noch am Abend des 14. März trifft Erzherzog Johann in Graz ein und überbringt aus Wien die Nachricht von der Abdankung des Staatskanzlers Metternich.

Am 15. März gibt Wickenburg bekannt, daß der Kaiser vorerst die Aufhebung der Zensur und die allgemeine Nationalbewaffnung bewilligt habe, und verfügt die Bewaffnung der Studierenden aus den Beständen des Landeszeughauses. In diesem „Freicorps" tragen die Studenten deutscher, slawischer

Am 16. März 1848 gibt Gouverneur Wickenburg auf dem Hauptwacheplatz (heutiger Grazer Hauptplatz) dem uniformierten Bürgercorps und dem Studentenfreicorps, die beide zur Einteilung der Wache angetreten sind, ein soeben eingelangtes Manifest des Kaisers bekannt, in dem alle geforderten Zugeständnisse gewährt werden.

und italienischer Volkszugehörigkeit gleicherweise zunächst die steirische weiß-grüne Kokarde. Der Bürgeroberst Josef Andreas Kienreich führt ihr Kommando. Ein damaliger Legionär, Carl von Stremayr, erinnert sich:

> *„Die Märzbewegung Wiens zog auch in Graz ihre Wellenkreise. Studentenlegion und Nationalgarde wurden gebildet, Volksversammlungen und Katzenmusiken veranstaltet, aufregende Reden gehalten; der revolutionäre Geist ergriff die besonnensten Männer; so rief Professor Unger, der bekannte Paläontologe und Botaniker, im Redoutensaale von einem Bierfasse herab: ‚Kanonen müssen wir haben!' Ich trat, wie nicht anders möglich, in die Studentenlegion."*

Am 16. März gibt Gouverneur Wickenburg auf dem Hauptwacheplatz (Hauptplatz) dem uniformierten Bürgercorps und dem Studentenfreicorps, die beide zur Einteilung der Wache angetreten sind, ein soeben eingelangtes Manifest des Kaisers bekannt, in dem alle geforderten Zugeständnisse gewährt werden.

Am 17. März begibt sich eine Deputation der Universität, angeführt von deren Rektor, Dr. Friedrich Wagl, zu Erzherzog Johann, um ihm den Dank der Universität für seine verständnisvolle Haltung auszusprechen. Am selben Tag erfolgt die militärische Gliederung des Studentenfreicorps in zunächst vier nach Studienrichtungen getrennte Kompanien: eine juridische, eine philosophische, eine medizinisch-chirurgische und eine technische (da die beiden ersten unverhältnismäßig stark sind, werden diese später geteilt und damit das Studentenfreicorps auf sechs Kompanien erweitert). Als das Studentenfreicorps mit seiner Fahne auf dem Franzensplatz (Freiheitsplatz) am Universitätsgebäude zur Befehlsausgabe angetreten ist, erscheint unerwartet Erzherzog Johann und inspiziert die Kompanien.

In den restlichen Tagen des März wird das 663 Mann und 28 Offiziere umfassende Studentenfreicorps (zum Vergleich: die Wiener Akademische Legion zählte etwa 6.000 Mann) organisatorisch weiter ausgestaltet und durch Spenden aus allen Ständen der Bevölkerung nach dem Vorbild der Wiener Akademischen Legion uniformiert:

Die Felduniform zeigt zu beliebiger Hose eine graue Segeltuchbluse mit grünem Kragen und eine schwarz-rot-goldene Schärpe. Die Paradeuniform besteht aus dunkelblauem Rock mit schwarz-rot-goldener Litze am Kragen, grauer Hose ohne Passepoil, schwarzem Filzhut (auch Stürmer genannt oder „Kalabreser" – dies hergeleitet von der ersten erfolgreichen Revolution des Jahres 1848 in Süditalien) mit schwarzer Feder und schwarz-rot-goldener Kokarde an der Seite der aufgebogenen Krempe. Vorne an der Hutmitte befinden sich aus weißem Metall die Buchstaben „St.F." (für Studenten-Freicorps) und die Nummer der Kompanie. Offiziere tragen im Dienst eine schwarz-rot-gelbe Feldbinde aus Seide; in jene des Oberkommandanten ist Gold gewirkt.

Die erste Fahne des Grazer Studentenfreicorps ist grün-weiß-grün und trägt die Aufschrift: „Gott segne den Fortschritt". Die Bewaffnung des Freicorps besteht sehr uneinheitlich aus Säbeln, Lanzen, eisenbeschlagenen Piken und veralteten Steinschloßgewehren. Es exerziert am Glacis, auf der Schießstätte oder im Meerscheingarten und stellt täglich eine Wache vor dem Haupttor

Grazer Freicorps am 20. März 1848 auf der Wache am Universitäts-Gebäude, begeistert durch die Anrede Sr. k. k. Hoheit des allgeliebten Erzherzogs Johann

der Universität. Versammlungslokal ist die „Alte Sternkneipe" in der oberen Sporgasse. Das Studentenfreicorps ist – gleich dem uniformierten Bürgercorps – ein Bestandteil der Nationalgarde.

April–Mai 1848

Am 3. April erhalten die Mitglieder der Universität und des technischen Institutes am Joanneum vom Unterrichtsministerium die gleichen Rechte eingeräumt, wie sie zuvor der Prager Universität bewilligt worden sind: Lehr- und Lernfreiheit, die Genehmigung zur Eröffnung studentischer Turn- und Fechtböden, zur Bildung studentischer Verbindungen und zum Besuch ausländischer (deutscher) Universitäten.

Am 16. April treffen 120 Tiroler von der Wiener Akademischen Legion in Graz ein, um zur Verteidigung ihrer Heimat an den italienischen Kriegsschauplatz zu eilen. Sie stehen unter der Führung des Dichters Adolf Pichler und haben den greisen Kapuzinerpater Joachim Haspinger, einen Kampfgefährten Andreas Hofers, in ihren Reihen. Die Tiroler werden von den Grazern begeistert empfangen, am nächsten Morgen gehen sie über Marburg und Klagenfurt nach Tirol ab. Ebenso viel Begeisterung löst eine am 16. und 17. April in Graz weilende Deputation der Wiener Akademischen Legion aus.

Am 25. April erhält das Studentenfreicorps aus der Hand der Frau des Landesgouverneurs, Gräfin Emma von Wickenburg, eine schwarz-rot-goldene Fahne aus seidenem Stoff mit der Inschrift „Für Licht und Wahrheit".

Am 10. Mai verabschiedet das Studentenfreicorps einige der Abgeordneten, die am 3. Mai für die Frankfurter Deutsche Nationalversammlung gewählt worden sind, mit einem Fackelzug. Unter den Verabschiedeten ist Carl von Stremayr, der jüngste Abgeordnete in der Frankfurter Paulskirche.

In der ersten Maihälfte kommt es zu Zerwürfnissen zwischen den deutschen und den slowenischen Angehörigen des Studentenfreicorps, weil sich diese in ihrer nationalen Identität bedroht sehen. Der am 16. April gegründete Verein „Slovenija" ist ihr Sprachrohr. Am 10. Mai heißt es in einer Proklamation von Grazer Bürgern *„an die Akademische Legion* [offenbar nach Wiener Vorbild bereits so benannt] *der k.k. Franz-Carl-Universität in Graz"* unter anderem:

> *„Möge die Luft mit rot, gold und schwarzen oder mit rot, weiß und blauen Fahnen spielen! Bedroht dies Eure Freiheit? – Nein!*
> *Slowenen! laßt dem Deutschen seine errungenen Farben sich an der Sonne spiegeln.*
> *Deutsche! laßt dem Slowenen seine Farben an das Tageslicht bringen. Es waren ja beiden solche bis jetzt verschlossen, und von beiden zugleich wieder gefunden. Gönnet einer dem anderen die sichtbaren Zeichen der Freude, welche durch das Wiederfinden eines durch so lange Zeit als verloren gedachten lieben Kleinodes die Herzen der Deutschen und der Slowenen im gleichen Maße durchzieht."*

Es hilft nicht! Am 15. Mai – just am Tag der Sturmpetition in Wien – treten die durch ihre Fez-Mützen als Slawen gekennzeichneten Slowenen aus dem Studentenfreicorps aus, weil ihnen die Führung von Fahne und Kokarden in den rot-weiß-blauen Farben nicht zugestanden wird. Der 15. Mai ist auch der Tag der Gründung eines Studentenausschusses, zu dessen Obmann der Jurist Dr. Johann Anton Fleckh gewählt wird.

Juni–Juli 1848

Am 6. Juni zieht eine etwa 80-köpfige Grazer Deputation von Bürgern und Studenten unter der Führung Dr. Empergers mit der steirischen Fahne durch Wien zum Musikvereinssaal, um dem dort tagenden „Ausschuß der Bürger, National-Garden und Studenten für Sicherheit, Ruhe, Ordnung und Wahrung der Volksrechte" (Sicherheitsausschuß) eine Dankadresse mit 5000 Unterschriften von Steirern zu übergeben. Danach begeben sie sich in die Universität, um dieser ihre Fahne als Anerkennungsgabe zu überreichen. An beiden Orten werden die Steirer begeistert empfangen.

Am 11. Juni – es ist der Pfingstsonntag – erwidert eine 1.165 Köpfe (!) zählende Wiener Deputation diesen Besuch der Grazer. Im Redoutensaal wird sie überaus herzlich aufgenommen, und unter dem Jubel der Versammelten sagt dort der Landesgouverneur, Graf Wickenburg: *„Die Freundschaft der Wiener und Grazer datiert sich nicht von heute, und mit Gut und Blut wollen wir die Errungenschaften des März und Mai sowie unseren heißgeliebten Kaiser Ferdinand verteidigen und jeder Reaktion entschieden entgegentreten."* Am Nachmittag gibt es in den Parkanlagen des Schloßberges ein Fest der Verbrüderung der Grazer mit den Wienern, an dem sowohl Gouverneur

Matthias Konstantin Graf Wickenburg als auch Landeshauptmann Ignaz Graf Attems teilnehmen. Den Tag beschließt ein feierlicher Fackelzug.

Am Pfingstmontag findet ein Trauergottesdienst für die in den Märztagen in Wien Gefallenen statt, den Nachmittag verbringen die Wiener mit ihren Grazer Gastgebern in der Umgebung der Stadt, der Tag schließt mit einer Ballveranstaltung. Am folgenden Dienstag werden die Besucher am Bahnhof herzlich und unter dem Austausch von Huldigungsgedichten für die Rückreise nach Wien verabschiedet.

Am 28. Juni schließt das Sommersemester an der Universität. Dennoch zerstreut sich das Studentenfreicorps nicht vollends. Denn nachdem in der Nacht von 5. auf 6. Juli mehrere Bäckerläden in Graz von *„einem Haufen übel gesinnter Individuen“* gestürmt worden sind, sehen sich *„Bürgerkorps, die Studierenden und die Nationalgarde [...] veranlaßt, ernstlich einzuschreiten und die Tumultanten zu zerstreuen“*. Und ganz selbstverständlich wird das Freicorps in den Ferien neben dem Bürgercorps und der Nationalgarde zu Wach- und Paradedienst eingeteilt.

Am 16. Juli des Morgens *„um 6 Uhr donnerten 101 Kanonenschüsse vom Schloßberge herab die freudige Kunde in die Berge der Steiermark hinein, daß Johann von Österreich des Deutschen Reiches Verweser geworden.“* Mit einer feierlichen Feldmesse auf dem Glacis wird das Ereignis gefeiert, *„Bürger, Nationalgarde, das Studenten-Freicorps, das Corps der freiwilligen Scharfschützen und das löbl. hier garnisonierende k.k. Militär war in glänzender Parade vor den Zelten“*.

Ebenfalls aus Anlaß der Einsetzung Erzherzog Johanns als Reichsverweser (die Wahl ist bereits am 28. Juni erfolgt) veranstalten die Studenten gemeinsam mit dem Männergesangverein am 17. Juli einen Fackelzug, der von der Universität durch das Burgtor hinaus zum Palais Meran, Erzherzog Johanns Grazer Wohnsitz, führt. Von der Frau des Erzherzogs, Anna Freiin von Brandhofen (Anna Plochl), erfahren sie dort, daß dieser bereits in Wien ist. Nach einer Huldigungskundgebung, die dem Erzherzog und seiner Frau gilt, setzt der Zug seinen Weg über das Glacis zum Jakominiplatz in die Herrengasse fort und kehrt durch die Sporgasse zur Universität zurück.

August–September 1848

Aus dem August 1848 kommt uns über das Grazer Studentenfreicorps lediglich eine literarisch-satirische Nachricht in der Zeitung „Der Freisinnige“ (5. August 1848) zu, nämlich die *„Sturmpetition eines Stürmers an die verehrte akademische Legion, recte Studenten-Freicorps“*. Darin führt ein junger Radikaler (nicht Student) in spöttischer Weise Klage, daß ihm verwehrt sei, *„den deutschen Hut mit schwarzer Feder zu wählen, ohne das Glück zu haben, dem Studentenfreicorps anzugehören“*. Und er formuliert spitz: *„Also Hut und Feder macht den Studenten! Ach, ich habe immer geglaubt, Kopf und Herz.“*

Das Studentenfreicorps wird nun nach dem Wiener Vorbild immer öfter als „Akademische Legion“ bezeichnet, ab 6. September nimmt das Freicorps diesen Namen offiziell an.

Am 7. September unternimmt die Akademische Legion einen Übungsmarsch, der sie von der Universität durch das Burgtor hinaus über die Zinzendorfgasse zum Hilmteich und von dort weiter durch den Leechwald über die Kammhöhe nach Mariatrost führt. Im dortigen Gasthaus wird ein *„fröhlich tobendes"* Fest gefeiert, ehe die Legion am Abend wieder in die Stadt zurückkehrt.

Freilich ist die Bevölkerung mit dem ungebundenen Treiben der Studenten nicht immer einverstanden, mancher Bürger (von den Studenten spöttisch „Philister" bezeichnet) sieht sich in seiner wirtschaftlichen Entfaltung beeinträchtigt. So liest man im „Freisinnigen" (23. September 1848) unter dem Titel *„Die Studenten und ihre Gegner – Tempora mutantur"* von einem Verfasser namens Wodan (Pseudonym):

> *„ ‚Undankbarkeit ist der Welt Lohn', sagt das Sprichwort. Wie glänzend bewährt es sich nicht auch in der Gegenwart! Wenige Monate waren hinreichend, um die Verdienste derer zu vergessen, welche die Freiheit in Österreich aus den Bleikammern des Absolutismus erlösten. […] Die Studenten sind es, denen wir unsere politische Wiedergeburt verdanken, und eben diese sind es wieder, denen man mit schamlosem Undanke lohnt. […] Ich gebe zu, daß die wackeren Jünglinge zuweilen aus dem Geleise kamen, daß sie in ihrem feurigen Streben zu weit gehen. […] Besser zu viel frei, als zu wenig; besser den Blick nach vorwärts gewendet, als zurück in den Sumpf der Knechtschaft!*
> *Ihr grollt den Studenten, weil ihr noch nicht Muße genug habt, euren Mammon zu vergrößern. Ihr fürchtet seinen Verlust mehr, als den der Freiheit […] „Die Weltgeschichte ist das Weltgericht", nicht ihr, lederne Philisterseelen, nicht ihr, pausbäckige Alltagsmenschen, nicht ihr, Pöbel im Geiste."*

Von 21. bis 24. September nehmen zwei Vertreter der Grazer Universität an der zur Reform des deutschen Hochschulwesens nach Jena einberufenen Tagung deutscher Hochschullehrer teil; einer von ihnen ist der Supplent für politische Wissenschaften und Gesetzeskunde, der Obmann des Studentenausschusses Dr. Johann Anton Fleckh. Ebenfalls zwei Grazer Vertreter nehmen von 25. September bis 3. Oktober an der Septembertagung der allgemeinen Studentenschaft in Eisenach teil; sie schließen sich dort ihren Wiener Kommilitonen an und lehnen den von slawischer Seite unterbreiteten Vorschlag ab, eine Tagung österreichischer Universitäten abzuhalten – dies mit dem Argument, eine solche würde lediglich slawischen Forderungen nachkommen.

Oktober 1848

Am 7. Oktober gelangen Nachrichten über die Wiener Ereignisse des Vortages, die ihren Höhepunkt in der Ermordung des Kriegsministers Graf Latour gefunden haben, nach Graz. Die Erregung ist ungeheuer groß, und bereits am Nachmittag gehen etwa 60 Mitglieder der Akademischen Legion unter dem Kommando des k.k. pensionierten Hauptmannes Ferdinand von Eisenbach und des Juristen Dr. Vinzenz von Emperger mit der Bahn nach Wien ab, „um den Wiener Brüdern unsere Sympathien darzubringen".

Am Morgen des 8. Oktobers langen die Grazer Legionäre ohne Behinderung in Wien ein. In Graz erfolgt ein beschwörender Aufruf des Demokratischen Vereines an die Bevölkerung, die Wiener zu unterstützen:

„Die Wiener haben in den März- und Maitagen für unsere Freiheit alles, ihr und ihrer Angehörigen Gut und Blut bereitwillig eingesetzt, sie kämpfen jetzt abermals für unsere Freiheit.

Steiermärker! Ihr habt den Wienern bei unseren Verbrüderungen versprochen, ihnen im Falle der Not zu Hilfe zu eilen! Gedenkt eures Wortes, es gilt nicht nur, den Wienern zu helfen, sondern vielmehr uns selbst! Denn in Wien wird es entschieden, ob wir freie Männer bleiben sollen oder wieder Sklaven werden ...“

Am 9. Oktober ergeht ein dringender Aufruf des Grazer Studentenausschusses an alle von Graz abwesenden Studenten, vorzeitig aus den Ferien an die Universität zurückzukehren und die über die Ferienzeit hin gelichteten Reihen der Akademischen Legion wieder aufzufüllen.

Am 11. Oktober geht ein Sonderzug mit einem 200 Mann starken Hilfstrupp (zumeist Arbeitern) sowie ein weiterer Zug mit 150 Nationalgardisten und Freiwilligen nach Wien ab. Ihnen folgen am 12. Oktober 80 Legionäre und weitere 40 Nationalgardisten. Weitere Züge müssen umkehren, nachdem Wiener Neustadt in der Nacht vom 12. auf den 13. Oktober von kaiserlichen Truppen besetzt und damit die Bahnverbindung von Graz nach Wien unterbrochen worden ist. Am 12. Oktober schreibt die „Illustrierte Grazer Schnellpost“:

„Sieg oder Tod!
Jellacic steht mit einem Teile seiner Armee vor Wien. Zwölf Kanonenschüsse und das Sturmgeläute aller Glocken gab gestern Vormittag das Signal zu einem allgemeinen Landsturm. Alle Kaufläden sind geschlossen. Alles, was eine Waffe tragen kann, eilt zum Zeughause und wird mit Waffen versehen. Bürger und ein großer Teil bewaffnetes Volk eilten dem bedrohten Wien schon gestern zu Hilfe. Heute früh ging die hiesige akademische Legion, Nationalgarden und bewaffnetes Volk nach. Der Landsturm wird organisiert. Auf, auf, Brüder! Die Freiheit wird siegen, muß den Despotismus besiegen!!!“

Erste bildliche Darstellung eines Grazer Korporationsstudenten: Karl Pichler, stud. phil., Freya 1849

Da vor Wien also mittlerweile kroatische Truppen unter Jellacic eingetroffen sind, können die am 11. und 12. Oktober aus Graz Aufgebrochenen lediglich bis Mödling gelangen. Von Mödlinger Bürgern werden sie in einem acht Stunden währenden Marsch auf Umwegen nach Wien geleitet, wo sie im Gasthof „Zur ungarischen Krone“ in der Himmelpfortgasse Quartier nehmen.

Die Grazer Legionäre stellen sich – ohne mit der Aula (dem Wiener Studentenkomitee) in Verbindung zu treten – unter den Befehl des Wiener Reichstages und auf dessen Weisung unter jenen des Kommandanten der Wiener Nationalgarde, Wenzel Caesar Messenhauser. Unter der Führung Eisenbachs und des Grazer Dozenten am Grazer Joanneum Ferdinand Gatti bilden sie zwei Kompanien, die zunächst beim Wachdienst in der inneren Stadt (Reichstag, Börse) eingesetzt werden.

In Wien spitzt sich die Lage zu. Seit 21. Oktober ist die Residenzstadt von der böhmischen Armee des Fürsten Windischgrätz eingeschlossen. Drastisch wird das Geschehen jener Tage an der Universität beschrieben:

> *„Einen nicht uninteressanten Anblick gewährte fast jeder der Hörsäle. In den philosophischen Hörsälen lagen die Soldaten und Arbeiter, das Gymnasium war eine Kaserne der braven Steiermärker, im Seziersaal wurden Zünder fabriziert etc. So war der friedliche Musensitz verwandelt!“*

Am 23. Oktober wird ein von mehreren Grazer Legionären beim Wiener Magistratsvorstand eingebrachtes Ansuchen um Rückkehr nach Graz in der Sitzung des Wiener Studentenkomitees vorgetragen und verworfen. Aber auch am Kampfgeschehen sind die Grazer Legionäre beteiligt, so an der Marxer Linie und am Brucker Bahnhof.

In der Nacht vom 25. auf den 26. Oktober bewachen die Steirer das Kärntnertor. Am folgenden Morgen halten sie in der Taborstraße die drei äußersten Barrikaden besetzt, wo sie ins Feuer geraten und leichte Verwundungen davontragen.

Am 28. Oktober – einem der kampfreichsten Revolutionstage – dringen kaiserliche Truppen auf den Praterstern ein. Sie erobern die erste Barrikade und führen ihren Angriff auf die zweite Barrikade fort; doch *„die Verteidigung war hier heftiger und ruhmvoller. Hinter der Barrikade kämpften Abteilungen steirischer Studenten“*.

An den folgenden Tagen versehen die Steirer wiederum Wachdienst in der inneren Stadt.

November–Dezember 1848

Ab 31. Oktober ist Wien vollständig in der Hand der kaiserlichen Truppen. Wie die anderen Legionäre legen auch die Steirer ihre Waffen nieder und werden in der Nacht vom 1. auf den 2. November in ihrem Quartier von italienischen Grenadieren der k.k. Armee gefangengesetzt. Am Morgen werden sie von den Italienern zum Palais Schwarzenberg eskortiert und dort einer kroatischen Einheit übergeben, deren Kommandant ein Untersuchungsprotokoll aufnimmt. Nach langem Warten im Regen werden sie schließlich in die Reitschule abgeführt und verköstigt. Dort bringen sie einige Tage unter Bewachung durch die Kroaten zu. Danach werden sie in Zivilarreste gebracht, jeweils 10 bis 12 haben sich einen kleinen Kerker zu teilen.

Am 9. November kommt endlich der heißersehnte Befehl zu ihrer Freilassung. 132 Steirer sind es, die – mit Reisegeld vom Wiener Gemeinderat versehen – unter Bedeckung von 20 Männern der Sicherheitswache nach Mödling gebracht werden und am nächsten Tag mit dem Zug in Graz eintreffen. Dort hat ihnen Gouverneur Wickenburg zu bedeuten, *„daß sie bei Vermeidung strenger Ahndung es sich nicht beikommen lassen sollten,* [wieder] *nach Wien zu kommen ...“*

Nicht alle Steirer kommen frei. Dr. Vinzenz von Emperger wird in Wien gefangengehalten und ist dort Zellengenosse von Robert Blum, dem Abgeordneten zur Frankfurter Nationalversammlung, der am 9. November 1848 in Wien standrechtlich erschossen wird. Emperger erhält eine Strafe von 18 Jahren Festungshaft, Hauptmann Ferdinand von Eisenbach wird zunächst zum Tod verurteilt und dann zu 12 Jahren Festungshaft begnadigt. Durch Amnestie werden beide 1857 freikommen.

Am Abend des 17. Novembers „suspendiert“ sich die Grazer Akademische Legion *„wegen der gegen sie herrschenden Mißstimmung und auf die erste Aufforderung des Gouverneurs“*. Im Tagesbefehl des Oberkommandos der Nationalgarde vom 18. November heißt es dazu etwas umständlich, aber voller Achtung:

> *„Nachdem die Akad. Legion die Anzeige erstattet, daß sich selbe bis auf weitere Anordnung suspendiert hat, so sieht sich das Oberkommando veranlaßt, für den guten Geist, welchen dieselbe, so oft selber unter Waffen gestanden ist, bekundet hat, seinen Dank hiemit auszusprechen, und hofft, wenn die Reorganisierung derselben für das in Folge durch das zu erwartende Gesetz bestimmt werden sollte, daß sich die Legionäre wieder mit aller Hingebung ihrem öffentlichen Dienst widmen werden, die sie bei so vielen Anlässen tatkräftig bewiesen haben.“*

Und ebenfalls am 18. November berichtet der Grazer „Herold“:

> *„Unser Studentencorps hat gestern abends sich freiwillig „suspendiert“. Besser wäre es, die Herren lösten sich selbst definitiv auf, ohne auf einen Ministerialerlaß zu warten, und reihten sich der Nationalgarde ein, in welcher sie ein neues, verjüngendes Element bilden würden; denn das ehrende Zeugnis muß man unseren Studenten geben, daß sie sich im Dienst jederzeit sehr gut benahmen.“*

Am 19. November zieht die Grazer Akademische Legion zum letzten Mal mit ihrer Fahne und klingendem Spiel von der Hauptwache (am Hauptplatz) zur Universität (am Franzensplatz/Freiheitsplatz).

Am 20. November bittet das Oberkommando der Grazer Nationalgarde das Rektorat, die Studenten aufzufordern, ihre Gewehre dem Oberkommando abzuliefern. Und am 30. Dezember sucht das Oberkommando beim Rektorat gar um Vergütung der Unkosten für die an die Studenten ausgegebene Munition an!

Bereits am 17. November hat sich der Grazer Polizeidirektor, Anton von Päumann, an den Gouverneur mit dem Ersuchen gewandt, *„sämtliche hierortigen Studiendirektorate anweisen zu wollen, die Aufnahmskataloge samt Nachträgen über die später aufgenommenen Studierenden, wie es bisher der Fall war, dieser Polizeidirektion ehemöglichst und vollständig einzusenden.“*

Diese Maßnahme bezweckt eine Möglichkeit der Feststellung, ob nicht etwa aufrührerische Studenten von Wien nach Graz ausgewichen sind. Am 21. November gibt der Gouverneur diesem Ansuchen statt, indem er anordnet, daß *„die hier befindlichen Studiendirektorate, nämlich das juridische, das theologische, das medizinisch-chirurgische, das philosophische und das ständisch-technische"* die geforderten Meldungen ehestens zu erstatten haben.

Die seit dem Mai in Graz geschaffenen demokratischen Einrichtungen (Sicherheitsausschuß, Studentenausschuß) und gegründeten Vereine (Deutscher Verein, Konstitutioneller Verein, Demokratischer Verein, Grazer allgemeiner Arbeiterverein) lösen sich in der zweiten Hälfte des Novembers auf. Die Stadt ist äußerlich – wenngleich nicht atmosphärisch – zum „Vormärz" zurückgekehrt.

Unter den in Wien kämpfenden Legionären hat sich – in den Reihen der Wiener Akademischen Legion – auch Wilhelm Kienzl befunden. Als nachmaliger Bürgermeister von Graz (1873-1885) wird er sich den Idealen und Traditionen von 1848 stets verpflichtet fühlen, seine Söhne werden in national-freiheitlichen Korporationen aktiv sein: der gleichnamige Wilhelm (der spätere bekannte Komponist) im Akademischen Gesangverein (der späteren Sängerschaft Gothia); Moritz in der Burschenschaft Stiria; Hermann im (ersten) Grazer Verein Deutscher Studenten (der späteren Burschenschaft Marcho-Teutonia). Ebenso auf den Wiener Barrikaden gekämpft hat jener Turnlehrer August Augustin, der 1864 an der Wiege des Turnbetriebes im Grazer Akademischen Turnverein stehen wird.

Der schwarz-rot-goldenen Fahne der Grazer Akademischen Legion wird ein eigens zu betrachtendes Schicksal zuteil:

Nach der Auflösung der Akademischen Legion geht die Fahne in den Besitz eines Legionärs, des Juristen Franz Beyer, über. Dieser gibt sie 1869 auf Ersuchen des Akademischen Turnvereines Graz (ATV) in dessen Verwahrung. Seither führt der ATV die Inschrift der Fahne „Für Licht und Wahrheit" als seinen Wahlspruch und seither ist die traditionsreiche Fahne der Grazer Akademischen Legion von 1848 die Bundesfahne des ATV.

Dieser Beitrag ist die gekürzte Fassung einer Arbeit, die 1998 als Folge 25 in der Schriftenreihe des Steirischen Studentenhistoriker-Vereines erschienen ist. Die Originalarbeit, in der sich auch ein Quellenverzeichnis befindet, trägt den Titel „Ein freies Lied der Freiheit darzubringen".

HANS-ULRICH KOPP

Die Münchner Februar- und Märzrevolution
– ein Sonderfall der 48er-Bewegung

Sieht man die zahllosen Veröffentlichungen durch, die zum 150. Jubiläum der deutschen Revolution erschienen sind, so fällt auf, daß München in fast allen nur am Rande aufscheint, wenn es überhaupt erwähnt wird. Anders als die geschichtsmächtigen Umwälzungen in anderen deutschen Städten (Wien, Berlin, Frankfurt) und im Badischen haben die Münchner Ereignisse offenbar keinen bleibenden Eindruck in der Nationalgeschichte hinterlassen, sondern lediglich Material für eine bayerische Anekdotensammlung geliefert. Schon Bundespräsident Theodor Heuss sprach in seiner 1948 erschienenen Betrachtung vom „komischen Beiwerk" der dortigen Revolution und meinte: *„es waren Lustspielmotive in dieses Lärmen und Zerren um die Staatsautorität gemengt – Deutschland lachte"*.

Eine solche Wertung ist nicht völlig aus der Luft gegriffen. München erlebte seinerzeit, obwohl allein hier der Thron stürzte, eine nahezu „gemütliche" Revolution. Dennoch bleibt festzuhalten, daß die Residenz- und Universitätsstadt nicht nur in der zeitlichen Abfolge der revolutionären Chronik einen vorrangigen Platz beanspruchen darf, sondern auch ihrem Charakter nach eine ernsthafte Würdigung verdient. Handelte es sich oberflächlich um eine Aufwallung empörter Bürger, die dem Landesvater das Verhältnis mit

Der Stein des bürgerlichen Anstoßes: die Liebschaft zwischen Ludwig I. König von Bayern (1786–1868) und seiner Maitresse, der „spanischen Tänzerin" Lola Montez

einer unmöglichen Frauensperson und dieser insonderheit ihre anmaßende Einflußnahme auf Staat und Universität übelnahmen, so sind gleichwohl tieferreichende politische Motive der Aufständischen unverkennbar. Sie unterscheiden sich zum Teil davon, was andernorts das Bild bestimmte.

Die Universität als geistige Brandstätte

Unter König Ludwig I. bot München ein gesellschaftliches Umfeld, das sich nicht wesentlich von dem vergleichbarer deutscher Städte unterschied. Entscheidend für die Vorbereitung des 48er-Jahres war das Vorhandensein einer Universität, die erst 1826 von Landshut hierher verlegt worden war. Ihre Ordnung war zunächst vergleichsweise liberal, es herrschte Lehrfreiheit, und Studentenvereine waren gemäß der 1827 veröffentlichten Studiengesetzgebung (entgegen den Karlsbader Beschlüssen) bedingt zugelassen.

Das akademische Verbindungsleben, ohne dessen Anteil das spätere „tolle Jahr" nicht zu denken ist, war schon aus Landshut an die Ludwig-Maximilians-Universität gekommen und blühte hier weiter auf. Neben den eher unpolitischen Korps und Landsmannschaften – beide Bezeichnungen wurden damals wechselnd gebraucht – faßte auch die burschenschaftliche Bewegung bereits im November 1826 fuß. Sie beschränkte sich ihrer Bestimmung gemäß nicht auf den üblichen Korporationsbetrieb, sondern propagierte die politische Vereinigung von Studenten und Bürgern in revolutionären Clubs. Im Dezember 1830 kam es unter dem Eindruck der französischen Julirevolution zu studentischen Unruhen in München, bei denen Burschenschafter, vornehmlich der „Germania", in vorderster Linie standen. Vorübergehend bildete sich eine Vereinigung der gesamten Studentenschaft in der „Gesellschafts-Aula"; sie hatte aber keinen Bestand, weil *„die Eifersucht der Landsmannschaften die Einigkeit störte"* (Horn, S. 109).

Der König antwortete mit der vorübergehenden Schließung der Universität. Als es Kultusminister Eduard v. Schenk in der Folge unternahm, die Presse einer verschärften Zensur zu unterziehen, stellte sich ihm die Landtagsopposition in einer stürmischen Sitzung unter Führung des Jenaer Burschenschafters und Abgeordneten Friedrich Schüler so vehement entgegen, daß sich der König gezwungen sah, seinen Minister zu entlassen und die Presseverordnungen zurückzunehmen (Grimm, S. 74). Ludwig aber beobachtete von nun an die Studenten mit Argwohn.

Seit dem 1. Juli 1831 verlegte der Burschenschafter Johann Wirth in München „Die deutsche Tribüne", mit der er sich am Rande der Legalität bewegte. Von Geldbußen und Haftstrafen genötigt, wich er im November desselben Jahres in das pfälzische Homburg aus. In Bubenhausen bei Zweibrücken wurde am 29. Januar 1832 ein „Abgeordnetenfest" für den Münchner Oppositionsführer Schüler organisiert, zu dem Hunderte zusammenkamen. Wirth schlug dort vor, einen „Deutschen Vaterlandsverein" zu gründen, Philipp Jakob Siebenpfeiffer unterbreitete seinen Gedanken eines nationalpolitischen Volksfestes, wie es vier Monate später in Hambach unter der Losung „Deutschlands Wiedergeburt" Wirklichkeit wurde. Die revolutionäre Stimmung der Pfalz, die seit dem Wiener Kongreß Bayern zugehörte, konnte auch den Münchnern nicht unbemerkt bleiben. Die energische Reaktion des Herrscherhauses, das mit militärischem Eingreifen die Ordnung wiederherstellte, beugte jedoch einem Übergreifen der Volksbewegung auf Altbayern vor. Nach dem Verbot der nationaldemokratischen Volksfeste und Vereine, der Freiheitsbäume und der Farben Schwarz-Rot-Gold wurden auch die Münchner Wortführer polizeilich verfolgt.

Als Reaktion auf die Umtriebe verstärkte der König das Überwachungssystem zu Ungunsten der bis dahin weitreichenden studentischen Freiheiten u. a. durch die Einführung von „Strafprüfungen". Auch die Neubesetzungen des Lehrkörpers, der von den Erneuerungsbestrebungen nicht unberührt geblieben war, ließen eine stärkere Reserve gegen allzu freiheitliche Geister erkennen; Lorenz Oken, den man vordem aus Jena geholt hatte, wurde nun abgeschoben.

In den Folgejahren blieb München von Manifestationen des Vormärz unberührt. Lediglich der Frankfurter Wachensturm vom 3. April 1833 hatte in München ein spätes juristisches Nachspiel. Am 23. September 1839 löschte das dortige Oberappellationsgericht die Urteile gegen die noch inhaftierten Burschenschafter, was von ihren Sympathisanten mit Genugtuung aufgenommen wurde.

Erwähnt sei, daß bereits früh ein pennales Verbindungswesen in München existierte, das generell behördlich verboten war und daher durchaus als „regimekritische" Einrichtung der Heranwachsenden zu gelten hat. So bestand seit 1824 am Königlichen Ludwigs-Gymnasium ein schlagendes Gymnasialcorps, wohl als Vorverbindung zu einer der akademischen Korporationen (Obermüller, S. 577). Inwieweit sich Gymnasiasten an den 48er-Unruhen beteiligt haben, läßt sich nicht mehr rekonstruieren. Jedenfalls bemerkt Prof. Dr. Guggenberger in der Festschrift zur Hundertjahrfeier des Ludwigsgymnasiums, daß der „alles durchdringende Korporationsgeist dieser Zeit", geboren aus dem „Drange nach Freiheit und Einigung", rasch auf die Gymnasien übergegriffen und zur Gründung von Schülerverbindungen geführt habe.

Eine landfremde Despotin erregt Unmut

Der niedergerungene Revolutionsgeist von 1830/32 bestand subkutan in verschiedenen Teilen der Bevölkerung fort, wie ein Blick auf die nicht gerade seltenen politischen Strafprozesse der Zeit verdeutlicht. *„Auf Ludwig I. wurde eine weder zuvor noch danach wieder erreichte Anzahl von Schmähschriften verfaßt"* (Ursel, S. 64). 1844 kam es zu Krawallen wegen der Erhöhung des Bierpreises, für die Bayern allerdings berühmt ist.

Dennoch wäre es falsch, dahinter ein unglückliches, von seinem Herrscherhaus unterdrücktes und auf Umsturz sinnendes Volk zu vermuten. Gibt es doch leidenschaftliche Kritiker und Gegner der Regierung zu jeder Zeit und allerorten! Im Vergleich zu anderen deutschen Staaten fällt der Grad der Unbotmäßigkeit in Bayern eher gering aus, und es mußte ein besonderes Moment hinzukommen, das in der weithin unpolitischen, zur Hinnnahme der gegebenen Verhältnisse durchaus bereiten Bevölkerung die Stimmung hervorbrachte, die den Umbruch ermöglichte: *„Der rapide Kursverfall des mon-*

archischen Ansehens in Bayern seit 1846 ist nicht ein Erfolg antimonarchischer Wühler und spiegelt nicht den Niedergang der Monarchie als solcher wider, vielmehr ist er das Resultat der starrsinnigen Rücksichtnahme des Monarchen auf sich selbst und die Interessen der Lola Montez." (Hummel, S. 30).

Über diese Hauptperson der Münchner 48-er Ereignisse, geboren am 17. 2.1821 in Irland als Elizabeth Rosanna Gilbert, Tochter eines Schotten und einer Kreolin, unter dem Namen Maria Dolores von Porris y Montez bekannt, kreuz und quer durch die Welt gereist und im Oktober 1846 als „spanische Tänzerin" ans Münchner Hoftheater gelangt, ist eine erstaunliche Zahl von literarischen und wissenschaftlichen Biographien verfaßt worden, die keine der sich heutzutage in die Politik hineinmischenden Frauen erhoffen kann. Nach den bemerkenswerten romanhaften Darstellungen von Joseph August Lux und Marianne Wintersteiner sowie der ernsteren Bearbeitung von Reinhold Rauch kann die 1996 erschienene kompendiöse Biographie des Amerikaners Bruce Seymour wohl als abschließend gelten. Hinzu tritt eine Fülle verstreuter Aufsätze; auch für Grillparzers Drama „Die Jüdin von Toledo" stand sie Pate.

Der Montez gelang es nicht nur, sich den König geneigt zu machen, vielmehr brachte sie ihn vollständig in ihre Abhängigkeit, wovon der erst vor kurzem edierte Briefwechsel beider beredtes Zeugnis gibt. Ihren finanziellen Zumutungen stand er ohnmächtig gegenüber. Besonders ungünstig war ihre Neigung, Amouren und Launen im öffentlichen Leben freien Lauf zu lassen. Darüber hinaus hatte sie den Ehrgeiz, auch in die Staatsgeschäfte hineinzuregieren. Des uneingeschränkten Vertrauens ihres Gönners sicher, trat sie mit einem Selbstbewußtsein auf, das allgemein Anstoß erregte. Zahllos sind die törichten Äußerungen, die ihr zugeschrieben werden. So stellte sie etwa im November 1846 den König mit der Äußerung bloß: *„Je ne suis pas demoiselle, je suis Madame, moi, je suis la maitresse du Roi".* Als sie daraufhin vernommen werden sollte, ließ Ludwig in seiner Befangenheit, ungeachtet des Ansehensverlustes, den er erlitten hatte, die Untersuchung einstellen (Hummel, S. 31).

Mit solchem Gebaren brachte sie vornehmlich konservative Kreise gegen sich auf, die ihrerseits nicht mit schärfster Polemik geizten. Gervinus' Deutsche Zeitung bezeichnete sie als *„eine solfatarische Natur..., deren Hauch jede Blüte brach und in deren Dunstkreis jegliche Kreatur dem Verderben geweiht war".* Dem König aber warf man vor, daß er sein Haus *„durch offene Unzucht mit einer in allen Ländern Europas prostituierten Dame schändet und ... eine Maitressenherrschaft gewähren läßt, deren freche Sittenlosigkeit und Verhöhnung der öffentlichen Meinung nur in den Zeiten der Dubarry ihres Gleichen findet"* (Diezel, S. 54). So machte die Sirene den Herrscher zum Gespött und untergrub seine Autorität mehr, als es die politische Opposition je vermocht hätte. Von konservativer Seite wurde gar der Verdacht ausgesprochen, daß sie *„durch die Logen von London finanziell unterstützt werde, damit sie das monarchische System diskreditiere"* (v. Pölnitz, S. 82). Die Zahl der das ungleiche Liebespaar darstellenden Karikaturen, die weltweit erschienen, ist Legion (Droß, S. 114 ff.). Spottverse und teils erotische Bilderwitze machten in den Wirtshäusern die Runde, Moritz v. Schwind gab den Skandal in den „Fliegenden Blättern“ in Märchenbilderform dem Gelächter preis. Und in Berlin klagte Graf Canitz: *„Es haben mehrere Könige mit Tänzerinnen gelebt; das ist nicht lobenswert, doch es ist möglich, dabei zu bestehen, wenn die Geschichte in gehörigen Schranken bleibt. Aber diese Verknüpfung von Regierungssystem und Verliebtheit in eine vagabundierende Grazie – das ist eine neue Erscheinung“* (Kalkschmidt, S. 114).

Mit Hilfe ihrer zweifellos beachtlichen Attraktivität scharte Lola einige unbemittelte Studenten des Korps „Palatia“ um sich, die von ihr ausgehalten wurden. Von ihrer Verbindung dimittiert, traten die bisherigen Pfälzer selbstherrlich als Korps Alemannia auf, das die Lieblingsfarben ihrer Gönnerin karmesinrot-gold-blau trug; von den übrigen Korporationen wurden sie natürlich in Verruf gesteckt. In Ludwig Thomas Romanfragment „Lola Montez. Erinnerungen eines alten Münchner Malers“ lesen wir über sie: *„...jedenfalls benahmen sie sich geziert und herausfordernd zugleich, und sie schienen es jedem zeigen zu wollen, daß sie bevorzugte Pagen seien“* (Kays, S. 61). Lola finanzierte das Paukzeug und richtete ihnen einen Teil ihres Hauses als Kneipe ein. Dank höchster Protektion erreichten sie es, in die Reihe der von der Staatsregierung anerkannten Verbindungen aufgenommen zu werden. Zugleich waren sie eine Art Leibwache ihrer Angebeteten, wobei bald offenbar wurde, daß das Leibliche über ihren Schutz weit hinausging. Bald mußten sie sich die Spottnamen „Lolamannen“ und „Lolaritter“ gefallen lassen. Die Behörden waren machtlos ihnen gegenüber; als man sie bei einer Mensur überraschte, blieben sie – ganz im Gegensatz zu den sonst verhängten Strafen – von jeder Verfolgung verschont. Den übrigen Studenten galten sie als unehrenhafte Gesellen, mit denen man nicht auf gleicher Ebene verkehrte.

Zum eigentlichen Politikum wurde der Mißstand, als die Montez 1847 um ihre Einbürgerung nachsuchte, was vom Staatsrat gegen den erklärten Willen des Königs abgelehnt wurde. Als Ludwig darauf beharrte und den Minister Graf Bray mit dem Vollzug beauftragte, trat dieser zurück. Der nunmehr beauftragte Minister v. Abel verfaßte gar ein Kollektivgesuch, in dem er mit den verbliebenen drei Ministern um die Entlassung ersuchte, wenn die Unruhestifterin nicht abgewiesen werde. Der erzürnte König entließ tatsächlich das gesamte Kabinett um seiner Gespielin willen, was allerorten Anstoß erregte. Den Nachfolgern, besonders dem Innenminister v. Berks, sagte man nach, den Einflüsterungen Lolas nicht weniger als der König selbst zu erliegen.

Jetzt griff die Affäre auf die Universität über. Professor Ernst v. Lasaulx stellte im Senat den Antrag, die Hochschule als *„erste sittliche Korporation des Landes“* möge dem entlassenen Minister ihre Anerkennung bekunden. Als Ludwig mit der „Quieszierung“ des Gelehrten antwortete, fand eine erste Studentendemonstration vor der Wohnung der Tänzerin statt. Der Zorn des Königs stieg weiter; er richtete sich vornehmlich gegen den konservativ-christlich gerichteten Görres-Kreis. Acht Professoren und Dozenten wurden entlassen; es folgten hohe Beamte, Diplomaten, Mitglieder des Hofstaates und Geistliche. Die Säuberung der führenden Staatsschichten von allen, die sich gegen die Mesalliance des Landesherrn oder überhaupt gegen seine Allüren wandten, schuf dem König zwar vorübergehende Erleichterung, entzog ihm aber das Vertrauen weiter Kreise und legte damit den Grundstein für sein Ende. Vor allem die Universität – die Mehrzahl der Studenten und Professoren Seite an Seite – richtete sich auf dauernden Widerstand ein, während die Montez, die bald auch noch ihre Erhebung in den Adelsstand als Gräfin Landsfeld erreichte, immer ungenierter auftrat.

Studenten und Bürger erheben sich

Die entscheidenden Ereignisse, die sich zu Beginn des Jahres 1848 innert weniger Wochen abspielten, findet sich in verschiedenen Darstellungen ausführlich beleuchtet, wobei die Autoren meist auf eine chronologische und unparteiische Gliederung zugunsten dramaturgischer oder politischer Gesichtspunkte verzichtet haben. Eine Zusammenschau des Schrifttums ergibt das nachstehende Szenario.

Am *15. Januar 1848* veranstaltet Alemannia einen als skandalös empfundenen Eröffnungskommers, auf dem Minister v. Berks die Festrede hält und sich dazu versteigt, die Alemannen als *„von Sittlichkeit und Humanität durchdrungen“* im Gegensatz zum *„anmaßenden und mitunter verdorbenen Wesen“* der übrigen Verbindungen zu loben – dies, obwohl es ein offenes Geheimnis ist, daß beispielsweise deren Senior das Bett mit Lola teilt. Der zeitgenössische Chronist Gustav Diezel (S. 75) kommentiert scharf: *„Minister Berks war taktlos und niedrig genug, diesen Kommers mit einer Rede zu eröffnen, in welcher er das ‚sittliche Streben‘ der Alemannen pries, derselben Alemannen, welche großentheils vom Schürzenstipendium einer liederlichen Dirne lebten“*. Auf diesen Affront hin wird sich die übergroße Mehrzahl der Studentenschaft (damals gut 1500 junge Männer) einig, die skandalösen Zustände nicht länger hinzunehmen. Treten fortan Alemannen in Erscheinung, demonstriert man durch Lachen, Zischen und Pfeifen seine Mißachtung.

Am *30. Januar* erscheint als „Carnevals-Blatt“ die erste Ausgabe des „Münchener Punsch“, die mit flotter Feder die politischen und gesellschaftlichen Verhältnisse aufs Korn nimmt. Hinter dem Herausgeberdecknamen M. E. Bertram verbirgt sich der junge Martin Schleich, der später auch als humorvoller Dichter hervortritt.

Am *31. Januar* wird der Leichenzug des katholisch-konservativen Publizisten und Universitätsprofessors Joseph v. Görres, eines entschiedenen Gegners der Ausschweifungen bei Hofe, zur Manifestation des studentischen Protestes. In den folgenden Tagen kommt es wiederholt zu Tumulten und Scharmützeln mit der Polizei.

Am *7. Februar* wird auf Betreiben Lolas eine Studentendemonstration verboten. Am selben Tag formiert sich im Untergrund die Burschenschaft Danubia, gegründet durch *„eine größere Anzahl von Studenten, die größtenteils verschiedenen Korps angehört, aber denselben den Rücken gekehrt hatten, weil sie das bei diesen Vereinigungen herrschende Zopfsystem anwiderte und weil sie an der einseitigen Betonung der Äußerlichkeiten des studentischen Formalismus, wie sie das Korpsleben durchdrang, kein Genügen fan-*

den" (Ammer, S. 3). Man trifft sich heimlich im Gasthaus „zum Abenthum" am Dult-, jetzt Maximiliansplatz.

An den Folgetagen hindert die Studentenschaft die Alemannen am Betreten der Universität. Wird einer von ihnen dennoch im Hörsaal gesehen, brechen Tumulte aus; Vorlesungen müssen abgebrochen werden. Auf der Straße zieht ein „Lolarde" seinen Dolch und stößt zu; ein Polizeikommissar verweigert die Verhaftung. Als die Montez erscheint, kann sie nur mit Mühe der erregten Menge entkommen.

Die genehmigten Korporationen überreichen dem Rektor der Universität eine Denkschrift, worin die Auflösung der Alemannia verlangt wird; eher werde man die eigene Suspendierung in Kauf nehmen, als neben ihr weiter zu bestehen (Kays, S. 68). Am 9. Februar verhängt der König jedoch, wie von Lola schon Tage zuvor angedroht, die Schließung der Universität bis zum Wintersemester und erläßt einen Befehl, wonach auswärtige Studenten binnen zweier Tage die Stadt verlassen müssen. Als die Studenten dem Rektor und dem Kultusminister einen friedlichen, aber lauten Abschied bringen, zieht Polizei auf.

Unerwarteterweise stellt sich die Bürgerschaft an die Seite der Studenten. *„Ihr müßt bleiben, wir werden Euch schützen!"* heißt es. Am *10. Februar* versammeln sich nach einer zeitgenössischen Quelle ohne obrigkeitliche Genehmigung *„über tausend der achtbarsten Bürger im Rathaus und fordern den Magistrat auf, für die Wiedereröffnung der Universität und die Entfernung der Studentenverbindung Alemannia Sorge zu tragen sowie gegen das exzessive Auftreten der königlichen Gendarmerie gegen die Studierenden geeignete Beschwerde zu führen."* Der die Geschäfte führende zweite Bürgermeister der Stadt, Kaspar von Steinsdorf, wird gedrängt, den König aufzusuchen, um die Petition zu übergeben. Gefolgt von Magistratsräten, Gemeindebevollmächtigten und einem geschlossenen Zug von 2000 Mann begibt er sich zur Residenz, wo Infanterie und Kürassiere aufziehen. Eine Attacke der Gendarmerie auf friedlich versammelte Studenten, bei der Blut fließt, steigert die Erregung. Nach Stunden läßt der König eine Delegation vor, lehnt es aber zunächst ab, nachzugeben. Erst nachdem der Platz geräumt ist, verfügt er die Wiedereröffnung der Universität zum Sommersemester. Zugleich versucht er vergeblich, die Montez zur Abreise zu bewegen.

Über Nacht hält die Unruhe an. Am Morgen des *11. Februar* versammeln sich die Reichsräte im Bayerischen Hof, die Minister in der Residenz, die Bürger im Rathaus. Überall ist die gefährliche Stimmung zu spüren, die zum Äußersten zu treiben droht. Unter diesem Eindruck läßt sich der König bewegen, die Schließung der Universität ganz zurückzunehmen und die Ausweisung der Tänzerin zu verfügen. Da dies gesetzlich nicht möglich ist, heißt es offiziell, daß man ihr zur Rettung ihres Lebens geraten habe, das Königreich zu verlassen.

Sogleich macht sich eine Menge auf, um ihrer Abreise beizuwohnen. Unter Steinwürfen, „Pereat Lola"-Rufen und anderen Verwünschungen muß sie ihr Palais in der Barerstraße Nr. 7 verlassen, wobei es der jeder christlichen Moral Abholden nur durch Flucht in eine Kirche gelingt, sich drohender Tätlichkeiten zu entziehen. Aus ihrer Kutsche verabschiedet sie sich der Überlieferung nach mit den Worten: *„Nächst die deutsche Journalliste, die sämtliche Hungerleider seind, seind die deutsche Studente das gröbste Kreatur in Europa“* (Schulze, S. 223). Die in Leipzig verlegten „Münchener Fliegenblätter“ schildern das Geschehen bald darauf als herzhafte *„Humoreske aus den Februartagen 1848“* in der etwas verfremdeten Form eines Zeitungslesergespräches im „Versammlungslokal des Berliner Weißbier-Clubbs“.

Zur Beschwichtigung der Volkswut wird die Abreise durch öffentlichen Anschlag bekannt gemacht. Dunkle Elemente, die die Situation nützen und ans Plündern gehen wollen, können hingegen durch persönliches Eingreifen des in Sorge hinzugekommenen Königs aufgehalten werden. Auch für die Alemannen ist jetzt kein Bleiben mehr. Mit Geld und Reisepässen versorgt, werden sie auf den Weg geschickt, um sich an der Universität Leipzig einzuschreiben.

In den folgenden Wochen wird der Ruf der ermutigten Bürgerschaft nach verfassungsmäßiger Partizipation lauter. Am *18. Februar* wird das „Assoziationsrecht“ der Studenten anerkannt und somit genehmigt, daß sich neben den behördlich garantierten Korps auch andere Korporationen bilden. Davon macht sofort die Verbindung Arminia mit burschenschaftlicher Ausrichtung und den Farben schwarz-rot-gold Gebrauch. Die von außen kommenden Nachrichten über revolutionäre Ereignisse in ganz Europa, insonderheit in Paris, aber auch die national deutsch gefärbten Tendenzen, die mittlerweile mächtig vorangeschritten sind, verbinden sich mit den lokalen Verhältnissen zu einer neuartigen, explosiven Mixtur.

Frühmorgens am *2. März* tauchen Plakatanschläge auf, die gegen den als „Lola-Minister“ verschrienen kgl. Minister v. Berks gerichtet sind. Abends acht Uhr läuft eine Menge von über tausend Menschen vor seinem Haus in der Ludwigstraße zusammen und ruft „Nieder mit Berks! Nieder mit dem Hurenminister!“ Im Steinregen splittern Fensterscheiben und Laternen. Die Staatsmacht schreitet nicht ein, da sie wohl hofft, die Aufrührer würden sich nach erfolgter Tat zufriedengeben. Aber nach einer Stunde werden Barrikaden gebaut, man ruft „Es lebe die deutsche Freiheit!“. Auch öffentliche Gebäude und schließlich die Residenz werden mit Schmähungen bedacht.

Am *3. März* wird die Forderung laut, die Stände sofort einzuberufen. Aus allen Teilen Bayerns, besonders aus Franken und der Pfalz, treffen gleichlautende Kundgebungen ein (v. Pölnitz, S. 95). In einer Adresse an Ludwig, die fünf Stunden im Rathaus zur Unterschrift aufliegt und der sich über 10.000 Bürger und Studenten anschließen, werden Öffentlichkeit und Mündlichkeit des Gerichtsverfahrens, Einführung von Geschworenengerichten, Verantwortlichkeit der Minister vor den Ständen und Abschaffung der Zensur gefordert – *„die Reihe jener Bürgschaften, deren Erreichung das Volk als heiligen Wunsch seit Jahren im Herzen trägt“*. Als wichtigstes Anliegen aber tritt die Vereinigung von Fürsten und Volk in einer gemeinsamen Vertretung am Deutschen Bundestag hinzu: *„Durch unverkürzte Anerkennung und zeitgemäße Entwicklung muß das Volk in seiner Treue zu König und Vaterland bestärkt werden“*. Zwischen Standhaftigkeit und Nachgeben schwankend, entläßt der

Das Lolahaus in der Barerstraße Nr. 7 und die Flucht der Lola Montez – Bleistiftzeichnung von Gustav König

König das Kabinett und verheißt die Einberufung der Ständekammer auf den 31. Mai, bei welcher Gelegenheit die Forderungen der Bürgerschaft beraten werden sollen. Dieses geringe Zugeständnis beruhigt die Gemüter nicht, sondern weckt neue Zweifel.

Am *4. März* – Faschingssamstag – erscheinen Regierungspräsident und Polizeidirektor im Rathaus, können sich jedoch in den stürmischen Debatten, *„an denen die Studenten sich in ausschlaggebender Weise beteiligten"* (v. Pölnitz, S. 99) kein Gehör verschaffen. Unter den Rednern treten der Danubensprecher Max Hochsteiner (der später in die Emigration gezwungen wird) und sein Bundesbruder Nepomuk v. Fäustle (von 1871 bis 1887 bayerischer Justizminister) neben anderen hervor (Ammer, S. 4). Der Bürgermeister wird in die Residenz geschickt, um den Willen der Bevölkerung kundzutun, kehrt aber in den nächsten Stunden nicht zurück. Als man auf den Straßen Militär sichtet, den Generalmarsch schlagen hört und ein Aufruf an die Landwehrmänner zu den Waffen ergeht, deutet man dies als Bruch des königlichen Versprechens und Versuch, der Bürger mit dem Militär Herr zu werden. Es heißt, Truppen würden nach München zusammengezogen, Kanonen seien vor der Residenz aufgefahren und die Bevölkerung der Auer Vorstadt eile bereits zum städtischen Waffenarsenal, um sich gegen die Truppen zu rüsten. Dies ist der Augenblick, in dem der Knoten gelöst und der offene Aufruhr entfesselt wird.

Die im Rathaus versammelte Menge, meist „anständig gekleidete Leute", zieht zum städtischen Zeughaus, überwältigt kurzerhand die Wachen, ohne daß Tote oder auch nur Verletzte zurückbleiben, und bemächtigt sich der darin befindlichen altertümlichen Waffen. *„Studenten brachten Ordnung in die Menge, ein Zug bildete sich, Trommler, alte Bürgerfahnen voran; die Läden* *wurden geschlossen, die Straßen füllten sich mit Neugierigen und von St. Peter läutete es Sturm*" (Spindler, S. 302). Der Zug geht durch die Sendlinger und Sonnenstraße zum Stachus, weiter zum Dultplatz, dem heutigen Maximiliansplatz, der von Militär besetzt ist. Er schwenkt zum Promenadeplatz ein, wo ebenfalls Soldaten aufmarschiert sind. Fürst Wrede, der ein Interimsministerium führt, soll entschlossen sein, „*die Kanaille zusammenzukartätschen*". Eine blutige Auseinandersetzung scheint unmittelbar bevorzustehen, wobei das loyale und gut gerüstete Heer mit einiger Sicherheit dem ungeordneten und abenteuerlich mit Flinten und Hellebarden, Piken und Musketen bewaffneten Volkshaufen überlegen gewesen wäre.

Im letzten Augenblick löst sich die Spannung, als der Kreisinspektor der Landwehr, von der Residenz kommend, eintrifft, wenig später Prinz Karl, der beliebte Bruder des Königs, vom Rathaus her. Beide verkünden einen königlichen Befehl, wonach die Stände nicht erst am Ende des Mai, sondern am 16. März einberufen werden. Das zunächst verbleibende Mißtrauen wird durch die nachgeholte Unterschrift des Königs zerstreut. Erstaunlicherweise genügt diese Willensbekundung, um der erregten Menge Einhalt zu gebieten – ein klarer Beweis für das Vertrauen, das staatliche Autoritäten immer noch genießen. Die Bürger lassen sich von einigen ihrer Wortführer überzeugen, daß Gewalt nun unnötig sei, und geben die erbeuteten Waffen ab.

Die Entwaffnung hat jedoch kein Nachlassen der Spannung zur Folge. Die jetzt in ganz Deutschland aufgeflammte, zur Beteiligung des Volkes an den politischen Entscheidungen und zur endlichen Heraufführung eines gesamtdeutschen Bundesstaates drängende Bewegung ist im Hintergrund wohl wirksam. In den bedeutendsten Städten des Königreiches werden im wesentlichen die gleichen Forderungen gestellt. Eine Bürgerversammlung dringt am 5. März – Faschingssonntag – darauf, Bürgschaften für die Einlösung der am Vortage gegebenen Versprechen zu erhalten. Straßen und Plätze füllen sich. „*Wo im Gedränge andere Farben von der Eintönigkeit der bürgerlichen Kleidung abstachen, waren es keine bunten Karnevalsbänder, vielmehr das Schwarzrotgold der Burschenschaft, das als Revolutionsbanner von vielen Studenten an Röcken und Mützen getragen wurde*" (v. Pölnitz, S. 100 f.).

Am *6. März* ruft der König die fünf Minister und die vier volljährigen Prinzen zu sich, um über eine öffentliche Erklärung zu beraten. Man hat ihn unterrichtet, sie müsse bis zwölf Uhr bekanntgegeben sein, sonst breche der Aufstand los. In dem vom Fürsten von Oettingen-Wallerstein verfaßten, als bayerische Märzdeklaration in die Geschichte eingegangenen Erlaß beteuert der König, den Forderungen des Volkes nach freiheitlichem Ausbau der Verfassung zu entsprechen. Deutlicher denn je bekennt er sich auch zur Einheit der Deutschen: „*Wie ich für die deutsche Sache denke und fühle, davon zeugt mein ganzes Leben. Deutschlands Einheit durch wirksame Maßnahmen zu stärken, dem Mittelpunkt des vereinten Vaterlandes neue Kraft und nationale Bedeutung mit einer Vertretung der deutschen Nation am Bunde zu sichern, und zu dem Ende die schleunige Revision der Bundesverfassung in Gemäßheit der gerechten Erwartungen Deutschlands herbeizuführen, wird mir ein theurer Gedanke, wird Ziel meines Strebens bleiben. Baierns König ist stolz*

Die Erstürmung des Münchner Zeughauses am 4. März 1848 – Steinzeichnung, wahrscheinlich von H. Bolz

darauf, ein deutscher Mann zu sein... Alles für mein Volk! Alles für Deutschland!"

So gewinnt Ludwig im Sturm die Herzen der Revolutionäre. Der preußische Gesandte Graf Bernstorff schreibt am selben Abend seinem Monarchen: *„Wie mir versichert wird, hat der König sich im letzten Augenblick wirklich von der Nothwendigkeit solcher Maßnahmen zur Kräftigung der deutschen Einheit überzeugt und diesen Schritt mit dem vollen Bewußtsein gethan, einen bedeutenden Theil seiner Souveränität der Macht und Central-Kraft des Gesammt-Vaterlandes zum Opfer zu bringen."*

Unmittelbar nach Bekanntgabe versammeln sich Tausende vor der Residenz, um dem König dankbar Ovationen darzubringen. Er bewegt sich frei in der Stadt und wird überall mit Beifall begrüßt. Zu seinen Ehren werden Kommerse geschlagen und Fackelzüge abgehalten. Der Erzbischof hält ein feierliches Votivamt, um Gott „für die Rettung des Vaterlandes" zu danken. Ein zeitgenössisches Plakat hält das Ereignis mit den Worten fest: *„Der 6. März 1848. Ein Glanz- und Jubeltag in Bayerns Geschichte. – Des Volkes Recht ist anerkannt , / Der Jubel geht durch's ganze Land, / Und Lieb' und Treu' zieht Herz und Sinn / Zum Vaterland, zum König hin"* (Vollmer, S. 51).

Noch am 6. März nachmittags schwört auf königlichen Befehl das Militär auf dem Max-Platz den Konstitutions-Eid. Am Abend desselben Tages konstituiert sich Danubia als öffentlicher Verein unter dem Deckmantel der „freien Verbindung"; die Bezeichnung Burschenschaft, die dem tatsächlichen

Wollen entspräche, wird in den offiziellen Statuten vermieden, da der Münchner Polizeidirektor erklärt, eine solche werde nicht geduldet. Die Tendenz kommt aber im Kehrreim des von Anton Scheidl, später Domkapitular in Augsburg, gedichteten Bundesliedes zum Ausdruck: *„Laßt Ehre, Tugend üben, / Laßt Deutschland uns treu lieben, / Für goldne Freiheit und für Recht allein / Laßt unsere Liebe, Brüder, mächtig sein!“*

Ein weiteres Mal kommt Ludwig dem Volk am *8. März* entgegen, als er den ungeliebten v. Berks entläßt und ihn durch den freiheitlich gesinnten Bürgermeister von Regensburg, Gottlieb v. Thon-Dittmer, ersetzt. Innerlich ist der König gebrochen: *„Aufgehört zu regieren habe ich in jedem Fall, ob ich die Krone behalte oder niederlege“*.

Bemerkenswert ist, daß in dieser Stunde, da Volk und Herrscher formell versöhnt sind, der nationale Gedanke weiter an Bedeutung gewinnt. Bereits fünf Tage zuvor, als die Bürger ihre innenpolitischen Forderungen überbrachten, haben 730 Studenten in einer eigenen Eingabe an den König auf die Schwäche der deutschen Nation hingewiesen. *„Das Vaterland ist in Gefahr!“* heißt es darin, denn *„Frankreich ist eine Republik... und die erfahrenen, kühnen Führer bedrohen unsere Gauen“*. Mit den vorgesehenen Verfassungsreformen habe man den *„Hebel eines einigen und freien Deutschland zum Schirm und Schutz gegen West und Ost“* in der Hand. Wenn es sein müsse, dann werde *„ein deutscher Kampf“* geführt werden, den *„eine fürs Vaterland begeisterte Jugend“* durch Bildung von Freikorps mitzutragen wünsche.

Der Argwohn, Paris könne Deutschlands gegenwärtige Lage für einen weiteren Eroberungsfeldzug nutzen, ergreift nun weite Kreise; im König sieht man den Schirmherrn gegen äußere Gefahr. *„Da er sich auch für eine Volksvertretung im Bund ausgesprochen hatte und die außenpolitische Gefahr noch nicht beseitigt erschien, flammte die nationale Begeisterung hoch auf, namentlich unter den Studenten. Es sei jetzt fast wichtiger, die Jugend in den Waffen als in den Pandekten* (Urteilssammlungen) *zu üben, meinte der immer noch jugendlich feurige Rektor der Universität, Friedrich Thiersch. Er bildete ein studentisches Freikorps und führte selbst, zu Pferde, seine Studentenkompagnien von der Universität in ihr neues Standquartier“* (Spindler, S. 317).

Damit könnte es vielleicht sein Bewenden haben, wenn nicht die Montez noch einmal das Schicksal in die Hand nähme. In der *Nacht vom 8. auf den 9. März* kehrt sie für einige Stunden nach München zurück und versucht ihr Glück beim König.. Am *16. März* machen Gerüchte die Runde, sie halte sich wiederum in der Stadt auf. Nur studentische Freikorps und Bürgerwehr, die jetzt an der Seite Ludwigs stehen, verhindern das Ausbrechen blinder Gewalt. Aber der König muß seine Favoritin zur Fahndung ausschreiben und ihr die bayerische Einbürgerung entziehen. Durch diese Peinlichkeit gekränkt, ist seine seit Wochen getrübte Freude am Regieren endgültig dahin.

Am *19. März* überträgt Ludwig I. die Krone seinem Sohn, am *20. März* unterzeichnet er die Abdankungsurkunde. Am *21. März* überrascht er sein Volk mit deren öffentlicher Bekanntgabe. Bürgermeister und Magistrat, die ihm am selben Tage noch ihrer Treue versichern wollen, können ihn nicht mehr umstimmen. In der Erklärung, mit der er seinen Schritt begründet, zeigt er sich nichtsdestoweniger als Patriot: *„Auch vom Throne herabgestiegen schlägt glühend mein Herz für Bayern, für Teutschland."*

Freiheit und Ordnung kehren ein

Ludwigs Resignation markierte einen tiefen Einschnitt in der Landesgeschichte, indem das aus dem 18. Jahrhundert überkommene und kunstvoll aufrechterhaltene Ideal des autokratischen Herrschers zerbrach und einem zeitgemäßeren Bewußtsein vom Wert der Verfassungen wich. Ludwig II., der Jahrzehnte später noch einmal das Sonnenkönigtum zu zelebrieren suchte, konnte dies nur noch in der herrlichen Traumwelt seiner Schlösser tun; in München war es unmöglich geworden. Dennoch stellt die bayerische Revolution keinen schmerzhaften historischen Bruch dar. Schon Ludwigs Nachfolger Maximilian II. verstand es, durch den zügigen Ausbau der konstitutionellen Monarchie anstelle des in der alten Verfassung beschworenen „monarchischen Prinzips" das Vertrauen der Münchner Bevölkerung auf die Regentschaft der Wittelsbacher zurückzugewinnen. Am Tage seiner Thronbesteigung rief er dem Volke zu: *„Bayern, steht Mir bei in Meinem festen Vorhaben, Euch auf die Stufe zu erheben, zu der Ihr als ein freies Volk berufen seyd, ein Achtung gebietender Staat im einigen deutschen Vaterlande!"* Gerade indem die freiheitlichen Forderungen der Revolutionäre erfüllt wurden, gelang es, die staatliche Ordnung zu bewahren.

Der am 22. März zusammengetretene „Reformlandtag" verwirklichte einen großen Teil der Verfassungsänderungen und Gesetze, die von den Bürgern erstrebt worden waren. Dem am 25. März berufenen „Märzministerium" gehörten ausnahmslos Männer an, die dem Geist der neuen Zeit gerecht zu werden versprachen. Am 4. Juni wurde das Edikt über die Freiheit der Presse und des Buchhandels in Kraft gesetzt, wodurch die letzten Reste der Zensur beseitigt waren. (Bedenkt man, daß eine „Prüfstelle für jugendgefährdende Schriften" mit exzessiver Indikationsausübung gegen politisch unkorrekte Schriften sowie bestimmte, die Wissenschaftsfreiheit schmälernde Gesetze seinerzeit nicht bestanden, wird man den Grad der damaligen Publikationsfreiheit gegenüber der heutigen eher als höher einzustufen haben.) Für siebzig Jahre – nur einmal be-

Freiheit und Ordnung kehren wieder ein – nachdem Lola Montez (nach einer zeitgenössische Karikatur aus den „Leuchtkugeln") – die bayerische Landeshauptstadt verlassen hat

einträchtigt durch die tragischen Umstände, unter denen Ludwig II. Thron und Leben verlor – zog innerer Friede in Bayern ein, der erst durch die grauenvollen Verwirrungen des Jahres 1918 beseitigt werden sollte.

Geistesgeschichtliche Beurteilung

Die Bewertung der Münchner Revolution im Gesamtzusammenhang des 48er-Jahres zeigt Gemeinsamkeiten, aber auch deutliche Unterschiede gegenüber dem vorherrschenden Bild einer wesenhaft liberal geprägten Erhebung. Zwar ist unbestreitbar, daß dem Rücktritt des Königs – des einzigen aller deutschen Landesherren, der damals dem Thron entsagte – eine Signalwirkung für Revolutionäre in den anderen Staaten innewohnte, die sich über die Besonderheiten der örtlichen Verhältnisse weniger Gedanken machten als vielmehr das Ergebnis sahen und daraus die Hoffnung ableiteten, einen gleichen Erfolg zu erringen. In der Sprache der Zeit sagt sich dies so: *„Über die Grenzen Baierns hinaus mußten die Wirkungen sich erstrecken, und in jeder deutschen Hauptstadt hob die Brust des Bürgers sich von dem stolzen Gefühl, daß das Königthum in einem Nu zu Scherben zertrümmert am Boden liegt, sobald eine Bürgerschaft den Muth hat, zu wollen."* (Diezel, S. 80). In Wien hieß es auf einer Versammlung: *„Wie der König Ludwig von Bayern seine Lola Montez hat, hat auch der Kaiser eine schlechte Person ‚Camarilla', und es ist die heiligste Pflicht, ihn aus ihren Umarmungen zu entreißen"* (Elbinger, S. 32). Dennoch gilt eine Bemerkung Spindlers (S. 303): *„Die bayerische ‚Revolution' vom Februar und März 1848 fügt sich in das deutsche Gesamtbild dieses Jahres nicht recht ein"*.

Insbesondere das utopisch-sozialistische Element, wie es im deutschen Südwesten zum Ausdruck kam, fehlte in München fast völlig, sieht man davon ab, daß einige auswärtige Elemente nächtens „Auf, ihr Proletarier, freie Republik" auf die Mauern pinselten, womit sie niemals das Vertrauen der Münchner gewinnen konnten. Überhaupt gebrach es am Willen, die gesellschaftliche Ordnung gänzlich umzustürzen. Nirgends zeigte sich das Bestreben, an die Stelle des wohlgeordneten Staatswesens die Chimäre einer grenzenlosen Freiheit zu setzen, in deren Namen dann regelmäßig wieder die als Feinde der Freiheit Deklarierten verfolgt werden – eine Herrschaftsform, die heute in der Politikwissenschaft mit dem Terminus technicus „Liberalextremismus" eingeführt ist. Vielmehr richtete sich die Empörung gegen einen König, der seine Pflichten vernachlässigte und eine Unberufene gewähren ließ. Die Monarchie als Institution war zu keiner Zeit wirklich gefährdet. Es verwundert daher nicht, daß ein Metternichscher Geheimagent in einem Bericht vom *14. Februar* vermerkte: *„Ich habe diese gefahrlose Revolution von Anfang bis zu Ende in den Straßen mit angesehen und die Verblendung eines Monarchen beklagt, der ein solches Volk bis zur äußersten Erbitterung reizt. Und doch war in der ganzen Bewegung der drei Tage keine Spur revolutionärer Gesinnung; kein aufrührerischer Ruf ertönte."*

Übrigens dürfte die prall zur Schau gestellte Südländlichkeit der Montez durchaus auch Vorbehalte gegen den Einfluß einer „Zugereisten" auf das angestammte Herrscherhaus geweckt und die vaterländische Gefühlswelt beleidigt haben. „Maurische Gräfin" und „Tochter Babels" nannte sie der Volksmund. Unmittelbar nach den Märztagen richtete sich ein weit verbreitetes Manifest gegen *„Reden, Ausrufe und Einflüsterungen, die nicht aus bairischer Brust kommen, sondern offenbar das Werk fremder Bestrebungen sind"*. (Diese durchaus natürliche bayerische Widersetzlichkeit Fremden gegenüber sollte sich auch 1919 beim energischen Abschütteln der Rätediktatur bewähren.)

Sicher ist, daß ein „fortschrittliches" politisches Programm überhaupt nicht die Rolle spielte, die man gemeinhin einer Revolution zuschreibt. In diesem Sinne meint der politische Schriftsteller Dr. jur. Rudolf Samper anläßlich des 110. Stiftungsfestes seiner Burschenschaft Danubia München 1958 zurückhaltend: *„Es steht dahin, ob die Münchner Geschehnisse eine echte Revolution aus dem Geist dieses dramatischen Jahres waren oder ob nicht die Kongruenz der Jahreszahl sie artigerweise in den Reigen der revolutionären Vorgänge von Paris und Berlin, von Baden und der Pfalz einreihte, ohne doch bewirken zu können, daß die historische Kritik dazu Ja und Amen sagte. Sie sagte nicht Ja und Amen, sondern sie stellte richtig...*

Waren es wirklich die liberalen Kräfte, die damals dem König oder doch mindestens seiner Mätresse an den Kragen wollten? ... Es ist nicht wahrscheinlich, daß Liberale damals in München am Werke waren, denn Lola, die den Münchner Bürgern und Studenten so arg aufstieß, herrschte selbst auf das Liberalste. Dies jedenfalls insoweit, als sie die Kräfte der bayerisch-konservativ-klerikalen Tradition planmäßig entmachtete. Es ist in der Tat durchaus möglich, daß die Lolamannen in Wahrheit jene liberalen Kräfte repräsentierten... Wahrscheinlich ist, daß die Münchner Studenten des Jahres 1848 aus allgemein freiheitlichem Geist im Schwung des Aufbruchs handelten."

Dergestalt darf man vielleicht den Typus des Münchner 48er-Studenten zu einer Charakterisierung in Beziehung setzen, die der Literat Hermann Bahr, selbst Burschenschafter, ein halbes Jahrhundert später gegeben hat: *„Ein Eigener. Einer, der sich nicht beugen läßt. Der keine Rücksicht kennt. Der nur seine Wahrheit will ... Ein Heugabelmensch. Ein Dreschflegelmensch. Hätten wir nur mehr. Ein Burschenschafter, wenn der Name noch sein alten Sinn hat. Einer, der auf sich besteht und bei sich bleibt, mente solida – inpavidum ferient ruinae."*

Dennoch hat es mit diesem mentalitätsgeschichtlichen Aspekt nicht sein Bewenden. Lebte doch auch in München unter den Weiter- und Tieferdenkenden die alte Sehnsucht nach dem Reich, das zugleich das Reich der Freiheit und der Deutschen sein sollte! Die Königliche Proklamation vom 6. März, in der sich der drittgrößte Fürst des Deutschen Bundes für die „Volksvertretung am Bunde" aussprach, legalisierte die lange gehegten Wünsche der deutschen Freiheitsbewegung und durchkreuzte entscheidend Metternichs Gegenstrategie. Die Münchner hatten auch teil an der deutschen Nationalbewegung. Schon das „Vorparlament" der Frankfurter Paulskirche, das aus amtierenden und früheren Abgeordneten einzelstaatlicher Landtage bestand und Grundsätze für die Wahl zur eigentlichen Nationalversammlung ausarbeitete, unterstand dem Präsidium des Rechtsgelehrten Prof. Josef Mittermaier, der Mitstifter des Corps Bavaria München gewesen war (Weiß, S. 7). Das „Pfingst-Studentenparlament“ anläßlich des zweiten Wartburgtreffens, dessen programmatische Eingabe die Nationalversammlung beeinflußte, tagte unter dem Vorsitz des Münchner Jurastudenten Lang, genannt „der kleine Gagern“. Zu den bedeutendsten Männern der Paulskirche zählte der Professor der Nationalökonomie Friedrich Wilhelm Stahl, der als Münchner Student seit 1828 der Burschenschaft angehörte (Kaupp, S. 10 f.).

Bedenkt man zudem, welch bruchlose, für den Außenstehenden frappierende Entwicklung die das Revolutionsgeschehen geistig prägenden Studentenverbindungen bald zu den staatstragenden, volkhafter Tradition verpflichteten und bürgerlicher Altvätersitte huldigenden Korporationen des zweiten Deutschen Reiches nahmen, so wird man wohl nicht zuletzt ein konservatives Element in ihnen von Beginn an veranschlagen dürfen – wertkonservativ freilich, nicht strukturkonservativ. 1848 „tauschte man das Personal aus“, ohne an den Grundfesten der staatlichen Ordnung rütteln zu wollen. Die große Mehrzahl der Münchner Studenten und Bürger hielt an der Vorstellung einer sittlichen Ordnung und eines verantwortlich regierenden Königs fest, mit dem sich nur eben das vorkonstitutionelle Lotterleben eines gekrönten „Hallodris“ nicht vereinbaren ließ. Vor allem für die studentischen Anhänger Görres' und seiner konservativen Professorenkollegen gilt, daß sie an allem anderen als am totalen Umsturz interessiert waren; Spindler (S. 313) spricht daher im Zusammenhang mit dessen Beisetzungsfeier, die den Auftakt der Erhebung bezeichnet, explizit von einer „konservativen Opposition“.

Eindeutiger noch lesen wir bei Reiter (S. 41), dessen in der Schriftenreihe des Stadtarchivs München erschienene Dissertation sich wohl am eingehendsten mit dem sozialen und geistigen Hintergrund der Revolution befaßt: *„Der Lola-Montez-Affäre liegt ein konservatives Anliegen zugrunde. Den Beteiligten ... ging es um die moralische Integrität der Monarchie, um damit ihre politische Stabilität in kritischer Zeit zu sichern. So sind denn auch die eigentlich treibenden Kräfte im konservativen Lager zu suchen, wobei allerdings der Staub, den sie aufwirbelten, auch den oppositionellen Kräften Schutz und Deckung bot.“* Letztere, die zornigen, aber oft ebenso romantischen jungen Männer, die ihre weitergehenden Ziele nicht erfüllt sahen, wurden später meist selbst zu Konservativen, wie der Lebenslauf des oben erwähnten Jurastudenten und späteren königlich-bayerischen Justizministers Nepomuk v. Fäustle exemplarisch zeigt. Mit einigem Recht läßt sich sagen: die Revolution diente dazu, das erhaltenswerte Königshaus vor sich selbst zu schützen und dem traditionsbewußten Bayernvolke zu einem ihm gemäßen Repräsentanten zu verhelfen. Sie kann – obzwar nicht im engeren Sinne der von Mohler beschriebenen ideengeschichtlichen Epoche – als konservative Revolution gedeutet werden. Die Münchner haben damit gewissermaßen vorweggenommen, was Arthur Moeller van den Bruck ein dreiviertel Jahrhundert später in den Begriff faßte, es gelte Verhältnisse zu schaffen, deren Erhaltung sich lohne.

Zitierte Literatur:

Ammer, E.: Chronik der Burschenschaft Danubia München; München 1902
Brunner, Johann: Bayerns Postzeitungswesen im Jahre 1848; in: Archiv für Postgeschichte in Bayern, Nr. 1, München, Juni 1930
Diezel, Gustav: Baiern und die Revolution; Zürich 1849
Droß, Elisabeth: Vom Spottgedicht zum Attentat. Angriffe auf König Ludwig I. von Bayern (1825-1848); Frankfurt a. M. 1994
Elbinger, Carl: Witz und Satire anno 1848; Wien 1948
Götschmann, Dirk: Der Abgesang der bayerischen Monarchie; in: Unser Bayern. Heimatbeilage der Bayerischen Staatszeitung, Jg. 44, Nr. 8, August 1995
Griewank, Karl: Deutsche Studenten und Universitäten in der Revolution von 1848; Weimar 1949
Grimm, Horst und *Leo Besser-Walzel:* Die Corporationen. Handbuch zu Geschichte, Daten. Fakten, Personen; Frankfurt a. M. 1986
Horn, Ewald: Akademische Freiheit. Historisch-kritische Untersuchung und freimütige Betrachtung; Berlin 1905
Hummel, Karl-Joseph: München in der Revolution von 1848/49; Göttingen 1987
Kalkschmidt, Eugen: Deutsche Freiheit und deutscher Witz. Ein Kapitel Revolutions-Satire aus der Zeit von 1830-1850; Hamburg 1928
Kaupp, Peter: Von Konservativen bis zu radikalen Republikanern; in: Studentenkurier, hg. v. d. Gesellschaft für deutsche Studentengeschichte, 2/98
Kays, Heinz Kurt: O Goldene Academia. Korporationsstudenten in der Literatur (Historia academica, Bd. 35); Würzburg 1966
Obermüller, Heinrich: Verboten und Verfolgt. Katholische Verbindungen an mittleren und höheren Schulen im deutschen Sprachraum, Bd. 1 Von den Anfängen bis 1918; Wien 1991
Pölnitz, Götz Frhr. v.: Die deutsche Einheits- und Freiheitsbewegung in der Münchner Studentenschaft (1826-1850); München 1930
Reiter, Hermann: Die Revolution von 1848/49 in Altbayern. Ihre sozialen und mentalen Vorausetzungen und ihr Verlauf; München 1983
Samper, Rudolf: Festansprache zum 110. Stiftungsfest, in: Danubenzeitung. Mitteilungsblatt des Altherrenverbandes der Burschenschaft Danubia Nr. 22, München Oktober 1958
Schulze, Friedrich und *Paul Symank:* Das deutsche Studententum von den ältesten Zeiten bis zur Gegenwart; Leipzig 1910
Spindler, Max: Erbe und Verpflichtung. Aufsätze und Vorträge zur bayerischen Geschichte, hg. v. Andreas Kraus; München 1966
Underberg, Elfriede: Die Dichtung der ersten deutschen Revolution; Leipzig 1930
Ursel, Ernst: Die bayerischen Herrscher von Ludwig I. bis Ludwig III. im Urteil der Presse nach ihrem Tode; Berlin 1974
Vollmer, Franz X.: Der Traum von der Freiheit. Vormärz und 48erRevolution in Süddeutschland in zeitgenössischen Bildern; Stuttgart 1983
Weiß, Egbert: Corpsstudenten in der Paulskirche; in: Studentenkurier, hg. v. d. Gesellschaft für deutsche Studentengeschichte, 2/98

KLAUS TELSNER

Die Tiroler in der Deutschen Nationalversammlung

und die akademischen Schützenkompanien

Das Jahr 1848 gilt als das Jahr der großen Hoffnungen und Erwartungen, wie ebenso als das Jahr der versäumten Chancen und der Niederlagen. Es ist ein Jahr voller Gegensätze: auf der einen Seite der Wunsch nach Demokratie und nationaler Einheit, auf der anderen Seite die dynastischen und konfessionellen Interessen und die Realpolitik der Bajonette, die den „Völkerfrühling" Europas unterdrückten.

Die Bevölkerung lehnte sich gegen die absolutistische Herrschaft auf und forderte eine Verfassung und die Gewährung der Grund- und Freiheitsrechte, wie allgemeines Wahlrecht, Presse- und Redefreiheit, Versammlungsfreiheit, Lern- und Lehrfreiheit ebenso wie Glaubensfreiheit und die Bauernbefreiung. Gleichzeitig symbolisiert 1848 den Traum von einem geeinten deutschen Vaterland, in dem alle Deutschen als freie Bürger in einem Bundesstaat vereint wären. Selbst die Deutschschweizer ließen sich von diesem Einheitsgedanken mitreißen und zeigten sich gegenüber diesem „geeinten Vaterland von deutschen Brüdern" nicht abgeneigt.

Unter den deutschen Farben Schwarz-Rot-Gold entwickelte sich eine politisch-geistige Freiheits- und eine deutsche Einigungsbewegung. Schwarz-Gold waren die Farben des 1806 unter den Schlägen Napoleons untergegangenen Heiligen Römischen Reiches Deutscher Nation und seither die Farben des Kaisertums Österreich. Aus dem antinapoleonischen Freiheitskampf war durch die Ergänzung der Farbe Rot das neue Symbol entstanden, das nicht primär die Fahne eines Staates sondern eines Volkes, einer Kulturnation darstellte. Diese Farben sollten die „Geburtsstunde der deutschen Nationalität und der europäischen Gesamtfreiheit" ausdrücken, wie es der spätere Abgeordnete Johann August Wirth bereits 1832 formulierte. Am 9. März 1848 erklärte die Versammlung der deutschen Fürsten Schwarz-Rot-Gold zu den Farben des Deutschen Bundes. Am 21. März hielt der preußische König Friedrich Wilhelm IV. einen demonstrativen Umritt durch Berlin unter Mitführung der schwarz-rot-goldenen Fahnen. Am 2. April wehte die deutsche Fahne vom Stephansdom in Wien, wie ebenso von der Hofburg in Innsbruck oder in Salurn, als der südlichsten deutschen Gemeinde. Ob in Berlin, Wien, Innsbruck oder Salurn, überall vollzog sich – trotz aller Gegensätze – dieselbe Einheitsbewegung, durch die sich alle Deutschen, gleich wo sie lebten, verbunden fühlten. Die Bevölkerung tat es mit Begeisterung, die Fürsten zögerlich und mehr als erzwungene oder präventive Sicherheitsmaßnahme, um nicht ganz die Kontrolle über ihre Untertanen zu verlieren.

Der Hauptmann einer der drei akademischen Schützenkompanien, die in jenem Jahr an Tirols Südgrenze kämpften, der Tiroler Schriftsteller Adolf

Pichler, an den in Innsbruck ein Platz und ein Denkmal erinnern, während in Bozen die nach ihm benannte Straße einer Via Dante weichen mußte, gibt uns Einblick in die feierliche und begeisterte Stimmung jener Tage in Wien:

> *„Sonntag, am 2. April! Welch freudige Überraschung: die schwarz-rot-goldene Fahne wehte vom Stephansdom in der Morgenluft. (...) Mir war es wie ein Märchentraum. (...) Vor der Burg machten wir Front. Der Kaiser erschien....Er schwenkte die Fahne, wir eilten zum Tore der Burg, einige Augenblicke später wallte sie aus dem Fenster, wo kurz vorher der Kaiser gestanden. Auch er erschien wieder, er trat an die Fahne und legte die Hand an die Stange, die Kaiserin links. Studenten in ihrer Burschentracht umgaben sie. Die deutsche Fahne auf der Kaiserburg in Wien! Wir breiteten unsere Arme, die Bewegung erstickte jeden Laut, nur ein Gefühl, ein Gedanke: Deutschland, Deutschland!“*

Deutscher und österreichischer Patriotismus

„Kaisertreuer Österreichpatriotismus und deutsche Nationalbegeisterung“ schienen in diesen Monaten wirklich ineinander zu fließen und die von Pichler in Wien geschilderte Stimmung, mag in Innsbruck, Bozen oder Salurn nicht anders gewesen sein.

Vor 150 Jahren, im Frühjahr 1848, nach dem Sturz des bürokratischen Regimes von Klemens Fürst Metternich, der Symbolfigur obrigkeitsstaatlicher Zensurpolitik, fanden in Tirol und in ganz Österreich die ersten freien Wahlen statt – die Wahlen zur Deutschen Nationalversammlung, die am 18. Mai in der Paulskirche in Frankfurt am Main, der einstigen Krönungsstadt der deutschen Könige und der römisch-deutschen Kaiser, zusammentrat. Das Wahlrecht war ein für das neunzehnte Jahrhundert sehr weitgehendes: Jeder „unabhängige“, selbständige Bürger, der mindestens 21 Jahre alt war, durfte wählen, ohne Rücksicht auf seine Steuerleistung. „Nur“ Dienstboten und Wanderarbeiter waren ausgeschlossen.

Von über 600 Abgeordneten aus dem Gebiet des gesamten Deutschen Bundes, der damals wirklich noch von der Maas bis an die Memel und von der Etsch bis an den Belt reichte, entfielen fünfzehn auf Tirol, und zwar neun auf Deutschtirol und sechs auf Welschtirol. Wie stark der Katholizismus in Tirol auch politisch verankert war, wurde bei dieser Wahl deutlich: In Tirol wurden fünf Geistliche gewählt, darunter der spätere Fürstbischof von Brixen, Vinzenz Gasser, der Begründer des „Vinzentinum“ als Vertreter des Wahlkreises Pustertal. Der junge Tiroler Priester verblüffte die liberalen Abgeordnetenkollegen, denen er auswendig Goethe zitierte, wo doch die Lektüre des großen Dichterfürsten zur damaligen Zeit in katholischen Kreisen noch als verpönt, ja geradezu verboten galt. Und als bekanntester unter den Tiroler Abgeordneten der Marienberger Benediktinerpater und Lehrer am Meraner Gymnasium am Rennweg, der in Lienz gebürtige Beda Weber, der sich auch als Schriftsteller schon einen Namen gemacht hatte. Er wurde durch seine kraftvollen Auftritte bald als der „Abraham a Santa Clara der Paulskirche“ bekannt und war in Frankfurt so populär, daß man ihn bat, die verwaiste Stadtpfarre der katholischen Minderheit Frankfurts zu übernehmen. Weber vertrat den Wahlkreis Meran mit dem Burggrafenamt und dem Vinschgau und gehörte der Casino-Fraktion an, die das rechte Zentrum sammelte, für eine liberale Reformpolitik eintrat und einen Kompromiß mit dem Adel und den Fürsten suchte. Neben den Geistlichen waren es vor allem Juristen, die Tirol in Frankfurt vertraten, z.B. wurde für den Wahlkreis Schwaz/Zillertal der gemäßigt liberale Rechtsanwalt Andreas von Gredler gewählt (ein Vorfahre des bekannten freiheitlichen Politikers und Präsidentschaftskandidaten der zweiten österreichischen Republik).

Versteht man die beiden politischen Zuordnungen im weitesten Sinn des Wortes, so kann gesagt werden, daß Deutschtirol in Frankfurt von fünf Katholisch-Konservativen und vier Nationalliberalen vertreten wurde.

Der Abgeordnete Friedrich Bassermann überliefert uns ein eindrucksvolles Bild von dieser ersten und bisher einzigen deutschen Nationalversammlung, in dem die Abgeordneten aus den verschiedensten deutschen Ländern zusammensaßen, wie sie nie mehr zusammensitzen sollten:

> *„Ein wohltuender Eindruck. Der gemütliche österreichische Dialekt neben dem scharfen preußischen, der sächsische neben dem reinen Hannoveraner, der schwerfällige Mecklenburger neben dem geläufigen Rheinländer, die Uniform eines preußischen Offiziers neben den langen Schwarzröcken der Geistlichen und den grünausgelegten Grauröcken der Tiroler – das alles gewährte ein bislang ungesehenes Bild des deutschen Volkes, wie es leibt und lebt, daß es eines jeden Herz erfreuen muß."*

Einer der Tiroler Abgeordneten in der deutschen Nationalversammlung von Frankfurt war 1848/49 der aus Lienz stammende Benediktinerpater und Publizist Beda Weber

Das neunzehnte Jahrhundert stand im Banne zweier großer, vielfach miteinander verbundener politischer Strömungen: des Liberalismus und des Nationalismus.

Liberalismus, das hieß 1848 in erster Linie Gewährung einer Verfassung. Der Staatsapparat sollte nicht mehr willkürlich agieren, sondern durch ein gewähltes Parlament kontrolliert werden. Eng damit verbunden waren die Forderungen nach Aufhebung der Zensur und Gewährung der Grund- und Freiheitsrechte. Am 26. Juli brachte, der mit 25 Jahren jüngste Abgeordnete des ebenso im selben Jahr gewählten österreichischen Reichstages, der aus Österreichisch-Schlesien stammende Hans Kudlich, nur vier Tage nach dessen Konstituierung, einen Antrag zur Aufhebung des Untertanenverhältnisses der Bauern ein. Der Student Kudlich, der Mitglied der akademischen Legion in Wien war, sollte so zum „Bauernbefreier“ werden. Eine der bedeutendsten Errungenschaften jenes Jahres, wenn sie in anderen Kronländern, wo die Abhängigkeiten der Bauern größer waren, auch einschneidender wirkte als in Tirol.

Das Ziel der nationalen Bewegung aber war die Schaffung von Nationalstaaten: Von Deutschen und Italienern angestrebt, wenn auch die Vorstellungen von einem Nationalstaat verschieden waren. Die italienischen Einigungsbestrebungen bauten auf dem Bürgerstaat der französischen Revolution auf, während die deutschen die ethnische Frage und damit die Kulturnation in den Mittelpunkt stellten. So durchhallte alle deutschen Länder, von den Alpen bis zur Nord- und Ostsee der Ruf nach einem einheitlichen deutschen Staat, der alle Deutschen politisch zusammenführen sollte. Dieses Ziel geriet naturgemäß in Konflikt mit der Aufrechterhaltung der bestehenden dynastischen Gebilde, der deutschen und italienischen Kleinstaaten einerseits, der multinationalen habsburgischen Großmacht andererseits.

Ruf nach deutschem Einheitsstaat

Für viele Abgeordnete, unter ihnen auch die Tiroler, ergab sich daraus ein nicht unwesentlicher Zwiespalt: So bejahten viele Österreicher zwar die deutsche Einheit, wollten aber die Herrschaft über Oberitalien, über Mailand und Venedig nicht aufgeben und waren deshalb Gegner der italienischen Einigungsbewegung. Zudem bedrohten die piemontesischen Truppen wie die garibaldinischen „Rothemden“ die Tiroler Landesgrenzen im Süden, indem sie nach Welschtirol vorzustoßen versuchten, wo sie zunächst beachtliche Unterstützung durch die Bevölkerung erhielten. In Tirol wurde, wenn auch zunächst zögernd, die Landesverteidigung mobilisiert und die Schützenkompanien begaben sich Richtung Süden, um die Grenzen des Landes zu sichern.

Der 1815 als Nachfolger des römisch-deutschen Reiches entstandene Deutsche Bund hatte bisher aus nicht weniger als 39 Staaten bestanden, von den beiden Großmächten Österreich und Preußen über die Mittelmächte wie Bayern und Sachsen bis hin zu den Kleinstaaten wie dem Fürstentum Liechtenstein oder Reuß-Schleiz, jüngere und ältere Linie. Die Frankfurter Nationalversammlung hatte die Aufgabe, den Prozeß der Integration Deutschlands voranzutreiben und eine gesamtdeutsche rechtsstaatliche Verfassung auszuarbeiten. Es wäre gut vorstellbar gewesen, daß die Krone eines solchen vereinten Deutschland (manchmal verwendete man zur Unterstreichung des föderalistischen Charakters auch den Ausdruck: Vereinigte Staaten von Deutschland) einem Habsburger angeboten und damit das deutsche Kaiserreich, das am 6. August 1806, mit der Niederlegung der Kaiserkrone durch Franz II. von Habsburg-Lothringen, nach tausendjährigem Bestehen erloschen war, wiedererstehen würde.

Vorläufig einmal wählte man Erzherzog Johann, den habsburgischen Prinzen, der sich um Tirol so verdient gemacht hatte, zum provisorischen Oberhaupt, zum sogenannten „Reichsverweser“. Die Ernennung Erzherzog Johanns löste vor allem in Tirol große Begeisterung aus und nährte auch manche Hoffnung, die nicht erfüllbar war und die zu erfüllen sich auch der Reichsverweser außerstande sah. Der Bruder Kaiser Franz II. und Onkel des regierenden Kaisers Ferdinand I. genoß seit den Tiroler Freiheitskriegen eine besondere Hochachtung in allen Landesteilen, da er die Tiroler Bestrebungen stets unterstützt hatte, während sein kaiserlicher Bruder die Tiroler 1805 und 1809 gleich zweimal, trotz gegenteiliger und feierlicher Beteuerungen, im Stich gelassen hatte und nur wenige Tage nach Hofers Hinrichtung in Mantua seine Tochter mit Napoleon I. verheiratete, jenem Mann, der Hofers Todesurteil selbst unterzeichnet hatte. Die Anhänglichkeit der Tiroler an Erzherzog Johann wurden dem Kaiser geradezu verdächtig, sodaß er seinen Bruder aus Tirol verbannte und ihm das Betreten des Landes verbot. Wie innig dennoch die Verbundenheit blieb, bezeugt der letzte Wunsch Johanns, in Tirol begraben zu werden, wo sich in Schenna bei Meran seine letzte Ruhestätte befindet. Umso verständlicher wird der Zuspruch, den die Ernennung des „verbannten Erzherzogs" zum Reichsverweser in Tirol fand, dem zudem der folgende Ausspruch an der Tafel des preußischen Königs zugeschrieben wird:

„Kein Österreich! Kein Preußen! ein einiges Deutschland!"

Ein geeintes Deutschland zu schaffen, hätte allerdings auch bedeutet, daß die Habsburgermonarchie zwar mit ihren deutschen Teilen in einem solchen Reich eine führende Rolle eingenommen hätte, daß sie sich von ihren nicht-deutschen Teilen, vor allem von Ungarn, Galizien und Oberitalien aber trennen sollte. Die Italiener aus Welschtirol hofften, daß in einem solchen Fall auch das Trentino mit dem Königreich Lombardo-Venetien vereinigt würde, zwar unter habsburgischer Herrschaft verbliebe, jedoch nicht dem im Entstehen begriffenen deutschen Staat angehören würde. Sie forderten eine Teilung Tirols entlang der Sprachgrenze.

Zum Unterschied von den Tschechen, die sich weigerten, an der Deutschen Nationalversammlung teilzunehmen, gingen die Trentiner aber sehr wohl nach Frankfurt und vertraten dort unter der Führung des Priesters Giovanni a Prato aus Rovereto, dann von Carl Esterle aus Cavalese, nicht ohne Geschick ihre Sache. 1848 war auch das Jahr, mit dem sich allmählich und endgültig der Name „Trentino" für den italienischen Teil Tirols zwischen Salurn und Borghetto durchzusetzen begann; jener Name, der ab dem 17. Jahrhundert zunächst nur für das Gebiet der Stadt Trient und seine unmittelbare Umgebung gelegentliche Verwendung fand, war nun politisches Programm, um die nationale Eigenständigkeit des Trentino gegenüber den anderen Tiroler Landesteilen zu unterstreichen. Mit rund 50.000 Unterschriften versuchten sie, ihrer Forderung Nachdruck zu verleihen, die darauf abzielte, in der Deutschen Nationalversammlung in Frankfurt die Trennung Welschtirols vom Deutschen Bund und im Reichstag in Wien seine Vereinigung mit Italien zu erreichen.

Im Bericht von Adolf Pichler über die Abwehrkämpfe in Tirol wird einer der großen Gegensätze von 1848 deutlich. Wie insgesamt in den Reihen der Schützen, äußerten auch Mitglieder der akademischen Schützenkompanien ihre Zweifel, ob es wirklich berechtigt war, in Welschtirol gegen die piemontesischen, garibaldinischen und auch trentinischen Bestrebungen zu kämpfen, da es sich ja um italienisches Gebiet handle, und ob man nicht erst bei einem Angriff auf Deutschtiroler Gebiet einschreiten sollte.

Nationalgedanke gegen Landeseinheit

Hier steht der Nationalgedanke gegen die Landeseinheit. Auf der einen Seite wünschten sich die Deutschen, die nationale Einheit zu erreichen, wofür in erster Linie die demokratischen Kräfte, in vorderster Reihe die Studentenschaft stand. Dementsprechend gestanden sie diese auch allen anderen Völkern zu. Dieser These zufolge hätte die Grenze bei Salurn gezogen werden müssen. Dem stand die Einheit Tirols als österreichisches Kronland und Teil des Deutschen Bundes gegenüber, das neben Deutsch- und Ladinischtirol, auch Welschtirol umfaßte, wenngleich es in seiner territorialen Ausdehnung so auch erst seit 1815 bestand.

Dementsprechend zeigten die Schützen zunächst keine Bereitschaft, den österreichischen Truppen in Oberitalien zu Hilfe zu kommen, selbst dann nicht, als italienische Freischaren bereits in Welschtirol vorrückten und es im März 1848 in Trient zur Erstürmung des Rathauses kam, an dem die italienische Tricolore gehißt wurde. Ähnliche Szenen wiederholten sich in anderen Orten des Trentino, verbunden mit der Forderung, einem zu einigenden Italien angeschlossen zu werden. Das österreichische Militär hatte alle Mühe, die Ordnung aufrechtzuerhalten. Am 19. März hatte sich in Trient eine provisorische Regierung gebildet, welche die Abtrennung des Trentino von Tirol vollziehen sollte. An den Hausmauern der Stadt und selbst im Priesterseminar wurde die Schmierschrift „morte ai tedeschi" angebracht. Landeshauptmann Graf Brandis rief die Schützen zum Landesaufgebot, doch die Aufforderung verhallte im Nichts. Die Schützen zeigten nicht die geringste Lust, für die italienischen Besitzungen der Habsburger zum Stutzen zu greifen. Sie hatten sich dabei auf die alten Freiheiten aus dem Landlibell von 1511 berufen. Pichler faßt die Stimmung der Tiroler in dem bezeichnenden Satz zusammen:

> *„Wenn uns die Wälschen vor die Häuser kommen, wollen wir ihnen schon zünden; sonst aber lassen wir uns durch keine leeren Versprechungen foppen; man hat uns im Jahre 1809 zu stark angelogen, wir mögen nichts mehr wissen..."*

Anfang April rückten rund 1500 italienische Freischärler, darunter auch das Battaglione della morte aus Mailand ins Sarcatal vor und besetzten auch das Gebiet samt Riva und Arco. Die Österreicher hatten sich bis Schloß Toblino zurückgezogen. Lediglich die Schützenkompanien von Prad und Taufers waren mit 324 Mann an der nahen Grenze zur Lombardei aufmarschiert. Erst als ein Einbruch italienischer Freischaren am Stilfser Joch gemeldet wurde, rückten am 12. April die Vinschgauer Kompanien aus Nauders, Reschen, Graun, St. Valentin auf der Haide, Tschars, Laas, Schlanders, Latsch und Partschins aus; letztlich aber erst durch einen flammenden Aufruf Erzherzog Johanns am 13. April: *„Tirol ist ein deutsches Land. Es darf nicht von seinem deutschen Vaterland getrennt, überhaupt nicht zerstückelt werden."* Der große Widerspruch der Tiroler Geschichte des 19. Jahrhunderts wird in diesen Worten deutlich. Es beginnt der konkrete Nationalgedanke hinter der fiktiven Idee einer „Landeseinheit" mit dem Trentino zurückzutreten und die Schützen ziehen in den Kampf, was sie weder für Kaiser Ferdinand I. noch Feldmarschall Radetzky zu tun bereit waren. Die Landeseinheit von Kufstein bis

Borghetto versuchte man, nun in der Tiroler Bevölkerung festzuschreiben. Ein Begriff, der schon Programm war und gemeinsam mit jenem der Glaubenseinheit die politische Diskussion Tirols der folgenden Jahrzehnte beherrschen sollte. Das Dilemma wird durch eine Petition der Mailänder Studenten an ihre Wiener Kollegen deutlich, in der die italienischen Studenten schrieben:

> *„Es lebe das freie, unabhängige, einige Italien! Es lebe die deutsche Einigkeit!"*

Oder wie die lombardische Revolutionsregierung den Deutschtirolern mit einer Erklärung versicherte:

> *„Nie werden wir die Grenzen Welschtirols überschreiten. Wir wollen unsere Freiheit, aber zugleich die Freiheit aller Länder und vor allem die Freiheit Tirols. Trient ist welsch und soll es sein, Bozen ist deutsch und wird immer deutsch bleiben."*

Aus den Reihen der Tiroler Studenten, die im März 1848 mit ihren Demonstrationen maßgeblich dazu beigetragen hatten, das alte österreichische Regime zu stürzen, bildeten sich nun in Wien und in Innsbruck drei freiwillige akademische Schützenkompanien, die nicht der österreichischen Armee Radetzkys zu Hilfe kommen wollten – die von Verona aus Österreichs oberitalienische Besitzungen verteidigte –, weil dies ihrer nationalen Einstellung widersprach, sehr wohl aber den Tiroler Landsleuten bei der Verteidigung der Heimat.

Akademische Schützenkompanien

Vor dem Kriegseinsatz begab sich die in Wien aufgestellte akademische Schützenkompanie unter ihrem Hauptmann Adolf Pichler am 15. April zur Fahnenweihe in den Stephansdom. Die schwarz-rot-goldene Fahne, die die goldene Inschrift „Für das Vaterland" trug, führte als Spitze den Tiroler Adler mit einem weißen und einem roten Band: „Den Landesfarben der Heimat". Schützenhauptmann Pichler schildert uns diese Fahnenweihe vor dem Aufbruch an die Tiroler Front:

> *„Alle Straßen waren weithin mit Menschen bedeckt, die Säulenhallen der Kirche selbst so voll, wie ich es kaum so gesehen hatte. Wir rückten durch das Mittelschiff bis zum Hochaltar vor, dort wurde die Fahne niedergelegt. Es war ein ernster Augenblick als der greise Weihbischof mit den strengen Zügen feierlich die Hand zum Segen hob: ‚daß dieses Banner siegreich vor uns herwalle, und schrecklich sei den Feinden!' Dann marschierten wir durch das dichte Volksgedränge hinaus zum Bahnhof."*

Am Südbahnhof segnete der alte Pater Haspinger, einer der Helden des Befreiungskrieges von 1809, der einst in vorderster Front an der Seite Andreas Hofers für die Freiheit und Einheit Tirols gekämpft hatte und nun in Wolkersdorf bei Wien lebte, die 131 Mann starke Schützenkompanie der Tiroler Studenten vor ihrer Abfahrt. Ein Gemälde von Alois Schön erinnert im Tiroler Landesmuseum Ferdinandeum in Innsbruck an diese Szene. Der Weg nach Tirol führte über Graz und Klagenfurt und war ein Triumphzug. Die jungen

Pater Haspinger segnet auf dem Wiener Südbahnhof die zur Landesverteidigung ausziehenden Tiroler Studenten (1848) und deren schwarz-rot-goldene Fahne – Nach dem Gemälde von A. Schönn

patriotischen Tiroler wurden überall mit Begeisterung empfangen, bis sie schließlich über Brixen, wo sie symbolisch von einem Theologiestudenten mit einer deutschen Fahne begrüßt wurden und der Fürstbischof eine Messe für sie las, am 27. April in Bozen anlangten. Über den Empfang schreibt Pichler:

> *„... unser Volkslied sei: ‚Was ist des Deutschen Vaterland'. Später wurde dieses angestimmt und die Säbel der Studenten fuhren aus der Scheide, es war ein sehr eigentümlicher Anblick, als die gekreuzten Klingen im Schein der Lichter blitzend aneinanderschlugen ..."*

In Bozen schlossen sich ihnen zwölf Tiroler Studenten aus Salzburg an. Am folgenden Tag wurde die Kompanie von Erzherzog Johann begrüßt. Adolf Pichler dazu:

> *„Als er die Reihen gemustert und den alten Haspinger, den treuen Kampfgefährten aus alter Zeit besonders begrüßt hatte, trat er vor die Front. Hochauf ragte in der Mitte die schwarzrotgoldene Fahne; ich wies mit dem Finger darauf hin und sagte zu ihm: ‚Wer hätte geahnt, daß je Tiroler Schützen unter diesen Fahnen in's Feld ziehen?' Er sah mich eine Weile ernst an, dann erwiderte er: ‚Geahnt? – Oh wir Älteren waren davon überzeugt, daß dieser Tag noch einmal anbrechen werde, er ist gekommen, ja! – Folgt dieser Fahne immer und überall, sie möge euch im Kampfe voran leuchten, verlaßt sie nie!' – Nie, nie! antwortete es aus den Reihen."*

Die Tiroler Studenten an der Landesuniversität Innsbruck, wollten in nichts nachstehen und bildeten zwei akademische Schützenkompanien. Feldmarschall Radetzky hatte nach einem ersten taktischen Rückzug in das venetianische Festungsviereck, die Grenzpfähle zwischen Tirol und Lombardo-Venetien demonstrativ in den Farben Schwarz-Rot-Gold anstreichen lassen, *„um italienische Freischaren zu warnen, nicht das Gebiet des Deutschen Bundes zu betreten“,* wie es der verstorbene österreichische Historiker Adam Wandruszka wiedergibt.

Zahlreiche Schützenkompanien zogen nun nach dem Aufruf des Reichsverwesers und unter der schwarz-rot-goldenen Fahne ins Gefecht. Aufgrund der demokratischen Positionen unter den Studenten bemühte sich die noch dem Metternichschen System verhaftete Landeshauptmannschaft in Innsbruck, die Wiener und die Innsbrucker Studentenkompanien nicht zusammentreffen zu lassen. Die Tiroler akademische Schützenkompanie Wiens wurde nach ihrer Ankunft in Bozen sofort nach Storo an die Südwestgrenze des Landes verlegt, während die Innsbrucker akademischen Kompanien in der Valsugana an der Südostgrenze zum Einsatz kommen sollten. Die Tiroler Studenten der Universität Wien bewährten sich Seite an Seite mit den Wiltener und den Jenbacher Schützenkompanien am 22. Mai in der Schlacht bei Lodrone und Caffaro. Danach rückten die Studenten sofort in ihr neues Einsatzgebiet bei Ala, wo sich die gegnerischen Seiten in den folgenden Wochen im Stellungskampf gegenüberlagen.

Die Innsbrucker Studentenkompanien zogen gemeinsam mit den Stubaier Kompanien bis Trient, wo sie, verstärkt durch Schützenkompanien aus dem Zillertal, aus Thaur und Sterzing, unter dem Kommando von General Roßbach in die Valsugana verlegt wurden. Die erste Innsbrucker Studentenkompanie schlug sich unter dem Kommando von Hauptmann Aigner gemeinsam mit den Grödner Kompanien erfolgreich am Covelopaß, während die zweite Kompanie, nach Einsätzen im Gebiet des Caldonazzosees, in Trient und Arco, gemeinsam mit der Schützenkompanie aus Cavalese – der einzigen Welschtiroler Kompanie, die in den Kämpfen zum Einsatz kam – an der Expedition im Ledrotal teilnahm. Wegen ihrer ausgeprägt demokratischen bis republikanischen Gesinnung wurden die akademischen Schützenkompanien von den kaiserlichen Vertretern in Innsbruck bewußt als Kanonenfutter an die vorderste Linie geschickt, doch bewährten sie sich tapfer.

Der Tonalepaß und der Sulzberg wurden durch die Schützenkompanien aus Ober- und Untermais, Karneid, Hall, Kufstein und Hopfgarten verteidigt. Der Kreuzberg durch die Kompanien aus Sexten, Sillian und Lienz. Am 2. und 3. Mai warfen die Pusterer Schützen die venetianischen Angreifer in Cortina d'Ampezzo zurück. Uber eine Dankfeier der Ampezzaner für diesen militärischen Erfolg schrieb Bozens Bürgermeister Josef Streiter:

> *„So ward auch die feierliche Übergabe der vom Erzherzog Johann den Ampezzanern gesandten deutschen Fahne wie ein kirchlicher Akt mit Weihe, Feldmesse und Tedeum verherrlicht.“*

Die Schützen konnten, in den von April bis August anhaltenden Gefechten, die italienischen Gegner am Sulzberg, in der Valsugana, im Sarcatal wie

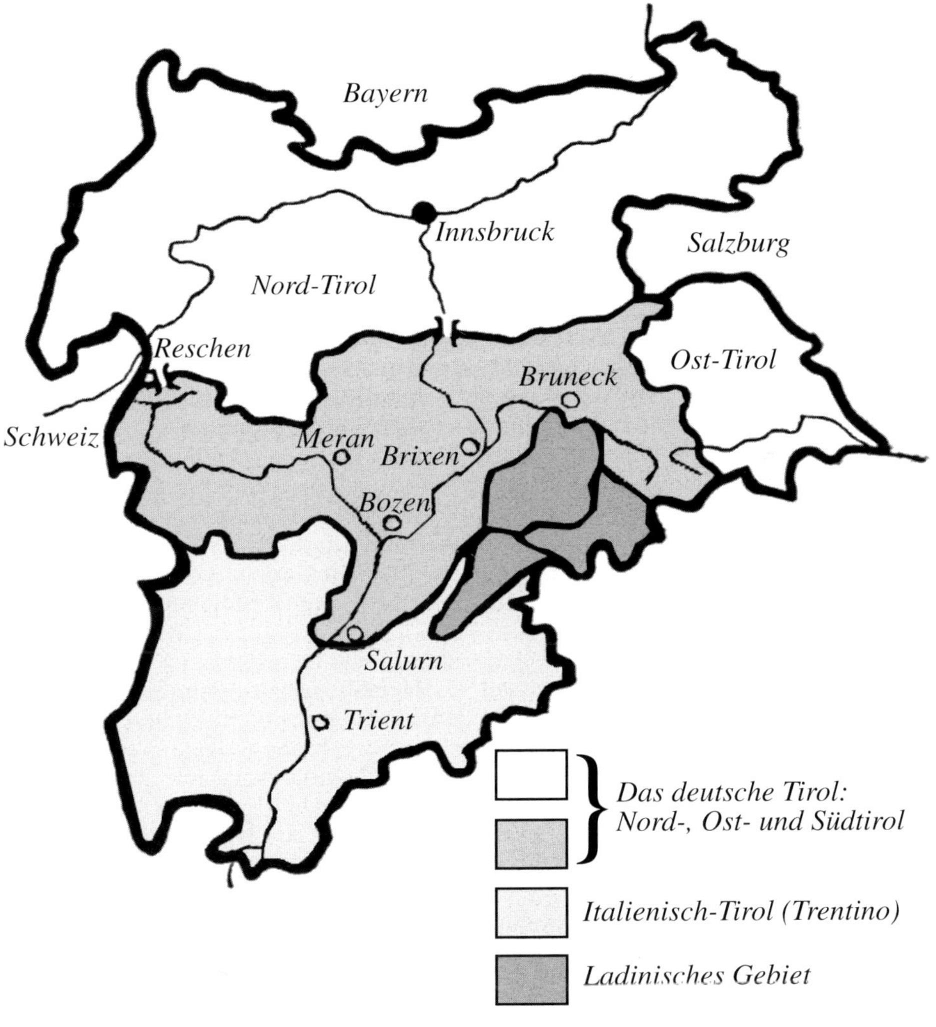

im Etschtal erfolgreich zurückschlagen und die Grenzen Tirols sichern. Nach kleineren Erfolgen der piemontesischen Truppen und der Freischaren begann auch Radetzky mit der Gegenoffensive und konnte Venetien zurückerobern und schließlich dem König von Sardinien-Piemont, Carlo Alberto, im Juli bei Custozza eine schwere Niederlage zufügen, der am 6. August der Wiedereinzug der österreichischen Truppen in Mailand und am 9. August die Unterzeichnung eines Waffenstillstandes folgte.

1848 verteidigten insgesamt 16.653 Schützen aus ganz Deutsch- und Ladinischtirol, darunter auch die drei akademischen Schützenkompanien sowie der Fleimstaler Kompanie die Heimat. Sie wurden mit einer Verdienstmedaille ausgezeichnet. Die Wiener akademische Schützenkompanie brachte mit ihrem Hauptmann Adolf Pichler an der Spitze ihre im Stephansdom geweihte schwarz-rot-goldene Fahne auf Schloß Tirol:

> *„Ich konnte ein Gefühl der Wehmut nicht ganz unterdrücken, als ich zum letztenmale die Fahne, welche uns auf so weitem Wege durch so viele Gefahren geführt hatte, vor mir herflattern sah. Im Rittersaal ließen wir noch einmal aus dem Fenster die teure Fahne im Zug des Windes wallen, dann übergaben wir sie dem Kastellan. So möge sie hier am würdigsten Platze im ganzen Lande Tirol aufbewahrt bleiben, bis sie wieder eine Schar rüstiger Kämpfer dem Feinde entgegenträgt.“*

Der militärische Erfolg war gelungen. Wie sollten nun aber auf politischer Ebene durch die Deutsche Nationalversammlung die Grenzen dieses „einigen Deutschland“ gezogen werden. Für die nicht-deutschen Länder, die zudem nicht dem Deutschen Bund angehörten, wie die habsburgischen Königreiche Lombardo-Venetien oder Ungarn, sahen die Abgeordneten – ganz anders hingegen die Fürsten – geringere Schwierigkeiten. Problematisch war die Frage hingegen für die Länder des Deutschen Bundes mit teilweise nicht-deutscher Bevölkerung. Das galt für die gefürstete Grafschaft Tirol mit ihrem seit 1803 bzw. 1815 starken italienischen Landesteil, wie für die Länder der böhmischen Krone mit ihren tschechischen Gebieten oder dem Herzogtum Steiermark mit der mehrheitlich slowenischen Untersteiermark. Die Frage nach den politischen Grenzen des künftigen Reiches „war zugleich auch die Frage nach der Zukunft Österreichs“, wie Bernhard Pilz schreibt.

Die Abstimmung im Oktober 1848, ob die Habsburgermonarchie auf ihre nicht-deutschen Teile verzichten sollte, stürzte die österreichischen Abgeordneten in ein Dilemma: Alle waren für die deutsche Einheit, doch es galt, eine politische Entscheidung zu treffen, an der die Nationalversammlung durch die dynastischen Interessen der Habsburger zwangsläufig nicht vorbeikam. Das Haus Habsburg, in dem sich bereits der Wechsel von Kaiser Ferdinand I. zu Kaiser Franz Joseph I. abzeichnete, dachte nicht daran, Gebiete abzutreten, und forderte gleichzeitig die Vormachtstellung im geeinten deutschen Staat, eine realpolitische Unvereinbarkeit. Also ließ das Kaiserhaus im Zweifelsfall lieber den deutschen Einheitsgedanken fallen. Allein die Tatsache, daß ein demokratisch gewähltes Parlament zum politischen Entscheidungsträger werden, eine Verfassung ausarbeiteten und den künftigen Kaiser bestimmen sollte, war den fürstlichen Vorstellungen vom monarchischen Gottesgnadentum höchst zuwider.

„Großdeutsch“ oder „großösterreichisch“?

Ungefähr die Hälfte der österreichischen Abgeordneten wollte lieber auf die Gebiete außerhalb der Bundesgrenzen verzichten als auf die deutsche Einigung; die andere zog die Bewahrung des Habsburgerreiches der unsicheren Aussicht auf das vereinigte Deutschland vor. Dieser Ansicht waren, wenn auch schweren Herzens, die meisten Deutschtiroler. Zwei, die anderer Meinung waren, enthielten sich der Abstimmung: Der gemäßigt liberale Bozner Abgeordnete Franz von Unterrichter und der im Wahlkreis Oberinntal gewählte Priester Alois Flir, später Direktor der Anima in Rom, der an einen Freund schrieb:

> *„Wenn keine Vermittlung durchgeht, so wird entweder das österreichische Kaisertum verstümmelt, oder das deutsche Reich. Du wählst die zweite Verstümmelung, ich die erste. Der Kaiserstaat ist ein zufälliges Konglomerat, Deutschland einheitlich."*

Beda Weber hoffte weiterhin, daß den Tirolern die Wahl zwischen einer österreichischen Gesamtmonarchie und einem geeinten Deutschland erspart bleiben würde, sondern daß Österreich mit all seinen Teilen Deutschland beitreten würde. Es sollte nicht sein!

1848/49 wurden die Weichen für die sogenannte „kleindeutsche" Lösung gestellt, ohne die Deutschen Österreichs, und für den Ausschluß Österreichs aus dem neuen deutschen Staat, wie er nach der Schlacht von Königgrätz 1866 durch das Ende des Deutschen Bundes und 1871 mit der Ausrufung des Zweiten deutschen Reiches dann auch tatsächlich vollzogen wurde. Die Tiroler haben diese Entwicklung beklagt, nicht bloß die Nationalliberalen, die sich um die Ideale von 1848, Einheit und Freiheit, betrogen sahen. Auch für die Katholisch-Konservativen bedeutete der Ausschluß Österreichs doch eine erste Teilung Deutschlands, auf alle Fälle aber eine Teilung der deutschen Katholiken, für die das Haus Habsburg eine Art Schutzmacht darstellte.

Die Deutsche Nationalversammlung erbrachte unter Mitwirkung der Tiroler Abgeordneten eine besondere Leistung, die letztlich erst nach dem Ersten Weltkrieg seine Umsetzung finden sollte: eine demokratische Verfassung für einen freiheitlichen Rechtsstaat und die Absicherung der Grund- und Menschenrechte. Es handelt sich dabei wohl um eines der größten Werke der vergangenen Jahrhunderte. Die katholisch-konservativen Abgeordneten aus Tirol freilich hatten mit ihrer Ablehnung der Glaubensfreiheit und der Forderung nach alleiniger Zulassung des katholischen Glaubens in Tirol eine belastende Diskussion losgetreten.

Die Fürsten und Dynastien hatten kein Interesse an einer Teilung ihrer Souveränität von Gottes Gnaden mit einer von Volkes Gnaden. Sobald mit Waffengewalt die demokratischen Bestrebungen unterdrückt werden konnten, wurde auch die Nationalversammlung zerschlagen und mit ihr alle Träume und Hoffnungen. Geblieben ist jedoch ein großes Verfassungswerk, wenn es auch erst spät umgesetzt wurde.

Das vereinte Deutschland, das alle Deutschen unter seinem Dach beherbergt und so greifbar nahe schien, ist ein unerfüllbarer Traum geblieben. Die Schützen hatten die Zeichen der Zeit erkannt und wollten in Welschtirol nicht eingreifen. Daß sie letztlich doch die Mobilmachung einleiteten, läßt sich nur durch das Einwirken des „heimlichen Königs von Tirol", Erzherzog Johann, erklären.

Verpaßte Chancen:

• 1848 wäre eine Lösung zahlreicher ethnischer Fragen möglich gewesen, da gerade die Nationalliberalen in ihrem Bestreben nach nationaler Einheit noch Verständnis für die jeweils anderen Völker aufbrachten. Der später folgende Nationalismus ließ dafür keinen Platz mehr.

• Vor 150 Jahren gingen die sechs Trentiner Abgeordneten nach Frankfurt am Main, um dort ihren Respekt vor dem Wunsch der Deutschen nach einem „einig Vaterland" zu bekunden, erklärten aber gleichzeitig, daß sie als Nicht-Deutsche nicht Teil dieses neuen Bundesstaates sein konnten. Die Tschechen lehnten von vorneherein eine Teilnahme an der Deutschen Nationalversammlung ab, da sie sich als Nicht-Deutsche nicht betroffen fühlten, betonten aber gleichzeitig, die deutsche Einigungsbewegung mit Sympathie zu verfolgen. Man müsse nur ihnen dasselbe Recht zugestehen.

• Mag die ländliche Bevölkerung des Trentino auch weniger Interesse an der nationalen Frage gezeigt haben, als man auf Grund die Ereignisse jener Monate glauben möchte. Der „wälschtirolische Krieg" von 1848 war dennoch zweifelsohne ein Krieg der Deutsch- und Ladinischtiroler gegen die Trentiner und die nationalen Einigungsbestrebungen der Italiener, welche die Deutsch- und Ladinischtiroler umgekehrt für sich selbst genauso forderten. Die Männer, die den Schützen an der Front gegenüberstanden, waren neben regulären piemontesischen Truppen vor allem aus dem österreichischen Heer desertierte Lombarden, Venetianer und Trentiner bzw. Freiwillige dieser Gebiete. Der Umstand, daß nur eine einzige Welschtiroler Schützenkompanie zum Einsatz kam, ist vielsagend. Er bringt zum Ausdruck, daß man von Tiroler Seite den Trentinern mißtraute und daher auf ihre Mobilmachung aus Sicherheitsgründen verzichtete bzw. daß die Gefühle beachtlicher Teile der Welschtiroler den Farben grün-weiß-rot gehörten. Die Schützen kämpften, außer am Kreuzberg, in Ampezzo und im Vinschgau, nicht zur Verteidigung ihrer Heimat, sondern als verlängerter Arm der Realpolitik der Bajonette gegen die Selbstbestimmung der Trentiner, Lombarden und Venetianer. Die Schützen hatten dies genau erkannt und weigerten sich zunächst, einen solchen Kampf zu kämpfen. Letztlich ließen sie sich dennoch in einen Konflikt hineinreißen, der die „Erbfeindschaft" zwischen Österreich und Italien verschärfen wird.

• 1848 hätte mit einem bißchen guten Willen und vor allem größerer Umsichtigkeit des habsburgischen Kaiserhauses die Tirolfrage vielleicht noch einvernehmlich gelöst werden können, wie übrigens auch jene von Böhmen, Mähren oder der Steiermark. Stattdessen siegte der dynastische Egoismus, der sich um das Wohl der Völker „auf seine Art" zu kümmern pflegte. Die Folge war ein immer stärker werdender Nationalismus auf allen Seiten, immer härtere Standpunkte, bis schließlich nach dem Ersten Weltkrieg die Rechnung präsentiert wurde, die die Völker zu bezahlen hatten.

• Hätte man 1848 die Weichen anders gestellt, wäre Deutsch-Tirol 1918 wohl nie geteilt worden und den Deutsch-Südtirolern ihr schweres Schicksal genauso erspart geblieben wie den Sudetendeutschen, die zunächst die tschechische Unterdrückung und nach dem Zweiten Weltkrieg die Massenvertreibung aus ihrer Heimat erleben mußten.

Vielleicht bietet das Europa der Zukunft die Möglichkeiten, alle Teilungen zu überwinden und die nationale Einigkeit über Staatsgrenzen hinweg zu praktizieren, die ihre Bedeutung verloren haben, und, in einem Rückblick auf 1848 gesehen, „grenzenlos deutsch" zu sein, wie es der österreichische Schriftsteller Günther Nenning vor einigen Jahren formulierte.

WERNER NEUBAUER

1848 – in Linz und dem „Land ob der Enns"

Schon alleine die Tatsache, daß die Jahre 1848/49 meist als „bürgerliche Revolution" bezeichnet werden – was weitgehend zutrifft – zeigt, daß sie in einem so agrarisch bestimmten Land wie Oberösterreich ihren eigenen Verlauf nehmen mußte.

Die Bauern hatten am meisten durch die Revolution gewonnen. 1848 wurde die Grunduntertänigkeit und damit das jahrhundertealte Feudalsystem aufgehoben. Diese Errungenschaft blieb auch nach der Niederschlagung der Revolution bestehen.

Die passive Haltung der Bauern trug aber wesentlich dazu bei, daß die Bewegung des Jahres 1848 zunächst einmal gescheitert ist, wenngleich die geistigen Errungenschaften später zum Tragen kommen sollten. Das österreichische Staatsgrundgesetz von 1867 mit dem heute noch gültigen Grundrechtekatalog beruht auf den Forderungen und Ideen von 1848. Der Kampf war – so gesehen – nicht vergebens gewesen.

Die originale schwarz-rot-goldene Fahne der Wiener Akademischen Legion. Sie wurde nach Linz gerettet und ist in Verwahrung des Linzer Turnvereines

Die Wiener Ereignisse im März 1848, die in Linz und Oberösterreich mit Spannung verfolgt worden sind, hatten auch im „Land ob der Enns" zu revolutionären Äußerungen und Aktionen geführt.

Wie alles begann

Wiener Studenten und Professoren (nicht alle stammten aus Wien, wie etwa Dr. Anton Hye, Professor an der Wiener Universität, welcher aus Garsten stammte und später für den Wahlkreis Grein auch in die Deutsche Nationalversammlung in der Frankfurter Paulskirche entsandt wurde) waren federführend bei der Auslösung der Revolution gewesen.

In Linz erfuhr man immer erst einen Tag später von den Ereignissen in der Hauptstadt. Angesichts der aufregenden Geschehnisse erwartete täglich eine große Menge den stets um die Mittagszeit eintreffenden Wien-Kurier. So feierten die Linzer erst am 15. März die am 14. verkündete Aufhebung der Zensur. Am Nachmittag sperrten die Geschäfte, und die ganze Stadt war auf den Beinen, um die Ereignisse zu besprechen und zu würdigen. Nach glaubhaften Berichten ertönten auf allen Plätzen und Gassen der Stadt den ganzen Tag über und bis in die Nacht hinein das Kaiserlied und andere patriotische Gesänge. Für die Aufrechterhaltung der Ordnung sorgten das Militär und die Bürgergarde noch gemeinsam.

Am 16. März wurde das kaiserliche Versprechen einer neuen Verfassung bekanntgemacht, worauf sich die Bürger spontan entschlossen, eine Delegation mit einer Dankadresse an den Kaiser nach Wien zu entsenden, obwohl man im Grunde genommen noch gar nicht wußte, wie die neue Freiheit aussehen würde. Nur unter dem Zwang der Ereignisse hatte damals der Linzer Bürgermeister Josef Bischoff, der Landespräsident Freiherr Philipp von Skrbensky und das Militär den Freudentaumel mitgemacht. Sie schwenkten vom Landhaus eine weiße Fahne, die anfängliche Farbe der Revolution, bevor nach wenigen Tagen die eilig genähten schwarz-rot-goldenen Fahnen, Schärpen und Bänder auftauchten.

In der Begeisterung über die Wiener Ereignisse fand an eben diesem 16. März ein Fackelzug in Linz statt, an dem neben den Bürgern und Nationalgardisten auch die Studierenden der höheren Klassen des Gymnasiums und des Lyzeums teilnahmen. Es waren dies im heutigen Sprachgebrauch die Linzer Mittelschüler.

Aus diesen Schülern entstand das Linzer Studentencorps, welches bereits am 20. März mit den Waffenübungen begann und welches sich zuletzt in Wien tapfer schlagen sollte. An der Lehranstalt in Kremsmünster bildete sich ebenfalls aus den Schülern ein eigenes Corps. Am 20. März tauchte ein anonymes Flugblatt auf, in welchem die Konstituierung einer Reichsversammlung gefordert wurde, deren Mitglieder aus freien Wahlen hervorgehen sollten, damit alle „Volkswünsche" zur Sprache kommen könnten. Nur die alten Stände sollten von diesen Wahlen ausgeschlossen werden.

Soziale Forderungen

Erstmals wurden auch soziale Forderungen erhoben.

Der Polizei ging ein radikales Flugblatt zu, das zum offenen Aufstand aufrief und sich gegen die bekannten Kleinmünchner Tuchfabrikanten richtete. Außerdem wurde die Aufhebung der Verzehrsteuer gefordert, einer Sondersteuer, die an den Stadteinfahrten erhoben wurde und welche die Lebensmittel stark verteuerte. Es gab selbstverständlich im ganzen Land das Problem der Armut. Das zeigt auch, daß die wirtschaftlichen Ursachen der Revolution von 1848 nicht unterschätzt werden dürfen. Veranschaulicht wird dies in einer dramatischen Aktion der Salzfuhrleute in Stadl bei Lambach, die im Revolutionsjahr einfach die Gleise der neuen Eisenbahn zerstörten, um auf ihre verzweifelte Situation aufmerksam zu machen.

Erwähnenswert ist auch die Hungerrevolte vom 31. Juli 1848 in Linz.

An diesem Tag wurde der auf dem Weg nach Frankfurt zur Nationalversammlung befindliche Reichsverweser Erzherzog Johann erwartet. Die ganze Stadt war auf den Beinen. Der ersehnte Gast kam nicht, und die Stimmung war bereits sehr gereizt, als am Abend der neue Fleisch- und Brotsatz angeschlagen wurde, der eine Verteuerung brachte. Erneut rotteten sich am Donauufer Arbeiter zusammen, die sich anschickten, Fleischereien und Bäckereien zu plündern. Der Linzer Baumeister Metz, Mitglied der Nationalgarde, fing sie ab und wies darauf hin, daß die Preise vom Landespräsidenten festgelegt werden. Daraufhin zogen sie zum Landhaus, wo es zu einem Geplänkel mit der Nationalgarde und dem herbeigerufenen Militär kam. Im Zusammenhang mit diesen Ereignissen trafen mehrere anonyme Schreiben beim

Magistrat ein, die von einer „Verschwörung“ der Arbeiterklasse zu melden wußten. Vielleicht dürfen wir hier die ersten Ansätze einer organisierten Arbeiterbewegung in Linz sehen.

Die Frage der deutschen Einheit

Im Vordergrund aber standen die großen politischen Ereignisse.

Nicht nur in Linz, sondern auch auf dem Lande herrschte offene Begeisterung für die deutsche Einheit, und nicht nur für den „gütigen“ Kaiser und die von ihm versprochene Verfassung. Die Geschichtsschreiber berichten, daß am 18. März nachmittags um 2 Uhr die Bürger der Stadt Braunau in einem Festmarsch auf bayerisches Gebiet zogen, in der Mitte die rot-weiße Fahne der Stadt, an den Seiten die schwarz-gelbe des Kaisers und die weiß-blaue Bayerns. Sie überschritten die Grenze, gelangten bis nach Simbach, dem ersten Ort auf bayerischer Seite, begrüßten diesen mit Salutschüssen und kehrten anschließend nach Österreich zurück. Es ist auch nicht uninteressant, daß der Festmarsch auf die Nachricht hin organisiert wurde, in Wien habe die Revolution gesiegt.

Am 22. März kam eine Linzer Delegation mit einer Dankadresse an die Wiener Studenten und mit einer Adresse an den Kaiser in Wien-Nußdorf an.

Mit ihnen gelangte eine Studentenabordnung des nach dem Vorbild der

Ankunft der Linzer Delegation in Wien-Nußdorf, die die Dankadresse an die Wiener Studenten und den Kaiser überreichte. – Archiv der Stadt Linz, Dokumentation

Wiener Akademischen Legion neu gegründeten Linzer Studentencorps, welche aus Lyzeumsschülern, also Gymnasiasten, bestand, nach Wien. Sie wurden von einer Abordnung der Akademische Legion, welche sich vor allem aus Studierenden aus Oberösterreich zusammensetzte, begeistert empfangen und zur Universität geleitet.

Dort überreichten die Linzer Gymnasiasten folgende Dankadresse an die „Helden der Wiener Aula“:

„... Wir Studierende am Lyzeum in Linz sind zwar schwach an Zahl, aber so stark, als unsere Mitbürger an Vaterlandsliebe und Durst nach freier Geistesentwicklung ... Empfanget freundlich Alle von allen Linzer Studierenden den deutschen Handschlag und Bruderkuß! Linz, im März 1848“.

Am nächsten Tag folgte eine Audienz in der Hofburg beim Kaiser, dem eine Grußadresse überreicht wurde. Diesen frühen Ereignissen des März 1848 sollten noch weitere Taten Linzer und oberösterreichischer Studenten folgen. Linz war eine der wenigen Städte der Monarchie, die dann im Herbst ein Freiwilligenkontingent in das von den Revolutionären verteidigte Wien entsandten.

Im Gegensatz zu Wien traten in Oberösterreich weder die Studenten (Mittelschüler) noch die Arbeiter als revolutionäre Gruppen besonders in Erscheinung. Es hatte sich aber aus chaotischen Anfängen eine Nationalgarde gebildet, die es sich zur Aufgabe machte, in der Stadt für Ruhe und Ordnung zu sorgen. Diese Garde hatte im 1790 gegründeten Bürgerkorps einen Vorläufer. Die Uniform wurde dem bürgerlichen Infanteriekorps nachgebildet. Da die Bürger längst keine Waffen mehr hatten, half eine Spende durch das Militär in der Höhe von 600 Gewehren über diese Verlegenheit hinweg. Der spätere Linzer Bürgermeister Viktor Drouot erließ als Chef des II. Bataillons der Nationalgarde die „Provisorischen Verhaltungen für alle Wache- und Patrouillendienste der Nationalgarde in Linz“. Das Urteil über die Effizienz der Garde ist in der zeitgenössischen Literatur naturgemäß sehr unterschiedlich ausgefallen. In bürgerlich gesinnten Zeitungen kommt sie grundsätzlich gut weg. In Flugblättern und Anschlägen mit demokratisch-republikanischem Einschlag wird jedoch der Dünkel von Gardemitgliedern beklagt. Dies vielleicht auch deshalb, weil ein Adeliger, Graf Weissenwolff, an der Spitze der Garde stand. Einige wenige Verhaftungen von Unruhestiftern wurden jedenfalls als „Heldentaten“ in Zeitungen glorifiziert.

Neben einer Nationalgarde bildete sich in Linz das bereits erwähnte Studentencorps, dessen wenig revolutionärer Kommandant Prof. Dr. Dominik Columbus war, der dieses Amt wohl nur deshalb bekleidete, um die Revolutionsbegeisterung in Grenzen zu halten. Tatsächlich verlief das Revolutionsjahr in Linz und im ganzen „Land ob der Enns“ relativ friedlich, die schwersten Kämpfe wurden im Wortstreit ausgefochten. Unangenehm für die Betroffenen waren die sogenannten „Katzenmusiken“. Dabei wurde nach Einbruch der Dunkelheit vor den Wohnhäusern mißliebiger Personen ein Höllenspektakel gemacht. Einmal war sogar der bekannte reaktionäre Stadtpfarrkooperator Albert von Pflügel Opfer einer solchen Demonstration.

Schwarz-Rot-Gold in Linz

Hatten also im März der Bürgermeister von Linz und der Landespräsident noch gemeinsam eine weiße Fahne geschwungen, so trat spätestens am 12. April eine neue Facette ans Tageslicht. Der gesamtdeutsche Gedanke trat mit den Farben Schwarz-Rot-Gold, den Farben der verfemten Burschenschaft, in den Vordergrund.

Die Nationalgarde und die Studentenlegion tauschten bei einem feierlichen Aufzug auf dem Linzer Hauptplatz Nationalfahnen in Schwarz-Rot-Gold aus. Gleichfarbige Flaggen wehten ab diesem Tag auch von den Türmen des Rat- und Landhauses. Neben dem Kaiserlied erscholl immer häufiger Arndts „Was ist des Deutschen Vaterland?" auf den Straßen.

Die Nationalgarde wurde mit Säbeln bewaffnet und marschierte unter dem Kommando des Hauptmanns Kreutzer auf den Hauptplatz, dicht gefolgt von der Studentenschaft. An ihrer Spitze der Männergesangverein mit einer weißseidenen Fahne mit Lorbeerkranz, während die Studenten die deutsche Fahne voran trugen. In seiner Ansprache betonte der Sprecher der Studenten, Dr. Columbus, daß die Fahne lustig flattern möge:

„Du Vorbild deutscher Einheit über unseren Zinnen, flattere hin nach Süd und Nord, nach West und Ost als steter, nie erlöschender Einigungspunkt."

Die dargereichte Fahne übernahm der Buchhändler Fink für die Nationalgarde mit folgenden Worten:

„Mit dem Gefühle der freudigsten Rührung ergreife ich diese deutsche Fahne. Bürger der Akademie! Sie geben hiermit ein erhebendes Zeichen ihres deutschen Brudersinnes, Ihrer heißen Vaterlandsliebe, Ihrer Hingebung für die gute Sache, für Freiheit und Recht. Hoch flattere diese deutsche Fahne, als Symbol der Einheit, der Treue, des Brudersinnes. Hoch flattere sie und belebe den Mut, die Ausdauer, den Eifer für Wahrung der Konstitution, für Erhaltung unseres geliebten Vaterlandes. Geliebte Mitbürger! Verehrte Garden! Unser Gut, unser Blut ist dem Vaterlande geweiht. Alles für Gott, Vaterland und Kaiser!"

Die gesamtdeutsche Einstellung war bereits vorher bei den Beratungen der Landstände zutage getreten.

Am 20. März war an die ständischen Verordneten ein kaiserliches Schreiben um Hilfe ergangen. Sie sollten Vorschläge ausarbeiten und dem Bürgerstand einen Platz im städtischen Gremium einräumen. Dies eröffnete Adeligen wie auch Bürgern Möglichkeiten, wie sie seit dem 16. Jhdt. nicht mehr bestanden. Bald wurden Ausschüsse gebildet, um die wichtigsten Fragen zu beantworten. Sehr bemerkenswert ist nun die an den Kaiser abgesandte Adresse. Die Stände beriefen sich darin auf den „edelsten Kern deutscher Heldengeschlechter, aus dem die Provinz hervor gegangen ist." Diese hätten durch tausend Jahre die Schicksale Deutschlands geteilt und würden immer von ganzem Herzen deutsch bleiben.

Auch die Adeligen des Landes äußerten in diesem Schreiben bedauernd die Meinung, daß die österreichischen Erbländer „dem gemeinsamen deutschen Vaterlande entfremdet wurden." Ohne daß es expressis verbis gesagt wurde, wird in diesen wenigen Sätzen bereits die Furcht vor einer Slawisierung der Monarchie angesprochen. Nach der Präambel folgten konkrete Vorschläge, wie die Teilnahme an der Gesetzgebung, der Anschluß „an unsere deutschen Brüder", eigenständige Kommunalverfassungen etc.

Am 25. April, der Geburtstagsfeier des Kaisers, wurde in Wien die versprochene unzureichende Verfassung publiziert, die ein Zweikammernsystem vorsah, mit dem sich die Studenten und Arbeiter nicht einverstanden erklärten. In Linz hingegen schien man mit der erreichten „Konstitution" zufrieden gewesen zu sein, verfolgte aber mit viel mehr Interesse die Wahl zur gesamtdeutschen Nationalversammlung in der Paulskirche in Frankfurt, in welche nach den Wahlen im April Oberösterreich schließlich 14 Abgeordnete entsandte.

Die Fahndung nach dem flüchtigen Kaiser

Mit der Sturmpetition vom 15. Mai erreichten die Aufständischen in Wien die Sistierung der unzulänglichen Verfassung und zwei Tage später wurde die Flucht des Kaisers nach Innsbruck bekannt. Die Nachricht von der Flucht war bereits nach Linz gelangt, und dort war nicht jeder bereit, sich damit abzufinden. Der Kaiser mußte deshalb die oberösterreichische Landeshauptstadt umgehen. Gleichzeitig wurde in Linz eine Delegation zusammengestellt, die nach Salzburg gehen sollte, um den Kaiser wieder nach Wien zurückzuholen.

Die Nacht verbrachten die kaiserlichen Flüchtlinge in Salzburg. Im Morgengrauen mußte man weiterreisen, um nicht von der Delegation aus Linz erreicht zu werden. Das Staatsoberhaupt einer europäischen Großmacht stahl sich unter dem Pseudonym „Graf Kufstein" über Bayern nach Innsbruck.

Erzherzog Johann in Linz

In Linz plante man, einen provisorischen Reichstag in der Stadt abzuhalten, die Mitglieder sollten nur von den Deutschen gewählt werden dürfen. Es wäre also ein Reichstag der deutschen Kronländer gewesen. Auch eine Bürgerversammlung wurde für den 19. Mai einberufen, auf welcher die Entfernung der „unverantwortlichen Elemente vom Hof" – also der Reaktionäre – gefordert wurde.

Am 3. Juli war in Linz das Schiff jener Delegation angekommen, die den künftigen deutschen Reichsverweser Erzherzog Johann von Wien nach Frankfurt holen sollte. Die Abgeordneten wurden festlich empfangen, und einer von ihnen verkündete am Abend vom Fenster des Gasthauses zum „Goldenen Löwen" (Hauptplatz 19) den Ausspruch Erzherzog Johanns: „Kein Österreich, kein Preußen, kein Sachsen – ein großes einiges Deutschland!" Als dieser 14 Tage später in Linz übernachtete, wurde ihm ein überwältigender Empfang bereitet, wobei die weißgekleidete weibliche Jugend mit Blumen und schwarz-rot-goldenen Bändern im Haar Spalier stand. Zur selben Zeit wurden in Linz die berühmten „Briefe des Poldl Blitz" herausgegeben. Georg Fleischer veröffentlichte dieses satirische Blatt zweimal pro Woche und prangerte darin im ersten Schwang der Ereignisse alle Mißstände in witziger Form ungeschminkt an.

Des weiteren entstanden durch die ausgerufene Pressefreiheit noch die „Linzer Zeitung“, das „Volksblatt“, der „Kapithelbote“ sowie „Der freie Linzer Postillon“. Der Postillon hatte im Studenten Franz Oberneder einen sehr tüchtigen und mutigen Redakteur, der auch den ersten Presseprozeß in Linz durchstehen mußte. Die Beschlagnahme von Druckschriften, deren Zahl durch die vorübergehende Pressefreiheit von 1848 stark angestiegen war, Verhaftungen vor allem in den Kreisen ehemaliger radikaler Demokraten und die Überwachung verdächtiger Personen durch den Polizeiapparat prägten das Leben der folgenden Jahre nach der Revolution.

Wiener Revolutionäre und Reaktionäre in Linz

Am 19. April war der Geburtstag des Kaisers, der aufgrund der Feiertage jedoch erst am 24. und 25. April gefeiert wurde. Studierende der Wiener Universität kamen nach Linz zu Besuch und eine Anzahl von Nationalgarden veranstaltete ihnen zu Ehren ein Festmahl im Redoutensaal, in welchem das lebensgroße Bild des Kaisers aufgestellt und von zwei schwarz-rot-goldenen Fahnen umweht war. Auch von der Decke flatterte eine solche herab.

Am 27.5. langte eine Deputation Wiener Literaten mit dem Dampfboot in Linz ein. Unter Vorantragung einer schwarz-rot-goldenen Fahne marschierten sie zum städtischen Redoutensaal. Unter ihnen befanden sich Friedrich Hebbel, Prechtler, Wildner und der Humorist Saphir. Sie trugen Schärpen mit deutschen Farben und Abzeichen an der Brust. Sie verblieben zwei Tage, sammelten Unterschriften für eine Petition und reisten schließlich nach Innsbruck, um den Kaiser zur Rückkehr nach Wien zu bewegen. Auch in Schärding kam es zur Gründung einer Nationalgarde, welche 147 Mann zählte. Zum Kommandanten wurde der Kaufmann Salzinger, zu Offizieren die Bürger Kyrle jun., Weber und Dosch, gewählt.

Am 25. Mai hatte der niederösterreichische Regierungspräsident Graf Montecuccoli über Auftrag des kaiserlichen Ministerrates das Auflösungsdekret der Akademischen Legion in Wien unterzeichnet, was mit Empörung zur Kenntnis genommen wurde. Schließlich hatte der Kaiser selbst die Legion sanktioniert. Man beugte sich der ministeriellen Anmaßung nicht und die Legion löste sich nicht auf. Das Verbot mußte zurückgenommen werden. Vielmehr mußten Montecuccoli und sein Vertrauter, Graf Breuner, fliehen. In Linz suchten sie nun unter falschen Namen Unterschlupf. Man hatte ihre Anwesenheit und die wahre Identität jedoch bald entdeckt und es erschien ein Plakat an die Bewohner von Linz, „solchen Creaturen dürfe die Provinzhauptstadt des schönen deutschen und treuen Landes kein Asyl bieten“.

Wie groß das Interesse an den politischen Ereignissen der damaligen Zeit war, geht auch aus dem Umstand hervor, daß Innviertler Bauern sich an den Wiener Sicherheitsausschuß, mit der Bitte um Aufklärung wandten, da im Innviertel abenteuerliche Gerüchte hierüber verbreitet wurden. So erzählte man sich, in Wien sei ein derartiges Blutbad angerichtet worden, daß sich die Pferde im Blute hätten baden können. In Aufzeichnungen ist nachzulesen, daß in weiterer Folge eine Innviertler Deputation sich nach Wien begab, um sich dort über den wahren Stand der Dinge zu unterrichten.

Am 12. Juni verkündeten Plakate abermals die Ankunft einer Deputation von Wiener Nationalgarden in Linz. Nach den mittlerweile gängigen Verbrüderungsfeiern verließ die Abordnung am 14. Juni die Landeshauptstadt. Ein Zwischenfall machte diesen Besuch jedoch dennoch erwähnenswert.

Mehrere oberösterreichische Soldaten wendeten sich nämlich an die Wiener Deputation mit der Bitte, die Wiener mögen Schritte wegen endlicher Beseitigung der Prügelstrafe in der Armee tun. Diese Forderung war somit erstmals im Revolutionsjahr gestellt worden.

Erzherzog Johann wird Reichsverweser – Der Kaiser in Linz

Am 18. Juni fand am Linzer Hauptplatz eine Fahnenweihe der Nationalgarde statt, bei der ein Konzert des Musikvereines mit vielen deutschen Liedern von der Bevölkerung gefeiert wurde. Allgemein wurde das schwarz-rot-goldene Band im Knopfloch getragen, und wer es nicht trug, wurde für einen Reaktionär gehalten.

In Frankfurt war mittlerweile Erzherzog Johann zum deutschen Reichsverweser ernannt worden, was auch in Oberösterreich zu großem Jubel führte.

Am 3. Juli erreichten sieben Abgeordnete der deutschen Nationalversammlung Linz, welche den Auftrag hatten, dem Erzherzog die freudige Kunde zu überbringen. In Reden wurde ein einiges, starkes Deutschland beschworen. Am 16. Juli, also zu jenem Zeitpunkt, als der frisch ernannte Reichsverweser Erzherzog Johann anläßlich einer Durchreise in Linz übernachtete, wurde in Linz von der radikalen Partei – „Die Demokraten" – ein neuer „Verein zur Bildung des Volkes und Wahrung seiner Rechte" gegründet. Für 29.Juli war die Gründerversammlung im heutigen Cafe Traxlmayr festgelegt.

Im eher gemäßigten Linz fanden aber nie mehr als 100 Mitglieder zu diesem Verein, so daß er wieder in der Bedeutungslosigkeit versank. Neben diesem Verein bildete sich ein Verein der „Radikalen". Dieser organisierte auch am 26. Juli eine Volksdemonstration, bei der zahlreiche politische Reden geschwungen wurden.

Am 11.August erreichte der Kaiser, der wieder aus seinem Innsbrucker Exil vorübergehend nach Wien zurückkehrte, Linz, und es wurde ihm ein triumphaler Empfang bereitet. Ein Mißton trübte jedoch die Festlichkeiten. Die Frau des Landespräsidenten, Baronin von Skrbensky, hatte versucht, den weißgekleideten Damen, die schwarz-rot-goldene Bänder trugen, diese abzunehmen und durch schwarz-gelbe zu ersetzen. In einem öffentlichen Anschlag hieß es darauf:

„Wir Bürger von Linz sind deutsch und wollen dieses unser heiliges Recht uns mit aller Gewissenhaftigkeit bewahren. Wir suchen mithin Schutz gegen unsere gefährlichen Feinde, welchen die deutschen Farben und also auch die deutsche Gesinnung, deren Abzeichen sie sein sollen, verhaßt sind."

Zur selben Zeit bildete sich auch in Steyr ein Bürgerverein, dessen Mitglieder den Kreisarzt Armin zum Präsidenten wählten. Der 16. August brachte den Linzer Bürgern in interessantes Plakat „An die Bewohner Oberösterreichs". Es forderte zu Beiträgen zur Schaffung einer deutschen Flotte auf.

Das war jene berühmte „deutsche Flotte“, die damals aus freiwilligen Beiträgen in ganz Deutschland gebildet wurde, und die dann ein jämmerliches Ende fand, als die stolzen Schiffe nachher öffentlich versteigert wurden.

Währenddessen veranlaßten die Heldentaten des oberösterreichischen Zehnten Jägerbataillons in Italien den Linzer Gemeinderat zu Jubelstürmen. Gleichermaßen wurden die militärischen Erfolge in Steyr, Haslach und Ried/Innkreis gefeiert. Radetzky lobte in einem Schreiben an den Gemeinderat von Steyr in seinem Quartier in Mailand die oberösterreichischen Soldaten: „Eure Söhne“, schrieb er, „sie waren die Tapfersten unter den Tapferen!“

Ein Tagesbefehl des Nationalgarde-Oberstleutnants Grammonts vom 26. August zog nun aufgrund zahlreicher Beschwerden höchstrangiger Persönlichkeiten gegen Katzenmusiken zu Felde. So recht wollte dies aber nicht gelingen, weil selbst unter den Nationalgarden Beteiligte ausfindig gemacht wurden.

Allgemeiner Jubel in Frankfurt.

Mit 436 Stimmen

wurde

Erzherzog Johann

zum Reichsverweser von Deutschland ernannt.

Frankfurt, den 29. Juni 1848.

In der heute um 12 Uhr eröffneten Sitzung der deutschen National-Versammlung wurde dem gestern aufgeführten Bau einer provisorischen Central-Gewalt für das gesammte Deutschland die Spitze aufgesetzt, und zwar eine fernehin leuchtende, und hoffentlich alle Gemüther mit der freudigen Hoffnung einer besseren Zukunft erfüllende. Durch namentliche Abstimmung, wurde mit 436 Stimmen gegen 84 Se. k. k. Hoheit Erzherzog Johann zum Reichsverweser erwählt. Das Ergebniß dieser Wahl wurde von der ganzen Versammlung mit überschwenglichem Jubel aufgenommen, und erhebend, ja das Gefühl tief bewegend, war der Augenblick, als die ersten Klänge sämmtlicher Glocken der Stadt in dem Saale der Versammlung, vom Donner des Geschützes unterbrochen, harmonisch widerhallten, und, wie durch einen Zauberschlag, sich wieder ein großer Theil jener 7000 deutschen Fahnen entfaltete, welche bei Eröffnung des Parlamentes flatterten. Die einfachen Worte des Präsidenten an die Versammlung, nachdem der erste Jubel sich gelegt hatte, senkten sich tief in Aller Herzen ein. Sie lauteten beiläufig: „Wir hätten uns herzlich zu freuen, daß unsere Wahl den Mann getroffen habe, der zuerst das Wort für ein einiges, festes Deutschland erhoben. Er möge Deutschlands Einheit, die nun zum ersten Male verkörpert auftrete, begründen und erhalten; er möge ein Schirm der Freiheit sein, die Ordnung und die Ruhe wieder bringen, und die Anarchie niederhalten. Wir wollen in diesem äußerst schwierigen Werke ihn treu und warm unterstützen u. s. w.“

Die 84 verneinenden Stimmen gehörten jener — zum Theile republikanischen — Partei an, welche mit mehreren Bestimmungen des eben gestern zu Stande gebrachten Gesetzes über die Einsetzung einer provisorischen Central-Gewalt unzufrieden gegen dasselbe gestimmt hat, und welche mit 52 auf den Präsidenten der Versammlung, Heinrich v. Gagern, und mit 32 für den Abgeordneten, Johann Adam von Itzstein, lauteten.

Ein Linzer Flugblatt …

Am 22. August hatte der deutschnationale Angehörige einer frühen Salzburger Studentenverbindung (Verbindung Iuvavia) und Dichter der oberösterreichischen Landeshymne, Franz Stelzhamer, im Landschaftlichen Theater in Linz einen Vortrag gehalten und seine „Streitgedichte“ vorgetragen, begleitet von großem Applaus. Am 4. September hatte Graf Weissenwolff als Gardekommandant resigniert. Zwar wurde nochmals ein Nachfolger gewählt, der Verfall der Linzer Nationalgarde war aber wohl auch wegen der Entwicklung in Wien nicht mehr aufzuhalten.

Eine der letzten wesentlichen Forderungen der oberösterreichischen Revolution war ein Ansinnen des sogenannten Innviertler Kreises in Ried unter der Leitung Rapolters nach Erlaß einer Gewerbeordnung. Dieser beherzte Gewerbetreibende setzte sich in seiner Schrift mit dem Titel „Gewerbefreiheit? An die Gewerbetreibenden des Innkreises!“, mit der Thematik bzw. der Situation der Gewerbebetriebe auseinander und gelangte dabei zur Ansicht, daß die Gewerbefreiheit den Ruin des größten Teiles der Gewerbetreibenden nach sich ziehen müßte. Rapolter brachte diesbezüglich sogar einen Antrag am 27. September im oberösterreichischen Landtag ein, der aber keiner Behandlung mehr zugeführt wurde.

Der „Verein zur Wahrung der Volksrechte“ erließ am 27. September eine Kundmachung, daß am 2. Oktober ein feierliches Requiem für die seit den Märztagen gefallenen Freiheitsopfer in der Linzer Stadtpfarrkirche abgehalten werde. Weiters sandte der Verein am 20. September eine Deputation von sechs Abgeordneten nach Wien, um der Akademischen Legion, den heldenmütigen Bürgern Wiens und verschiedenen Vereinen die Gefühle der Anhänglichkeit der Linzer auszusprechen. Eine Anzahl von Persönlichkeiten, denen dieser Verein oder dessen leitende Persönlichkeiten zu bedenklich schien, sammelten sich daraufhin zur Gründung eines konstitutionellen Vereines und erließen an die Bevölkerung einen diesbezüglichen Aufruf. Eine Gründung selbst konnte aus Mangel an ausreichenden Mitgliedern nicht erfolgen. Im Gegensatz dazu erschien ein Plakat des Vereines für Volksrechte mit folgendem Inhalt: „Trau! Schau! Wem! Wir wollen Schwarz-Rot-Gold – und vollenden, was wir begonnen! Einer im Namen aller Deutschgesinnten.“

Das Ende naht – Die freiwilligen Linzer Mittelschüler ziehen in den Kampf

Am 24. September feierte die Nationalgarde von Wels ihre Fahnenweihe, die in Anwesenheit der Garden von Steyr, Lambach, Gmunden, Linz u.a. stattfand. Es nahte der Monat Oktober, welcher das Ende der Revolution und damit auch das Ende der 1848er-Bewegung in Linz und im ganzen „Land ob der Enns“ brachte. Als die kaiserlichen Truppen am 28. September nach Ungarn eilten, wo Lajos Kossuth zum Präsidenten des Landesverteidigungs-Ausschusses gewählt worden war, brach am 6. Oktober 1848 in Wien neuerlich ein blutiger Aufstand aus, dem Kriegsminister Latour zum Opfer fiel. Ein Aufstand, der aber schließlich mit der Erstürmung der Stadt durch die Armee des Fürsten Windischgrätz ein Ende finden und das Ende der Revolution bedeuten sollte.

Man ahnte, daß nun der eigentliche Kampf bevorstehe. Einerseits wurden daher in den Provinzen die Freunde der alten Ordnung wieder mutiger, andererseits trat die radikale Richtung ebenfalls immer mehr hervor. Ein Vertreter dieser Radikalen war der aus Linz-Urfahr stammende Matthias Nißl.

Die Gefahr einer kriegerischen Auseinandersetzung war jedoch in Linz nicht gegeben. Der Schauspieler Ulram veröffentlichte eine Flugschrift mit folgendem Titel: „Wiens 4. Revolution oder der Sieg des Volkes über die Schwarz-Gelben“.

Am 2. Oktober fand nun in der Stadtpfarrkirche das bereits zitierte Requiem für die gefallenen Freiheitskämpfer statt. Zwei Garden und zwei aus Linz stammende Vertreter der Akademischen Legion hielten Ehrenwache. Die Mehrheit der Nationalgarde war jedoch bereits nicht mehr in voller Adjustierung oder gar nicht erschienen. Ebbte also in Linz die Begeisterung für die deutsche Revolution offenbar langsam ab, so herrschte im Grenzraum des Innviertels noch helle Begeisterung dafür. Die Waffenbrüder aus Ried erregten durch eine Veranstaltung, an welcher Freikorps aus dem bayerischen Simbach und aus Braunau teilnahmen, und bei der Lieder wie „Das deutsche Vaterland" gesungen wurden, große Aufmerksamkeit.

In Wien sollte aber auch ein aus Oberösterreich und Niederösterreich rekrutierter regulärer Truppenkörper der Armee Revolutionsgeschichte schreiben. Am 6. Oktober sollte das Grenadierbataillon Richter (nach seinem Kommandeur Major Richter benannt) nach Ungarn abgehen, um dort die Revolution niederzuschlagen. Die Einwaggonierung sollte in Floridsdorf geschehen. An der Taborbrücke stellten sich die Akademische Legion, Nationalgarden und Arbeiter in den Weg. Die Grenadiere, die zum Teil schwarz-rot-goldene Abzeichen angesteckt hatten, verbrüderten sich mit den Revolutionären und verweigerten den Abtransport nach Ungarn. Als andere Truppeneinheiten auf das Volk zu feuern begannen, kehrten die Richter-Grenadiere ihre Gewehre um und reihten sich in die Nationalgarde ein. Dies löste den blutigen Beginn der Oktoberereignisse aus.

Nachdem am 8. Oktober eine Linzer Delegation von Wien zurückgekehrt war und über den bevorstehenden Endkampf berichtet hatte, wurde im Gemeinderat die Forderung zur Organisation eines Landsturms erhoben. Am 7. Oktober erließen Wiener Studenten eine Aufforderung im „Linzer Postillon", die Oberösterreicher mögen am Kampfe in Wien teilnehmen. Der Aufruf lautete:

„Bürger! Die Minuten sind kostbar! Eilt zum Befreiungskampfe! Wien wird und muß siegen. Es gilt den Kampf für die Freiheit des Volkes. Darum auf, ihr Kämpfer, nach Eurem bedrohten Wien! In kürzester Frist erwarten Euch zuversichtlich mehrere Studenten, Mitkämpfer an der Seite Eures tapferen Landsmannes!".

Dieser Aufruf hatte auch Erfolg. Die Abreise der Freiwilligen aus der Nationalgarde und dem Studentencorps war für den 16. Oktober bestimmt. Früh morgens um 7 Uhr brach die Kompanie vom Donauufer nach Wien auf. Die gesamte Legion bestand schließlich aus 205 Mann Gardisten und 32 Gymnasiasten und Angehörigen des Lyzeums. Hauptmann war Franz Nißl, der seine Führerschaft auch mit seinem Blute bezahlen sollte. Die Legion führte eine Fahne in den deutschen Farben mit, auf welcher die Inschrift: „Deutschlands Freiheit!" angebracht war. Sonst trugen die Freiwilligen verschiedene Kokarden, meistens jedoch Schwarz-Rot-Goldene.

Unter der Führung von zwei Linzer Professoren schlossen sich auch noch 40 Studenten und Schüler aus Salzburg an und reisten mit dem Dampfboot nach Wien. (Dazu ist festzuhalten, daß zur damaligen Zeit Salzburg administrativ zu Oberösterreich gehörte.) Ab diesem Zeitpunkt war die Lage in Oberösterreich von großer Nervosität geprägt, weil man nur spärlich Nachrichten von Wien erhielt. Manchmal hieß es, die „deutsche Sache" hätte gewonnen, dann wieder „die Reaktion" hätte Oberhand erlangt. Die Garnison in Linz wurde jedenfalls verstärkt und die Garde hielt Bereitschaft. Freiherr von Grammonts, der Kommandant der Linzer Nationalgarde, spielte jedoch ein besonders übles Spiel. Hatte er am Linzer Hauptplatz die Freiwilligen noch mit großen Worten verabschiedet, so wandte er sich gleichzeitig an Herrn Oberst Pott aus Stein an der Donau mit der Bitte, der Nationalgarde und dem Studentencorps den Weg nach Wien zu versagen. Diese Hinterlist schlug jedoch fehl. Der versuchte Verrat hingegen verursachte in Linz größte Aufregung.

Am 17. Oktober forderten die „Radikalen" in Linz die Zusammenstellung einer mobilen Volkswehr. Der Landespräsident zeigte jedoch für diese Forderung kein Verständnis. Währenddessen wurde Linz die Zufluchtsstätte von Flüchtlingen aus Wien und diese brachten auch die ersten Nachrichten über die Linzer Freiwilligen mit. Diese wurden in Wien in die Mobilgarde, die Elitetruppe der Nationalgarde, eingereiht, welche sich im Lager am Belvedere-Platz befand. Georg Fleischer, der sogenannte „Blitz-Poldl" berichtete über die Geschehnisse in Wien.

Am 19. Oktober langte die erste offizielle Nachricht über die Ankunft und das weitere Auftreten der Linzer Legion in Wien beim Kommando der Nationalgarde in Linz ein. Demnach war das Hauptquartier der Linzer der Gasthof zum „Goldenen Kreuz" in der Mariahilferstraße. Ebenso wurde berichtet, daß sich drei Tiroler Schützen der Truppe angeschlossen hatten. Am 17. Oktober trafen die demokratischen Abgeordneten zur Deutschen Nationalversammlung, Robert Blum und Fröbel in Wien ein, um die Verteidiger anzufeuern. Robert Blum und Fröbel waren im Auftrag der radikalen linken Fraktion gereist und hatten sich in Wien sofort in die Schar der Kämpfer eingereiht.

Der Endkampf – Die Linzer im Feuer

Am 26. Oktober begann das Bombardement auf Wien auf Befehl des Oberbefehlshabers der kaiserlichen Armee, Fürst Alfred von Windischgrätz, dessen Truppen durch die Kroaten des kaiserlichen Feldmarschalleutnants und Banus von Kroatien und Slawonien, Josef Graf Jellacic, verstärkt wurden. Die Kämpfe waren blutig, ganze Stadtviertel gingen unter dem kaiserlichen Artilleriefeuer in Flammen auf. Am härtesten tobte die Schlacht am 27. Oktober am Praterstern. Dies war die Schlüsselstelle, von wo der kürzeste Zugang in die Innenstadt gewonnen werden konnte. Daher konzentrierte sich die Wucht des Angriffes auf diesen Abschnitt.

Mehr als 30 Geschütze überschütteten die Verteidiger mit einem Hagel aus Vollkugeln und Hohlgeschossen (Granaten). Im Nahkampf wurden Kartätschen eingesetzt. Bald brannten ganze Häuserzeilen. Am Praterstern kommandierte kaltblütig, auf einem Feldstuhl im Kugelhagel sitzend, der polnische General Bem, der sich der Revolution in Wien angeschlossen hatte, die Verteidiger. Unter seinem Kommando kämpfte, wie der Chronist zu vermelden weiß, „die Blüthe der Kämpferschaft, ein buntes Gemisch von Gliedern des Elitecorps, Legionären, Mobilen, Linzer und Grazer Zuzüglern." (Moritz Smets: „1848. Geschichte der Wiener Revolution", Wien 1972, S. 642)

Die Sternbarrikade wurde nur so lange gehalten, bis die eigentlich starke Auffangstellung, die weiter rückwärts liegende Sterngassenbarrikade in aller Eile fertig gestellt war. Wer diese Stellung angreifen wollte, geriet in das frontale Feuer der Barrikade und in das flankierende Feuer aus den Häusern der Jägerzeile.

Genau dies hatte Bem beabsichtigt. Er zog nun die Verteidiger auf diese Barrikade und in die flankierenden Häuser zurück. Auf der Barrikade ragte aus den aufgeschichteten Pflasterwürfeln ein Laternenmast empor. Auf diesem wehte die schwarz-rot-goldene Fahne. Der Endkampf entbrannte mit voller Wucht.

Das Infanteriebataillon Schönhals wurde zum Sturm gegen die Barrikade vorgeworfen. Die Verteidiger ließen die Angreifer bis auf hundert Schritte herankommen, dann fetzten auf ein Zeichen des General Bem die fünf Geschütze der Barrikade mit Kartätschen unter die Angreifer und die Salve der Verteidiger fegte in die Reihen des Bataillons. Nun bedeckten Sterbende und Tote das Pflaster. Die Reste der Sturmkolonnen mußten einen eiligen Rückzug antreten. Dann ließ der an diesem Abschnitt die kaiserlichen Truppen kommandierende Feldmarschalleutnant Ramberg verstärkt Artillerie auffahren. Ein rollendes Dauerfeuer bestrich die ganze Jägerzeile. Wohl riß eine Kartätsche die deutsche Fahne von der Barrikade, sie wurde im feindlichen Feuer wieder aufgepflanzt. Die aus Pflastersteinen aufgetürmte Barrikade widerstand dem Geschützfeuer.

Jetzt ließ FML Ramberg Infanterieabteilungen im Inneren der Häuser links und rechts der Jägerzeile vorgehen. Die Hauswände wurden durchbrochen und die Infanterie kämpfte sich Haus um Haus vorwärts. Im Inneren der Häuser tobte ein mörderischer Nahkampf, Gefangene wurden nicht gemacht. Es konnten jedoch nur einige wenige Häuser genommen werden; zwei mit rasendem seitlichen Abwehrfeuer bestrichene Quergassen hinderten das Vordringen. FML Ramberg befahl darauf einen neuerlichen Sturmangriff durch die Jägerzeile. Diesmal wurden die Reste der Schönhals-Infanterie durch Grenadierabteilungen unterstützt.

Es gelang ihnen nicht, bis auf Bajonettkampfdistanz an die Barrikade zu gelangen. Wiederum brach der Angriff zusammen. Neue Kolonnen traten zu einem dritten Sturmangriff an, auch sie bluteten im Abwehrfeuer aus, das ihnen von der Barrikade und aus allen Fenstern und Dachluken entgegenschlug. Es war für beide Seiten ein blutiger Tag.

Um 6 Uhr abends ließ FML Ramberg die Schönhals-Infanterie, die Deutschmeister-Grenadiere und die Mazzuchelli-Grenadiere zum letzten Sturm antreten. Wiederum setzten ihnen die Verteidiger Tod und Verderben speienden Widerstand entgegen. In den Nachbarabschnitten waren jedoch die kaiserlichen Sturmkolonnen durchgebrochen, so daß die Verteidiger der Jägerzeile flankierend hätten umgangen werden können. Von der Gefahr des Abgeschnittenwerdens im Rücken bedroht, befahl General Bem die Räumung der Sterngassenbarrikade. Jeden Fußbreit des von den Kaiserlichen gewonnenen Bodens mit Blut tränkend, zogen sich die Verteidiger unter Mitnahme ihrer Kanonen über den Donaukanal zurück. Die geräumte Barrikade fiel nun in die Hand der Kaiserlichen. Die Leopoldstadt war damit verloren, das Schicksal Wiens besiegelt.

Die Wut der Sieger

Nun standen die kaiserlichen Truppen knapp an den Wällen der Innenstadt, die kaum zu verteidigen war. In den eroberten Vorstädten wüteten die Soldaten. Der Oberkommandierende, Fürst Windischgrätz, legte der Siegestrunkenheit und der Rachsucht seiner Soldaten keinerlei Fesseln an. Unter den Soldaten fanden sich Angehörige aller Nationalitäten der Monarchie, für welche Wien nichts anderes als eine der vielen eroberten Städte war, wie sie die kaiserlichen Heere in zahlreichen Feldzügen eingenommen hatten. Vor allem hatten viele für ihre Tapferkeit ebenso wie für ihre Grausamkeit bekannte kroatische Einheiten an den Kämpfen teilgenommen. Der Oberst einer Jägerkompanie hatte seinen Männern befohlen, „das Kind im Mutterleibe nicht zu schonen", sobald sie nach Wien kämen.

Entsprechend benahmen sich nun die Sieger. „Ihre Mordlust raste unter ganz Wehrlosen: Kinder wurden auf Bajonnette gespießt und ins Feuer geworfen, Weiber und Mädchen geschändet, ihnen die Brüste abgeschnitten und die Bäuche aufgeschlitzt... Aus den Stätten der Verwüstung erscholl, vom Gläserklang tierischen Saufgelages begleitet, das wilde Gejohle racheschnaubender Sieges- oder Spottlieder über das niedergezwungene Wien. Insonderlicher Beliebtheit erfreute sich die Strophe:

> *„Der Soldat ist ein Herr,*
> *Der Kaiser ist mehr,*
> *Die Studenten sind weg,*
> *Der Bürger ist ein Dreck!"*
> (Moritz Smets: „1848. Geschichte der Wiener Revolution", Wien 1972, S. 643f.)

Wien brannte und bot in der Nacht einen schaurigen Anblick. Am 31. Oktober wurde die Innere Stadt mit Artillerie beschossen, es war, als breche der Jüngste Tag an. Vollkugeln, Mörserbomben, Granaten, Brandgeschosse und Raketen schlugen ein, von den Dächern und Mauern kollerten hagelartig die einschlagenden Kugeln herunter. Dächer stürzten ein, Mauern barsten. Inmitten dieses Infernos loderten nun die Brände im Herzen Wiens auf.

Am Abend des 31. Oktober brach das erste Kroatenbataillon durch das zerschossene Burgtor ein. Dann brach die Masse der Truppen in die Stadt. Noch bevor die Standgerichte zu tagen begannen, wurden zahlreiche gefangene Verteidiger summarisch in den Gräben vor der Stadt erschossen, der Rest, soweit er nicht flüchten konnte, gefangen genommen. Die Verteidiger hatten an die 4.000 Mann verloren. In dieser Zahl sind die massakrierten Zivilisten nicht inbegriffen. Die Kaiserlichen hatten den Verlust von 56 Offizieren und 1.142 Soldaten zu beklagen. Auf dem Stefansturm wurde wieder die schwarzgelbe Fahne gehißt, das Standrecht wurde ausgerufen und dann wurde Haus um Haus nach Kämpfern durchsucht, die in die Gefängnisse und Kasematten der Festungsgräben eingeliefert wurden, um dort auf das Standgericht, auf den Strick, Pulver und Blei oder jahrelange Festungshaft und Zwangsarbeit zu warten.

Am 9. November wurde der Abgeordnete zur Deutschen Nationalversammlung, der Burschenschafter Robert Blum, standrechtlich erschossen. Bis zum 9. Mai 1949 währte die entsetzliche Tätigkeit des Militärgerichtes, als deren Resultat sich eine Liste von 145 Verurteilungen ergab, worin das „Hängen" und „Erschießen“ mit „schwerer Festungshaft“, „Schanzarbeit“, „Stockhausarrest“ und „Gassenlaufen“ abwechselte. Dann nahmen die Zivilgerichte ihre Tätigkeit auf.

Die Heimkehr der Linzer

Im Jahre 1835 war der gebürtige Wiener Dr. Carl Wieser nach Linz übersiedelt, wo er als Rechtsanwalt tätig wurde. 1848 machte er sich um die Aufstellung der Wiener Nationalgarde verdient. Im Juni 1848 wurde er zum Abgeordneten des österreichischen Reichstages, der in Kremsier tagte, gewählt und blieb bis dessen Auflösung dessen Sekretär. Er war mit Hans Kudlich befreundet und unterstützte dessen Pläne zur Bauernbefreiung. Bei einer Audienz bei Kaiser Ferdinand wies er darauf hin, daß für den bedrängten Bauernstand eine Erleichterung geschaffen werden müsse.

Nach der Niederschlagung der Revolution: „Begnadigt zu Pulver und Blei“

Dr. Carl Wieser war ein entschiedener Gegner der aussichtslosen Oktoberrevolution und versuchte, mäßigend zu wirken. Dies ermöglichte es ihm, sich nach der Niederschlagung der Revolution bei dem Sieger Fürst Windischgrätz für die gefangenen oberösterreichischen Nationalgardisten und Angehörigen des Studentencorps einzusetzen, welche die Kämpfe überlebt hatten, nicht mehr fliehen konnten und nun in den Kasematten des Stadtgrabens ihres düsteren Schicksals harrten. Dr. Wieser erwirkte, daß diese von dem Standgericht verschont, ungehindert nach Hause ziehen konnten. So kehrten 98 Gardisten und Schüler wieder nach Linz zurück. Die Linzer Freiwilligen hatten drei Tote und mehrere Verwundete zu beklagen. Den Überlebenden blieb das Standgericht erspart. Somit hielt sich der Blutzoll der Linzer, die aber tapfer an dem Brennpunkt der Schlacht gekämpft hatten, in Grenzen.

Dr. Carl Wieser blieb in der Zeit der Reaktion der Politik fern. Mit dem Anbrechen der liberalen Epoche wurde er 1861 in den Reichstag gewählt und gehörte auch dem oberösterreichischen Landtag und dem Linzer Gemeinderat als Mitglied an. Von 1873 bis 1885 war der deutschliberale Politiker Bürgermeister der Landeshauptstadt Linz.

Was blieb von der Revolution?

Hans Kudlich, der Bauernbefreier, flüchtete, nachdem seine Werbefahrt für Freiwillige Kämpfer vor allem im Raume Gmunden bei den Bauern auf keinen fruchtbaren Boden gefallen war, nach der Aufhebung des Reichstages in Kremsier in die Schweiz. Er studierte Medizin und ließ sich schließlich als Arzt in Hoboken in den Vereinigten Staaten von Amerika nieder. Dort trat er für die Erhaltung des Deutschtums unter den Deutschamerikanern ein und half, deutsche Schulen und Vereine zu gründen. Er war ein entschiedener Gegner der Sklaverei und schloß sich deshalb der Partei Abraham Lincolns an. In Abwesenheit in Österreich zum Tode verurteilt, wurde Kudlich erst im Jahre 1866 begnadigt und kehrte 1871 zu einem Besuch nach Österreich zurück.

Politisch betätigte er sich nicht mehr, sagte aber in Briefen an seinen Neffen Hermann Krommer in Troppau in düsteren Prognosen den Zerfall der Donaumonarchie im Nationalitätenkonflikt voraus. Er beklagte, daß das Deutsche Reich dem kulturellen Daseinskampf der Deutschen in der Österreichisch-Ungarischen Monarchie teilnahmslos gegenüber stand. Den radikalen Antisemitismus Schönerers auf der deutschnationalen Seite lehnte er aber entschieden ab.

Das Vermächtnis Kudlichs ist die Bauerbefreiung, die er im Reichstag von Kremier durchgesetzt hatte. Auch die siegreiche Reaktion wagte nicht, dieser Errungenschaft zurückzunehmen. In der Festschrift zur gleichnamigen oberösterreichischen Sonderausstellung von 1978 im Schloßmuseum von Linz („Das Jahr 1848 in Oberösterreich und Hans Kudlich“, Linz 1978) gedenkt der Mitautor Friedrich Prinz seiner mit folgenden Worten:

„Hans Kudlich war ein großer Deutschösterreicher und ein bedeutsamer Deutschamerikaner. Sein Vermächtnis ist der freie, politisch mündige Bauernstand, ohne dessen Existenz auch heute jedes Staatswesen in seiner Lebensgrundlage bedroht ist.“

Wir verdanken den Ereignissen des Jahres 1848 aber auch alle Freiheiten, deren wir uns heute erfreuen, denn die Sehnsucht danach, die im Jahre 1848 so stürmisch erwacht war, konnte auch in der darauffolgenden Unterdrükkungsperiode nicht erstickt werden.

Bereits im Jahre 1860 löste die deutschliberale Regierung unter Staatsminister von Schmerling die Epoche der Reaktion ab und 1861 wurde die erste liberale Verfassung nach der Revolution erlassen. 1867 wurde das Werk durch das Staatsgrundgesetz gekrönt, in welchem die auch heute noch gültigen Bürgerrechte festgeschrieben wurden. Es gehört zu den Besonderheiten der 2. Republik, daß diese jene Bürgerrechte wieder schrittweise zurückzunehmen versucht (Lauschangriff, „Reform“ des Vereinsrechtes etc.).

Der bürgerliche Rechts-, Verwaltungs- und Verfassungsstaat der zweiten Hälfte des 19. Jahrhunderts bis in unsere Zeit hat somit in den Errungenschaften des Jahres 1848 Ursprung und Wurzeln. Wohl gerade aus diesem Grund wählten jene Männer, die das Jahn'sche Turnen in Linz pflegen, als äußeres Symbol eine Fahne der Akademischen Legion von 1848, die nach Ende der Revolution nach Linz gebracht worden war. Jene Fahne war vom

Magistrat Linz aufbewahrt worden und im Jahre 1863 an den Linzer Turnverein übergeben worden. Die Fahne war eine Gabe der Wiener Frauen an die Studenten und kam nach Linz, nachdem die Revolution niedergeschlagen worden war.

Sie wurde der Stadt Linz mit der ausdrücklichen Weisung übergeben, „sie, wenn ein neuer Verein sich gründet, der die Gedanken des Jahres 1848 zu seinen Leitsätzen macht, diesem zu verleihen."

Bis zum heutigen Tage hält der Linzer Turnverein in der Prunerstraße diese Fahne in Ehren. Von den Idealen des Jahres 1848 hat man sich aber leider in vielen gesellschaftlichen Bereichen weit entfernt. Intoleranz und „politische Korrektheit" prägen wieder das innenpolitische Klima. An die Stelle der Metternich'schen Vorzensur ist die gesellschaftliche und politische Ausgrenzung Andersdenkender getreten. Auch die Korporationen – die Träger der Ideale von 1848 – bekommen dies zu spüren. Den Geist der Freiheit gegen Gesinnungsdruck und Bevormundungsgeist aufrechtzuhalten und für eine offene Gesellschaft einzutreten, das muß Verpflichtung für all jene sein, die sich auf das Erbe von 1848 berufen.

Literatur:

Dr. Karl von Görner: „Das Jahr 1848 in Linz und Oberösterreich", nach zeitgenössischen Quellen
„Hundert Jahre Turnen", Festschrift des Allgemeinen Turnvereines Linz, Linz 1962
Hans Bednar: „Das Jahr 1848 in Oberösterreich mit besonderer Berücksichtigung von Linz", phil. Diss. Wien 1936
Dr. Mayrhofer – Dr. Katzinger: „Geschichte der Stadt Linz", Linz 1990
Niederhauser: „1848 – Sturm im Habsburgerreich", , 1990
Viktor Drouot: „Ordnung für die Nationalgarde 1848", Linz 1848
Heinz Rieder: „Die Völker läuten Sturm – Die europäische Revolution 1848/49", Wiesbaden 1997
Oskar Waas: „Die Pennalie", Graz 1967
Moritz Smets: „1848. Geschichte der Wiener Revolution", Wien 1972
„Das Jahr 1848 in Oberösterreich und Hans Kudlich", Festschrift und Katalog zur gleich- namigen Sonderausstellung in Linz 1978, 2 Bde.

HERWIG NACHTMANN

1848: Tirols deutsches Vermächtnis

Die französische Revolution 1789, die Machtübernahme Napoleons in Frankreich, das politische und militärische Erstarken Frankreichs und seine Vorherrschaftspolitik veränderten die politische Landschaft Europas um das Jahr 1800 entscheidend. Durch die Aggression Frankreichs wurden sich die in zahlreichen konkurrierenden Staaten lebenden Deutschen plötzlich bewußt, wie gering die politische Bedeutung des deutschen Volkes trotz seiner zahlenmäßigen Überlegenheit war. Napoleon konnte durch geschickte Diplomatie, Versprechungs- und Köderpolitik und durch militärische Operationen die verschiedenen deutschen Territorien auseinanderdividieren und nach dem alten lateinischen Spruch „teile und herrsche" praktisch die Herrschaft über Deutschland antreten. Im Rheinbund haben die Franzosen die westdeutschen Gebiete als Verbündete gewonnen, Königstitel von Napoleons Gnaden für Württemberg und für Bayern waren unter anderem der schnöde Lohn. Das Heilige Römische Reich Deutscher Nation, das durch den Kaiser in Wien (Franz II.) zwar repräsentiert wurde, in Wirklichkeit aber keine praktische, politische Macht mehr hatte, wurde in dieser Situation schließlich liquidiert und statt dessen 1804 das auf die habsburgischen Gebiete reduzierte österreichische Kaiserreich begründet, in dem derselbe Franz II. nunmehr als Franz I. regierte.

Von links: Nationalgardist von Innsbruck und Schützen der Kompanie Sonnenburg-Wilten im Jahre 1848

Fanal des Tiroler Freiheitskampfes

Die Franzosen und der Rheinbund fielen über Österreich her, ein langwieriger Krieg mußte geführt werden, in dem auch die Heldenzeit Tirols unter Andreas Hofer ihren würdigen Platz als Symbol für die Einsatzbereitschaft für Heimat, Glauben und Freiheit fand. Über Tirols Landesgrenzen hinaus erlangte der Tiroler Freiheitskampf für ganz Deutschland große Bedeutung als Fanal für den Freiheitswillen auch der anderen Deutschen. Die gestärkte Widerstandskraft führte in der Völkerschlacht bei Leipzig, 1813, durch gemeinsame

Anstrengungen Österreichs, Preußens und Rußlands schließlich zur Niederlage Frankreichs.

Die Chance, bei dem Friedenskongreß in Wien im Jahre 1815 für Europa gerechte Zustände herzustellen, den durch die Freiheitskriege geweckten Einheitswillen des deutschen Volkes zu verwirklichen und im Inneren freiheitlich-demokratische Verhältnisse zu schaffen, wurde verspielt oder besser gesagt, vertanzt. Der Wiener Kongreß wurde nicht zu Unrecht der „tanzende Kongreß" genannt. Besonders den Franzosen gelang es durch geschickte Diplomatie, trotz der militärischen Niederlage, praktisch ohne Machteinbuße davonzukommen, ja mehr noch, das deutsche Elsaß-Lothringen blieb bei Frankreich und im belgisch-niederländischen Raum wurde die Rolle Frankreichs sogar gestärkt.

Im ganzen deutschen Volk war der Wille nach innerer und äußerer Freiheit gestärkt und insbesondere die Studenten, die als Freiwillige im Lützow'schen Freikorps gegen Frankreich gekämpft hatten, wollten nach der Rückkehr an die Universitäten alles daran setzen, daß die Kleinstaaterei und das Gegeneinander im deutschen Raum ein Ende erfahre. Auch traten sie für demokratische Grundrechte aller Bürger ein. Für politische Mitsprache, für die Befreiung der Bauern, für ein einheitliches Zoll- und Wirtschaftsgebiet u. a. m. Zur Verwirklichung dieser Ziele gründeten die Studenten an allen Universitäten die Deutsche Burschenschaft als gemeinsame Plattform aller Studenten. Aus den Farben der Uniformröcke des Lützow'schen Freikorps, dem fast 300 Tiroler angehörten, die nach der Niederlage der Tiroler gegen Napoleon nach Preußen flüchteten und dort politisches Asyl fanden, wurden die neuen deutschen Volksfarben „Schwarz-Rot-Gold" gewählt, die fortan als gemeinsame Farben über den jeweiligen Fahnen der verschiedenen deutschen Kleinstaaten, Fürstentümer, Königreiche stehen sollten.

Die Fürsten und ihre Beamtenschaft sahen in der Einigungsbewegung Gefahren für den Bestand der einzelnen deutschen Staaten und gingen mit Polizeimaßnahmen, Unterdrückung, Haft, Vertreibung gegen die idealistische deutsche Jugend vor. Am härtesten waren die polizeilichen Maßnahmen in Österreich, wo Fürst Metternich die politische Macht ausübte. Die Burschenschaften und die aufkommenden Turnervereine wurden als Staatsfeinde angesehen und im österreichischen Bereich verboten.

Die „schwarz-rot-goldenen" Volksfarben blieben in der Erinnerung des Volkes jedoch erhalten, was im Jahre 1848 zum Ausdruck kam, als durch die Revolution in Wien, Berlin, Frankfurt und in anderen Zentren nach fast dreißigjähriger Unterdrückung die Forderungen nach Freiheit und Einheit ungestüm erhoben wurden. In der sogenannten „Bürgerlichen Revolution" des Jahres 1848 wurden die Farben „Schwarz-Rot-Gold" überall in Deutschland, am stärksten jedoch in Wien, als Symbol für die Freiheitswünsche den Aufständischen vorangetragen. Sie hefteten auch Kokarden in diesen Farben an ihre Hüte.

Die März-Revolution in Wien dauerte drei Tage, vom 13. bis 15. März. In der Stadt wurden Barrikaden aufgetürmt; es gab 13 Tote und zahlreiche Verletzte. Am 15. März erließ der Kaiser eine erste Proklamation, in welcher er

Pressefreiheit gewährte, die Bildung bewaffneter Nationalgarden gestattete und eine Staatsverfassung für die gesamte Monarchie in Aussicht stellte. Der Kaiser hatte sogar zur Beschwichtigung der empörten Bürger, Arbeiter und Studenten die schwarz-rot-goldene Fahne aus einem Fenster der Wiener Hofburg geschwungen.

In Tirol selbst gab es keine Revolution, aber unter Führung des Tiroler Dichters Adolf Pichler und unter der Patronanz des alten Paters Haspinger, des Kampfgefährten von Andreas Hofer, wurde eine Akademische Kompanie von Tiroler Studenten in Wien zur Unterstützung der Aufständischen gebildet. In Innsbruck entstanden zwei Studenten-Kompanien.

Unter den Revolutionären gab es unterschiedliche Zielvorstellungen, von Liberalisierung der politischen Verhältnisse bis hin zu republikanischen Forderungen; allen gemein war der Wunsch nach einem einigen Deutschland. Bei den Tirolern klangen katholisch-patriotische und österreichische dynastische Begeisterung mit deutsch-nationalen Gefühlen zusammen. Das beweist ein Schreiben Adolf Pichlers aus Wien vom 15. März:

„Von uns Tirolern waren fast alle unter Waffen. Es galt ja für Deutschland, für Österreich und darum auch für unser liebes Ländle Tirol...!“

Nach Bekanntwerden der Proklamation des Kaisers vom 15. März in Tirol wurden in den Städten Märzfeiern abgehalten, wobei schwarz-rot-goldene Kokarden getragen wurden, nachdem einige Tage vorher, am 9. März, der Frankfurter Bundestag Schwarz-Rot-Gold zu den Farben des Deutschen Bundes erklärt hatte.

In Hall wurde auf dem Stadtturm neben der österreichischen und der Tiroler Fahne auch die dreifarbige deutsche Fahne unter Pauken- und Trompetenschall entfaltet. In Innsbruck pflanzte der Gouverneur von Tirol, Graf Brandis, in Gegenwart der gesamten Studentenschaft eigenhändig eine schwarz-rot-goldene Fahne auf dem Balkon der Innsbrucker Hofburg auf, er ließ eine mächtige Flagge in diesen Farben auf dem Landtagsgebäude und am Rathaus der Stadt wie auf dem Dach der Hofburg hissen. Unmittelbar davor hatte er dem neugebildeten Innsbrucker Studentenbataillon ein deutsches Banner überreicht, ein Akt, der von der Studentenschaft als Symbol für die „innigste Wiedervereinigung mit unseren Stammesgenossen“ und als Zeichen, daß die Scheidewand zwischen Österreich und Deutschland gefallen sei und daß Deutschland nicht mehr als Ausland gelte, empfunden wurde. Das Bataillon begrüßte bezeichnenderweise die Fahne mit Heilrufen auf den Kaiser, Deutschland und auf Tirol.

Gesamt-Tirol im Banne von Schwarz-Rot-Gold

Auch von den Stadt- und Kirchentürmen Tirols, bis hinab nach Salurn, wehten schwarz-rot-goldene Fahnen, von vielen österreichischen Patrioten warm begrüßt als Beweis deutscher Einheit. In Bozen schwang am 25. April, nachdem man Kaisers Geburtstag festlich begangen hatte, der Bürgermeister vom Balkon des Rathauses eine schwarz-rot-goldene Fahne; vom gotischen Turm der Pfarrkirche flatterte eine Fahne in den deutschen Farben. Als auch im konservativen Brixen am 23. März die Begeisterung der Studierenden des

Gymnasiums und des bischöflichen Seminars eine Kundgebung erzwang, da wehte der Schützenmusik eine deutsche Fahne voran.

Während man in anderen Gegenden, so namentlich auch in Wien, mit diesen Farben vor allem seine freiheitlich-demokratische Gesinnung bekundete, galten sie in Tirol in erster Linie als Bekenntnis zur Idee der Zusammengehörigkeit aller deutscher Stämme. Für Tirol standen 1848 besonders auch wirtschaftliche Forderungen im Vordergrund. Die untragbaren Zustände nach dem Wiener Kongreß, hervorgerufen durch die Kleinstaaterei mit ihren Zollschranken, Beschränkungen und dem Mangel eines großen zusammenhängenden Wirtschaftskörpers – im Unterschied etwa zu England – führten unter dem Einfluß der Ideen des in Kufstein begrabenen Nationalökonomen Friedrich List zur Gründung des deutschen Zollvereines, dem Österreich trotz seiner Mitgliedschaft zum Deutschen Bund nicht angehörte. Tirol litt unter dem Ausschluß aus diesem Zollgebiet wegen seiner geographischen Lage mehr als andere Länder. Es hatte einerseits Erschwernisse im Wein- und Seidenexport – die Seidenraupenzucht war damals ein wichtiger Wirtschaftszweig – auf sich zu nehmen und andererseits war der lebenswichtige Import von Getreide aus Bayern nahezu unerschwinglich geworden. So forderte Tirol bereits zwei Wochen nach den Wiener Ereignissen des März 1848 von der Wiener Regierung: „Anschluß an den deutschen Zollverein" und ein: „Aufrichtiges und wirkliches Anschließen an den Deutschen Bund".

Am 9. April 1848 hatte die österreichische Regierung der Vornahme von Wahlen zur konstituierenden Nationalversammlung in Frankfurt, allerdings nicht leichten Herzens, zugestimmt. Es sollte auf je 50.000 Seelen ein Vertreter entfallen. Wahlberechtigt und wählbar sollte jeder volljährige, selbständige Staatsbürger sein. Ein Wahlzensus, eine Beschränkung des Wahlrechts durch das Bekenntnis zu einer bestimmten Religion oder eine Wahl nach Ständen sollten ausgeschlossen sein, ein für damalige Verhältnisse einmalig großzügiges Wahlrecht also. Bei einer Gesamtbevölkerung von 860.000 Seelen entfielen auf Tirol 15 Abgeordnete, davon 9 deutsche und 6 italienische. Die Frankfurter Nationalversammlung hatte sich die Aufgabe gestellt, einen einheitlichen deutschen Staat mit moderner, demokratischer Verfassung zu schaffen. Die Wahlen wurden durchgeführt. Die Gewählten waren meist Gelehrte oder Angehörige von juristischen Berufen, sieben der neun deutschen Tiroler Abgeordneten waren Geistliche.

Zum Reichsverweser wurde in Frankfurt der Habsburger Erzherzog Johann mit 80 Prozent der Stimmen gewählt, was in Österreich Begeisterung auslöste. Wenngleich die hohen Erwartungen, die die Menschen in das Paulskirchen-Parlament zu Frankfurt gelegt hatten, nicht erfüllt wurden und dieser Versuch schließlich scheiterte, so ist in der deutschen Geschichte das Jahr 1848 ein würdiges Jahr, hatten doch erstmals alle Volksschichten und die besten Köpfe der Nation den Versuch unternommen, ein demokratisches, freiheitliches Staatswesen zu begründen.

Tirol war im Jahre 1848, wie später noch 1859 und 1866, auch an seiner Südgrenze bedroht, da in den Kriegen um die staatliche Einigung Italiens auf das welsche Tirol, das heutige Trentino, Anspruch erhoben wurde. Lombardische Freischaren fielen im April 1848 in Welschtirol ein, was für die öffentliche Meinung in Tirol sehr überraschend kam, weil die Menschen durch die politischen Umwälzungen in Deutschland in Atem gehalten waren.

Erst ein Aufruf von Erzherzog Johann, der aus dem Tiroler Freiheitskampf von 1809 noch hohes Ansehen genoß, machte die Gefahr bewußt und mobilisierte Widerstand. In seinem Aufruf vom 13. April hieß es:

„Tirol und Vorarlberg, stets in allen seinen Teilen Deutschland zugehörig, darf nicht zerstückelt, darf nicht davon getrennt werden, es ist des deutschen Vaterlandes Vorhut, es ist seine Grenzwache ... Darum auf, ihr Männer Tirols und Vorarlbergs, was ihr könnt, bewährt den alten Ruf, ergreift die sichere Waffe; es weht von unseren Bergen zum Kampf für unser Vaterland die altbekannte Fahne als Zeuge unserer festen Treue an Österreich, als Zeuge unseres Sinnes gegen Deutschland, dessen freie Rechte eins mit den unsrigen sind."

Wie zur Bekräftigung dieser Worte des Vertreters des Landesfürsten und Kaisers von Österreich erschien bald nachher der Aufruf, den die Frankfurter Nationalversammlung am 26. April im Namen des gesamten deutschen Volkes an die Tiroler gerichtet hatte.

„Tiroler Brüder! Ihr steht wieder gewappnet auf Deutschlands herrlicher Felsenburg. Ihr schirmt mit Eurem Heldenmut unsere Südgrenze. Hofer's Geist schwebt über Euch, kämpft mit Euch! Nehmt unsere freudige und dankbare Anerkennung Euerer Hingebung zum Heile des gemeinsamen deutschen Vaterlandes. Deutschland ist bereit, Euch beizustehen mit Gut und Blut, sobald Eure erprobte Kraft nicht ausreicht, sobald Ihr unserer Hilfe bedürft. Wir kennen unsere Pflicht. Hört es wackere Brüder, auf den Hochwarten Tirols, hört es, ihr Feinde Tirols. Die Deutschen stehen für ihre Freiheit und Unabhängigkeit. Einer für Alle, Alle für Einen!"

(Quelle: Adolf Pichler: Der Walschtiroler Krieg)

Bis Ende April hatten sich in allen Landesteilen Deutsch-Tirols und in den ladinischen Gebieten freiwillig Schützenkompanien gebildet und waren – im ganzen bei 17.000 Mann – gemäß den Weisungen des Landesverteidigungskommandos an die Welschtiroler Grenze ausgerückt, um dort, im Vereine mit dem an Zahl schwachen östereichischen Militär, den Feind zu erwarten und abzuwehren.

Grenzen Tirols = Grenzen Deutschlands

Die einzelnen Kampfhandlungen sind hier nicht näher zu schildern, wohl aber der deutsch-nationale Geist, der die Schützen damals beseelt hat. Vielen Kompanien, und zwar auch solchen aus rein ländlichen Gebieten wie z. B. der Stubaier Kompanie, flatterte die schwarz-rot-goldene Fahne voraus. Bei vielen Einheiten zierten schwarz-rot-goldene Kokarden mit zwei weiß-grünen Bändchen den Hut der Schützen, denn jeder Schütze sollte, wie der Trommler der Welsberger Landesschützen in seinen Erinnerungen bemerkt, sein Zeichen haben, daß er deutschen Boden verteidige. Die Auffassung, daß es bei der Abwehr der italienischen Freischaren an den Grenzen Tirols um die Verteidigung der Grenzen Deutschlands ginge, war im Jahre 1848 weit verbreitet.

In Brixen, Bozen, Kaltern und Salurn, überall wehten auf den Türmen

Kampfszene aus dem 1848er Krieg um Tirols Südgrenze: Angriff der Tiroler auf Caffaro und Lodrone, gemalt vom Augenzeugen Alois Reisacher.

schwarz-rot-goldene Fahnen; in Salurn, wie der Bericht einer durchziehenden Kompanie meldet, die letzte nach Süden. Da damals auch die Fahnen und Hüte der Schützen vielfach mit diesen neuen deutschen Nationalfarben und den Tiroler Schützenfarben zugleich geziert wurden, feiert ein unbekannter Dichter die Vermählung beider Farbensymbole anläßlich der Anheftung zweier solcher Bänder an die Fahne der Schützen von Thaur durch Erzherzog Johann mit einem Gedicht, dessen erste Strophe lautet:

„So flattre denn im schönen Farbenbunde
Du Schwarz-Roth-Gold du weiß und
grünes Band / Der späten Nachwelt
bring' die frohe Kunde: / daß Johann
dich nun unsre Fahne wand."

Zahlreiche Gedichte und Lieder beschäftigen sich mit dem Thema der Beschützung der „deutschen Grenze" im Süden Tirols. Ein Schützenlied von Dr. Ferdinand Weller, dem Schwiegersohn des Bozner Rechtsanwaltes Dr. Streiter lautet (auszugsweise):

„Sie sollen sie nicht haben –

Des Brenners Scheidewand!
Sie sollen erst sich graben
Ihr Grab in unserm Land!
So lange deutsche Männer
Tiroler Feld bebaun
So lange soll der Brenner
In deutsche Lande schau'n;
Sie sollen uns nicht trennen
Den Süden von dem Nord,
So lang' wir uns noch nennen
Der Deutschen Grenzen Hort"

Von Pius Zingerle stammt ein Gedicht „Gegen die Wälschen" und von

Erzherzog-Johann-Schützenscheibe 1848
Die „Germania" mit schwarz-rot-goldener Fahne, umrahmt von der Inschrift: „Vom Adlersitz Tirolerschütz! Halt Fahnenwacht – Für Deutschlands Macht!" (Tiroler Volkskundemuseum, Innsbruck)

seinem Bruder Ignaz Zingerle das Gedicht „Den Schützen". Unbekannt ist der Dichter folgender Zeilen mit dem Titel: „Sie sollen Tirol nicht teilen!"

„Sie sollen es nicht theilen
Das deutsche Land Tirol! –
Wir weichen nicht den Feilen,
Die schreien da, ‚es soll!'.
Sie sollen nicht uns theilen
Das theure Land Tirol! –
Die Alpen nicht, die steilen
vom Schnee und Eise voll.
So lang auf unsern Bergen
Die deutschen Pfähle steh'n
Und all die wälschen Schergen
Mit Wuth auf selbe steh'n
Die deutschen Farben prangen
Tirol nimmt sie in Huth; –
Denn an dem Pfahl da hangen
Viel Tropfen Schützenblut.
Sie sollen es nicht teilen
Das deutsche Land Tirol! –
Wir weichen nicht den Feilen,
Nein, nein! nicht einen Zoll!"

Der berühmte Tiroler Dichter Hermann von Gilm verfaßte sein „Schützenlied" mit dem bekannten Endzeiler:

„Wir sind Deutschlands Grenzsoldaten, seiner Freiheit Gemsenwacht."

Die Farben Schwarz-Rot-Gold fehlten natürlich auch nicht an der Fahne der Akademischen Schützenkompanie der Tiroler Studenten in Wien. Erzherzog Johann bezeichnete diese Fahne als die Farben des *„gemeinsamen deutschen Vaterlandes, zu welchem Tirol in all seinen Teilen gehört"*. In einem Gedicht anläßlich des Auszuges der Innsbrucker Studentenkompanie heißt es: *„Bald soll in Süd' die teutsche Fahne wallen"*.

Den Tiroler Studenten, die unter Adolf Pichler als Hauptmann und mit dem greisen Haspinger als Feldkaplan am 15. April 1848 von Wien aus an die bedrohte Tiroler Grenze ausrückten, hatte ihr Landsmann Dr. Andreas Gredler, Tiroler Abgeordneter in Frankfurt, eine prachtvolle schwarz-rot-goldene Fahne mit der goldenen Inschrift „für das Vaterland" geschenkt.

Und Innsbrucker Bürger riefen der ausziehenden Akademischen Legion in einem Gedicht zu: *„So kämpfet nun für Deutschlands alte Grenzen.."*

Die, wie wir aus allen diesen Zeugnissen ersehen, in Tirol weit verbreitete Auffassung, es gelte an den Grenzen Tirols, den Boden Deutschlands zu schirmen, fand dann im Juni eine Bekräftigung in einer Maßregel, welche Feldmarschall Radetzky traf. Er ordnete damals an, daß an den Grenzen Tirols gegen Italien schwarz-rot-goldene Grenzpfähle mit der Aufschrift „Confine della confederazione germanica" gesetzt werden. Ignaz Zingerles oben erwähntes Gedicht schließt mit der Strophe:

„Nicht die Fahnen gilt's, nicht Zierde,
Kein Best und auch kein Band, –
Es gilt die deutsche Würde,
Das Deutsche Vaterland."

HELMUT GOLOWITSCH

Die Juden und die Revolution

Weitgehend vergessen – bei Juden wie Nichtjuden – ist die Rolle der Juden in der deutschen Revolution, insbesondere bei den Geschehnissen des Jahres 1848 in Wien.

Unterdrückung und Entrechtung

Die Juden Deutschlands des Jahres 1848 hatten bedrückende Jahrhunderte hinter sich und lagen immer noch in gesellschaftlichen Fesseln gefangen, deren Ursprünge weit zurück reichten. Die Juden, die längs des ganzen Rheins, an der Donau und vom Elsaß bis Böhmen ansässig waren, hatten sich seit Beginn ihrer Ansiedlung zunächst mehrere Jahrhunderte lang in einer verhältnismäßig glücklichen Lage befunden. Sie genossen Handelsfreiheit, hatten das Recht, Grundbesitz zu erwerben und Waffen zu tragen und wurden durch die Obrigkeit geschützt. Die Kreuzzüge des Mittelalters veränderten alles. Bereits die Kreuzfahrer des ersten Kreuzzuges hatten sich daran gemacht, bevor sie noch überhaupt das Morgenland erreichten, die Ungläubigen in der Heimat zu vernichten. Entsetzliche Massaker fanden statt, denen die Juden nur durch die christliche Taufe entgehen konnten. Zahllose Juden wurden zu Märtyrern ihrer Religion, ganze Familien wählten den Freitod, statt dem Glauben abzuschwören. Jahrhunderte der Verfolgung brachen an. Man gab den Juden die Schuld am Ausbruch der Pest, man warf ihnen Ritualmorde vor, man schloß sie aus der Gesellschaft aus, zwang sie, auffällige Kleidung und bestimmte Abzeichen zu tragen (Judenhut, gelbe Abzeichen, Bärte) und zwang sie, in Ghettos zu wohnen. Ihre Isolierung brachte eine eigene Sprache hervor, das „Jiddische", in welchem altdeutsche Dialekte mit hebräischen Worten gemischt wurden.

Neben entehrender Behandlung – der Jude mußte beispielsweise den Eid auf einer Schweinshaut stehend, der Haut eines ihm unreinen Tieres, schwören – wurden die Juden immer wieder von den Landesherren enteignet und vertrieben. Sie wurden wie Sparbüchsen behandelt, die man füllte, um sie dann immer wieder zu leeren. Da ihnen nun Grundbesitz verboten war und sie von den Handwerkszünften ausgeschlossen waren, blieb ihnen zum Broterwerb nur der Handel und der Geldverleih. Die Juden wurden als „Kammerknechte" unter landesherrlichen Schutz gestellt und dann fallweise immer wieder ausgeraubt. Auch diese unsichere Existenz und harte Sonderbesteuerungen führten dazu, daß das Monopol des Geldgeschäftes vielfach zu Wucher ausgenützt wurde, wobei die Landesherren, die ihre Juden wiederum finanziell abschöpften oder in periodischen Abständen ihre Forderungen – auch gegenüber dem Landesherren – für null und nichtig erklärten, Zinssätze bis zu 120 Prozent gestatteten. Auch dies führte zu Haß und zu Verfolgung, die religiös begründet wurden.

Die Frage der Emanzipation

Diese Verfolgungen dauerten bis zur Zeit Maria Theresias an. Betroffen waren die gläubigen Juden. Getaufte Juden hingegen konnten sogar hohe Stellungen erreichen, wie der Aufklärer und Universitätsprofessor Josef Freiherr von Sonnenfels, der die Abschaffung der Folter erreichte und an der Justizreform Josef II. maßgeblich mitarbeitete. Erst der freisinnige Kaiser Josef II. schaffte die diskriminierenden Zwangsgesetze für die mosaischen Juden ab und ließ sie zu den Gymnasien und Universitäten sowie zu den Berufen des Handwerks, des Bauwesens, der Architektur, der Künste und der Industrie zu.

Die Lage der Juden blieb trotzdem eine drückende. So durften sich in Wien nur von der Regierung „tolerierte" Juden gegen hohes „Schutzgeld" ansiedeln. Man wollte damit einem befürchteten massenweisen Zuzug jüdischen Proletariats aus dem Osten gegensteuern. Ein eigenes „Judenamt" überwachte sogar den Besuch von Juden in Wien, die einen „Leibzoll" abliefern mußten. In Böhmen und Mähren durfte immer nur ein Sohn oder Enkel heiraten, um die festgesetzte Zahl von 14.000 Familien nicht zu vermehren. In anderen Ländern des Reiches war die Lage nicht viel besser, in Steiermark, Tirol, Kärnten und Krain wurden die Juden so gut wie nicht geduldet.

Für die Juden stellte sich also im Vormärz wie im Jahre 1848 nach wie vor die Frage der Emanzipation. Ihre rechtliche Stellung stand längst nicht mehr im Einklang mit der Wirklichkeit. Die Juden waren durch Gesetz oder Praxis nach wie vor weitgehend vom Staatsdienst, von politischen Ämtern und von allen Ehrenämtern ausgeschlossen. Gleichzeitig hatten jedoch Juden hervorragende Leistungen auf den Gebieten der Wissenschaft und Kultur erbracht. Sie hatten die deutsche Kultur zu der ihren erklärt und sie bereichert. Denselben

Die Universität.

Was kommt heran mit kühnem Gange?
Die Waffe blinkt, die Fahne weht,
Es naht mit hellem Trommelklange
Die Universität.

Die Stunde ist des Lichts gekommen,
Was wir ersehnt, umsonst erfleht,
Im jungen Herzen ist's entglommen
Der Universität!

Das freie Wort, das sie gefangen,
Seit Joseph arg verhöhnt, geschmäht,
Vorkämpfend sprengte seine Spangen
Die Universität.

Zugleich erwacht's mit Lerchenliedern,
Horch, wie es dythirambisch geht!
Und wie die Herzen sich erwiedern:
Hoch die Universität.

Und wendet ihr euch zu den bleichen
Gefall'nen Freiheitsopfern, seht:
Bezahlt hat mit den ersten Leichen
Die Universität.

Doch wird dereinst die Nachwelt blättern,
Im Buche der Geschichte steht
Die lichte That, mit gold'nen Lettern:
Die Universität.

Ludwig Aug. Frankl.

Ein jüdischer Nationalgardist, der Dichter Ludwig August Frankl, hat in einer Nacht, in der er einsam auf Wache stand, in Verse gegossen, was damals das Volk und die akademische Jugend – Nichtjuden wie Juden – bewegte. Sein Gedicht „Die Universität" wurde in mehr als 100.000 Exemplaren gedruckt und von 27 Komponisten vertont.

Verpflichtungen und Leistungen wie alle anderen Staatsbürgern unterworfen, jedoch ohne deren Rechte zu besitzen, bildeten die Juden ein revolutionäres Element, welches großen Einfluß auf den Verlauf der Revolution ausübte.

Deutschnationale und sozialrevolutionäre Juden

Wir finden im März 1848 Juden unter den Kämpfern ebenso wie unter den Agitatoren und Journalisten, die entflammt für die gesamtdeutsche Sache und die Menschenrechte eintraten.

Sowohl in der deutschen wie in der sozialen Frage hatten die Juden längst Position bezogen und zwar an der Seite der deutschen Patrioten, Sozialreformer und Sozialrevolutionäre. Unter den Juden befanden sich reiche „Kapitalisten" – Bankiers und Fabrikanten. Scharf im Kontrast dazu nahmen sich zahlreiche Juden – vielleicht auch der eigenen Entrechtung eingedenk – der Sache der Armen an. In diesem Sinne wirkten die meisten von Juden herausgegeben Zeitungen wie Schwarzers „Allgemeine österreichische Zeitung", Heinrich Löws „Österreichische Zeitung", Kurandas „Ostdeutsche Post" (Kuranda betrachtete Österreich als deutsches Land im Osten) und Ferdinand Hocks „Konstitutionelle Donauzeitung". Berühmt war der von dem Nichtjuden Dr. Becher herausgegebene „Radikale", an dem bekannte jüdische Journalisten und Revolutionäre wie Jellinek, Tausenau, Kolisch, Simon Deutsch und Heinrich Blumberg mitarbeiteten.

Interessant ist, daß die Trennlinien damals ganz anders als heute verliefen. Die – so würde man heute sagen – „deutschnationalen" Kreise waren mit den jüdischen politisch eng verbunden, während antisemitische Töne im Revolutionsjahr vorwiegend aus der Ecke der klerikalen Konservativen kamen. Eine damals weit verbreitete Spottschrift hieß: „Die jüdischen Federhelden oder das politisch literarische Schabesgärtlein in Wien". Das geflügelte Wort von der „Judenpresse" kam auf, als einzelne jüdische Journalisten wie Mahler und Saphir höhnische und reißerische Artikel gegen die katholische Kirche schrieben. Eine Durchsicht der 711 katalogisierten journalistischen Titel des Revolutionsjahres ergibt jedoch, daß tatsächlich nur wenige darunter von Juden besessen oder geführt wurden und Boulevardblätter niedrigen Niveaus sich ebenso unter der „christlichen" Presse befanden. In bezug auf die deutsche Einstellung der österreichischen Juden schreibt der jüdische Historiker Hans Tietze: Für all diese Juden

„war ein über die schwarzgelben Grenzen hinausreichendes großes Deutschtum Ziel selbstverständlicher Sehnsucht; ihr Gefühl war ja nicht aus unmittelbarer Blutszugehörigkeit gewachsen, sondern als ein wesentliches, als das wesentlichste Stück ihrer Befreiung und Höherbildung von ihnen erkämpft und erarbeitet worden. Das Deutschtum war ihnen, als die fernere und geistigere, die eigentliche Heimat..."

Dies galt besonders in Böhmen, wo angesichts des erwachenden slawischen Nationalgefühls die Juden sich nahezu ausnahmslos zum Deutschtum bekannten.

„Mein lieber Freund, es kommt die Zeit, wo wir in Böhmen als Deutsche dastehen müssen, das wird in Zukunft unser Posten sein", hatte der jüdische

Dichter und spätere Abgeordnete zur deutschen Nationalversammlung in der Paulskirche zu Frankfurt, Moritz Hartmann, an einen Freund geschrieben. (Hans Tietze: „Die Juden Wiens", Edition Atelier, Wien, Reprint von 1933, S. 175)

Ein weiterer von glühender Liebe zum Deutschtum beseelter Paulskirchen-Abgeordneter der Großdeutschen Partei war der Dramatiker, Politiker und Publizist Ignaz Kuranda, der 1841 im Brüsseler Exil das revolutionäre Wochenblatt „Grenzboten" gegründet hatte, welches durch ganz Deutschland bis Wien geschmuggelt und heimlich unter das Volk gebracht wurde.

Vielfach waren getaufte Juden der gehobenen Bildungsschicht auch Freimaurer, weil die Logen aufklärerisches Gedankengut verbreiteten und für die Gleichberechtigung der Menschen eintraten. Zu nennen sind hier der aufklärerische Vormärzpublizist Ludwig Börne, der schon bei dem Hambacher Freiheitsfest dabei gewesen war, und der Dichter Heinrich Heine.

Die Revolutionäre

In Wien gestalteten Publizisten wie Hermann Jellinek den Gang der Revolution entscheidend mit. Jellinek büßte seinen Einsatz vor den Läufen des kaiserlichen Exekutionskommandos mit dem Leben.

Der jüdische Sekundararzt Dr. Adolf Fischhof hielt die erste öffentliche politische Rede im Landhaushof und spielte im weiteren Verlauf eine führende Rolle als Revolutionär und Politiker. Dieser Dr. Fischhof ist übrigens eine der sympathischsten Erscheinungen der Wiener Revolution. Maßvoll in Auftreten und Zielsetzung, war dieser Mann doch unbeirrt auf dem von ihm als richtig erkannten Weg. Seine Mannhaftigkeit sollte er zum Ende der Revolution unter Beweis stellen, als er sich dem gegen ihn erlassenen Haftbefehl nicht entzog, die leicht mögliche Flucht nicht ergriff und dies so begründete: *„Bleibe ich, dann kann das Kriegsgericht mich vielleicht verurteilen. Fliehe ich, dann verurteilt die öffentliche Meinung mich gewiß."*

Dr. Adolf Fischhof spricht zum Volke in Wien

Fischhof wurde fast ein Jahr lang in Untersuchungshaft gehalten, dann mußte man ihn freilassen. Im Jahre 1886 beantragte der Wiener Bürgermeister Dr. Carl Lueger im Wiener Gemeinderat eine Ehrung Fischhofs zu seinem 70. Geburtstag durch die Stadt Wien. Der gewiß nicht als Judenfreund ausgewiesene Dr. Lueger erklärte dabei:

„Keiner von den Herren hier im Saale kann Fischhof das Wasser reichen und keiner lebt, der sich mit ihm an politischer Vergangenheit, an Verdiensten um die Stadt Wien und an Charakterintegrität messen kann.“ (Hans Tietze: „Die Juden Wiens”, Edition Atelier, Wien, Reprint von 1933, S. 188f)

Eine bedeutende Rolle in der Wiener Revolution spielte auch der jüdische Arzt Dr. Josef Goldmark. Er half, die Stände für die Sache der Revolution zu mobilisieren. Der ungarisch-jüdische Student Maximilian Goldner verlas öffentlich Kossuths aufrührerische Landtagsrede vom 3. März und Dr. Siegfried Kapper und Dr. Brühl sprachen vor der niederösterreichischen Ständeversammlung für die Sache der Revolution. Der Mediziner Schlesinger versuchte, das Bürgermilitär zu mobilisieren und Siegmund Engländer organisierte den Zug zum kaiserlichen Zeughaus.

Rabbiner Mannheimer: „Alles für's Volk – nichts für uns!”

Unter den ersten Gefallenen des 13. März befanden sich zwei Juden, der Student der Technik, Karl Heinrich Spitzer, und der Webergeselle Bernhard Herschmann. Sie hatten ihren Beitrag zu dem gemeinsamen Werke zu leisten versucht, gemäß den Worten ihres Glaubensgenossen Dr. Fischhof:

„Wer an diesem Tag keinen Mut hat, der gehört in die Kinderstube.”

Rabbiner Mannheimer

Den christlichen Mitkämpfern war es ein Anliegen gewesen, den Anteil der jüdischen Mitbürger am Kampf zu würdigen. Bei dem Leichenzug zu der feierlichen Beisetzung der Märzgefallenen nahmen am 17. März die katholischen Geistlichen den Rabbiner Mannheimer in ihre Mitte. An dem offenen Grabe ließen die katholischen und evangelischen Geistlichen Mannheimer als ersten seine Trauerrede halten. Mannheimer betete für das Seelenheil der Gefallenen, die den „Tod des Gerechten” im Kampfe für eine gerechte Sache gestorben seien. Mannheimer rief am offenen Grabe zu Gott auf:

„So bete ich für sie und ihre christlichen Brüder, denn sie sind uns allen und sind meinem Herzen einer wie der andere wert und teuer. Es sind Menschenseelen, geschaffen in deinem Ebenbilde und Gleichnisse, die deinen Namen geheiliget auf Erden. So bete ich für sie mit aller Kraft meiner Seele um eine lichte Himmelsstätte in deinem Gottesreiche.“

Der Rabbiner Mannheimer ermahnte am 18. März seine Glaubensgenossen von der Predigerkanzel herab, in dem Kampf um die Sache des Volkes den Eigennutz hintan zu stellen:

„Alles fürs Volk und Vaterland! Nichts für uns! Kein Wort von Judenemanzipation, wenn es andere nicht für uns sprechen, keine Petitionen, keine Bittschriften, keine Bitten und Klagen von uns. ... Man soll uns nicht vorwerfen, wir denken immer und überall nur an uns ...

Es kam dann doch zu einer Petition an den Kaiser, an der sich vor allem Nichtjuden beteiligten. Die Revolution brachte den Juden jedoch noch nicht die erstrebte Emanzipation, erst Kaiser Franz Josef I. hob 1849 die restriktiven Bestimmungen auf und 1867 erfolgte durch das Staatsgrundgesetz vom 21. Dezember, welches heute noch im Verfassungsrang steht, die völlige rechtliche Gleichsetzung aller Staatsbürger.

Ausgewählte Literatur dazu:
Hans Tietze: „Die Juden Wiens", Edition Atelier, Wien, Reprint von 1933
Hecht-Kayserling-Biach: „Lehrbuch der jüdischen Geschichte und Literatur", Leipzig 1909
Reschauer-Smets: „Das Jahr 1848", Wien 1872
Bamberger-Bruckmüller-Gutkas: „Österreich Lexikon", Wien 1995

ARTHUR WERNER

Die akademische Legion 1848 in Prag

Der Anstoß zur achtundvierziger Revolution auf Prager Boden ging von den Tschechen aus, die eine viel stärkere politische Entschlußkraft entfalteten als die Deutschen.

Die tschechische Intelligenz hatte sich in dem auf irischem Vorbilde beruhenden Vereine „Repeal" zusammengeschlossen, auf dessen Veranlassung am Samstag, den 11. März 1848, um fünf Uhr nachmittags im „St. Wenzelsbad", einem bekannten Gasthaus in Podskal (Prag-Neustadt), eine öffentliche, die Angelegenheiten der Stadt und ihrer Bürgerschaft beratende Versammlung zusammentrat, zu der gegen 3000 Teilnehmer erschienen.

Die Versammlung wählte einen achtundzwanziggliedrigen, aus Deutschen und Tschechen bestehenden Ausschuß, der in einer deutsch-tschechischen Petition an den Kaiser die Wünsche der Versammelten aussprechen sollte. unter anderem wurde gefordert: Repräsentantenverfassung durch Adel, Klerus, Bürger- und Bauernstand, gleiche Wählbarkeit nach Bezirken, Steuerbewilligungs- und Gesetzgebungsrecht, jährliche Einberufung des Landtages nach Prag, Rede- und Pressefreiheit, Versammlungsrecht, freies Recht der Religionsausübung, Gleichberechtigung beider Landessprachen (Nach amtlichen Angaben betrug die Bevölkerung im Jahre 1847 in Böhmen 2,557.899 Tschechen, 1,828.105 Deutsche, in Mähren und Schlesien 1,461.000 Tschechen, 791.167 Deutsche), Öffentlichkeit und Mündlichkeit des Gerichtsverfahrens und Einsetzung von Geschworenengerichten, Bürgergarden, Erneuerung des Verwaltungssystems und freies Verwaltungsrecht der Gemeinden. In staatlicher Beziehung wurde die verfassungsrechtliche Einheit der böhmischen Länder (Böhmen, Mähren, Schlesien) erbeten, eine Forderung, die von dem offiziellen Mähren lange bekämpft und vom deutschen Schlesien nicht beachtet wurde.

Petition fordert Bürgerrechte

Die mehrfach umstilisierte Petition wurde Kaiser Ferdinand am 22. März überreicht, hatte aber keinen wesentlichen Erfolg, da der Kaiser die Bürger Prags auf die demnächst zu erlassende Verfassung hinwies. Dieser Mißerfolg führte zur Abfassung einer neuen, schärferen Petition, deren Forderungen das Kabinett Pillersdorf fast restlos erfüllte.

Die Prager Studentenschaft hatte nach den Wiener Ereignissen vom 13. März in der Aula des Karolinums am 15. März eine Versammlung abgehalten, in der ebenfalls die Absendung einer Petition an den Kaiser und auf Antrag Uffo Horns die Bildung einer „akademischen Legion" als Abteilung der Nationalgarde beschlossen wurde. Am folgenden Tage, dem 16. März, versammelten sich die Studierenden der weltlichen Fakultäten im Klementinum und zogen, etwa 600 Mann stark, in die Aula. (Damals spielte der aus Trautenau gebürtige Schriftsteller Uffo Horn eine große Rolle. Seiner liberalen Gesinnung wegen lebte er im Vormärz in der Verbannung.)

Eine Abordnung der Studenten der Universität und der Technik unter Führung Uffo Horns übergab dem akademischen Senat die tags vorher von der Studentenschaft beschlossene Petition mit der Bitte um Mitfertigung. Gleichzeitig waren zwei Beisitzer des akademischen Senates, die Professoren Dr. Karl Fischer, Dekan der juridischen Fakultät, und Dr. med. Redtenbacher, zu Delegierten für die Deputation der Bürger und Studenten Prags ernannt worden. Von Studierenden gehörten ihr an: Edmund Hollenia als Vertreter der Juristen, Med. cand. Joseph Pecirka als Vertreter der Mediziner, Uffo Horn im Namen der philosophischen Fakultät und Adolf Bradka für die Polytechniker.

Die Deputation der Prager Bürger und Akademiker wurde am 22. März von Kaiser Ferdinand in Audienz empfangen. Die Petition der Prager Studenten überreichte Dekan Fischer. Diese Forderungen wurden vom Ministerium Pillersdorf am 31. März bewilligt, wovon der Landespräsident Graf Stadion den akademischen Senat am 2. April verständigte. Zunächst traten Deutsche und Tschechen unter der Prager Studentenschaft einheitlich auf.

Am 7. April wurde das fünfhundertjährige Bestehen der Prager Hochschule festlich gefeiert. Abends versammelten sich die Studenten im Hofe des Karolinums. Die Balkone und Freigänge waren mit Laubwerk, Draperien und Emblemen der Kreise Böhmens geschmückt.

Zwei Tage darauf traten Deutsche und Tschechen zu einer Konstitutionsfeier im Baumgarten zusammen. Um der Prager Studentenschaft in Hochschulfragen Einfluß zu sichern, wurde in einer Versammlung am 10. April der Beschluß gefaßt, daß die Studenten jeder Fakultät einen Vertreter in das Nationalkomitee wählen sollten.

Die Prager Studentenschaft forderte ferner Vertretung im Landtag. Nach der Verordnung vom 8. April 1848 waren die Prager Hochschulen auf dem Landtage durch den Rektor vertreten, außerdem jede Fakultät und das polytechnische Institut durch je einen Delegierten. Das schien der Studentenschaft nicht zu genügen, *„da dadurch nur die Universität als Ganzes, das aus mehreren Fakultäten besteht, nicht aber die Studentenschaft als Studentenschaft vertreten sei und die Studenten einen großen Teil der Intelligenz des ganzen Landes darstellen und auf diese Weise keine Vertretung hätten“*.

Die Bildung der Prager Akademischen Legion war inzwischen am 13. März erfolgt. Zweck und Aufgabe der Legion war der Schutz aller Kunst- und Unterrichtsanstalten. Der Kommandant der akademischen Legion war dem Kommandanten der Nationalgarde in Dienstangelegenheiten untergeordnet. Befehlssprache war bei den Kohorten der Techniker und der Philosophen ausschließlich das Tschechische, während die Kohorten der Juristen und der Mediziner den Beschluß faßten, abwechselnd deutsch und tschechisch zu kommandieren.

Jede Fakultät bildete für sich eine Kohorte; diese bestand aus Zenturien zu hundert Mann, die Zenturien aus Dekurien zu je zehn Mann. Der ganzen Legion stand der Tribunus maior vor (zuerst der Bürgermeister, später der Dekan der juridischen Fakultät, Dr. Fischer). Den Oberbefehl über die Legion führte der Kommandant der Nationalgarde, Andreas Haase, Edler von Wranau, Gesellschafter der Prager Firma Gottlieb Haase und Söhne.

Die fünf Kohorten der Legion zählten nach dem Stande von 1848: Kohorte der Juristen 6 Zenturien mit 969 Mitgliedern, Mediziner 10 (1710), Philosophen 4 (500), Techniker 8 (1204), Gymnasiasten 3 (282), die Legion insgesamt 31 Zenturien mit 4665 Mitgliedern.

Jede Kohorte wurde von einem Tribun, jede Zenturie von einem Zenturio, die Dekurie vom Dekurio befehligt. Befehssprache war vom Anbeginn an überwiegend, später ausschließlich das Tschechische. Die Hörer der einzelnen Fakultäten schritten sofort zur Wahl der Chargen. Die juridische Fakultät wählte zum Tribunen den Professor des österreichischen Zivilrechtes Wessely, zum Dekurio Professor Hasner, die medizinische Professor Dr. med. Karl von Patruban, die philosophische ursprünglich Professor Exner, später den Professor der böhmischen Sprache Johann Pravoslav Koubek, die Techniker Professor Wiesenfeld. Der Gesinnung nach waren die Techniker die Radikalsten, die Juristen die Gemäßigtesten.

Bildung der akademischen Legion

Als Unterscheidungsmerkmal der einzelnen Kohorten dienten die Farbe der Kappen. Die erste Kohorte (Juristen) trug rote Kappen, die zweite (Mediziner) schwarze, die dritte (Philosophen) grüne, die vierte (Techniker) blaue Kappen. Sämtliche Kappen hatten einen Vorstoß in die Landesfarben Weiß-Rot. Als Chargenzeichen wurde bestimmt: Für den Tribun eine weiß-rote Schärpe und ein silbernes Kreuz mit einem roten Streifen in der Mitte am Arme, während die übrigen teils silbernes, teils seidenes Kreuz am Arme trugen. Als Waffe diente der Stutzen mit dem Bajonette. Die Ausfolgung von Waffen durch das Generalkommando erfolgte noch am selben Nachmittage. Die Tagesbefehle der Legion wurden am schwarzen Brett in der Universität angeschlagen. Die alte Universitätsfahne, die Eigentum aller Fakultäten war, wurde abwechselnd von einem Juristen, Mediziner und Philosophen getragen. Einige Fahnen besaßen die Kohorten der Techniker, der Mediziner, der Philosophen und der Gymnasiasten.

Der starke Widerhall, den die Errichtung der akademischen Legion in der Öffentlichkeit fand, geht aus den Widmungen hervor, die ideell und materiell erfolgten. Unter diesen verdient B. Smetanas „Mut der Prager Studenten-Legion aus dem Jahre 1848“ besondere Beachtung. Smetana weilte 1848 als Vierundzwanzigjähriger in Prag, wo er im Juli eine eigene Musikschule gründete. Sein „Marsch der Prager Studenten-Legion“, den er der Studentenschaft gewidmet hat, ist ein Beispiel für die Verbundenheit deutschen und tschechischen Studententums in jener Zeit, denn das klassische deutsche Studentenlied, das „Gaudeamus igitur“, klingt wieder in der Reminiszenz und Variation des Legionsmarsches. Als Mitglied der Nationalgarde komponierte er auch für diese einen Marsch für Klavier.

Mit den Exerzierübungen wurde am 20. März begonnen. Unter der Leitung von Militärinstruktoren übten die Juristen und Mediziner im Karolinum, die Philosophen deren Instruktor Leutnant Hetzel vom Regiment Wellington war, im Klementinum.

Für die in Wien am 13. März gefallenen Kommilitonen veranstaltete die Prager Studentenschaft am 21. März eine Totenfeier in der Teinkirche.

Marsch der Prager Studenten-Legion.

Am Hochaltar hielt der Rector magnificus, Prälat Zeidler, das Hochamt, während dessen an den Seitenaltären Seelenmessen gelesen wurden. Nach beendetem Hochamt sprach der Kreuzherrenordenspriester Dr. Smetana von der nepomucenischen Kanzel deutsch, worauf der Weltpriester Wenceslaus Stule zu einer tschechischen Leichenrede das Wort ergriff. Die jüdischen Studenten ehrten das Gedächtnis ihrer in Wien gefallenen Kommilitonen durch eine Totenfeier im neuen Bethause am 23. März.

Unter den deutschen Studentenverbindungen, die auf Grund der neu gewährten Verbindungsfreiheit entstanden, sind die Anfang Mai 1848 entstandene „Teutonia" und die im Dezember 1848 gegründete „Markomania" die bedeutendsten geworden.

Den nationalen Gedanken vertrat vor allem die „Teutonia" (Anm.: nicht identisch mit der späteren Burschenschaft Teutonia), die stärkste deutsche Verbindung, die über hundert Mitglieder zählte und als ihren Zweck die „Beförderung der wissenschaftlichen Ausbildung und Aneignung einer entschiedenen politischen Gesinnung, gegründet auf das Prinzip deutscher Nationalität" angab. Ihre Abzeichen waren schwarzes Barett und die Farben Schwarz-Rot-Gold. Auf ihre Anregung geht die Gründung der „Lese- und Redehalle der deutschen Studenten in Prag" zu Ende des Jahres 1848 zurück, die noch heute (Anm.: der hier abgedruckte Beitrag erschien 1934) als ältester deutscher Studentenverein der deutschen Hochschüler auf dem Gebiete der ehemaligen Monarchie besteht.

Bildung von Studentenverbindungen

Die übrigen Verbindungen, die im April und Mai auf Grund der neu gewährten Verbindungsfreiheit entstanden, bezeichneten sich nicht als Burschenschaften und bestanden nicht ausschließlich aus Deutschen. Tschechische Verbindungen waren die „Slavia", die „Svornost" (Eintracht), die „Moldavia", die „Slovanska lipa" (Slawische Linde) und „Cesko-moravske bratrstvo" (Böhmisch-mährische Brüderschaft). Die „Svornost" bildete ein eigenes Korps der Nationalgarde. Ursprünglich als „Bratrstvo Svatováclavske" (St. Wenzels-Brüderschaft) gegründet, mit einem rotseidenen Kreuz am Arm als Abzeichen, nahmen die Mitglieder später als Abzeichen weiß-rote Armbänder mit der Aufschrift „Svornost“ und damit diese Bezeichnung für ihr Korps an. Der Verein „Slovanska lipa“ wurde auf Anregung des slowakischen Schriftstellers und Kulturpolitikers Ludevit Stur, des Schöpfers der slowakischen Schriftsprache, gegründet.

Im allgemeinen hatten sich innerhalb der Studentenschaft, ebenso wie im öffentlichen Leben Prags, die Tschechen der Führung bemächtigt. Als Legionsabzeichen ließen die Tschechen nur die Landesfarben Weiß-Rot zu. Allerdings erklärte der Nationalausschuß am 14. April, „daß die allgemein getragene Kokarde in dem böhmischen Farben von Rot und Weiß nicht als ein nationales Abzeichen für das Tschechentum, sondern als ein politisches konstitutionelles Abzeichen für das ganze Königreich Böhmen, von einer Grenze bis zur anderen sei: somit als Symbol der brüderlichen Eintracht beider das Land bewohnenden Volksstämme zu gelten habe. (Die slawische Kokarde war dreifarbig: blau-weiß-rot.)

Den Anspruch der Deutschen, sich mit dem deutschen Dreifarb Schwarz-Rot-Gold zu schmücken, verfocht die Burschenschaft „Teutonia“, die innerhalb der deutschen Studentenschaft eine ähnliche Rolle spielte, wie die „Svornost“ auf tschechischer Seite. Ihr Präses Rittig sicherte seiner Burschenschaft eine führende Stellung unter den Prager deutschen Korporationen.

Ethnischer Bruch

Der Farbenstreit zwischen den beiden nationalen Lagern der Prager Studentenschaft zerstörte deren Einigkeit. Es kam zum Bruch zwischen dem deutschen „Constitutionellen Verein“ und dem tschechischen „National-Comité“.

Der Zweck des „Constitutionellen Vereins“ war, *„auf Grundlage aller konstitutionellen Rechte und der Gleichberechtigung beider Landessprachen das deutsche Element vor jedem Übergriffe zu schützen“.*

Die Gegensätze wurden noch verschärft, als der Tribun der Philosophen-Kohorte, Professor Koubek, das Tragen des deutschen Dreifarbs in dieser Kohorte verbot. Trotzdem blieben die deutschen Studenten weiter Mitglieder der akademischen Legion, und unter tschechischem Einfluß beschloß eine Versammlung der deutschen Studenten am 14. April, die deutschen Farben einstweilen nicht zu tragen.

Am 28. März ging von Prag eine große Petition der Tschechen aus, welche die unauflösbare Vereinigung sämtlicher zur Krone Böhmens gehörigen Länder unter einem besonderen verantwortlichen Ministerium und mit einer eigenen Volksvertretung forderte. Am 8. April wurden diese Forderungen größtenteils bewilligt. Als aber für die nach Frankfurt a. M. berufene deutsche Nationalversammlung in allen deutschen Ländern Österreichs, also auch in Böhmen und Mähren, Abgeordnete gewählt werden sollten, glaubten die Tschechen, hierin eine Stärkung des deutschen Einflusses und eine Gefahr für ihre Selbständigkeit zu erkennen. Am 1. Mai erließen daher die Grafen Thun und Deym von Prag aus einen Aufruf an alle slawischen Volksstämme, in dem gegen den Anschluß und die Unterordnung Österreichs unter ein neuzugründendes deutsches

Reich Protest erhoben, die Beteiligung an den Wahlen zur deutschen Nationalversammlung zurückgewiesen und ein allgemeiner Kongreß von Abgeordneten aller slawischen Stämme für den 31. Mai nach Prag berufen wurde. Dieser erste allslawische Kongreß wurde am 2. Juli eröffnet.

Die Hauptanträge, die während dieses Kongresses gestellt wurden, waren der Abschluß eines Schutz- und Trutzbündnisses zwischen allen slawischen Stämmen, die nähere und ununterbrochene Verbindung in Kunst und Wissenschaft zwischen diesen, die Abweisung jeder Unterwürfigkeit unter eine fremde und besonders die deutsche Nation, Ungültigkeitserklärung der von der Frankfurter Nationalversammlung für die slawische Bevölkerung Österreichs zu fassenden Beschlüsse und die Umgestaltung Österreichs in einen Föderativstaat gleichberechtigter Nationen, eine Forderung, wie sie in ähnlicher Form auch von dem Sudetendeutschen Ludwig von Löhner erhoben wurde. Die Versammlung dieses Kongresses hatte vom 2. bis 12. Juni gewährt und allmählich einen immer entscheidenderen Charakter angenommen, da die Absichten immer mehr hervortraten, die völlige Selbständigkeit und Unabhängigkeit der Slawen nicht nur von den Deutschen, sondern auch innerhalb des österreichischen Staatsverbands zu erringen.

In der Bevölkerung Prags und ganz Böhmens hatten diese Verhandlungen leidenschaftliche Anteilnahme hervorgerufen. Fürst Windischgrätz als kommandierender General von Böhmen sah sich daher veranlaßt, Schutzmaßregeln gegen etwaige Unruhen zu ergreifen und ließ auf den stadtbeherrschenden Höhen Geschütze auffahren. Diese Maßnahmen riefen eine um so stärkere Erregung hervor, als man in Prag allgemein der Ansicht war, der Hof in Innsbruck begünstige als Gegengewicht gegen die vermeintlichen Anmaßungen der Deutschen in Wien und Frankfurt die Bestrebungen der Slawen. Am 10. Juni begab sich deshalb eine Deputation von Studenten zum Erzherzog Karl Ferdinand mit der Bitte, die Bewaffnung der Studenten zu gestatten und ihnen Waffen und Munition zu bewilligen, ferner dahin wirken zu wollen, daß der kommandierende General Fürst Windischgrätz abberufen werde.

Als die Deputation, ohne Erfolg erzielt zu haben, zurückkehrte, wurde der Beschluß gefaßt, alle Studierenden in der Aula zu versammeln, von da aus eine Proklamation an die Bewohner Prags zu erlassen und zugleich den Fürsten Windischgrätz zu ersuchen, die verlangten Waffen samt Munition auszufolgen und die Kanonen aus den Kasernen in der Neustadt und von Wysse-hrad, wohin sie zwei Tage vorher heimlich geschafft worden waren, zurückzuführen, sowie sein Kommando in Böhmen niederzulegen. Am frühen Morgen des 11. Juni versammelten sich die Studenten unter Führung Sladkovskys, sämtlich bewaffnet, in der Aula des Karolinums, um über die tags zuvor beschlossene Absendung einer Deputation an den Fürsten Windischgrätz zu beraten.

Die Petition war von dem Fürsten Windischgrätz abgelehnt worden. Aus Rücksicht auf den von der Bürgerschaft ausgesprochenen Wunsch erklärte er sich jedoch nachträglich über die Verwendung des Gubernial-Präsidenten Grafen Leo Thun bereit, die Batterie aus der Josefskaserne wieder auf den Hradschin bringen zu lassen, was auch am 12. um fünf Uhr früh geschah und sofort durch Anschlag von dem Gubernial-Präsidenten kundgemacht wurde.

Am Pfingstmontag, den 12. Juni zwischen zehn und elf Uhr vormittags, versammelten sich an 2000 Menschen der arbeitenden Klasse, die durch das Roßtor eingedrungen waren, nebst einer großen Zahl von Leuten in slawischer Tracht, Mitgliedern der „Svornost" und Studenten, die vom Klementinum in geschlossenem Zuge auf den Roßmarkt marschiert waren, um der bei der St. Wenzels-Statue abzuhaltenden Messe beizuwohnen.

Ihr Zweck war, nach dem Wunsche der veranstaltenden Studentenschaft, eine Verbrüderungsfeier, um gemeinsam für die Wahrung der konstitutionellen Rechte einzutreten. Nach der Messe zog ein Teil der Menge, von Studenten aus der Verbrüderung „Slavia" und den Mitgliedern des Korps „Svornost" geführt, vor das Generalkommando in der Zeltnergasse. Als sich die Truppen den Demonstranten entgegenstellten, entspann sich ein Kampf, dessen Entstehungsursache nie genau festgestellt werden konnte. Soviel ist jedoch sicher, daß die strengen Vorkehrungen des Stadtkommandanten Fürst Windischgrätz die psychologische Voraussetzung zu den Zusammenstößen mit der Volksmenge gegeben hatten, die sich in ihren Rechten bedroht glaubte.

Binnen weniger Stunden waren die meisten Straßen der Alt- und Neustadt durch Barrikaden versperrt. Insgesamt wurden über vierhundert Barrikaden errichtet. Die größte war beim ständischen polytechnischen Institut in der Dominikanergasse, die ganz aus Pflastersteinen bis zu beträchtlicher Höhe aufgeschichtet war.

Bei den Barrikaden in der Eisen- und Zeltnergasse, in der Nähe des Karolinums, begann bereits nach ein Uhr der Kampf. Bei dem Zusammenstoß beim Pulverturm wurde ein Student schwer verwundet. Am Nachmittag des 12. Juni wurde die Gemahlin des Stadtkommandanten, Fürstin Maria Eleonore Windischgrätz, hinter einem Fenster des Generalkommandos stehend, erschossen.

Straßenkämpfe

Das Karolinum, das nur ungenügend verbarrikadiert war, wurde von ungefähr sechzig Personen, darunter fünfundzwanzig Studenten, die nur fünfzehn Gewehre hatten, verteidigt. Zwei Kompanien Khevenhüllersche Grenadiere unter dem Kommando des Hauptmanns Müller erstürmten nach kurzem Kampfe das Gebäude. Während die eine Kompanie unter dem Feuer der Belagerten die Barrikade vor dem Haupteingang wegräumte, drang die zweite durch das auf dem Obstmarkt befindliche Hintertor in das Innere, wurde auf dem Haupthofe mit Schüssen und Steinwürfen empfangen und erstürmte die Stiege. Die Verteidiger wurden im zweiten Stockwerk eingeschlossen. Da ein weiterer Widerstand erfolglos gewesen wäre, versuchte der Tribun der Mediziner-Kohorte, Professor Patruban, zu vermitteln und betrat als Parlamentär den Balkon des Karolinums, wo er jedoch durch Gewehrschüsse verwundet wurde. Inzwischen waren die Grenadiere auch durch das Haupttor eingedrungen, wo Hauptmann Müller dem ihm mit einem weißen Tuch entgegentretenden Mediziner Czermak erklärte, daß alle im Gebäude Befindlichen kriegsgefangen seien.

Bei dem Kampfe war ein Student von den Grenadieren aus dem zweiten Stockwerk hinuntergestürzt, ein zweiter erstochen und sieben andere durch

Schüsse und Bajonettstiche verwundet worden. Von Bürgern wurden ein Handlungsgehilfe und ein Invalide erschossen. Der Rest, sechsundfünfzig Personen, Studenten, Svornosten und Bürger, wurde mit auf den Rücken gebundenen Händen in die Königshofer Kaserne abgeführt.

Als der Regierungspräsident Graf Leo Thun gegen halb zwei Uhr die Barrikaden in der Jesuitengasse übersteigen wollte, um die Studenten zu beschwichtigen, wurde er von dem Juristen Josef Körner gefangengenommen. Graf Thun wurde am folgenden Tage nach sechsundzwanzigstündiger Haft entlassen. Er sollte zwischen den Studenten und dem Fürsten Windischgrätz vermitteln.

Der Straßenkampf war indessen nicht beendet worden. Vergebens versuchten Bürgermeister Dr. Wanka und Dr. Klaudi, Subtribun der Juristen-Kohorte, zu vermitteln. Dieser begab sich an der Spitze einer Deputation zum kommandierenden General Fürsten Windischgrätz und bemühte sich um die Freilassung der gefangenen Studenten. Fürst Windischgrätz forderte vorher Abtragung der Barrikaden.

Am 14. Juni traf in Prag eine Hofkommission aus Wien, der ehemalige kommandierende General von Böhmen, Graf Mensdorff und Hofrat von Klezansky, früher Kreishauptmann von Leitmeritz, ein. Ihre Aufgabe bestand in der Ermittlung der Ursachen der Erhebung und in der Wiederherstellung der Ruhe und Ordnung.

Nach der Freilassung der Studenten und dem Eintreffen der Hofkommission glaubte die Bürgerschaft Prags ihre Forderungen erfüllt, zumal ein Gerücht verbreitet wurde, daß Graf Mensdorff an Stelle des Fürsten Windischgrätz mit dem Oberbefehl in Böhmen betraut worden sei. Die Bemühungen der Hofkommission führten am 15. Juni zur Festsetzung der Präliminarien zum Abschluß der Kapitulation der Stadt. Die Bedingungen waren folgende:

Niederlegung des Kommandos durch Fürst Windischgrätz, an dessen Stelle Graf Mensdorff provisorisch die Leitung des Generalkommandos in Böhmen übernehmen sollte. Wegräumung der Barrikaden durch die Stadt und Übernahme des Patrouillendienstes durch Militär und Nationalgarde. Nach Räumung der Barrikaden sollte das Militär wieder in die Kasernen zurückgezogen, die Wachen mit Nationalgarde und Studenten besetzt werden. Auf Grund dieser Vereinbarungen wurden um zehn Uhr vormittags die Gefangenen ausgetauscht, das Karolinum geräumt.

Bevor jedoch die Kapitulation rechtskräftig werden konnte, wurde gegen drei Uhr nachmittags von den Helmschen Mühlen am Porschitsch aus das Militär beschossen, wodurch die Feindseligkeiten wieder ausbrachen. Tags darauf bemühte sich der Bürgermeister Dr. Wenzel Wanka neuerdings, im Namen des Stadtverordneten-Kollegiums, in der Stadt Ruhe und Ordnung wiederherzustellen. Er forderte die Bürgerschaft, die Studenten-Legion und die „Svornost“ auf, die Barrikaden zu räumen. Auf Einschreiten der Studenten und der „Svornost“ wurde gegen fünf Uhr Nachmittag mit der Wegräumung der Barrikaden begonnen. Gegen acht Uhr aber setzte neuerlich heftiges Gewehrfeuer ein, das vom Militär durch starkes Geschützfeuer beantwortet wurde, durch das die Altstädter Mühlen in Brand geschossen wurden.

Da die Bemühungen der Hofkommission erfolglos blieben, ersuchte sie den Fürsten von Windischgrätz, das Kommando wieder zu übernehmen und militärische Maßregeln mit aller Energie anzuwenden. Der Fürst forderte daher die Stadt auf, zur Vermeidung schärferer Maßnahmen Bürgschaften für die Wiederherstellung der Ruhe und Ordnung in der Stadt zu geben.

Da von den von der Stadt gestellten Geiseln jedoch nur vier in Prag waren, wurde von der Stellung der Geiseln abgesehen. Der 15. und 16. Juni vergingen mit Unterhandlungen wegen Übergabe der Stadt. Am Freitag, den 16. Juni, beschloß die Bürgerschaft, die Stadt zu übergeben und die Barrikaden zu räumen, wobei Bürgerschaft, Studenten-Legion und „Svornost" gemeinsam vorgehen sollten. Ferner wurde der Beschluß gefaßt, eine Deputation von vier Bürgern (Haase, Batka, Brabec und Frankl) nach Wien zu entsenden, um den bei dem Kampfe gegen das Militär Beteiligten Straflosigkeit und die Entfernung der verhaßten Grenadiere aus der Stadt zu erwirken. Dieser Deputation schlossen sich von studentischer Seite die Doktoren Haimerl, Klaudi, Bruna und Sladkovsky, sowie der Mediziner Cermak an.

Wohl gelang es einigen Studenten, Mitgliedern der „Svornost" und Bürgern, einige Barrikaden einzureißen, allein das Proletariat wußte die Übergabe der Stadt zu verhindern. Am Abend des 16. Juni begann das Bombardement der Stadt, wodurch der Widerstand der Prager gebrochen wurde. Um für die Studenten Schonung zu erbitten, begab sich eine Abordnung von Frauen zum Fürsten Windischgrätz, der milde Behandlung zusagte.

Niederschlagung des Aufstandes

Nach zeitgenössischen Angaben betrug die Zahl der Opfer des Prager Pfingstaufstandes über sechzig Tote und mehr als hundert Verletzte, darunter unter der Zivilbevölkerung allein 46 Tote und 130 Verletzte, beim Militär 17 Tote und 61 Verwundete. In dem wiedereroberten Prag wurden Verhaftungen vorgenommen, das Standrecht verhängt, die „Svornost" aufgelöst, Waffen beschlagnahmt und Kriegsgerichte angeordnet. Man hat jedoch niemals etwas über die Ergebnisse der Untersuchungen erfahren. Keine Hinrichtungen, wie in Wien, und auch verhältnismäßig wenig Bestrafungen erfolgten. Die hervorragendsten Führer der slawischen Bewegung haben sich vielmehr bald als Mitglieder der rechten Seite und als die wesentlichsten Stützen von Regierung und Dynastie auf dem konstitutionellen Reichstag in Wien erwiesen. Am 20. Juli wurde der Belagerungszustand aufgehoben, die Sommerferien verflossen ruhig.

Das Ministerium des Inneren erteilte am 10. November 1848 provisorisch die Genehmigung der neuen Legionsstatuten. Eine endgültige Regelung sollte nach dem Erlaß eines definitiven Gesetzes über das Institut der Nationalgarde erfolgen. Nicht so sehr das numerische Übergewicht der tschechischen Studenten, als vielmehr der Mangel eines einheitlichen Vorgehens der Deutschen hatte zur Folge, daß sich kein Mitglied dieses Studentenausschusses, sei es aus gewissen Besorgnissen, sei es aus Überzeugung, als Deutscher bekannte. Unter diesen Verhältnissen konnte das Schicksal einer an die Prager Studentenschaft gelangten Einladung vom 27. August nicht zweifelhaft sein,

Barrikade am Altstädter Brückenturm zu Prag am 16. Juni 1848. – Nach einer gleichzeitigen Darstellung der „Leipziger Illustrierten Zeitung“

die einen allgemeinen Kongreß von Vertretern der Studenten sämtlicher deutscher Universitäten auf der Wartburg bezweckte.

Der Prager Studentenausschuß berief am 9. September eine Versammlung in die Aula des Karolinums, um über die Annahme oder Ablehnung der Einladung zu beraten, und machte selbst den Vorschlag, zehn Studenten abzuordnen. Da in Prag nur eine sehr geringe Zahl deutscher Studenten zurückgeblieben war, wurde die Einladung abgelehnt.

Die deutschen Studenten versammelten sich im Lokal des „Constitutionellen Vereines" zu den drei Linden am Graben, um über die Absendung einer Separatadresse an den deutschen Studentenkongreß zu beraten. Unter dem Hinweis auf die Ursachen der Ablehnung jener Einladung durch die Studentenversammlung wurde erklärt, daß die deutschen Studenten Prags jederzeit für die deutschen Interessen einzustehen bereit sind.

Am 27. September 1848 wurde unter dem Vorsitz des Juristen V. Tengler im Leonhardi-Hause in der Hibernergasse N. C. 998 in der Prager Neustadt ein provisorischer „Ausschuß der deutschen Studenten in Prag" gebildet, zu dessen Vorsitzer stud. jur. V. Tengler, zum Stellvertreter Hieronymus von Roth gewählt wurden.

Der deutsche Studentenausschuß sandte Petitionen und Abordnungen an Kaiser, Minister und Reichstag nach Wien, Olmütz und Kremsier um Errichtung einer Lehrkanzel für deutsche Literatur an der Prager Universität, Errichtung eines Turnvereins, Abänderung des Rekrutierungsgesetzes usw. Von all dem hatte nur die erstgenannte Petition den Erfolg, daß eine solche Lehrkanzel errichtet wurde. In einer Versammlung tschechischer Studenten am 26. September wurde der Beschluß gefaßt, dem Ministerium eine Petition um Berufung slawischer Professoren zu überreichen.

Die Oktoberereignisse des Jahres 1848 in Wien hatten die zeitweilige Schließung der Wiener Universität zur Folge, so daß die Zahl der deutschen Studenten in Prag im ersten Semester des Studienjahres 1848/49 600 überstieg. Zu Ende des Monats Oktober trat an die Stelle des provisorischen Studentenausschusses ein definitiv gewählter, der aus 24 Mitgliedern unter einem Präses bestand; zum Präses wurde stud. med. Richard Schlick, zu dessen Stellvertreter stud. jur. V. Tengler gewählt.

Die deutsche Studentenschaft formiert sich

In der Versammlung der deutschen Studentenschaft vom 8. November 1848 stellte der Ausschußmitglied stud. jur. H. Roth den Antrag, eine „Lese- und Redehalle der deutschen Studenten" als Gegengewicht gegen den in Gründung befindlichen tschechischen „Akademischen Leseverein" zu errichten. Der Zweck dieser „Lese- und Redehalle" sollte „Förderung wissenschaftlicher Bildung ohne alle politischen Hintergedanken und nationalen Übermut" sein.

Am 6. Jänner 1849 wurde das Organisationsstatut der Lese- und Redehalle von der Gründungsversammlung genehmigt. Der akademische Senat anerkannte den neuen deutschen studentischen Zentralverein mit seiner am 17. Jänner 1849 ausgestellten Zuschrift an die Lesehalle-Kommission. Die Gründung dieses Zentralvereins der deutschen Studenten in Prag war für die fernere Entwicklung des deutschen Studentenlebens in Prag deshalb bedeutungsvoll, weil die ursprünglich innerhalb der akademischen Legion herrschende gute Zusammenarbeit zwischen deutschen und tschechischen Studenten bald nicht mehr bestand.

Der Vorstand der „Teutonia" lud alle in Prag anwesenden Deutschen für den 9. Oktober in die Räumlichkeiten des „Constitutionellen Vereines", des Versammlungsortes der Prager Deutschen, zu einer Versammlung ein. Zehn Tage darauf nahm die deutsche Studentenschaft zu den Ereignissen, deren Schauplatz Wien seit dem 6. Oktober war, Stellung und schickte eine Adresse an die Wiener Studenten, in der ihnen Teilnahme und Anerkennung ausgesprochen wurde. Auch eine öffentliche Aufforderung an die deutschen Studenten zu recht zahlreichen Besuche der Prager Universität wurde beschlossen, um das Deutschtum möglichst zu stärken. Als die tschechischen Studenten am 15. Oktober 1848 den Juristen Jaroslav Jaros zum Kommandanten der akademischen Legion gewählt hatten, traten die deutschen Studenten, die sich in der Minderheit befanden, aus der Legion aus.

Zu Ende des Jahres 1848 trat an die Stelle der „Teutonia" die radikale Burschenschaft „Markomannia" (schwarze Kappe mit schwarz-weiß-blauem Bande, Wahlspruch „Freiheit, Brüderlichkeit"). Ihr Sprecher Johann Rittig, ein ehemaliger Teutone, der in der Prager deutschen Studentenschaft großen Einfluß besaß, sicherte seiner Burschenschaft die führende Stellung unter den deutschen Korporationen. Der „Markomannia" traten bald nach deren Gründung die Mitglieder der Studentenverbindung „Montania" vollzählig bei, die ihre republikanische Gesinnung durch ein rotes Band als Abzeichen dokumentierten.

Die Auflösung der akademischen Legion

Im Gefolge der strengen Regierungsmaßnahmen nach Niederwerfung der Wiener Oktoberrevolution wurde auch die Prager akademische Legion aufgelöst. Das Ministerialdekret vom 8. Jänner 1849 verfügte die Auflösung sämtlicher akademischen Legionen in der Erwägung, *„daß sich die studierende Jugend einzig und allein den Wissenschaften hingeben solle, daß also der Kriegsdienst als zeitraubend und ermüdend sich keineswegs mit diesem Berufe vereinbaren lasse"*.

In der am 11. Jänner 1849 um zehn Uhr stattgefundenen Vollversammlung der akademischen Legion verlas der provisorische Kommandant Jaros das Ministerialdekret, das die Auflösung der Legion anordnete, sowie zwei Anerkennungsschreiben des Stadtverordnetenkollegiums und des Nationalgarde-Kommandos für die verdienstvolle Haltung der Legion. Gegen den Auflösungsbescheid sollte beim Reichstag Protest eingelegt werden. Der Protest war allerdings erfolglos.

Am 1. Feber 1849 begab sich eine aus drei tschechischen und zwei deutschen Studenten bestehende Deputation der Prager Studentenschaft nach Kremsier, um dem Ministerium ein Gesuch wegen der bevorstehenden Rekrutierungen vorzulegen. Falls die Studentenschaft nicht im bisher geltenden Maße von der Militärdienstleistung befreit würde, solle die akademische Legion mobil gemacht werden, damit die Studenten in deren Rahmen an den Kämpfen in Italien teilnehmen könnten. Dieses Gesuch wurde nicht bewilligt, die Legion blieb aufgelöst.

Die Legionsfahnen wurden am 4. Feber feierlich im Karolinum niedergelegt.

Die Reaktion traf die Studenten auch in anderer Hinsicht hart. Das neue Rekrutierungsgesetz vom 5. Dezember 1848 beseitigte ihre bisherige Befreiung vom Militärdienst bei gutem Studienerfolg. Alle Schritte, welche die deutsche und tschechische Studentenschaft dagegen unternahmen, blieben ebenso erfolglos wie Schuselkas Eintreten für die Studenten auf dem Reichstag zu Kremsier.

Die Führer der Prager Studentenschaft, der Markomanne Rittig und der Tscheche Fryc, versuchten nach Auflösung des Reichstages zu Kremsier in Verbindung mit einer Erhebung in Deutschland freiheitliche Zustände herbeizuführen. Von Dresden aus liefen die Fäden des Aufstandes 1849 nach Prag. Der russische Revolutionär Bakunin gewann die deutschen und tschechischen Radikalen für seine Pläne. Ein sechsgliedriger Ausschuß sollte die Verschwörung in Prag leiten. Der Präses der „Markomannia", Rittig, war mit den Führern der deutschen Republikaner, Hecker, Struve und Tausenau, in Verbindung getreten, während Fryc, Beziehungen zu dem französischen Revolutionär Ledru-Rollin besaß, der gleichfalls zu jener Zeit in Dresden weilte.

Die Prager Verschwörer hatten die Stadt in Bezirke geteilt, die den einzelnen Gruppen zugewiesen wurden. Am 10. Mai sollte die Erhebung in Prag beginnen. Der Ausbruch des Aufstandes in Dresden, in dessen Verbindung auch die Prager losschlagen sollten, erfolgte jedoch vorzeitig am 3. Mai und war bereits am 9. niedergeschlagen. In Prag, wo die Gärung unter den Verschworenen bereits am 6. Mai durch einen Volksauflauf offensichtlich geworden war, erfuhren die Behörden durch die Unvorsichtigkeit des Finken Schrutek die Absicht der Revolutionäre. Aus den Papieren des in Dresden verhafteten Röckel hatte die Polizei die Namen der Führer in Prag ersehen und noch in der Nacht vom 9. auf den 10. Mai zahlreiche Verhaftungen vorgenommen. Am 10. Mai wurde der Belagerungszustand über Prag verhängt.

Wer konnte, flüchtete. Hans Rittig (Brutus) entkam nach manchen Fährlichkeiten nach Amerika, wo er später als Journalist bei der von dem ehemaligen Wiener Legionär Ottendorfer herausgegebenen „New Yorker Staatszeitung" zu großem Ansehen gelangte. Er starb am 17. Juni 1885. Ernst Großmann, der Führer der „Liberalia", rettete sich in die Schweiz. Die Verhafteten gehörten fast alle der „Markomannia" an. Vier von ihnen, Julius und Adolf Hackenberg, Polack und Hettmer, die auf die falsche Nachricht, es sei nichts mehr zu befürchten, aus Dresden wieder nach Böhmen zurückgekehrt waren, wurden in Tetschen verhaftet und unter militärischer Bedeckung nach Prag gebracht. Eduard Siegl, der spätere Reichsratsabgeordnete, wurde in Olmütz festgenommen. In der Nacht vom 10. auf den 11. Juni wurde der Rest der Markomannen, Wilhelm Ast (Hecker), F. Grün (Baldur) und F. Leck (Blum) verhaftet. Alle Verhafteten, unter denen fast alle Studentenverbindungen außer der „Wingolfia", am stärksten die „Markomannia", vertreten waren, wurden auf den Hradschin gebracht, wo etwa achtzig Angeklagte in jahrelanger Untersuchungshaft gefangen gehalten wurden.

Die „Prager Zeitung" vom 5. Oktober veröffentlichte Steckbriefe gegen drei Mitglieder der „Markomannia": Med. Franz Wenzl, Burschenname Hutten, aus Böhm.-Kamnitz, Rechtshörer Carl Horak – Mephisto – aus Prag, Med. Franz Grun – Baldur – aus Kreibitz.

Die tschechischen Korporations-Studenten führten ebenfalls Burschennamen. Die „Prager Zeitung" vom 30. September 1849 enthält Steckbriefe gegen fünf Prager Studenten, sämtliche Mitglieder der „Cesko-moravske bratrstvo" (Böhmisch-mährische Brüderschaft): Techniker Friedrich Hranac, Burschenname Knicanin (Name eines Serben-Generals), Jurist Anton Czepal – Antos oder Ondras, Jurist Franz Tomaschek – Chlopicki, Techniker Emanuel Petrik – Boriwoj – wegen des „Verbrechens des Hochverrats" und der „Teilnahme an revolutionären Umtrieben".

Zwanzig Markomannen saßen auf dem Hradschin in den Zellen der St. Georgs- und der Ursulinerkaserne. Dort starb einer von ihnen, Ulm, im Jahre 1849 im Gefängnisspital. Während der langwierigen Untersuchung hielt man Siegl fünfzehn Monate lang in strenger Einzelhaft. Nach Abschluß der Untersuchung wurde am 3. April 1850 Kriegsrecht abgehalten, die Verkündung der Urteile erfolgte jedoch erst am 31. Dezember 1850 auf dem Platze vor der Ursuliner-Kaserne. Zum Tode verurteilt wurden Ermer, Julius Hackenberg und Grün, Feyerer, Ernst, Siegl, Hettmer und Umlauft. Das Todesurteil wurde jedoch gleichzeitig in Kerkerstrafen von je zwanzig, bzw. fünfzehn Jahren umgewandelt. In contumaciam wurden Rittig und Kudlich zum Tode verurteilt, die sich beide in Amerika befanden. Ast erhielt fünfzehn Jahre Kerker, zehn Jahre Kerkerhaft wurden über Adolf Hackenberg, Horak, Kreß, Langekker, Polack, Ulbricht und Werner verhängt. Freigesprochen wurde nur der Markomanne Makowiczka. Ihre Haft verbüßten die Opfer der reaktionären Militärjustiz in den Festungen Komorn, Kufstein und Munkacz. Adolf Hakkenberg starb 1851 in Komorn an der Schwindsucht.

Mit der Verhängung des Belagerungszustandes hörte das studentische Verbindungswesen in Prag bis zum „Schiller-Jahr" 1859 auf. Nur die Verbindung „Lotos" und die „Lese- und Redehalle der deutschen Studenten", die sich in der Folgezeit zum Mittelpunkt des deutschen Studentenlebens in Prag entwickelte, blieben von der Faust der Reaktion verschont. Allerdings wurde eine strenge Zensur ausgeübt und die Bezeichnung „Redehalle" nach dem Verbot der als staatsgefährlich bezeichneten Vorträge (11. Mai 1850) „überflüssig".

Erst neuerliche kriegerische Verwicklungen, die außenpolitischen Fehlschläge der österreichischen Politik im Jahre 1859, gaben zehn Jahre nach der Auflösung der akademischen Legion der Prager Studentenschaft im Gefolge innerpolitischer Reformen wieder größere Freiheiten. Durch die Amnestie anläßlich der Vermählung Kaiser Franz Josephs I. mit Elisabeth von Bayern wurden die Verurteilten am 24. April 1854, nach nahezu sechsjähriger Kerkerhaft, frei. Sie haben es später durchwegs zu angesehenen Lebensstellungen gebracht.

Dieser Beitrag ist eine gekürzte Fassung des 1848 betreffenden Kapitels in: „Die Studenten-Legionen der Prager Universität vom 30jährigen Krieg bis 1848" von Arthur Werner, Verlag K. André, Prag, 1934.

IV

ROLAND GIRTLER

Die Studenten von 1848 und die Rolle des Erzherzog Johann

Vorbemerkung:

Die rebellischen Studenten des Jahres 1848 kämpften in einer schwärmerischen, aber nicht immer klaren Weise für Freiheit und Menschenwürde. Dafür ließen sie sich in einen kühnen Kampf ein, der zunächst allerdings erfolglos erschien.

Nicht wenige dieser Rebellen, die in der burschenschaftlichen Tradition stehen, wurden durch Soldaten der alten Monarchie getötet, viele wurden hingerichtet, wie zum Beispiel Robert Blum, viele wanderten aus, wie Hekker und Kudlich, und viele zogen sich resigniert zurück, wie Uhland und Freiligrath.

Auf zumindest einen Helden der Revolution werde ich näher eingehen.

Erzherzog Johann und die Postmeistertochter Anna Plochl am Grundlsee. Wird dieses romantische Bild des volkstümlichen Adeligen der historischen Wirklichkeit gerecht?

Aber auch auf die eher zweifelhafte Rolle, die Erzherzog Johann den rebellischen Studenten und überhaupt der Revolution gegenüber gespielt hat. Man möge mir verzeihen, wenn ich den allseits verehrten Erzherzog hier angreife, aber ich glaube, ich bin es jenen Rebellen von 1848 schuldig, die man ermordete oder die aus ihrer Heimat fliehen mußten. Übrigens würden Hecker, Uhland, Blum und andere demokratische Helden der Revolution sich wohl wundern, welche Referenzen man von allerlei Seiten dem Erzherzog, von dem sie sich verraten fühlten, heute gerade hinsichtlich der Revolutionsfeiern von 1848 entgegenbringt.

Es ist schließlich auch für die Legendenbildung um Erzherzog Johann bemerkenswert, daß der berühmte „Erzherzog Johann-Jodler" ursprünglich nicht für den Erzherzog verfaßt worden war. Sein Autor Anton Schlosser aus dem Ennstal hat diesen Jodler, wie der oberösterreichische Musikwissenschafter Wolfram Tuschner glaubwürdig aufzeigt, auf einen des Landes verwiesenen Wildschützen gedichtet. Daß dieser „Jodler" dann fälschlich mit dem Erzherzog verbunden wurde und wird, war wohl nicht im Sinne Schlossers und jener Bauernburschen, die als Wildschützen von der aristokratischen Herrschaft aus ihrer Heimat verbannt wurden (Tuschner 1998).

Die Rebellion der Studenten

Die deutsche Revolution von 1848 ist wesentlich durch Studenten getragen worden, durch Studenten, die sich dem demokratischen, burschenschaftlichen Gedanken verpflichtet fühlten. Dieses Gedankengut wurzelt in den frühen Universitäten des 12. und 13. Jahrhunderts, in denen man bereits den Geist der Freiheit pflegte.

Ganz im Stile der Vaganten des Mittelalters zogen auch die Studenten vor und um 1848 umher und machten sich lustig über das überkommene monarchische System, in welchem der Bürger sich kontrolliert und in seinen Freiheitsrechten eingeschränkt fühlte.

Im Vagabunden sahen sie das Symbol der Freiheit und sangen entsprechende Lieder. Auf vagantische Freiheit beruft sich auch (der heute bei mehr oder weniger guten Menschen in Mißkredit geratene, aber von mir sehr geschätzte) Ottokar Kernstock, wenn er dichtet:

„Vale Universitas. Bursa und Taberne! Blumen dringen durch das Gras und uns lockt die Ferne. Zwar faßt unser fahrend Gut leicht ein winzig Tüchlein, doch was schadt's? Was not uns tut, schafft das Zaubersprüchlein: Sumus de vagantium ordine laudando, petimus viaticum porro properando. (Wir sind vom zu lobenden Orden der Vaganten, wir bitten um eine Wegzehrung und eilen fort)..."

Lieder dieser Art drücken die Sehnsucht des Studenten nach Freiheit und Ungebundenheit aus. Zu den Dichtern dieser Lieder gehört übrigens auch Hoffmann von Fallersleben, Demokrat und Verfasser des Deutschlandliedes. Gerade bei Hoffmann von Fallersleben zeigt sich bester rebellisch-vagantischer Geist. Hoffmann von Fallersleben wurde wegen seiner demokratisch-burschenschaftlichen Gedichte zum politisch Verfolgten. Von der Aristokratie wurde Hoffmann von Fallersleben gehaßt, ebenso wie Heinrich Heine und

Ludwig Uhland, aber auch Jakob Grimm. Über letzteren dichtete Hoffmann von Fallersleben:

„Wenn es unsre Fürsten wüßten,
Was er tat fürs Vaterland,
Legionen Orden müßten
Längst schon schmücken sein Gewand.
Und was ward im Vaterlande
Ihm doch für ein Ehrenlohn?
Nur zu Deutschlands Spott und Schande
Frankreichs Ehrenlegion."

Mit dem alten Freiheitsdenken an den Universitäten verbindet sich schließlich das Denken der Aufklärung des ausgehenden 18. Jahrhunderts. Im Sinne Kants war man vom Mündigsein des Menschen überzeugt und war bereit, zum Kampf gegen die Macht der Fürsten anzutreten. Der Begriff der Nation, der im modernen Sinn während der französischen Revolution eine besondere Bedeutung erhält, besagt nichts anderes als die Gemeinschaft der freien Bürger, die sich gegen die Bevormundung der Aristokratie stellt.

Das Freiheitspostulat wurde schließlich zum Gründungsaufruf der Burschenschaft vom 10. Juni 1815, als die Studenten gelobten: „Wir, die wir stets nach Freiheit streben wollen, werden das Urrecht jedes Menschen, die Freiheit, mit dem Schutz und Trotz gegen jeden Angriff verteidigen..." Es ist ein unklarer romantischer Freiheitsbegriff, der hier deutlich wird, aber er ist ein feuriger, ganz im Stile der Ideen der französischen Revolution, an der man sich ausrichtet. So pflanzen die Studenten in Jena den Freiheitsbaum der Jakobiner und in Wien singen die aufständischen Studenten 1848 die Marsaillaise.

Und die Burschenschaft will den adeligen Studenten keine Vorrechte einräumen. In der Verfassungsurkunde der Burschenschaft von 1815 heißt es daher eindeutig: „Das Verhältnis der Mitglieder untereinander ist vollkommen gleich ... Aller Unterschied der Geburt fällt gänzlich weg". Es soll sogar innerhalb der Studenten zu regelrechten Klassenkämpfen gekommen sein, als sich adelige Studenten weigerten, die Gleichheit der Rechte und Pflichten anzuerkennen (Steiger, 1967, S 71f).

Die Jugend war in Deutschland mobilisiert und das nationale Jena bezeichnete man im deutschen Ausland als „Jakobinernest".

Der deutsche Einheitsgedanke verband sich mit den Ideen von Republik und Demokratie, durch die man die Freiheit gewahrt sehen wollte, aber auch sich für den Degradierten und Ausgebeuteten einzusetzen bemühte. So verlangten die Gießener schwarzen Burschenschafter eine nach französischem Revolutionsmuster gebildete Republik mit Volksvertretung und gewähltem Staatsoberhaupt. Zu diesen Burschenschaftern gehörten die Brüder Follen. In einem Lied von Karl Follen, in dem er sich für die Odenwälder Bauern einsetzte, beruft sich dieser auf den Freiheitsbaum der Jakobiner:

„Brüder, so kann's nicht gehn!
Laßt uns zusammen stehn!
Duldet's nicht mehr!
Freiheit, dein Baum fällt ab.
Jeder am Bettelstab,
beißt bald ins Hungergrab.
Volk ans Gewehr!"

Die Studenten – die wahren Träger der deutschen Revolution. Das Bild zeigt eine „Katzenmusik“ – eine zeitgenössische studentische Unmutsäußerung; mit allen möglichen Geräten wurde Lärm geschlagen

Es ist bemerkenswert, daß der Burschenschafter Follen nach den USA flüchten mußte und dort seinen Burschenschaftsidealen treu blieb. Daher griff er die Sklaverei vehement an, indem er sie als in Widerspruch zu den Prinzipien der Freiheit und Gleichheit sah. Der Bezug auf die Ideen der französischen Revolution zeigt sich übrigens auch 1848, als man in der Aula der Wiener Universität eine „heilige Trikolore“ aus Paris aufbewahrt. Genauso wie man von der französischen Trikolore sprach, sprach man auch von der deutschen. In Wien singen die Studenten, angetan mit schwarz-rot-goldenen Bändern, die Marsaillaise. Freiligrath grüßt die deutsche Trikolore und verbindet mit ihr den Ruf nach der Republik:

„In Kümmernis und Dunkelheit,
Die mußten wir so bergen!
Nun haben wir sie doch befreit,
Befreit aus ihren Särgen!
Ha, wie das blitzt und rauscht und rollt!
Hurra, du Schwarz, du Rot, du Gold!
Pulver ist schwarz,
Blut ist rot,
Golden flackert die Flamme!

Die eine deutsche Republik,
Die muß du noch erfliegen!
Mußt jeden Strick und Galgenstrick
Dreifarbig noch besiegen!

Dies ist der letzte große Strauß -
Flieg aus, du deutsch' Panier, flieg aus!
Pulver ist schwarz,
Blut ist rot,
Golden flackert die Flamme!

Die Freiheit ist die Nation,
ist aller gleich Gebieten!
Die Freiheit ist die Auktion
von dreißig Fürstenhüten!
Die Freiheit ist die Republik!
Und abermals die Republik!
Pulver ist schwarz,
Blut ist rot,
Golden flackert die Flamme!

Tatsächlich flatterte ab 2. April 1848 die deutsche Trikolore auf dem Stefansdom in Wien. Die deutschen Farben waren zum Symbol der Freiheit geworden.

Der großmütige Freiheitsbegriff von 1848 – die Märzgefallenen

Der Begriff der Freiheit, wie ihn Studenten vertreten, ist kein engherziger. Die Freiheit will man schwärmerisch allen Menschen, gleich welcher Religion und Kultur, angedeihen lassen.

In diesem Sinn flatterten 1832 beim Hambacher Fest neben den deutschen Fahnen auch die polnischen. Und 1848 setzte man sich auch für die Emanzipation der Juden ein. Schließlich waren jüdische Studenten unter jenen, die aktiv an der Revolution von 1848 teilnahmen. Als Studenten mit Bürgern, Arbeitern und Handwerkern am 13. März 1848 in Wien zum Landhaus, wo die niederösterreichischen Landstände tagten, zogen, hielt der aus Budapest stammende jüdische Medizinstudent Adolf Fischof eine feurige Rede, in der er Preß-, Rede-, Lern-, Lehr-, und Glaubensfreiheit forderte. Das Militär schießt auf die Rebellen. Der erste Gefallene ist ein Jude, es ist der Techniker Spitzer. Am 17. März findet die große Leichenfeier für die 15 Gefallenen statt.

Nach der Feier in der Universitätskirche marschieren die Studenten durch das Spalier tausender Wiener zum Spital. Als Füster, der berühmte Kaplan der akademischen Legion, der den Kondukt führte, eintrifft, sieht er etwas, was ihn sehr bewegt. Er wird später darüber schreiben: „Als wir vor die Kapelle im Allgemeinen Krankenhaus kamen, erblickte ich den Oberrabiner Mannheimer und den Kirchensänger Sulzer in ihrem Ornate in der Ferne, bei den Särgen der gefallenen Juden, in einer gewissen Bescheidenheit stehen, die mich tief rührte". Darauf lädt Füster die „beiden Ehrenmänner" ein, an der Feier teilzunehmen. Mit Verwunderung und Freude sieht das herumstehende Volk auf die geistliche Gesellschaft. Denn es ist etwas Einmaliges, daß ein jüdischer und ein katholischer Priester ihre Funktion gemeinsam ausüben. Der Leichenzug zum Schmelzer Friedhof ist imposant. Viele Menschen begleiten den Kondukt, schwarz-rot-goldene Fahnen werden getragen, bürgerliche Kavallerie, die Akademische Legion und Musiker ziehen hinaus.

Auf dem Friedhof werden die 15 Särge gemeinschaftlich in eine große Grube gesenkt. Nach dem Programm soll nun Füster die erste Leichenrede halten. Doch er besinnt sich und tritt dieses Ehrenrecht, um die Intoleranz zu bekämpfen und die Staatskirche zu beschämen, dem Oberrabiner Mannheimer ab. Die Rede Mannheimers ist bemerkenswert revolutionär, sie versucht, die alten Barrieren der Religion im Namen der Freiheit zu überwinden.

Katholische, evangelische und mosaische Geistliche zelebrierten gemeinsam die Beerdigung der am 13. März Gefallenen – eine Sensation!

Mannheimer spricht u. a.: *„So bete ich für sie* (die jüdischen Gefallenen) *und ihre christlichen Brüder, denn sie sind uns allen, und sind meinem Herzen einer wie der andere wert und teuer, es sind Menschenseelen, die geschaffen, die in Deinem Ebenbilde, und Gleichnisse, die Deinen Namen geheiligt auf Erden; so bete ich für sie mit aller Kraft meiner Seele um eine lichte Himmelsstätte in Deinem Gottesreiche.. Es sei mir noch ein Wort gegönnt an meine christlichen Brüder. Ihr habt gewollt, daß die toten Juden da mit Euch ruhen, in einer Erde! Vergönnt nun aber auch denen, die den gleichen Kampf gekämpft und den schwereren, daß sie mit Euch leben auf einer Erde, frei und unbekümmert wie Ihr..... Ihr seid die freien Männer! Gott weiß es: Keiner unter Euch fühlt es inniger und wärmer, wieviel die Errungenschaft der hingeschiedenen Tage gilt, nehmet auch uns als freie Männer und Gottes Segen über Euch!*

Ich segne Euch alle, die Tausenden nah und fern im Namen Gottes des Allmächtigen! Amen!“ (Smets, 1872, 14ff).

Der Calabreser und der „Menschenschlächter" Radetzky

Dem Freiheitsbegriff, wie er von den Studenten schwärmerisch formuliert wird, entspricht, daß die Studenten in Feldmarschall Radetzky, der 1848 den Krieg Österreichs gegen die italienischen Freiheitskämpfer führte, ihren großen Gegner sahen. Es waren allein die Wiener Studenten, die Radetzky kritisierten. So hieß es im „Studenten-Courier" vom 31. Juli 1848: „*Wir legen Protest ein gegen die Fortsetzung des schmählichen Kampfes der Finsternis gegen das Licht, des Absolutismus gegen die Freiheit, dieses von der österreichischen Aristokratie, nicht von den österreichischen Völkern gegen Italien geführten Krieges.... das deutsche Volk in Wien hat die Freiheit mit seinem Blute erkämpft und wäre der Freiheit unwürdig, wenn es ein anderes Volk, welches dasselbe anstrebt, bekriegen wollte....... es kann daher konsequent eine fremde Nation nicht knechten wollen.... Von unserem Reichstage, als dem Ausdruck des Volkes, müssen wir erwarten, daß die Menschenschlächterei in Italien eingestellt und die Unabhängigkeit Italiens anerkannt werde...*".

Das sind schöne Worte, mit denen die Studenten sich für die Freiheit anderer Kulturen und Völker einsetzten. Aus Sympathie mit den aufständischen Italienern trugen die Studenten des Jahres 1848 den Calabreser, den Schlapphut der calabrischen Republikaner.

Die Sympathie Erzherzog Johanns für Radetzky

Erzherzog Johann jedoch stimmt den Studenten in ihrer Ablehnung der „Menschenschlächterei" des Radetzky in Italien nicht zu. Vielmehr verteidigt er anläßlich der Eröffnung des Reichstages – vollkommen in Widerspruch zu den Freiheitsideen der Burschenschaft – den Krieg gegen Italien.

Er meint, es gehe bei diesem um die Rettung der Waffenehre Österreichs, wobei er es geradezu als selbstverständlich findet, daß das Freiheitsstreben der Lombarden von der österreichischen Monarchie niedergeknüppelt wird (siehe den „Studenten-Courier" vom 23. Juli 1848).

Mit dieser Feststellung hatte sich der Erzherzog bereits wesentlich von den humanistischen Gedanken der rebellierenden Studenten entfernt.

Erzherzog Johann enttäuscht die deutschen Rebellen – das Frankfurter Parlament

Erzherzog Johann spielt eine eigentümliche undurchsichtige Rolle. Er, der der 6. Sohn Kaiser Leopold II. war und daher geringe Aussichten auf die Thronfolge hatte, erlangte große Sympathie, da er die Postmeisterstochter Anna Plochl aus Bad Aussee geheiratet und einiges für die Steiermark, in der er sich wohl fühlte, getan hatte. Im Juli 1848 glauben die Studenten noch, im Erzherzog einen Freund ihrer Ideen zu haben.

Sie veranstalten für ihn sogar eine Festnacht, wie der „Studenten-Courier" berichtet. Dabei wird der Erzherzog Johann als „Heiland" angesprochen, weil man sich von ihm, dem Reichsverweser des Frankfurter Parlamentes, als Oberhaupt der deutschen Nation, das Heil für diese verspricht. Man glaubt, Erzherzog Johann könne die studentischen Vorstellungen von der Republik verwirklichen. Hier liegt der große Irrtum, wie wir sehen werden.

So wird im „Studenten-Courier" noch im Juni der Erzherzog als „Mann des Volkes" gesehen, der aus Liebe zum Volk sein „Ahnenregister verleugnet", was er tatsächlich jedoch nicht tut, da er seinen angeborenen Titel „Erzherzog Johann" nicht ablegt – im Gegensatz zu anderen, demokratisch denkenden Aristokraten, wie zum Beispiel Anastasius Grün, einem Grafen Auersperg. Er hat auch nichts dagegen, daß seine bürgerliche Frau und die gemeinsamen Kinder mit einem Adelstitel versehen werden.

In diesem Zusammenhang ist wichtig darzutun, wie Erzherzog Johann im Frankfurter Parlament agierte. Sein Tun widerspricht schließlich dem rebellischen Gedankengut der Studenten. In der Frankfurter Paulskirche tagt also das erste deutsche Parlament, von dem sich gerade Burschenschafter wie Robert Blum und Ludwig Uhland die Abschaffung der Erbmonarchie und die Herstellung der Republik erhofften. Als 1849 das in Stuttgart tagende Rumpfparlament, das noch vom revolutionären Geist der Republik beseelt war, von Dragonern auseinander gejagt wurde, war unter den Verjagten auch Ludwig Uhland.

Das Frankfurter Parlament, das von manchen Historikern hochgelobt wird, war in der Wahrheit ein für die rebellierenden Studenten entmutigendes Erzeugnis, denn hier ging es nicht um ihr Deutschland, ein demokratisches Deutschland, sondern um ein Deutschland der alten Monarchen, die man ja beseitigen wollte.

Das Anfang Mai gewählte Frankfurter Parlament war auf den Barrikaden erkämpft worden, man hatte es den Fürsten als Zugeständnis abgerungen, um eine auf der Volkssouveränität beruhende Verfassung auszuarbeiten. Doch die sogenannte liberale Mehrheit, die vom konservativen Bürgertum und von der Aristokratie und daher auch vom Erzherzog Johann getragen war, hatte andere Pläne. Sie wollte einen Kompromiß mit den Fürsten der deutschen Einzelstaaten, sie war daher für eine konstitutionelle Monarchie.

Einzufügen ist, daß im Parlament sich mit der Zeit Fraktionen herausbildeten, die sich nach Wirtshäusern nannten, in denen sich deren Mitglieder trafen. Diese Fraktionen gehörten im wesentlichen drei Hauptrichtungen an: einer konservativen Rechten, einer starken Mitte und einer demokratischen Linken. Die ersten beiden bildeten die konstitutionell-liberale Mehrheit, die ein deutsches Kaisertum begrüßte. Sie beide waren erbitterte Gegner der etwa hundert Demokraten, die dem burschenschaftlichen Denken nahe standen und eine demokratische deutsche Republik erkämpfen wollten.

Das Ziel der liberal-konstitutionellen Mehrheit war es, eine Verfassung auszuarbeiten und in Zusammenarbeit mit den Fürsten einen monarchischen deutschen Bundesstaat zu schaffen, in dem die Macht zwischen Bürgertum und Adel geteilt blieb. Es standen sich also gegenüber: Die Forderung nach einem monarchischen Bundesstaat und der Kampf um die deutsche Republik. Die Frage, die sich zunächst aufdrängte, war die nach einer Zentralgewalt. Während Blum und seine Freunde für die Wahl eines Mannes aus der Mitte der Abgeordneten war, wollten die anderen der konservativen Mehrheit ein Direktorium aus fürstlichem Haus. Robert Blum meinte in der Debatte, die Abgeordneten hätten ihr Mandat nicht, um mit den Fürsten zu verhandeln. Es sei das Volk, an dem man sich auszurichten habe. Blum und seine Freunde ließen sich aber verwirren. Schließlich wählte am 29. Juni die liberale Mehrheit des Parlaments Erzherzog Johann als Reichverweser.

Er schien, ein „bürgerlicher" Fürst zu sein. Gerade deswegen setzten die

Wiener Studenten die größten Hoffnungen in ihn hinsichtlich einer großen deutschen Republik. Doch diese wurde bald gestört, denn Johann war ein Gegner der Revolution. Dies geht auch aus seiner Erklärung anläßlich seines Amtsantritts als Reichsverweser am 15. Juli 1848 hervor.

In dieser heißt es unter anderem:

„Dem verbrecherischen Treiben und der Zügellosigkeit werde ich mit dem vollen Gewichte der Gesetze entgegentreten.... Sollte aber die deutsche Ehre, das deutsche Recht gefährdet werden, dann wird das deutsche Heer für das Vaterland zu kämpfen und zu siegen wissen". Der Erzherzog stellt sich also damit eindeutig gegen die rebellierenden Studenten, die Burschenschafter, die für die Demokratie zu kämpfen bereit sind. Dem Erzherzog ist es wichtig, „Ordnung und Ruhe" zu sichern.

Damit leistet er der Monarchie und den Feinden der Revolution Vorschub. Als Reichsverweser berief er ein Reichsministerium als provisorische Zentralgewalt ein, die jedoch vollkommen machtlos war. Die Wahl des Reichsverwesers wurde als Votum für die Monarchie und gegen die demokratische Republik gesehen. Bürger und Adel reagierten hocherfreut. Im Volk jedoch verlor die Nationalversammlung rasch an Ansehen.

Der „Studenten-Courier" spricht am 10. August sogar von Verrat, der im Parlament am Volk geübt wird. Es heißt da: *„Jeder wahre deutsche Vaterlandsfreund muß traurig gestimmt werden, wenn er nach Frankfurt blickt, und dort zu seinem tiefsten Schmerze gewahrt, wie die Linke* (also die Vertreter aus der Burschenschaft, R. G.), *die eigentlich den Willen des souveränen Deutschlands vertritt, immer in Minorität bleibt, und die volksfeindliche Rechte* (also konservative Bürger und Adelige) *oftmaligen Verrat an dem Volke ungescheut begeht"*. Weiter heißt es, dies richtet sich gegen den Erzherzog: *„Ihr erster Verrat war die Wahl eines verantwortlichen Reichsverwesers. Glaubt ihr, Männer der Rechten, die ihr durch diesen Beschluß echter Fürstenknechte würdig gezeigt habt, dadurch, daß ihr das Sinnbild einer fürstlichen Oberherrlichkeit geschaffen, die Throne befestigt zu haben? Ihr irrt gewaltig, das deutsche Volk weiß zu gut, daß aus der Puppe des unverantwortlichen Reichsverwesers über lange oder kurze Zeit ein deutscher Kaiser kriechen wird, dessen das Volk herzlich satt ist. – Meint Ihr Männer der Rechten, dadurch die von Euch und den Fürsten so sehr gefürchtete Republik unmöglich gemacht zu haben? Da irrt Ihr abermals, denn diese wird eben durch Eure volksverräterischen Beschlüsse ungemein befördert"*. Die Studenten befürchten also, daß aus dem Reichsverweser der künftigen Kaiser, den sie nicht wollen, wird.

Und weiter heißt es:

„Aber glaubt Ihr denn, Deutschland wird sich zum wiederholten Male von einem König von Preußen und derlei gekrönten Schauspielern um seine Einheit betrügen lassen, und nicht endlich zur klaren Einsicht gelangen, Deutschlands Macht und Stärke sei nur in einer Föderativ-Republik zu finden?..." Sinngemäß hofft man, daß, wenn die Fürsten verjagt sind, der *„schöne Traum der Einheit Deutschlands, den wir jetzt schlummern, vor unseren wachen Augen dastehen wird, – eine göttliche Wirklichkeit"*.

Aber die Fürsten lassen sich nicht verjagen. Daß dies nicht geschieht, darauf achtet auch der Erzherzog Johann als Gegner der Rebellion. Deutlich wird diese Absicht schließlich, als es im September zum Aufstand in Frankfurt kommt. Preußen hatte im Konflikt mit Schleswig-Holstein einen Waffenstillstand abgeschlossen. Am 14. September wurde im Frankfurter Parlament darüber verhandelt und am 16. billigte eine höchst knappe Mehrheit der Nationalversammlung den Waffenstillstand von Malmö. Das kam einer Kapitulation vor der preußischen Regierung gleich. Die Nationalversammlung opferte also Schleswig-Holstein und trat damit die „Ehre und Würde Deutschlands" mit Füßen. Für die Revolutionäre hatte damit die Nationalversammlung abgedankt. Von den Linken des Parlaments wurde von Rebellen verlangt, sie mögen sich gegen die verräterische Mehrheit stellen und austreten. Blum und seine Freunde versuchten zwar, zu beschwichtigen, doch das Volk war aufgebracht. Und als Barrikaden errichtet werden, befürchtet das Reichsministerium den Aufstand. Am Abend des 17. September werden daher durch das Reichsministerium ein preußisches und ein österreichisches Bataillon von Mainz nach Frankfurt beordert. Als am 18. September eine unbewaffnete Menge in die Paulskirche drängen will, greift das Militär an.

Bei dem Kampf, der jetzt begann, ging es nicht mehr um Schleswig-Holstein, sondern um die Republik. Bewaffnete Studenten, Arbeiter und Turner schlagen zurück. Zunächst scheitern einige Attacken des Militärs auf den Barrikaden. Einige Linke bitten nun den Reichsverweser, er möge die Anweisung geben, daß die Truppen sich zurückziehen. Doch Erzherzog Johann

Österreichische und preußische Truppen werfen den Frankfurter Septemberaufstand nieder. Wo blieb der Beistand von Erzherzog Johann für die Studenten und Arbeiter?

reagiert nicht mutig, er will offensichtlich nicht vermitteln, obwohl er es zweifellos könnte. Er erwidert den Boten ausweichend, er sei „nur eine Figur, eine Null". Er gibt ihnen einen Brief an den Reichskriegsminister mit, in dem nichtssagend steht, *„Daß, was auf gütigem Wege beigelegt werden kann, geschehe"*. Offensichtlich ist der Erzherzog aber nicht bereit, den Aufständischen in irgendeiner Weise entgegenzukommen. Vielmehr verhängt er über Frankfurt den Belagerungszustand und das Standrecht. Der „Studenten–Courier" berichtet am 24. September darüber und fügt dem Bericht spöttisch in Klammer hinzu: *„Hoch der unverantwortliche Reichsverweser"*. Weitere Truppen langen in Frankfurt ein und schließlich fallen unter Granatfeuer die ersten Barrikaden. Die schlecht bewaffneten Aufständischen haben keine Chance. Bald wird das Volk entwaffnet und alle demokratischen Vereine verboten.

Der Erzherzog hatte also kein Einsehen mit den deutschen Rebellen, er wollte nicht vermitteln. Dafür dankte ihm 1850 der preußische König mit den Worten: *„Was Sie in den Septembertagen des eid- und sittenbrechenden Schand- und Mordjahres 48 getan, wird niemand vergessen"* (Illustrierte Geschichte 1973, S 213).

Friedrich Hecker, ein Held der Rebellion

Friedrich Hecker – Nach einem Holzschnitt aus dem Jahre 1848

Ich gestatte mir jetzt, das Leben eines Helden von 1848 darzustellen, nämlich eines wirklichen Helden, der für die deutsche Republik kämpfte, jedoch nicht für ein Deutschland mit einer Monarchie, wie es im Sinne des Erzherzog Johanns gewesen wäre. Hecker war Heidelberger Corpsstudent (Hassiae et Rhenaniae et Palatiae Heidelberg), badischer Revolutionär von 1848 und Farmer in Illinois. Von seiner Einstellung her war Hecker ein großer Gegner des Frankfurter Parlaments und des Erzherzogs. Der Traum Heckers war die deutsche Republik, aber die wollte man in Frankfurt nicht. Zumindest nicht die konservative Mehrheit.

An Hecker erinnern zwei Denkmäler, von denen jedoch keines in Deutschland steht. Beide sind in den USA, eines in St. Louis und eines in Cicinatti. Hekker wurde zu einem Helden der „kleinen Leute". Er sympathisierte in den vierziger Jahren des vorigen Jahrhunderts, zur Zeit großer wirtschaftlicher Krisen, mit den armen Bauern des Odenwaldes, den Handwerkern und den Arbeitern, die alle zu leiden hatten. Hecker wurde zum feurigen Republikaner, der einen Umsturz wollte, um den Menschen zu helfen. Seine Versuche, mit Getreuen eine politische Änderung in Deutschland herbeizuführen, schlugen fehl. Berühmt wurde sein Zug mit Getreuen, um in Baden die Republik auszurufen. Das Abenteuer endete blutig. So war Hecker zur Auswanderung nach den USA gezwungen, wo er sich als Farmer niederließ, als ein sogenannter „Latin-Farmer", wie man die gebildeten Emigranten, die nun zu Bauern wurden, nannte. Bei den ausgewanderten Deutschen stand Hecker in hohem Ansehen und seine Farm wurde zum Wallfahrtsort der Deutschen. In den USA blieb Hecker seiner deutschen und demokratischen Tradition treu. So meinte er einmal in einer Rede: *„Wir drüben sind und bleiben Deutsche, wenn auch als Bürger des großen amerikanischen Vaterlandes… In uns allen lebt der große Gedanke: Die Demokratie!"*

Für Heckers Einstellung spricht, daß er in den USA zu den großen Kritikern der Sklaverei zählte und sich bei Ausbruch des amerikanischen Bürgerkrieges als Freiwilliger meldete. Er organisierte das 24. Illinois-Regiment, das nach ihm das Hecker-Regiment genannt wurde (siehe dazu: A. G. Frei, Hg., O. J.).

Hecker war eine leuchtende Symbolfigur der Anhänger der Achtundvierzigerrevolution, sein Schlapphut mit der Feder wurde sogar Vorbild einer ganzen Generation junger Studenten. Hecker vertrat – ganz im Stile der alten

Der „Heckerzug" wurde am 20. April 1848 bei Kandern (Baden) von den Truppen des Generals Friedrich von Gagern gestoppt. Der General, Bruder des Paulskirchenpräsidenten Heinrich von Gagern, fiel in dem Gefecht

Vaganten – das Ideal der Freiheit, wie es in Studentenliedern besungen wird. In den auf Hecker gesungenen Liedern wird daher stets auch die Freiheit verklärt. So heißt es in einem Lied:

„Es klingt ein Name stolz und prächtig
im ganzen deutschen Vaterland..
Ihr kennt ihn wohl den edlen Mann,
es lebe Hecker, stoßet an...
Wir wollen Männer, wir wollen Taten,
und Hecker ist der Mann der Tat,
der kühn für Freiheit fechten kann:
Es lebe Hecker! Stoßet an!"

Der deutsche Rebell Friedrich Hecker, der große Gegner einer konstitutionellen Monarchie im Sinne des Erzherzog Johann, lebte und starb für die Freiheit. Bei seinem Begräbnis in Illinois legte man ihm auf sein Grab einen Kranz mit schwarz-rot-goldenen Schleifen, dem Symbol der deutschen Freiheit, wie sie die studentischen Rebellen von 1848 gefordert hatten.

Unterstützung der Rebellen durch Deutsche in Amerika

Die Studenten in Wien und in anderen Städten wollen die deutsche Republik und nicht einen monarchischen großdeutschen Bundesstaat, der im Sinne des Erzherzog Johann gewesen wäre. Die Studenten erhalten in Wien in ihrem Kampf für eine deutsche Republik Unterstützung von den bereits nach Amerika ausgewanderten Deutschen. So berichtet der „Politische Studenten–Courier" vom 10. Juli 1848 von einem Brief, der „freien deutschen Bürger in Philadelphia an ihre Brüder im Vaterlande". Es heißt in diesem Brief:

„Geliebte Brüder!

Auch in der Ferne glüht unsere Liebe für Euch und zum Vaterlande. Wir frohlocken über Eure glorreichen Taten zur Befreiung des Vaterlandes vom Joche der Tyrannen. Wir wünschen Euch Glück in den großen und wichtigen Erfolgen, die Euer Patriotismus, Eure Weisheit und Euer Muth bereits errungen... Wir kennen aus täglicher Erfahrung, daß kein Volk der Welt mehr Fähigkeit der Welt besitzt, sich selbst zu regieren, als das deutsche. Lasset die Erfahrung und die daraus gewonnene Überzeugung Eurer Brüder im freien Amerika Euch anfeuern, das ruhmvoll begonnene Werk bis zum glorreichen Ziel vollkommener Freiheit, Gleichheit und Verbrüderung zu führen. Dann erst werdet Ihr den wahren Wert der Freiheit empfinden. Wir mahnen Euch Brüder! Eure große Aufgabe ganz zu erfassen und ganz zu lösen. Lasset Euch nicht durch die Künste politischer Gaukelei um Eure heiligsten Menschenrechte wieder betrügen. Nehmet die Herrschaft über Euch selbst ganz in Eure Hände, und verscheucht die wortbrüchigen und heuchlerischen Fürsten und deren Sippschaft allesamt, die heute Euch und Eure Brüder und mit kaltem Blute hinmorden lassen... Verjaget sie alle mitsammen ihren elenden Speichelleckern und Schergen vom vaterländischen Boden, den sie so lange entehrt haben... Wir können Euch nicht genug warnen, geliebte Brüder, vor jeder Halbheit in Eurer glorreichen Revolution. Eine sogenannte constitutionelle Monarchie gründen, wäre nichts anderes, als die Tugend mit dem La-

ster krönen! Eine solche Staatsform, wie freisinnig sie auch scheinen mag, kann höchstens eine große Klasse Begünstigter schaffen, wirkt aber noch drückender auf die große arbeitende Masse der Nation als der absoluteste Despotismus... An die Masse daher, an die große arbeitende Masse im deutschen Vaterlande, richten wir besonders unsere ernstliche, dringende Mahnung, nicht mit der Halbheit, mit constitutioneller Monarchie und dergleichen Unsinn zufrieden zu sein, sondern mutig fortzukämpfen bis die volle unbeschränkte Freiheit jedes Bürgers errungen, befestigt ist. Lasset die gefolterten Seelen Eurer eingekerkerten und langsam gemordeten Patrioten Euch mahnen; die Würgeengel der Gerechtigkeit zu verjagen. Lasset das vergossene Blut Eurer Bürger Euch mahnen, den meineidigen Heuchlern nicht länger zu trauen... O geliebte Brüder, könnten wir mit Posaunen der Engel zu euch reden, wir würden Euch zurufen: Verjaget alle Fürsten und schafft vollkommen freie Republiken! So helfe Euch Gott – Amen!" Unterschrieben ist dieser Brief mit: *„Im Namen einer Massenversammlung der Deutschen der Stadt Philadelphia. George M. Keim, Präsident."*

Die amerikanischen „deutschen Brüder" hoffen mit den Rebellierenden auf eine freie deutsche Republik, die der Republik der Amerikaner gleicht. Dieser im „Studenten–Courier" abgedruckte Brief drückt gut aus, um was es den Studenten, vor allem den radikalen unter ihnen, eigentlich ging, nämlich um die Beseitigung des Adels und der Schaffung einer demokratischen Republik in Deutschland.

Im „Politischen Studenten-Courier" wird schließlich am 28. Juli, vielleicht aufbauend auf die Anstöße von Übersee, konsequent gefordert: *„Fort mit dem Adel!"*

Weiter heißt es: *„Jetzt, wo das Volk seine uralten, angeborenen Rechte wieder langsam zu gewinnen beginnt, müssen notwendigerweise die Vorrechte des Adels ein rasches Ende nehmen."* Der Adel wird als Unrecht gesehen, da er eine Erfindung der Menschen ist. Man greift auf altes Recht zurück, dies ist es, was den Rebellen ausmacht. Die Republik wird dabei als die dem Menschen ureigene Staatsform begriffen.

Der schwarz-gelbe „Reichsvermoderer"

Als im Frankfurter Parlament der Paulskirche Erzherzog Johann zum Reichsverweser gewählt wurde, gab es viele Gutgläubige, die meinten, Erzherzog Johann würde sich nicht nur mit schwarz-rot-goldenen Bändern schmücken, sondern er wäre auch tatsächlich ein Sympathisant der republikanischen Ideen. Daher gehörten viele der Studenten zunächst zu seinen Anhängern. Doch bald sahen auch diese, daß sie sich in Erzherzog Johann getäuscht hatten, denn dieser hatte nie die Absicht, die deutsche Republik zu vertreten, vielmehr war er daran interessiert, alte habsburgische Rechte zu festigen, indem er sich vehement gegen jede Störung der Ordnung aussprach. Er war also ein Gegner jedes rebellischen studentischen Handelns. Er setzte sich daher auch nicht für die Studenten ein, als diese im Oktober 1848 während der Wiener Revolution niedergeschossen wurden. Über 140 Rebellen richtete man nach der Niederschlagung der Revolution hin, unter ihnen den wackeren Robert Blum von der Frankfurter Paulskirche. Mir ist nicht bekannt, daß Erzherzog Johann für diesen aufrechten deutschen Mann, dessen letzte Worte der „deutschen Freiheit“ (s. u.) galten, um Gnade gebeten hat. Diese Helden der Revolution waren Gegner der Aristokratie und haßten deren Tricks.

Auch Erzherzog Johann erschien ihnen suspekt, zu recht. Bald erhielt er von der Linken die spöttische Bezeichnung „Reichsvermoderer“ anstelle „Reichsverweser“. Aber die rebellischen Studenten konnten sich nicht durchsetzen. Die bürgerlichen und adeligen Feinde der Revolution beherrschten das Feld. Und dies war durchaus im Sinne des Erzherzogs.

Tatsächlich festigte die Aristokratie in Preußen und Österreich allmählich ihre Herrschaft. Im Dezember nach der brutalen Niederschlagung der Wiener Revolution ging es dann nicht mehr um die Republik, sondern nur mehr um Habsburg oder Hohenzollern, also um „kleindeutsch“ oder „großdeutsch“, also um die Vormacht Preußens oder Österreichs. Damit, so meine ich, war die alte Idee der deutschen Republik zunächst einmal beseitigt und das Volk verraten. Diesen Verrat spürte das Volk während der blutigen Oktoberrevolution in Wien. Klar wurde er endlich, als Abgesandte aus Wien, wo mit den deutschen Fahnen für die deutsche Freiheit gekämpft wurde, nach Frankfurt fuhren und um Hilfe baten. Doch dort hatte man nur Gelächter für sie bereit – duchaus im Sinne des Erzherzogs. Der Erzherzog war eine Enttäuschung für die rebellischen Studenten.

Die Studenten meinten auch, sie hätten eigentlich erwartet, Erzherzog Johann müsse sich Johann Österreicher nennen und nicht Johann von Österreich.

Und man sieht auch bald, ein demokratisches geeintes Deutschland wollte der Erzherzog nicht herstellen. Ebenso wird klar, daß der Erzherzog in Wahrheit ein „Schwarz-Gelber“, also ein Verfechter der dynastischen Rechte der Habsburger ist und kein „Schwarz-Rot-Goldener“, als der er sich nach außen gab. Allmählich sahen die Studenten in ihm jemanden, der die erhoffte deutsche Republik verhinderte. Ihm ging es letztlich doch darum, die Interessen der Habsburger gegenüber den Preußen zu vertreten, vor allem nach der blutigen Niederschlagung der Revolution. Es wird daher seine Politik als eine „Jammerpolitik“ bezeichnet (Smets, 1872, S. 48).

Und der große Historiker Zenker, der ein wunderbares Buch über die Kämpfe des Jahres 1848 geschrieben hat, erwähnt Erzherzog Johann nicht einmal, er straft ihn durch Mißachtung (Zenker, 1897).

Die Paulskirche sprach sich schlußendlich für ein preußisches Erbkaisertum aus. Erzherzog Johann zog sich bald zurück. Die widersprüchliche Rolle Erzherzog Johanns wird auch bei dem Burschenschafter Heinrich Heine in einem Gedicht, betitelt „Hans ohne Land“, deutlich. Heine sieht im Erzherzog jemanden, der sich mit dem schwarz-rot-goldenen Band zwar schmückt, aber tatsächlich eine monarchische Rolle spielen will, etwas, was vollkommen im Widerspruch zu den rebellischen Ideen der Studenten steht. Heinrich Heine dichtet unter anderem:

„... doch jetzt mein Weib leb wohl!
Ich kann nicht länger weilen;
Des Schwiegervaters Postillon

erwartet mich schon mit den Gäulen.
Reich mir geschwind die Riesenmütz'
mit dem schwarz-rot-goldenen Bande –
Bald siehst du mich mit dem Diadem
im alten Kaisergewande...“

Heine scheint die wahren Absichten des Erzherzogs erkannt zu haben. Das Deutschland des Erzherzogs war also ein anderes, als es Heine und die meisten Studenten sahen.

Das Ende der deutschen Revolution

Die Revolution 1848 wurde blutig niedergeschlagen und edle Leute, wie Robert Blum und Wenzel Messenhauser, fielen unter den Schüssen der Exekutionskommandos. Und viele ergriffen die Flucht. Die Freiheit war für den Moment besiegt, aber sie loderte in den Köpfen aller Studenten weiter. Über den vergeblichen Kampf der Revolutionäre in Wien dichtete Ferdinand Freiligrath dies:

„Wenn wir noch knien könnten, wir lägen auf den Knien;
Wenn wir noch beten könnten, wir beteten für Wien;
Doch längst schon verlernten wir Kniefall und Gebet –
Der Mann ist uns der beste, der grad' und aufrecht steht.
....
Der Herbst ist angebrochen, der kalte Winter naht –
O Deutschland ein Erheben! O Deutschland! eine Tat!
Die Eisenbahnen pfeifen, es zuckt der Telegraph –
Du aber bleibst gelassen, du aber bleibst im Schlaf!
Beim Todeskampf der Riesin, da stehst du wie von Stein –
Alles, wozu du dich ermannst, ein kläglich Bravoschrein!“

Die Niederlage der Wiener Revolutionäre ist vollkommen und die Rache der Regierenden ist groß. Diese Revolution in Wien, die im März 1848 glorios begonnen hatte und von der Wiener Akademischen Legion, von Wiener Bürgern und Arbeitern wacker getragen wurde, erlebte im Oktober dieses Jahres ihr furchtbares Ende. Auf den Barrikaden hatten die Studenten im Mai für die Freiheit gekämpft und der „Politische Studenten–Courier“ machte sich Gedanken über die deutsche Republik.

Am 1. November hing am Stephansdom wieder die gehaßte schwarz-gelbe Fahne, die Fahne der Habsburger und damit auch die eigentliche des Erzherzogs.

Die Freiheit, die Sozialdemokratie und die Republik

Die Revolution endete blutig. Die alte österreichische Sozialdemokratie war sich wohl ihrer deutsch-republikanischen und damit auch burschenschaftlichen Tradition bewußt – durchaus im Sinne ihres großen Führers, des Arztes und Burschenschafters Viktor Adler. Wie stark in der österreichischen Sozialdemokratie dieses Denken weitergetragen wurde, zeigt sich noch in den Jahren nach dem 1. Weltkrieg. Stolz feierten die Sozialdemokraten nicht nur die Gedenktage der Revolution von 1848, sondern sie veranstalteten regelmäßig auch Heinrich-Heine-Feste, und zwar vor allem in Ottakring. Das deutschnationale Denken der alten Sozialdemokraten war kein imperialistisches.

Wie die Sozialdemokratie Robert Blum und die anderen Getöteten ehrte, zeigt ein Artikel in der Wiener „Arbeiter-Zeitung" vom 10. November 1923 über eine Feier anläßlich der Errichtung eines Gedenksteines für die „Freiheitshelden des Jahres 1848" im Währinger Park, der vorher Friedhof gewesen ist. Der folgende Auszug aus dem Bericht deutet schlüssig auf burschenschaftliches Gedankengut, welches wichtig für die alte Sozialdemokratie mit ihrem Freiheitsbegriff war. Unter der Überschrift „Die Ehrung der Opfer Habsburgs" ist zu lesen:

„... Die Feier wurde von der Musikkapelle der Straßenbahnbediensteten eingeleitet, worauf der Abgeordnete Glöckel die Gedenkrede hielt: Hier auf diesem Platze fanden die Gebeine der Helden des deutschen Volkes ihre Ruhestätte. Und dadurch wurde dieser Friedhof zu einem geheiligten Ort für alle Aufrechten und revolutionär Denkenden....Die Idee der großen deutschen Republik ist mit Märtyrerblut in das Gedächtnis der Menschen eingetragen... Wien wird das Herz dieser revolutionär-republikanischen Idee sein und daß in Österreich insbesondere Wien die Republik fest verankert ist, daß für Habsburg, Wittelsbach, Windischgrätz und Jellacic hier kein Platz ist... Die Gemeinde will den Bürgern dieser Stadt in Erinnerung rufen, daß für die republikanische Freiheit edles Blut geflossen ist. Sie will aber auch Blum antworten auf seine letzten Worte: Ich sterbe für die deutsche Freiheit, für die ich gekämpft habe. Möge das Vaterland meiner eingedenk sein! In tiefer Ergriffenheit wurde die Rede Glöckels angehört. Dann wurde die erhebende Feier von der Musikkapelle der Straßenbahner mit dem Lied der Arbeit beendet."

Das Deutschland, um welches die Studenten 1848 kämpften, war kein imperialistisches, es unterschied sich wesentlich von jenem Deutschland, um das es dem Erzherzog Johann ging und in dem die Habsburger, Hohenzollern oder sonst wer alleine regieren wollten. Es ist daher auch verständlich, daß jene nach den USA geflüchteten Rebellen mit jenem Deutschland, in dem es ab 1871 einen deutschen Kaiser gab, nichts zu tun haben wollten.

Ihnen ging es nicht um die konstitutionelle Monarchie, wie sie Erzherzog Johann wollte, sondern um eine große deutsche Republik, in der der Mensch in Freiheit und Würde leben kann. Das ist das Vermächtnis von Hecker, Kudlich, Blum und anderen.

Literatur

Arbeiter-Zeitung, 18. November 1923
W. G. Dunder, 1849, Denkschrift an die Oktober-Revolution in Wien, Wien.
A. G. Frei (Hg.), Friedrich Hecker in den USA, Konstanz, o. J.
Illustruierte Geschichte der deutschen Revolution, 1848/49, Berlin
Politischer Studenten-Courier – Ausgaben vom 24. Juni bis 16. Oktober 1848
M. Smets, 1827, Das Jahr 1848 – Geschichte der Wiener Revolution, Wien
G. Steiger, 1967, Aufbruch – Urburschenschaft und Wartburgfest, Leipzig.
W. Tuschner, 1998, Anton Schossers' Hoamweh, in: R. Girtler und G. Kohl (Hrsg.), Wilderer im Alpenraum – Rebellen der Berge, Ausstellungskatalog, Steyr, S. 42 f.
Um Freiheit und Menschenwürde, 1928. Ein Lebensbuch deutscher Dichtung – Zur Zehnjahrfeier der österreichischen Republik der Jugend Wiens gewidmet von ihrer Vaterstadt, Wien.
E. V. Zenker, 1897, Wiener Revolution 1848

BERNHARD REINHOLD PILZ

Hans Kudlich in Selbstzeugnissen

Vorliegende kurze Quellendarstellung gilt dem jungen Kudlich, seinen mentalen Berührungspunkten und politischen Identifikationstangenten mit der „burschenschaftlichen Idee" und dem „schwarz-rot-goldenen Sinn", als Wegbereiter der Märzrevolution von 1848 in Wien.

Kudlich stellt sich selbst dar, auf Erinnerungen, Briefen, Überlieferungen und Gesprächen beruhend; sicherlich auch auf politisch emotionaler Grundlage der deutschnational bewegten Zeit um 1872 fußend: Wie er sich selbst vierundzwanzig Jahre nach der Revolution als vormärzlicher Studentenbursch wiedererkennt und zu erinnern vermag, gibt deutliches Zeugnis eines, sich mit dem „Geiste der deutschen Burschenschaft", „dem Wesen" nach deutlich identifizierenden deutschen, nationalen Studenten im vormärzlichen Wien und in der Revolution 1848/49. Wenn das „Wesen" burschenschaftlich „gehegt und gepflegt" worden war – wie er selbst formuliert, so bewußt war er sich auch, daß die „Form" als burschenschaftliche Organisation und konstituierter Bund ihm noch nicht vergönnt gewesen war.

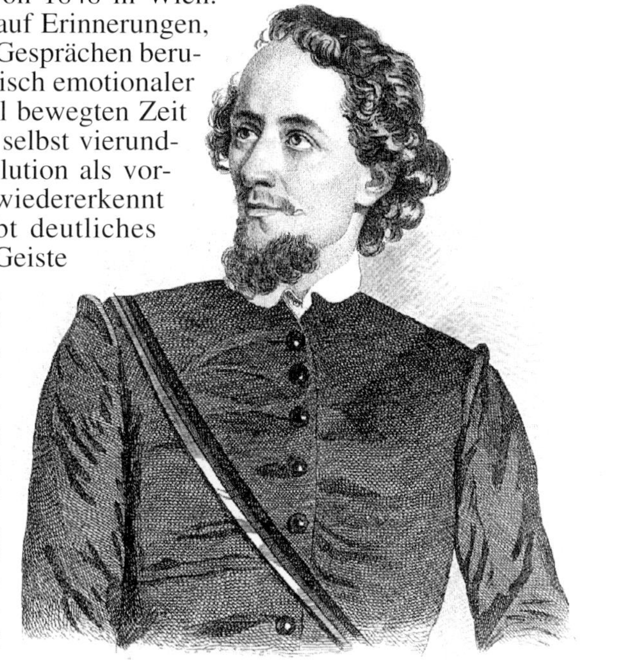

„Bauernbefreier" Hans Kudlich

Die vom reifen Doktor der Medizin und saturierten US-Bürger anläßlich seines politisch engagierten Besuches der deutschen Heimat Österreich im Jahre 1872 verfaßten „Rückblicke und Erinnerungen"[1] sind eine der wichtigsten Selbstzeugnisse eines 48er Rebellen. Der als „Bauernbefreier" in die sozialrevolutionäre nationalpolitische Symbolik der deutschen Revolution eingegangene schwarz-rot-goldene Student der Rechtswissenschaften, der national-demokratische Reichstagsabgeordnete der Linken, sowie der rebellische Oktoberwiderständler, der selbst als flüchtiger Revolutionär noch die Aufstände in Dresden, dann in der Pfalz und schließlich in Baden rebbellisch mitgestalten wollte, hatte letzlich den Todesurteilen und der Verfolgung durch Flucht über die Schweiz, aber auch der Emigration in den USA getrotzt; seine Liebe zur deutschen Heimat und die politische Identität mit dem großdeutschen Gedanken und der deutschnationalen Bewegung hatten ihn stets tief bewegt. Endlich nach 23 Jahren, in der neuen Heimat des amerikanischen Westens die imaginäre Freiheitshoffnung zu finden glaubend, das politische Emigrantenleben aus Sehnsucht überwinden wollend und wohl auch, mit hoffnungsvollem Blick auf das sich von oben durch „Blut und Eisen" etablierende Deutsche Reich – wenn auch kleindeutsch –, für zumindest kurze Besuchszeit ergründen wollend, fand der schwarz-rot-gold gebliebene Idealist in seiner alten Heimat einen würdigen Empfang.

Von diesem psychopolitischen Hintergrund aus sind auch Kudlichs „Rückblicke" gerade als authentische „Erinnerung" zu werten, allerdings auch als politisches Bekenntnis eines um 24 Jahre gereiften, doch keineswegs eines an nationalrevolutionärem Elan minder beeinträchtigten deutschen, politischen Emigranten, zu beurteilen. Wenn der Kudlich-Biograph Friedrich Prinz betonen zu müssen glaubt, *„das Bild des jungen Kudlich vor jener oft schroffen nationalen Beleuchtung des älteren Kudlich bewahren zu"* sollen, so werden die Motive des Historiographen von 1962 deutlich, wenn dieser „historical correctness" übend dogmatisiert: *„Es verdient aber festgehalten zu werden, daß Kudlich in seinen späteren Jahren Abgründe vom deutschnationalen und antisemitischen Radikalismus Schönerers trennten, für ihn waren Nationalgefühl und Liberalismus viel zu eng miteinander verknüpft, als daß er dieser Richtung hätte beipflichten können".* Gerade die spätere „rassenpolitische" Problematik des polemisierten Schönererianismus stellte sich aber dem jungen 1848er noch nicht und kann damit für unsere Thematik hintangestellt werden.

Nun, grundsätzlich sollte nicht betont werden müssen, daß die nationale Einheits- und Freiheitsemanzipation das Hauptagens der Revolution 1848/1849 gewesen war; und das heißt das Erwachen der Identität der Völker und der „volksthümlichen" Eigenartigkeit der Nationen. So ist Kudlich als Zeitzeuge bestrebt, deutlich die Urheber der Märzrevolution in Wien einhellig mit „nur" jenem, dem deutschen Element zugehörigen Studenten-Rebellen zu identifizieren[2]. Dazu zählen für ihn nicht nur natürlich auch deutschfühlende Männer jüdischer Herkunft oder/und Glaubens. Für deren Glaubensemanzipation traten neben dem Ehrenburschen der Jenaer Burschenschaft Arminia auf dem Burgkeller, Franz SCHUSELKA[3], ebenso Männer wie Kudlich und nichtzuletzt die vom burschenschaftlichen Geist geprägte erste Studentenpetition[4] ein. Von der Idee einer eigenen jüdischen Nation mit völkischer Identität kann damals logischerweise – weil vom späteren Wiener Burschenschafter Theodor Herzl ideologisch eben als Etatismus noch nicht geboren – im deutschnational-demokratischen Lager der Revolutionäre noch nicht gesprochen werden, wohl aber von deren Emanzipations- und Gleichstellungforderungen als kulturell identische Glaubensgemeinschaft.

Natürlich hatte Kudlich gerade im Jahre 1883 durch seinen in der Neuen Freien Presse (Wien, 25. 9. 83) veröffentlichten Brief an die deutschnationale Studentenschaft „die neue Schönerianische Tendenz mit den Prinzipien eines demokratischen Deutschnationalismus für unvereinbar erklärt" (so interpretiert durch Andrew. G. Whiteside, Graz 1981). Trotzdem gedachte Schönerer noch in den 90er Jahren anerkennend des Mythos' des Bauernbefreiers, was der „48er" in einem Brief an seinen Schönerianer, schwarz-gold-roten Burschenschafter und Neffen Dr. Hermann KROMMER[5] als *„heilige Einfalt"* bezeichnete, denn *„wie verschieden sind doch unsere Ansichten und Gefühle!"[6]* Der Schönerer-Biograph und schwarz-rot-goldene Burschenschafter Eduard PICHL zitiert dazu, daß Kudlich *„ohnehin ... über den deutsch-nationalen Antisemitismus genau unterrichtet"* worden sei und weist dabei *„auf die dem gänzlichen Unverstand der politischen Verhältnisse entsprungenen Äußerungen des in Hoboken (Nordamerika) lebenden alten Achtundvierzigers"* hin. Daß er die *„unverfälschten Deutschen" als „Leichenräuber auf den politischen Schlachtfeldern des Jahres 48"* bezeichnet habe, wollen diese bezeichnenderweise nicht akzeptieren. Kudlich wird 1896 von einem Redner des Brünner Deutschnationalen Vereins sogar als *„morsche Stütze"* bezeichnet, *„die schon 30 oder 40 Jahre in Amerika weilt und von dem Volksleben hier nichts mehr wüßte"*, als Reaktion auf einen neuerlichen Brief, denn man *„brauche auf Äußerungen solcher schwächlicher Greise keinen Wert legen"*, ärgern sich seine antisemitischen Landsleute.

Schon im April 1848 denkt der junge Kudlich warnend: *„Wir werden sehen, wie slavische Hydra, gesättigt vom Blute der Deutschböhmen, uns über den Kopf wachsen wird."* Die völkische Begründung Kudlichs ist aber deutlich aufklärender für die politische Situation 1898 im Nationalitätenkampf und seine realpolitische Einschätzung erstaunlich: „... *Wenn ein deutscher Jude in die Versammlung kommt, geht Ihr hinaus oder schmeißt den deutschen Juden hinaus! Kurz, Ihr seid so dumm wie Spanien, wo schon seit vierhundert Jahren keine Juden und Protestanten sich befinden. Wenn Troppau und Schlesien in 50* (also 1948, was sich auf makabre Weise verwirklichen sollte! Anm. d. Verf.) *Jahren tschechisch sind, so seid an diesem Wandel nur Ihr schuld."[8]* In einem Brief vom 19. Februar 1902 wird er noch deutlicher: „... *Ich selbst mag mit Antisemiten nichts zu tun haben. Denn von ihnen datiert die traurige und verbrecherische Untergrabung der Fundamente des deutschen Liberalismus in Österreich. ... Also verlaßt das alldeutsche Narrenschiff, werft die Antisemiten über Bord, die Euch so sehr geschadet haben und Euch noch immer vor der liberalen und vernünftigen Welt unmöglich machen – bildet eine große, feste deutsche und liberale Masse, und die Sympathie und die Achtung von Deutschland und der Welt wird Euch nicht fehlen."[9]*

„Hans Kudlich", so schreibt aber auch der Historiker Andrew G. Whiteside, *„der fünfzehn Jahre vorher die Alldeutschen beschimpft hatte, drückte ihnen nun ausdrücklich seinen Dank aus"[10].*

Auch stellte sich Kudlich vehement in den Dienst der deutschen nationalen Schutzvereine und war nach dem Kudlich-Biographen Friedrich Prinz *„eigentlich kein Philosemit, sondern eher für die politische Vernunftehe zwischen Judentum und Deutschtum"* eingestellt, *„die Gefahr, die der nationalistische Antisemitismus gerade in Österreich für den Bestand des Deutschtums bedeutete"[11],* erkennend .

Zum Quellenverständnis ist dem anzufügen, daß gerade ein reifer Mann mit der oftmals von heutigen Historiographen so bunt gepriesener „republikanischen Demokratierfahrung" im goldenen Westen und mit seiner alt-liberalen Standpunkttreue im Ausland, sowie der subjektiv zwanzigjährigen „Mental-History-Erfahrung", mit ungebeugten, aber auch nicht weiterentwickelten „48er" Idealen, nach Ranke'scher Quellenkritik sicherlich nicht als unmittelbare, sondern als relative Erinnerungsquelle zu verstehen ist. (Möge dies wohl auch auf die heute unkritisch und oftmals unwissenschaftlich bar übernommene Oral-History-Forschung der sogenannten Zeitgeschichtstatzeugen von der geneigten etablierten Historiographie angewendet werden!). Kudlichs „Rückblicke" aus dem Jahre 1872 geben aber gerade für die heute oftmals unterdrückte und verschwiegene Quellenforschung der „großdeutschen", und das ist die radikal genuine Nations-Ideologie von 1848/1849 und deren „kleindeutsche" realpolitischen Machtentwicklungen, als Funktion, nicht als Tangente oder gar Gegensatz, eben der Ursprungsmotivation der deutschen 48er-Revolutionäre an sich, ein eindeutiges, nicht immer angenehmes Quellen-Zeugnis[12] eines Dabeigewesenen und bis zu seinem Tode ungebrochen anteilnehmenden nationalrevolutionären Deutschen.

... vom „unterthänigen" Pennäler zum „freidenkenden" Wiener Studenten ...

Bevor der „minderjährige Unterthan" Hans Kudlich nach der Absolvierung des Gymnasiums in Troppau, wo er freien, aufgeklärten Bürgersinn atmen konnte, sein Philosophiestudium beginnen durfte, mußte er sich vorerst untertänigst von seiner politischen Obrigkeit, dem Fürsten Liechtenstein, eine Erlaubnis erteilen lassen. Sein diesbezüglicher Paß lautete auf Wien, wo er im Herbst 1839 durch seinen Bruder und späteren Paulskirchenabgeordneten Hermann auch in dessen „Kreis von strebsamen, intelligenten Männern geduldet" wurde. Trotzdem wollte dem Jungstudenten „das eigentliche Wiener Leben" gar nicht recht gefallen: *„Was in Wien an Ernst und Männlichkeit vorhanden war, das Streben nach Reform, sein Patriotismus wurde unterdrückt und durfte nur unter der Maske der frivolen Lustigkeit an's Tageslicht treten. Dies den Anstrich des Leichtsinns tragende Wesen konnte dem mehr norddeutsch ernsten, frugalen Schlesier nicht zusagen"*. Kudlich betont auch, daß sich *„in Ermangelung eines öffentlichen Lebens"* sich der *„Ausdruck der Volksstimme"* in den Theatern dargeboten habe und ist gerade von den Publikumsreaktionen im Burgtheater freudig überrascht, wo *„das allerfeinste Verständniß für die Feinheit und Tiefe unserer classischen Meister"* sich bewährt habe und wo durch *„Beifall oder Zischen stets eine richtige Kritik der österreichischen Zustände"* gelegen hatte: *„Im eigenen Vaterlande waren alle Ereignisse verboten – denn jedes Ereigniß brachte ja Veränderung mit sich und die Regierung haßte die Veränderung".[13]*

... Landsmannschaftliche Basis der Vereinigung ...

„Brause, du Freiheitssang,
Brause wie Wogendrang
Aus Felsenbrust!
Feig bebt der Knechte Schwarm,
Uns schlägt das Herz so warm,

Uns zuckt der Jünglingsarm
Voll Tatenlust."[14]
Hans Kudlich:

„Den Provinzlern bot sich schon in der Landsmannschaft die Basis der Vereinigung. Unsere schlesische Colonie hatte hauptsächlich auf der Landstraße ihren Sitz. Dort im ‚Eisenhut', im wohlfeilen ‚Fürstenhof', später in der ‚Birne' begannen wir unsere politischen Studien mit dem Lesen und Besprechen der ‚Augsburger Allgemeinen Zeitung'. Die parlamentarischen Ereignisse in den kleineren deutschen Staaten, sowie England und Frankreich wurden eifriger Kritik unterzogen und mit einer Wärme besprochen, als seien es unseres eigenen Landes Lebensfragen. Freilich tobte ein anderer parlamentarischer Kampf in nächster Nähe, im ungarischen Reichstag in Preßburg – allein davon war in den Blättern rein gar nichts zu lesen!" [15]

... Erweiterung der landsmannschaftlichen Colonie zu deutschen Conventikel ...

Hans Kudlich:

„An die schlesische Colonie schlossen sich allmälig auch andere strebsame Juristen und Philosophen an, namentlich aus Steiermark, aus Deutschböhmen und Deutschmähren. Was von den Wienern sich zu uns verirrte, gehörte zu den ernsteren, gediegeneren Naturen, von denen die meisten später in die Lage kamen, dem Vaterland wichtige Dienste zu leisten. – Wir Alle waren eifrige Deutsche, cultivierten eine gute reine deutsche Schriftsprache, brachten deutsche Studentenbräuche zur Geltung und hielten – als unsere Wirtshausdebatten die Spitzel aufmerksam zu machen drohten – unsere Conventikel in unseren Privatwohnungen ab, wo sie sich zu kleinen Debattir-Clubs gestalteten."[16]

... Commersbegeistert und naturverbunden ...

„Stolz, keusch und heilig sei,
Gläubig und deutsch und frei
Hermanns Geschlecht!
Zwingherrschaft, Zwingherrnwitz
Tilgt Gottes Racheblitz –
Euch sei der Herrschersitz
Freiheit und Recht!"

Auch eine geordnete studentische Festkultur als Zeichen der jugendlichen Ungezwungenheit und Freiheit der Fröhlichkeit konnte sich im vormärzlichen Unterdrückungssystem und hier gerade in den besonders argwöhnisch bevormundeten Universitätsstädten Metternich-Österreichs nur im geheimen Untergrund tradieren.

Der berüchtigte Wiener Polizeipräsident SEDLNITZKY wollte allerdings schon im Jahre 1818 „dunkle Begriffe" von Kommersen und Burschenvereinen wahrgenommen haben, genauso, wie dieser in seinem Vortrag an den Kaiser von den Ideen *„des Teutschtums, der Volksfreiheit, der Nazional-Repräsentazion und anderen exzentrischen Gegenstände"* sich zu empören weiß.[17]

Hans Kudlich:

„Wer übrigens glaubt, daß wir, stets ingrimmig umherblickend, den Schmerz der Welt Rechnung getragen hätten, der würde sich stark irren. Jung waren wir und gesund, und gesunde pulsierende Herzen öffnen sich leichter der Freude als dem Gram. Und in unserem Kreise herrschte die Begeisterung für die Freuden eines fröhlichen Commersches nicht weniger als die Begeisterung für die Schönheiten der Natur und der Kunst." [18]

Die fröhliche Kommersbegeisterung in Verbindung mit Naturverbundenheit, Wanderung und Kunstbefließenheit lassen wohl auch auf keine wilden ungesitteten, von alt-landsmannschaftlichen Trinkgelagen mit studentischem Zwangsbesäufnis durchdrungener Renomiersucht schließen, denn auf einen milden und gesitteten Biercomment. Froh- und freisinniges „commerschieren" oder „commersieren", also eine feierlich-frohe Kneiptafel mit gegenseitig kultivierten Trinksitten und gesellig-disziplinierter Ordnung, bedeuteten nicht nur damals eine gemeinschaftsfördernde Ritualisierung und Stärkung des studentischen Zusammengehörigkeitsgefühles.

... mit den Jungdeutschen Freiheisdichtern das deutsche Vaterland preisend ...

Hans Kudlich:

„Unsere Ausflüge in das geheimnisvoll lockende Dunkel des Wiener=Waldes und auf die Höhen des Hermannskogels gestalteten sich zu kleinen poetischen Festen. Nachdem vor Allem dem edlen Saft der Rebe oder der Gerste die gebührende Huldigung gebracht worden war, wurde in gehobener Stimmung auf einem strategisch ausgewählten, vor dem Ueberfall des Spitzels freien Platze ein Lied zum Preise der Freiheit und des Vaterlandes, unter welchem man damals nur Deutschland verstand, im Chor gesungen – ein funkelnagelneues Gedicht von Herwegh oder Freiligrath vorgetragen – irgend ein Thema, das der Zufall brachte, in streng parlamentarischer Manier debattirt – und endlich unter Gesang und Lärm weiter maschirt." [19]

Gerade die symbolische Ausdrucksform durch das deutsch-studentische Liedgut und durch die aufmüpfige und sarkastische politische Symbolik der jungdeutschen Dichter, wie Georg Herwegh und Ferdinand Freiligrath konstatieren vormärzlichen Widerstand und vaterländische Emanzipation. Georg Herwegh, „die Eiserne Lerche", und Ferdinand Freiligrath, „der Trompeter der Revolution", waren die am meisten beeindruckenden symbolpublizistischen Gefühlsüberbringer des Systemwiderstandes, Vorboten und lyrische Hauptträger der Revolution für Freiheit und Einheit der deutschen Nation. Die Besinnung auf die radikalen Urburschenschafter, die Brüder Follen, die „Gießener Schwarzen" prägt eine sittlich-germanistische burschenschaftliche Idee. Stärkster nationalpolitischer Imperativ versinnbildlicht und zeigt sich lautstark im explizit genannten und gepflegten Liedgut der Urburschenschaft. Karl Follens „Deutsches Burschenlied" mit dem revolutionären Text „Brause du Freiheitssang" wurde 1817 der Gießener „christlich-deutschen Burschenschaft" als Weihelied gewidmet, ursprünglich nach der schleppenden Weise „Heil dir im Siegerkranz" gesungen, wobei sich gerade im Vormärz – also anzunehmenderweise auch im Kudlich-Kreis – eine „neue, dem flammenden Rhythmus sich angleichende Melodie“ verkündet. Gerade des lodernd-vorrevolutionären Inhaltes wegen ist es nicht verwunderlich, daß es die Zensur nebst anderen „gefährlichen“ Studentenliedern aus den Commers- und Liederbüchern „ausgemerzt“ hatte. Nun, Kudlichs mündliche und nationalpolitische Überlieferung blieb sicherlich auch eine mutige und kühne Tat nicht nur als studentische Wiener Sangesfreude. – Im vorliegenden Text zieht das Weihe-Lied als deutlicher Quellenbeleg in allen fünf Strophen durch und versinnbildlicht auch in dieser Weise den urburschenschaftlichen Geist der Wiener Studentenschaft.

... auch äußeres burschenschaftliches Flair ...

„Gott Vater, dir zum Ruhm
Flammt Deutschlands Rittertum
In uns aufs neu;
Neu wird das alte Band,
Wachsend wie Feuersbrand,
Gott, Freiheit, Vaterland,
Alt deutsche Treu!“

Hans Kudlich:

„Von den Höhen der Wiener Berge ließen wir unser ‚Brause du Freiheitssang‘ erschallen und proklamierten häufig sogar die Republik! Und all die schönen Spitzen und Kogel; Kahlenberg, Hermannskogel, Tulbingerkogel und Anninger waren uns traute Bekannte. Wenn wir, die Kappe mit Epheu bekränzt, die Hemdkragen in die Luft hinauf flatternd, die deutsche Brust entblößt, den mächtigen Knotenstock schwingend, deutsche Lieder brüllend, den Rückweg zu den Wohnungen cultivirter Menschen suchten, dann mag mancher verständige Bauer gedacht haben, er sehe zwei dem Narrenthurm Entsprungene vor sich.“

Der äußere symbolhafte Habitus in der Kleidung offenbart urburschenschaftliche Freiheit, nach dem Binzers'schen Lied: „Frei ist der Bursch“! und dessen prachtvoll überlieferten Urburschenschafterportraits. Offener Hemdkragen ohne verzopfte Verschlossenheit und frei entblößte deutsche Brust demonstrieren burschenschaftliches Selbstbewußtsein, gepaart mit radikalpolitischem Progressivismus durch die Ausstoßung des erlösenden Schreies nach der Proklamation der Republik. Auch die Ausstattung mit dem studentischen Standesabzeichen aus Jena, dem Ziegenholz oder Ziegenhainer, zeugt von selbstbewußter symbolischer Provokation. Galt doch dieser Dornknüppel, der am unteren Ende dicker als oben war, nicht nur als stabiler Spazierstock mit Verteidigungsfunktion, sondern bei den Jenenser Kartellträgern sogar als rechtsgültiges Fechtsymbol bei Überbringung einer Forderung, wobei mit diesem Knüppelstock sogar sekundiert worden war. – Mit Argwohn stellte schon im Jahre 1820 die Polizeihofstelle die prägnant politisch-wehrhafte, ur-burschenschaftliche Symbolik dieser Ziegenhainer fest: *„zwei Degen oder Schwerter ... nebst den Buchstaben E. F. V.* (Ehre, Freiheit, Vaterland)*“![21]*

... korporativer Kreis ...

Wenn Kudlich betont: *„Mit dem schlesisch gleichgesinnten Kreise trieben wir alles Mögliche – nur das Gemeine war ausgeschlossen."[22]*, so deutet dies in frappant ähnlicher Weise auf die urburschenschaftliche Forderung der sittlich-politischen Tugendhaftigkeit, entgegengesetzt dem „Gemeinen" und Anstößigen, wie etwa der Knechtung jüngerer Kommilitonen, für deren Gleichberechtigung auch schon Binzer, der tugendhafte und musische Dichter der ersten schwarz-rot-goldenen Burschenlieder einzutreten pflegte. Gleiche Gesinnung impliziert auch demokratische Gleichberechtigung der Mitglieder eines vaterländischen Tugendkreises als Korporation.

... innere radikale Burschengesinnung ...

Der niederösterreichische Landstand Ritter Franz v. HOLGER, ein für vormärzliche Begriffe sehr freisinniger Universitätsprofessor des ständischen Oppositionskreises um Freiherr Franz v. PILLERSDORFF und Freiherr Anton v. DOBLHOFF-DIER waren Kudlichs adelige Verbindungsmänner. Letzterer wird zum ersten „Burschenschaftlichen Kreis-Wien" um 1819, zum engeren „Schubertkreis", in diesem zur „Lesegesellschaft", gezählt und war 1820 Mitglied des Wiener Commersvereins: *„Laut Wiener Polizeibericht besaß er Ziegenhainer und Kommersbuch, in seiner Wohnung fanden Fechtübungen statt und es wird auf seine Beziehungen zu einigen in der ‚Burschenschaftsuntersuchung' genannten Personen hingewiesen ...*", dokumentiert der Burschenschafter-Biograph Helge Dvorak.[23] Wundert es so, daß Holger als erfahrener Fechtlehrer für Kudlich und seine acht anderen Seminaristen der Privatissima auftritt? Natürlich nicht, ohne dabei gerade auch die geistige Freiheit als Literaturvermittler zu nutzen durch die Bereitstellung jener zensurierten, verbotenen und verpönten Bücher, um die Jungstudenten dem schon damals „politisch korrekten" Geschichtsbild der Despotie zu entreißen. Der Professor der „Staats-Ökonomie" an der Wiener Universität hatte eine ausgewählte Privatbibliothek mit all jenen von der Reaktion verpönten Büchern, er hatte aber auch direkte politische Ambitionen zur konstitutionell eingestellten großbürgerlich-ständischen liberalen Opposition, die dann die erste Phase der Revolution beherrschen sollte. Holgers Studienreisen in Deutschland lassen auch burschenschaftliche Kontakte, zumindest liberal-gemäßigter Art vermuten.

Hans Kudlich:

„Er gab uns nun in seiner Privatwohnung Vorträge über Geognosie, Petrefacte, über Schelling's Naturphilosophie und endlich suchte er mich als den geeigneten heraus und erbot sich, mir wöchentlich zweimal Fechtübungen zu halten. – Während dieser Stunden wurden wir in die geheime Geschichte der josefinischen Reformen, der Metternich'schen Reaction, der Erbärmlichkeit der ganzen Regiererei unter Ferdinand und endlich in die Bestrebungen und in die Tendenzen der liberalen Majorität der österreichischen Stände eingeweiht. In seiner Bibliothek fehlte keines der in Oesterreich verbotenen Bücher, und er gab uns reichlich davon zu lesen."[24]

... nicht liberale Monarchie, sondern Republik ...

Zu den waffenstudentischen Traditionen des Fechtens und der Wehrhaftigkeit, den burschenschaftlich-sittlichen Forderungen der Geistesfreiheit und schönen Muße und Korporationsbruderschaft, bezeugt nun Kudlich aber weiters streng burschenschaftlich-politische Imperative der radikalen und demokratischen Willensbildung und der vaterländischen Tat durch aktive, allgemeine politische Agitation.

„Bald waren wir in die eifrigsten Diskussionen mit Holger verwickelt. Er fand uns aber durchaus nicht geneigt, seine landständische Freisinnigkeit vor dem Forum unserer ‚nivellirenden' Grundsätze zur Geltung kommen zu lassen. Das Ende seiner Einwürfe, wenn er sich von uns in die Enge getrieben sah, war in der Regel: ‚Aber meine Herren, wenn Sie so weit gehen, so kommen Sie ja zur Republik.'

Diese Aussicht war aber gar nicht im Stande uns zu erschrecken. ‚Was wäre das für ein Unglück? Wir können's eher ertragen als die gegenwärtige Erbärmlichkeit. Es gibt auch keine gründliche Verbesserung unserer Zustände auf anderm Wege.'

Darauf gab's jedesmal ein Donnerwetter des alten Herrn, der vor Ueberstürzung warnte und seinerseits erklärte, daß er einer Republik das Metternich'sche System beiweitem vorzöge. Eine liberale Monarchie nach josefinischen Grundsätzen – aber controlirt durch die verstärkten Stände –, das war das Ziel seines Strebens und wohl auch das Programm der Stände."[25]

In der Mairevolution und der durch die Reaktion verursachten „greizten Stimmung" gegen die Studenten, wußten sich diese zu helfen, schreibt Kudlich: *„damit Jedermann sich überzeugen könne, daß wir keine Republik, keinen Communismus wollen, daß wir nicht im Solde von Carlo Alberto stehen, wurde die Aula allen Bürgern und Garden geöffnet".[26]* Noch im April 1848 bekennt Kudlich bezogen auf seinen in Wien mit dem Vorwurf des „Wühlers" konfrontierten, westfälischen Radikalen Dr. Anton SCHÜTTE: man *„strebe wie die Meisten von uns nach einer demokratischen Monarchie, an der Spitze von Deutschland=Österreich, und damit wäre Alles zufrieden gewesen".[27]*

... die edle Turnerei ...

Zur vaterländischen Tat brauchte man aber natürlich nicht nur den gepflegten Geist der akademischen Diskussion und nationalpolitische Willensbildung, sondern auch eine gesunde körperliche Verfassung, um nicht zuletzt die seelische Harmonie als schwarz-rot-goldene Identität zu festigen.

Hans Kudlich:

„So wurde der edlen Turnerei wie all' dem andern Guten, Edlen und Praktischen der Weg nach Oesterreich erschwert. Durch das deutsch=nationale Gebaren der ersten Turner war die edle Kunst in Verruf gekommen und die Wiener Polizei witterte in Jedem, der einen guten Felgaufschwung verübte, ein Mitglied der deutschen Carbonari. Man liebte höhernorts nicht diese ganz gesunden, kräftigen und gewandten Leiber, da man auch mit gesunden See-

len, die man aus ihnen herausschnüffelte, nichts zu thun haben wollte. Man glaubte, daß nur der Soldat berechtigt sei, gesund und kräftig einherzuschreiten. Vor dem übrigen schwindsüchtigen, lahmen und skorphulösen Gesindel glaubte man sich nicht fürchten zu dürfen. Und nun erschien ungeheißen diese Turnerei, um den unbeholfenen Arbeiter gewandt, den Schwächlichen stark, den Kränklichen gesund, den Muthlosen beherzt zu machen und selbst dem Gelehrten diejenige Abhärtung zu verschaffen, die eigentlich nur für die Kriegerkaste nöthig war. Was soll aus der polizeilichen Ordnung werden, wenn alle Unterthanen zuletzt vollkräftig, gesund und stark waren! Hat die Geschichte nicht gezeigt, daß junge Männer, in denen das Lebensfeuer gesund und voll auflodert, der kühnsten Unternehmungen fähig sind, an die sich ein nervöser Schwächling gar nicht heranwagt? – Und dann diese schwarz=roth=goldenen Ideen, die hinter der ganzen Geschichte stecken – so etwas fehlte uns noch in Oesterreich!" [28]

... mein wilder Turnverein ...

Hans Kudlich kommt also auch das Verdienst zugute, im Geiste des Turnvaters Friedrich Ludwig JAHN den ersten nationalen und demokratischen Turnverein im Wiener Untergrund des Vormärz gegründet und gepflegt zu haben.

Hans Kudlich:

„Der Juristisch=politische Leseverein (ward) ins Leben gerufen, der Männer=Gesangsverein concessioniert! – und noch sperrte man sich gegen die Turnerei! – Unterdessen aber hatte ich schon längst meinen wilden Turnverein fertig. Mit Begeisterung hatte ich die Idee erfaßt, und leicht ließen sich die Freunde dafür gewinnen. Die nöthigen Bücher, Anleitungen und Abbildungen waren bald angeschafft. Der Prater lieferte uns den prächtigsten Turnplatz. Seine breitästigen Bäume gaben uns das Reck. Für Wettrennen, für Schnell- und Rundlauf, für Hoch= und Weitspringen war Gelegenheit vorhanden und in unseren Stuben wurden Ringe ec. angebracht, um die Kraft unserer Musculatur zu vermehren. ... der Geist des Vater Jahn kam doch über uns."[29]

im Jahre 1845 ...

kann Hans Kudlich stolz resümieren,

„... bestand schon in Wien ein Kreis von jungen Männern, die, aller polizeilichen Vorsichten zum Trotz, vom echten deutschen Turnersinn ergriffen, einen geheimen Verein bildeten. Darunter waren einige tüchtige protestantische Theologen und Lehramts=Candidaten, von denen später Einige sich als Schriftsteller und Andere selbst wieder als Turnlehrer auszeichneten." [30]

Die Studenten der Wiener Universität

Seinen Kommilitonen stellt Kudlich ein sehr „fleißiges" Zeugnis für den Studienfortgang aus. Dies bezieht er einerseits auf die vom bäuerlichen Stande und den niederen Volkschichten, entgegen der aristokratischen Protektion und Pivilegierung, abstammende Studentenschaft, andererseits – und das gibt zu denken – scheinen durch die Unterrichtszwänge und durch das Überwachungssystem die Verschulung das positive Element des schnelleren Studienabschlusses impliziert gewesen zu sein. Auch die Auswüchse der antiburschenschaftlich, allzu egozentrisch freien Verunsittlichung deutscher Universitätsstudenten(un)sitten, wie Saufkomment, willkürliches Duellunwesen und ewiges Umherstudieren, waren – der Verschulung positiv anrechnend – hintangehalten worden. Gerade aber das burschenschaftlich-politische Element, wie „demokratische" Gesinnung oder Haß gegen Despotismus, konnte „gährungsbringende Elemente" unter den Studenten hervorbringen.

Hans Kudlich:

„Gerade die Provinzler waren das gährungsbringende demokratische Element. Aus den Provinzen kamen oft Söhne der Bauern, der niederen Volksclassen, denen die Studien=Einrichtungen jener Zeit das Studieren sehr erleichterten. ... Nur die höchste Aristokratie hatte keine Vertreter auf den Hochschulen. Sie studierten pro forma privat; auf eine einfache, schnelle und mühelose Art wurden Jene herangebildet, die vom Geschick bestimmt waren, über uns, die mühevoll arbeiteten, dereinst zu herrschen. Die Wiener Studenten vor 1848 waren fleißig. Collegienzwang, Semestralprüfungen verhinderten zwar die Ausbildung von gründlich gebildeten Gelehrten und das Emporkommen von Genies, allein sie ließen auch jene Lumpen, die als bemooste Häupter ihr halbes Leben in den Kneipen verbummeln, nicht aufkommen.

Mit dem Cultus der Formen, wie sie im Studentenleben deutscher Universitäten gebräuchlich waren, mit unnöthiger Massenvertilgung des Gerstensaftes wurde nicht viel Zeit vergeudet. Duelle waren streng verboten und wurden wenigstens an Civilisten sehr streng geahndet. Das Studentenleben zeigte eine glatte Oberfläche, und Sedlnitzky durfte seine ungetrübte Freude daran haben. In der Tiefe aber grollte der Haß gegen die despotische Ordnung der Dinge. Das Gefühl der mit der Knechtschaft verbundenen Schmach, die Hoffnungslosigkeit der Zukunft verwandelte die Studenten in hassende Pessimisten, wodurch sie sich von den übrigen denkenden Bürgern allerdings gar nicht unterschieden." [31]

Die Wiener Studentenlegion 1848 im burschenschaftlichen Geist

Daß in der berühmt-berüchtigten Wiener AULA, der akademischen Legion, dieser deutsche burschenschaftliche Geist dem Wesen nach gepflegt und gehegt worden war, dafür gibt Kudlich ein unschätzbar wertvolles Quellenzeugnis eines Tatzeugen ab, das vom Historiker und Archivar Max Doblinger (B! Frankonia-Graz) belegt wurde: *„Ihre Mitglieder hatten guten Grund, strengstes Stillschweigen zu bewahren; daher blieb ihr Bestand vielen Kommilitonen, ja selbst einem Hans Kudlich fast unbekannt".[32]* Auch aus zeitgenössischen Bildern der Wiener AULA, wie aus dem Gemälde von Franz SCHAMS von der Wachstube der Akademischen Legion, geht deutliche verinnerlichte schwarz-rot-goldene burschenschaftliche Symbolik durch Kleidung, Burschenband im deutschen Dreifarb und Couleur (rote Mützen mit Schwarz-gold und schwarze Mützen mit Rot-gold) hervor. Demgemäß hatte

Die Aula der Universität Wien nach einem zeitgenössischen Bild nach 1848, das eine darin eingerichtete Wache der Akademischen Legion zeigt. Die Kopfbedeckungen der drei am Tisch sitzenden Männer symbolisieren die unterschiedlichen geistigen Stränge der Revolution. Die Jakobinermütze steht für radikaljakobinisches Gedankengut der Französischen Revolution; der „deutsche Hut" (Calabreser) und die Studentenmütze stehen für die Ideale der Burschenschaft.

die akademische Legion diese wesentlichen schwarz-rot-goldenen Insignien der deutschen Einheits- und Freiheitsbewegung in und durch die Burschenschaft übernommen: die äußeren Insignien mit dem deutschen Band über Brust und am deutschen Hut, und/oder der schwarz-rot-goldenen Schärpe; dem schwarz-rot-goldenen Geist der nationalen, demokratischen und freiheitlichen Gesinnung; und nicht zuletzt als Identitätssymbol der Seele, die Kampfbereitschaft im radikalen Sinn der schwarz-rot-goldenen Revolution von unten.

Gerade aber im urburschenschaftlichen Sinne waren sämtliche real und formal existierenden Burschenschaften in der akademischen Legion, der Wiener AULA, pflichtbewußt aufgegangen und politisch führend integriert worden.

„Freiheit, in uns erwacht
Ist deine Geistermacht –
Heil dieser Stund!
Blühend in Ritterkraft,
Glühend nach Wissenschaft,
Sei Deutschlands Burschenschaft
Ein Bruderbund!"

Hans Kudlich:

„Wohl noch nie hat eine Vereinigung so junger Männer in der Geschichte eine so große Rolle gespielt, wie die der Studenten Wiens in den Tagen der Revolution 1848 ... daß sich den Sümpfen des vormärzlichen politischen Lebens Oesterreichs, aus der Versunkenheit und Verlogenheit Metternich'scher Zustände diese reine Blume der Legion entringen konnte ... Die zocialen Zustände des Metternich'schen Wien, die fade, witz= und geistlose regierende Kaste, jene körperlich und geistig verkommenen Spitzen der regierenden und der regierten Gesellschaft, die große Masse des nichtdenkenden, nur instictmäßig fühlenden Volkes – wenn dies Alles das Erstehen der Legion nicht verhindern konnte, so dürfen wir niemals an der Menschheit verzweifeln!" [33]

„Die Entschlossenheit, der revolutionäre Sinn, der freie Geist der Wiener Studenten hat allgemein überrascht. Man hatte ihnen solches nicht zugetraut. Kam dieser Geist plötzlich über sie?"

Die Interpretation der feierlichen Zelebration eines „Landesvaters" wird wohl zu Ehren des Vaterlandes, nicht des Kaisers, geschehen sein. Dies erklärt Kudlichs weitere Äußerung, wenn er *„auf die Verwechslung des falschen neu angestrichenen Oesterreicherthums mit dem eigentlichen nationalen schwarz=roth=goldenen Deutschtum"* verweist! Dabei galt und gilt auch heute noch grundsätzlich das Lied des „Landesvaters" als feierliche Zeremonie traditionsbewußt politischer Studentenverbindungen, wobei das Durchstechen der Studentenkappe, des Couleurs, mit dem Schläger als besondere Ehrbezeugung die Verbrüderlichung untereinander und als burschenschaftlicher Schwur das freiheitliche Ethos im schwarz-rot-goldenen Sinne des deutschen Vaterlandes symbolisiert.

... vormärzliche Inquisition von Schwarz-Rot-Gold ...

Hans Kudlich:

„Während das Erwachen der slavischen Idee eher begünstigt wurde, trat man dem Gedanken der Zusammengehörigkeit der Deutschen schroff und unerbittlich entgegen; denn in diesem Gedanken ahnte man damals schon den gefährlichen Gegner des ‚wahrhaften Oesterreicherthums'. Alles, was einen schwarz=roth=goldenen Schimmer an sich trug, war der Inquisition verfallen. Die deutsche Einheits=Idee wurde aber nicht blos officiell verfolgt, sondern auch von anständigen Leuten als lächerliche Phantasterei verlacht. Diesem Hohngelächter ‚verständisch=praktischer Männer sah ich mich sehr oft ausgesetzt. Selbst freisinnige Männer verhöhnten gelegentlich den Schmerz, den ich darüber äußerte, daß die deutsche Nation den schnöden Raub von Elsaß und Lothringen geduldet und noch nicht gerächt habe! In den Schulen kam die deutsche Nationalität niemals zur Geltung. Selbst die officiellen Historiker stutzten die Geschichte so curios zu, daß neben dem Oesterreicher das eigentliche Deutschland nur als Appendix erschien. Alle Angaben der Angehörigen fremder Nationen, das Deutschhtum sei von jeher von der österreichischen Regierung protegirt worden, beruhen auf absichtlichen Irrthum, auf der Verwechslung des falschen neu angestrichenen Oesterreicherthums mit dem eigentlichen nationalen schwarz=roth=goldenen Deutschthum – wel-

ches zu allen Zeiten mehr gehaßt, gefürchtet und verfolgt wurde als z. B. das Slaventhum".[34]

... Mahnung zur Einigung unseres deutschen Vaterlandes ...

„Die Anstrengungen der Italiener, auf die wir so lange verächtlich von oben herab zu blicken gewöhnt waren, sich ein einiges Vaterland zu erstreiten, der unleugbare aufopfernde Patriotismus der Gebildeten Italiens waren beschämend für uns Deutsche und mußten uns mahnen, auch unseres deutschen Vaterlandes Einigung anzustreben." [35]

„Auf der Landstraße, in der inneren Stadt, auf der Wieden und vor Allem unter den Medicinern der Alservorstadt kamen die verschiedenen Studentenkreise in Kneipen und Privatwohnungen nunmehr häufiger und eifriger zusammen als jemals vorher." [36]

„Auch außerhalb dieser Kreise wurde unter den Arbeitern und kleinen Gewerbsleuten fleißig gewühlt. Ein jeder einzelne Student war nach Art der Carbonari von dem Cirkel, dem er angehörte, beauftragt, unter das Volk hinauszugehen, um in Privatwohnungen und in Wirtshäusern Proselyten zu werben." [37]

Die taktisch politische Vorbildwirkung der italienischen nationalrevolutionären „Köhler" in Verbindung mit der öffentlichen und privaten Anheuerung von „neubekehrten" Anschauungsgenossen lehnt sich an die vormärzliche konspirative Notwendigkeit der burschenschaftlichen Emanzipation an.

Die Burschenschaft Arminia erficht die erste Studentenpetition ...

„Am 9. März (1848) wurde in einer Versammlung von Medicinern, Juristen und Technikern eine Adresse an den Kaiser beschlossen und angenommen. Spreche man noch von der Möglichkeit, den Zeitgeist zu unterdrücken! Da arbeitet schon seit Jahren und Jahrzehnten der gesammte Deutsche Bundestag unter Metternich's oberster Leitung daran, die verhaßte deutsche Burschenschaft auszurotten, und im Jahre 1848 sind es die Mitglieder der Burschenschaft ‚Arminia', welche die ersten Schritte zu jener Bewegung einleiteten, die sowohl Metternich als auch sein System zum Falle brachten". [38]

Am 8. März schreibt der Doktorand Hans Kudlich:

„Die Wackeren Mannheimer, Mainzer und Hanauer helfen heftig schüttelnd nach. Das Herrlichste an allen diesen Erscheinungen ist die Bildung eines einigen Vaterlandes. Das deutsche Parlament hat sich so fest und allgemein in die Gemüther verwebt, daß es eine Volks=Idee geworden ist, die bei dieser gesunden Witterung wachsen muß. ... Am Rhein trägt Alles schwarz=roth=goldene Cocarden." [39]

Die Wiener März-Revolution: nur „ein erster Versuch"?

Hans Kudlich widerlegt auch die gerüchteweise von der schwarz-gelben Reaktion verbreiteten Verschwörungstheorien:

„Man hat fortwährend gestrebt, in dem Beginnen der Wiener Bürger und Studenten die Kettenglieder einer von Polen, Juden und Zigeunern sorgfältig

Beratung über die Studentenpetition in der Wohnung des Sprechers der Burschenschaft Arminia, Fritsch, am 8. März 1848

geplante Verschwörung zu entdecken; die März=Revolution war von fremden Gesindel im Allgemeinen, die October=Revolution von Pulszky mit ungarischem Geld gemacht worden! – Beweise konnte man dafür nicht liefern. – Man that aber den erfahrenen polnischen Wühlern Unrecht. Hätten sie den Plan der März=Revolution gemacht, sie wäre wohl nicht so ‚gemütlich' beendet worden."[40]

Der Wiener März war ein deutscher Versuch!

So dokumentiert es Hans Kudlich und bestätigt damit die historische Tatsache des volkstumsbezogenen Nations-Argumentes:

„Die März=Revolution trug den Stempel des ‚ersten Versuchs' zu deutlich an sich, als daß man sie den Barricadenkämpfern von Paris auf Rechnung setzen könnte! Unter den maßgebenden Studenten war das schwarz=roth=goldene Element so überwiegend, daß sich kein anderes daneben Geltung verschaffen konnte. Der deutsche Gedanke, das Bewußtsein des Zusammenhanges mit dem Volke, mit den Studenten Deutschlands gab den ersten Anlaß zu revolutionären Besprechungen. Nur Deutsche nahmen an den Vorberathungen Antheil. Kein einziger Pole oder Italiener hatte eine irgendwie hervorragende Rolle. Burian, der allgemein für einen Polen galt

und niemals widersprach, war der in Galizien geborene Sohn eines K. K. Beamten und einer echt deutschen Siebenbürgerin. Er verachtete das polnische uncultivirte Element und fühlte sich als Deutscher, besonders als unsere deutsche Verbrüderung ihm klar gemacht hatte, daß ein in Polen geborener Deutscher so wenig ein Pole sei, wie das im Kuhstall geborene Pferd ein Kalb. Ebenso deutlich fühlten andere Studenten, die, wie Habrowski, Priborski Namen slavischen Klanges trugen. Desgleichen war der unter den südsteiermärkischen Slaven geborene Professor Füster ein überzeugungstreuer Deutscher – jedenfalls ein entschiedener Gegner der tschechischen Politik."[41]

„Die Broschüren Schuselka's, ‚Die Grenzboten', ‚Österreich und seine Zukunft' machten auf uns einen mächtigen Eindruck ..."[42]

Franz Schuselka, der als geistig-politischer Mentor angeführt wird, war seit 1845 Ehrenmitglied der Jenaischen Burschenschaft auf dem Burgkeller. Sein direkter burschenschaftlicher Einfluß auf Kudlich ist noch nicht näher erforscht worden, Schuselkas Einstellung den Burschenschaftern gegenüber zeigt allerdings deutliche Charakteristik. So schreibt dieser Zeit- und Tatzeuge der Revolution in „Deutsche Fahrten" vom Jahre 1849 von einer Einladung durch Studenten zu einem „Studentencommerz in Wien!" am Abend des 27. März 1848: *„Als ich im Jahre 1842 in Jena zum erstenmal einem solchen Burschenfeste beiwohnte, da trauerte ich von Herzen um meine auch in dieser Hinsicht verlorene Studentenzeit. Die deutschen Burschen waren mir hochpoetische wahrhaft ehrwürdige Gestalten, und wenn ich daneben an die entweder knäbisch schülerhaft oder geckenhaft stutzerisch aussehende österreichische Studenten dachte, so erfüllt mich Zorn und Scham"*. Wahrlich von seelisch-politisch tiefgreifender Symbolik proklamiert der bald als Frankfurter Paulskirchenabgeordneter gewählte und dann als linker Reichsratsabgeordneter agierende Politiker dann weiter: *„Ich betrachte es als die höchste Ehre meines Lebens, als ich im Jahre 1845 Ehrenbursch der Jenenser Burschenschaft wurde. Und nun befand ich mich plötzlich in dem sonst so philisterhaften Gasthaus zum Igel mitten unter österreichischen Burschen, die durch Gewandtheit in jeglicher Burschensitte, durch fröhlichen und freien Burschensinn sich neben den bemoostesten Häuptern des Burg= und Fürstenkellers zu Jena ebenbürtig behauptet hätten"*.

Nicht zuletzt der prachtvolle „Revolutionskommers", am denkwürdigen 16. Mai 1998, bezeugte die burschenschaftliche Identität und den nationalen Imperativ in der evolutionären Erinnerung an die Ideale von 1848/49 der gesamten nationalfreiheitlichen Studentenschaft Österreichs mit Vertretungen, Vereinen und Verbänden aus allen Teilen des Vaterlandes durch die sich wenigstens für eine Nacht schwarz-rot-golden illuminierende Wiener Hofburg; wenngleich die schwarze und rote und goldene Farbsymbolik des rotweißroten Staatswappens – den historischen Laien wohl etwas unbewußt – permanent den Sitz des Bundespräsidenten staatssymbolisiert.[43]

Der „Bauernbefreier", Nationalrevolutionär, Früh-Demokrat und Alt-Liberale Dr. Hans Kudlich, den zeitgenössische Darstellungen und Stiche stets mit dem schwarz-rot-goldenen-Burschenband signifizieren, dachte, handelte, lebte und „erinnerte" sich stets nach dem politischen Revolutionslied von 1848 zu Ehren der Wiener akademischen Legion, für die er die Ehre hatte im vaterländischen Sinne für Freiheit und Einheit zu kämpfen, Blut zu vergießen und zu leiden – aber auch den „Sinn" des Lebens zu finden, denn:

***Echt deutsch** wie ich, ist auch mein Hut,*
*der Hut der **deutschen Garde –***
Hoch lebe du, mein schönstes Gut,
***Dreifärbige** Cocarde![44]*

wahrlich ein burschenschaftliches National-Ethos und vaterländisches Lebens-Sinnbild!

1848er-Revolutionskommers des nationalfreiheitlichen Lagers am 16. Mai 1998 in der Wiener Hofburg mit 1.500 Besuchern und 150 Chargierten

[1] Rückblicke und Erinnerungen von Hans Kudlich. (<Ungek.> Separat-Abdruck aus der „Deutschen Zeitung".) Verl. d. „Deutschen Zeitung". – Druck von Karl Simmon (Wien 1873) 567 Seiten. – Original des Julius Neukirch (B! OLYMPIA) unter Nr. 1086 im Archiv der Wiener akad. Burschenschaft OLYMPIA. – Zitiert „KUDLICH"
Vgl. das Kapitel 15 „Hans Kudlich, Sinnbild des Bauernbefreiers", in: Bernhard Reinhold Pilz, Die politische Symbolik der deutschen Revolution 1848/49. (1998) S. 74-82

[2] KUDLICH, S. 135

[3] So trat er in der Grundrechtsdebatte (18. Juli 1848) der Frankfurter Nationalversammlung für die „völlige Gleichberechtigung" ein.

[4] Am 12. März 1848 eingereichte Petition: u. a. „,... Gleichstellung der verschiedenen Glaubensgenossen in staatsbürgerlichen Rechten; ..." – Abgedr. in: Handbuch für den Deutschen Burschenschafter Österreichs. Hrsg.v. Verb. alter Burschenschafter Österreichs (Wien 1908) S.157.

[5] Dr. Hermann KROMMER, ein Neffe des Bauernbefreiers, ist Mitglied der Burschenschaft SILESIA (Wien) vgl. Lothar Höbelt, Kornblume und Kaiseradler. Die deutschfreiheitlichen Parteien Altösterreichs 1882-1918 (Wien 1993) S. 94

[7] KUDLICH, S.171

[8] Brief aus Davos vom 17. 9. 1898 in: Hermann Krommer, a.a. O. S.68

[9] Brief vom 19. 2. 1902 an Hermann Krommer; in: Hermann Krommer, a. a. O. S.74

[10] Andrew G. Whiteside, a. a. O. S.176, zitiert dabei Joachim Prinz, Hans Kudlich, S.182 (allerdings München 1961 !?), woraus diese Aussage allerdings nicht folgt, den Prinz schreibt: „Selbst der großdeutsche Gedanke, an dem er (Kudlich m. A.) zeitlebens gehangen, scheint ihm nun durch den deutschnationalen Antisemitismus diskreditiert!" (a. a. O. S 182, Anm. 12!

[11] Friedrich Prinz, Hans Kudlich (1962) S. 181+Anm.7

[12] Vgl. Josef Rudolf Gottwald, Hans Kudlich. Der große Deutsche aus dem Sudetenland in Zitaten. Gerasdorf bei Wien 1984

[13] KUDLICH, S. 79

[14] Zit. nach: Friedrich Harzmann, Burschenschaftliche Dichtung von der Frühzeit bis auf unsere Tage. Eine Auslese. (Quellen und Darstellungen zur Geschichte der Deutschen Burschenschaft und der deutschen Einheitsbewegung. Band 12.) Heidelberg 1930 S. 79

[15] [16] KUDLICH, S. 83

[17] Paul Molisch, Die Wiener akademische Legion und ihr Anteil an den Verfassungskämpfen des Jahres 1848 (Wien 1922) S. 16

[18] [19] [20] KUDLICH, S. 85, 85, 86.

[21] Zit. in Spuren der deutschen Burschenschaftsbewegung in Salzburg (1927) mit Quellenangabe: „Salzburger Volksblatt" v. 27. u. 28. 12. 1927, in: Mitteilungen der Ges. f. Salzburger Landeskunde. 1942/1943 S.81-89

[22] KUDLICH, S. 87.

[23] Helge Dvorak, Biographisches Lexikon der Deutschen Burschenschaft. Im Auftr. d. Ges. f. Burschenschaftliche Geschichtsforschung, Hrsg. v. Prof. Dr. Christian Hünemörder. Band 1: Politiker, Teilband 1: A-E (Heidelberg 1996) S. 211

[24]–[31] KUDLICH, S. 87f, 88, 179, 151, 95, 96, 96, 97.

[32] Max Doblinger, Der burschenschaftliche Gedanke auf Österreichs Hochschulen vor 1859. In: Quellen und Darstellungen zur Geschichte der Deutschen Burschenschaft und der deutschen Einheitsbewegung. Band 8. 2. Aufl. Heidelberg 1966 S.94

[33]–[41] KUDLICH, S. 100, 110, 110, 111f, 112, 112, 116f, 135, 135f,.

[42] Franz Schuselka, Deutsche Fahrten, Band II (1949)

[43] Bernhard Reinhold Pilz, Schwarz-Rot-Gold und Rot-Weiß-Rot. Die Farbensymbolik Österreichs und der deutschen Nation in ihrer historischen Kontinuität. In: Österreich und die deutsche Nation. Hrsg. Andreas Mölzer. Aula-Verlag (Graz1985) S.151-168.

[44] Das 6-strophige Lied stammt von Ludwig ECKARDT, ist dem akademischen Singverein gewidmet, und war am 3. Juni 1848 als Flugblatt in Wien erschienen. Abgedr. in: (Joseph Alexander Freih. v. Helfert) Der Wiener Parnaß im Jahre 1848. Von Freih. v. Helfert (Wien 1882) u. Bernhard R. Pilz, Die politische Symbolik der deutschen Revolution 1848/49 (Wien 1998) S. 36f.

HELMUT MÜLLER

Sie haben's gewagt

Mit Feder, Leyer und Schwert

Gebildeten Deutschen braucht nichts gesagt zu werden über die einstige Bedeutung der Lyrik für unser Geistes-und Seelenleben. Obzwar von sehr unterschiedlichen Leuten in Worte gekleidet, finden wir über Zeiten hinweg dennoch übereinstimmende Aussagen darüber, was Lyrik sei. Etwa „Gemalte Fensterscheiben", wie Goethe einmal dichtete, ein Seelenspiegel, worin „jeglicher drin staunend sich selber erkennt" bei Schiller, „Wohllaut und Gesang" für Marie von Ebner-Eschenbach, ein Labsal für Herz und Gemüt für viele Generationen. Jedenfalls noch bis vor einigen Jahrzehnten. Hier soll nun aber einer besonderen Form der Lyrik, voran ihrer mutigen Vertreter gedacht werden, bei denen leidenschaftliches Bekenntnis und persönliches Engagement, der revolutionäre Charakter und die rythmische Kraft ihrer Verse im Vordergrund stehen.

„Dem Vaterland zu Nutz und Gut" [1]

Leben in deutschen Landen bedeutete im Laufe der Geschichte immer wieder Uneinigkeit, politische Wirren, Armut weiter Kreise des Volkes und ausgeliefert sein, nicht zuletzt auch noch weltanschauliche Orientierungslosigkeit. Solche Zeitumstände regten sehr wesentlich die Phantasie der Dichter an, beflügelten diese in ihrem Tatendrang. Zustände im Inneren oder äußere Gefahren ließen viele zur Feder greifen oder auch – wie in den Befreiungskriegen – zum Schwert.

Das politische Lied war zwar nicht die Sache eines Dichterfürsten vom Range Goethes, dennoch fand sich auch bei ihm, etwa in den „Venezianischen Epigrammen" , in „Hermann und Dorothea" und in der Satire „Reinecke Fuchs" das Politische im Kontext der Dichtung wieder. Wesentlich stärker ausgeprägt natürlich bei Schiller, womit er natürlich weit entfernt war von Goethes Auffassung von der Poesie und ihres rein ästhethischen Zwecks.

Zu den ersten Dichtern und Sängern, die wider die Zeitumstände ihren Unmut in Verse kleideten, gehörte ohne Zweifel bereits **Walther von der Vogelweide** (um 1170), der als politischer und gesellschaftskritischer Minnesänger zu „Deutschlands Ehre" oder später auch gegen das Papsttum Stellung bezog. Zweifelsohne einer der streitbarsten Geister seiner Zeit. Doch Jahrhunderte später sollte ein anderer Mann in noch bedeutenderem Maße zum Vorteil der deutschen Nation wirken: **Martin Luther** (1483-1546). In Tagen der großen geistigen Revolution in Deutschland, in der religiöse, nationale und soziale Kräfte miteinander und ineinander wirkten, schuf der Mann aus Eisleben unter vielen seiner Lieder seine „Feste Burg", dieses „Kampflied des Glaubens". Diese kämpferische Lyrik sollte durch die von ihm geschaffene gemeinsame, verbindende Sprache noch von weitreichender Bedeutung für die politische Dichtung in Deutschland werden.

Nicht geringer geschätzt werden darf aber sein ritterlicher Mitstreiter **Ulrich von Hutten** (1488-1523). Dieser edle und tapfere Mann verkörperte die überzeugendste und mitreißendste Erscheinung des deutschen Humanismus. Es gibt wenige Männer unserer Geschichte, die ihrem deutschen Vaterlande in so hingebungsvoller und uneigennütziger Weise dienten. Sein kompromißloses Eintreten für Freiheit und Recht läßt ihn eigentlich gegenüber der im Grunde schwachen Haltung Luthers als den wahren deutschen Revolutionär erscheinen [2].

In einer seiner letzten Stellungnahmen zum Wittenberger schreibt Hutten sichtlich enttäuscht: *„Von Luther kann ich allerdings schweigen, nicht so von der Freiheit“*. Er, der erste große politische Dichter Deutschlands sozusagen, hat's *„gewagt mit Sinnen“* ohne Reu', wußte, daß er *„nichts dran gewinnen kann“* und wollte *„unverzagt...das End' erwarten“*. Allen freiheitsliebenden Deutschen waren seine Verse und Briefe gewidmet, sein erster und letzter Gedanke galt dem Vaterland. Welch ein großartiger Deutscher!

Hutten hatte weiter gesehen als der Wittenberger, und hätte man ihm mehr Unterstützung angedeihen lassen, wer weiß, ob nicht ein dem deutschen Volke gedeihlicher Umbruch der gesellschaftlichen und politischen Lage hätte herbeigeführt werden können. Huttens Wahlspruch, der da lautete:

„Um Wahrheit ich fechte,
Niemand mich abbrächte.
Es brech oder gang:
Gottes Geist mich bezwang.“

wies ihn als unbestechlichen Sachverwalter der deutschen Nation und zugleich als Symbol einer möglichen politisch-religiösen Erneuerung seines Vaterlandes aus. Daß diese schließlich in kirchlichen wie fürstlichen Angelegenheiten stecken blieb, sollte Deutschland nicht unbedingt zum Vorteil gereichen, wie die spätere Geschichte lehrte. Nicht seine Gegner hatten Hutten letztlich bezwungen, an seinem Ende mitgewirkt hatten sie aber doch, als er 1522, politischer Flüchtling in der Schweiz, entkräftet und krank, erst 35jährig von seinem Gott abberufen wurde.

Es sollte lange dauern, bis in Deutschland wieder politische Verse von einigermaßen Bedeutung geschrieben werden konnten. Erst im 18.Jahrhundert, nach Überwindung der Folgen des Dreißigjährigen Krieges und nach Einsetzen eines geistigen und sittlichen Aufschwungs, erwachte wieder so etwas wie Gesellschafts- und Sozialkritik, die in die vaterländische, und wenig später in die Revolutionslyrik münden sollte.

Das junge Deutschland hat einen Ursprung

Es ist nicht wegzuleugnen, daß das junge deutsche 19. Jahrhundert vom abtretenden 18. Jahrhundert ein reiches Erbe übernahm, aus dem voll geschöpft werden konnte. Unendlich viel verdankte diese spätere Dichtergeneration dem aus Ostpreußen stammenden Reformer der deutschen Sprache **Johann Christoph Gottsched** (1700-1766). Dieser kämpfte gegen den Gebrauch des Lateinischen unter den Gelehrten und des Französischen unter den Adeligen. Eine Art Kulturrevolutionär also. Er war es schließlich, der die

Herrschaft der hochdeutschen Schriftsprache auch in abgelegenen Gegenden des Vaterlandes durchsetzte. Bis 1740 galt Gottsched als die unbestrittene Autorität in der deutschen Literatur, ehe er kurze Zeit darauf von einem anderen „Literaturpapst" abgelöst wurde: **Friedrich Gottlieb Klopstock** (1724-1803), dessen Hermannstrilogie nationalpatriotische Bedeutung erlangte. Seine lyrischen Gedichte von unvergänglichem Wert sind der Nachwelt erhalten geblieben, und so manche seiner mahnenden Worte haben heute noch, oder besser schon wieder Gültigkeit

„Verkennt denn euer Vaterland,
undeutsche Deutsche! Steht und gafft
mit blöder Bewunderung und großem Auge
das Ausland an!
Dem fremden, den ihr vorzieht, kam's
nie ein, den fremden vorzuziehen.
Er haßt die Empfindung eurer Kriechsucht,
und verachtet euch!"

Ein weiterer großer Reformator der deutschen Literatur, der nur vier Jahre nach Klopstock geboren werden sollte, nämlich **Gotthold Ephraim Lessing** (gest.1781), war es, der später Goethe und Schiller entscheidend beeinflußte. Aber nicht nur diese: In seiner Tragödie „Emilia Galotti" erhebt dieser bedeutende deutsche Kritiker des 18. Jahrhunderts die nachhaltigste Anklage gegen das Fürstentum seiner Zeit und ahnt damit die kommende Revolution voraus. Sein „Nathan der Weise" aber kündet von jener Toleranz und Humanität, wie sie das künftige junge Deutschland einmal auszeichnen und einen weiteren Vertreter dieser Richtung seines Werkes wegen unvergeßlich machen sollten: **Johann Gottfried Herder** (1744-1803), Sohn eines gelernten Webers übrigens, der später Lehrer wurde. Herder übte wie kein anderer gehörigen Einfluß auf den Sturm und Drang, aber auch auf die Klassik und Romantik aus. Er war kein großer Dichter, aber als Historiker, Theologe und Philosoph brachte er seine vorbildlichen Einsichten in klarer, verständlicher Sprache seinen Lesern nahe:

„Jede Nation hat den Mittelpunkt der Glückseligkeit
in sich, wie jede Kugel ihren Schwerpunkt; kein Ding
im ganzen Reich Gottes ist allein Mittel, alles ist Mittel
und Zweck zugleich."

Und fast zur gleichen Zeit als Schillers Ruf im „Tell" erscholl: *„Ans Vaterland, ans teure, schließ dich an!"*, richtete Herder an Joseph II, der von vielen deutschen Dichtern für den Herrscher der deutschen Zukunft gehalten wurde, folgende Verse:

„O Kaiser! du von neunundneunzig Fürsten
und Ständen wie des Meeres Sand
Das Oberhaupt, gib uns, wonach wir dürsten,
ein deutsches Vaterland."

Herder forderte und förderte eine nationale Literatur und Kunst – man denke dabei an seine „Volkslieder" – warnte aber gleichzeitig vor dem Nationalwahn. Humanität unter freien, gleichberechtigten Völkern hieß das Ziel.

Deutschland erwacht – Sturm und Drang – Romantik

Am 14. Oktober 1771 hielt der junge Doktor **Johann Wolfgang Goethe** (1749-1832) in Frankfurt am Main eine Rede zum „Shakespeare-Tag“, die als Programmrede des beginnenden Sturmes und Dranges gelten kann. In dieser Rede geißelte er die schlaftrunkene deutsche Gesellschaft, das Verzärtelte, der Natur Entfremdete an ihr. Er traf damit die Stimmung und Anschauung einer erwartungsvollen Jugend, aus der jene machtvolle Bewegung erwuchs, die für ganz Deutschland von großer Bedeutung werden sollte und die ihren Namen aus einem „Sturm und Drang, ein Schauspiel“ genannten Stück von **Friedrich Maximilian Klinger** (1752-1831) bezog.

1781 spielte in Goethes „Clavigo“ ein junger Mediziner die Hauptrolle, den man später einmal ebenbürtig an die Seite des großen Meisters gestellt sah: **Johann Christoph Friedrich Schiller** (1759-1805) – dieser leidenschaftliche Vertreter der politischen und sittlichen Freiheitsidee. Ein politisch-revolutionärer Dichter, der sich in seinen Werken für individuelle Freiheit, Menschenrecht und den republikanischen Gedanken sowie gegen Fürstenwillkür, Knechtschaft und Korruption aussprach. Mit seinem „Tell“ und seiner „Jungfrau von Orleans“ hat er in einem nationalen Sinne vorbildlich gewirkt und die Befreiungskriege entscheidend mit vorbereitet. Auch er hat, vorausahnend, künftigen Generationen Treffliches in‘s Stammbuch geschrieben:

*„Die schönsten Träume von Freiheit werden im
Kerker geträumt.“*

Oder auch:

*„Was auch draus werde, steh zu deinem Volk; es ist
dein angeborner Platz.“*

Die Generation des Sturms und Drangs, die Zeit der Klassik und der Romantik machte ganz allgemein – wohl auch angeregt durch die französische Revolution – Freiheit, Einigkeit und Recht zu Losungswörtern. Diese Werte waren allerdings, wie wir spätestens seit Hutten wissen, keine französische Erfindung, bekamen aber durch die Ereignisse in Frankreich eine neue Qualität. Auf dem Gebiet der Lieddichtung folgten Nachahmungen auf die Marseillaise, etwa das Bürgerlied der Mainzer („Auf Brüder! auf! die Freiheit lacht...“, 1793) oder das Lied der unerschrockenen „freyen Wöllsteiner“ (1792/93), in dem es entschlossen heißt:

*„Laßt uns der Freiheit würdig werden,
Sie ist des Menschen bestes Gut;
Und fließt für sie auch all sein Blut,
Genießt sein Sohn doch Glück auf Erden.
Wohlan! Die Wahl ist leicht!
Nur Freiheit oder Tod!
Weh dem! Fluch dem!
Der je es wagt, und unsrer Freiheit droht.“*

Und so war dieses Wort „Freiheit“, und vor allem das Streben nach ihr, im jungen Deutschland des 19. Jahrhunderts selbstverständlich längst beheimatet. [3]

Neben den gräflichen Brüdern Stolberg Christian (1748-1821) und Friedrich Leopold (1750-1819), wußte auch Christian Daniel Schubart (1739-1791) die Fürsten anzuklagen und ein Zeugnis von deutscher Schmach und Größe abzulegen. Ein echter Sozialkritiker aber unter den damaligen Dichtern war gewiß der mit seiner „Lenore“ berühmt gewordene **Gottfried August Bürger** (1747-1794), der in seiner Gedichtsammlung die Zustände der damaligen Gesellschaft aufs Korn genommen hatte:

„Der Freiheit droht mit Blei und Eisen
der stolzen Unterdrücker Wut.
Ich aber will sie dennoch preisen,
und will's mit unerschrocknem Mut.
Denn seit der Schöpfung allen Weisen
galt Freiheit für ein edles Gut.“ („Fragment“)

In einem weiteren „Fragment“ heißt es dann:

„Sie nennen's Streit fürs Vaterland,
in welchen sie dich treiben,
O Volk, wie lange wirst du blind
beim Spiel der Gaukler bleiben.
Sie selber sind das Vaterland
und wollen gern bekleiben.“

Damit wollte Bürger ausdrücken, daß der vaterländische Gedanke von den Herrschenden auf dem Gebiet des Sozialen als Vorwand mißbraucht werde. Wie wir heute wissen, ein zeitloser, allgemeingültiger und richtiger Gedanke.

Nebenher zum Sturm und Drang verlief die Romantik, der unter anderem die Brüder Schlegel als auch Tieck und Novalis und der große Sänger Eichendorff zugerechnet werden. Goethe und Schiller, die beiden Giganten der deutschen Dichtung, hatten zu ihr ein eher distanziertes Verhältnis. Etwas unverständlich aus heutiger Sicht, denn die Romantik hat immerhin die deutsche Dichterseele bereichert und neue Wege eröffnet. Ihre späten Vertreter, voran **Clemens Brentano** (1778-1842) und **Joseph Freiherr von Eichendorff** (1788-1857), legten den Grund zu einer dichterischen Entwicklung, die zu den Vaterlandsliedern führte und die bis in unser Jahrhundert andauerte.

Wider den Feind – Die Dichtung im Dienste des Vaterlandes

Die deutsche Begeisterung für die französische Revolution schwand nach und nach in dem Maße, als die Schrecken der Revolution bekannt wurden und der Nachbar immer agressiver wurde. Als Napoleon daran ging, Deutschland zu unterwerfen, schlug die Stimmung in einen nationalen Ton um. Die ungeheuren Erschütterungen bewirkten eine Hinwendung zum Vaterland, zu nationaler Größe und Einheit.

Die Dichtung der Freiheitskriege galt lange Zeit für wenig bedeutend für die deutsche Literaturgeschichte, wohl aus politischem Kalkül. Diese Poesie, die dem Ringen um die heiligsten Güter ihre Stimme verlieh, gehört unbestreitbar zum geistigen Erbe und zum Ruhm der deutschen Nation. 1806, vor der Schlacht von Jena, schrieb **Wilhelm Schlegel** (1767-1845): *„Wir bedürfen einer durchaus nicht träumerischen, sondern wachen, energischen und besonders einer patriotischen Poesie“.* Ein Jahr darauf hält der Philosoph **Johann Gottlieb Fichte** (1762-1814), Sohn eines armen Leinenwebers, in

Berlin seine berühmten „Reden an die deutsche Nation“, darin er unter anderem ausführte:

„Das, worüber gestritten wird, leidet keine
Teilung: die Freiheit ist oder ist nicht...
und wer sterben kann, wer will den zwingen?“

Durch diese und Fichtes vaterländische Weltanschauung erwachte das politische Selbstbewußtsein der Deutschen zu nationaler Reife. 1813, als Preußens König Friedrich Wilhelm III. seinen Aufruf „An mein Volk“ veröffentlichen ließ, sollten auch jene Studenten, die Fichtes Reden gehört hatten, in den Befreiungskrieg ziehen.

Neben Fichte wäre in dieser Reihe noch ein Mann der Tat zu erwähnen: **Ludwig Jahn** (1778-1852), der Begründer der deutschen Turnkunst. Sein Hauptwerk das „Deutsche Volkstum“ erschien in Lübeck mit Genehmigung der französischen Polizei und galt vielen als „das deutscheste Wehrbüchlein“ (Blücher). Auch er sprach mahnend aus, was heute gültiger nicht sein kann:

„Der Gründungstag der Universalmonarchie
ist der letzte Augenblick der Menschheit.
Unglückliches Deutschland! Die Verachtung deiner
Muttersprache hat sich fürchterlich gerächt. Du
warst schon längst dir unwissend durch eine fremde
Sprache besiegt, durch Fremdsucht ohnmächtig,
durch Götzendienst des Auslandes entwürdigt. Nie
hätte dein Überwinder so vielfach in einem andern
Lande gesiegt, wo die Vergötterung seiner Sprache
nicht mitgefochten.“[3]

Neben Jahn zählt zu den „Sängern“ der Befreiungskriege ein Mann, der, 1769 geboren, als Neunzigjähriger noch das Morgenrot des neuen Deutschlands erleben durfte: **Ernst Moritz Arndt** (1769-1860). Erst in den Befreiungskriegen hatte er sich zu einem anspruchsvollen Poeten entwickelt und errang mit seinen Liedern in der Folge die Sympathien der Patrioten. Am bekanntesten sind wohl „Der Gott, der Eisen wachsen ließ“, „Was ist des Deutschen Vaterland?“ und von „Mai 1849“ besonders die letzten zwei Zeilen:

„Wir sind geschlagen, nicht besiegt.
In solcher Schlacht erliegt man nicht.“

Aber schon vor den Freiheitskriegen von 1809 – 1813 hatte er mit seinem Auferweckungsbuch „Der Geist der Zeit“ (1807) sein Volk auf die Stunde der Befreiung vorbereitet. Von ihm stammt auch der Ausspruch „Der Rhein Deutschlands Strom, nicht Deutschlands Grenze“ und folgende mahnenden und aufmunternden Worte:

„Wer sich selbst verläßt, der wird verlassen;
das Volk, das an sich verzweifelt, an dem
verzweifelt die Welt und die Geschichte schweigt
auf ewig von ihm. Unser Volk ist in einem
jeglichen von uns – darum lasset uns wacker sein.“

Ein Jahr nach Arndts Geburt schenkte Mutter Germania einem außerordentlich begnadeten Lyriker und Denker das Leben, der zwar nicht als ein ausgesprochener Dichter der Befreiungskriege gilt, der aber durchaus im vaterländischen Sinne etwas auszusagen wußte: **Johann Christian Friedrich Hölderlin** (1770-1843). Dem Vaterland, dem teuren, widmete er zum Beispiel diese herzbewegenden Zeilen:

„Eines nur gilt für den Tag: das Vaterland –
und des Opfers festlicher Flamme wirft
jeder sein eigenes zu." („Die Herbstfeier")

Und dann, 1793, in einem Brief an seine Schwester:

„Wir müssen dem Vaterlande und der Welt ein
Beispiel geben, daß wir nicht geschaffen sind,
um mit uns nach Willkür spielen zu lassen..."

Dieser große Sohn Deutschlands wußte nur zu gut um sein Volk und die gesellschaftlichen Verhältnisse seiner Zeit Bescheid. *„Dem Egoismus, dem Despotismus, der Menschenfeindschaft bin ich feind..."* schreibt er 1799 an seinen Bruder.

Die deutsche Jugend aber sollte einmal einen Mann verehren, von dem man wahrlich behaupten kann, er habe mit Leyer und Schwert gekämpft: **Theodor Körner** (1791-1813). Dieser feurige Geist, in seiner Bedeutung zwar nicht an Hölderlin heranreichend, ihm aber in Sachen Vaterlandsliebe um nichts nachstehend, war bereits als Dichter bekannt, als er am 19.März 1813, von Wien kommend, der gerade aufgestellten Freischar des Majors von Lützow beitrat. Dabei hatte er in Wien ein angenehmes Leben geführt, zuletzt war er gar zum Hofdichter ernannt worden. Doch er verläßt die geliebte Donaustadt, und schon im August desselben Jahres fällt er nach einer kühnen Verfolgungsjagd auf dem Feld der Ehre für sein geliebtes Vaterland. Zeigten seine Dramen noch den heranwachsenden, jungen Mann, so offenbarten seine Kriegslieder, darunter „Lützows wilde Jagd", die Reife seines Schaffens, und sie weckten umsomehr Begeisterung. Hier sei beispielhaft für Körners patriotische Gesinnung der letzte Vers aus „Lützow's wilde Jagd" wiedergegeben:

„Die wilde Jagd, und die deutsche Jagd
Auf Henkersblut und Tyrannen!
Drum, die ihr uns liebt, nicht geweint
und geklagt;
Das Land ist ja frei, und der Morgen tagt,
Wenn wir's auch nur sterbend gewannen!
Und von Enkeln zu Enkeln sei's nachgesagt:
Das war Lützow's wilde verwegene Jagd."

Da man den populären Freiwilligenverband der „von Lützow" nicht auf den Preußenkönig sondern auf das Vaterland vereidigt hatte, wurde das Freikorps sehr bald zum Symbol für die deutsche Einigungsbewegung und Theodor Körner zu einem ihrer herausragenden Dichter. [4]

Ein anderer, **Max von Schenkendorf** (1783-1817) war Kriegsfreiwilliger wie Körner und der eigentliche Romantiker unter den Vaterlandssängern. In seinem „Frühlingsgruß" an das befreite Vaterland dichtet er gerührt:

„Wie mir deine Freuden winken
Nach der Knechtschaft, nach dem Streit!
Vaterland, ich muß versinken
Hier in deiner Herrlichkeit."

Von deutscher Schmach und dem Willen, sie auszutilgen, sang damals auch der gebürtige Schweinfurter **Friedrich Rückert** (1788-1866), doch verstand er es nicht wie Arndt oder Körner, die Herzen aufzurütteln.

Da nun das Vaterland befreit war, regten die inneren Verhältnisse zu einer anderen Art der Dichtung an, jetzt galt es, die Einheit herzustellen und die gesellschaftlichen Bedingungen zu demokratisieren.

Für Freiheit, Einigkeit und Recht

Kein Norddeutscher wie Arndt, oder Preuße wie Schenkendorf war der schwäbische Dichter **Ludwig Uhland** (1787-1862), der nicht unbedingt zu den ersten und eigentlichen Rufern in der Auseinandersetzung mit dem Feind gezählt werden kann. Erst spät, 1813, regte sich in ihm die Vaterlandsbegeisterung:

„Dir möcht ich diese Lieder weihen,
Geliebtes deutsches Vaterland!
Denn dir, dem neu erstandnen, freien,
Ist all mein Sinnen zugewandt.
Doch Heldenblut ist dir geflossen,
Dir sank der Jugend schönste Zier.
Nach solchen Opfern, heilig großen,
Was gelten diese Lieder dir?"

Doch in seinem „Nachruf" beginnen die Eingangsverse bereits mit den mahnenden Worten:

„Noch ist kein Fürst so hoch gefürstet,
So auserwählt kein ird'scher Mann,
Daß, wenn die Welt nach Freiheit dürstet,
Er sie mit Freiheit tränken kann..."

Als „Hausgeist des deutschen Volkes" und das „Gewissen Deutschlands" galt dieser verdienstvolle Sohn des Schwabenlandes, und er hatte, wie selten einer, „in deutsche Saiten und Herzen" (Gerok) gegriffen. Uhland beendete sein dichterisches Schaffen früh, 1819 erschien seine letzte größere Arbeit, um sich fortwährend mehr der Politik zu widmen. Und das mit Zivilcourage, die er bereits als Beamter 1805 bewies, als er sich weigerte, dem König, der den Landtag widerrechtlich aufgelöst hatte, den Treueeid zu schwören. 1820 forderte er als Angehöriger der Württembergischen Kammer ein gemeinsames Gesetzbuch für ganz Deutschland, und er gehörte zu den letzten Abgeordneten des Rumpfparlaments, das in Stuttgart 1849 von Soldaten auseinandergetrieben wurde. In Frankfurt saß er unter den „Großdeutschen", dort hielt er auch die berühmte Rede über die Kaiserwahl, in der es unter anderem heißt: *„Es wird kein Haupt über Deutschland leuchten, das nicht mit einem vollen Tropfen demokratischen Öles gesalbt ist."* Uhland war übrigens ein Freund Österreichs, ohne dieses konnte er sich kein ganzes Deutschland vorstellen.[5]

In der ersten Reihe der vormärzlichen Dichter finden wir neben anderen auch den im damaligen Ungarn geborenen **Nikolaus Lenau** (1802-1850), der mit Uhland und anderen schwäbischen Dichtern engen Kontakt pflegte, nachdem er vor den Häschern Metternichs ins Schwabenland geflohen war. 1832 trieb ihn, nach einer unglücklichen Liebschaft, die innere Unruhe nach Amerika. In seinem Abschiedslied grüßt er zum „letztenmal" sein Vaterland, das *„feige dumm, die Ferse dem Despoten küßt, und seinem Winke gehorchet stumm."* Doch das Heimweh dürfte größer gewesen sein, als die Liebe zum neuen Vaterland, und so kehrte er nach Stuttgart zurück. Dort erschien sein erster Gedichtband. Er starb schließlich in geistiger Umnachtung. Von Lenau kennen wir aus seinem vormärzlichen Schaffen unter anderem die „Albigenser", dessen Schluß hier wiedergegeben sei:

„Woher der düstre Unmut unsrer Zeit,
Der Groll, die Eile, die Zerissenheit? –
Das Sterben in der Dämmerung ist schuld
An dieser freudenarmen Ungeduld;
Herb ist's, das langersehnte Licht nicht schauen,
Zu Grabe gehn in seinem Morgengrauen.
Und müssen wir vor Tag zu Asche sinken,
Mit heißen Wünschen, unvergoltnen Qualen,
So wird doch in der Freiheit goldnen Strahlen
Erinnerung an uns als Träne blinken."

Neben Lenau gaben sich noch eine Reihe weiterer österreichischer Dichter recht kämpferisch, so auch Anastasius Grün, auf dem noch zurückzukommen sein wird, Moritz Hartmann („Deutsche Freiheitslieder"), Ferdinand Sauter, Robert Zimmermann („Den Gefallenen"), Hermann von Gilm und, nicht zu vergessen!, der köstliche Nestroy („Freiheit in Krähwinkel") u.a.m.

Von ganz anderer Art und anderer Gewichtung aber ist der junge Mann, vom dem jetzt die Rede sein soll: In dem selben unglückseligen Jahr, in dem der große Dichter-Patriot Theodor Körner fallen sollte, und ein gutes Jahrzehnt, nachdem Lenau das Licht der Welt erblickt hatte, wurde der hessischen Arztfamilie Büchner ein Sohn geboren, den man als den scharfsinnigsten Sozialkritiker seiner Zeit nennen kann. Obzwar von Beruf Mediziner, fühlte sich dieser ganz zum Schriftstellerberuf hingezogen; auf diesem Gebiet schuf er kraftvolle Dramen wie „Danton's Tod" und „Woyzeck". Sowohl das Revolutionsdrama als auch die Geschichte um den des Mordes angeklagten Perückenmachers Johann Christian Woyzeck gehören heute zu den meistgespielten Stücken auf deutschen Bühnen. Die Rede ist von **Georg Büchner** (1813-1837), ein durch und durch politischer Mensch und Sozialrevolutionär. Sein Ziel war eine egalitäre Republik auf der Basis ökonomischer Gütergemeinschaft. Umsturz, republikanische Verfassung und Deutschlands Einheit waren die drei Hauptforderungen seiner von ihm und revolutionären Burschenschaftern gegründeten „Gesellschaft der Menschenrechte". Seine Gesinnung und vor allem auch seine Mitarbeit beim ketzerischen „Hessischen Landboten" brachten ihm einen Steckbrief und, als Fol-

Ludwig Jahn

Ulrich von Hutten

Martin Luther

Friedrich von Schiller

Johann Wolfgang Goethe

Johann Gottfried Herder

Friedrich Hecker

Theodor Körner

Ludwig Uhland

Ferdinand Freiligrath

Heinrich Heine

Franz Grillparzer

Friedrich Rückert

Ernst Moritz Arndt

Joseph Freiherr von Eichendorff

Gottfried August Bürger

Robert Blum

Georg Herwegh

ge dessen, das Exil in Straßburg ein. Von dort schrieb er 1834 an seine Eltern, daß ihn die politischen Verhältnisse zu Hause eingeengt hätten, und weiter:

„...ich schämte mich, ein Knecht mit Knechten
zu seyn, einem vermoderten Fürstengeschlecht und
einem kriechenden Staatsdiener-Aristocratismus
zu Gefallen."

Zwar kam er wieder nach Hause, um aber dann nach Zürich zu gehen, wo er allzufrüh, erst 23jährig, an den Folgen einer zu spät erkannten Krankheit sein Leben beenden sollte. Büchners Gedanken aber wirken bis in unsere Zeit fort. [6]

Unzufriedenes „Junges Deutschland"

Die Zeit des Vormärz, der Rückfall in absolutistische Regierungsformen nach 1815, mußte vor allem jene Studenten enttäuscht haben, die aus den Befreiungskriegen nach Hause gekommen waren. Beim Wartburgfest, am 18.Oktober 1817, erinnern die Studenten in dem Lied „Frisch auf, frisch auf, zur Burschenfahrt, ihr Jungen und ihr Alten" an die Helden der Befreiungskriege. Die Regierungen waren einigermaßen erschrocken durch das Aufbegehren des Jungen Deutschlands.

Für diese Jugend galt es, Deutschland ein zweites Mal zu befreien. Die Knebelung der Geister durch eine engstirnige, gehässige Zensur hatten nicht einmal ein Lessing oder Schiller gekannt. Die harmlosesten Scherzgedichte gaben Anlaß, um angeklagt und bestraft zu werden. Die „Zenztraluntersuchungskommission" in Mainz verhörte die studentische Jugend auf Verschwörung, was **Robert Prutz** (1816-1872) zu folgenden Zeilen veranlaßte:

„Eine Spinne, fest und stark, O wohl, die weiß zu
saugen des Vaterlandes Mark!"

Später sollte er, zwar nicht an Schwung und Glanz einiger seiner Dichterkollegen heranreichend, doch noch einige aussagekräftige politische Gedichte verfassen. Auch er wurde deshalb verfolgt, aber wie Herwegh und Freiligrath auch, durfte er seinen Lebenstraum, das Reich, noch erleben. Bekannt ist sein Hohngedicht „Pereant die Liberalen" (1845), in dessen ersten Vers es heißt:

„Pereant die Liberalen
Die nur reden, die nur prahlen,
Nur mit Worten stets bezahlen,
Aber arm an Taten sind;
Die bald rechts, bald links sich drehen,
Die bald hier, bald dorthin sehen,
Wie die Fahne vor dem Wind:
Pereant die Liberalen!"

Bereits 1840 aber hatte er einige seiner patriotischsten Verse zu Papier gebracht. [7] Der in seinem „Ein freies deutsches Volk" gerichtete Aufruf ist gerade heute wieder so aktuell und so wirklichkeitsnah wie damals:

„Sei deutsch, mein Volk, verlern' den krummen
Rücken,

An den du selbst unwürdig dich gewöhnt!
Mit freier Stirn, grad aufwärts, mußt du blicken,
Vom eignen Mut gesittigt und verschönt.
Es kann den Fürsten selber nicht gefallen
Dies schmeichlerisch demütige Geschlecht –
Ein offnes Auge, so geziemt es allen,
Zu Boden sieht das Tier nur und der Knecht."

Robert Prutz' beinahe verschollene satirische Dichtung „Politische Wochenstube" (1845) ist eine der bedeutendsten neben Heines Wintermärchen.

Unzählige patriotisch gesinnte Menschen aber mußten auswandern, andere blieben und wurden radikaler. Immer mehr sangen die Studenten ihr Bundeslied „Sind wir vereint zur guten Stunde" von Ernst Moritz Arndt. Die Ermordung des Lustspieldichters und zaristischen Agenten August von Kotzebue durch den Burschenschafter Karl Ludwig Sand am 23. März 1819 hatte die Lage verschärft, es kam zu Verhaftungen.

Die französische Julirevolution von 1830 löste schließlich eine Reihe von Aufständen in deutschen Fürstentümern aus und das Scheitern des polnischen Aufstandes rief nach einer Solidarität mit der polnischen Nationalbewegung. Vermutlich kurz vor dem Hambacher Fest (1832), zu dem mehr als 30.000 Menschen sich zu einer Kundgebung für Deutschlands Einheit und Freiheit versammelten, entstand das Lied „Fürsten zum Land hinaus", das erst später, 1835, in Paris von Emigranten in Druck gegeben werden konnte. Ein erstes revolutionäres Fanal sahen die Studenten schließlich in dem Frankfurter Wachensturm am 3. April 1833, der mangels aktiver Mitwirkung der Bevölkerung scheiterten mußte. Aus dieser Zeit stammt das Lied „Es saßen sechs Studenten", das mit diesen sympathisierte und die Polizei verspottete, nachdem ihnen die Flucht gelungen war.

Einige Lieder der Revolution galten besonders zwei Männern: **Friedrich Hecker** (1811-1881), Führer der badischen Freischaren und **Robert Blum** (1807-1848). Der erstere konnte nach der Niederlage seiner Truppe nach Amerika auswandern, Blum hingegen wurde in Wien standrechtlich erschossen. Im Heckerlied heißt es in der ersten Strophe:

„Hecker hoch! Dein Name schalle
An dem ganzen deutschen Rhein,
Deine Treue und dein Auge
Flößt uns all Vertrauen ein.
Hecker, der als deutscher Mann
für die Freiheit sterben kann."

Und für genau diese Freiheit und das deutsche Vaterland starb Robert Blum:

„Und also fest im Tode
Stand da der deutsche Mann.
Der Tambour schlug den Wirbel,
Die Jäger legten an.
Die Salve krachte dumpf und schwer,
Dein treuer Robert ist nicht mehr.
Ade, du deutsches Land!"

(Siebte Strophe von „O du verratnes Deutschland“
eines anonymen Verfassers und nach der Melodie des
Andreas-Hofer-Liedes)

Trotz der schweren Zeit und der großen Unterdrückung gab es kaum „undeutsche“ Dichtungen zu dieser Zeit, sie waren fast ausnahmslos vaterländisch in der Gesinnung. Und merkwürdigerweise war es ein gebürtiger Franzose, **Adelbert Chamisso** (1781-1838), der als leidenschaftlich-mitfühlender Lyriker mit seiner Kunst, politische Erkenntnisse gerecht und weise abzuwägen, als Vorbild wirkte. Mit seinem bekannten „Zopfgedicht“ hat er sowohl der konservativen Borniertheit als auch dem von Frankreich her bekannten Revolutionsunwesen ein ironisches Denkmal gesetzt. Schon in Vorahnung auf das Jahr 1848 ließ er in einem seiner Gedichte („Ungewitter) den König seiner Buhle sagen:

„Was Lieb' und Lust und Minne?
Laß ab, du süße Gestalt!
Das Ungewitter ziehet
herauf mit Sturmesgewalt.“

Chamisso, hin- und hergerissen zwischen der Liebe zum Land seiner Väter und Deutschland, das dem Flüchtling zur neuen Heimat geworden war, mußte sich zu der Erkenntnis durchringen: „Die Zeit hat kein Schwert für mich!“

Um dieselbe Zeit wirkte auch **Heinrich Heine** (1797-1856), der in seinen Satiren „Deutschland. Ein Wintermärchen“ (1844) und „Atta Troll“ (1843) Preußenherrschaft, Spießertum, Butzenscheibenromantik und Deutschtümelei mit viel Gallenbitterkeit und Galgenhumor aufs Korn nahm und durch sein „Buch der Lieder“ (1827) bereits einigen Ruhm besaß. Er war gewiß ein spöttischer deutscher Romantiker und ein revolutionärer dazu, aber selbst als solcher ein eher ungewöhnlicher. Im Gedenken an die Freiheitskriege, die er als Bewunderer Napoleons mit Hohn bedachte, dichtete er sein „Enfant perdu“, dessen letzte Strophe schmerzvoll-wehmütig ausklingt mit den Worten:

„Ein Posten ist vakant! – Die Wunden klaffen –
Der eine fällt, die anderen rücken nach –
Doch fall' ich unbesiegt, und meine Waffen
Sind nicht gebrochen – nur mein Herz brach.“

Als deutsch Denkender empfand er sich aber doch auch, wie aus seinem Aufsatz „Die Romantik“ hervorgeht: *„Deutschland ist jetzt frei; kein Pfaffe vermag mehr die deutschen Geister einzukerkern; kein adeliger Herrschling vermag mehr die deutschen Leiber zu Fron zu peitschen, und deshalb soll auch die deutsche (!) Muse wieder ein freies, blühendes, unaffektiertes Mädchen sein...“.*

Heines widersprüchliche Persönlichkeit – lebte er doch zwischen zwei Welten – machte es aber zu dieser Zeit schwer, ihn in die Reihe der Vaterlandslyriker einzuordnen. Richard Wagner bedauerte, daß *„dieses herrliche Talent, von seinem vaterländischen Boden verjagt“* worden sei und meinte zudem, daß Heines Spannkraft des Talents schnell erschlafft sei, *„weil dessen üppige Wurzel aus der heimatlichen Erde gerissen wurde“.*

Heines Prosa wirkte bis in das 20.Jahrhundert nach, in Gerhard Hauptmanns Drama vom Aufstand der Weber ist sein „Blutgericht" wieder auferstanden. Heines leichter Plauderstil begründete nicht zuletzt das Feuilleton und Bismarck sollte einmal an die Adresse der Heine-Hasser sagen: *„Vergessen die Herren denn ganz, daß Heine ein Liederdichter ist neben dem nur Goethe genannt werden darf, und daß das Lied gerade eine spezifisch deutsche Dichtungsform ist?"*.

Differenzen im sozialen Unterton

Zum Gegenstand der vormärzlichen Dichtung werden im Grunde alle vaterländischen und gesellschaftlichen Fragen, nichts wird ausgespart, weder die Eisenbahn noch der Zollverein. Sehr unterschiedlich zeigte sich der soziale Unterton bei den verschiedenen Sängern und Dichtern. Was aber besonders auffällt: die politische Lyrik betonte erstmals in aller Deutlichkeit die Gemeinsamkeit der „österreichischen" und der deutschen Dichtung. Was vorher selbstverständlich war, mußte nun erstmals verteidigt werden. Die Lyriker an Donau und Rhein kannten keinen Unterschied mehr in den Zielen.

Anastasius Grün (1806-1876), hinter dessen Künstlernamen sich der österreichische Graf Anton von Auersperg verbarg, gehörte zu den frühesten Freiheitsdichtern. Mit seinen Gedichten „Spaziergänge eines Wiener Poeten" schrieb er sich in die vormärzlichen Herzen, nicht nur der Wiener. Diese Gedichtsammlung begründete seinen späteren Ruf eines politischen Dichters. Daß ausgerechnet ein Adeliger unter Metternichs Regierung Freiheitsgedichte verfaßte, erstaunte einigermaßen die Deutschen zwischen Laibach und Nordsee. Sein Lied vom „Sieg der Freiheit" (April 1848) beginnt er mit den mutigen Worten:

„Freiheit ist die große Losung, deren Klang
durchjauchzt die Welt;
Traun, es wird euch wenig frommen, daß fortan ihr
taub euch stellt!
Mild und bittend sprach sie einstens; eure Taubheit
zwang sie jetzt,
Daß sie in Kannonendonner nun ihr Wort euch
übersetzt."

Ebenfalls im April 1848 entstand „Österreichs Gruß an die deutschen Brüder", in dessen zweiter Strophe der Freiheit naturgemäßer Sinn und erste wie letzte Bestimmung zum Ausdruck gebracht wird:

„Schwinge dich, Adler von Österreich,
Ledig vom fesselnden Band!
Trage die Grüße vom Donaubord
Allem germanischen Land!"

Anastasius Grün war zwar liebenswürdig und aufrecht, aber natürlich kein so bedeutender Dichter wie etwa der von ihm bewunderte, eher griesgrämige **Franz Grillparzer** (1791-1872). Dieser war dafür auch kein Revolutionsdichter, bloß stiller, kritischer Beobachter: *„Am ernsthaftesten, aber freilich auch am absurdesten nehmen es die Studenten, die sich als die Helden der*

Bewegung betrachten. Sie denken dabei weniger an den Sieg als an die Ehre für die Freiheit zu sterben" [8] Obwohl auch Österreichs größter Dramatiker unter der Zensur zu leiden hatte, verfaßte er in Baden, wohin er sich zurückgezogen hatte, zornige Epigramme auf die Revolution, nicht ohne vorher dem System seine Leviten gelesen zu haben:

„Früh, eh die Flut noch in die Welt gebrochen,
gab es Geschöpfe, ob zwar wunderlich;
des zeugen noch fossile Mammutsknochen
und das System des Fürsten Metternich." (1842)

Nicht, daß er generell gegen das Widerstand-Leisten etwas einzuwenden gehabt hätte, aber, nur durch „Gehorsam und Verachtung" wäre dieser auch wirkungsvoll, meinte er.

Sein Zeitgenosse, der Nordeutsche **Friedrich Hebbel** (1813-1863) war schon um einiges mutiger. Hatte Hebbel die Pariser Februarrevolution von 1848 noch als Störung und Beeinträchtigung im Entwicklungsgang der Nationen angesehen, so äußerte er sich im März bereits begeistert über die Ereignisse in Wien. Er wurde zum Verfechter bürgerlich-demokratischer Gesellschaftsstrukturen und ließ sich sogar als Kandidat der Wiener Leopoldstadt für die Frankfurter Nationalversammlung nominieren, wurde aber als „Ausländer" nicht gewählt. Er hatte gehofft, in der Paulskirche die Aufmerksamkeit ganz Deutschlands auf das Schicksal seiner Heimat Schleswig lenken zu können. Der von ihm herbeigesehnte „deutschsprachige Gesamtstaat" wurde nicht erreicht, denn *„das Frankfurter Parlament hatte versagt, der Sieg der altösterreichischen Reaktion die historische Chance verspielt!."* 1851 schreibt er rückblickend: *„Im allgemeinen ist nichts geschehen: Deutschland liegt zerissen und zerschliessen da, wie immer, und auch die europäischen Zustände sind ganz die alten geblieben. Aber ich fürchte früher oder später böse Folgen, denn ich sehe nicht, daß die Regierungen sich irgendwo ernstlich bestreben, die unabweisbaren Nationalbedürfnisse, deren brennendes Gefühl die Revolution allein hervorrief, auch nur annähernd zu befriedigen, und wahrlich, sie lassen sich auf die Länge nicht mit Gewalt ersticken."*

Hebbel, der Proletariersohn aus dem Dithmarschen-Dorfe Wesselburen, hat in Diskussionen und Schriften heftig für die Anliegen seines Volkes Partei ergriffen. [9]

Erst mit 42 Jahren, als Professor der Philologie, trat ein Mann auf die Bühne, der vor allem durch seine vielen Lieder, voran „Deutschland, Deutschland über alles", bekannt wurde: **August Heinrich Hoffmann von Fallersleben** (1798-1874). Er war der Dichter, der alles besang, doch seine Heimat- und Vaterlandslieder stehen neben seinen Kinderliedern über allen anderen. Wegen seiner harmlosen „Unpolitischen Lieder" wurde er sogar verfolgt. Wie „staatsgefährlich" von Fallersleben war, sei an dem nachfolgenden Spottliedchen, gezeigt:

„Wie ist doch die Zeitung interessant
Für unser liebes Vaterland!
Was haben wir heute nicht alles vernommen!
Die Fürstin ist gestern niedergekommen

und morgen wird der Herzog kommen,
Hier ist der König heimgekommen,
dort ist der Kaiser durchgekommen –
Wie interessant! Wie interessant!
Gott segne das liebe Vaterland!"

Mehr als die meisten anderen aber wurde ein Mann durch seine leidenschaftliche Natur ausgezeichnet: **Georg Herwegh** (1817-1875). Der Sohn eines schwäbischen Gastwirtes war kein besonders großer Dichter und doch war er ein bedeutender Mann der schreibenden Zunft . Mit seinen „Gedichten eines Lebendigen" machte er innerhalb kurzer Zeit Furore. „Du Liebling unseres Vaterlandes" nannte ihn Prutz, einen „Poet von Gottes Gnaden" Geibel und sogar Heine schwärmte von ihm.

Herwegh war auch ein Mann der Tat: 1848 beteiligte er sich am badischen Aufstand, mußte danach aber in die Schweiz fliehen. Zu seinen bekanntesten Revolutionsliedern gehört „Der Freiheit eine Gasse", dessen letzte Strophe einem mitreißenden Aufruf an das deutsche Volk gleicht:

„Wenn alle Welt den Mut verlor,
Die Fehde zu beginnen,
Tritt du, mein Volk, den Völkern vor,
Laß du dein Herzblut rinnen!
Gib uns den Mann, der das Panier
Der neuen Zeit erfasse,
Und durch Europa brechen wir
Der Freiheit eine Gasse."

Herwegh und seine Dichterkollegen waren keine kleinbürgerlichen Patrioten, sie dachten europäisch, und das, im Gegensatz zum heutigen europäischen Philistertum, in revolutionärem Sinne. Schwerter zu Pflugscharen zu schmieden, lag nicht in ihrer Absicht, die Zeit verlangte nach anderem:

„Reißt die Kreuze aus der Erden!
Alle sollen Schwerter werden,
Gott im Himmel wird's verzeihn.
Hört er unsre Feuer brausen,
und sein heilig Eisen sausen,
spricht er wohl den Segen drein."

(„Aufruf", 4.Strophe)

Freilich kann man im Gedenken an die politischen Dichter dieser Zeit schwerlich an einem Mann vorbei, der seine Dichtkunst ganz in den Dienst sozialer und freiheitlich-demokratischer Ideale gestellt hatte: **Ferdinand Freiligrath** (1810-1876). Dieser war ein ergriffener und leidenschaftlicher Beobachter gewesen, der die großen gesellschaftlichen Erschütterungen seiner Zeit zu revolutionärer Lyrik von hohem Rang zu formen vermochte. Unbestechlich wie er war, verzichtete er 1842 auf ein ihm von Friedrich Wilhelm IV. verliehenes Ehrengehalt, um seinen Idealen nicht untreu werden zu müssen. Kurz darauf stellte er seine Sammlung politischer Gedichte als „Glaubensbekenntnis" zusammen und ließ sie in Mainz erscheinen. Die Folge war, daß er ins Ausland flüchten mußte. Er zog sich erst in die Schweiz, dann nach Belgien zurück, um schließlich nach England zu gehen, von wo aus er 1846 weitere Gedichte veröffentlichte. 1848 kehrte er nach Deutschland zurück. Er wurde dann wegen des Gedichtes „Die Toten an die Lebenden“ verhaftet, anschließend aber freigesprochen. Zu diesem Zeitpunkt lernte er Karl Marx kennen, mit dem er die Redaktion der „Neuen Rheinischen Zeitung“ in Köln übernahm.1851 steckbrieflich verfolgt, ging er in die Verbannung nach London. Erst 1868 konnte er in seine Heimat zurückkehren, nachdem ein Jahr zuvor das deutsche Volk eine Ehrengabe für den Dichter gesammelt hatte. Gottfried Keller sollte ihm ins Stammbuch schreiben: *„In der Heimat sollt ihr sterben. Und euren Kindern die Freiheit vererben.“* Dieser „Liebling“ seines Volkes und einstige revolutionäre Bürger ist als Nationalliberaler am 18.März 1876 in Cannstatt gestorben.

Freiligraths Gedicht „Die Toten an die Lebenden“ ist in Anlehnung an jene Szene entstanden, als Friedrich Wilhelm IV. die vorüberziehenden Leichen der Märzgefallenen grüßen mußte.

„Die Toten:
Das war der Morgen auf die Nacht, in der man uns
erschlagen;
So habt ihr triumphierend uns in unsre Gruft
getragen!
Und wir – wohl war der Schädel uns zerschossen
und zerhauen,
Doch lag des Sieges froher Stolz auf unseren
grimmigen Brauen
Wir dachten: hoch zwar ist der Preis, doch echt auch
ist die Ware,
Und legten uns in Frieden drum zurecht auf unsrer
Bahre.
Weh'euch, wir haben uns getäuscht! Vier Monden erst
vergangen,
Uns alles feig durch euch verscherzt, was trotzig
wir errangen!“

Einige Zeit später ließ der Dichter noch das Bändchen „Ça ira“, sowie zwei Hefte „Neue politische und soziale Gedichte“ folgen. Freiligrath zählte zu den maßgeblichsten und in ihren Werken nachhaltigsten politischen Lyrikern des neunzehnten Jahrhunderts.

Von der Arbeiter-Marseillaise bis in unsere Tage

Nach dem Scheitern der Revolution klagte und spottete Heinrich Heine über den deutschen „Michel nach dem März“:

„Derweil der Michel geduldig und gut
Begann zu schlafen und schnarchen
Und wieder erwachte unter der Hut
Von vierunddreißig Monarchen.“

Desgleichen „Im Oktober 1849“:

„Gelegt hat sich der starke Wind,

Und wieder stille wird's daheime;
Germania, das große Kind,
Erfreut sich wieder seiner Weihnachtsbäume."

Die Entwicklung des „Deutschen Michels" im Revolutionsjahr. Aus dem „Eulenspiegel" (1848)

Die Reaktion hatte gesiegt und die begonnene Industrialisierung mit ihrer Ausbeutung der Arbeiter, besonders der Frauen und Kinder, führte zu einer neuen Ausrichtung der deutschen Lyrik. Georg Herweghs Appell an das proletarische Klassenbewußtsein der Soldaten als entscheidender Faktor des Freiheitskampfes war bereits eindeutig in die Zukunft gerichtet, und selbst der spätere Nationaldichter Freiligrath ahnte die proletarische Revolution voraus. Sozialkritisch dessen „Lied vom Hemde" (nach Thomas Hood):

„Mit Fingern mager und müd,
Mit Augen schwer und rot,
In schlechtern Hadern saß ein Weib
Nähend fürs liebe Brot.
Stich! Stich! Stich!
Aussah sie wirr und fremde;
In Hunger und Armut flehentlich
Sang sie das ‚Lied vom Hemde'." (1.Strophe)

Und Herwegh dichtet später sein berühmtes „Bundeslied", das einer Aufforderung zum Aufstand gleichkam. So heißt es darin unter anderem:

„Mann der Arbeit aufgewacht!
und erkenne deine Macht!
Alle Räder stehen still,
wenn dein starker Arm es will."

Eines der beliebtesten Lieder der Arbeiterbewegung sollte „Die Arbeitsmänner" von **Johann Most** werden, das die Lage der Arbeiter und ihre Aufgaben schon in der ersten Strophe treffend schildert:

„Wer schafft das Gold zu Tage
Wer hämmert Erz und Stein?

Wer webet Tuch und Seide?
Wer bauet Korn und Wein?
Wer giebt den Reichen all'ihr Brod?
Und lebt dabei in bitt'rer Not?
Das sind die Arbeitsmänner, das Proletariat."

Es folgten gegen Ende des 19. Jahrhunderts schließlich Lieder gegen die „Sozialistengesetze" und vereinzelt schon Parteilieder. Anfang des Jahrhunderts erreichte die Lyrik wieder ein gewisses Niveau, Vaterländisches hörte man von **Ottokar Kernstock** (1848-1928), Sozialkritisches von Alfons Petzold, Anton Wildgans und Karl Kraus. In seinem Gedicht „Dienstboten" (1911) nahm sich **Anton Wildgans** (1881-1932) des Schicksals dieses unterprivelegierten Berufsstandes an:

„Sie sind immer nur da, um zu dienen,
niemand fragt sie nach ihrem Begehr.
Solang sie gehorchen, ist man zu ihnen
freundlich so wie zu Fremden, nicht mehr.
Sie wohnen mit uns im selben Quartiere,
aber für sie muß der schlechteste Raum
gut genug sein. Für unsere Tiere
sorgen wir zärtlicher als für ihre
menschlichen Wünsche. Die kennen wir kaum."
(1. und 2.Vers)

1914 – 1918 wurden schließlich Lieder und Gedichte für und gegen den Krieg verfaßt; hier nationale Depression, dort Friedensaufrufe der Kriegsgegner. „Erscheine! erscheine!" rief **Alfons Petzold** (1882-1923) den großen Lotsen herbei, denn *„Völker in Sturmnot warten auf dich!"*.

Durchaus politische Gedichte schuf **Josef Weinheber** (1892-1945), neben Hesse und Rilke einer der letzten großen Lyriker unseres Jahrhunderts. Gegen die Ohnmacht und Ziellosigkeit der Regierenden und das unendliche Parteiengezänk spottete er:

„Sie führen – ja um Gott, wen führen sie?
Sie haben selbst nicht den Weg, nicht Stab.
Verführt von ihrem Baal, verführen sie.
Und hinter ihnen gähnt ein großes Grab."

Aber schon 1935 angesichts schwieriger politischer wie wirtschaftlicher Verhältnisse ersehnte er den „kommenden Menschen", der kein Extremist, sondern „Mensch der Mitte" sein solle. Weinheber war ein edler Mensch, er wurde später aber bewußt mißverstanden.

„Mich vollendet, diene ich dem Volke", schrieb er einmal in einem Gedicht („Spruch der Abwehr"), genau aus diesem Bekenntnis heraus gebührt diesem „Herold hoher Gesinnung" das Recht und die Ehre, neben den großen Vaterlandslyrikern einer ruhmvolleren Zeit als die heutige es ist, genannt zu werden.

Zwar folgten nach Weinheber noch eine Reihe nennenswerter Lyriker, doch auf dem Gebiet der politischen oder Widerstandslyrik hat seit Jahrzehnten keine schöpferische Kraft ersten Ranges mehr den Durchbruch geschafft.

Literatur-Anmerkungen:

[1] Ulrich von Hutten
[2] Kurt Eggers, „Ich hab's gewagt", Widukind-Verlag, 1941
[3] Friedrich Ludwig Jahn, „Deutsches Volkstum", 1810
[4] Karl Streckfuß, „Theodor Körners sämtliche Werke", Berlin 1838
[5] Eduard Engel, „Geschichte der deutschen Literatur", Tempsky & Freytag, 1920
[6] Jürgen Seidel, „Georg Büchner", dtv, 1998
[7] Julius Bab, „Die deutsche Revolutionslyrik", Ed.Srache, 1919
[8] Robert Fleck, „Gleichheit auf den Barrikaden, Passagen, 1991
[9] „Hebbel – Mensch und Dichter im Werk", F. Hebbel Ges.,Wien, 1985
[10] „Das politische Lied in Deutschland", Bundesarchiv Koblenz

ULF LEINWEBER

Drei Revolutionäre im Adelsrock

Aus der großen Zahl bekannter Akteure der Sturmjahre erscheinen drei als besonders hervorhebenswert:

Erzherzog Johann Baptist von Österreich,
Heinrich Wilhelm August Freiherr von Gagern und
Franz Wilhelm Adolf von Trützschler.

Verbunden durch ihre gemeinsame adlige Abkunft und ihre Opposition zum erstarrten System des Vormärz, stehen diese Männer zugleich für die Grundideen und vorherrschenden Richtungen der parlamentarischen und außerparlamentarischen Bestrebungen von 1848/49:

- das Erreichen der nationalen Einheit im kleindeutschen oder im großdeutschen Rahmen sowie
- die Gestaltung der Verfassung des neuen Staatsgebildes als konservativ-monarchische Föderation, als konstitutionelles Erbkaisertum oder als demokratische Republik.

Das Wirken der Genannten an herausgehobener Stelle, ihre persönliche Ausstrahlung und schließlich ihr zum Teil tragisches Scheitern haben ihnen einen dauerhaften Platz in der Erinnerung nachfolgender Generationen gesichert.

Erzherzog Johann von Österreich

Zu beginnnen ist mit einem Blick auf *Erzherzog Johann von Österreich.* Er gilt über die Grenzen seines langjährigen engeren Wirkungskreises, der Steiermark, hinaus und jenseits seiner vielfältigen sozialen und kulturellen Verdienste für dieses Land als Sinnbild jener Teile der Habsburgermonarchie und ihres Herrscherhauses, die die enge Verwurzelung Österreichs im deutschen Volksboden als eine unverzichtbare Bedingung seiner Existenz betrachteten. Schon im Alter von 22 Jahren beteuerte Johann 1804 in einem Brief an den berühmten Schweizer Historiker Johannes Müller, daß er trotz seiner Lebensart als habsburgischer Erzherzog mit Herz und Seele ein guter Deutscher sei, und er geriet so schon frühzeitig in einen Interessenkonflikt zwischen der agnatischen Treue zu seinem kaiserlichen Bruder Franz und seiner eigenen Ablehnung der repressiven und antinationalen Politik des Kaisers und Metternichs.

Der Johann dadurch bald anhaftende Ruf eines Liberalen wie auch seine volkstümliche Lebensweise führten einerseits dazu, daß ihn die Wiener Kamarilla bis 1848 vom Hof und von einflußreichen Stellen fernhielt, ließen ihn andererseits aber auch zum Hoffnungsträger vormärzlicher freisinniger Kreise der Habsburgermonarchie werden. Seit seinem berühmt gewordenen, wenn auch oft nicht korrekt zitierten Trinkspruch beim 1. Kölner Dombaufest 1842 auf das Zusammenwirken von Preußen und Österreich und auf die Einigkeit des übrigen Deutschlands, *„so weit die deutsche Zunge klingt, die uns unerschütterlich mache wie die Felsen unserer Berge“*, galt er als einer der wärmsten Befürworter der deutschen Einheit. Mit seinem entscheidenden Mitwirken am Sturz Metternichs im März 1848 trat er dann in das Rampenlicht der politischen Bühne.

Als nach der Errichtung der provisorischen Zentralgewalt durch die Deutsche Nationalversammlung in Frankfurt am Main im Sommer 1848 die Kämpfe und Opfer der Besten des deutschen Volkes endlich ihr Ziel erreicht, die Hoffnungen auf die Freiheit und Einheit Deutschlands ihre Erfüllung gefunden zu haben schienen, galt Johanns Wahl zum deutschen Reichsverweser durch die Nationalversammlung als Garant dafür, daß das in Nationalitätenkämpfe zerrissene Österreich weiterhin dem gemeinsamen deutschen Vaterland angehören würde. Johanns triumphaler Einzug in Frankfurt am 11. Juli 1848 war so nicht nur der Gipfel seines politischen Lebens, sondern zugleich einer der großen Tage der 48er Revolution.

Jedoch lagen der Wahl Johanns wie auch seiner Zustimmung zur Annahme des Amtes politische Überlegungen zugrunde, die sich in der Folgezeit entweder nicht erfüllen oder in steigendem Maße als hemmend für die Arbeit der Nationalversammlung am Werk der Reichsverfassung und der Reichseinigung erweisen sollten. Die Mehrheit des Parlaments sah in der Wahl einen Willensausdruck des souveränen Volkes, den „sichtbaren Höhepunkt der revolutionären Bewegung“ und die „sichere Bürgschaft für ihren glücklichen Abschluß“ durch die Versöhnung von Volksvertretung und monarchischem Prinzip. Die einzelstaatlichen Dynastien hingegen waren im Sommer 1848 bereits wieder auf dem Wege, ihre innere Festigkeit zurückzuerlangen und so immer weniger gewillt, sich einer Zentralgewalt von Gnaden der Nationalversammlung widerstandslos zu fügen, zumal diese weder ein eigenes Heer noch eigene Finanzen und auch keine Beamten zur Ausführung ihrer Anweisungen in den Einzelstaaten besaß. So galt der Erzherzog schon seinen Zeitgenossen bald als „Johann ohne Land“, wie ihn der russische Gesandte in Berlin, Peter von Meyendorff, im Dezember 1848 nannte.

Der Reichsverweser, Erzherzog Johann von Österreich, im Jahre 1849

Hinzu kam, daß der seit dem Herbst 1848 die österreichische Politik autokratisch beherrschende Fürst Felix Schwarzenberg im Sinne seiner großösterreichischen Maximen kein Interesse an einem Erstarken einer deutschen Reichsgewalt in Frankfurt hatte. So maß er die Bedeutung der Zentralgewalt nicht nach ihrem Nutzen für Deutschland, sondern allein nach demjenigen für die österreichischen Belange. Johann hatte als Reichsverweser daher für ihn die einzige Aufgabe, die Interessen der Habsburgermonarchie zu vertreten. Er sollte solange als Platzhalter Österreichs an der Spitze Deutschlands dienen, bis Österreich nach Bereinigung der Krisenherde in Italien und Ungarn wieder freie Hand zum aktiven Eingreifen in die deutsche Politik hatte.

So stand Erzherzog Johann in einem letztendlich unlösbaren Zwiespalt sich vielfältig überschneidender Interessen:

- *hier* seine Pflicht gegen das ganze deutsche Volk, das ihn durch seine Repräsentanten und mit Zustimmung seiner Fürsten berufen hatte,
- *dort* seine Loyalität als habsburgischer Agnat,
- *hier* die sich zunehmend verstärkenden republikanisch-demokratischen Tendenzen der Nationalversammlung,
- *dort* sein, wenn auch für konstitutionelle Beschränkungen offenes, so doch eindeutig monarchisches Empfinden,
- *hier* die Bestrebungen der lange Zeit großdeutschen und erst später kleindeutschen Mehrheit der Nationalversammlung,
- *dort* Johanns Verpflichtungen gegenüber der großösterreichischen Staatsräson,
- *hier* die wachsende realpolitische Ohnmacht der Zentralgewalt,
- *dort* das Wiedererstarken der beiden Großmächte Preußen und Österreich und ihr sich zuspitzender Kampf um die Vormacht in Deutschland, bei dem die Zentralgewalt nur Mittel zum Zweck oder hinderlich war.

So bestimmte ab dem Herbst 1848 allein das politische Kalkül Erzherzog Johann zum Ausharren auf seinem Posten, bis schließlich das preußisch-österreichische Interim den Weg zu seiner Rückgabe der Zentralgewalt am 20.12.1849 freimachte.

Eine Wertung der Tätigkeit von Erzherzog Johann als Reichsverweser kann keinesfalls übersehen, daß seine Haltung nicht von Schwächen und vom gelegentlichen Schwanken zwischen Beharrung und Erneuerung, zwischen großösterreichischen und großdeutschen Zielsetzungen frei und wohl auch von eigenen monarchischen Hoffnungen mitgeprägt war und daß er der entschlossen zupackenden politischen Tatkraft oft entbehrte. Auch erkannte er zu wenig, daß sein Widerstand gegen die partikularistische Machtpolitik Preußens von Schwarzenberg zur Unterstützung von dessen eigenen antifreiheitlichen und antinationalen Zielen instrumentalisiert wurde.

Andererseits aber verhinderte Johanns Beharrlichkeit zum einen, daß die Nationalversammlung auf ihrem 1849 zunehmend revolutionärer werdenden Weg als einzige gesetzliche gesamtdeutsche Gewalt hätte agieren können, und zum anderen, daß es dem reaktionären und mit einer desolaten Staatsführung versehenen Preußen gelang, die Zentralgewalt und damit die Exekutive über ganz Deutschland an sich zu ziehen.

So wurde Erzherzog Johann zwar nicht der zu Beginn seiner Reichsverweserschaft erhoffte „Lichtbringer eines neuen Deutschlands“, aber auch nicht der „Totengräber der deutschen Revolution“, wie ihn einer der namhaftesten Historiker der Paulskirche in den 20er Jahren unseres Jahrhunderts nannte. Der durch die Verhältnisse vorgegebenen Ohnmacht seines Amtes konnte Johann nur die Integrität seiner Person entgegensetzen. Sein Verdienst bleibt dabei, als Reichsverweser die Idee der Freiheit und Einheit ganz Deutschlands auf dem Wege einer Versöhnung des demokratischen und des monarchischen Prinzips während der bewegten Revolutionszeit verkörpert und unbeirrt vertreten zu haben.

Heinrich von Gagern

Neben Erzherzog Johann verband sich das politische Geschehen der 48er/49er Jahre im Bewußtsein der Öffentlichkeit vor allem mit einem Namen: Heinrich von Gagern. Als Sproß einer alten nassauischen Adelsfamilie studierte von Gagern Rechtswissenschaft und Philosophie in Heidelberg, Göttingen, Jena und Genf. In den Jahren 1816-17 war er Mitglied der Burschenschaft Teutonia Heidelberg, 1818-19 im engeren Bund der Jenenser Burschenschaft und 1818 zugleich Mitgründer und Vorsteher der Allgemeinen Deutschen Burschenschaft.

An den Befreiungskriegen nahm Heinrich von Gagern als Freiwilliger teil und kämpfte unter anderem bei Waterloo mit. Als Jurist im hessischen Staatsdienst wurde er mehrmals in den Landtag des Großherzogtums Hessen gewählt und war von März bis Juni 1848 als Vorsitzender des Darmstädter Staatsministeriums für die Politik dieses deutschen Mittelstaates verantwortlich.

Paulskirchen-Präsident, Heinrich von Gagern, nach einer gleichzeitigen Lithographie

Heinrich von Gagern beteiligte sich an führender Stelle an zahlreichen Vereinsgründungen und politischen Initiativen des Vormärz und war sowohl im März 1848 Mitglied des Siebenerausschusses zur Vorbereitung und Organisation des Frankfurter Vorparlamentes als dann auch dieses Vorparlamentes selbst.

In der Nationalversammlung war Heinrich von Gagern ein Vertreter jenes Teiles derselben, der ihr den Ruf eines stark großbürgerlich-liberal geprägten Burschenschafterparlamentes einbrachte. Seine große Ausstrahlung und Wortgewalt wie auch sein hohes Ansehen prädestinierten ihn zum Amt des Präsidenten der Nationalversammlung, das er von deren Zusammentritt an bis zu seinem Wechsel in das Amt des Ministerpräsidenten im Dezember 1848 bekleidete.

Gagerns politische Vorstellungen einer konstitutionellen, auf einer bedingten Vereinbarung der Nationalversammlung mit den einzelnen Regierungen begründeten Monarchie waren zunächst die der ‚Casinopartei', also des rechten Zentrums, der die meisten Professoren und parlamentarischen Koryphäen angehörten.

Heinrich von Gagern war lange Zeit durchaus großdeutsch geprägt. Er teilte damit die fast einhellige Auffassung der Abgeordneten, die den Sturz des verhaßten schwarzgelben Unterdrückungssystems im März und April 1848 und das Eintreffen der ersten österreichischen Delegierten in Frankfurt am 11. April 1848 jubelnd begrüßten. Diese Wende besang der Grazer Paulskirchenabgeordnete Anton Alexander von Auersperg unter seinem Dichternamen Anastasius Grün in einem Gedicht mit dem Titel „Frühlingsgruß" mit den Versen:

„*Jauchze, du Herze von Österreich,*
Jauchze mit jubelndem Schrei:
Heil dir, mein deutsches Vaterland,
Einig und mächtig und frei!"

Die Frankfurter Vorstellungen eines einigen Deutschlands, in dem Österreich ein großes Gewicht erhalten sollte, gingen dabei zunächst von der Annahme aus, daß der Staat Österreich unweigerlich in seine einzelnen nationalen Teile zerfallen und seine deutschen Gebiete sich dem neuen deutschen Reich anschließen würden. Sehr früh schon kamen aber im Parlament auch weitergehende politische Zielvorstellungen zur Sprache, die zunehmend an Gewicht gewinnen sollten.

So forderte der Wiener Abgeordnete Karl Moering bereits im Sommer 1848 den Anschluß auch der nicht zum Deutschen Bund gehörigen Länder Österreichs, um den aggressiven Slawismus zurückzudrängen und ein gewaltiges, einiges, freies und deutsch beherrschtes Mitteleuropa von der Nordsee bis zum Schwarzen Meer zu schaffen. Diese, teilweise auch in der abgewandelten Form eines europäischen Völkerbundes propagierte Idee, die erstmals den Begriff ‚Mitteleuropa' in die politische Diskussion einbrachte, übte eine große Anziehungskraft auf die Paulskirche aus . Für den Staat Österreich selbst sollte dabei die völlige Verbindung mit Deutschland dem nationalen Auflösungsprozeß in seinem Innern entgegenwirken. So fand im Sommer 1848 eine in mannigfachen Vorschlägen abgewandelte großräumige Lösung der österreichischen Frage ohne Zweifel die grundsätzliche Zustimmung der gesamten Nationalversammlung.

In den großen Parlamentsdebatten vom 20.-27. Oktober 1848 wurde im Gefolge der Wiener Ereignisse aber bereits deutlich, daß die österreichische Führung dem getrennten Fortbestand der Habsburger Monarchie gegenüber einer deutschen Nationalstaatsgründung ohne österreichische Vorherrschaft den Vorzug geben würde. Hier deutete sich erstmals die folgende Spaltung der Abgeordneten in eine großdeutsche und eine kleindeutsche Richtung an. Dabei bemühten sich aber alle Parlamentarier, die Probleme „im Geiste der innigsten Bruderliebe zu unseren österreichischen Brüdern" zu lösen, wie es der Hamburger Abgeordnete Gabriel Riesser formulierte. Der schließlich mit klarer Mehrheit angenommene Verfassungsentwurf stellte fest, daß Österreich mit seinen deutschen Landesteilen vollständig und ausschließlich Deutschland angehören müsse und daß die außerdeutschen Gebiete nur mittels einer Personalunion mit ihnen verbunden sein könnten. Es gilt hier festzuhalten, daß sich in dieser Debatte noch kein einziger Abgeordneter im Sinne späterer kleindeutsch-preußischer Vorstellungen äußerte!

Heinrich von Gagern teilte dabei aber die in der Debatte zugleich geäußerten Bedenken, daß eine völlige Teilung der Habsburger Monarchie in Österreich selbst nicht gewünscht werde und letztendlich auch nicht den deutschen Interessen entspräche. Zur Überbrückung dieses Konfliktes legte er den Abgeordneten daher erstmals das Konzept eines Doppelbundes vor, dessen geistige Wurzeln auf den Freiherrn vom Stein und die Schriften des Württembergers Paul Pfizer aus der Zeit des Vormärz zurückführten. Dieses Konzept sah eine engere bundesstaatlich-nationale Verbindung aller deutschen Lande unter preußischer Führung und einen weiteren, föderalistisch-völkerrechtlichen, unauflöslichen und so eng wie möglich zu gestaltenden Bund dieses Staatsgebildes mit dem außerdeutschen Österreich vor. Eine solche Verbindung sollte, wie es der Westfale Georg Ernst Friedrich Freiherr von Vincke, Mitglied des Corps Guestphalia Göttingen, als Sprecher der rechten Fraktion des ‚Cafès Milani' formulierte, *„einen Bau gründen, der Deutschland groß und mächtig machen, der ihm seinen alten Ruhm sichern soll an der Spitze der Staaten Europas!"*

Bereits zwei Wochen nach der großen Österreich-Debatte zerstörten die völkerrechtswidrige Erschießung des prominenten linken Paulskirchenabgeordneten Robert Blum in Wien und Schwarzenbergs Kremsierer Erklärung jedoch jäh die großdeutschen Hoffnungen. Dies führte in Frankfurt zum Sturz des sich Schwarzenberg zunehmend annähernden und gegen eine preußische Reichsspitze agierenden österreichischen Ministerpräsidenten und engsten Beraters des Reichsverwesers, Anton Ritter von Schmerling, und zur Berufung Heinrich von Gagerns als dessen Nachfolger.

Die am 28.12.1848 folgende Zurückweisung der Doppelbundidee durch Schwarzenberg, die Oktroyierung einer gesamtösterreichischen Verfassung bei Ablehnung einer gesamtdeutschen Volksvertretung, die Auflösung des Kremsierer Reichstages und Schwarzenbergs provokative Aufforderung an Frankfurt, das großösterreichische Modell eines 70-Millionen-Reiches unter österreichischer Dominanz zu übernehmen, führten die Nationalversammlung dann bis Ende März 1849 schrittweise zur Bereitschaft, demgegenüber jetzt eine kleindeutsch-erbkaiserliche Lösung unter preußischer Führung anzustreben. Die Abgeordneten erachteten es dabei als unvereinbar mit der Entwicklung der Freiheit auf nationaler Grundlage, „ein Dutzend fremder Nationen bei uns tagen zu lassen", wie es v.Gagern formulierte. Er ließ sich jedoch von der Nationalversammlung zu weiteren Verhandlungen mit Österreich zur Rettung der Doppelbund-Idee ermächtigen. Allgemein wurde ja das kleindeutsche Modell nur als taktische Notlösung auf Zeit betrachtet, da Österreich seine Mission im Südosten nur mit deutscher Hilfe erfüllen könne, woraus sich auf Dauer zwangsläufig auch eine gemeinsame Politik ergebe.

Die antinationale Politik des Berliner Hofes und die Ablehnung der deutschen Kaiserkrone durch Friedrich Wilhelm IV. von Preußen im April 1849 sowie das endgültige Scheitern der Verhandlungen mit Österreich zerschlugen jedoch Gagerns Hoffnungen. Sein folgender Versuch der Ausschreibung einer Reichstagswahl und der gleichzeitige Appell der Nationalversammlung an das ganze deutsche Volk zur Durchführung der Reichsverfassung in den deutschen Staaten fanden zwar durch das Zusammengehen der Linken mit der erbkaiserlichen Partei eine knappe parlamentarische Mehrheit, brachten jedoch zugleich den endgültigen Bruch mit Preußen und auch mit dem Reichsverweser. Erzherzog Johann lehnte es nämlich ab, in dieser Sache Druck auf die Regierungen auszuüben und nahm stattdessen Gagerns Rücktrittsangebot an, der die Unterstützung seines Programmes durch den Reichsverweser zur Bedingung seines Verbleibens im Amt gemacht hatte.

Heinrich von Gagerns politisches Scheitern kennzeichnet zugleich das Ende des Versuches der Nationalversammlung, die nationale Idee und die Einheitssehnsucht, die über alle Standes- und Parteigrenzen hinweg das deutsche Volk beseelten, mit den widerstrebenden Partikularinteressen der deutschen Staaten, und hier insbesondere Österreichs und Preußens, in Einklang zu bringen. Ein engerer und ein weiterer Bund der deutschen Staaten hätte wohl den deutschen Bruderkrieg von 1866 verhindert und die nationale Entwicklung in andere Bahnen lenken können. Dies zu verwirklichen, gelang jedoch selbst dem unbestrittenen „Herold der Paulskirche" nicht.

Sich aber im Augenblick seines parlamentarischen Scheiterns an die Spitze der Volksbewegung zu stellen und zur äußersten Tat, zur revolutionären Selbsthilfe gegen die reaktionären Kräfte aufzurufen, dies widerstrebte Gagerns Wesen als liberalem Mann der maßvollen, evolutionären Reform. Seine Größe wurde so zugleich auch seine Schwäche, trug sie doch maßgeblich dazu bei, die Revolution von 1848 in nur halb fertigem, unvollendetem Zustand zu belassen.

Heinrich v. Gagerns bleibendes Verdienst ist es jedoch, unter hohem persönlichem Einsatz die Versöhnung des nationalen Gedankens mit einem übernationalen mitteleuropäischen Ordnungsdenken versucht und als Präsident der Nationalversammlung wie als Ministerpräsident durch seine Überzeugungskraft und seine Autorität bis zum Ende seiner Tätigkeit das Ansehen der Nationalversammlung als Hoffnungsträger der Freiheit der Nation bewahrt zu haben.

Adolf von Trützschler

Adolf von Trützschler, revolutionärer Politiker

Waren Erzherzog Johann und Heinrich von Gagern die wohl am meisten im Rampenlicht stehenden Persönlichkeiten der Paulskirche und zugleich Exponenten der antirevolutionären und konstitutionell-monarchischen Kräfte, so steht Adolf von Trützschler für jene Richtung des Revolutionsgeschehens, die wohl am volkstümlichsten war, aber zugleich in der Bewertung bis in unsere Zeit am umstrittensten geblieben ist: die demokratisch-republikanische Linke.

Adolf von Trützschler wurde 1818 in Gotha als Sproß einer Beamten- und Gutsherrenfamilie geboren. Während seines Studiums in Jena soll er 1837 zur Burschenschaft auf dem Burgkeller gehört haben. Nach seinem Wechsel zur Universität Leipzig war er dort 1839 Mitbegründer des Corps Montania, auf dessen Farben er zumindest fünf Säbel- und Schlägerpartien gefochten hat. Als Appellationsgerichtsassessor in Dresden betätigte er sich bereits Mitte der 40er Jahre führend in der vormärzlichen Bewegung Sachsens. Schon zu dieser Zeit fühlte er sich besonders den sozialen Bestrebungen verbunden, die eine Gesellschaftsreform unter großbürgerlich-liberalen Vorzeichen ablehnten und die Gleichberechtigung des wachsenden, aber politisch rechtlosen Vierten Standes forderten, Zielsetzungen, denen der Stettiner Dichter Robert Prutz 1845 beredten Ausdruck gab:

„Pereant die Liberalen,
Jene blassen, jene fahlen,
Die in Zeitung und Journalen
Philosophisch sich ergehn;
Aber bei des Bettlers Schmerzen
Weisheitsvoll mit kaltem Herzem
Ungerührt vorübergehn!"

Nach seiner Wahl in die Nationalversammlung gehörte Adolf von Trützschler zunächst der Fraktion des Deutschen Hofes und ab Mai 1848 dem Donnersberg an. Als Abgeordneter trat er für eine konsequente Fortführung der Revolution, für demokratische Volkssouveränität, für eine einige, großdeutsche Republik, für die Kontrolle der Exekutive durch das Parlament und für die Freiheit und Selbstbestimmung aller Völker ein.

Neben Robert Blum, Ludwig Simon und Karl Vogt war Adolf von Trützschler einer der herausragenden Sprecher der äußersten Linken, Schriftführer des Prioritätsausschusses der Paulskirche und dazu in mehreren anderen Ausschüssen vertreten. Seine konsequent großdeutsche Gesinnung stellte er schon Anfang Juni 1848 unter Beweis, als er gemeinsam mit dem Leipziger Johann Georg Günther den Antrag einbrachte, die Nationalversammlung nach Wien zu verlegen, um die Vereinigung Deutschlands mit den österreichischen Bundesländern bei gleichzeitiger Verbindung Ungarns mit Deutschland abzusichern. Damit wollte er panslawistischen Ideen und russischen Ambitionen auf neue Vasallen entgegenwirken.

Trützschlers politische Grundsätze wurzelten in den Ideen der französischen Revolution von 1789. Er legte sie in mehreren Reden im Jahre 1848 in der Paulskirche dar, in denen er auf die Gründe der sich verschärfenden parlamentarischen Auseinandersetzungen zu sprechen kam. Dabei warf er den Liberalen vor, daß sie die Volksbewegung von 1848 nur als eine Reformbewegung oder eine kleine Revolution ansahen, die keinen anderen Zweck hätte, als dem Volk gewisse Rechte zu erkämpfen und einzelne Beschränkungen wegzureißen.

„Das ist nach meiner innigsten Überzeugung ein Irrtum“, hielt Trützschler ihnen entgegen. *„Es ist eine große Bewegung, in der wir uns befinden, und ihr Ziel ist kein anderes, als große Grundsätze zur Geltung zu bringen, die in jeder Menschenbrust liegen, die Grundsätze der Freiheit, Gleichheit und Brüderlichkeit.“*

Und in der Debatte um die provisorische Zentralgewalt vom 19.-25. Juni 1848 legte er ein klares Bekenntnis zu den Leitideen einer einigen und unteilbaren Republik ab: *„Es ist gesagt worden: die Souveränität muß geteilt sein. Das kann ich nicht zugeben. Es gibt in meinen Augen keine geteilte Souveränität. Das Volk will selbst herrschen, es will sich nicht mehr von anderen regieren lassen.“*

Die gegenrevolutionäre Entwicklung im Herbst 1848 brachte Trützschler dann immer mehr zur Überzeugung, daß die Demokratie nur mit revolutionären Mitteln verteidigt werden könne. So vertrat er zusammen mit Ludwig Simon die Linke der Nationalversammlung im Berliner ‚Gegenparlament‘ Ende Oktober 1848 und war einer der Initiatoren und treibenden Kräfte des Ende November des Jahres gegründeten Zentralmärzvereins zur Durchsetzung der Reichsverfassung, dessen Vorstand er angehörte.

Nach der Ablehnung der Kaiserkrone durch den preußischen König wollte Adolf von Trützschler mit seinen Freunden auf dem revolutionär-demokratischen Flügel des Donnersbergs die kaiserliche Reichsspitze durch einen demokratischen Vollziehungsausschuß ersetzen. Als sich diese Vorstellungen nicht durchsetzen ließen, trat er am 11. April 1849 aus der Parlamentsfraktion der äußersten Linken aus.

Ende Mai 1849 ging Adolf von Trützschler im Auftrag des Stuttgarter Rumpfparlamentes nach Baden und nahm dort Kontakte mit den Aufständischen auf. Da er der fruchtlosen Parlamentsdebatten überdrüssig war, trat er in die Aufstandsbewegung ein. Als Zivilkommissar der provisorischen badischen Regierung und Regierungsdirektor des Unterrheinkreises erwarb er sich durch sein ruhiges und gerechtes Auftreten besondere Sympathien in Mannheim, bis die preußischen Interventionstruppen Ende Juni die Stadt einnahmen.

Obwohl Trützschler nicht mit der Waffe gekämpft hatte, zudem als Parlamentskommissär auf dem Boden der Reichsverfassung stand und das Standrecht in Baden erst am Tage nach seiner Gefangennahme in Kraft getreten war, ereilte ihn nun das gleiche Schicksal wie Robert Blum. Adolf von Trützschler wurde am 13. August 1849 in einem Standgerichtsverfahren widerrechtlich zum Tode verurteilt und am folgenden Morgen erschossen. In seinem letzten Brief an seine Eltern schrieb er: *„Nehmt die Überzeugung als Stärkung Eurer Kraft, daß ich geglaubt habe, recht zu handeln und daß kein falsches, selbstsüchtiges Motiv mich geleitet hat.“* Und von seiner Frau verabschiedete er sich mit den Worten: *„Es lebe Deutschland! Es lebe in Freiheit! Gott mit Dir!“*

Adolf von Trützschler, obgleich adeliger Herkunft, war doch ein Verächter des dünkelhaften Stolzes auf Reichtum, Rang und hohe Geburt. Geprägt von den freiheitlichen und großdeutschen Idealen als Burschenschafter und Corpsstudent zeigt sich in ihm die verbindende Kraft des nationalen Denkens über alle parteipolitischen Grenzen hinweg. Er sah in einem demokratischen, sozial geprägten Nationalstaat abseits aller internationalen, sozialistisch-kommunistischen Ideen den einzigen, alle Volksschichten versöhnenden Weg in Deutschlands Zukunft:

- *demokratisch* im umfassenden Sinne der Ablehnung des Obrigkeitsstaates und der Wahrung der Rechte jedes Staatsbürgers,
- *sozial* im Aufbau einer solidarischen Volksgemeinschaft,
- *national* im Sinne der Verneinung der kleingeistigen Sonderstaatlichkeit und der Bejahung eines einheitlichen deutschen Reiches in einem neuen Europa.

Seine Vorstellungen weisen so bereits weit über seine Zeit hinaus und sind, ungeachtet mancher gescheiterter Versuche zu ihrer Verwirklichung, heute aktueller denn je.

Trützschlers Weg und der seiner Freunde, von denen viele aus der burschenschaftlichen Bewegung kamen, gibt uns zugleich ein hervorragendes Beispiel, zu welchen politischen Konsequenzen gerade demokratische Parlamentarier der Jahre 1848/49 in Deutschland gelangten. Vielen von ihnen blieb nur der Weg in die Emigration, vornehmlich in die Schweiz und nach Amerika, wo sie sich unter schwierigen Bedingungen eine neue Existenz aufzubauen versuchten und wo sie teilweise zu hohen staatlichen Ehren und Würden gelangten. Adolf von Trützschler aber zahlte, wie vor ihm schon das in der Wiener Oktoberrevolution 1848 von den Schergen des Fürsten Windischgrätz erschossene Ehrenmitglied der Burschenschaft Germania Leipzig, sein Fraktionsfreund Robert Blum, für seine Überzeugung mit seinem Leben.

Erzherzog Johann von Österreich – Heinrich von Gagern – Adolf von Trützschler: drei Männer, getrennt durch ihren persönlichen Hintergrund, durch ihre konkreten Zielsetzungen und die Wege wie auch Irrwege, die sie zu deren Verwirklichung einschlugen, vereint aber im Glauben an die politische Wiedergeburt des deutschen Volkes, dem sie sich zutiefst verpflichtet fühlten, und vereint auch in der Vision von Deutschlands künftiger Größe und

Einheit in Freiheit. Drei Deutsche, wert unseres Gedenkens und unserer bleibenden Erinnerung!

Im Rückblick auf diese drei Männer des Jahres 1848/49 ist die Frage zu stellen: liegt 1848 denn wirklich so weit zurück in der Vergangenheit? Feiern nicht die unheilvollen Schatten des Metternichschen Vormärz mit ihrer antinationalen Repression, ihrer freiheitsfeindlichen Gesinnungsschnüffelei, ihrer Zensur, ihrem devoten Obrigkeitsdenken und ihrem biedermeierlichen Zurückziehen in die private Nische in unseren Tagen einer zutiefst undemokratischen, ja geradezu Orwellschen ‚political correctness' fröhliche Urständ?

Gewiß, historische Epochen sind nicht replikenhaft wiederholbar und jede Epoche steht für sich in unmittelbarer Beziehung zum Weltengeist. Nicht in einzelnen personalen Strukturen und in konkreten Abläufen und Machtkonstellationen, wohl aber in zeitlosen Ideen und übergeordneten Notwendigkeiten, die das Handeln der Völker bestimmen, wiederholt sich Geschichte und kann für uns so durchaus Beispiel und Richtschnur unseres Handelns sein. Politik aber kann zu allen Zeiten nur auf geschichtlicher Grundlage begriffen werden, will sie nicht ihre innere Rechtfertigung, ihr in den Prinzipien der nationalen Wohlfahrt ruhendes Fundament einbüßen. Sie muß dabei die Nation als eine Totalität begreifen, deren Gang durch die Geschichte von der besonderen Natur und Weltsicht der sie bildenden Individuen vorgegeben und nicht aus Analogien zu anderen Völkern ableitbar ist.

Was läßt sich daraus im Blick auf die Ereignisse von 1848 für unsere Arbeit als nationale Korporierte ableiten, was trennt uns von, was eint uns mit unseren fast 300 waffenstudentischen Ahnen, die das Gesicht des ersten deutschen Nationalparlamentes prägten?

Geblieben sind hingegen die Ziele der Einheit der Deutschen und der Gestaltung Europas, der Kampf um die persönliche Freiheit, die Bewahrung und Förderung deutscher Kultur und Wesensart. Ihnen verbinden sich die alten und immer wieder neuen Probleme einer geistigen Wiedergesundung unseres Volkes, seines Schutzes vor biologischer wie kultureller Auflösung, der Regelung unserer Beziehungen zu unseren Nachbarn im europäischen Osten und Südosten und der Definition der Stellung unseres deutschen Kernvolkes im gesamtkontinentalen Bezugsrahmen.

KARL RICHTER

Revolution nach Noten

Richard Wagner und der Dresdener Maiaufstand

Die Revolution von 1848/49 ist nicht zuletzt ein geistesgeschichtliches Ereignis. Die intelellektuelle Schicht des bürgerlichen Deutschlands wird von ihr auf ganzer Breite erfaßt, fast jeder wird von ihr in irgendeiner Weise betroffen, muß sich mit dem Epochenereignis auseinandersetzen. Eine ganze Generation von Schriftstellern, Dichtern, Publizisten wird von ihr geprägt, häufig ganz unmittelbar auf der Mikroebene des Persönlich-Biographischen: viele wandern nach dem Scheitern der Revolution aus, müssen ins Exil, andere resignieren, wenden sich enttäuscht von der Politik ab.

Der Komponist und Dresdner Hofkapellmeister Richard Wagner macht da keine Ausnahme, auch wenn er – anders als viele seiner Zeitgenossen – noch Jahre nach der Niederschlagung der Erhebung seinen revolutionären Zielen treu bleibt. Seit 1843 bekleidet er das Amt des Königlich-Sächsischen Hofkapellmeisters, eine Folge der triumphalen Uraufführung seiner frühen Oper „Rienzi" im Oktober 1842. Doch im Laufe der Jahre wandelt sich Wagners Kunstverständnis, und auf den „Rienzi", der noch im Stil der französischen Großen Oper gehalten ist, folgen keine vergleichbaren Bühnenstücke. Wagner selbst nennt sein Werk später einmal seinen „Schreihals" und wendet sich anderen Sujets, nicht zuletzt einem anderen Kompositionsstil zu. So entstehen der „Fliegende Holländer" (Uraufführung 1843), „Tannhäuser" (1845) und „Lohengrin" (1850), allesamt Werke, die die Wendung zu einem neuen, für die Zeit nur schwer nachvoll-

Richard Wagner: Revolutionärer Komponist und Dresdner Hofkapellmeister

ziehbaren Opernverständnis dokumentieren. Publikum und Öffentlichkeit verhalten sich reserviert, können mit dem neuen Wagner-Stil wenig anfangen.

Wagner selbst fühlt sich auf seinem Posten immer weniger wohl. Wiederholte Konflikte mit der Intendanz kommen hinzu und verleiden ihm seine Theaterarbeit. Im Herbst 1847 ereignet sich eine bezeichnende, vielleicht entscheidende Episode. Wagner will „Tannhäuser" in Berlin zur Aufführung bringen. Doch daran besteht weder bei Hofe noch bei der Verwaltung der preußischen Schauspiele Interesse. Um König Friedrich Wilhelm IV. dennoch zu gewinnen, verfällt Wagner auf die Idee, die Oper mit einer Widmung an den Monarchen zu versehen. Wieder treten Hindernisse auf. Der König nehme nur Werke an, die ihm bereits bekannt seien. Schließlich rät man dem Komponisten aus Sachsen, er solle einiges für Militärmusik arrangieren, was dem Monarchen dann während der Wachparade zu Gehör gebracht werden soll. Wagner darüber in der „Mitteilung an meine Freunde": *„Tiefer konnte ich wohl nicht gedemütigt und bestimmter zur Erkenntnis meiner Stellung gebracht werden! – Von nun an hörte unsere ganze moderne Kunstöffentlichkeit immer grundsätzlicher auf, für mich zu existieren."*

In Wagner, der zeitlebens ein Feuergeist ist, gärt es. Von der Unruhe, die im Vormärz-Deutschland in der Luft liegt, erhofft auch er sich Veränderung, Besserung der gegebenen Zustände. Ort der Verwirklichung dieses Umschwungs ist das Terrain des Politischen. Die Ebene des Politischen ist für Wagner kein Umweg, sondern eine notwendige Station auf dem Weg zur kollektiven Selbstfindung. Dabei kommt für ihn, Fundamentalist, der er ist, nur eine aufs Ganze zielende Lösung in Betracht: wenn Veränderung, dann als Revolution. Eine andere Umsetzung der großen, von ihm wahrgenommenen Epochentendenz in die Formensprache des Politischen ist für ihn nicht denkbar. So findet der Dresdner Hofkapellmeister Richard Wagner über künstlerisch-ästhetische Fragestellungen Anschluß an die revolutionäre Grundströmung, die auch in Deutschland längst da ist, um sich greift, ihrer Entladung unterirdisch entgegenfiebert.

Wagners Kunst-Propaganda

Die Berührungspunkte beider Sphären, der künstlerischen mit der politischen, lassen sich mitunter erstaunlich exakt ausmachen. Einer davon ist ein Brief, den Wagner im November 1847 an den Berliner Musikschriftsteller Ernst Kossak richtet. Anlaß sind Berliner Querelen um die Aufnahme des „Rienzi" beim Publikum. Wagner gibt sich ungehalten, bringt die Dinge aus seiner Sicht auf den Punkt, schreibt: *„Bester Freund, was ist all unser Hineinpredigen in das Publikum? Wie bedaure ich, daß Sie sich damit so viel Mühe und am Ende gar noch meinetwillen geben! Hier ist ein Damm zu durchbrechen, und das Mittel heißt: Revolution! Die positive Basis muß gewonnen werden; was wir für gut und recht halten, das muß das Gegebene, Feste und Unabänderliche werden, dann löst sich das jetzt herrschende Schlechte von selbst zur albernen, leicht besiegbaren Opposition auf."*

Nur wie zufällig stehen in diesen Zeilen Details der Kunst-Propaganda, Probleme der Kunstszene im Vordergrund. Wesentlicher ist, daß sich Wagner einen beinahe diktatorischen, halb-totalitären Sprachgestus zueigen macht: der Impuls des Totalen, der ihn weder zwischen Kunst und Gesellschaft noch zwischen Künstler und Mensch unterscheiden läßt, schlägt durch. Seinem Kunstanspruch entsprechen, ins Politische übersetzt, weder parlamentarische Umgangsformen noch sektiererische Vereinsaktivitäten. Noch einmal aus dem Brief an Kossak: *„Ein einziger vernünftiger Entschluß des Königs von Preußen für sein Operntheater, und alles ist mit einmal in Ordnung!“*

Ist es nicht: denn Politisches nimmt inzwischen einen Stellenwert in Wagners Denken ein, der sich vom bloß künstlerischen Engagement des sächsischen Kapellmeisters her nicht mehr erklären läßt. Überliefert ist eine Szene während eines Spaziergangs, den Wagner mit dem neuen Dresdner Dramaturgen Karl Gutzkow sowie dem österreichischen Schriftsteller und Sozialisten Dr. Alfred Meißner nach dem Waldschlößchen unternimmt, September 1846. An die Haltung Wagners erinnert sich Meißner nachmals noch sehr genau: er hielt die politischen Zustände im Lande für *„reif zur gründlichen Änderung und sah einer in nächster Zeit stattzuhabenden Umwälzung als etwas Unausbleiblichem entgegen.“* Die Umwälzung werde leicht und mit *„wenigen Schlägen vor sich gehen, die staatlichen und gesellschaftlichen Formen hielten nur noch ganz äußerlich fest.“* Die Revolution, doziert Wagner, sei in den Köpfen längst vollzogen; das neue Deutschland sei *„fertig wie ein Erzguß, es bedürfe nur eines Hammerschlags auf die tönerne Hülle, daß es hervortrete“*.

Weder in seinen weltanschaulichen noch in seinen ästhetischen Tiefenschichten ist Wagner ein Ziehkind des liberalen, virtuosen neunzehnten Jahrhunderts, schon in den Dresdner Jahren nicht mehr; dies ungeachtet der Tatsache, daß ihn die Barrikadenkämpfe wenig später auf der Seite der Aufständischen sehen, was ihm seine Mitwelt im übrigen niemals vergißt. Noch als ihn der bayerische König Jahrzehnte danach nach München holt, gilt er dessen ultramontanen Einflüsterern als der alte Umstürzler, vor dessen staatsgefährdenden Ideen man Volk und Monarch schützen müsse.

Das ist so richtig wie falsch. Falsch: denn das Vormärz-Erbe des Jahres 1848, mit Frauen- und Judenemanzipation, allgemeinem Wahlrecht und Monarchensturz, wird Wagner, sofern er ihm innerlich je nahestand, dazumal längst abgetan haben; ein Anhänger des Königtums war er von je, ein Demokrat nie. Richtig: denn von der großen Menschheitsrevolution, der grundstürzenden, alleswendenden, träumt er noch nach Dezennien, fiebert ihr entgegen, ersehnt sie, während ein Gutteil seiner bürgerlichen Mitkämpfer längst ihren Frieden mit den Verhältnissen gemacht haben werden. Dabei ist es nicht der liberale Gedanke, dem er treu bleibt, sondern der totalitäre, um nicht zu sagen: der sozialistische. Noch ein gutes Menschenalter später bringt er es als griffige Antithese zum westlichen Freiheitsmodell auf die plakative Formel: „Der Mensch muß müssen“ – so nach einem Aufsatz, der 1879 unter dem Titel „Wollen wir hoffen?“ erscheint.

Als die etablierten Gewalten im Frühjahr 1848 überall in Deutschland vor dem ersten Ansturm der Revolution zurückweichen, tobt mitunter zwischen Liberalen und Radikalen ein erbitterterer Kampf als zwischen diesen und der

Reaktion. Wagner schlägt sich von Anfang an auf die Seite der Radikalen, undogmatisch, doch mit Entschiedenheit, und setzt sogleich neue Akzente. *„Was ist denn aber der Inhalt des Sozialismus?“* fragt er noch im Oktober 1850 in einem Brief an seinen Freund Theodor Uhlig und gibt die Antwort: *„Sein einziger Inhalt ist: Überfluß und Entbehrung unmöglich machen. Dem Volke braucht somit nichts gelehrt, sondern nur gesagt zu werden: du hast recht!“*

Sozialismus ist für Wagner eine Frage der Lebenshaltung, der ethischen Einstellung zum Leben. Daß er sich in einer nicht ausgeführten Schrift vom August 1849, die über das „Künstlertum der Zukunft“ gehen sollte, zum „Prinzip des Kommunismus“ bekennt, ist von mehr grundsätzlichem als buchstäblichem Charakter. Die Gedankengänge der kommunistischen Erzväter, die ihr Manifest noch eben rechtzeitig zur Revolution auf den deutschen Ideenmarkt bringen, erscheinen ihm denkbar unattraktiv, als *„abgeschmackteste und sinnloseste Lehre“*, wie er sich einmal ausläßt.

Andererseits: dem individualistischen, bürgerlich-liberalen Weltentwurf gegenüber bleibt er zeitlebens der tiefüberzeugte, feuerköpfige Vertreter kollektiver, überindividueller Werte. *„Der einzelne Mensch ist nur ein Teil des Ganzen“*, verkündet er am Vorabend des sächsischen Maiaufstandes 1849; *„vereinzelt für sich ist er nichts, nur als Teil des Ganzen findet er seine Bestimmung, sein Recht, sein Glück.“* Der politische Liberalismus ist ihm, wie er 1850 verkündet, ein *„abstraktes Prinzip“*, ein *„luxuriöses Geistesspiel“*. Richard Wagners weltanschauliche Fixpunkte tragen andere Namen: Volk, Gesellschaft, Mythos, Zukunft.

Sein Weg in die deutsche Revolution von 1848/49 verläuft denn auch ohne Windungen und Umwege. Bis April 1848 hält ihn die Arbeit an der Partitur des „Lohengrin“ in Beschlag. Im Mai tritt, nach Wochen des Aufruhrs, von dem so gut wie alle deutschen Länder erfaßt werden, in Frankfurt erstmals die Nationalversammlung zusammen. Wagner steht den Beratungen über die künftige deutsche Verfassung sogleich kritisch gegenüber. Noch in der Rückschau attestiert er den streitenden Parteien *„höchste Unklarheit (...) über das Wesen und den eigentlichen Inhalt der Revolution“*. Eine *„ersprießliche Wirksamkeit des nun sich versammelnden deutschen Parlamentes“* bezweifelt er.

Seine eigene Position vertritt er in den darauffolgenden Monaten nicht nur in einer Reihe von Aufsätzen, sondern zunächst – und erheblich öffentlichkeitswirksamer – in einer Rede vor dem Dresdener „Vaterlandsverein“, der radikaleren der beiden größeren politischen Vereinigungen in der sächsischen Metropole. Wagner spricht dort im Juni über das Thema „Wie verhalten sich republikanische Bestrebungen dem Königtume gegenüber?“ Seine Antwort frappiert sein aufständisch gesinntes Publikum nicht weniger als Hof und Intendanz, betrachtet er den König doch als *„ersten und allerechtesten Republikaner“*, als *„Mann der Vorsehung“* nachgerade. Keine Rede von Monarchensturz und Burgenschleifen, stattdessen: die Vision einer Vereinigung der *„bisher neidisch und feindlich geschiedenen Stände in den einen großen Stand des freien Volkes (...), zu dem alles gehört, was auf dem lieben deutschen Boden von Gott menschlichen Atem empfing“*.

Wagner präzisiert hier lediglich, was er in seinen Bühnenwerken längst künstlerisch gestaltet hat: das Bild einer gesellschaftlichen Ordnung, die sich nicht durch Klassengegensätze, sondern durch Einmütigkeit und inneren Zusammenhalt definiert. Ihre Organisation ist freiheitlich und hierarchisch zugleich; als zentrale Vollzugsinstanz des kollektiven Willens fungiert, der profanen Sphäre gleichsam entrückt, ein politischer Messias-Heros, dem Wagner gelegentlich übermenschliche Züge verleiht: der Ritter Lohengrin etwa tritt aus einer Sphäre außerirdischer Heiligkeit zu den Menschen, unverwundbar und unbegreiflich. Aber bereits der Bühnenfigur des römischen Volkstribunen Rienzi haften vergleichbare Züge an, und noch seine jüngste Schöpfung, Friedrich Barbarossa, zeichnet Wagner in einem Dramenentwurf von 1846/48 als politisch-transzendenten Übervater des mittelalterlichen Reiches.

Freilich: mit solcherlei politischer Utopie vermag er weder bei seinen linkssozialistischen Mitstreitern noch bei der Hofintendanz zu überzeugen, die er nach wie vor für eine umfassende Reorganisation der sächsischen Theaterverhältnisse gewinnen möchte. Dort hat er sich durch seine Auslassungen vor dem „Vaterlandsverein" endgültig in Mißkredit gebracht. Die Aufführung des „Lohengrin" wird auf unbestimmt verschoben, ohne Begründung. Wagner wiederum findet sich durch diese Entscheidung in seinem Kurs bestätigt und hält nun mit seinen revoluzzerhaften Bekenntnissen erst recht nicht mehr hinter dem Berg. Das meiste davon läßt er in den „Volksblättern" seines Freundes August Röckel veröffentlichen: Gedichte, Traktate, Theoretisches. Manches davon liest sich wie eine Apotheose des Umsturzes. Wagner hofft auf den „erlösenden", zumal die Kunstverhältnisse von Grund auf reformierenden Umbruch aller Dinge, eine Vision von geradezu endzeitlichen Dimensionen.

Vorerst, 1848/49, ist er bald bis über beide Ohren in die revolutionäre Szene Sachsens verstrickt. Die Behauptung, er habe während der Unruhen Handgranaten für die Aufständischen bestellt, ist niemals widerlegt worden. Fest steht, daß er die Jagdgewehre seines bevorzugten Heldentenors, Heinrich Tichatschek, beim Beginn der Dresdner Turbulenzen für die Barrikadenkämpfer requirieren will. Die Besprechungen zur Vorbereitung des Aufstandes finden wie selbstverständlich im Garten seines Hauses statt. Ein Vertrauter, der Regisseur und Schriftsteller Eduard Devrient, hält damals in seinem Tagebuch die Beobachtung fest: *„Nach Tisch Besuch von Kapellmeister Wagner; wir zankten uns wieder barbarisch über Politik. Er will zerstören, um neu aufzubauen, ich will das Bestehende zu einer neuen Welt verwandeln."* Im Oktober notiert Devrient: *„Kapellmeister Wagner (...) hatte wieder große sozialistische Rosinen im Kopf. Jetzt ist ihm ein einiges Deutschland nicht mehr genug; jetzt geht's aufs einige Europa, auf die einheitliche Menschheit los."*

Zerstören, um neu aufzubauen

Seine schöpferische Tätigkeit erfährt durch das bewegte Ambiente der letzten Dresdener Jahre eine eigentümliche Umlenkung. Fünf Jahre wird es schließlich dauern, bis sich Wagner, nach der Vollendung des „Lohengrin" im April 1848, wieder der eigentlichen musikalischen Sphäre zuwendet. Seine Entwürfe und Projekte aus dieser Zeit bleiben – bis auf das „Nibelungen"-Vorhaben, dessen Anfänge ebenfalls ins Jahr 1848 zurückreichen – papieren und werden fast sämtlich unausgeführt wieder beiseitegelegt. So etwa ein Dramenprojekt mit dem Titel „Jesus von Nazareth", das sich zur Jahreswende 1848/49 immerhin zu einem umfangreichen Prosaentwurf auswächst. Der Heiland erscheint bei Wagner als Sozialrevolutionär, der am Materialismus seiner Umgebung scheitert. An eine Vertonung des Stoffes wird gar nicht erst gedacht; allenfalls humoristisch gemeint ist die Anregung des russischen Anarchisten und Berufsrevolutionärs Michail Bakunin, der damals zum engeren Dresdner Bekanntenkreis Wagners zählt, der Tenor solle singen: „Köpfet ihn!", der Sopran „Hängt ihn", der Basso continuo „Feuer! Feuer!"

Ein anderes Opernbuch, „Wieland der Schmied", schließt damit, daß der versklavte Künstler gegen seinen Zwingherrn rebelliert und sich seine Freiheit mit einem anarchischen Rundumschlag gegen seine Bedrücker erkämpft. Auch in diesem Fall bleibt es beim Textentwurf.

Nur das „Nibelungen"-Projekt wird später von Wagner weiterverfolgt, erfährt dabei allerdings erhebliche Umgestaltungen. „Siegfrieds Tod", die spätere „Götterdämmerung", enthält 1848 eine politische Botschaft: Siegfried, der sich seinem naturhaften Ursprung entfremdet hat, stirbt, doch sein Tod ist die Voraussetzung für die Befreiung der Nibelungen durch Brünnhilde.

Die Zeitbezüge sind bei allen diesen Entwürfen recht offensichtlich, obschon Wagner aufdringliche Tendenzpropaganda vermeidet. Er versucht lediglich, seine Position ins Dichterisch-Dramatische zu übersetzen: ein „kommunistischer" Jesus, ein anarchistischer Schmied Wieland, ein tragisch-he-

Die provisorische sächsische Regierung im Dresdener Rathaus, Mai 1849

roischer Siegfried. Auch die mythenhaften Szenarien künftiger Musikdramen zeichnen sich vor der Kulisse der Dresdner Revolutionsprosa in Umrissen ab. Nur: verwirklicht wird zunächst von alledem nichts. Der Funke, der aus einem Prosaentwurf ein Bühnendrama macht, will nicht überspringen.

Dafür eskaliert die politische Situation. Ungeachtet der Zustimmung, die 28 deutsche Länderregierungen – und die beiden sächsischen Kammern – der mittlerweile ausgearbeiteten Paulskirchenverfassung erteilt haben, verhalten sich in Sachsen König und Regierung ablehnend. Friedrich August geht sogar noch weiter und löst, nach preußischem Vorbild, die beiden Kammern auf. Schon machen Gerüchte die Runde, wonach preußische Truppen auf dem Marsch nach Sachsen sein sollen.

In der allgemeinen Erregung ist dies der zündende Funke ins Pulverfaß. In Dresden werden Barrikaden errichtet, bei Scharmützeln zwischen Kommunalgarde und Regierungstruppen gibt es die ersten Toten. Wagner, der Augenzeuge der Handgreiflichkeiten wird, verfällt in einen Zustand ekstatischer Heiterkeit. In einer Anwandlung tollkühner Selbstvergessenheit unternimmt er den Versuch, die aufmarschierte Linieninfanterie durch Flugblätter dazu zu bewegen, auf die Seite des Volkes überzugehen und damit, wie in Württemberg, die Annahme der Verfassung doch noch zu erzwingen. Wie durch ein Wunder bleibt er unversehrt, als er mit seinen Flugzetteln zwischen den Fronten umherläuft.

Der provisorischen Regierung stellt er sich unverzüglich als Kundschafter und Verbindungsmann zur Verfügung (während beispielsweise Robert Schumann zum Böhmischen Bahnhof und von da aus der Stadt flieht). Die Nacht vom 5. auf den 6. Mai verbringt er als Beobachter auf dem Kreuzturm; preußische Kugeln pfeifen durch das Gebälk. Tags darauf steht das Opernhaus in Flammen. Die Revolutionsregierung setzt sich in Richtung Erzgebirge ab. Vor der Weiterfahrt, nunmehr nach Chemnitz, verpaßt Wagner den Konvoi – und entgeht so, abermals wie durch ein Wunder, der Verhaftung.

Eine Zeitlang noch hält er sich in Sachsen verborgen. Vor allem Franz Liszt, mit dem er seit kurzem in freundschaftlichem Kontakt steht, bestürmt ihn, Sachsen, Deutschland zu verlassen. In Dresden wird er bereits steckbrieflich gesucht, wegen „wesentlicher Teilnahme an der in hiesiger Stadt stattgefundenen aufrührerischen Bewegung". An Minna schreibt er daraufhin: *„Vergiß nicht, daß ein solcher Steckbrief mich nur ehren kann"*. Nichtsdestoweniger muß er Deutschland nun so rasch wie möglich verlassen. Über Rudolstadt, Coburg und Lichtenfels geht die Flucht durch bayerisches Territorium an den Bodensee. Mit falschen Papieren besteigt er dort am 28. Mai ein Schweizer Dampfschiff und ist, vorerst, in Freiheit.

WALTER MARINOVIC

Revolution auf der Bühne

Johann Nestroys „Freiheit im Krähwinkel“

In dem klaren Gefühl, so kann's nicht bleiben, liegt eine Ahnungsgarantie, da steht immer schon die Zukunft als verschleierte Schönheit vor uns. Johann Nestroy sagt in seiner Posse „Freiheit in Krähwinkel“, was Menschen empfinden, die sich auch unter dem Druck einer unerträglichen Gegenwart den Glauben an eine bessere Zukunft bewahren. Als im Dialog daraufhin der skeptische Einwurf erfolgt, in Krähwinkel würde sich doch nie etwas ändern, ist die siegessichere Anwort: Die Zeit ist näher, als Sie glauben. Dieses Wort ist für freiheitsliebende Menschen ein Trost. Denn die wachsende Willkür der Herrschenden ist niemals ein Zeichen von Stärke, sondern das Eingeständnis zunehmender Verunsicherung und das Signal einer unaufhaltsamen Wende. Kritische Menschen haben dafür ein klares Gefühl.

Das Theaterstück „Freiheit in Krähwinkel“, das am 1. Juli 1848 in Wien uraufgeführt worden ist, hat Nestroy im Rückblick auf den Sieg der Märzrevolution geschaffen. Doch die Gewißheit, daß man die Unterdrückung abschütteln werde, muß er schon längst gehabt haben, sonst wäre er nicht imstande gewesen, innerhalb von wenigen Wochen die ganze Erbitterung über den Zwang des Vormärz, den ganzen Jubel über die endlich gewonnene Freiheit in brausenden Szenen auf die Bühne zu stellen. Während die herrschende Klasse stets meint, die Hebel der Macht für immer fest in Händen zu haben, hat der Wind der Zeit bereits umgeschlagen. Man hat im Vormärz die Deutsche Burschenschaft aufgelöst und Professoren als „Demagogen“ verfolgt. 1848 standen die Akademiker auf den Barrikaden und kämpften für ein einiges deutsches Vaterland. Ebenso brach 1989 unter dem Ruf „Wir sind das Volk“ Honeckers Mauer in Stücke. Denkende Menschen wehren sich gegen den Zwang. Die große Masse dämmert zwar träge dahin, doch dann, wenn es den Leuten schlechter geht, sind auch

Der Volksdichter und Schauspieler Nestroy (l.) sowie der Schauspieler Scholz (r.) waren Revolutionäre im Jahre 1848 und Mitglieder der Nationalgarde. Diese zeitgenössische Illustration zeigt sie, Wache stehend

sie bereit, für bessere Zeiten zu kämpfen. Das war so, als die Industrialisierung im frühen 19. Jahrhundert Reichtum den Kapitalisten und den Arbeitern Elend bereitete. Globalisierung und Arbeitslosigkeit könnten dasselbe bald wieder bewirken.

Die Herrschenden aber bleiben im satten Besitz ihrer Macht blind und meinen, mit schönen Schlagworten die Menschen gängeln und täuschen zu können. Mit Verbot und Zensur versuchen sie krampfhaft, unruhige Geister niederzuhalten. Die Zensur, heißt es bei Nestroy, ist das lebendige Geständnis der Großen, daß sie nur verdummte Sklaven, aber keine freien Völker regieren können... Ein Zensor ist ein menschgewordener Bleistift oder ein bleistiftgewordener Mensch, ein fleischgewordener Strich über die Erzeugnisse des Geistes, ein Krokodil, das an der Ufern des Ideenstromes lagert und den darin schwimmenden Literaten die Köpf' abbeißt.

Das Zopfensystem

Mit dem damals geläufigen Wort „Zopfensystem" geißelte Nestroy, der in „Freiheit in Krähwinkel" die Rolle des Freiheitskämpfers Eberhard Ultra spielte, die Unterdrückung schon in seinem Auftrittslied:

„Unumschränkt hab'n s' regiert,
kein Mensch hat sich g'rührt,
denn hätt's einer g'wagt
und a freies Wort g'sagt,
den hätt d' Festung belohnt..."

Doch trotzdem, heißt es in dem daran anschließenden Monolog des Ultra, führt ein „Zopfensystem" stets die hohen Worte Recht und Freiheit heuchlerisch im Munde: Recht und Freiheit sind ein paar bedeutungsvolle Worte, aber nur in der einfachen Zahl unendlich groß, drum hat man sie uns auch in der wertlosen vielfachen Zahl gegeben... Was für eine Menge Rechte haben wir g'habt, diese Rechte der Geburt, die Rechte und Vorrechte des Standes... Wir haben ferner das Recht g'habt, nach erlangter Bewilligung Diplome von gelehrten Gesellschaften anzunehmen. Sogar mit hoher Genehmigung das Recht, ausländische Courtoisie-Orden zu tragen. Und trotz allen diesen unschätzbaren Rechten haben wir doch kein Recht g'habt, weil wir Sklaven waren.

Was haben wir ferner alles für Freiheiten g'habt! Überall auf'n Land und in den Städten zu gewissen Zeiten Marktfreiheit... Wir haben sogar Gedankenfreiheit g'habt, insofern wir die Gedanken bei uns behalten haben. Es war nämlich für die Gedanken eine Art Hundsverordnung. Man hat s' haben dürfen, aber am Schnürl führen! - Wie man s' loslassen hat, haben s' einem s' erschlagen. Mit einem Wort, wir haben eine Menge von Freiheiten g'habt, aber von Freiheit keine Spur!

Wenn ein „Zopfensystem" widersprechende Meinungen nicht mehr totschweigen kann, werden sie unterdrückt. Bücher werden beschlagnahmt, Schriftsteller und Verleger vor Gericht gestellt. Es gibt Tabus, an die niemand rühren, Denkverbote, die niemand brechen darf. Dazu braucht ein System willige Büttel. In Nestroys Posse ist der Ratsdiener Klaus ein „Naderer", wie man in Wien sagt, der die Bürger von Krähwinkel bespitzelt. Der Staatsdichter Edler Sperling von Spatz schmiedet mit stümperhaften Reimen eine Ode an die Knute. Und Teile des Klerus spenden dazu ihren Segen. Untertänig küßt die Tochter des Ratsdieners einem Pater die Hand. So wird Nestroys Bild der Kleinstadt Krähwinkel zum Totalgemälde seiner Zeit vor dem März 1848 und eines jeden Systems, in dem Recht und Freiheit nur schöne Worte sind.

Schreckliche Träume

Von wahrer Freiheit will der Bürgermeister von Krähwinkel nichts wissen und nichts hören, wie der Unmut zu rumoren beginnt. Er legt sich auf ein Kanapee und verfällt in einen unruhigen Schlaf, dessen Träume Nestroy dem Publikum in Szenen vorführt, die sie eben in Wirklichkeit erlebt haben. Unter leiser Musik hebt sich die Rückwand der Kulisse, und man sieht den Beginn der Revolution am 13. März, wo im Hofe des Wiener Landhauses ein auf dem Brunnen stehender Redner – es war der junge Arzt Dr. Fischhof – die versammelte Menge zur Erringung der Freiheit aufruft. Gequält stöhnt der Bürgermeister auf: Schrecklich, schrecklich ist so ein Traum! Aber schon ängstigt ihn wieder ein Traum, in dem Nestroy die Ereignisse des 15. Mai erscheinen läßt, als man Barrikaden errichtete und eine „Sturmpetition" an den Ministerrat beschloß.

Doch der Ratsdiener tröstet den Bürgermeister: Ich kenn' die Krähwinkler – man muß sie austoben lassen; is der Raptus vorbei, dann werd'n s' dasig (kleinlaut), und wir fangen s' mit der Hand. Da woll'n wir's hernach erst recht zwicken, das Volk. Der nun folgende Traum hat dann nichts mehr mit den zur Zeit der Aufführung zurückliegenden Begebenheiten zu tun, sondern er ist Nestroys Warnung vor dem, was kommen könnte und dann auch so ähnlich kam: Die Wand öffnet sich, wie früher, die Musik geht plötzlich in einen russischen Triumphmarsch über, und man sieht eine dem Bürgermeister ganz ähnliche Gestalt mit dem russischen General Arm in Arm unter einem Triumphbogen. Im Hintergrund sieht man die Kosaken ansprengen und russische Grenadiere, welche die Knute schwingen.

Im nächsten Aufzug scheint dieser Traum des Bürgermeisters Wirklichkeit zu werden. Ein russischer Fürst Knutikof Sybiritschewsky Tyrannsky Absolutski kommandiert in Krähwinkel: Verbrenski Proklamatski Constitutzki! Den Bürgermeister und seinen Anhang, die diese Aufträge untertänig erfüllen, nimmt er zum Lohn in die hohe Aristokratie

Zeitgenössische Illustration zu „Freiheit in Krähwinkel"

auf. Ein zeitgenössischer Stich zeigt, wie in der Aufführung ein Leibeigener vor dem ausländischen Fürsten kniet und sklavisch dessen Knute küßt: zum Wohlgefallen des Establishments von Krähwinkel. Darunter stehen die Worte: Tyrannsky absolutsky regiersky Volcksky despotsky. Politiker, die ihr Volk verraten, werden von den Mächten des Auslands dafür belohnt.

Wiederholt blitzen bei Nestroy Warnungen vor den Gefahren der Reaktion auf. Schon im Auftrittsmonolog des Eberhard Ultra sieht er pessimistisch voraus, wie das „Zopfensystem" eines Tages wieder verklärt werden könnte: Wahrscheinlich werden dann von den Krähwinklern viele so engherzig sein und nach der Zersprengung ihrer Ketten, ohne gerade Reaktionär' zu sein, dennoch kleinmütig zu raunzen anfangen: o mein Gott, früher is es halt doch besser gewesen. Nicht nur den Sieg der Reaktion im Oktober 1848 hat der Dichter damit vorausgesagt, sondern auch die allmähliche Resignation nach der Wende von 1989 in Deutschland.

Wenn eine Revolution keine geistige Erneuerung bewirkt, hat die Reaktion leichtes Spiel. Nach endlosen Streitigkeiten in der Frankfurter Paulskirche brach der Versuch, ein einiges Deutschland zu schaffen, zusammen. Nur für kurze Zeit hat auch auf dem Turm des Doms von St. Stephan in Wien die schwarz-rot-goldene Fahne aller Deutschen geweht. Die österreichische Regierung wartete, wie es bei Nestroy warnend hieß, bis „der Raptus vorbei" war, und schlug die Revolution im Oktober 1848 nieder. Uneinigkeit und Kleinmut hatten den Sieg verspielt. Resigniert sagte Nestroy daher 1849 in seiner Posse „Lady und Schneider": Das Volk is a Ries' in der Wiegen, der erwacht, aufsteht, herumtargelt (herumtorkelt), alles z'samm'tritt und am End' wo hineinfallt, wo er noch viel schlechter liegt als in der Wiegen.

Die Reaktion ist ein Gespenst

Vieles in Nestroys Posse ist an die Ereignisse von 1848 gebunden, manches gilt über die Zeiten hinweg. Vor allem die Aufforderung, mit der „Freiheit in Krähwinkel" endet. Vor einer Barrikadenkulisse versammeln sich auf der Bühne Arbeiter, Bürger und Studenten, und der Freiheitskämpfer Eberhard Ultra ruft ihnen und dem Publikum zu: Die Reaktion ist ein Gespenst, aber G'spenster gibt es bekanntlich nur für die Furchtsamen; drum sich nicht fürchten davor, dann gibt's gar keine Reaktion! Bevor unter allgemeinem Jubel der Vorhang fällt, singt der Chor, wie es in der Regieanweisung heißt, die erste Strophe der Volkshymne: „Was ist des Deutschen Vaterland?"

Nicht nur 1848 war die herrschende Klasse blind für das, was in den Köpfen denkender Menschen vorgeht. Stets will sie mit Verbot und Zensur, mit heuchlerischen Parolen und schließlich mit der Drohung durch Mächte des Auslands die Freiheit unterdrücken. Ihre Stütze sind willfährige Mitläufer, die das System für ihre Bütteldienste belohnt. Die große Masse dämmert lange Zeit dumpf dahin. Aber man darf sich vor den Gespenstern nicht fürchten. Wenn sich in unruhigen Köpfen die Idee der Freiheit entzündet hat, springen die Funken auch auf die anderen über. Die dunkle Ahnung, daß es so nicht länger bleiben kann, wird zur Gewißheit der künftigen Wende. Den Zweiflern und Kleinmütigen verkündet Nestroy die Hoffnung: Die Zeit ist näher, als Sie glauben.

WOLF-DIETER SCHRÖPPE

Hoffmann von Fallersleben

Sänger der Freiheit

Vor zweihundert Jahren, am 2. April 1798, wurde der deutsche Dichter, einer der ersten deutschen Germanisten, der Sänger der Freiheit, Heinrich August Hoffmann in Fallersleben, nahe Hannover geboren. Sein Leben bewegte sich in einer Zeit großer innerdeutscher, innereuropäischer Bewegung, die sich von der Napoleonischen Besetzung, den Freiheitskriegen, der Metternich-Ära, der Revolution 1848, bis hin zur Gründung des Bismarckreiches erstreckte; einer Zeit, die die geistigen Folgen der Französischen Revolution noch zu verarbeiten hatte und die ihn merklich geprägt, an der er selbst gestaltend mitgewirkt hat. Gerade sein Wirkungsfeld, das vor allem durch seine „Vaterländischen Lieder" zum Ausdruck kommt, wird von vielen seiner Biographen verkannt, ja zum Teil sogar mit Verachtung beleuchtet: er habe sich nur mit dem Wort, nicht aber tätig an den Ereignissen beteiligt, wie Arndt, Uhland oder gar Körner. Glücklicherweise können wir diesen Zeitabschnitt deutscher Geschichte aus Hoffmanns eigener Darstellung in seinem sechsbändigen Werk „Mein Leben" erforschen und erspüren, welcher tiefe und großartige Geist uns da entgegenspricht.[1]

Seine Kinderjahre verbrachte er glücklich im Kreise seiner Familie und unter der besonderen Obhut seiner Großmutter. *„Obschon ich täglich"*, schreibt er, *„wenn ich aufwachte und wenn ich abends zu Bett gegangen war und vor dem Einschlafen mit meiner Großmutter betete, so hatte doch diese Andacht, weil sie gewöhnlich geworden, keinen Anteil an dem, was ich des Tages tat und trieb."*

Sehr früh erwachte der Sinn und die Liebe zur Natur in ihm. *„Wie der Garten, so wurden bald Haus und Hof, Wiesen und Felder ein unermeßliches Feld kindlicher Freude und Tätigkeit."*

Anfangs an der „Bürgerschule" haben dann später nach und nach etliche Schulmeister versucht, ihr Wissen an den jungen Heinrich zu bringen, doch viel war bei ihnen nicht zu lernen. Er freute sich, wie er schreibt, *„an Musik und Gesang, und was ich singen hörte, wußte ich schnell auswendig und sang es nach."*

„Während dieser meiner friedlichen Zeit des Spielens und Lernens daheim sah es draußen sehr kriegerisch aus", berichtet er von diesen Jahren.

Napoleonische Zensur

Der Kurstaat rüstete und zog erstmalig Rekruten ein. In den kriegerischen Ereignissen der folgenden Jahre blieb Napoleon der Sieger und Hoffmann schreibt vom Jahre 1810:

„Nur in Tirol dauert der Kampf noch fort. Wir hörten viel von Sandwirth Hofer, sahen ihn auf den Bilderbogen, aber diese letzte mutige Auflehnung gegen die Franzosenherrschaft war endlich auch gebrochen. es schien, als ob ganz Deutschland französisch werden sollte."

Und so war es auch; bald fiel auch Fallersleben den neuen Plänen Napoleons zum Opfer und wurde als Teil Alt-Hannovers mit dem durch Napoleon neu erwirkten Königreich Westfalen vereinigt. Aufmerksam verfolgt der junge Hoffmann die Zeitgeschehnisse und lernte so erstmalig die Zensur kennen. Er schreibt:

„Die geheime Polizei nämlich, diese saubere Napoleonische Einrichtung, war auch in Westfalen eingerichtet und zählte mehr Eingeborene als Fremde unter ihren Helfern und Helfershelfern – ewige Schmach für den deutschen Namen.“ „Alle Bücher und Zeitungen, Zeitschriften, Flugblätter und Anzeigen standen unter einer strengen Zensur.“

Bis zum Sturz Napoleons besuchte er das Helmstätter Gymnasium, dann das Braunschweiger – wo er seine ersten Reime versuchte, er fühlte *„die Wünschelrute der Dichterkunst“* in sich ausschlagen.

„Für Poesie blieb ich nach wie vor beseelt und tätig trotz allen Aufregungen, welche sich durch das Kriegsgetümmel wiederholten“. Vieles las er von Kleist und vor allem von Schiller. Der Freiheitsrausch nach der Niederlage Napoleons währte nicht lange. Der Adel setzte sich bald wieder in seinen alten Ämtern fest und vergaß allzubald den Freiheitskampf um ein geeintes Vaterland. Der junge Hoffmann, kaum siebzehnjährig, schrieb dem Bruder nach Preußen:

„Der alte Adel schlingt neue Bande
Und unterjocht die Freiheit weit und breit.
Den stillen Bürger schreckt der Großen Neid,
Willkür und Selbstsucht herrscht im Vaterlande“

Vom norddeutschen Dichter Heinrich August Hoffmann von Fallersleben (links), stammen die Worte, der süddeutsche Komponist Joseph Haydn (rechts) schuf die Weise des „Liedes der Deutschen“

Er zählte eben achtzehn Jahre, als er 1816 die Universitätsreife zugesprochen bekam. Er besaß eine gründliche, altsprachliche Vorbildung, Französisch und Englisch waren ihm mühelos geläufig, sein dichterischer Hang hatte sich bei der Abfassung von mancherlei Festschriften für Schul- und Familienfeiern weiterentwickeln können.

„Der Ernst des Lebens bleibt nicht aus. Meine Eltern drangen mich, daß ich mich jetzt für ein Brotstudium bestimmt erklären sollte; sie erwünschten Theologie."

In Göttingen, bereits bei dem Theologischen Grundstudium im ersten Semester, wurde ihm gewiß, nie eine Kanzel betreten zu wollen. Bei einem Besuch bei seinem Oheim, welcher Pfarrer war, riet dieser ihm entschieden von der Theologie ab. Kurz entschlossen wandte er sich der Philologie zu. Doch was hieß 1816 zu Göttingen Philologie? In erster Linie war es das klassische Altertum, das in Frage kam. Von einer deutschen Philologie, wie Hoffmann sie vielleicht schon ins Auge faßte, war wenig zu spüren.

„...mir ahnte schon nichts Gutes, wenn ich so viel über die falsche Anwendung der Philologie hörte, wie sie den Geist an Kleinigkeitskrämereien gewöhnte und ihn darin erstickte ... Nahm ich nun an mir selbst wahr, daß mich eine gewisse Neigung zur deutschen Sprachforschung, deutscher Geschichts- und Sittenkunde, ja eine Art von Instinkt zu Dingen hintrieb, die sich selten mit dem Studium des klassischen Altertums vertragen, so wurde ich erst recht bedenklich in meinem neuen Plan."

Aber der Umwege waren noch viele zu gehen. Zunächst verfolgte er seinen Entschluß mit Begeisterung und konzentrierte sich auf die klassische Philologie mit höchstem Anspruch an sich selbst.

„So war also mein Studienplan ins Leben getreten. Es handelte sich jetzt nur noch darum, ihn meinen Eltern mitzuteilen."

Und sein Vater schrieb darauf:

„Mönchlein! Mönchlein! Du gehst einen schweren Gang! Philologie, Studium der Antike, Ästhetik und daß sich Gott erbarm! Schon seh' ich Dich am Golf von Neapel dem Vesuv gegenüber, und dann in den Schluchten von Pompeji kriechen. Möge alles dies zu deinem Frieden dienen; ich bin vielleicht dann schon zu meinen Vätern gegangen..."

Bald war das Studium des Altertums, *„meine archäologische Liebe"*, wie er schrieb, *„zur Schwärmerei geworden, ich lebte und strebte nur für sie, sie war mein Taggedanke, war mein Traum"*.

Kurz darauf, in seinen ersten Ferien, unternahm er eine große Wanderung, bei der er es nicht ausließ, in allen Städten in den großen Bibliotheken seine Forschungen zu betreiben. Man stelle sich vor: zu Fuß von Göttingen nach Kassel, Eisenach, Gotha, Erfurt, Weimar, Jena, dann nach Magdeburg und über Fallersleben zurück! 415 Km zu Fuß!

In Kassel traf er zufällig Jakob Grimm, und es gegann eine langjährige Freundschaft.

„Als ich mit Jakob zusammen die Treppe hinabging, erzählte ich ihm, daß ich nach Italien und Griechenland zu reisen beabsichtige, um dort an Ort und Stelle die Überbleibsel alter Kunst zu studieren. ‚Liegt ihnen ihr Vaterland

nicht näher?' fragte er darauf in einem herzlichen, liebevollen Tone. Ich höre die Worte noch heute, die Worte vom 5. September 1818. Noch auf der Reise entschied ich mich für die väterländischen Studien: Deutsche Sprache, Literatur und Kulturgeschichte, und bin ihnen bis auf diesen Augenblick treu geblieben."

Anfänge der Germanistik

Das hohe Ziel, das er nun verfolgte, beschrieb er so:

„Ich hatte mir damals ein hohes Ziel gesteckt, daß ich in meiner jugendlichen Begeisterung und im Vollgefühl meiner Kraft zu erreichen gedachte, wenn sich meine äußeren Verhältnisse nur irgend günstig gestalteten: Es war die deutsche Philologie. Ich begriff darunter das Gothische, Alt-, Mittel-, Neuhochdeutsche mit all seinen Mundarten, das Altsächsische, Niederdeutsche und Niederländische, das Friesische, Angelsächsische und Englische, und das Skandinavische; ferner die deutsche Literatur- und Kulturgeschichte, alles Volkstümliche in Sitten, Gebräuchen, Sagen und Märchen, sowie endlich Deutschlands Geschichte, Kunst, Altertümer und Recht. Ich wollte die germanischen lebenden Sprachen nicht nur verstehen, sondern auch sprechen. So wie in mehreren Mundarten, so hatte ich es auch schon im Dänischen so weit gebracht, im Holländischen war ich nahe daran. Ich las manches Holländische, trieb Grammatik eifrig und sammelte aus einer Menge neuerer Liederbücher die wenigen zerstreuten Volkslieder."

Die Göttinger Sieben: 1837 protestierten 7 Professoren der Universität Göttingen, darunter Jakob und Wilhelm Grimm, gegen die Aufhebung der Verfassung von 1833 für Hannover durch Ernst August nach dessen Thronbesteigung. Der obere Bildausschnitt zeigt im Uhrzeigersinn: Gervinus, Jakob Grimm, Albrecht, Wilhelm Grimm. Unten von links: Weber, Dahlmann, Ewald

Von einer Germanistik als anerkannter Wissenschaft konnte 1818 noch lange nicht gesprochen werden. Vereinzelt hatten Gelehrte an deutchen Wörterbüchern gearbeitet, ein Studium der deutschen Sprach- und Literaturgeschichte war aber noch an keiner deutschen Universität möglich. Überall dominierte das klassische Bildungsgut. Daß die Brüder Grimm mit ihren wegweisenden Arbeiten, insbesondere der deutschen Grammatik, der deutschen Sprachgeschichte und dem deutschen Wörterbuch in den Vordergrund traten, brachte ihnen nicht etwa nur Ruhm ein. Viele Gelehrte hielten die Beschäftigung mit der deutschen Sprache, Kultur, Geschichte, Rechtspflege, Volkskunde für eine Art „Rinnsteinphilologie". Mancher witterte gar politische Gefahr dahinter und hatte damit nicht einmal Unrecht. Man mußte doch den geistigen Zusammenhang des deutschen Volkes, seine einheitliche Sprache und Geschichte aufzeichnen und nachweisen, wenn man die unerhörte politische Zersplitterung des deutschen Sprachgebietes überwinden wollte. Eine germanistische Wissenschaft mußte allen jenen verdächtig sein, die an den damaligen politischen Zuständen um jeden Preis festhalten wollten. Folgerichtig gerieten die Brüder Grimm dann auch später, 1837, als König Ernst Augustus II. von Hannover die Verfassung außer Kraft setzte, in die Mühlen der politischen Justiz. Als zwei von den „Göttinger Sieben" verwies man sie

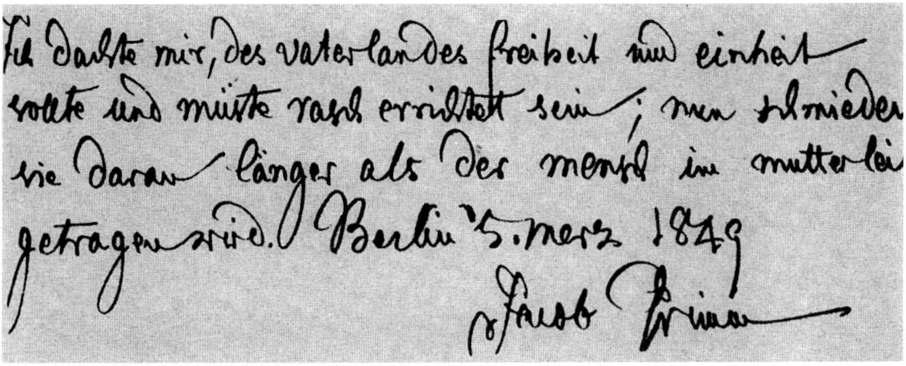
ich dachte mir, des vaterlandes freiheit und einheit
sollte und müste rasch errichtet sein; nun schmieden
sie daran länger als der mensch im mutterleib
getragen wird. Berlin 5. merz 1849
Jacob Grimm

Notiz des Abgeordneten Jakob Grimm zur Einigung Deutschlands, 1849

der Universität und entfernte sie aus dem Staatsdienst. Hoffmann war nicht der einzige, der die Frage Jakob Grimms schließlich für sich bejahte. Und mancher, der es ihm gleichtat und feststellte, daß das Vaterland ihm über alles ging, obwohl es doch, zumindest politisch, gar nicht existierte, stellte sich mit seiner Antwort in die Auseinandersetzungen des Jahrhunderts.

Die Zersplitterung des deutschen Sprachgebietes als Folge des Wiener Kongresses, in dem Gestalten wie Talleyrand und Fürst Hardenberg, vor allem aber Metternich gewirkt haben, erfolgt durch die Eifersucht und Dummheit der deutschen Fürsten untereinander und läßt die Hoffnung auf ein einiges Deutsches Reich, nach Arndt „soweit die deutsche Zunge reicht", täuschen und zerfällt in 39 Einzelstaaten.

Neueste Beschreibung des Wiener Kongresses (1840):

„Was sie jeden Tag vollbrachten,
Ob sie scherzten, ob sie lachten,
Wird genau erzählt;
Wie sie standen, wie sie saßen,
Daß sie tranken, daß sie aßen,
Wird auch nicht verhehlt.
Wann sie hin zu Balle gingen,
Wann sie an zu tanzen fingen,
Wird genau erzählt;
Ob das Schauspiel sie zerstreute,
Ob sie das Ballett erfreute,
Wird auch nicht verhehlt.
Wie sie glänzend banketierten,
Wie sie ritterlich turnierten,
Wird genau erzählt;
Ob sie große Heerschau hielten,
Oder Schach und Dame spielten,
Wird auch nicht verhehlt.
Ob sie ritten, ob sie fuhren,
Ob in Frack, ob in Monturen,
Wird genau erzählt;
Wie sie sich der Menge zeigten,
Wie sie gnädigst sich verneigten,
Wird auch nicht verhehlt.
Doch ihr sonstig Tun und Raten –
Was sie für die Völker taten,
Wird genau verhehlt;
Ob sie sonst was Gutes dachten,
Überhaupt was Gutes machten,
Wird auch nie erzählt."

Als Gegensatz zu den einzelstaatlichen Landsmannschaften bildete sich die Burschenschaft, die erste deutsche Jugendbewegung für Freiheit, Ehre und Vaterland, für deutsche Gesinnung und Lebenshaltung und letztlich für ein einiges gesamtdeutsches Reich. Im Oktober 1818, ein Jahr nach dem „Wartburgfest" weilte Hoffmann vier Wochen in Jena, in der Stadt, in der u. a. Karl Horn, ehemaliger „Lützower" und Freund Körners, die Burschenschaft gründete. Und er erlebte das zweite Burschenfest in Jena im Kreise der dortigen Studenten.

Nun stand Hoffmann in Besitze seiner ganzen Kraft, mit dem klaren Ziel vor Augen, seine und seines Volkes Zukunft zu meistern. Nach Göttingen heimgekehrt merkte er doch allzubald, daß sein Weg ihn nach neuen Horizonten trieb, und er verließ das zu der Zeit Königlich-Brittannische-Hannoversche Vaterland, um ins „Ausland" in die neugestiftete preußische Universität Bonn zu übersiedeln. Viele junge Studenten wechselten zu dieser Zeit nach Bonn, da man sich von dem neuen Bildungsstaat eine „freie Luft" erhoffte.

E. M. Arndt wurde an die Universität Bonn als Professor für Geschichte berufen, doch sehr bald wegen „demagogischer Umtriebe" inhaftiert.

„Es wäre sehr interessant, wenn einmal das Bonner Matrikelbuch der beiden ersten Jahre des Bestehens der Universität gedruckt würde! Schwerlich hat irgend eine deutsche Universität zu einer und der selben Zeit soviel Zöglinge gehabt, die nachher einen so bedeutenden Anteil an allen Bestrebungen, Richtungen und Leistungen, im Gebiet der Literatur und Wissenschaften sowie in der Politik genommen haben. Damals erschienen die selben Menschen alle ein Herz und eine Seele zu sein; es war mir, als ob sie alle ein hohes, herrliches Ziel verfolgen könnten, als ob sie einst ihre schönsten Kräfte dem Vaterlande und seiner freiheitlichen Entwicklung seinem Ruhm und seiner Ehre widmen müßten. – Kaum waren die einen ins Staatsleben eingetreten, kaum hatten die anderen einen selbständigen Beruf erlangt, so waren sie sich entfremdet oder gar feindselig gegeneinander. Viele schlugen in das

Gegenteil um von dem was sie früher zu sein oder zu werden wollen schienen: Sie wurden Aristokraten, Feudale, Absolutisten, Reaktionäre, Ultramontane, Konvertiten, Pietisten, Mönche und Gott weiß was Alles noch."

Hoffmann traf hier in Bonn unter vielen Persönlichkeiten einen Studenten, der später sein Gegenpol, sein Antipode wurde: Harry, später Heinrich Heine.

Demagogenverfolgung und Spitzelwesen

Zu dieser Zeit schlug eine Nachricht wie eine Bombe ein, die Ermordung des Kotzebues durch einen Studenten aus Jena: Karl Sand. Kotzebue, ein russischer Staatsrat und Lustspielschreiber, der als „besoldeter Spürhund Rußlands" galt, wurde von Sand sicherlich als Personifizierung der europäischen Reaktion schlechthin betrachtet.

Hoffmann schrieb:

„Sand's schreckliche Tat hatte große Erbitterung gegen die Universitäten und die Studenten hervorgerufen. Was ein Einzelner getan hatte, sollte Folge eines gemeinschaftlichen Beschlusses der Burschenschaft gewesen sein, und diese Ansicht fand selbst bei Leuten Glauben, die man für besser unterrichtet halten mußte. Daß Kotzbue's Tun und Treiben ziemlich allgemeine Mißbilligung fand, das stand fest, aber so fest, daß man gegen ihn mit denselben Waffen kämpfen mußte, womit er Deutschland und die sogenannte Deutschtümelei angriff, und das war die Feder."[2]

„Ebenso fest stand, daß es neben Kotzebue noch viele, viele Lumpen gab, und gefährlicher als ihn: wo hätte man da anfangen und aufhören sollen, wenn man den Verrat am Vaterlande auf Sand's Weise hätte rächen wollen? Daran dachte höchstens nur ein ebenso überspannter Kopf wie Sand, und das wußte man recht gut. Aber das Sand'sche Verbrechen war den Rückschrittsmännern ein sehr willkommener Anlaß."

Am 6. August 1819 versammelten sich die Vertreter des Deutschen Bundes auf Druck Metternichs in Karlsbad, um Maßnahmen zu beschließen, wie man dem „Demagogenunwesen" gegensteuern könne. Die Ergebnisse gingen als „Karlsbader Beschlüsse" unrühmlich in die Geschichte ein. Ein dichtes Geheimpolizeinetz entstand in Mitteleuropa, das Spitzelwesen blühte. Hoffmann sollte sich in diesen Netzen für die nächsten 30 Jahre häufig verstrikken. Er schrieb:

„Die Verdächtigungen erstrecken sich auf das Geringste in unseren mündlichen und schriftlichen Äußerungen. Niemand mehr war sicher. Hatte doch selbst der Universitätsbevollmächtigte sich schon im Sommer geäußert: Ich kann es gar nicht begreifen – ich werde gerade auf die jenigen fortwährend aufmerksam gemacht, welche die Tüchtigsten und Gesittetsten in der ganzen Universität sind. Drei meiner näheren Bekannten waren bereits in eine Untersuchung gezogen, die später sehr traurige Folgen hatte."

Die ersten Semester in Bonn stürzte Hoffmann sich ins Studium, und fast unmerklich vollzog sich der allmähliche Übergang vom Studenten zum Gelehrten. Schon anderthalb Jahre später, bei der ersten niederländischen Bildungsreise, nannte er sich bereits „junger Gelehrter". *„Die Vorlesungen be-*

suche ich fast nicht mehr.“

Als Bibliothekarassistent hatte er freien Zutritt zur Bonner Bibliothek, in der er seine ersten Funde machte. Er wurde Wiederentdecker alter deutscher Schriftdenkmäler, mit denen er den ersten wissenschaftlichen Ruhm begründete.

So fand er in Bonn in dem Einbanddeckel älterer katholischer Handschriften, alte Pergamentdrucke. Diese wurden den Buchbindern als „altes wertloses Zeug“ überantwortet, um Einbände zu fertigen. Er fand tausend Jahre alte Bruchstücke althochdeutscher Reimverse von Otfried von Weißenburg, dem ersten namentlich bekannten deutschen Dichter!

Diese frühen Arbeiten und Schriften Hoffmanns tragen schon seinen uns bekannten Namenszug: Hoffmann von Fallersleben.

„An meine Heimat dacht ich eben.
Da schrieb ich mich von Fallersleben.
Ich schrieb's und dachte nie dabei
An Staatszensur und Polizei.
So schrieben sich viel Biederleute
Nach ihrem Ort und tun's noch heute.
Und keiner dachte ja daran
durch von wird er ein Edelmann.“

Hoffmann unternahm in diesen Jahren etliche Studienreisen in die Niederlande und nach Flandern. Als wandernder Poet und Wissenschaftler zog er durch die Lande, unermüdlich alte Texte und Lieder sammelnd, welche die hohe Kunst und das Alter unserer alten deutschen Dichtung bezeugten. Es ist der Anfang einer langen Reihe von wissenschaftlichen Reisen und Forschungen, mit welchen er zahlreiche Ehrungen und Anerkennungen erwarb. Davon aber später.

Zunächst trieb es ihn von Bonn nach Berlin, wo er sich mit Hilfe seines dort lebenden Bruders eine Stellung versprach, die es auch ihm ermöglichen sollte, seine Studien weiter zu verfolgen. In Berlin lernte er durch die Bekanntschaft mit Freiherrn von Meusebach nicht nur dessen umfangreiche Bibliothek, sondern auch unzählige namhafte Persönlichkeiten der Zeit kennen, vor allem Achim und Bettina von Arnim, Eichendorff, Chamisso, Clausewitz, Gneisenau und auch Hegel.

Erst nach einem Jahr erhielt er eine Stellung als Custos an der königlich preußischen Universitätsbibliothek zu Breslau. Dort sollte er zwanzig Jahre leben. Es waren keineswegs glückliche Jahre, die wohl zu einer Zeit gehörten, die im Gegensatz zu seinen Idealen, im krassen Widerspruch zu seiner Lebens- und Eigenart standen. Seine Vorgesetzten in der Bibliothek sowie seine späteren Kollegen der Universität standen ihm kritisch, ja feindselig gegenüber.

Gleich zu Anfang seiner Breslauer Zeit erlangte er die Doktorwürde. Doktor der Philologie, bezeichnenderweise als Anerkennung seiner Arbeiten für die „Übersicht der mittelniederländischen Poesie“, die er der Universität zu Leiden widmete und ihm durch die niederländische Gelehrtenwelt zuerkannt wurde.

So sollte der junge Dr. Phil. fünf Jahre als Bibliotheks-Hilfsarbeiter tätig sein und kaum Zeit zum Weiterforschen finden. Die Arbeit in der Bibliothek verschlang seine besten Kräfte, und immer wieder wurden ihm Arbeiten auferlegt, die unter seiner Würde und Qualifikation standen.

Schon lange trug er sich mit dem Gedanken, eine Professur zu erwerben, doch die Philosophische Fakultät wußte das Ministerium in Berlin immer wieder von Hoffmanns „Nichteignung" zum Lehramte zu überzeugen.[3] Er brachte nun acht Jahre in Breslau zu. Man gewährte ihm weder Gehaltsaufbesserungen noch Verbesserungen in seiner Bibliotheksstellung. Man isolierte ihn nahezu völlig von allen geistigen Strömungen jener Zeit und hielt ihn an ein ungeliebtes und lästiges Amt gebunden. Seine Geduld war am Ende. Er reiste selbst nach Berlin und erreichte durch eine persönliche Audienz bei Minister Altenstein die langerwartete Ernennung zum Professor, was ihm jedoch bei seinen Breslauer Kollegen noch größere Feindschaft einbringen sollte. In diesen Jahren der Erniedrigung empfand er die Schmach jener Zeit nicht nur als persönliche, sondern vielmehr als völkische Demütigung auf sich wirken.

Zunehmend lehnte sich Hoffmann gegen die Zustände seiner Zeit auf, trotz Zensur und Polizei wurden seine Aussagen immer deutlicher. Das Interesse der Polizei richtete sich in erster Linie auf seinen Postverkehr und seinen Umgang. Die Fahnder ahnten wohl noch nicht, daß die Gefährlichkeit des Professors Hoffmann auch darin bestand, daß er beharrlich ein System in die deutsche Literaturhistorie zu bringen trachtete. Die Einheitlichkeit der Nation, wie er sie träumte, bedurfte als wichtigste Grundlage einer einheitlichen, zusammenfügenden Betrachtung ihrer Kulturgeschichte.

„Norden, Süden, Wein und Bier,
Plattdeutsch dort und Hochdeutsch hier,
Katholik und Protestant,
Mancher Fürst und manches Land –
Wer das nicht vergessen kann,
Ist fürwahr kein deutscher Mann;
Wenn er's gut mit dir auch meint,
Vaterland, er ist dein Feind!
Das bedenket jeder Zeit,
Wenn Ihr strebt nach Einigkeit,
Deutsche Fürsten, Deutscher Bund,
Deutsche Lai'n und Pfaffen, und –"

Das Jahr 1840 bedeutete einen Wendepunkt in Hoffmanns Leben und Schaffen. Es ist das Erscheinungsjahr der „Unpolitischen Lieder". Er nimmt kein Blatt mehr vor den Mund, niemand und nichts ist vor der ätzenden Schärfe seiner Kritik sicher. Seine Oppositionslust wird von den Zuständen in seiner örtlichen Umgebung und seinen persönlichen Erlebnissen auf das Lebhafteste angeregt. Aus Liebe zu Deutschland ergreift er die Waffen der Polemik und der Satire, karikiert, tadelt, höhnt er. Seine politischen Gedichte behandeln Themen verschiedenster Art. Manche muten ganz zeitgemäß und modern an, wenn er menschliche Schwächen geißelt, von denen auch heute noch gar viele Zeitgenossen beherrscht werden: die Titel- und Ordenssucht, das Geltungsbedürfnis, die Kriecherei, die Prahlsucht, die Vereinsmeierei und die Schwächen und Mißstände des staatlichen Regimes.

Jahre der Verfolgung

Doch ahnte er, in einem Augenblick höchster Ruhe und Beglückung, im Kreise seiner Freunde und unmittelbaren Erlebens harter Naturgewalten, die ihm die Insel Helgoland bot, seine bevorstehende Absetzung als Professor, seine Verfolgung an sich heranrücken. Bereits auf Helgoland erreicht ihn die Nachricht des Verbots seiner „Unpolitischen Lieder" wegen der „verderblichen Richtung", welche in ihnen hervorträte. Nach seiner Rückkehr nach Breslau wurde bald ein Disziplinarverfahren eingeleitet, das mit der Enthebung seiner Professur ohne Gehalt endet.

„Recht haben ist nur euer Ziel,
Recht haben euer Geistesspiel,
Das Vaterland nur Nebensache.
Wer anders denkt, als ihr es meint,
Gilt gleich für euren ärgsten Feind,
Und ist verfallen eurer Rache.
Was kümmert euch das Vaterland?
Ihr denket nur an euren Stand,
An euren Nutz und Frommen!

Ihr werfet alles über Bord,
Die Freiheit, Einheit, Süd und Nord,
Um nur zu eurem Ziel zu kommen.
Fluch eurer Sonderbündelei!
Dem schnöden, albernen Geschrei!
Fluch eurem leidigen Getriebe!
Euch gilt mein ganzer Groll und Haß,
Doch ewiglich ohn Unterlaß
Dem Vaterland nur meine Liebe."

Nun begannen seine unsteten Wanderjahre, Jahre der Verbannung und Verfolgung, Jahre, die er nur dank der Gunst einiger Freunde und einiger Publikationen überbrücken konnte. Polizeiliche Verfolgung folgte auf Anweisung und Flucht, und endlich nach rastlosen Jahren fand er Ruhe in Mecklenburg bei einem Freund, dem Gutsherren Dr. Schnelle, der ihm Heimatrecht gewährte.

Bald wurde in Berlin veröffentlicht, und es ging wie ein Lauffeuer durch Deutschland: Hoffmann von Fallersleben ist Kuhhirte geworden!

Darauf die Frage: *„Ist das nicht ein deutscher Dichter? Kann er denn das auch?"*

Und die Antwort: *„Oh ja, er hat schon früher das Rindvieh recht gut behandelt!"*

Hoffmann verlor nicht seinen Mut. Wag es, und die Welt ist dein!

Die Insel Helgoland in der Deutschen Bucht, auf der Hoffmann von Fallersleben das „Lied der Deutschen" schrieb

„Eine neue Welt gestalte,
Wenn in Trümmern liegt die alte
Ohne Trost und Hoffnungsschein!
Neue Lebenskraft entfalte!
Wag es, frei und froh zu sein!
Lerne dulden und ertragen!
Lern im Unglück nicht verzagen!
Wag es, frei und froh zu sein!
Auch in deinen trübsten Tagen
Ist ein Glück noch zu erjagen:
Wag es – und die Welt ist dein!"

Unerschöpflich lieferte er seine Lieder an Scheinverlage und in die Schweiz zur Veröffentlichung. Allein im Jahre 1844 erschienen in der Schweiz 20.000 Gedichtbände Hoffmanns. Die gärenden politischen Bewegungen im Vorfeld der Revolution lösten einen gewaltigen Lesehunger aus, und die zunehmende Bewegung der Menschen durch das sich stark entwickelnde Eisenbahnnetz trug zu einer schnelleren Verbreitung der Druckerzeugnisse bei. Polizei und Zensur gerieten in Verzug. So schnell konnten selbst die Behörden nicht arbeiten. Es begann das Jahr 1848; es schien der „deutsche Frühling" anzubrechen!

„Zufriedenheit ist Wunsch der Stillen
Spießbürger ohne Kraft und Willen.
Ich lieb auf Erden Kampf und Streit!
Zufriedenheit ist Tod des Strebens
Und Stillstand allen freien Lebens.
Ich lieb auf Erden Kampf und Streit!"

Der Vormärz 1848 war für viele freiheitshoffende Menschen wie Hoffmann von Fallersleben ein langersehntes und glückliches Ereignis. Er beteiligte sich bei der Erstellung der neuen mecklenburgischen Verfassung „für Freiheit, Recht und ein geeinigtes Vaterland".

Durch den Amnestieerlaß von seiner preußischen Verbannung befreit, reiste er, um an den Ereignissen mitwirken zu können, bald nach Berlin, nach Breslau, Frankfurt. Doch die begeisterte Stimmung seiner Berichte fiel nach und nach ab. Schuld war nicht alleine die bald erfolgte „Reaktion", die ihn mißmutig stimmte. Doch hören wir seine eigenen Worte, Zitate aus den Jahren 1848/49:

In Breslau:

„Das Volk tobte lärmend auf den Straßen umher und fing in seinem Übermut an, mehrere Bäckerläden zu stürmen und zu plündern. Das was ich jetzt gehört und gesehen, war durchaus nicht geeignet, Vertrauen zu erwecken auf die Fähigkeiten derjenigen, welche sich an die Spitze der Volksbewegung gedrängt hatten. Verstimmt über die schon jetzt von mancherlei Seiten gefährdete politische Entwicklung verließ ich Breslau."

In Berlin:

„In der Versammlung im Opernhause, wo unter dem Vorsitz von Prutz die Wahlkandidaten für Frankfurt aufgestellt werden sollten... Man bestürmte mich, doch auch aufzutreten, ich würde gewiß gewählt. Nachdem ich einige Augenblicke zugehört hatte, war meine Neugier befriedigt, und wir gingen weiter..."

„...in der Nationalversammlung, 73. Sitzung. ...Viel Gelehrtes, aber auch viel Verkehrtes."

In Frankfurt:

„Zweck meiner Reise war Itzstein zu sprechen und das Parlament kennenzulernen. Beides erreichte ich. Der Eindruck, den mir die ganze Parlamentsgeschichte auf mich machte, war kein erfreulicher. Es ist manches Schöne, aber mehr noch manches übrige Wort für die deutsche Einheit und Freiheit gesprochen, manches Lied gesungen, mancher Schoppen darauf getrunken, und es hat doch nichts geholfen."

In Mannheim berichtet er von einer eigenartigen Erscheinung:

„...In der Rheinschanze. Unterwegs viel Getümmel. Freischärler in wunderlicher Tracht und Bewaffnung... Wir gingen dann in das Hauptquartier und trafen die Leiter der kriegerischen Bewegung. Die Aufregung war groß, aber keine Klarheit über ein einziges, gemeinsames Ziel. Dieselben Leute, die am Morgen Einheit und Freiheit, Grundrechte, Reichsverfassung schrien, ließen mittags das Kaiserreich, nachmittags den Bundesstaat und abends die Republik leben."

An anderer Stelle:

„Überall wohin ich kam nichts als Politik und Politik. Obschon noch mancher in Hoffnungen auf eine schöne Entwicklung unserer traurigen Verwicklungen schwelgte, so konnte ich es doch nicht, ich war längst enttäuscht und sprach meine Verstimmung unverhohlen aus."

„Wie wenig ich von der Gegenwart und nächsten Zukunft erwartete, darüber sprach ich mich klar aus, und mein letztes Lied vor der Abreise ... war Zeugnis dafür":

„Wie Nachtigallen sangen
Um Blüthenbäum' herum,
Wie Bienen drum sich schwangen
Mit fröhlichem Gesumm,
Hat unser Lied geschmettert
Wohl um den Freiheitsbaum.
Der Baum, er ist entblättert,
Und alles war ein Traum.

O Frühling, laß dich nieder,
Mach unsre Bäume grün,
Und laß noch einmal wieder
Den Baum der Freiheit blühn!
Laß nicht Friedhof werden
Des Vaterlandes Gau'n
Laß einmal noch auf Erden
Der Freiheit Blüth' uns schaun!"

„Ich dichte jetzt Kinderlieder, Lieder für ein neues Geschlecht, denn von dem jetzigen erwarte ich mir nichts mehr."

Was war geschehen, was aus dem „deutschen Frühling" geworden? Wir können es nur vermuten. In Hoffmann von Fallerslebens sechsbändigem Werk finden wir nur zwei Absätze, die ein wenig Licht auf diese Frage werfen können. Man kann behaupten, daß Hoffmann alle namhaften Persönlichkeiten des damaligen revolutionären Spieles kannte und sicherlich schnell einen klaren Blick über die Geschehnisse dieser Tage erlangen konnte. Die Lösung liegt sicherlich in den Ereignissen, welche sich lange vor dem Entscheidungsjahr 1848 abgespielt haben.

Kommunismus und Hochfinanz

Bereits 1843 wird Hoffmann von Dr. Arnold Runge über die kommunistischen Ideen unterrichtet. Er schreibt darüber:

„Runge war sehr eingenommen für die kommunistischen und sozialistischen Ideen, die ihren Herd in Frankreich hatten, er erwartete von ihnen eine neue Weltordnung, Heil und Segen für die ganze Menschheit. ... Als Runge später von Paris zurückgekehrt war, ganz voll von der neuen Lehre, und wir uns in Dresden wieder trafen, bat ich ihn, um einigermaßen mit dem Wesen und Zielen dieser französischen Weltbeglückung bekannt zu werden, mir in wenigen Grundzügen sein System mitzuteilen. Da diktierte er mir folgende Sätze: 1. Die Welt muß neu werden dadurch, daß alle Menschen zu Menschen gemacht werden. Alle Menschen sind gleich. Was heißt das? 2. Sie müssen alle auf gleiche Weise zur Freiheit erzogen werden. 3. Müssen von Staatswegen und für den Staat erzogen werden...“ usw.

Hoffmann beendete die Sitzung mit einem vielsagenden „gesegnete Mahlzeit!“

Dr. Arnold Runge reiste nach Paris, wo er gemeinsam mit Karl Marx die Deutsch – Französischen Jahrbücher herausgab, an denen auch Heinrich Heine mitwirkte. In Paris erschien auch Heines zersetzende Satire „Deutschland, ein Wintermärchen“. Heine wiederum verkehrte im Haus des Pariser Rothschild[4], und es wäre nicht auszuschließen wenn durch Heine eine Verbindung zwischen diesem Vertreter der Hochfinanz und Karl Marx zustande gekommen wäre...

Die Rothschilds saßen schon lange fest im europäischen Sattel, nachdem sie bezeichnenderweise bereits Napoleon und die Verbündeten in den Befreiungskriegen finanziert hatten[5]. Sie waren wohl die heimlichen Herrscher Europas durch die Anleihen an alle europäischen Staaten. Die Tatsache war Hoffmann sicherlich bekannt; er schrieb in seinen „Gassenliedern“[6] vom „Bescheidenen Glück“:

„Bescheidenheit führet zum Höchsten der Welt,
Zu Ehren und Ansehen und Adel und Geld.
Wie viel die Bescheidenheit endlich vermag,
Das lehrt uns der Rotschild jeglichen Tag.
Ein König der Juden ist Jesus Christ,
Und Rothschild der Jude der Kön'ge nur ist.
Ist der Papst der Herr der Gläub'gen allein,
Will Rothschild Gläub'ger der Herren nur sein.
Was soll ihm die Judenemanzipation?
Er ist ein Banquier und ein Christenbaron.
Wer bracht' es in seiner Bescheidenheit
Bei Juden und Heiden und Christen so weit?
Ja, wollte der Rothschild bescheidener sein,
so ließ' er auf Philosophie sich noch ein.
Denn wenn er studiert den Hegel anjetzt,
so würd' er Jehovah zu guter Letzt.“

Am 1. Juni 1848 erscheint die erste Ausgabe der radikal sozialistischen „Neue Rheinische Zeitung“. Herausgeber sind Karl Marx und Friedrich Engels. Sie versuchen mit ihrem Blatt, wachsenden Einfluß auf die revolutionäre Entwicklung zu nehmen. Damit nimmt das neue Blatt die Tendenz der

1843 verbotenen „Rheinischen Zeitung“ wieder auf, zu der schon bezeichnenderweise Menschen zu ihren Förderern und Freunden zählten, welche aus Wirtschaft, Industrie und Bankwesen sowie gleichermaßen aus dem linken Flügel der philosophischen Nachfahren Hegels, dem Junghegelianismus kamen. Einige unter ihnen, die Bankiers Hermann von Beckerath und Ludolf Camphausen[7], die Industriellen Farina, Hansemann und Von der Heydt, der Großkaufmann Gustav von Mevissen sowie Bruno und Edgar Bauer, Ludwig Buhl, Franz Dingelstedt, Friedrich Engels, Moritz Fleischer, Julius Fröbel, Georg Herwegh[8], Moses Hess, Robert Prutz, Lorenz Stein und Karl Marx, welcher als „der doktrinäre Mittelpunkt des Blattes“ gilt.

„Die Rheinische Zeitung wurde zum Produkt einer bemerkenswerten Verbindung zwischen rheinischem Unternehmertum einerseits und linksspekulativer Philosophie sowie revolutionär-republikanischer Freiheitsliteratur des Jungen Deutschland andererseits.“[9]

1849 traf Hoffmann von Fallersleben Friedrich Engels. Er schildert diese Begegnung so:

„Die Rheinische Zeitung war als Neue Rheinische Zeitung wieder ins Leben getreten, sie hatte aber eine Richtung eingeschlagen, die ich unter allen Verhältnissen nicht allein bisher bekämpft hatte, sondern immer zu bekämpfen für Pflicht und Ehre hielt. Ich geriet mit Engels in heftigen Streit, wie er behauptete: Wir sind sehr weit, sind keine Deutsche, wollen keine Deutsche sein, wir sind Franzosen, unsere Arbeiter verstehen alle französisch, wir haben den Code Napoleon, wissen nichts von Feudalismus, usw.“

„Dergleichen lächerlichen, wahnwitzigen Behauptungen konnte man damals leider oft begegnen. Viele, die sich berufen fühlten, einzugreifen in die Volksbewegung, waren außer Rand und Band gegangen, und statt aufzuklären, verwirrten sie sich und andere…“

Die mißbrauchte Revolution

Verwirrung und Zersetzungsdrang bilden einen Bogen zwischen 1789 und 1848.[10] Diejenigen, welche sich berufen fühlten, in die Volksbewegung einzugreifen, welche sich an die Spitze der Volksbewegung gedrängt hatten[11], haben der liberalen Auflösung einen nationalistischen Mantel umgehängt. Ist es zu verwundern, daß die Massen plötzlich bewaffnet waren, daß, obgleich in Berlin der König bereits Forderungen bewilligte, aus „nicht auszumachenden Waffen“ Schüsse fallen und es zu blutigen Straßenkämpfen kommt[12]?

„18. September 1848: In Frankfurt/Main spielt ein von politischen Agitatoren aufgewiegelter Pöbelhaufen ‚Französische Revolution‘ und schlachtet unter nicht wiederzugebenden Mißhandlungen auf der Bornheimer Heide die Abgeordneten der Nationalversammlung Felix von Lichnowski und Hans von Auerswald buchstäblich ab.“

„6. Oktober 1848: Wien erlebt die dritte Welle der von Paris importierten Revolution mit Barrikadenkämpfen und mit der Ermordung des österreichischen Kriegsministers Theodor Graf Baillet von Latour. Der Sadismus des aufgehetzten Mobs tobt sich zügellos aus…“[13]

Noch ein anderer Zeitzeuge soll zu Wort kommen, einer, der als Kronzeuge der Ereignisse des Jahres 1848 nicht außer Acht gelassen werden darf, Otto von Bismarck. Er äußert sein *„instinktives Mißtrauen gegen die Entwicklung seit den Barrikaden von 1848 und ihren parlamentarischen Konsequenzen. Den letzteren gegenüber war ich mit meinen politischen Freunden unter dem Eindruck, daß die leitenden Männer in Parlament und Presse das Programm ‚es muß alles ruiniert werden' zum Teil bewußt, zum größeren Teile unbewußt förderten und ausführten, und daß die vorhandenen Minister nicht die Männer waren, welche die Bewegung leiten oder hemmen konnten."[14]*

Das deutsche Volk, die Freiheitskämpfer und ihre Ideale, die Volksbewegung ist ihrer Ziele beraubt worden. Hatte Hoffmann von Fallersleben nicht erkennen sollen, in welche Richtung die „Volksbewegung" umgeschlagen war, bzw. bewußt umgebogen wurde?

Nur sehr harmlose Gemüter können darin ausgerechnet eine „deutsche Revolution" erkennen.[15]

„Sie haben geträumt in traurigen Stunden
Von einer schöneren, besseren Zeit;
Sie haben geredet mit feurigen Zungen
Von deiner Größe und Herrlichkeit;
Sie haben gejubelt, gezecht und gesungen –
Du aber bliebst in Schmach und Leid.
Sie haben getragen an Hüten und Mützen
Einst deine Farben öffentlich,
Sie haben geschworen, sie wollten verspritzen
Den letzten Tropfen Blut für dich,
Trotz bieten den Feinden und ihren Geschützen –
Und ließen alle dich im Stich.
Du weißt es, mein Leib, wie so treu ich geblieben
Trotz jenen Tagen der Gefahr!
Und wär ich geächtet, verfolgt und vertrieben
Und säß im Kerker manches Jahr –
So lang ich noch atme, so will ich dich lieben,
dich lieb ich heut und immerdar!"

Bei diesem Abschnitt seines Lebens sollten wir einen Augenblick innehalten, sollten, wie auch der Dichter, zur Besinnung kommen, zum Wesentlichen gelangen, wozu uns seine Größe erheben kann. Er schrieb:

„Ein sehnsüchtiger Drang, mein besseres Ich mit meinen Anschauungen in Einklang zu bringen, ist die Quelle meiner größten Freuden von jeher gewesen, aber auch meiner größten Leiden. Ich konnte es oft in persönlichen Beziehungen zu einzelnen Menschen Jahre lang nicht verschmerzen, ja nicht einmal vergessen, daß mein Herz sich getäuscht hatte, daß der Born meiner Poesie in den unabsehbaren Sandflächen unempfänglicher Naturen versiegen mußte!"

„Das ist eben der Unterschied zwischen mir und vielen Anderen. Während diese das Herrliche verklärte, Göttliche aus seinem Himmel herabziehen auf ihre Erde und sich mit ihm befreundeten wie mit ihren Haustieren, so

hebe ich das Geringste empor und mich selbst mit ihm, und aus Allem was Gott geschaffen hat, schaffe ich mich selbst wieder.“

Seine Religiosität, seine innere Kraft, die ihn durch alle Tiefen immer wieder zur Höhe, Mut und Freude treibt, ist begründet in einem ganz unmittelbaren Gottvertrauen; allerdings nicht im Sinne kirchlicher Frömmigkeit.

In seinen jungen Jahren äußerte Hoffmann beim Anblick des Kölner Doms:

„Welch ein Eindruck! Schweigend stehen wir da, jeder merkt dem anderen an diese stille Bewunderung für einen so hohen Himmlischen Gedanken, der sich hier verkörperte. Eine reiche lebendige Natur, ein ganzer Wald himmelaufstrebender Bäume wölbt sich über uns mit breiten Wipfeln und Blättern – und Blumenkränzen, und steht versteinert da, um den Geist der Andacht zu begrenzen, das gen Himmel ringende Herz auf der Erde zu fesseln.“

Und zum Gegensatz:

„Nahe am Markte liegt eine Kirche. Ich gehe hinein. Das Halbdunkel und das Gemurmel der knienden Betenden, alles machte mir Bange, es war so etwas Grauen- und Geisterhaftes darin, ich mußte bald fort gehen. Nicht jeder Mensch hat die Gelegenheit, nicht jeder die Kraft und den Willen, für das Heil seiner Seele zu sorgen. Der Lehrer des Volkes, der Erzieher der Jugend, der Ratgeber und Tröster in unseren Kümmernissen und Nöten sollte es für seine schönste und heiligste Pflicht ansehen und ausüben, in der Welt überall darauf hinzuwirken, daß jedes Menschenherz ein Tempel, eine würdige Wohnstätte Gottes würde.“

So hat auch Hoffmann von Fallersleben um seine Aufgabe gewußt und für sein höchstes Gut gesorgt und gewirkt.

„Lernt Deutschlands Vergangenheit und Gegenwart kennen, nur dann werdet ihr herrliche Hoffnungen für seine Zukunft haben! Es ist ein herrlicher Gedanke für mich, daß auch durch mich vielleicht doch irgend eine dieser Hoffnungen erfüllt wird. Nur der Kampf führt zum Siege! Und ich werde kämpfen und wenn ich auch nicht siege. Es hat sich in mir eine Reihe von Ansichten über deutsches Leben, deutsche Sprache, Kunst und Wissenschaft gebildet, die ich zu einem Ganzen einen, zu einer großen Idee erheben, zu dem Zielpunkte meines ganzen Lebens hienieden hinstellen will. Mühsam habe ich alles das errungen, aus dem Wuste eingetrichterter Schulweisheit gerettet, mit Aufopferung und Entbehrung dem Frühlinge meines Alters abgezwungen.“

Sein unermüdliches Sammeln ältester Zeugnisse der deutschen Sprache, seine Sammlungen der schlesischen, flämischen, niederländischen, alemannischen und anderen alten Volksweisen; seine umfassende wissenschaftliche Arbeit, die zwölfbändige „Horae Belgicae“, die umfangreichste Sammlung flämischer und niederländischer Schriftdokumente, sind nur wenige seiner Errungenschaften.

Hoffmann von Fallersleben besang alles, was im deutschen Volk als Dichtungsstoff lebte: Liebeslieder, Trinklieder, Studenten- und Landsknechtslieder, Frühlings- und Winterlieder, Kinderlieder und, als die Zeit sie forderte, politische Lieder. Es sind Zeugen reichhaltiger Innigkeit und tiefen Gefühls, da sie unmittelbar aus des Volkes Empfinden stammen.

„Was nützt dem Volke der Poet,
Wenn's Volk sein Singen nicht versteht?
Ins Herz des Volkes drang noch nie
Gelehrter Herren Poesie.
Laßt euren Wissensqualm und Dunst,
Und übet reine deutsche Kunst!
Werft allen Plunder über Bord,
Singt ein verständlich deutsches Wort!"

Seine Kinderlieder, von denen er mehr als fünfhundert dichtete, gehören zu den lieblichsten Besitztümern unseres Volkes. In den einfachen Tonweisen von Ludwig Erck findet der Dichter seine erwünschten Weisen. Er schreibt:

„...Diese wahrhaft schönen Weisen! Ich habe mit inniger Sehnsucht lange liebe Zeit danach gesucht und wirklich ich bin belohnt worden, denn jeder, der diese Melodien kennengelernt hat, hört sie gerne wieder und immer wieder. In diesen so einfachen Weisen liegt doch etwas Zauberisches, was unsere großen Künstler bei allen Talenten und Kenntnissen nur selten erreicht haben. Das Volkslied ist für den schaffenden Künstler eine wahre Fundgrube. Ein näheres Studium der Volksmelodien würde die große Masse unserer Komponisten auf einen vernünftigen Weg bringen, sie würden sich nicht hinfort so gewaltig viel Mühe geben etwas zu schaffen, was keiner mehr singen kann und mag."

Daß diese Weisen wirklich Besitz des ganzen Volkes sind, bezeugt die große Auswahl der Kinderlieder, die wie Volkslieder – Werke unbekannter Dichter – überall dort gesungen werden, wo frohe und harmonisch beschwingte Menschen beisammen sind. Unzählige Mütter singen ihren Kindern die Verse vom Männlein, das im Walde steht, und den Vögeln, die schon alle da sind, vor, ohne des Dichters Namen und Lebenswerk zu kennen.

Kurze zwölf Jahre waren ihm vergönnt mit seiner jungen Frau Ida, ein frohes gemeinsames Leben zu führen. Nach etlichen Orten der Unrast, finden sie doch endlich

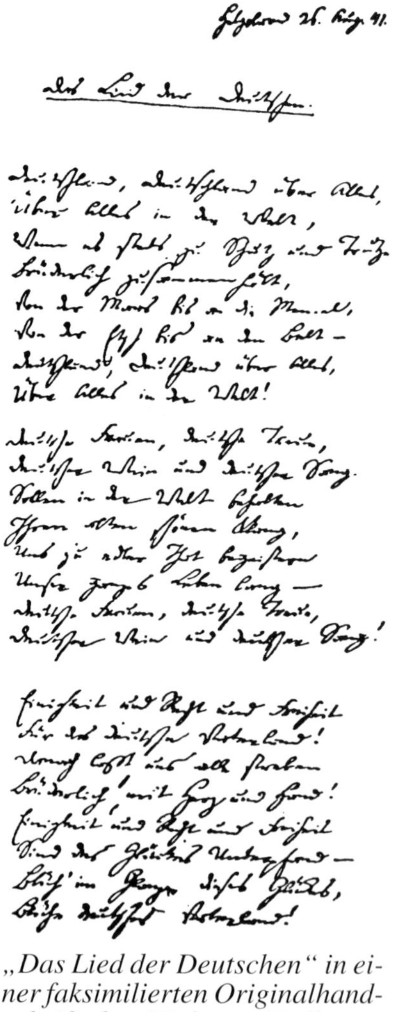
Helgoland 26. Aug. 41.

Das Lied der Deutschen.

Deutschland, Deutschland über Alles,
Über Alles in der Welt,
Wenn es stets zu Schutz und Trutze
Brüderlich zusammenhält,
Von der Maas bis an die Memel,
Von der Etsch bis an den Belt –
Deutschland, Deutschland über Alles,
Über Alles in der Welt!

Deutsche Frauen, deutsche Treue,
Deutscher Wein und deutscher Sang
Sollen in der Welt behalten
Ihren alten schönen Klang,
Uns zu edler That begeistern
Unser ganzes Leben lang –
Deutsche Frauen, deutsche Treue,
Deutscher Wein und deutscher Sang!

Einigkeit und Recht und Freiheit
Für das deutsche Vaterland!
Danach lasst uns alle streben
Brüderlich mit Herz und Hand!
Einigkeit und Recht und Freiheit
Sind des Glückes Unterpfand –
Blüh' im Glanze dieses Glückes,
Blühe, deutsches Vaterland!

„Das Lied der Deutschen" in einer faksimilierten Originalhandschrift des Dichters Hoffmann von Fallersleben (Helgoland, 26. August 1841)

Ruhe in Corvey, wohin den alternden Volksdichter der Herzog von Ratibor berief, und ihm eine ehrenvolle Zuflucht als Hüter seiner Bücherschätze gewährte. Kurz darauf starb seine Frau, es blieb ihm sein einziger Sohn…

Die Liebe für das Vaterland war es, welche ihn dereinst im Jahre 1841 veranlaßte, mit dem Blick auf die weite See, auf den roten Klippen von Helgoland, das „Lied der Deutschen" zu singen. Das Lied, welches, vermählt mit der schönsten Melodie Haydns, einer Melodie, die dereinst den Kaiser Franz besungen und in ihrer Musik aus tiefstem Volksempfinden spricht und so den großen Bogen vom Süden zum Norden spannt, den Kreis „von der Maas bis an die Memel, von der Etsch bis an den Belt" umfaßt, der unseren deutschen Sprachraum, unser Volk umspannt und unser höchstes Gut offenbart.

[1] Hoffmann von Fallersleben, Mein Leben, Aufzeichnungen und Erinnerungen, IV Bände, Carl Rümpler, Hannover, 1868. Alle Zitate Hoffmann von Fallerslebens sind entnommen aus diesem Werk und mit kursiver Schrift gekennzeichnet.

[2] Später schrieb Hoffmann: „Bei Kotzebue hätte es nicht eines Sand's bedurft, er wäre mit seinem literarischen Kasper auch ohne Sand doch bald auf den Sand geraten." Hoffmann von Fallersleben, „Zwecklose Gesellschaft", Breslau, 1826–1829

[3] „Daß ich bin so wie ich bin, / Wollen sie mir nicht verzeih'n. / Thät' ich nur nach ihrem Sinn, / Dürft' ich dies und jenes sein." Hoffmann von Fallersleben, „Zwecklose Gesellschaft", Breslau, 1826–1829

[4] Heinrich Heine, Gespräche, Briefe, Tagebücher, Berichte seiner Zeitgenossen, Berlin – Welt Verlag – 1926, S. 190f., Brief Hebbels an Elise Lensing vom 17. September 1843: „… Es kam gleich ein lebhaftes Gespräch zwischen uns in den Gang, wir wechselten die geheimen Zeichen, an denen die Ordensbrüder sich einander zu erkennen geben, aus, und vertieften uns in die Mysterien der Kunst. Mit Heine kann man das Tiefste besprechen…"

[5] Siehe auch: H. S. Champerlain, Die Grundlagen des neunzehnten Jahrhunderts, 1899, S. 335: „… alle Kriege des 19. Jahrhunderts (stehen) in so eigentümlichem Konnex mit Finanzoperationen, von Napoleon's russischem Feldzug und Nathan Rothschild's Zuschauerrolle bei der Schlacht von Waterloo an bis zu der Zuziehung der Herrn Blaichröder deutscherseits und Alphonse Rothschild französischerseits zu den Friedensverhandlungen des Jahres 1871 …"

[6] Hoffmann von Fallersleben, Deutsche Gassenlieder, Zürich und Winterthur, 1843, S. 28

[7] Ludolf Camphausen, wird nach der Märzrevolution Ministerpräsident.

[8] Nachdem im Vorparlament am 31. März 1848 der Antrag des badischen Abgeordneten F. Hecker, die Proklamation der Republik, abgelehnt wird, organisiert dieser mit Gustav von Stuve und Georg Herwegh einen erneuten Aufstand in Südbaden, der nunmehr eindeutig im Sinne des internationalen Liberalismus gegen die Monarchien gerichtet ist.

[9] Hellmut Diwald, Geschichte der Deutschen, Propyläen, o.J., S. 370

[10] Rudolf Scharping, Vorsitzender der SPD-Fraktion in „Die Zeit" vom 19. 2. 98: „Was sich im Frühjahr 1848 ereignete, war ein europaweiter Aufbruch der Völker zur Freiheit. Er ging von Frankreich aus, das große Werk der Französischen Revolution zu vollenden."

[11] Zitate Hoffmann von Fallersleben's aus den Jahren 1848/49

[12] Siehe weiter: Bismarck, Gedanken und Erinnerungen, Berlin 1919, S 53 ff

[13] Georg Weber, Lehrbuch der Weltgeschichte, Leipzig 1888, zitiert in Dieter Vollmer, Politisches Geschehen, Schütz Verlag, 1972, Band 1

[14] Bismarck, Gedanken und Erinnerungen, Cotta'sche Buchhandlung, Berlin, 1919. S. 83

[15] Dieter Vollmer, a.a.O., Vorwort: „Wenn man von einer ‚Deutschen Revolution' im XIX. Jahrhundert sprechen will, so ist es die von Friedrich Wilhelm Raiffeisen herbeigeführte Selbstbesinnung und Selbstbefreiung der in der Schuldknechtschaft gelähmten deutschen Landbevölkerung. Sie vollzieht sich unmittelbar im Anschluß an die Reaktion und wird nicht von den Pöbelmassen der Städte, auch nicht von entwurzelten und volksfremden Intellektuellen getragen, sondern vom eigentlichen Kern des Volkes, der Bauernschaft. Und sie vollzieht sich nicht in Exzessen des Blutrausches, sondern in aufbauender genossenschaftlicher Zusammenarbeit."

Zeittafel derEreignisse der Revolution 1848/49

1848

Jänner Revolution im „Königreich beider Sizilien" (Süditalien), Konstitution von Palermo (29. 1.)
23. 2. Februarrevolution in Paris; Ausrufung der Republik (24. 2.)
4. 3. Allgemeines und gleiches Wahlrecht in Frankreich
13. – 15. 3. Aufstand in Wien, Abdankung Metternichs, „Märzgefallene", Kaiser Ferdinand gewährt eine „Verfassung"
18. 3. Straßenkämpfe in Berlin; Aufstand in Mailand
24. 3. Königreich Sardinien erklärt Österreich den Krieg
31. 3. Vorparlament in Frankfurt beschließt die Berufung einer deutschen Nationalversammlung
April Erhebung in Baden; selbständige Regierung, eigener Reichstag in Ungarn
25. 4. Wien: Pillersdorf'sche („oktroyierte") Verfassung
15. 5. Sturmpetition in Wien gegen die ungenügende Verfassung
17. 5. Kaiserlicher Hof wird von Wien nach Innsbruck verlegt
18. 5. Eröffnung der Deutschen Nationalversammlung in der Frankfurter Paulskirche
25. 5. Wien: Schließung der Universität und Auflösung der Akademischen Legion angeordnet
26. 5. „Barrikadentag" in Wien: Bewaffneter Widerstand von Studenten undArbeitern
31. 5. Sturm auf das Berliner Zeughaus
2. 6. Slawenkongreß in Prag
12. 6. Niederschlagung des Prager Pfingstaufstandes durch Windischgrätz
23. – 26. 6. Junischlacht in Paris: blutige Niederschlagung eines Arbeiteraufstandes
28. 6. Die Deutsche Nationalversammlung in Frankfurt wählt Erzherzog Johann zum Reichsverweser
22. 7. Eröffnung des Konstituierenden Österreichischen Reichstages in Wien
25. 7. Sieg Radetzkys bei Custozza über die Italiener
26. 7. Antrag Kudlichs im Österreichischen Reichstag zur Aufhebung des bäuerlichen Untertänigkeitsverhältnisses
6. 8. Besetzung Mailands durch Radetzky
12. 8. Rückkehr Kaiser Ferdinands nach Wien
22./23. 8. Arbeiterunruhen in Wien, „Praterschlacht", 22 Tote
23. 8. – 3. 9. Erster Allgemeiner Deutscher Arbeiterkongreß in Berlin
28. 9. Ausbruch der Revolution in Ungarn
6. 10. Wien: Österreichische Truppen am Abmarsch nach Ungarn behindert, Ermordung des Kriegsministers Latour, Kämpfe
7. 10. Flucht des kaiserlichen Hofes nach Olmütz
22. 10. Eröffnung des Österreichischen Reichstages in Kremsier (Mähren)
31. 10. Niederschlagung des Aufstandes in Wien, etwa 2.000 Tote
9. 11. Robert Blum wird in Wien standrechtlich erschossen
2. 12. Abdankung Kaiser Ferdinands, Franz Joseph besteigt den Thron; Ungarischer Reichstag anerkennt Thronwechsel nicht

1849

4. 3. Auflösung des Kremsierer Reichstages; Verfassung zur Erhaltung des österreichischen Gesamtstaates wird von Ungarn nicht anerkannt, Ungarischer Reichstag setzt die Habsburger ab
23. 3. Sieg Radetzkys bei Novara über Sardinien
28. 3. Die Deutsche Nationalversammlung wählt den preußischen König Friedrich Wilhelm IV. zum deutschen Kaiser, dieser lehnt am 3. 4. ab
Mai Aufstand in Dresden (blutige Niederschlagung am 9. 5.); Aufstände in Baden, in der bayerischen Pfalz; Abberufung der österreichischen und preußischen Abgeordneten aus Frankfurt, ein „Rumpfparlament" übersiedelt nach Stuttgart
16. 6. Auflösung des Rumpfparlamentes durch die württembergische Regierung
Juni, Juli, August } Niederschlagung Ungarns durch österreichische und russische Truppen
6. 8. Friedensschluß in Italien, Lombardo-Venetien bleibt bei Österreich
20. 12. Abdankung Erzherzog Johanns als Reichsverweser

Zeittafel mit freundl. Gen. entn. der Schriftenreihe des Steir. Studentenhistoriker-Vereines: „Ein freies Lied, der Freiheit darzubringen" von Reinhold Reimann

Zu den Autoren dieses Buches:

Brunnbauer, Ferdinand, Oberstudienrat und Hauptschuldirektor i.R., wurde 1913 in Urfahr (bei Linz) geboren. Nach Kriegsteilnahme (Leutnant im Reiterregiment 15) war er publizistisch für Wochenzeitungen tätig, hielt regelmäßig Vorträge vor allem bei Rieder Traditionsverbänden („Rainerbund", „Kameradschaftsbund", „Freundeskreis für Zeitgeschichte", Hochscharten usw.). Er war von 1954-1967 Stadtrat in Ried/im Innkreis (ÖVP, Kultur- und Personalreferent), von 1967-1973 Erster Bürgermeister Stellvertreter, von 1959-1978 in der Lehrerfortbildung tätig und Leiter des Arbeitskreises für Geschichte.

Caspart, Wolfgang, Dr. phil., geboren 1946 in Salzburg, Lehrbeauftragter an der Rechtswissenschaftlichen Fakultät der Universität Salzburg, verschiedene Tätigkeiten in Wirtschaft, Unternehmensberatung, beeideter Sachverständiger für Schriftvergleich, Verfasser zahlreicher wissenschaftlicher Publikationen, u.a.: Handbuch des praktischen Idealismus. Universitas Verlag. München 1987; Idealistische Sozialphilosophie. Ihre Ansätze, Kritiken und Folgerungen. Universitas Verlag, München 1991. Unser Autor ist stellvertretender Obmann des Verbandes Freiheitlicher Akademiker Salzburg, ehemaliger Funktionsträger des Ringes Freiheitlicher Studenten sowie Mitglied des Akad. Corps Saxonia zu Wien.

Franz-Willing, Georg, Dr. phil., geb. 1915, Historiker (Neuzeit- und Universalgeschichte) und Mitarbeiter an mehreren wissenschaftlichen Instituten, Dozent an der Offizierschule der Bundesmarine, zuletzt am Militärgeschichtlichen Forschungsamt in Freiburg/Breisgau. Aus seiner Feder stammen zahlreiche wissenschaftliche Veröffentlichungen zur Geschichte des 19. und 20. Jahrhunderts.

Girtler, Roland, Dr. phil., geb. 1941 in Wien. Er ist außerordentlicher Professor am Institut für Soziologie der Universität Wien, studierte Jurisprudenz, Ethnologie, Urgeschichte, Philosophie und Soziologie. Zunächst Gelderwerb als Bierausführer, Filmstatist, Naschmarktarbeiter, darüber hinaus Feldforschung in Indien und in Randkulturen (Dirnen, Ganoven, Wilderer, „feine Leute", Schmuggler usw., sowie bei Bergbauern und „Landlern" in Siebenbürgen) Veröffentlichungen: Schmuggler - Von Grenzen und ihren Überwindern" (Linz 1992), „Die feinen Leute" (Berlin 1994), „Randkulturen - Theorie der Unanständigkeit" (Wien-Köln 1995), „Sommergetreide - Vom Untergang der bäuerlichen Kultur" (Wien 1996), „Landärzte - Als Krankenbesuche noch Abenteuer waren" (Wien 1997), „Rotwelsch - die alte Sprache der Gauner, Dirnen und Vagabunden" (erscheint im Herbst 1998). Der Autor ist Mitglied des Akad. Corps Symposion zu Wien.

Pilz, Bernhard Reinhold, Dr. phil., geboren 1848, Historiker und Universitätsbibliothekar, studierte Geschichte mit Sozial- und Wirtschaftsgeschichte, Geographie, Philosophie, politische Wissenschaften, naturwissenschaftliche Fächer und promovierte 1981 an der Universität Wien. 1989 Dienstprüfung an der Österreichischen Nationalbibliothek zum Bibliotheks-, Dokumentations- und Informationsdienst. 1994 Bestellung zum Leiter einer Fakultätsbibliothek der Universität Salzburg. Unser Autor ist Verfasser zahlreicher geisteswissenschaftlicher Beiträge, u.a. erschien von ihm die Eckartschrift: „Die politische Symbolik der deutschen Revolution 1848/49". Er ist Alter Herr der Wiener Akad. Burschenschaft Olympia.

Ratzinger, Joseph Kardinal, Dr. habil., geboren 1927 in Marktl am Inn, studierte Philosophie und Theologie in Freising und München; Priester seit 1951. Der Promotion 1953 und Habilitation 1957 schlossen sich Lehrtätigkeiten in München, Freising, Bonn, Münster, Tübingen und Regensburg an, bis er 1977 zum Erzbischof von München und Freising, geweiht und zum Kardinal ernannt wurde. Seit 1981 ist er Präfekt der Kongregation für die Glaubenslehre in Rom.

Reimann, Reinhold, Dr. med., geboren 1941 in der obersteirischen Berg- und Industriestadt Leoben. Jugend und Volksschule in St. Peter-Freienstein bei Leoben, Bundesrealgymnasium in Leoben. Studium der Medizin und Habilitation für Anatomie an der Universität Graz, wo er als außerordentlicher Universitätprofessor am Anatomischen Institut lehrt. Der Autor ist Obmann des Alpenländischen Kulturverbandes Südmark und des Steirischen Studentenhistoriker-Vereines und Mitglied der Akad. Sängerschaft Gothia Graz.

Richter, Karl, geboren 1962 in München, nach dem Wehrdienst Studium in den Fächern Geschichte, Volkskunde, Musikwissenschaft und Indologie. 1989-91 parlamentarischer Referent im Europäischen Parlament, 1991-97 Chefredakteur der Monatsschrift „Nation Europa", seither freier Publizist und Mediengestalter. Veröffentlichungen u.a.: „Richard Wagner. Visionen", „Ein Ende in Sankt Petersburg", derzeit Arbeit an einem Werk über Anton Bruckner.

Schröppe, Wolf-Dieter, geboren 1962 in Buenos Aires/Argentinien als drittes Kind baltendeutsch-westpreußischer Eltern; zweisprachiges Abitur in deutscher Schule in Buenos Aires, Wehrdienst, dann Studienreise durch Deutschland und Europa, Handwerkerausbildung im Bereich Heizung und Schlosserei in San Carlos de Bariloche/Argentinien, Aufbau eines selbständigen Meisterbetriebes. 1994 erfolgte Rückwanderung nach Deutschland. Unser Autor arbeitet als Lehrer alter Handwerke und Kunst im Bereich Schmieden, Kupfer und Holz. Er lebt mit seiner Frau und fünf Kindern auf einem Bauernhof in Norddeutschland und hält seit 1995 Vorträge in verschiedenen kulturellen Einrichtungen (Bund Deutscher Unitarier, Kulturwerk Österreich, Horner Fachtagungen - Externsteine, Gesellschaft Ureuropa, u.a.).

Schwab, Jürgen, Diplom-Germanist, geboren 1967 in Miltenberg/Main, studierte Germanistik, Kommunikationswissenschaft/Journalistik und Politikwissenschaft an der Otto-Friedrich-Universität in Bamberg. Der Autor ist Mitarbeiter im AULA-Verlag in Graz und Mitglied der Burschenschaft Thessalia zu Prag in Bayreuth, der Akad. Burschenschaft Germania Graz sowie Gründungsbursch der Akad. Ferialverbindung Rugia Karlsbad. Er ist zudem Mitglied im „Ausschuß für Öffentlichkeitsarbeit" (AfÖ) der „Deutschen Burschenschaft" (DB). Neben zahlreichen Veröffentlichungen in Zeitschriften und Sammelbänden erschien von ihm 1997 im Coburger Nation Europa Verlag das Buch „Die Meinungsdiktatur - wie ‚demokratische' Zensoren die Freiheit beschneiden".

Scrinzi, Otto, Dr. med. univ.; geb. 1918; Südtiroler, seit 1918 in Österreich lebend. Nach Studium an den Universitäten Innsbruck, Riga, Königsberg und Prag Kriegsdienst als Truppenarzt 1941-1945; Nervenfacharzt, 1955-1983 Chefarzt am LKH Klagenfurt; 1949-1956 Abgeordneter zum Kärntner Landtag des VDU, 1966-1979 FPÖ-Abgeordneter im Österreichischen Nationalrat, Beratende Versammlung des Europarates und Delegierter bei der UNO. Unser Autor erhielt das Große goldene Ehrenzeichen für Verdienste um die Republik; er ist langjähriger nationaler Publizist; Buchveröffentlichungen: „Politik zwischen Ideologie und Wissenschaft", „Kärnten - 1000 Jahre und 70"; „Südtirol - ein Elsaß an der Etsch?"; „Die Südtirolfrage"; Herausgeber von „Ich bin stolz, ein Deutscher zu sein"; „Chronik Südtirol 1959-1969". Er ist Mitglied im Verein Deutscher Studenten (VDST) zu Innsbruck und Königsberg.

Strauß, Wolfgang, geboren 1931, Baltendeutscher, war als Oberschüler im antikommunistischen Widerstand der DDR, 1950 von einem sowjetischen Militärtribunal zu 50 Jahren Zwangsarbeit verurteilt, GULag-Häftling von 1951 bis 1956, lebt heute als Slavist und Publizist in der bayerischen Oberpfalz. Bei Herbig erschien von ihm „Rußland wird leben. Vom Roten Stern zur Zahrenfahne" (1992) und „Unternehmen Barbarossa und der russische Historikerstreit" (1998).